# 药品监督管理常用法律法规文件汇编

## 医疗器械卷

国家药品监督管理局政策法规司◎组织编写

中国健康传媒集团
中国医药科技出版社

**图书在版编目（CIP）数据**

药品监督管理常用法律法规文件汇编．医疗器械卷 / 国家药品监督管理局政策法规司组织编写．—北京：中国医药科技出版社，2023.3

ISBN 978-7-5214-3736-2

Ⅰ．①药… Ⅱ．①国… Ⅲ．①药品管理法—汇编—中国 ②医疗器械—卫生法—汇编—中国 Ⅳ．① D922.169

中国国家版本馆 CIP 数据核字（2023）第 008307 号

**美术编辑** 陈君杞
**版式设计** 也 在

出版 **中国健康传媒集团** | 中国医药科技出版社
地址 北京市海淀区文慧园北路甲 22 号
邮编 100082
电话 发行：010-62227427 邮购：010-62236938
网址 www.cmstp.com
规格 710×1000mm $^{1}/_{16}$
印张 34
字数 742 千字
版次 2023 年 3 月第 1 版
印次 2023 年 3 月第 1 次印刷
印刷 三河市万龙印装有限公司
经销 全国各地新华书店
书号 ISBN 978-7-5214-3736-2
**定价 152.00 元**

# 编委会

# 前　言

法律是治国之重器，良法是善治之前提。国家药品监督管理局组建以来，高度重视法治工作，在习近平法治思想指引下，推动健全完善药品监管法规体系，为全面提升药品监管能力、推动药品监管事业发展提供了坚实的法治保障。

2019 年以来，《药品管理法》《疫苗管理法》《医疗器械监督管理条例》《化妆品监督管理条例》（简称“两法两条例”）颁布实施，搭建起新时代药品监管法规体系“四梁八柱”。在“两法两条例”引领下，药品监管部门全面制修订相关部门规章、规范性文件，不断完善技术指导原则，为进一步提升药品监管工作科学化、法治化、国际化、现代化水平夯实了法治基础，为推动医药产业转型升级和高质量发展提供了重要支撑。

党的二十大报告强调坚持全面依法治国，推进法治中国建设，不断完善中国特色社会主义法律体系，扎实推进依法行政。为全面贯彻落实党的二十大精神，适应药品监管形势的不断发展，满足药品监管行政执法工作需要，国家药品监督管理局政策法规司组织编写了四卷《药品监督管理常用法律法规文件汇编》（综合卷、药品卷、医疗器械卷、化妆品卷），收录药品、医疗器械、化妆品监管执法工作主要依据的现行最常用的法律、法规、部门规章、工作文件和指导原则，突出全面、权威和实用的特点，为广大药品监管执法人员和从业人员提供一套具有指导意义的综合性工具书，便于读者系统理解、把握和执行药品领域法律法规。

**国家药品监督管理局政策法规司**

**2023 年 3 月**

# 目　录

## 第一篇　党中央 国务院文件



## 第二篇　行政法规



## 第三篇　部门规章

## 第四篇　工作文件

### 一、综合类



### 二、临床评价

## 三、标准分类

## 四、注册备案

# 赋码目录

# 第一篇 党中央 国务院文件

## 中共中央办公厅 国务院办公厅<br>关于深化审评审批制度改革鼓励药品医疗器械创新的意见

（2017年10月1日发布）

当前，我国药品医疗器械产业快速发展，创新创业方兴未艾，审评审批制度改革持续推进。但总体上看，我国药品医疗器械科技创新支撑不够，上市产品质量与国际先进水平存在差距。为促进药品医疗器械产业结构调整和技术创新，提高产业竞争力，满足公众临床需要，现就深化审评审批制度改革鼓励药品医疗器械创新提出以下意见。

**一、改革临床试验管理**

（一）临床试验机构资格认定实行备案管理。具备临床试验条件的机构在食品药品监管部门指定网站登记备案后，可接受药品医疗器械注册申请人委托开展临床试验。临床试验主要研究者应具有高级职称，参加过3个以上临床试验。注册申请人可聘请第三方对临床试验机构是否具备条件进行评估认证。鼓励社会力量投资设立临床试验机构。临床试验机构管理规定由食品药品监管总局会同国家卫生计生委制定。

（二）支持临床试验机构和人员开展临床试验。支持医疗机构、医学研究机构、医药高等学校开展临床试验，将临床试验条件和能力评价纳入医疗机构等级评审。对开展临床试验的医疗机构建立单独评价考核体系，仅用于临床试验的病床不计入医疗机构总病床，不规定病床效益、周转率、使用率等考评指标。鼓励医疗机构设立专职临床试验部门，配备职业化的临床试验研究者。完善单位绩效工资分配激励机制，保障临床试验研究者收入水平。鼓励临床医生参与药品医疗器械技术创新活动，对临床试验研究者在职务提升、职称晋升等方面与临床医生一视同仁。允许境外企业和科研机构在我国依法同步开展新药临床试验。

（三）完善伦理委员会机制。临床试验应符合伦理道德标准，保证受试者在自愿参与前被告知足够的试验信息，理解并签署知情同意书，保护受试者的安全、健康和权益。临床试验机构应成立伦理委员会，负责审查本机构临床试验方案，审核和监督临床试验研究者的资质，监督临床试验开展情况并接受监管部门检查。各地可根据需要设立区域伦理委员会，指导临床试验机构伦理审查工作，可接受不具备伦理审查条件的机构或注册申请人委托对临床试验方案进行伦理审查，并监督临床试验开展情况。卫生计生、中医药管理、食品药品监管等部门要加强对伦理委员会工作的管理指导和业务监督。

（四）提高伦理审查效率。注册申请人提出临床试验申请前，应先将临床试验方案提交临床试验机构伦理委员会审查批准。在我国境内开展多中心临床试验的，经临床试验组长单位伦理审查后，其他成员单位应认可组长单位的审查结论，不再重复审查。国家临床医学研究中心及承担国家科技重大专项和国家重点研发计划支持项目的临床试验机构，应整合资源建立统一的伦理审查平台，逐步推进伦理审查互认。

（五）优化临床试验审批程序。建立完善注册申请人与审评机构的沟通交流机制。受理药物临床试验和需审批的医疗器械临床试验申请前，审评机构应与注册申请人进行会议沟通，提出意见建议。受理临床试验申请后一定期限内，食品药品监管部门未给出否定或质疑意见即视为同意，注册申请人可按照提交的方案开展临床试验。临床试验期间，发生临床试验方案变更、重大药学变更或非临床研究安全性问题的，注册申请人应及时将变更情况报送审评机构；发现存在安全性及其他风险的，应及时修改临床试验方案、暂停或终止临床试验。药品注册申请人可自行或委托检验机构对临床试验样品出具检验报告，连同样品一并报送药品审评机构，并确保临床试验实际使用的样品与提交的样品一致。优化临床试验中涉及国际合作的人类遗传资源活动审批程序，加快临床试验进程。

（六）接受境外临床试验数据。在境外多中心取得的临床试验数据，符合中国药品医疗器械注册相关要求的，可用于在中国申报注册申请。对在中国首次申请上市的药品医疗器械，注册申请人应提供是否存在人种差异的临床试验数据。

（七）支持拓展性临床试验。对正在开展临床试验的用于治疗严重危及生命且尚无有效治疗手段疾病的药品医疗器械，经初步观察可能获益，符合伦理要求的，经知情同意后可在开展临床试验的机构内用于其他患者，其安全性数据可用于注册申请。

（八）严肃查处数据造假行为。临床试验委托协议签署人和临床试验研究者是临床试验数据的第一责任人，须对临床试验数据可靠性承担法律责任。建立基于风险和审评需要的检查模式，加强对非临床研究、临床试验的现场检查和有因检查，检查结果向社会公开。未通过检查的，相关数据不被接受；存在真实性问题的，应及时立案调查，依法追究相关非临床研究机构和临床试验机构责任人、虚假报告提供责任人、注册申请人及合同研究组织责任人的责任；拒绝、逃避、阻碍检查的，依法从重处罚。注册申请人主动发现问题并及时报告的，可酌情减免处罚。

**二、加快上市审评审批**

（九）加快临床急需药品医疗器械审评审批。对治疗严重危及生命且尚无有效治疗手段疾病以及公共卫生方面等急需的药品医疗器械，临床试验早期、中期指标显示疗效并可预测其临床价值的，可附带条件批准上市，企业应制定风险管控计划，按要求开展研究。鼓励新药和创新医疗器械研发，对国家科技重大专项和国家重点研发计划支持以及由国家临床医学研究中心开展临床试验并经中心管理部门认可的新药和创新医疗器械，给予优先审评审批。

（十）支持罕见病治疗药品医疗器械研发。国家卫生计生委或由其委托有关行业协（学）会公布罕见病目录，建立罕见病患者登记制度。罕见病治疗药品医疗器械注册申请人可提出减免临床试验的申请。对境外已批准上市的罕见病治疗药品医疗器械，可附带条件批准上市，企业应制定风险管控计划，按要求开展研究。

（十一）严格药品注射剂审评审批。严格控制口服制剂改注射制剂，口服制剂能够满足临床需求的，不批准注射制剂上市。严格控制肌肉注射制剂改静脉注射制剂，肌肉注射制剂能够满足临床需求的，不批准静脉注射制剂上市。大容量注射剂、小容量注射剂、注射用无菌粉针之间互改剂型的申请，无明显临床优势的不予批准。

（十二）实行药品与药用原辅料和包装材料关联审批。原料药、药用辅料和包装材料在审批药品注册申请时一并审评审批，不再发放原料药批准文号，经关联审评审批的原料药、药用辅料和包装材料及其质量标准在指定平台公示，供相关企业选择。药品上市许可持有人对生产制剂所选用的原料药、药用辅料和包装材料的质量负责。

（十三）支持中药传承和创新。建立完善符合中药特点的注册管理制度和技术评价体系，处理好保持中药传统优势与现代药品研发要求的关系。中药创新药，应突出疗效新的特点；中药改良型新药，应体现临床应用优势；经典名方类中药，按照简化标准审评审批；天然药物，按照现代医学标准审评审批。提高中药临床研究能力，中药注册申请需提交上市价值和资源评估材料，突出以临床价值为导向，促进资源可持续利用。鼓励运用现代科学技术研究开发传统中成药，鼓励发挥中药传统剂型优势研制中药新药，加强中药质量控制。

（十四）建立专利强制许可药品优先审评审批制度。在公共健康受到重大威胁情况下，对取得实施强制许可的药品注册申请，予以优先审评审批。公共健康受到重大威胁的情形和启动强制许可的程序，由国家卫生计生委会同有关部门规定。

## 三、促进药品创新和仿制药发展

（十五）建立上市药品目录集。新批准上市或通过仿制药质量和疗效一致性评价的药品，载入中国上市药品目录集，注明创新药、改良型新药及与原研药品质量和疗效一致的仿制药等属性，以及有效成份、剂型、规格、上市许可持有人、取得的专利权、试验数据保护期等信息。

（十六）探索建立药品专利链接制度。为保护专利权人合法权益，降低仿制药专利侵权风险，鼓励仿制药发展，探索建立药品审评审批与药品专利链接制度。药品注册申请人提交注册申请时，应说明涉及的相关专利及其权属状态，并在规定期限内告知相关药品专利权人。专利权存在纠纷的，当事人可以向法院起诉，期间不停止药品技术审评。对通过技术审评的药品，食品药品监管部门根据法院生效判决、裁定或调解书作出是否批准上市的决定；超过一定期限未取得生效判决、裁定或调解书的，食品药品监管部门可批准上市。

（十七）开展药品专利期限补偿制度试点。选择部分新药开展试点，对因临床试验和审评审批延误上市的时间，给予适当专利期限补偿。

（十八）完善和落实药品试验数据保护制度。药品注册申请人在提交注册申请时，可同时提交试验数据保护申请。对创新药、罕见病治疗药品、儿童专用药、创新治疗用生物制品以及挑战专利成功药品注册申请人提交的自行取得且未披露的试验数据和其他数据，给予一定的数据保护期。数据保护期自药品批准上市之日起计算。数据保护期内，不批准其他申请人同品种上市申请，申请人自行取得的数据或获得上市许可的申请人同意的除外。

（十九）促进药品仿制生产。坚持鼓励创新与促进药品仿制生产、降低用药负担并重，定期发布专利权到期、终止、无效且尚无仿制申请的药品清单，引导仿制药研发生产，提高公众用药可及性。完善相关研究和评价技术指导原则，支持生物类似药、具有临床价值的药械组合产品的仿制。加快推进仿制药质量和疗效一致性评价。

（二十）发挥企业的创新主体作用。鼓励药品医疗器械企业增加研发投入，加强新产品研发和已上市产品的继续研究，持续完善生产工艺。允许科研机构和科研人员在承担相关法律责任的前提下申报临床试验。使用国家财政拨款开展新药和创新医疗器械研发及相关技术研究并作为职务科技成果转化的，单位可以规定或与科研人员约定奖励和报酬的方式、数额和时限，调动科研人员参与的积极性，促进科技成果转移转化。

（二十一）支持新药临床应用。完善医疗保险药品目录动态调整机制，探索建立医疗保险药品支付标准谈判机制，及时按规定将新药纳入基本医疗保险支付范围，支持新药研发。各地可根据疾病防治需要，及时将新药纳入公立医院药品集中采购范围。鼓励医疗机构优先采购和使用疗效明确、价格合理的新药。

## 四、加强药品医疗器械全生命周期管理

（二十二）推动上市许可持有人制度全面实施。及时总结药品上市许可持有人制度试点经验，推动修订药品管理法，力争早日在全国推开。允许医疗器械研发机构和科研人员申请医疗器械上市许可。

（二十三）落实上市许可持有人法律责任。药品上市许可持有人须对药品临床前研究、临床试验、生产制造、销售配送、不良反应报告等承担全部法律责任，确保提交的研究资料和临床试验数据真实、完整、可追溯，确保生产工艺与批准工艺一致且生产过程持续合规，确保销售的各批次药品与申报样品质量一致，确保对上市药品进行持续研究，及时报告发生的不良反应，评估风险情况，并提出改进措施。

医疗器械上市许可持有人须对医疗器械设计开发、临床试验、生产制造、销售配送、不良事件报告等承担全部法律责任，确保提交的研究资料和临床试验数据真实、完整、可追溯，确保对上市医疗器械进行持续研究，及时报告发生的不良事件，评估风险情况，并提出改进措施。

受药品医疗器械上市许可持有人委托进行研发、临床试验、生产制造、销售配送的企业、机构和个人，须承担法律法规规定的责任和协议约定的责任。

（二十四）建立上市许可持有人直接报告不良反应和不良事件制度。上市许可持有人承担不良反应和不良事件报告的主体责任，隐瞒不报或逾期报告的，依法从严惩处。食

品药品监管部门应对报告的不良反应和不良事件进行调查分析，视情责令上市许可持有人采取暂停销售、召回、完善质量控制等措施。

（二十五）开展药品注射剂再评价。根据药品科学进步情况，对已上市药品注射剂进行再评价，力争用5至10年左右时间基本完成。上市许可持有人须将批准上市时的研究情况、上市后持续研究情况等进行综合分析，开展产品成份、作用机理和临床疗效研究，评估其安全性、有效性和质量可控性。通过再评价的，享受仿制药质量和疗效一致性评价的相关鼓励政策。

（二十六）完善医疗器械再评价制度。上市许可持有人须根据科学进步情况和不良事件评估结果，主动对已上市医疗器械开展再评价。再评价发现产品不能保证安全、有效的，上市许可持有人应及时申请注销上市许可；隐匿再评价结果、应提出注销申请而未提出的，撤销上市许可并依法查处。

（二十七）规范药品学术推广行为。药品上市许可持有人须将医药代表名单在食品药品监管部门指定的网站备案，向社会公开。医药代表负责药品学术推广，向医务人员介绍药品知识，听取临床使用的意见建议。医药代表的学术推广活动应公开进行，在医疗机构指定部门备案。禁止医药代表承担药品销售任务，禁止向医药代表或相关企业人员提供医生个人开具的药品处方数量。医药代表误导医生使用药品或隐匿药品不良反应的，应严肃查处；以医药代表名义进行药品经营活动的，按非法经营药品查处。

## 五、提升技术支撑能力

（二十八）完善技术审评制度。建立审评为主导、检查检验为支撑的技术审评体系，完善审评项目管理人制度、审评机构与注册申请人会议沟通制度、专家咨询委员会制度，加强内部管理，规范审评流程。组建以临床医学专业人员为主，药学、药理毒理学、统计学等专业人员组成的药品审评团队，负责新药审评。组建由临床医学、临床诊断、机械、电子、材料、生物医学工程等专业人员组成的医疗器械审评团队，负责创新医疗器械审评。除生产工艺等技术秘密外，审评结论及依据全部公开，接受社会监督。统一第二类医疗器械审评标准，逐步实现国家统一审评。

（二十九）落实相关工作人员保密责任。参与药品医疗器械受理审查、审评审批、检查检验等监管工作的人员，对注册申请人提交的技术秘密和试验数据负有保密义务。违反保密义务的，依法依纪追究责任，处理结果向社会公开；涉嫌犯罪的，移交司法机关追究刑事责任。完善对注册申请材料的管理，确保查阅、复制情况可追溯。

（三十）加强审评检查能力建设。将药品医疗器械审评纳入政府购买服务范围，提供规范高效审评服务。加快药品医疗器械审评审批信息化建设，制定注册申请电子提交技术要求，完善电子通用技术文档系统，逐步实现各类注册申请的电子提交和审评审批。建立上市药品医疗器械品种档案。

（三十一）落实全过程检查责任。药品医疗器械研发过程和药物非临床研究质量管理规范、药物临床试验质量管理规范、医疗器械临床试验质量管理规范执行情况，由国家食品药品监管部门组织检查。药品医疗器械生产过程和生产质量管理规范执行情况，由省级以上食品药品监管部门负责检查。药品医疗器械经营过程和经营质量管理规范执行情况，由市县两级食品药品监管部门负责检查。检查发现问题的，应依法依规查处并及时采取风险控制措施；涉嫌犯罪的，移交司法机关追究刑事责任。推动违法行为处罚到人，检查和处罚结果向社会公开。

（三十二）建设职业化检查员队伍。依托现有资源加快检查员队伍建设，形成以专职检查员为主体、兼职检查员为补充的职业化检查员队伍。实施检查员分级管理制度，强化检查员培训，加强检查装备配备，提升检查能力和水平。

（三十三）加强国际合作。深化多双边药品医疗器械监管政策与技术交流，积极参与国际规则和标准的制定修订，推动逐步实现审评、检查、检验标准和结果国际共享。

## 六、加强组织实施

（三十四）加强组织领导。各地区各有关部门要充分认识深化审评审批制度改革鼓励药品医疗器械创新的重要意义，高度重视药品医疗器械审评审批改革和创新工作，将其作为建设创新型国家、促进高科技产业发展的重要内容予以支持，加强统筹协调，细化实施方案，健全工作机制，切实抓好任务落实。坚持运用法治思维和法治方式推进改革，不断完善相关法律法规和制度体系，改革措施涉及法律修改或需要取得相应授权的，按程序提请修改法律或由立法机关授权后实施。

（三十五）强化协作配合。充分发挥药品医疗器械审评审批制度改革部际联席会议制度的作用，及时研究解决改革中遇到的矛盾和问题。国家食品药品监管部门要发挥好牵头作用，抓好改革具体实施，协调推进任务落实。各相关部门要依法履职，分工协作，形成改革合力。发展改革部门要支持医药高科技产品的发展，将临床试验机构建设纳入医疗机构建设发展的重要内容。科技部门要加强医药科技发展规划和指导，抓好新药和创新医疗器械研发相关科技计划（专项、基金）的实施。工业和信息化部门要加强医药产业发展规划和指导，强化临床用药生产保障。财政部门要做好药品医疗器械审评审批、检查检验所需经费保障。人力资源社会保障部门要做好医疗保险政策支持新药发展相关工作。卫生计生部门要加强对临床试验机构建设的指导，加强伦理委员会管理和临床试验研究者培训。知识产权部门要做好与专利有关的药品医疗器械知识产权保护工作。中医药管理部门要做好中医药创新工作。

（三十六）做好宣传解释。正面宣传鼓励药品医疗器械创新的重要意义，加强审评审批制度改革重要政策、重大措施解读，及时解答社会各界关注的热点问题，主动回应社会关切，合理引导各方预期，营造改革实施的良好舆论氛围。

# 国务院关于改革药品医疗器械审评审批制度的意见

国发〔2015〕44号

**各省、自治区、直辖市人民政府，国务院各部委、各直属机构：**

近年来，我国医药产业快速发展，药品医疗器械质量和标准不断提高，较好地满足了公众用药需要。与此同时，药品医疗器械审评审批中存在的问题也日益突出，注册申请资料质量不高，审评过程中需要多次补充完善，严重影响审评审批效率；仿制药重复建设、重复申请，市场恶性竞争，部分仿制药质量与国际先进水平存在较大差距；临床急需新药的上市审批时间过长，药品研发机构和科研人员不能申请药品注册，影响药品创新的积极性。为此，现就改革药品医疗器械审评审批制度提出以下意见：

## 一、主要目标

（一）提高审评审批质量。建立更加科学、高效的药品医疗器械审评审批体系，使批准上市药品医疗器械的有效性、安全性、质量可控性达到或接近国际先进水平。

（二）解决注册申请积压。严格控制市场供大于求药品的审批。争取2016年底前消化完积压存量，尽快实现注册申请和审评数量年度进出平衡，2018年实现按规定时限审批。

（三）提高仿制药质量。加快仿制药质量一致性评价，力争2018年底前完成国家基本药物口服制剂与参比制剂质量一致性评价。

（四）鼓励研究和创制新药。鼓励以临床价值为导向的药物创新，优化创新药的审评审批程序，对临床急需的创新药加快审评。开展药品上市许可持有人制度试点。

（五）提高审评审批透明度。全面公开药品医疗器械注册的受理、技术审评、产品检验和现场检查条件与相关技术要求，公开受理和审批的相关信息，引导申请人有序研发和申请。

## 二、主要任务

（六）提高药品审批标准。将药品分为新药和仿制药。将新药由现行的"未曾在中国境内上市销售的药品"调整为"未在中国境内外上市销售的药品"。根据物质基础的原创性和新颖性，将新药分为创新药和改良型新药。将仿制药由现行的"仿已有国家标准的药品"调整为"仿与原研药品质量和疗效一致的药品"。根据上述原则，调整药品注册分类。仿制药审评审批要以原研药品作为参比制剂，确保新批准的仿制药质量和疗效与原研药品一致。对改革前受理的药品注册申请，继续按照原规定进行审评审批，在质量一致性评价工作中逐步解决与原研药品质量和疗效一致性问题；如企业自愿申请按与原研药品质量和疗效一致的新标准审批，可以设立绿色通道，按新的药品注册申请收费标准收费，加快审评审批。上述改革在依照法定程序取得授权后，在化学药品中进行试点。

（七）推进仿制药质量一致性评价。对已经批准上市的仿制药，按与原研药品质量和疗效一致的原则，分期分批进行质量一致性评价。药品生产企业应将其产品按照规定的方法与参比制剂进行质量一致性评价，并向食品药品监管总局报送评价结果。参比制剂由食品药品监管总局征询专家意见后确定，可以选择原研药品，也可以选择国际公认的同种药品。无参比制剂的，由药品生产企业进行临床有效性试验。在规定期限内未通过质量一致性评价的仿制药，不予再注册；通过质量一致性评价的，允许其在说明书和标签上予以标注，并在临床应用、招标采购、医保报销等方面给予支持。在质量一致性评价工作中，需改变已批准工艺的，应按《药品注册管理办法》的相关规定提出补充申请，食品药品监管总局设立绿色通道，加快审评审批。质量一致性评价工作首先在2007年修订的《药品注册管理办法》施行前批准上市的仿制药中进行。在国家药典中标注药品标准起草企业的名称，激励企业通过技术进步提高上市药品的标准和质量。提高中成药质量水平，积极推进中药注射剂安全性再评价工作。

（八）加快创新药审评审批。对创新药实行特殊审评审批制度。加快审评审批防治艾滋病、恶性肿瘤、重大传染病、罕见病等疾病的创新药，列入国家科技重大专项和国家重点研发计划的药品，转移到境内生产的创新药和儿童用药，以及使用先进制剂技术、创新治疗手段、具有明显治疗优势的创新药。加快临床急需新药的审评审批，申请注册新药的企业需承诺其产品在我国上市销售的价格不高于原产国或我国周边可比市场价格。

（九）开展药品上市许可持有人制度试点。允许药品研发机构和科研人员申请注册新药，在转让给企业生产时，只进行生产企业现场工艺核查和产品检验，不再重复进行药品技术审评。试点工作在依照法定程序取得授权后开展。

（十）落实申请人主体责任。按照国际通用规则制定注册申请规范，申请人要严格按照规定条件和相关技术要求申请。将现由省级食品药品监管部门受理、食品药品监管总局审评审批的药品注册申请，调整为食品药品监管总局网上集中受理。对于不符合规定条件与相关技术要求的注册申请，由食品药品监管总局一次性告知申请人需要补充的内容。进入技术审评程序后，除新药及首仿药品注册申请外，原则上不再要求申请人补充资料，只作出批准或不予批准的决定。

（十一）及时发布药品供求和注册申请信息。根据国家产业结构调整方向，结合市场供求情况，及时调整国家药品产业政策，严格控制市场供大于求、低水平重复、生产工艺落后的仿制药的生产和审批，鼓励市场短缺药品的研发和生产，提高药品的可及性。食品药品监管总局会同发展改革委、科技部、工业和信息化部、卫生计生委制定并定期公布限制类和鼓励类药品审批目录。食品药品监管总局及时向社会公开药品注册申请信息，引导申请人有序研发和控制低水平申请。

（十二）改进药品临床试验审批。允许境外未上市新药经批准后在境内同步开展临床试验。鼓励国内临床试验机构参与国际多中心临床试验，符合要求的试验数据可在注册申请中使用。对创新药临床试验申请，重点审查临床价值和受试者保护等内容。强化申请人、临床试验机构及伦理委员会保护受试者的责任。

（十三）严肃查处注册申请弄虚作假行为。加强临床试验全过程监管，确保临床试验数据真实可靠。申请人、研究机构在注册申请中，如存在报送虚假研制方法、质量标准、药理及毒理试验数据、临床试验结果等情况，对其药品医疗器械注册申请不予批准，已批准的予以撤销；对直接责任人依法从严处罚，对出具虚假试验结果的研究机构取消相关试验资格，处罚结果向社会公布。

（十四）简化药品审批程序，完善药品再注册制度。实行药品与药用包装材料、药用辅料关联审批，将药用包装材料、药用辅料单独审批改为在审批药品注册申请时一并审评审批。简化来源于古代经典名方的复方制剂的审批。简化药品生产企业之间的药品技术转让程序。将仿制药生物等效性试验由审批改为备案。对批准文号（进口药品注册证/医药产品注册证）有效期内未上市，不能履行持续考察药品质量、疗效和不良反应责任的，不予再注册，批准文号到期后予以注销。

（十五）改革医疗器械审批方式。鼓励医疗器械研发创新，将拥有产品核心技术发明专利、具有重大临床价值的创新医疗器械注册申请，列入特殊审评审批范围，予以优先办理。及时修订医疗器械标准，提高医疗器械国际标准的采标率，提升国产医疗器械产品质量。通过调整产品分类，将部分成熟的、安全可控的医疗器械注册审批职责由食品药品监管总局下放至省级食品药品监管部门。

（十六）健全审评质量控制体系。参照国际通用规则制定良好审评质量管理规范。组建专业化技术审评项目团队，明确主审人和审评员权责，完善集体审评机制，强化责任和时限管理。建立复审专家委员会，对有争议的审评结论进行复审，确保审评结果科学公正。加强技术审评过程中共性疑难问题研究，及时将研究成果转化为指导审评工作的技术标准，提高审评标准化水平，减少审评自由裁量权。

（十七）全面公开药品医疗器械审评审批信息。向社会公布药品医疗器械审批清单及法律依据、审批要求和办理时限。向申请人公开药品医疗器械审批进度和结果。在批准产品上市许可时，同步公布审评、检查、检验等技术性审评报告，接受社会监督。

**三、保障措施**

（十八）加快法律法规修订。及时总结药品上市许可持有人制度试点、药品注册分类改革试点进展情况，推动加快修订《中华人民共和国药品管理法》。结合行政审批制度改革，抓紧按程序修订《中华人民共和国药品管理法实施条例》和《药品注册管理办法》等。

（十九）调整收费政策。整合归并药品医疗器械注册、审批、登记收费项目。按照收支大体平衡原则，提高药品医疗器械注册收费标准，每五年调整一次。对小微企业申请创新药品医疗器械注册收费给予适当优惠。收费收入纳入财政预算，实行收支两条线管理。审评审批工作所需经费通过财政预算安排。

（二十）加强审评队伍建设。改革事业单位用人制度，面向社会招聘技术审评人才，实行合同管理，其工资和社会保障按照国家有关规定执行。根据审评需要，外聘相关专家参与有关的技术审评，明确其职责和保密责任及利益冲突回避等制度。建立首席专业岗位制度，科学设置体现技术审评、检查等特点的岗位体系，明确职责任务、工作标准和任职条件等，依照人员综合能力和水平实行按岗聘用。推进职业化的药品医疗器械检查员队伍建设。健全绩效考核制度，根据岗位职责和工作业绩，适当拉开收入差距，确保技术审评、检查人员引得进、留得住。将食品药品监管总局列为政府购买服务的试点单位，通过政府购买服务委托符合条件的审评机构、高校和科研机构参与医疗器械和仿制药技术审评、临床试验审评、药物安全性评价等技术性审评工作。

（二十一）加强组织领导。食品药品监管总局要会同中央编办、发展改革委、科技部、工业和信息化部、财政部、人力资源社会保障部、卫生计生委、中医药局、总后勤部卫生部等部门，建立药品医疗器械审评审批制度改革部际联席会议制度，加强对改革工作的协调指导，及时研究解决改革中遇到的矛盾和问题，各地区也要加强对改革的组织领导，重大情况及时报告国务院。

国务院

2015 年 8 月 9 日

# 第二篇　行政法规

## 医疗器械监督管理条例

（2000年1月4日国务院令第276号公布，2014年2月12日国务院第39次常务会议修订通过，根据2017年5月4日《国务院关于修改〈医疗器械监督管理条例〉的决定》修订，2020年12月21日国务院第119次常务会议修订通过，2021年2月9日国务院令第739号公布，自2021年6月1日起施行）

### 第一章　总　则

**第一条**　为了保证医疗器械的安全、有效，保障人体健康和生命安全，促进医疗器械产业发展，制定本条例。

**第二条**　在中华人民共和国境内从事医疗器械的研制、生产、经营、使用活动及其监督管理，适用本条例。

**第三条**　国务院药品监督管理部门负责全国医疗器械监督管理工作。

国务院有关部门在各自的职责范围内负责与医疗器械有关的监督管理工作。

**第四条**　县级以上地方人民政府应当加强对本行政区域的医疗器械监督管理工作的领导，组织协调本行政区域内的医疗器械监督管理工作以及突发事件应对工作，加强医疗器械监督管理能力建设，为医疗器械安全工作提供保障。

县级以上地方人民政府负责药品监督管理的部门负责本行政区域的医疗器械监督管理工作。县级以上地方人民政府有关部门在各自的职责范围内负责与医疗器械有关的监督管理工作。

**第五条**　医疗器械监督管理遵循风险管理、全程管控、科学监管、社会共治的原则。

**第六条**　国家对医疗器械按照风险程度实行分类管理。

第一类是风险程度低，实行常规管理可以保证其安全、有效的医疗器械。

第二类是具有中度风险，需要严格控制管理以保证其安全、有效的医疗器械。

第三类是具有较高风险，需要采取特别措施严格控制管理以保证其安全、有效的医疗器械。

评价医疗器械风险程度，应当考虑医疗器械的预期目的、结构特征、使用方法等因素。

国务院药品监督管理部门负责制定医疗器械的分类规则和分类目录，并根据医疗器械生产、经营、使用情况，及时对医疗器械的风险变化进行分析、评价，对分类规则和分类目录进行调整。制定、调整分类规则和分类目录，应当充分听取医疗器械注册人、备案人、生产经营企业以及使用单位、行业组织的意见，并参考国际医疗器械分类实践。医疗器械分类规则和分类目录应当向社会公布。

**第七条** 医疗器械产品应当符合医疗器械强制性国家标准；尚无强制性国家标准的，应当符合医疗器械强制性行业标准。

**第八条** 国家制定医疗器械产业规划和政策，将医疗器械创新纳入发展重点，对创新医疗器械予以优先审评审批，支持创新医疗器械临床推广和使用，推动医疗器械产业高质量发展。国务院药品监督管理部门应当配合国务院有关部门，贯彻实施国家医疗器械产业规划和引导政策。

**第九条** 国家完善医疗器械创新体系，支持医疗器械的基础研究和应用研究，促进医疗器械新技术的推广和应用，在科技立项、融资、信贷、招标采购、医疗保险等方面予以支持。支持企业设立或者联合组建研制机构，鼓励企业与高等学校、科研院所、医疗机构等合作开展医疗器械的研究与创新，加强医疗器械知识产权保护，提高医疗器械自主创新能力。

**第十条** 国家加强医疗器械监督管理信息化建设，提高在线政务服务水平，为医疗器械行政许可、备案等提供便利。

**第十一条** 医疗器械行业组织应当加强行业自律，推进诚信体系建设，督促企业依法开展生产经营活动，引导企业诚实守信。

**第十二条** 对在医疗器械的研究与创新方面做出突出贡献的单位和个人，按照国家有关规定给予表彰奖励。

## 第二章 医疗器械产品注册与备案

**第十三条** 第一类医疗器械实行产品备案管理，第二类、第三类医疗器械实行产品注册管理。

医疗器械注册人、备案人应当加强医疗器械全生命周期质量管理，对研制、生产、经营、使用全过程中医疗器械的安全性、有效性依法承担责任。

**第十四条** 第一类医疗器械产品备案和申请第二类、第三类医疗器械产品注册，应当提交下列资料：

（一）产品风险分析资料；

（二）产品技术要求；

（三）产品检验报告；

（四）临床评价资料；

（五）产品说明书以及标签样稿；

（六）与产品研制、生产有关的质量管理体系文件；

（七）证明产品安全、有效所需的其他资料。

产品检验报告应当符合国务院药品监督管理部门的要求，可以是医疗器械注册申请人、备案人的自检报告，也可以是委托有资质的医疗器械检验机构出具的检验报告。

符合本条例第二十四条规定的免于进行临床评价情形的，可以免于提交临床评价资料。

医疗器械注册申请人、备案人应当确保提交的资料合法、真实、准确、完整和可追溯。

**第十五条** 第一类医疗器械产品备案，由备案人向所在地设区的市级人民政府负责药品监督管理的部门提交备案资料。

向我国境内出口第一类医疗器械的境外备案人，由其指定的我国境内企业法人向国务院药品监督管理部门提交备案资料和备案人所在国（地区）主管部门准许该医疗器械上市销售的证明文件。未在境外上市的创新医疗器械，可以不提交备案人所在国（地区）主管部门准许该医疗器械上市销售的证明文件。

备案人向负责药品监督管理的部门提交符合本条例规定的备案资料后即完成备案。负责药品监督管理的部门应当自收到备案资料之日起5个工作日内，通过国务院药品监督管理部门在线政务服务平台向社会公布备案有关信息。

备案资料载明的事项发生变化的，应当向原备案部门变更备案。

**第十六条** 申请第二类医疗器械产品注册，注册申请人应当向所在地省、自治区、直辖市人民政府药品监督管理部门提交注册申请资料。申请第三类医疗器械产品注册，注册申请人应当向国务院药品监督管理部门提交注册申请资料。

向我国境内出口第二类、第三类医疗器械的境外注册申请人，由其指定的我国境内企业法人向国务院药品监督管理部门提交注册申请资料和注册申请人所在国（地区）主管部门准许该医疗器械上市销售的证明文件。未在境外上市的创新医疗器械，可以不提交注册申请人所在国（地区）主管部门准许该医疗器械上市销售的证明文件。

国务院药品监督管理部门应当对医疗器械注册审查程序和要求作出规定，并加强对省、自治区、直辖市人民政府药品监督管理部门注册审查工作的监督指导。

**第十七条** 受理注册申请的药品监督管理部门应当对医疗器械的安全性、有效性以及注册申请人保证医疗器械安全、有效的质量管理能力等进行审查。

受理注册申请的药品监督管理部门应当自受理注册申请之日起3个工作日内将注册申请资料转交技术审评机构。技术审评机构应当在完成技术审评后，将审评意见提交受理注册申请的药品监督管理部门作为审批的依据。

受理注册申请的药品监督管理部门在组织对医疗器械的技术审评时认为有必要对质量管理体系进行核查的，应当组织开展质量管理体系核查。

**第十八条** 受理注册申请的药品监督管理部门应当自收到审评意见之日起20个工作日内作出决定。对符合条件的，准予注册并发给医疗器械注册证；对不符合条件的，不予注册并书面说明理由。

受理注册申请的药品监督管理部门应当自医疗器械准予注册之日起 5 个工作日内，通过国务院药品监督管理部门在线政务服务平台向社会公布注册有关信息。

**第十九条** 对用于治疗罕见疾病、严重危及生命且尚无有效治疗手段的疾病和应对公共卫生事件等急需的医疗器械，受理注册申请的药品监督管理部门可以作出附条件批准决定，并在医疗器械注册证中载明相关事项。

出现特别重大突发公共卫生事件或者其他严重威胁公众健康的紧急事件，国务院卫生主管部门根据预防、控制事件的需要提出紧急使用医疗器械的建议，经国务院药品监督管理部门组织论证同意后可以在一定范围和期限内紧急使用。

**第二十条** 医疗器械注册人、备案人应当履行下列义务：

（一）建立与产品相适应的质量管理体系并保持有效运行；

（二）制定上市后研究和风险管控计划并保证有效实施；

（三）依法开展不良事件监测和再评价；

（四）建立并执行产品追溯和召回制度；

（五）国务院药品监督管理部门规定的其他义务。

境外医疗器械注册人、备案人指定的我国境内企业法人应当协助注册人、备案人履行前款规定的义务。

**第二十一条** 已注册的第二类、第三类医疗器械产品，其设计、原材料、生产工艺、适用范围、使用方法等发生实质性变化，有可能影响该医疗器械安全、有效的，注册人应当向原注册部门申请办理变更注册手续；发生其他变化的，应当按照国务院药品监督管理部门的规定备案或者报告。

**第二十二条** 医疗器械注册证有效期为 5 年。有效期届满需要延续注册的，应当在有效期届满 6 个月前向原注册部门提出延续注册的申请。

除有本条第三款规定情形外，接到延续注册申请的药品监督管理部门应当在医疗器械注册证有效期届满前作出准予延续的决定。逾期未作决定的，视为准予延续。

有下列情形之一的，不予延续注册：

（一）未在规定期限内提出延续注册申请；

（二）医疗器械强制性标准已经修订，申请延续注册的医疗器械不能达到新要求；

（三）附条件批准的医疗器械，未在规定期限内完成医疗器械注册证载明事项。

**第二十三条** 对新研制的尚未列入分类目录的医疗器械，申请人可以依照本条例有关第三类医疗器械产品注册的规定直接申请产品注册，也可以依据分类规则判断产品类别并向国务院药品监督管理部门申请类别确认后依照本条例的规定申请产品注册或者进行产品备案。

直接申请第三类医疗器械产品注册的，国务院药品监督管理部门应当按照风险程度确定类别，对准予注册的医疗器械及时纳入分类目录。申请类别确认的，国务院药品监督管理部门应当自受理申请之日起 20 个工作日内对该医疗器械的类别进行判定并告知申请人。

**第二十四条** 医疗器械产品注册、备案，应当进行临床评价；但是符合下列情形之一，可以免于进行临床评价：

（一）工作机理明确、设计定型，生产工艺成熟，已上市的同品种医疗器械临床应用多年且无严重不良事件记录，不改变常规用途的；

（二）其他通过非临床评价能够证明该医疗器械安全、有效的。

国务院药品监督管理部门应当制定医疗器械临床评价指南。

**第二十五条** 进行医疗器械临床评价，可以根据产品特征、临床风险、已有临床数据等情形，通过开展临床试验，或者通过对同品种医疗器械临床文献资料、临床数据进行分析评价，证明医疗器械安全、有效。

按照国务院药品监督管理部门的规定，进行医疗器械临床评价时，已有临床文献资料、临床数据不足以确认产品安全、有效的医疗器械，应当开展临床试验。

**第二十六条** 开展医疗器械临床试验，应当按照医疗器械临床试验质量管理规范的要求，在具备相应条件的临床试验机构进行，并向临床试验申办者所在地省、自治区、直辖市人民政府药品监督管理部门备案。接受临床试验备案的药品监督管理部门应当将备案情况通报临床试验机构所在地同级药品监督管理部门和卫生主管部门。

医疗器械临床试验机构实行备案管理。医疗器械临床试验机构应当具备的条件以及备案管理办法和临床试验质量管理规范，由国务院药品监督管理部门会同国务院卫生主管部门制定并公布。

国家支持医疗机构开展临床试验，将临床试验条件和能力评价纳入医疗机构等级评审，鼓励医疗机构开展创新医疗器械临床试验。

**第二十七条** 第三类医疗器械临床试验对人体具有较高风险的，应当经国务院药品监督管理部门批准。国务院药品监督管理部门审批临床试验，应当对拟承担医疗器械临床试验的机构的设备、专业人员等条件，该医疗器械的风险程度，临床试验实施方案，临床受益与风险对比分析报告等进行综合分析，并自受理申请之日起60个工作日内作出决定并通知临床试验申办者。逾期未通知的，视为同意。准予开展临床试验的，应当通报临床试验机构所在地省、自治区、直辖市人民政府药品监督管理部门和卫生主管部门。

临床试验对人体具有较高风险的第三类医疗器械目录由国务院药品监督管理部门制定、调整并公布。

**第二十八条** 开展医疗器械临床试验，应当按照规定进行伦理审查，向受试者告知试验目的、用途和可能产生的风险等详细情况，获得受试者的书面知情同意；受试者为无民事行为能力人或者限制民事行为能力人的，应当依法获得其监护人的书面知情同意。

开展临床试验，不得以任何形式向受试者收取与临床试验有关的费用。

**第二十九条** 对正在开展临床试验的用于治疗严重危及生命且尚无有效治疗手段的疾病的医疗器械，经医学观察可能使患者获益，经伦理审查、知情同意后，可以在开展医疗器械临床试验的机构内免费用于其他病情相同的患者，其安全性数据可以用于医疗器械注册申请。

## 第三章 医疗器械生产

**第三十条** 从事医疗器械生产活动，应当具备下列条件：

（一）有与生产的医疗器械相适应的生产场地、环境条件、生产设备以及专业技术人员；

（二）有能对生产的医疗器械进行质量检验的机构或者专职检验人员以及检验设备；

（三）有保证医疗器械质量的管理制度；

（四）有与生产的医疗器械相适应的售后服务能力；

（五）符合产品研制、生产工艺文件规定的要求。

**第三十一条** 从事第一类医疗器械生产的，应当向所在地设区的市级人民政府负责药品监督管理的部门备案，在提交符合本条例第三十条规定条件的有关资料后即完成备案。

医疗器械备案人自行生产第一类医疗器械的，可以在依照本条例第十五条规定进行产品备案时一并提交符合本条例第三十条规定条件的有关资料，即完成生产备案。

**第三十二条** 从事第二类、第三类医疗器械生产的，应当向所在地省、自治区、直辖市人民政府药品监督管理部门申请生产许可并提交其符合本条例第三十条规定条件的有关资料以及所生产医疗器械的注册证。

受理生产许可申请的药品监督管理部门应当对申请资料进行审核，按照国务院药品监督管理部门制定的医疗器械生产质量管理规范的要求进行核查，并自受理申请之日起20个工作日内作出决定。对符合规定条件的，准予许可并发给医疗器械生产许可证；对不符合规定条件的，不予许可并书面说明理由。

医疗器械生产许可证有效期为5年。有效期届满需要延续的，依照有关行政许可的法律规定办理延续手续。

**第三十三条** 医疗器械生产质量管理规范应当对医疗器械的设计开发、生产设备条件、原材料采购、生产过程控制、产品放行、企业的机构设置和人员配备等影响医疗器械安全、有效的事项作出明确规定。

**第三十四条** 医疗器械注册人、备案人可以自行生产医疗器械，也可以委托符合本条例规定、具备相应条件的企业生产医疗器械。

委托生产医疗器械的，医疗器械注册人、备案人应当对所委托生产的医疗器械质量负责，并加强对受托生产企业生产行为的管理，保证其按照法定要求进行生产。医疗器械注册人、备案人应当与受托生产企业签订委托协议，明确双方权利、义务和责任。受托生产企业应当依照法律法规、医疗器械生产质量管理规范、强制性标准、产品技术要求和委托协议组织生产，对生产行为负责，并接受委托方的监督。

具有高风险的植入性医疗器械不得委托生产，具体目录由国务院药品监督管理部门制定、调整并公布。

**第三十五条** 医疗器械注册人、备案人、受托生产企业应当按照医疗器械生产质量管理规范，建立健全与所生产医疗器械相适应的质量管理体系并保证其有效运行；严格按照经注册或者备案的产品技术要求组织生产，保证出厂的医疗器械符合强制性标准以及经注册或者备案的产品技术要求。

医疗器械注册人、备案人、受托生产企业应当定期对质量管理体系的运行情况进行自查，并按照国务院药品监督管理部门的规定提交自查报告。

**第三十六条** 医疗器械的生产条件发生变化，不再符合医疗器械质量管理体系要求的，医疗器械注册人、备案人、受托生产企业应当立即采取整改措施；可能影响医疗器械安全、有效的，应当立即停止生产活动，并向原生产许可或者生产备案部门报告。

**第三十七条** 医疗器械应当使用通用名称。通用名称应当符合国务院药品监督管理部门制定的医疗器械命名规则。

**第三十八条** 国家根据医疗器械产品类别，分步实施医疗器械唯一标识制度，实现医疗器械可追溯，具体办法由国务院药品监督管理部门会同国务院有关部门制定。

**第三十九条** 医疗器械应当有说明书、标签。说明书、标签的内容应当与经注册或者备案的相关内容一致，确保真实、准确。

医疗器械的说明书、标签应当标明下列事项：

（一）通用名称、型号、规格；

（二）医疗器械注册人、备案人、受托生产企业的名称、地址以及联系方式；

（三）生产日期，使用期限或者失效日期；

（四）产品性能、主要结构、适用范围；

（五）禁忌、注意事项以及其他需要警示或者提示的内容；

（六）安装和使用说明或者图示；

（七）维护和保养方法，特殊运输、贮存的条件、方法；

（八）产品技术要求规定应当标明的其他内容。

第二类、第三类医疗器械还应当标明医疗器械注册证编号。

由消费者个人自行使用的医疗器械还应当具有安全使用的特别说明。

## 第四章 医疗器械经营与使用

**第四十条** 从事医疗器械经营活动，应当有与经营规模和经营范围相适应的经营场所和贮存条件，以及与经营的医疗器械相适应的质量管理制度和质量管理机构或者人员。

**第四十一条** 从事第二类医疗器械经营的，由经营企业向所在地设区的市级人民政府负责药品监督管理的部门备案并提交符合本条例第四十条规定条件的有关资料。

按照国务院药品监督管理部门的规定，对产品安全性、有效性不受流通过程影响的第二类医疗器械，可以免于经营备案。

**第四十二条** 从事第三类医疗器械经营的，经营企业应当向所在地设区的市级人民政府负责药品监督管理的部门申请经营许可并提交符合本条例第四十条规定条件的有关资料。

受理经营许可申请的负责药品监督管理的部门应当对申请资料进行审查，必要时组织核查，并自受理申请之日起20个工作日内作出决定。对符合规定条件的，准予许可并发给医疗器械经营许可证；对不符合规定条件的，不予许可并书面说明理由。

医疗器械经营许可证有效期为5年。有效期届满需要延续的，依照有关行政许可的法律规定办理延续手续。

**第四十三条** 医疗器械注册人、备案人经营其注册、备案的医疗器械，无需办理医疗器械经营许可或者备案，但应当符合本条例规定的经营条件。

**第四十四条** 从事医疗器械经营，应当依照法律法规和国务院药品监督管理部门制定的医疗器械经营质量管理规范的要求，建立健全与所经营医疗器械相适应的质量管理体系并保证其有效运行。

**第四十五条** 医疗器械经营企业、使用单位应当从具备合法资质的医疗器械注册人、备案人、生产经营企业购进医疗器械。购进医疗器械时，应当查验供货者的资质和医疗器械的合格证明文件，建立进货查验记录制度。从事第二类、第三类医疗器械批发业务以及第三类医疗器械零售业务的经营企业，还应当建立销售记录制度。

记录事项包括：

（一）医疗器械的名称、型号、规格、数量；

（二）医疗器械的生产批号、使用期限或者失效日期、销售日期；

（三）医疗器械注册人、备案人和受托生产企业的名称；

（四）供货者或者购货者的名称、地址以及联系方式；

（五）相关许可证明文件编号等。

进货查验记录和销售记录应当真实、准确、完整和可追溯，并按照国务院药品监督管理部门规定的期限予以保存。国家鼓励采用先进技术手段进行记录。

**第四十六条** 从事医疗器械网络销售的，应当是医疗器械注册人、备案人或者医疗器械经营企业。从事医疗器械网络销售的经营者，应当将从事医疗器械网络销售的相关信息告知所在地设区的市级人民政府负责药品监督管理的部门，经营第一类医疗器械和本条例第四十一条第二款规定的第二类医疗器械的除外。

为医疗器械网络交易提供服务的电子商务平台经营者应当对入网医疗器械经营者进行实名登记，审查其经营许可、备案情况和所经营医疗器械产品注册、备案情况，并对其经营行为进行管理。电子商务平台经营者发现入网医疗器械经营者有违反本条例规定行为的，应当及时制止并立即报告医疗器械经营者所在地设区的市级人民政府负责药品监督管理的部门；发现严重违法行为的，应当立即停止提供网络交易平台服务。

**第四十七条** 运输、贮存医疗器械，应当符合医疗器械说明书和标签标示的要求；

对温度、湿度等环境条件有特殊要求的，应当采取相应措施，保证医疗器械的安全、有效。

**第四十八条** 医疗器械使用单位应当有与在用医疗器械品种、数量相适应的贮存场所和条件。医疗器械使用单位应当加强对工作人员的技术培训，按照产品说明书、技术操作规范等要求使用医疗器械。

医疗器械使用单位配置大型医用设备，应当符合国务院卫生主管部门制定的大型医用设备配置规划，与其功能定位、临床服务需求相适应，具有相应的技术条件、配套设施和具备相应资质、能力的专业技术人员，并经省级以上人民政府卫生主管部门批准，取得大型医用设备配置许可证。

大型医用设备配置管理办法由国务院卫生主管部门会同国务院有关部门制定。大型医用设备目录由国务院卫生主管部门商国务院有关部门提出，报国务院批准后执行。

**第四十九条** 医疗器械使用单位对重复使用的医疗器械，应当按照国务院卫生主管部门制定的消毒和管理的规定进行处理。

一次性使用的医疗器械不得重复使用，对使用过的应当按照国家有关规定销毁并记录。一次性使用的医疗器械目录由国务院药品监督管理部门会同国务院卫生主管部门制定、调整并公布。列入一次性使用的医疗器械目录，应当具有充足的无法重复使用的证据理由。重复使用可以保证安全、有效的医疗器械，不列入一次性使用的医疗器械目录。对因设计、生产工艺、消毒灭菌技术等改进后重复使用可以保证安全、有效的医疗器械，应当调整出一次性使用的医疗器械目录，允许重复使用。

**第五十条** 医疗器械使用单位对需要定期检查、检验、校准、保养、维护的医疗器械，应当按照产品说明书的要求进行检查、检验、校准、保养、维护并予以记录，及时进行分析、评估，确保医疗器械处于良好状态，保障使用质量；对使用期限长的大型医疗器械，应当逐台建立使用档案，记录其使用、维护、转让、实际使用时间等事项。记录保存期限不得少于医疗器械规定使用期限终止后5年。

**第五十一条** 医疗器械使用单位应当妥善保存购入第三类医疗器械的原始资料，并确保信息具有可追溯性。

使用大型医疗器械以及植入和介入类医疗器械的，应当将医疗器械的名称、关键性技术参数等信息以及与使用质量安全密切相关的必要信息记载到病历等相关记录中。

**第五十二条** 发现使用的医疗器械存在安全隐患的，医疗器械使用单位应当立即停止使用，并通知医疗器械注册人、备案人或者其他负责产品质量的机构进行检修；经检修仍不能达到使用安全标准的医疗器械，不得继续使用。

**第五十三条** 对国内尚无同品种产品上市的体外诊断试剂，符合条件的医疗机构根据本单位的临床需要，可以自行研制，在执业医师指导下在本单位内使用。具体管理办法由国务院药品监督管理部门会同国务院卫生主管部门制定。

**第五十四条** 负责药品监督管理的部门和卫生主管部门依据各自职责，分别对使用环节的医疗器械质量和医疗器械使用行为进行监督管理。

**第五十五条** 医疗器械经营企业、使用单位不得经营、使用未依法注册或者备案、无合格证明文件以及过期、失效、淘汰的医疗器械。

**第五十六条** 医疗器械使用单位之间转让在用医疗器械，转让方应当确保所转让的医疗器械安全、有效，不得转让过期、失效、淘汰以及检验不合格的医疗器械。

**第五十七条** 进口的医疗器械应当是依照本条例第二章的规定已注册或者已备案的医疗器械。

进口的医疗器械应当有中文说明书、中文标签。说明书、标签应当符合本条例规定以及相关强制性标准的要求，并在说明书中载明医疗器械的原产地以及境外医疗器械注册人、备案人指定的我国境内企业法人的名称、地址、联系方式。没有中文说明书、中文标签或者说明书、标签不符合本条规定的，不得进口。

医疗机构因临床急需进口少量第二类、第三类医疗器械的，经国务院药品监督管理部门或者国务院授权的省、自治区、直辖市人民政府批准，可以进口。进口的医疗器械应当在指定医疗机构内用于特定医疗目的。

禁止进口过期、失效、淘汰等已使用过的医疗器械。

**第五十八条** 出入境检验检疫机构依法对进口的医疗器械实施检验；检验不合格的，不得进口。

国务院药品监督管理部门应当及时向国家出入境检验检疫部门通报进口医疗器械的注册和备案情况。进口口岸所在地出入境检验检疫机构应当及时向所在地设区的市级人民政府负责药品监督管理的部门通报进口医疗器械的通关情况。

**第五十九条** 出口医疗器械的企业应当保证其出口的医疗器械符合进口国（地区）的要求。

**第六十条** 医疗器械广告的内容应当真实合法，以经负责药品监督管理的部门注册或者备案的医疗器械说明书为准，不得含有虚假、夸大、误导性的内容。

发布医疗器械广告，应当在发布前由省、自治区、直辖市人民政府确定的广告审查机关对广告内容进行审查，并取得医疗器械广告批准文号；未经审查，不得发布。

省级以上人民政府药品监督管理部门责令暂停生产、进口、经营和使用的医疗器械，在暂停期间不得发布涉及该医疗器械的广告。

医疗器械广告的审查办法由国务院市场监督管理部门制定。

## 第五章 不良事件的处理与医疗器械的召回

**第六十一条** 国家建立医疗器械不良事件监测制度，对医疗器械不良事件及时进行收集、分析、评价、控制。

**第六十二条** 医疗器械注册人、备案人应当建立医疗器械不良事件监测体系，配备与其产品相适应的不良事件监测机构和人员，对其产品主动开展不良事件监测，并按照国务院药品监督管理部门的规定，向医疗器械不良事件监测技术机构报告调查、分析、评价、产品风险控制等情况。

医疗器械生产经营企业、使用单位应当协助医疗器械注册人、备案人对所生产经营或者使用的医疗器械开展不良事件监测；发现医疗器械不良事件或者可疑不良事件，应当按照国务院药品监督管理部门的规定，向医疗器械不良事件监测技术机构报告。

其他单位和个人发现医疗器械不良事件或者可疑不良事件，有权向负责药品监督管理的部门或者医疗器械不良事件监测技术机构报告。

**第六十三条** 国务院药品监督管理部门应当加强医疗器械不良事件监测信息网络建设。

医疗器械不良事件监测技术机构应当加强医疗器械不良事件信息监测，主动收集不良事件信息；发现不良事件或者接到不良事件报告的，应当及时进行核实，必要时进行调查、分析、评估，向负责药品监督管理的部门和卫生主管部门报告并提出处理建议。

医疗器械不良事件监测技术机构应当公布联系方式，方便医疗器械注册人、备案人、生产经营企业、使用单位等报告医疗器械不良事件。

**第六十四条** 负责药品监督管理的部门应当根据医疗器械不良事件评估结果及时采取发布警示信息以及责令暂停生产、进口、经营和使用等控制措施。

省级以上人民政府药品监督管理部门应当会同同级卫生主管部门和相关部门组织对引起突发、群发的严重伤害或者死亡的医疗器械不良事件及时进行调查和处理，并组织对同类医疗器械加强监测。

负责药品监督管理的部门应当及时向同级卫生主管部门通报医疗器械使用单位的不良事件监测有关情况。

**第六十五条** 医疗器械注册人、备案人、生产经营企业、使用单位应当对医疗器械不良事件监测技术机构、负责药品监督管理的部门、卫生主管部门开展的医疗器械不良事件调查予以配合。

**第六十六条** 有下列情形之一的，医疗器械注册人、备案人应当主动开展已上市医疗器械再评价：

（一）根据科学研究的发展，对医疗器械的安全、有效有认识上的改变；

（二）医疗器械不良事件监测、评估结果表明医疗器械可能存在缺陷；

（三）国务院药品监督管理部门规定的其他情形。

医疗器械注册人、备案人应当根据再评价结果，采取相应控制措施，对已上市医疗器械进行改进，并按照规定进行注册变更或者备案变更。再评价结果表明已上市医疗器械不能保证安全、有效的，医疗器械注册人、备案人应当主动申请注销医疗器械注册证或者取消备案；医疗器械注册人、备案人未申请注销医疗器械注册证或者取消备案的，由负责药品监督管理的部门注销医疗器械注册证或者取消备案。

省级以上人民政府药品监督管理部门根据医疗器械不良事件监测、评估等情况，对已上市医疗器械开展再评价。再评价结果表明已上市医疗器械不能保证安全、有效的，应当注销医疗器械注册证或者取消备案。

负责药品监督管理的部门应当向社会及时公布注销医疗器械注册证和取消备案情况。被注销医疗器械注册证或者取消备案的医疗器械不得继续生产、进口、经营、使用。

**第六十七条** 医疗器械注册人、备案人发现生产的医疗器械不符合强制性标准、经注册或者备案的产品技术要求，或者存在其他缺陷的，应当立即停止生产，通知相关经营企业、使用单位和消费者停止经营和使用，召回已经上市销售的医疗器械，采取补救、销毁等措施，记录相关情况，发布相关信息，并将医疗器械召回和处理情况向负责药品监督管理的部门和卫生主管部门报告。

医疗器械受托生产企业、经营企业发现生产、经营的医疗器械存在前款规定情形的，应当立即停止生产、经营，通知医疗器械注册人、备案人，并记录停止生产、经营和通知情况。医疗器械注册人、备案人认为属于依照前款规定需要召回的医疗器械，应当立即召回。

医疗器械注册人、备案人、受托生产企业、经营企业未依照本条规定实施召回或者停止生产、经营的，负责药品监督管理的部门可以责令其召回或者停止生产、经营。

## 第六章 监督检查

**第六十八条** 国家建立职业化专业化检查员制度，加强对医疗器械的监督检查。

**第六十九条** 负责药品监督管理的部门应当对医疗器械的研制、生产、经营活动以及使用环节的医疗器械质量加强监督检查，并对下列事项进行重点监督检查：

（一）是否按照经注册或者备案的产品技术要求组织生产；

（二）质量管理体系是否保持有效运行；

（三）生产经营条件是否持续符合法定要求。

必要时，负责药品监督管理的部门可以对为医疗器械研制、生产、经营、使用等活动提供产品或者服务的其他相关单位和个人进行延伸检查。

**第七十条** 负责药品监督管理的部门在监督检查中有下列职权：

（一）进入现场实施检查、抽取样品；

（二）查阅、复制、查封、扣押有关合同、票据、账簿以及其他有关资料；

（三）查封、扣押不符合法定要求的医疗器械，违法使用的零配件、原材料以及用于违法生产经营医疗器械的工具、设备；

（四）查封违反本条例规定从事医疗器械生产经营活动的场所。

进行监督检查，应当出示执法证件，保守被检查单位的商业秘密。

有关单位和个人应当对监督检查予以配合，提供相关文件和资料，不得隐瞒、拒绝、阻挠。

**第七十一条** 卫生主管部门应当对医疗机构的医疗器械使用行为加强监督检查。实施监督检查时，可以进入医疗机构，查阅、复制有关档案、记录以及其他有关资料。

**第七十二条** 医疗器械生产经营过程中存在产品质量安全隐患，未及时采取措施消除的，负责药品监督管理的部门可以采取告诫、责任约谈、责令限期整改等措施。

对人体造成伤害或者有证据证明可能危害人体健康的医疗器械，负责药品监督管理的部门可以采取责令暂停生产、进口、经营、使用的紧急控制措施，并发布安全警示信息。

**第七十三条** 负责药品监督管理的部门应当加强对医疗器械注册人、备案人、生产经营企业和使用单位生产、经营、使用的医疗器械的抽查检验。抽查检验不得收取检验费和其他任何费用，所需费用纳入本级政府预算。省级以上人民政府药品监督管理部门应当根据抽查检验结论及时发布医疗器械质量公告。

卫生主管部门应当对大型医用设备的使用状况进行监督和评估；发现违规使用以及与大型医用设备相关的过度检查、过度治疗等情形的，应当立即纠正，依法予以处理。

**第七十四条** 负责药品监督管理的部门未及时发现医疗器械安全系统性风险，未及时消除监督管理区域内医疗器械安全隐患的，本级人民政府或者上级人民政府负责药品监督管理的部门应当对其主要负责人进行约谈。

地方人民政府未履行医疗器械安全职责，未及时消除区域性重大医疗器械安全隐患的，上级人民政府或者上级人民政府负责药品监督管理的部门应当对其主要负责人进行约谈。

被约谈的部门和地方人民政府应当立即采取措施，对医疗器械监督管理工作进行整改。

**第七十五条** 医疗器械检验机构资质认定工作按照国家有关规定实行统一管理。经国务院认证认可监督管理部门会同国务院药品监督管理部门认定的检验机构，方可对医疗器械实施检验。

负责药品监督管理的部门在执法工作中需要对医疗器械进行检验的，应当委托有资质的医疗器械检验机构进行，并支付相关费用。

当事人对检验结论有异议的，可以自收到检验结论之日起7个工作日内向实施抽样检验的部门或者其上一级负责药品监督管理的部门提出复检申请，由受理复检申请的部门在复检机构名录中随机确定复检机构进行复检。承担复检工作的医疗器械检验机构应当在国务院药品监督管理部门规定的时间内作出复检结论。复检结论为最终检验结论。复检机构与初检机构不得为同一机构；相关检验项目只有一家有资质的检验机构的，复检时应当变更承办部门或者人员。复检机构名录由国务院药品监督管理部门公布。

**第七十六条** 对可能存在有害物质或者擅自改变医疗器械设计、原材料和生产工艺并存在安全隐患的医疗器械，按照医疗器械国家标准、行业标准规定的检验项目和检验方法无法检验的，医疗器械检验机构可以使用国务院药品监督管理部门批准的补充检验项目和检验方法进行检验；使用补充检验项目、检验方法得出的检验结论，可以作为负责药品监督管理的部门认定医疗器械质量的依据。

**第七十七条** 市场监督管理部门应当依照有关广告管理的法律、行政法规的规定，对医疗器械广告进行监督检查，查处违法行为。

**第七十八条**　负责药品监督管理的部门应当通过国务院药品监督管理部门在线政务服务平台依法及时公布医疗器械许可、备案、抽查检验、违法行为查处等日常监督管理信息。但是，不得泄露当事人的商业秘密。

负责药品监督管理的部门建立医疗器械注册人、备案人、生产经营企业、使用单位信用档案，对有不良信用记录的增加监督检查频次，依法加强失信惩戒。

**第七十九条**　负责药品监督管理的部门等部门应当公布本单位的联系方式，接受咨询、投诉、举报。负责药品监督管理的部门等部门接到与医疗器械监督管理有关的咨询，应当及时答复；接到投诉、举报，应当及时核实、处理、答复。对咨询、投诉、举报情况及其答复、核实、处理情况，应当予以记录、保存。

有关医疗器械研制、生产、经营、使用行为的举报经调查属实的，负责药品监督管理的部门等部门对举报人应当给予奖励。有关部门应当为举报人保密。

**第八十条**　国务院药品监督管理部门制定、调整、修改本条例规定的目录以及与医疗器械监督管理有关的规范，应当公开征求意见；采取听证会、论证会等形式，听取专家、医疗器械注册人、备案人、生产经营企业、使用单位、消费者、行业协会以及相关组织等方面的意见。

## 第七章　法律责任

**第八十一条**　有下列情形之一的，由负责药品监督管理的部门没收违法所得、违法生产经营的医疗器械和用于违法生产经营的工具、设备、原材料等物品；违法生产经营的医疗器械货值金额不足1万元的，并处5万元以上15万元以下罚款；货值金额1万元以上的，并处货值金额15倍以上30倍以下罚款；情节严重的，责令停产停业，10年内不受理相关责任人以及单位提出的医疗器械许可申请，对违法单位的法定代表人、主要负责人、直接负责的主管人员和其他责任人员，没收违法行为发生期间自本单位所获收入，并处所获收入30%以上3倍以下罚款，终身禁止其从事医疗器械生产经营活动：

（一）生产、经营未取得医疗器械注册证的第二类、第三类医疗器械；

（二）未经许可从事第二类、第三类医疗器械生产活动；

（三）未经许可从事第三类医疗器械经营活动。

有前款第一项情形、情节严重的，由原发证部门吊销医疗器械生产许可证或者医疗器械经营许可证。

**第八十二条**　未经许可擅自配置使用大型医用设备的，由县级以上人民政府卫生主管部门责令停止使用，给予警告，没收违法所得；违法所得不足1万元的，并处5万元以上10万元以下罚款；违法所得1万元以上的，并处违法所得10倍以上30倍以下罚款；情节严重的，5年内不受理相关责任人以及单位提出的大型医用设备配置许可申请，对违法单位的法定代表人、主要负责人、直接负责的主管人员和其他责任人员，没收违法行为发生期间自本单位所获收入，并处所获收入30%以上3倍以下罚款，依法给予处分。

**第八十三条** 在申请医疗器械行政许可时提供虚假资料或者采取其他欺骗手段的，不予行政许可，已经取得行政许可的，由作出行政许可决定的部门撤销行政许可，没收违法所得、违法生产经营使用的医疗器械，10 年内不受理相关责任人以及单位提出的医疗器械许可申请；违法生产经营使用的医疗器械货值金额不足 1 万元的，并处 5 万元以上 15 万元以下罚款；货值金额 1 万元以上的，并处货值金额 15 倍以上 30 倍以下罚款；情节严重的，责令停产停业，对违法单位的法定代表人、主要负责人、直接负责的主管人员和其他责任人员，没收违法行为发生期间自本单位所获收入，并处所获收入 30% 以上 3 倍以下罚款，终身禁止其从事医疗器械生产经营活动。

伪造、变造、买卖、出租、出借相关医疗器械许可证件的，由原发证部门予以收缴或者吊销，没收违法所得；违法所得不足 1 万元的，并处 5 万元以上 10 万元以下罚款；违法所得 1 万元以上的，并处违法所得 10 倍以上 20 倍以下罚款；构成违反治安管理行为的，由公安机关依法予以治安管理处罚。

**第八十四条** 有下列情形之一的，由负责药品监督管理的部门向社会公告单位和产品名称，责令限期改正；逾期不改正的，没收违法所得、违法生产经营的医疗器械；违法生产经营的医疗器械货值金额不足 1 万元的，并处 1 万元以上 5 万元以下罚款；货值金额 1 万元以上的，并处货值金额 5 倍以上 20 倍以下罚款；情节严重的，对违法单位的法定代表人、主要负责人、直接负责的主管人员和其他责任人员，没收违法行为发生期间自本单位所获收入，并处所获收入 30% 以上 2 倍以下罚款，5 年内禁止其从事医疗器械生产经营活动：

（一）生产、经营未经备案的第一类医疗器械；

（二）未经备案从事第一类医疗器械生产；

（三）经营第二类医疗器械，应当备案但未备案；

（四）已经备案的资料不符合要求。

**第八十五条** 备案时提供虚假资料的，由负责药品监督管理的部门向社会公告备案单位和产品名称，没收违法所得、违法生产经营的医疗器械；违法生产经营的医疗器械货值金额不足 1 万元的，并处 2 万元以上 5 万元以下罚款；货值金额 1 万元以上的，并处货值金额 5 倍以上 20 倍以下罚款；情节严重的，责令停产停业，对违法单位的法定代表人、主要负责人、直接负责的主管人员和其他责任人员，没收违法行为发生期间自本单位所获收入，并处所获收入 30% 以上 3 倍以下罚款，10 年内禁止其从事医疗器械生产经营活动。

**第八十六条** 有下列情形之一的，由负责药品监督管理的部门责令改正，没收违法生产经营使用的医疗器械；违法生产经营使用的医疗器械货值金额不足 1 万元的，并处 2 万元以上 5 万元以下罚款；货值金额 1 万元以上的，并处货值金额 5 倍以上 20 倍以下罚款；情节严重的，责令停产停业，直至由原发证部门吊销医疗器械注册证、医疗器械生产许可证、医疗器械经营许可证，对违法单位的法定代表人、主要负责人、直接负责的主管人员和其他责任人员，没收违法行为发生期间自本单位所获收入，并处所获收入30% 以上 3 倍以下罚款，10 年内禁止其从事医疗器械生产经营活动：

（一）生产、经营、使用不符合强制性标准或者不符合经注册或者备案的产品技术要求的医疗器械；

（二）未按照经注册或者备案的产品技术要求组织生产，或者未依照本条例规定建立质量管理体系并保持有效运行，影响产品安全、有效；

（三）经营、使用无合格证明文件、过期、失效、淘汰的医疗器械，或者使用未依法注册的医疗器械；

（四）在负责药品监督管理的部门责令召回后仍拒不召回，或者在负责药品监督管理的部门责令停止或者暂停生产、进口、经营后，仍拒不停止生产、进口、经营医疗器械；

（五）委托不具备本条例规定条件的企业生产医疗器械，或者未对受托生产企业的生产行为进行管理；

（六）进口过期、失效、淘汰等已使用过的医疗器械。

**第八十七条** 医疗器械经营企业、使用单位履行了本条例规定的进货查验等义务，有充分证据证明其不知道所经营、使用的医疗器械为本条例第八十一条第一款第一项、第八十四条第一项、第八十六条第一项和第三项规定情形的医疗器械，并能如实说明其进货来源的，收缴其经营、使用的不符合法定要求的医疗器械，可以免除行政处罚。

**第八十八条** 有下列情形之一的，由负责药品监督管理的部门责令改正，处 1 万元以上 5 万元以下罚款；拒不改正的，处 5 万元以上 10 万元以下罚款；情节严重的，责令停产停业，直至由原发证部门吊销医疗器械生产许可证、医疗器械经营许可证，对违法单位的法定代表人、主要负责人、直接负责的主管人员和其他责任人员，没收违法行为发生期间自本单位所获收入，并处所获收入 30% 以上 2 倍以下罚款，5 年内禁止其从事医疗器械生产经营活动：

（一）生产条件发生变化、不再符合医疗器械质量管理体系要求，未依照本条例规定整改、停止生产、报告；

（二）生产、经营说明书、标签不符合本条例规定的医疗器械；

（三）未按照医疗器械说明书和标签标示要求运输、贮存医疗器械；

（四）转让过期、失效、淘汰或者检验不合格的在用医疗器械。

**第八十九条** 有下列情形之一的，由负责药品监督管理的部门和卫生主管部门依据各自职责责令改正，给予警告；拒不改正的，处 1 万元以上 10 万元以下罚款；情节严重的，责令停产停业，直至由原发证部门吊销医疗器械注册证、医疗器械生产许可证、医疗器械经营许可证，对违法单位的法定代表人、主要负责人、直接负责的主管人员和其他责任人员处 1 万元以上 3 万元以下罚款：

（一）未按照要求提交质量管理体系自查报告；

（二）从不具备合法资质的供货者购进医疗器械；

（三）医疗器械经营企业、使用单位未依照本条例规定建立并执行医疗器械进货查验记录制度；

（四）从事第二类、第三类医疗器械批发业务以及第三类医疗器械零售业务的经营企业未依照本条例规定建立并执行销售记录制度；

（五）医疗器械注册人、备案人、生产经营企业、使用单位未依照本条例规定开展医疗器械不良事件监测，未按照要求报告不良事件，或者对医疗器械不良事件监测技术机构、负责药品监督管理的部门、卫生主管部门开展的不良事件调查不予配合；

（六）医疗器械注册人、备案人未按照规定制定上市后研究和风险管控计划并保证有效实施；

（七）医疗器械注册人、备案人未按照规定建立并执行产品追溯制度；

（八）医疗器械注册人、备案人、经营企业从事医疗器械网络销售未按照规定告知负责药品监督管理的部门；

（九）对需要定期检查、检验、校准、保养、维护的医疗器械，医疗器械使用单位未按照产品说明书要求进行检查、检验、校准、保养、维护并予以记录，及时进行分析、评估，确保医疗器械处于良好状态；

（十）医疗器械使用单位未妥善保存购入第三类医疗器械的原始资料。

**第九十条** 有下列情形之一的，由县级以上人民政府卫生主管部门责令改正，给予警告；拒不改正的，处5万元以上10万元以下罚款；情节严重的，处10万元以上30万元以下罚款，责令暂停相关医疗器械使用活动，直至由原发证部门吊销执业许可证，依法责令相关责任人员暂停6个月以上1年以下执业活动，直至由原发证部门吊销相关人员执业证书，对违法单位的法定代表人、主要负责人、直接负责的主管人员和其他责任人员，没收违法行为发生期间自本单位所获收入，并处所获收入30%以上3倍以下罚款，依法给予处分：

（一）对重复使用的医疗器械，医疗器械使用单位未按照消毒和管理的规定进行处理；

（二）医疗器械使用单位重复使用一次性使用的医疗器械，或者未按照规定销毁使用过的一次性使用的医疗器械；

（三）医疗器械使用单位未按照规定将大型医疗器械以及植入和介入类医疗器械的信息记载到病历等相关记录中；

（四）医疗器械使用单位发现使用的医疗器械存在安全隐患未立即停止使用、通知检修，或者继续使用经检修仍不能达到使用安全标准的医疗器械；

（五）医疗器械使用单位违规使用大型医用设备，不能保障医疗质量安全。

**第九十一条** 违反进出口商品检验相关法律、行政法规进口医疗器械的，由出入境检验检疫机构依法处理。

**第九十二条** 为医疗器械网络交易提供服务的电子商务平台经营者违反本条例规定，未履行对入网医疗器械经营者进行实名登记，审查许可、注册、备案情况，制止并报告违法行为，停止提供网络交易平台服务等管理义务的，由负责药品监督管理的部门依照

《中华人民共和国电子商务法》的规定给予处罚。

**第九十三条** 未进行医疗器械临床试验机构备案开展临床试验的，由负责药品监督管理的部门责令停止临床试验并改正；拒不改正的，该临床试验数据不得用于产品注册、备案，处5万元以上10万元以下罚款，并向社会公告；造成严重后果的，5年内禁止其开展相关专业医疗器械临床试验，并处10万元以上30万元以下罚款，由卫生主管部门对违法单位的法定代表人、主要负责人、直接负责的主管人员和其他责任人员，没收违法行为发生期间自本单位所获收入，并处所获收入30%以上3倍以下罚款，依法给予处分。

临床试验申办者开展临床试验未经备案的，由负责药品监督管理的部门责令停止临床试验，对临床试验申办者处5万元以上10万元以下罚款，并向社会公告；造成严重后果的，处10万元以上30万元以下罚款。该临床试验数据不得用于产品注册、备案，5年内不受理相关责任人以及单位提出的医疗器械注册申请。

临床试验申办者未经批准开展对人体具有较高风险的第三类医疗器械临床试验的，由负责药品监督管理的部门责令立即停止临床试验，对临床试验申办者处10万元以上30万元以下罚款，并向社会公告；造成严重后果的，处30万元以上100万元以下罚款。该临床试验数据不得用于产品注册，10年内不受理相关责任人以及单位提出的医疗器械临床试验和注册申请，对违法单位的法定代表人、主要负责人、直接负责的主管人员和其他责任人员，没收违法行为发生期间自本单位所获收入，并处所获收入30%以上3倍以下罚款。

**第九十四条** 医疗器械临床试验机构开展医疗器械临床试验未遵守临床试验质量管理规范的，由负责药品监督管理的部门责令改正或者立即停止临床试验，处5万元以上10万元以下罚款；造成严重后果的，5年内禁止其开展相关专业医疗器械临床试验，由卫生主管部门对违法单位的法定代表人、主要负责人、直接负责的主管人员和其他责任人员，没收违法行为发生期间自本单位所获收入，并处所获收入30%以上3倍以下罚款，依法给予处分。

**第九十五条** 医疗器械临床试验机构出具虚假报告的，由负责药品监督管理的部门处10万元以上30万元以下罚款；有违法所得的，没收违法所得；10年内禁止其开展相关专业医疗器械临床试验；由卫生主管部门对违法单位的法定代表人、主要负责人、直接负责的主管人员和其他责任人员，没收违法行为发生期间自本单位所获收入，并处所获收入30%以上3倍以下罚款，依法给予处分。

**第九十六条** 医疗器械检验机构出具虚假检验报告的，由授予其资质的主管部门撤销检验资质，10年内不受理相关责任人以及单位提出的资质认定申请，并处10万元以上30万元以下罚款；有违法所得的，没收违法所得；对违法单位的法定代表人、主要负责人、直接负责的主管人员和其他责任人员，没收违法行为发生期间自本单位所获收入，并处所获收入30%以上3倍以下罚款，依法给予处分；受到开除处分的，10年内禁止其从事医疗器械检验工作。

**第九十七条** 违反本条例有关医疗器械广告管理规定的，依照《中华人民共和国广告法》的规定给予处罚。

**第九十八条** 境外医疗器械注册人、备案人指定的我国境内企业法人未依照本条例规定履行相关义务的，由省、自治区、直辖市人民政府药品监督管理部门责令改正，给予警告，并处5万元以上10万元以下罚款；情节严重的，处10万元以上50万元以下罚款，5年内禁止其法定代表人、主要负责人、直接负责的主管人员和其他责任人员从事医疗器械生产经营活动。

境外医疗器械注册人、备案人拒不履行依据本条例作出的行政处罚决定的，10年内禁止其医疗器械进口。

**第九十九条** 医疗器械研制、生产、经营单位和检验机构违反本条例规定使用禁止从事医疗器械生产经营活动、检验工作的人员的，由负责药品监督管理的部门责令改正，给予警告；拒不改正的，责令停产停业直至吊销许可证件。

**第一百条** 医疗器械技术审评机构、医疗器械不良事件监测技术机构未依照本条例规定履行职责，致使审评、监测工作出现重大失误的，由负责药品监督管理的部门责令改正，通报批评，给予警告；造成严重后果的，对违法单位的法定代表人、主要负责人、直接负责的主管人员和其他责任人员，依法给予处分。

**第一百零一条** 负责药品监督管理的部门或者其他有关部门工作人员违反本条例规定，滥用职权、玩忽职守、徇私舞弊的，依法给予处分。

**第一百零二条** 违反本条例规定，构成犯罪的，依法追究刑事责任；造成人身、财产或者其他损害的，依法承担赔偿责任。

## 第八章 附 则

**第一百零三条** 本条例下列用语的含义：

医疗器械，是指直接或者间接用于人体的仪器、设备、器具、体外诊断试剂及校准物、材料以及其他类似或者相关的物品，包括所需要的计算机软件；其效用主要通过物理等方式获得，不是通过药理学、免疫学或者代谢的方式获得，或者虽然有这些方式参与但是只起辅助作用；其目的是：

（一）疾病的诊断、预防、监护、治疗或者缓解；

（二）损伤的诊断、监护、治疗、缓解或者功能补偿；

（三）生理结构或者生理过程的检验、替代、调节或者支持；

（四）生命的支持或者维持；

（五）妊娠控制；

（六）通过对来自人体的样本进行检查，为医疗或者诊断目的提供信息。

医疗器械注册人、备案人，是指取得医疗器械注册证或者办理医疗器械备案的企业或者研制机构。

医疗器械使用单位，是指使用医疗器械为他人提供医疗等技术服务的机构，包括医疗机构、计划生育技术服务机构、血站、单采血浆站、康复辅助器具适配机构等。

大型医用设备，是指使用技术复杂、资金投入量大、运行成本高、对医疗费用影响大且纳入目录管理的大型医疗器械。

**第一百零四条**　医疗器械产品注册可以收取费用。具体收费项目、标准分别由国务院财政、价格主管部门按照国家有关规定制定。

**第一百零五条**　医疗卫生机构为应对突发公共卫生事件而研制的医疗器械的管理办法，由国务院药品监督管理部门会同国务院卫生主管部门制定。

从事非营利的避孕医疗器械的存储、调拨和供应，应当遵守国务院卫生主管部门会同国务院药品监督管理部门制定的管理办法。

中医医疗器械的技术指导原则，由国务院药品监督管理部门会同国务院中医药管理部门制定。

**第一百零六条**　军队医疗器械使用的监督管理，依照本条例和军队有关规定执行。

**第一百零七条**　本条例自 2021 年 6 月 1 日起施行。

# 第三篇　部门规章

## 医疗器械注册与备案管理办法

（2021 年 8 月 26 日国家市场监督管理总局令第 47 号公布，自 2021 年 10 月 1 日起施行）

### 第一章　总　则

**第一条**　为了规范医疗器械注册与备案行为，保证医疗器械的安全、有效和质量可控，根据《医疗器械监督管理条例》，制定本办法。

**第二条**　在中华人民共和国境内从事医疗器械注册、备案及其监督管理活动，适用本办法。

**第三条**　医疗器械注册是指医疗器械注册申请人（以下简称申请人）依照法定程序和要求提出医疗器械注册申请，药品监督管理部门依据法律法规，基于科学认知，进行安全性、有效性和质量可控性等审查，决定是否同意其申请的活动。

医疗器械备案是指医疗器械备案人（以下简称备案人）依照法定程序和要求向药品监督管理部门提交备案资料，药品监督管理部门对提交的备案资料存档备查的活动。

**第四条**　国家药品监督管理局主管全国医疗器械注册与备案管理工作，负责建立医疗器械注册与备案管理工作体系和制度，依法组织境内第三类和进口第二类、第三类医疗器械审评审批，进口第一类医疗器械备案以及相关监督管理工作，对地方医疗器械注册与备案工作进行监督指导。

**第五条**　国家药品监督管理局医疗器械技术审评中心（以下简称国家局器械审评中心）负责需进行临床试验审批的医疗器械临床试验申请以及境内第三类和进口第二类、第三类医疗器械产品注册申请、变更注册申请、延续注册申请等的技术审评工作。

国家药品监督管理局医疗器械标准管理中心、中国食品药品检定研究院、国家药品监督管理局食品药品审核查验中心（以下简称国家局审核查验中心）、国家药品监督管理局药品评价中心、国家药品监督管理局行政事项受理服务和投诉举报中心、国家药品监督管理局信息中心等其他专业技术机构，依职责承担实施医疗器械监督管理所需的医疗器械标准管理、分类界定、检验、核查、监测与评价、制证送达以及相应的信息化建设与管理等相关工作。

**第六条**　省、自治区、直辖市药品监督管理部门负责本行政区域内以下医疗器械注册相关管理工作：

（一）境内第二类医疗器械注册审评审批；

（二）境内第二类、第三类医疗器械质量管理体系核查；

（三）依法组织医疗器械临床试验机构以及临床试验的监督管理；

（四）对设区的市级负责药品监督管理的部门境内第一类医疗器械备案的监督指导。

省、自治区、直辖市药品监督管理部门设置或者指定的医疗器械专业技术机构，承担实施医疗器械监督管理所需的技术审评、检验、核查、监测与评价等工作。

设区的市级负责药品监督管理的部门负责境内第一类医疗器械产品备案管理工作。

**第七条**　医疗器械注册与备案管理遵循依法、科学、公开、公平、公正的原则。

**第八条**　第一类医疗器械实行产品备案管理。第二类、第三类医疗器械实行产品注册管理。

境内第一类医疗器械备案，备案人向设区的市级负责药品监督管理的部门提交备案资料。

境内第二类医疗器械由省、自治区、直辖市药品监督管理部门审查，批准后发给医疗器械注册证。

境内第三类医疗器械由国家药品监督管理局审查，批准后发给医疗器械注册证。

进口第一类医疗器械备案，备案人向国家药品监督管理局提交备案资料。

进口第二类、第三类医疗器械由国家药品监督管理局审查，批准后发给医疗器械注册证。

**第九条**　医疗器械注册人、备案人应当加强医疗器械全生命周期质量管理，对研制、生产、经营、使用全过程中的医疗器械的安全性、有效性和质量可控性依法承担责任。

**第十条**　国家药品监督管理局对临床急需医疗器械实行优先审批，对创新医疗器械实行特别审批，鼓励医疗器械的研究与创新，推动医疗器械产业高质量发展。

**第十一条**　国家药品监督管理局依法建立健全医疗器械标准、技术指导原则等体系，规范医疗器械技术审评和质量管理体系核查，指导和服务医疗器械研发和注册申请。

**第十二条**　药品监督管理部门依法及时公开医疗器械注册、备案相关信息，申请人可以查询审批进度和结果，公众可以查阅审批结果。

未经申请人同意，药品监督管理部门、专业技术机构及其工作人员、参与评审的专家等人员不得披露申请人或者备案人提交的商业秘密、未披露信息或者保密商务信息，法律另有规定或者涉及国家安全、重大社会公共利益的除外。

## 第二章　基本要求

**第十三条**　医疗器械注册、备案应当遵守相关法律、法规、规章、强制性标准，遵循医疗器械安全和性能基本原则，参照相关技术指导原则，证明注册、备案的医疗器械安全、有效、质量可控，保证全过程信息真实、准确、完整和可追溯。

**第十四条** 申请人、备案人应当为能够承担相应法律责任的企业或者研制机构。

境外申请人、备案人应当指定中国境内的企业法人作为代理人，办理相关医疗器械注册、备案事项。代理人应当依法协助注册人、备案人履行《医疗器械监督管理条例》第二十条第一款规定的义务，并协助境外注册人、备案人落实相应法律责任。

**第十五条** 申请人、备案人应当建立与产品相适应的质量管理体系，并保持有效运行。

**第十六条** 办理医疗器械注册、备案事项的人员应当具有相应的专业知识，熟悉医疗器械注册、备案管理的法律、法规、规章和注册管理相关规定。

**第十七条** 申请注册或者进行备案，应当按照国家药品监督管理局有关注册、备案的要求提交相关资料，申请人、备案人对资料的真实性负责。

注册、备案资料应当使用中文。根据外文资料翻译的，应当同时提供原文。引用未公开发表的文献资料时，应当提供资料权利人许可使用的文件。

**第十八条** 申请进口医疗器械注册、办理进口医疗器械备案，应当提交申请人、备案人注册地或者生产地所在国家（地区）主管部门准许该医疗器械上市销售的证明文件。

申请人、备案人注册地或者生产地所在国家（地区）未将该产品作为医疗器械管理的，申请人、备案人需提供相关文件，包括注册地或者生产地所在国家（地区）准许该产品上市销售的证明文件。

未在申请人、备案人注册地或者生产地所在国家（地区）上市的创新医疗器械，不需提交相关文件。

**第十九条** 医疗器械应当符合适用的强制性标准。产品结构特征、预期用途、使用方式等与强制性标准的适用范围不一致的，申请人、备案人应当提出不适用强制性标准的说明，并提供相关资料。

没有强制性标准的，鼓励申请人、备案人采用推荐性标准。

**第二十条** 医疗器械注册、备案工作应当遵循医疗器械分类规则和分类目录的有关要求。

**第二十一条** 药品监督管理部门持续推进审评审批制度改革，加强医疗器械监管科学研究，建立以技术审评为主导，核查、检验、监测与评价等为支撑的医疗器械注册管理技术体系，优化审评审批流程，提高审评审批能力，提升审评审批质量和效率。

**第二十二条** 医疗器械专业技术机构建立健全沟通交流制度，明确沟通交流的形式和内容，根据工作需要组织与申请人进行沟通交流。

**第二十三条** 医疗器械专业技术机构根据工作需要建立专家咨询制度，在审评、核查、检验等过程中就重大问题听取专家意见，充分发挥专家的技术支撑作用。

# 第三章　医疗器械注册

## 第一节　产品研制

**第二十四条**　医疗器械研制应当遵循风险管理原则，考虑现有公认技术水平，确保产品所有已知和可预见的风险以及非预期影响最小化并可接受，保证产品在正常使用中受益大于风险。

**第二十五条**　从事医疗器械产品研制实验活动，应当符合我国相关法律、法规和强制性标准等的要求。

**第二十六条**　申请人、备案人应当编制申请注册或者进行备案医疗器械的产品技术要求。

产品技术要求主要包括医疗器械成品的可进行客观判定的功能性、安全性指标和检测方法。

医疗器械应当符合经注册或者备案的产品技术要求。

**第二十七条**　申请人、备案人应当编制申请注册或者进行备案医疗器械的产品说明书和标签。

产品说明书和标签应当符合《医疗器械监督管理条例》第三十九条要求以及相关规定。

**第二十八条**　医疗器械研制，应当根据产品适用范围和技术特征开展医疗器械非临床研究。

非临床研究包括产品化学和物理性能研究，电气安全研究，辐射安全研究，软件研究，生物学特性研究，生物源材料安全性研究，消毒、灭菌工艺研究，动物试验研究，稳定性研究等。

申请注册或者进行备案，应当提交研制活动中产生的非临床证据，包括非临床研究报告综述、研究方案和研究报告。

**第二十九条**　医疗器械非临床研究过程中确定的功能性、安全性指标及方法应当与产品预期使用条件、目的相适应，研究样品应当具有代表性和典型性。必要时，应当进行方法学验证、统计学分析。

**第三十条**　申请注册或者进行备案，应当按照产品技术要求进行检验，并提交检验报告。检验合格的，方可开展临床试验或者申请注册、进行备案。

**第三十一条**　检验用产品应当能够代表申请注册或者进行备案产品的安全性和有效性，其生产应当符合医疗器械生产质量管理规范的相关要求。

**第三十二条**　申请注册或者进行备案提交的医疗器械产品检验报告可以是申请人、备案人的自检报告，也可以是委托有资质的医疗器械检验机构出具的检验报告。

## 第二节 临床评价

**第三十三条** 除本办法第三十四条规定情形外，医疗器械产品注册、备案，应当进行临床评价。

医疗器械临床评价是指采用科学合理的方法对临床数据进行分析、评价，以确认医疗器械在其适用范围内的安全性、有效性的活动。

申请医疗器械注册，应当提交临床评价资料。

**第三十四条** 有下列情形之一的，可以免于进行临床评价：

（一）工作机理明确、设计定型，生产工艺成熟，已上市的同品种医疗器械临床应用多年且无严重不良事件记录，不改变常规用途的；

（二）其他通过非临床评价能够证明该医疗器械安全、有效的。

免于进行临床评价的，可以免于提交临床评价资料。

免于进行临床评价的医疗器械目录由国家药品监督管理局制定、调整并公布。

**第三十五条** 开展医疗器械临床评价，可以根据产品特征、临床风险、已有临床数据等情形，通过开展临床试验，或者通过对同品种医疗器械临床文献资料、临床数据进行分析评价，证明医疗器械的安全性、有效性。

按照国家药品监督管理局的规定，进行医疗器械临床评价时，已有临床文献资料、临床数据不足以确认产品安全、有效的医疗器械，应当开展临床试验。

国家药品监督管理局制定医疗器械临床评价指南，明确通过同品种医疗器械临床文献资料、临床数据进行临床评价的要求，需要开展临床试验的情形，临床评价报告的撰写要求等。

**第三十六条** 通过同品种医疗器械临床文献资料、临床数据进行临床评价的，临床评价资料包括申请注册产品与同品种医疗器械的对比，同品种医疗器械临床数据的分析评价，申请注册产品与同品种产品存在差异时的科学证据以及评价结论等内容。

通过临床试验开展临床评价的，临床评价资料包括临床试验方案、伦理委员会意见、知情同意书、临床试验报告等。

**第三十七条** 开展医疗器械临床试验，应当按照医疗器械临床试验质量管理规范的要求，在具备相应条件并按照规定备案的医疗器械临床试验机构内进行。临床试验开始前，临床试验申办者应当向所在地省、自治区、直辖市药品监督管理部门进行临床试验备案。临床试验医疗器械的生产应当符合医疗器械生产质量管理规范的相关要求。

**第三十八条** 第三类医疗器械进行临床试验对人体具有较高风险的，应当经国家药品监督管理局批准。

临床试验审批是指国家药品监督管理局根据申请人的申请，对拟开展临床试验的医疗器械的风险程度、临床试验方案、临床受益与风险对比分析报告等进行综合分析，以决定是否同意开展临床试验的过程。

需进行临床试验审批的第三类医疗器械目录由国家药品监督管理局制定、调整并公布。需进行临床试验审批的第三类医疗器械临床试验应在符合要求的三级甲等医疗机构开展。

**第三十九条**　需进行医疗器械临床试验审批的，申请人应当按照相关要求提交综述资料、研究资料、临床资料、产品说明书和标签样稿等申请资料。

**第四十条**　国家局器械审评中心对受理的临床试验申请进行审评。对临床试验申请应当自受理申请之日60日内作出是否同意的决定，并通过国家局器械审评中心网站通知申请人。逾期未通知的，视为同意。

**第四十一条**　审评过程中需要申请人补正资料的，国家局器械审评中心应当一次告知需要补正的全部内容。申请人应当在收到补正通知1年内，按照补正通知的要求一次提供补充资料。国家局器械审评中心收到补充资料后，按照规定的时限完成技术审评。

申请人对补正通知内容有异议的，可以向国家局器械审评中心提出书面意见，说明理由并提供相应的技术支持资料。

申请人逾期未提交补充资料的，终止技术审评，作出不予批准的决定。

**第四十二条**　对于医疗器械临床试验期间出现的临床试验医疗器械相关严重不良事件，或者其他严重安全性风险信息，临床试验申办者应当按照相关要求，分别向所在地和临床试验机构所在地省、自治区、直辖市药品监督管理部门报告，并采取风险控制措施。未采取风险控制措施的，省、自治区、直辖市药品监督管理部门依法责令申办者采取相应的风险控制措施。

**第四十三条**　医疗器械临床试验中出现大范围临床试验医疗器械相关严重不良事件，或者其他重大安全性问题时，申办者应当暂停或者终止医疗器械临床试验，分别向所在地和临床试验机构所在地省、自治区、直辖市药品监督管理部门报告。未暂停或者终止的，省、自治区、直辖市药品监督管理部门依法责令申办者采取相应的风险控制措施。

**第四十四条**　已批准开展的临床试验，有下列情形之一的，国家药品监督管理局可以责令申请人终止已开展的医疗器械临床试验：

（一）临床试验申请资料虚假的；

（二）已有最新研究证实原批准的临床试验伦理性和科学性存在问题的；

（三）其他应当终止的情形。

**第四十五条**　医疗器械临床试验应当在批准后3年内实施；医疗器械临床试验申请自批准之日起，3年内未有受试者签署知情同意书的，该医疗器械临床试验许可自行失效。仍需进行临床试验的，应当重新申请。

**第四十六条**　对正在开展临床试验的用于治疗严重危及生命且尚无有效治疗手段的疾病的医疗器械，经医学观察可能使患者获益，经伦理审查、知情同意后，可以在开展医疗器械临床试验的机构内免费用于其他病情相同的患者，其安全性数据可以用于医疗器械注册申请。

## 第三节 注册体系核查

**第四十七条** 申请人应当在申请注册时提交与产品研制、生产有关的质量管理体系相关资料，受理注册申请的药品监督管理部门在产品技术审评时认为有必要对质量管理体系进行核查的，应当组织开展质量管理体系核查，并可以根据需要调阅原始资料。

**第四十八条** 境内第三类医疗器械质量管理体系核查，由国家局器械审评中心通知申请人所在地的省、自治区、直辖市药品监督管理部门开展。

境内第二类医疗器械质量管理体系核查，由申请人所在地的省、自治区、直辖市药品监督管理部门组织开展。

**第四十九条** 省、自治区、直辖市药品监督管理部门按照医疗器械生产质量管理规范的要求开展质量管理体系核查，重点对申请人是否按照医疗器械生产质量管理规范的要求建立与产品相适应的质量管理体系，以及与产品研制、生产有关的设计开发、生产管理、质量控制等内容进行核查。

在核查过程中，应当同时对检验用产品和临床试验产品的真实性进行核查，重点查阅设计开发过程相关记录，以及检验用产品和临床试验产品生产过程的相关记录。

提交自检报告的，应当对申请人、备案人或者受托机构研制过程中的检验能力、检验结果等进行重点核查。

**第五十条** 省、自治区、直辖市药品监督管理部门可以通过资料审查或者现场检查的方式开展质量管理体系核查。根据申请人的具体情况、监督检查情况、本次申请注册产品与既往已通过核查产品生产条件及工艺对比情况等，确定是否现场检查以及检查内容，避免重复检查。

**第五十一条** 国家局器械审评中心对进口第二类、第三类医疗器械开展技术审评时，认为有必要进行质量管理体系核查的，通知国家局审核查验中心根据相关要求开展核查。

## 第四节 产品注册

**第五十二条** 申请人应当在完成支持医疗器械注册的安全性、有效性研究，做好接受质量管理体系核查的准备后，提出医疗器械注册申请，并按照相关要求，通过在线注册申请等途径向药品监督管理部门提交下列注册申请资料：

（一）产品风险分析资料；

（二）产品技术要求；

（三）产品检验报告；

（四）临床评价资料；

（五）产品说明书以及标签样稿；

（六）与产品研制、生产有关的质量管理体系文件；

（七）证明产品安全、有效所需的其他资料。

**第五十三条** 药品监督管理部门收到申请后对申请资料进行审核，并根据下列情况分别作出处理：

（一）申请事项属于本行政机关职权范围，申请资料齐全、符合形式审核要求的，予以受理；

（二）申请资料存在可以当场更正的错误的，应当允许申请人当场更正；

（三）申请资料不齐全或者不符合法定形式的，应当当场或者在5日内一次告知申请人需要补正的全部内容，逾期不告知的，自收到申请资料之日起即为受理；

（四）申请事项依法不属于本行政机关职权范围的，应当即时作出不予受理的决定，并告知申请人向有关行政机关申请。

药品监督管理部门受理或者不予受理医疗器械注册申请，应当出具加盖本行政机关专用印章和注明日期的受理或者不予受理的通知书。

医疗器械注册申请受理后，需要申请人缴纳费用的，申请人应当按规定缴纳费用。申请人未在规定期限内缴纳费用的，视为申请人主动撤回申请，药品监督管理部门终止其注册程序。

**第五十四条** 技术审评过程中需要申请人补正资料的，技术审评机构应当一次告知需要补正的全部内容。申请人应当在收到补正通知1年内，按照补正通知要求一次提供补充资料；技术审评机构收到补充资料后，在规定的时限内完成技术审评。

申请人对补正通知内容有异议的，可以向相应的技术审评机构提出书面意见，说明理由并提供相应的技术支持资料。

申请人逾期未提交补充资料的，终止技术审评，药品监督管理部门作出不予注册的决定。

**第五十五条** 对于已受理的注册申请，申请人可以在行政许可决定作出前，向受理该申请的药品监督管理部门申请撤回注册申请及相关资料，并说明理由。同意撤回申请的，药品监督管理部门终止其注册程序。

审评、核查、审批过程中发现涉嫌存在隐瞒真实情况或者提供虚假信息等违法行为的，依法处理，申请人不得撤回医疗器械注册申请。

**第五十六条** 对于已受理的注册申请，有证据表明注册申请资料可能虚假的，药品监督管理部门可以中止审评审批。经核实后，根据核实结论继续审查或者作出不予注册的决定。

**第五十七条** 医疗器械注册申请审评期间，对于拟作出不通过的审评结论的，技术审评机构应当告知申请人不通过的理由，申请人可以在15日内向技术审评机构提出异议，异议内容仅限于原申请事项和原申请资料。技术审评机构结合申请人的异议意见进行综合评估并反馈申请人。异议处理时间不计入审评时限。

**第五十八条** 受理注册申请的药品监督管理部门应当在技术审评结束后，作出是否批准的决定。对符合安全、有效、质量可控要求的，准予注册，发给医疗器械注册证，经过核准的产品技术要求以附件形式发给申请人。对不予注册的，应当书面说明理由，并同时告知申请人享有依法申请行政复议或者提起行政诉讼的权利。

医疗器械注册证有效期为5年。

**第五十九条** 对于已受理的注册申请，有下列情形之一的，药品监督管理部门作出不予注册的决定，并告知申请人：

（一）申请人对拟上市销售医疗器械的安全性、有效性、质量可控性进行的研究及其结果无法证明产品安全、有效、质量可控的；

（二）质量管理体系核查不通过，以及申请人拒绝接受质量管理体系现场检查的；

（三）注册申请资料虚假的；

（四）注册申请资料内容混乱、矛盾，注册申请资料内容与申请项目明显不符，不能证明产品安全、有效、质量可控的；

（五）不予注册的其他情形。

**第六十条** 法律、法规、规章规定实施行政许可应当听证的事项，或者药品监督管理部门认为需要听证的其他涉及公共利益的重大行政许可事项，药品监督管理部门应当向社会公告，并举行听证。医疗器械注册申请直接涉及申请人与他人之间重大利益关系的，药品监督管理部门在作出行政许可决定前，应当告知申请人、利害关系人享有要求听证的权利。

**第六十一条** 对用于治疗罕见疾病、严重危及生命且尚无有效治疗手段的疾病和应对公共卫生事件等急需的医疗器械，药品监督管理部门可以作出附条件批准决定，并在医疗器械注册证中载明有效期、上市后需要继续完成的研究工作及完成时限等相关事项。

**第六十二条** 对附条件批准的医疗器械，注册人应当在医疗器械上市后收集受益和风险相关数据，持续对产品的受益和风险开展监测与评估，采取有效措施主动管控风险，并在规定期限内按照要求完成研究并提交相关资料。

**第六十三条** 对附条件批准的医疗器械，注册人逾期未按照要求完成研究或者不能证明其受益大于风险的，注册人应当及时申请办理医疗器械注册证注销手续，药品监督管理部门可以依法注销医疗器械注册证。

**第六十四条** 对新研制的尚未列入分类目录的医疗器械，申请人可以直接申请第三类医疗器械产品注册，也可以依据分类规则判断产品类别并向国家药品监督管理局申请类别确认后，申请产品注册或者进行产品备案。

直接申请第三类医疗器械注册的，国家药品监督管理局按照风险程度确定类别。境内医疗器械确定为第二类或者第一类的，应当告知申请人向相应的药品监督管理部门申请注册或者进行备案。

**第六十五条** 已注册的医疗器械，其管理类别由高类别调整为低类别的，医疗器械注册证在有效期内继续有效。有效期届满需要延续的，应当在医疗器械注册证有效期届满6个月前，按照调整后的类别向相应的药品监督管理部门申请延续注册或者进行备案。

医疗器械管理类别由低类别调整为高类别的，注册人应当按照改变后的类别向相应的药品监督管理部门申请注册。国家药品监督管理局在管理类别调整通知中应当对完成调整的时限作出规定。

**第六十六条** 医疗器械注册证及其附件遗失、损毁的，注册人应当向原发证机关申请补发，原发证机关核实后予以补发。

**第六十七条** 注册申请审查过程中及批准后发生专利权纠纷的，应当按照有关法律、法规的规定处理。

## 第四章 特殊注册程序

### 第一节 创新产品注册程序

**第六十八条** 符合下列要求的医疗器械，申请人可以申请适用创新产品注册程序：

（一）申请人通过其主导的技术创新活动，在中国依法拥有产品核心技术发明专利权，或者依法通过受让取得在中国发明专利权或其使用权，且申请适用创新产品注册程序的时间在专利授权公告日起5年内；或者核心技术发明专利的申请已由国务院专利行政部门公开，并由国家知识产权局专利检索咨询中心出具检索报告，载明产品核心技术方案具备新颖性和创造性；

（二）申请人已完成产品的前期研究并具有基本定型产品，研究过程真实和受控，研究数据完整和可溯源；

（三）产品主要工作原理或者作用机理为国内首创，产品性能或者安全性与同类产品比较有根本性改进，技术上处于国际领先水平，且具有显著的临床应用价值。

**第六十九条** 申请适用创新产品注册程序的，申请人应当在产品基本定型后，向国家药品监督管理局提出创新医疗器械审查申请。国家药品监督管理局组织专家进行审查，符合要求的，纳入创新产品注册程序。

**第七十条** 对于适用创新产品注册程序的医疗器械注册申请，国家药品监督管理局以及承担相关技术工作的机构，根据各自职责指定专人负责，及时沟通，提供指导。

纳入创新产品注册程序的医疗器械，国家局器械审评中心可以与申请人在注册申请受理前以及技术审评过程中就产品研制中的重大技术问题、重大安全性问题、临床试验方案、阶段性临床试验结果的总结与评价等问题沟通交流。

**第七十一条** 纳入创新产品注册程序的医疗器械，申请人主动要求终止或者国家药品监督管理局发现不再符合创新产品注册程序要求的，国家药品监督管理局终止相关产品的创新产品注册程序并告知申请人。

**第七十二条** 纳入创新产品注册程序的医疗器械，申请人在规定期限内未提出注册申请的，不再适用创新产品注册程序。

### 第二节 优先注册程序

**第七十三条** 满足下列情形之一的医疗器械，可以申请适用优先注册程序：

（一）诊断或者治疗罕见病、恶性肿瘤且具有明显临床优势，诊断或者治疗老年人特有和多发疾病且目前尚无有效诊断或者治疗手段，专用于儿童且具有明显临床优势，或者临床急需且在我国尚无同品种产品获准注册的医疗器械；

（二）列入国家科技重大专项或者国家重点研发计划的医疗器械；

（三）国家药品监督管理局规定的其他可以适用优先注册程序的医疗器械。

**第七十四条** 申请适用优先注册程序的，申请人应当在提出医疗器械注册申请时，向国家药品监督管理局提出适用优先注册程序的申请。属于第七十三条第一项情形的，由国家药品监督管理局组织专家进行审核，符合的，纳入优先注册程序；属于第七十三条第二项情形的，由国家局器械审评中心进行审核，符合的，纳入优先注册程序；属于第七十三条第三项情形的，由国家药品监督管理局广泛听取意见，并组织专家论证后确定是否纳入优先注册程序。

**第七十五条** 对纳入优先注册程序的医疗器械注册申请，国家药品监督管理局优先进行审评审批，省、自治区、直辖市药品监督管理部门优先安排医疗器械注册质量管理体系核查。

国家局器械审评中心在对纳入优先注册程序的医疗器械产品开展技术审评过程中，应当按照相关规定积极与申请人进行沟通交流，必要时，可以安排专项交流。

### 第三节 应急注册程序

**第七十六条** 国家药品监督管理局可以依法对突发公共卫生事件应急所需且在我国境内尚无同类产品上市，或者虽在我国境内已有同类产品上市但产品供应不能满足突发公共卫生事件应急处理需要的医疗器械实施应急注册。

**第七十七条** 申请适用应急注册程序的，申请人应当向国家药品监督管理局提出应急注册申请。符合条件的，纳入应急注册程序。

**第七十八条** 对实施应急注册的医疗器械注册申请，国家药品监督管理局按照统一指挥、早期介入、随到随审、科学审批的要求办理，并行开展医疗器械产品检验、体系核查、技术审评等工作。

## 第五章 变更注册与延续注册

### 第一节 变更注册

**第七十九条** 注册人应当主动开展医疗器械上市后研究，对医疗器械的安全性、有效性和质量可控性进行进一步确认，加强对已上市医疗器械的持续管理。

已注册的第二类、第三类医疗器械产品，其设计、原材料、生产工艺、适用范围、使用方法等发生实质性变化，有可能影响该医疗器械安全、有效的，注册人应当向原注册部门申请办理变更注册手续；发生其他变化的，应当在变化之日起 30 日内向原注册部门备案。

注册证载明的产品名称、型号、规格、结构及组成、适用范围、产品技术要求、进口医疗器械的生产地址等，属于前款规定的需要办理变更注册的事项。注册人名称和住所、代理人名称和住所等，属于前款规定的需要备案的事项。境内医疗器械生产地址变更的，注册人应当在办理相应的生产许可变更后办理备案。

发生其他变化的，注册人应当按照质量管理体系要求做好相关工作，并按照规定向药品监督管理部门报告。

**第八十条** 对于变更注册申请，技术审评机构应当重点针对变化部分进行审评，对变化后产品是否安全、有效、质量可控形成审评意见。

在对变更注册申请进行技术审评时，认为有必要对质量管理体系进行核查的，药品监督管理部门应当组织开展质量管理体系核查。

**第八十一条** 医疗器械变更注册文件与原医疗器械注册证合并使用，有效期截止日期与原医疗器械注册证相同。

### 第二节 延续注册

**第八十二条** 医疗器械注册证有效期届满需要延续注册的，注册人应当在医疗器械注册证有效期届满6个月前，向原注册部门申请延续注册，并按照相关要求提交申请资料。

除有本办法第八十三条规定情形外，接到延续注册申请的药品监督管理部门应当在医疗器械注册证有效期届满前作出准予延续的决定。逾期未作决定的，视为准予延续。

**第八十三条** 有下列情形之一的，不予延续注册：

（一）未在规定期限内提出延续注册申请；

（二）新的医疗器械强制性标准发布实施，申请延续注册的医疗器械不能达到新要求；

（三）附条件批准的医疗器械，未在规定期限内完成医疗器械注册证载明事项。

**第八十四条** 延续注册的批准时间在原注册证有效期内的，延续注册的注册证有效期起始日为原注册证到期日次日；批准时间不在原注册证有效期内的，延续注册的注册证有效期起始日为批准延续注册的日期。

**第八十五条** 医疗器械变更注册申请、延续注册申请的受理与审批程序，本章未作规定的，适用本办法第三章的相关规定。

## 第六章 医疗器械备案

**第八十六条** 第一类医疗器械生产前，应当进行产品备案。

**第八十七条** 进行医疗器械备案，备案人应当按照《医疗器械监督管理条例》的规定向药品监督管理部门提交备案资料，获取备案编号。

**第八十八条** 已备案的医疗器械，备案信息表中登载内容及备案的产品技术要求发生变化的，备案人应当向原备案部门变更备案，并提交变化情况的说明以及相关文件。药品监督管理部门应当将变更情况登载于备案信息中。

**第八十九条** 已备案的医疗器械管理类别调整为第二类或者第三类医疗器械的，应当按照本办法规定申请注册。

## 第七章 工作时限

**第九十条** 本办法所规定的时限是医疗器械注册的受理、技术审评、核查、审批等工作的最长时间。特殊注册程序相关工作时限，按特殊注册程序相关规定执行。

国家局器械审评中心等专业技术机构应当明确本单位工作程序和时限，并向社会公布。

**第九十一条** 药品监督管理部门收到医疗器械注册申请及临床试验申请后，应当自受理之日起3日内将申请资料转交技术审评机构。临床试验申请的受理要求适用于本办法第五十三条规定。

**第九十二条** 医疗器械注册技术审评时限，按照以下规定执行：

（一）医疗器械临床试验申请的技术审评时限为60日，申请资料补正后的技术审评时限为40日；

（二）第二类医疗器械注册申请、变更注册申请、延续注册申请的技术审评时限为60日，申请资料补正后的技术审评时限为60日；

（三）第三类医疗器械注册申请、变更注册申请、延续注册申请的技术审评时限为90日，申请资料补正后的技术审评时限为60日。

**第九十三条** 境内第三类医疗器械质量管理体系核查时限，按照以下规定执行：

（一）国家局器械审评中心应当在医疗器械注册申请受理后10日内通知相关省、自治区、直辖市药品监督管理部门启动核查；

（二）省、自治区、直辖市药品监督管理部门原则上在接到核查通知后30日内完成核查，并将核查情况、核查结果等相关材料反馈至国家局器械审评中心。

**第九十四条** 受理注册申请的药品监督管理部门应当自收到审评意见之日起20日内作出决定。

**第九十五条** 药品监督管理部门应当自作出医疗器械注册审批决定之日起10日内颁发、送达有关行政许可证件。

**第九十六条** 因产品特性以及技术审评、核查等工作遇到特殊情况确需延长时限的，延长时限不得超过原时限的二分之一，经医疗器械技术审评、核查等相关技术机构负责人批准后，由延长时限的技术机构书面告知申请人，并通知其他相关技术机构。

**第九十七条** 原发证机关应当自收到医疗器械注册证补办申请之日起20日内予以补发。

**第九十八条** 以下时间不计入相关工作时限：

（一）申请人补充资料、核查后整改等所占用的时间；

（二）因申请人原因延迟核查的时间；

（三）外聘专家咨询、召开专家咨询会、药械组合产品需要与药品审评机构联合审评的时间；

（四）根据规定中止审评审批程序的，中止审评审批程序期间所占用的时间；

（五）质量管理体系核查所占用的时间。

**第九十九条** 本办法规定的时限以工作日计算。

## 第八章 监督管理

**第一百条** 药品监督管理部门应当加强对医疗器械研制活动的监督检查，必要时可以对为医疗器械研制提供产品或者服务的单位和个人进行延伸检查，有关单位和个人应当予以配合，提供相关文件和资料，不得拒绝、隐瞒、阻挠。

**第一百零一条** 国家药品监督管理局建立并分步实施医疗器械唯一标识制度，申请人、备案人应当按照相关规定提交唯一标识相关信息，保证数据真实、准确、可溯源。

**第一百零二条** 国家药品监督管理局应当及时将代理人信息通报代理人所在地省、自治区、直辖市药品监督管理部门。省、自治区、直辖市药品监督管理部门对本行政区域内的代理人组织开展日常监督管理。

**第一百零三条** 省、自治区、直辖市药品监督管理部门根据医疗器械临床试验机构备案情况，组织对本行政区域内已经备案的临床试验机构开展备案后监督检查。对于新备案的医疗器械临床试验机构，应当在备案后 60 日内开展监督检查。

省、自治区、直辖市药品监督管理部门应当组织对本行政区域内医疗器械临床试验机构遵守医疗器械临床试验质量管理规范的情况进行日常监督检查，监督其持续符合规定要求。国家药品监督管理局根据需要对医疗器械临床试验机构进行监督检查。

**第一百零四条** 药品监督管理部门认为有必要的，可以对临床试验的真实性、准确性、完整性、规范性和可追溯性进行现场检查。

**第一百零五条** 承担第一类医疗器械产品备案工作的药品监督管理部门在备案后监督中，发现备案资料不规范的，应当责令备案人限期改正。

**第一百零六条** 药品监督管理部门未及时发现本行政区域内医疗器械注册管理系统性、区域性风险，或者未及时消除本行政区域内医疗器械注册管理系统性、区域性隐患的，上级药品监督管理部门可以对下级药品监督管理部门主要负责人进行约谈。

## 第九章 法律责任

**第一百零七条** 违反本办法第七十九条的规定，未按照要求对发生变化进行备案的，责令限期改正；逾期不改正的，处 1 万元以上 3 万元以下罚款。

**第一百零八条** 开展医疗器械临床试验未遵守临床试验质量管理规范的，依照《医疗器械监督管理条例》第九十四条予以处罚。

**第一百零九条** 医疗器械技术审评机构未依照本办法规定履行职责，致使审评工作出现重大失误的，由负责药品监督管理的部门责令改正，通报批评，给予警告；造成严重后果的，对违法单位的法定代表人、主要负责人、直接负责的主管人员和其他责任人员，依法给予处分。

**第一百一十条** 负责药品监督管理的部门工作人员违反规定，滥用职权、玩忽职守、徇私舞弊的，依法给予处分。

## 第十章 附 则

**第一百一十一条** 医疗器械注册或者备案单元原则上以产品的技术原理、结构组成、性能指标和适用范围为划分依据。

**第一百一十二条** 获准注册的医疗器械，是指与该医疗器械注册证及附件限定内容一致且在医疗器械注册证有效期内生产的医疗器械。

**第一百一十三条** 医疗器械注册证中“结构及组成”栏内所载明的组合部件，以更换耗材、售后服务、维修等为目的，用于原注册产品的，可以单独销售。

**第一百一十四条** 申请人在申请医疗器械产品注册、变更注册、临床试验审批中可以经医疗器械主文档所有者授权，引用经登记的医疗器械主文档。医疗器械主文档登记相关工作程序另行规定。

**第一百一十五条** 医疗器械注册证格式由国家药品监督管理局统一制定。

注册证编号的编排方式为：

×1 械注 ×2××××3×4××5××××6。其中：

×1 为注册审批部门所在地的简称：

境内第三类医疗器械、进口第二类、第三类医疗器械为“国”字；

境内第二类医疗器械为注册审批部门所在地省、自治区、直辖市简称；

×2 为注册形式：

“准”字适用于境内医疗器械；

“进”字适用于进口医疗器械；

“许”字适用于香港、澳门、台湾地区的医疗器械；

××××3 为首次注册年份；

×4 为产品管理类别；

××5 为产品分类编码；

××××6 为首次注册流水号。

延续注册的，××××3 和 ××××6 数字不变。产品管理类别调整的，应当重新编号。

**第一百一十六条** 第一类医疗器械备案编号的编排方式为：

×1 械备 ××××2××××3。其中：

×1 为备案部门所在地的简称：

进口第一类医疗器械为“国”字；

境内第一类医疗器械为备案部门所在地省、自治区、直辖市简称加所在地设区的市级行政区域的简称（无相应设区的市级行政区域时，仅为省、自治区、直辖市的简称）；

××××2 为备案年份；

××××3 为备案流水号。

**第一百一十七条**　药品监督管理部门制作的医疗器械注册证、变更注册文件电子文件与纸质文件具有同等法律效力。

**第一百一十八条**　根据工作需要，国家药品监督管理局可以依法委托省、自治区、直辖市药品监督管理部门或者技术机构、社会组织承担有关的具体工作。

**第一百一十九条**　省、自治区、直辖市药品监督管理部门可以参照本办法第四章规定制定本行政区域内第二类医疗器械特殊注册程序，并报国家药品监督管理局备案。

**第一百二十条**　医疗器械产品注册收费项目、收费标准按照国务院财政、价格主管部门的有关规定执行。

**第一百二十一条**　按照医疗器械管理的体外诊断试剂的注册与备案，适用《体外诊断试剂注册与备案管理办法》。

**第一百二十二条**　定制式医疗器械监督管理的有关规定，由国家药品监督管理局另行制定。

药械组合产品注册管理的有关规定，由国家药品监督管理局另行制定。

医疗器械紧急使用的有关规定，由国家药品监督管理局会同有关部门另行制定。

**第一百二十三条**　香港、澳门、台湾地区医疗器械的注册、备案，参照进口医疗器械办理。

**第一百二十四条**　本办法自 2021 年 10 月 1 日起施行。2014 年 7 月 30 日原国家食品药品监督管理总局令第 4 号公布的《医疗器械注册管理办法》同时废止。

# 体外诊断试剂注册与备案管理办法

（2021 年 8 月 26 日国家市场监督管理总局令第 48 号公布，自 2021 年 10 月 1 日起施行）

## 第一章　总　则

**第一条**　为了规范体外诊断试剂注册与备案行为，保证体外诊断试剂的安全、有效和质量可控，根据《医疗器械监督管理条例》，制定本办法。

**第二条**　在中华人民共和国境内开展体外诊断试剂注册、备案及其监督管理活动，适用本办法。

**第三条**　本办法所称体外诊断试剂，是指按医疗器械管理的体外诊断试剂，包括在疾病的预测、预防、诊断、治疗监测、预后观察和健康状态评价的过程中，用于人体样本体外检测的试剂、试剂盒、校准品、质控品等产品，可以单独使用，也可以与仪器、器具、设备或者系统组合使用。

按照药品管理的用于血源筛查的体外诊断试剂、采用放射性核素标记的体外诊断试剂不属于本办法管理范围。

**第四条**　体外诊断试剂注册是指体外诊断试剂注册申请人（以下简称申请人）依照法定程序和要求提出体外诊断试剂注册申请，药品监督管理部门依据法律法规，基于科学认知，进行安全性、有效性和质量可控性等审查，决定是否同意其申请的活动。

体外诊断试剂备案是指体外诊断试剂备案人（以下简称备案人）依照法定程序和要求向药品监督管理部门提交备案资料，药品监督管理部门对提交的备案资料存档备查的活动。

**第五条**　国家药品监督管理局主管全国体外诊断试剂注册与备案管理工作，负责建立体外诊断试剂注册与备案管理工作体系，依法组织境内第三类和进口第二类、第三类体外诊断试剂审评审批，进口第一类体外诊断试剂备案以及相关监督管理工作，对地方体外诊断试剂注册与备案工作进行监督指导。

**第六条**　国家药品监督管理局医疗器械技术审评中心（以下简称国家局器械审评中心）负责境内第三类和进口第二类、三类体外诊断试剂产品注册申请、变更注册申请、延续注册申请等的技术审评工作。

国家药品监督管理局医疗器械标准管理中心、中国食品药品检定研究院、国家药品监督管理局食品药品审核查验中心（以下简称国家局审核查验中心）、国家药品监督管理局药品评价中心、国家药品监督管理局行政事项受理服务和投诉举报中心、国家药品监督管理局信息中心等其他专业技术机构，依职责承担实施体外诊断试剂监督管理所需的体外诊断试剂标准管理、分类界定、检验、核查、监测与评价、制证送达以及相应的信息化建设与管理等相关工作。

**第七条** 省、自治区、直辖市药品监督管理部门负责本行政区域内以下体外诊断试剂注册相关管理工作：

（一）境内第二类体外诊断试剂注册审评审批；

（二）境内第二类、第三类体外诊断试剂质量管理体系核查；

（三）依法组织医疗器械临床试验机构以及临床试验的监督管理；

（四）对设区的市级负责药品监督管理的部门境内第一类体外诊断试剂备案的监督指导。

省、自治区、直辖市药品监督管理部门设置或者指定的医疗器械专业技术机构，承担实施体外诊断试剂监督管理所需的技术审评、检验、核查、监测与评价等工作。

设区的市级负责药品监督管理的部门负责境内第一类体外诊断试剂产品备案管理工作。

**第八条** 体外诊断试剂注册与备案遵循依法、科学、公开、公平、公正的原则。

**第九条** 第一类体外诊断试剂实行产品备案管理。第二类、第三类体外诊断试剂实行产品注册管理。

境内第一类体外诊断试剂备案，备案人向设区的市级负责药品监督管理的部门提交备案资料。

境内第二类体外诊断试剂由省、自治区、直辖市药品监督管理部门审查，批准后发给医疗器械注册证。

境内第三类体外诊断试剂由国家药品监督管理局审查，批准后发给医疗器械注册证。

进口第一类体外诊断试剂备案，备案人向国家药品监督管理局提交备案资料。

进口第二类、第三类体外诊断试剂由国家药品监督管理局审查，批准后发给医疗器械注册证。

**第十条** 体外诊断试剂注册人、备案人应当加强体外诊断试剂全生命周期质量管理，对研制、生产、经营、使用全过程中的体外诊断试剂的安全性、有效性和质量可控性依法承担责任。

**第十一条** 国家药品监督管理局对临床急需体外诊断试剂实行优先审批，对创新体外诊断试剂实行特别审批。鼓励体外诊断试剂的研究与创新，推动医疗器械产业高质量发展。

**第十二条** 国家药品监督管理局依法建立健全体外诊断试剂标准、技术指导原则等体系，规范体外诊断试剂技术审评和质量管理体系核查，指导和服务体外诊断试剂研发和注册申请。

**第十三条** 药品监督管理部门依法及时公开体外诊断试剂注册、备案相关信息，申请人可以查询审批进度和结果，公众可以查阅审批结果。

未经申请人同意，药品监督管理部门、专业技术机构及其工作人员、参与评审的专家等人员不得披露申请人或者备案人提交的商业秘密、未披露信息或者保密商务信息，法律另有规定或者涉及国家安全、重大社会公共利益的除外。

## 第二章　基本要求

**第十四条**　体外诊断试剂注册、备案，应当遵守相关法律、法规、规章、强制性标准，遵循体外诊断试剂安全和性能基本原则，参照相关技术指导原则，证明注册、备案的体外诊断试剂安全、有效、质量可控，保证信息真实、准确、完整和可追溯。

**第十五条**　申请人、备案人应当为能够承担相应法律责任的企业或者研制机构。

境外申请人、备案人应当指定中国境内的企业法人作为代理人，办理相关体外诊断试剂注册、备案事项。代理人应当依法协助注册人、备案人履行《医疗器械监督管理条例》第二十条第一款规定的义务，并协助境外注册人、备案人落实相应法律责任。

**第十六条**　申请人、备案人应当建立与产品研制、生产有关的质量管理体系，并保持有效运行。

**第十七条**　办理体外诊断试剂注册、备案事项的人员应当具有相关专业知识，熟悉体外诊断试剂注册、备案管理的法律、法规、规章和注册管理相关规定。

**第十八条**　申请注册或者进行备案，应当按照国家药品监督管理局有关注册、备案的要求提交相关资料，申请人、备案人对资料的真实性负责。

注册、备案资料应当使用中文。根据外文资料翻译的，应当同时提供原文。引用未公开发表的文献资料时，应当提供资料权利人许可使用的文件。

**第十九条**　申请进口体外诊断试剂注册、办理进口体外诊断试剂备案，应当提交申请人、备案人注册地或者生产地所在国家（地区）主管部门准许上市销售的证明文件。

申请人、备案人注册地或者生产地所在国家（地区）未将该产品作为医疗器械管理的，申请人、备案人需提供相关文件，包括注册地或者生产地所在国家（地区）准许该产品上市销售的证明文件。

未在申请人、备案人注册地或者生产地所在国家（地区）上市的按照创新产品注册程序审批的体外诊断试剂，不需提交相关文件。

**第二十条**　体外诊断试剂应当符合适用的强制性标准。产品结构特征、技术原理、预期用途、使用方式等与强制性标准的适用范围不一致的，申请人、备案人应当提出不适用强制性标准的说明，并提供相关资料。

没有强制性标准的，鼓励申请人、备案人采用推荐性标准。

**第二十一条**　体外诊断试剂注册、备案工作应当遵循体外诊断试剂分类规则和分类目录的有关要求。

**第二十二条**　药品监督管理部门持续推进审评审批制度改革，加强监管科学研究，建立以技术审评为主导，核查、检验、监测与评价等为支撑的体外诊断试剂注册管理技术体系，优化审评审批流程，提高审评审批能力，提升审评审批质量和效率。

**第二十三条** 医疗器械专业技术机构建立健全沟通交流制度，明确沟通交流的形式和内容，根据工作需要组织与申请人进行沟通交流。

**第二十四条** 医疗器械专业技术机构根据工作需要建立专家咨询制度，在审评、核查、检验等过程中就重大问题听取专家意见，充分发挥专家的技术支撑作用。

## 第三章 体外诊断试剂注册

### 第一节 产品研制

**第二十五条** 体外诊断试剂研制应当遵循风险管理原则，考虑现有公认技术水平，确保产品所有已知和可预见的风险以及非预期影响最小化并可接受，保证产品在正常使用中受益大于风险。

**第二十六条** 从事体外诊断试剂产品研制实验活动，应当符合我国相关法律、法规和强制性标准等的要求。

**第二十七条** 申请人、备案人应当编制申请注册或者进行备案体外诊断试剂的产品技术要求。

产品技术要求主要包括体外诊断试剂成品的可进行客观判定的功能性、安全性指标和检测方法。

第三类体外诊断试剂的产品技术要求中应当以附录形式明确主要原材料以及生产工艺要求。

体外诊断试剂应当符合经注册或者备案的产品技术要求。

**第二十八条** 申请人、备案人应当编制申请注册或者进行备案体外诊断试剂的产品说明书和标签。

产品说明书和标签应当符合《医疗器械监督管理条例》第三十九条要求以及相关规定。

**第二十九条** 体外诊断试剂研制，应当根据产品预期用途和技术特征开展体外诊断试剂非临床研究。

非临床研究指在实验室条件下对体外诊断试剂进行的试验或者评价，包括主要原材料的选择及制备、产品生产工艺、产品分析性能、阳性判断值或者参考区间、产品稳定性等的研究。

申请注册或者进行备案，应当提交研制活动中产生的非临床证据。

**第三十条** 体外诊断试剂非临床研究过程中确定的功能性、安全性指标及方法应当与产品预期使用条件、目的相适应，研究样品应当具有代表性和典型性。必要时，应当进行方法学验证、统计学分析。

**第三十一条** 申请注册或者进行备案，应当按照产品技术要求进行检验，并提交检验报告。检验合格的，方可开展临床试验或者申请注册、进行备案。

**第三十二条** 同一注册申请包括不同包装规格时，可以只进行一种包装规格产品的检验，检验用产品应当能够代表申请注册或者进行备案产品的安全性和有效性，其生产应当符合医疗器械生产质量管理规范的相关要求。

**第三十三条** 申请注册或者进行备案提交的检验报告可以是申请人、备案人的自检报告，也可以是委托有资质的医疗器械检验机构出具的检验报告。

第三类体外诊断试剂应当提供3个不同生产批次产品的检验报告。

**第三十四条** 对于有适用的国家标准品的，应当使用国家标准品对试剂进行检验。中国食品药品检定研究院负责组织国家标准品的制备和标定工作。

## 第二节 临床评价

**第三十五条** 体外诊断试剂临床评价是指采用科学合理的方法对临床数据进行分析、评价，对产品是否满足使用要求或者预期用途进行确认，以证明体外诊断试剂的安全性、有效性的过程。

**第三十六条** 体外诊断试剂临床试验是指在相应的临床环境中，对体外诊断试剂的临床性能进行的系统性研究。

国家药品监督管理局制定体外诊断试剂临床试验指南，明确开展临床试验的要求、临床试验报告的撰写要求等。

**第三十七条** 开展体外诊断试剂临床评价，应当进行临床试验证明体外诊断试剂的安全性、有效性。

符合如下情形的，可以免于进行临床试验：

（一）反应原理明确、设计定型、生产工艺成熟，已上市的同品种体外诊断试剂临床应用多年且无严重不良事件记录，不改变常规用途的；

（二）通过进行同品种方法学比对的方式能够证明该体外诊断试剂安全、有效的。

免于进行临床试验的第二类、第三类体外诊断试剂目录由国家药品监督管理局制定、调整并公布。

**第三十八条** 免于进行临床试验的体外诊断试剂，申请人应当通过对符合预期用途的临床样本进行同品种方法学比对的方式证明产品的安全性、有效性。

国家药品监督管理局制定免于进行临床试验的体外诊断试剂临床评价相关指南。

**第三十九条** 体外诊断试剂临床评价资料是指申请人进行临床评价所形成的文件。

开展临床试验的，临床试验资料包括临床试验方案、伦理委员会意见、知情同意书、临床试验报告以及相关数据等。

列入免于进行临床试验目录的体外诊断试剂，临床评价资料包括与同类已上市产品的对比分析、方法学比对数据、相关文献数据分析和经验数据分析等。

**第四十条** 同一注册申请包括不同包装规格时，可以只采用一种包装规格的产品进行临床评价，临床评价用产品应当代表申请注册或者进行备案产品的安全性和有效性。

校准品、质控品单独申请注册不需要提交临床评价资料。

**第四十一条**　开展体外诊断试剂临床试验，应当按照医疗器械临床试验质量管理规范的要求，在具备相应条件并按照规定备案的医疗器械临床试验机构内进行。临床试验开始前，临床试验申办者应当向所在地省、自治区、直辖市药品监督管理部门进行临床试验备案。临床试验体外诊断试剂的生产应当符合医疗器械生产质量管理规范的相关要求。

**第四十二条**　对于体外诊断试剂临床试验期间出现的临床试验体外诊断试剂相关严重不良事件，或者其他严重安全性风险信息，临床试验申办者应当按照相关要求，分别向所在地和临床试验机构所在地省、自治区、直辖市药品监督管理部门报告，并采取风险控制措施。未采取风险控制措施的，省、自治区、直辖市药品监督管理部门依法责令申办者采取相应的风险控制措施。

**第四十三条**　体外诊断试剂临床试验中出现大范围临床试验体外诊断试剂相关严重不良事件，或者其他重大安全性问题时，申办者应当暂停或者终止体外诊断试剂临床试验，分别向所在地和临床试验机构所在地省、自治区、直辖市药品监督管理部门报告。未暂停或者终止的，省、自治区、直辖市药品监督管理部门依法责令申办者采取相应的风险控制措施。

**第四十四条**　对预期供消费者个人自行使用的体外诊断试剂开展临床评价时，申请人还应当进行无医学背景的消费者对产品说明书认知能力的评价。

**第四十五条**　对正在开展临床试验的用于诊断严重危及生命且尚无有效诊断手段的疾病的体外诊断试剂，经医学观察可能使患者获益，经伦理审查、知情同意后，可以在开展体外诊断试剂的临床试验的机构内免费用于其他病情相同的患者，其安全性数据可以用于体外诊断试剂注册申请。

## 第三节　注册体系核查

**第四十六条**　申请人应当在申请注册时提交与产品研制、生产有关的质量管理体系相关资料，受理注册申请的药品监督管理部门在产品技术审评时认为有必要对质量管理体系进行核查的，应当组织开展质量管理体系核查，并可以根据需要调阅原始资料。

**第四十七条**　境内第三类体外诊断试剂质量管理体系核查，由国家局器械审评中心通知申请人所在地的省、自治区、直辖市药品监督管理部门开展。

境内第二类体外诊断试剂质量管理体系核查，由申请人所在地省、自治区、直辖市药品监督管理部门组织开展。

**第四十八条**　省、自治区、直辖市药品监督管理部门按照医疗器械生产质量管理规范的要求开展质量管理体系核查，重点对申请人是否按照医疗器械生产质量管理规范的要求建立与产品相适应的质量管理体系，以及与产品研制、生产有关的设计开发、生产管理、质量控制等内容进行核查。

在核查过程中，应当同时对检验用产品和临床试验产品的真实性进行核查，重点查阅设计开发过程相关记录，以及检验用产品和临床试验产品生产过程的相关记录。

提交自检报告的，应当对申请人、备案人或者受托机构研制过程中的检验能力、检验结果等进行重点核查。

**第四十九条** 省、自治区、直辖市药品监督管理部门可以通过资料审查或者现场检查的方式开展质量管理体系核查。根据申请人的具体情况、监督检查情况、本次申请注册产品与既往已通过核查产品生产条件及工艺对比情况等，确定是否现场检查以及检查内容，避免重复检查。

**第五十条** 国家局器械审评中心对进口第二类、第三类体外诊断试剂开展技术审评时，认为有必要进行质量管理体系核查的，通知国家局审核查验中心根据相关要求开展核查。

## 第四节　产品注册

**第五十一条** 申请人应当在完成支持体外诊断试剂注册的安全性、有效性研究，做好接受质量管理体系核查的准备后，提出体外诊断试剂注册申请，并按照相关要求，通过在线注册申请等途径向药品监督管理部门提交下列注册申请资料：

（一）产品风险分析资料；

（二）产品技术要求；

（三）产品检验报告；

（四）临床评价资料；

（五）产品说明书以及标签样稿；

（六）与产品研制、生产有关的质量管理体系文件；

（七）证明产品安全、有效所需的其他资料。

**第五十二条** 药品监督管理部门收到申请后对申请资料进行审核，并根据下列情况分别作出处理：

（一）申请事项属于本行政机关职权范围，申请资料齐全、符合形式审核要求的，予以受理；

（二）申请资料存在可以当场更正的错误的，应当允许申请人当场更正；

（三）申请资料不齐全或者不符合法定形式的，应当当场或者在5日内一次告知申请人需要补正的全部内容，逾期不告知的，自收到申请资料之日起即为受理；

（四）申请事项依法不属于本行政机关职权范围的，应当即时作出不予受理的决定，并告知申请人向有关行政机关申请。

药品监督管理部门受理或者不予受理体外诊断试剂注册申请，应当出具加盖本行政机关专用印章和注明日期的受理或者不予受理的通知书。

体外诊断试剂注册申请受理后，需要申请人缴纳费用的，申请人应当按规定缴纳费用。申请人未在规定期限内缴纳费用的，视为申请人主动撤回申请，药品监督管理部门终止其注册程序。

**第五十三条** 技术审评过程中需要申请人补正资料的，技术审评机构应当一次告知需要补正的全部内容。申请人应当在收到补正通知1年内，按照补正通知要求一次提供补充资料；技术审评机构收到补充资料后，在规定的时限内完成技术审评。

申请人对补正通知内容有异议的，可以向相应的技术审评机构提出书面意见，说明理由并提供相应的技术支持资料。

申请人逾期未提交补充资料的，终止技术审评，药品监督管理部门作出不予注册的决定。

**第五十四条**　对于已受理的注册申请，申请人可以在行政许可决定作出前，向受理该申请的药品监督管理部门申请撤回注册申请及相关资料，并说明理由。同意撤回申请的，药品监督管理部门终止其注册程序。

审评、核查、审批过程中发现涉嫌存在隐瞒真实情况或者提供虚假信息等违法行为的，依法处理，申请人不得撤回注册申请。

**第五十五条**　对于已受理的注册申请，有证据表明注册申请资料可能虚假的，药品监督管理部门可以中止审评审批。经核实后，根据核实结论继续审查或者作出不予注册的决定。

**第五十六条**　体外诊断试剂注册申请审评期间，对于拟作出不通过的审评结论的，技术审评机构应当告知申请人不通过的理由，申请人可以在15日内向技术审评机构提出异议，异议内容仅限于原申请事项和原申请资料。技术审评机构结合申请人的异议意见进行综合评估并反馈申请人。异议处理时间不计入审评时限。

**第五十七条**　受理注册申请的药品监督管理部门应当在技术审评结束后，作出是否批准的决定。对符合安全、有效、质量可控要求的，准予注册，发给医疗器械注册证，经过核准的产品技术要求和产品说明书以附件形式发给申请人。对不予注册的，应当书面说明理由，并同时告知申请人享有依法申请行政复议或者提起行政诉讼的权利。

医疗器械注册证有效期为5年。

**第五十八条**　对于已受理的注册申请，有下列情形之一的，药品监督管理部门作出不予注册的决定，并告知申请人：

（一）申请人对拟上市销售体外诊断试剂的安全性、有效性、质量可控性进行的研究及其结果无法证明产品安全、有效、质量可控的；

（二）质量管理体系核查不通过，以及申请人拒绝接受质量管理体系现场检查的；

（三）注册申请资料虚假的；

（四）注册申请资料内容混乱、矛盾，注册申请资料内容与申请项目明显不符，不能证明产品安全、有效、质量可控的；

（五）不予注册的其他情形。

**第五十九条**　法律、法规、规章规定实施行政许可应当听证的事项，或者药品监督管理部门认为需要听证的其他涉及公共利益的重大行政许可事项，药品监督管理部门应当向社会公告，并举行听证。医疗器械注册申请直接涉及申请人与他人之间重大利益关系的，药品监督管理部门在作出行政许可决定前，应当告知申请人、利害关系人享有要求听证的权利。

**第六十条** 对用于罕见疾病、严重危及生命且尚无有效诊断手段的疾病和应对公共卫生事件等急需的体外诊断试剂，药品监督管理部门可以作出附条件批准决定，并在医疗器械注册证中载明有效期、上市后需要继续完成的研究工作及完成时限等相关事项。

**第六十一条** 对附条件批准的体外诊断试剂，注册人应当在体外诊断试剂上市后收集受益和风险相关数据，持续对产品的受益和风险开展监测与评估，采取有效措施主动管控风险，并在规定期限内按照要求完成研究并提交相关资料。

**第六十二条** 对附条件批准的体外诊断试剂，注册人逾期未按照要求完成研究或者不能证明其受益大于风险的，注册人应当及时申请办理医疗器械注册证注销手续，药品监督管理部门可以依法注销医疗器械注册证。

**第六十三条** 对新研制的尚未列入体外诊断试剂分类目录的体外诊断试剂，申请人可以直接申请第三类体外诊断试剂产品注册，也可以依据分类规则判断产品类别并向国家药品监督管理局申请类别确认后，申请产品注册或者进行产品备案。

直接申请第三类体外诊断试剂注册的，国家药品监督管理局按照风险程度确定类别。境内体外诊断试剂确定为第二类或者第一类的，应当告知申请人向相应的药品监督管理部门申请注册或者进行备案。

**第六十四条** 已注册的体外诊断试剂，其管理类别由高类别调整为低类别的，医疗器械注册证在有效期内继续有效。有效期届满需要延续的，注册人应当在医疗器械注册证有效期届满 6 个月前，按照调整后的类别向相应的药品监督管理部门申请延续注册或者进行备案。

体外诊断试剂管理类别由低类别调整为高类别的，注册人应当按照改变后的类别向相应的药品监督管理部门申请注册。国家药品监督管理局在管理类别调整通知中应当对完成调整的时限作出规定。

**第六十五条** 医疗器械注册证及其附件遗失、损毁的，注册人应当向原发证机关申请补发，原发证机关核实后予以补发。

**第六十六条** 注册申请审查过程中及批准后发生专利权纠纷的，应当按照有关法律、法规的规定处理。

## 第四章 特殊注册程序

### 第一节 创新产品注册程序

**第六十七条** 符合下列要求的体外诊断试剂，申请人可以申请适用创新产品注册程序：

（一）申请人通过其主导的技术创新活动，在中国依法拥有产品核心技术发明专利权，或者依法通过受让取得在中国发明专利权或其使用权，且申请适用创新产品注册程序的时间在专利授权公告日起 5 年内；或者核心技术发明专利的申请已由国务院专利行政部门公开，并由国家知识产权局专利检索咨询中心出具检索报告，载明产品核心技术方案具备新颖性和创造性；

（二）申请人已完成产品的前期研究并具有基本定型产品，研究过程真实和受控，研究数据完整和可溯源；

（三）产品主要工作原理或者作用机理为国内首创，产品性能或者安全性与同类产品比较有根本性改进，技术上处于国际领先水平，且具有显著的临床应用价值。

**第六十八条** 申请适用创新产品注册程序的，申请人应当在产品基本定型后，向国家药品监督管理局提出创新医疗器械审查申请。国家药品监督管理局组织专家进行审查，符合要求的，纳入创新产品注册程序。

**第六十九条** 对于适用创新产品注册程序的体外诊断试剂注册申请，国家药品监督管理局以及承担相关技术工作的机构，根据各自职责指定专人负责，及时沟通，提供指导。

纳入创新产品注册程序的体外诊断试剂，国家局器械审评中心可与申请人在注册申请受理前以及技术审评过程中就产品研制中的重大技术问题、重大安全性问题、临床试验方案、阶段性临床试验结果的总结与评价等问题沟通交流。

**第七十条** 纳入创新产品注册程序的体外诊断试剂，申请人主动要求终止或者国家药品监督管理局发现不再符合创新产品注册程序要求的，国家药品监督管理局可终止相关产品的创新产品注册程序并告知申请人。

**第七十一条** 纳入创新产品注册程序的体外诊断试剂，申请人在规定期限内未提出注册申请的，不再适用创新产品注册程序。

## 第二节 优先注册程序

**第七十二条** 满足下列情形之一的体外诊断试剂，可以申请适用优先注册程序：

（一）诊断罕见病、恶性肿瘤，且具有明显临床优势，诊断老年人特有和多发疾病且目前尚无有效诊断手段，专用于儿童且具有明显临床优势，或者临床急需且在我国尚无同品种产品获准注册的医疗器械；

（二）列入国家科技重大专项或者国家重点研发计划的医疗器械；

（三）国家药品监督管理局规定的其他可以适用优先注册程序的医疗器械。

**第七十三条** 申请适用优先注册程序的，申请人应当在提出体外诊断试剂注册申请时，向国家药品监督管理局提出适用优先注册程序的申请。属于第七十二条第一项情形的，由国家药品监督管理局组织专家进行审核，符合的，纳入优先注册程序；属于第七十二条第二项情形的，由国家局器械审评中心进行审核，符合的，纳入优先注册程序；属于第七十二条第三项情形的，由国家药品监督管理局广泛听取意见，并组织专家论证后确定是否纳入优先注册程序。

**第七十四条** 对纳入优先注册程序的体外诊断试剂注册申请，国家药品监督管理局优先进行审评审批，省、自治区、直辖市药品监督管理部门优先安排注册质量管理体系核查。

国家局器械审评中心在对纳入优先注册程序的医疗器械产品开展技术审评过程中，应当按照相关规定积极与申请人进行沟通交流，必要时，可以安排专项交流。

### 第三节 应急注册程序

**第七十五条** 国家药品监督管理局可以依法对突发公共卫生事件应急所需且在我国境内尚无同类产品上市，或者虽在我国境内已有同类产品上市但产品供应不能满足突发公共卫生事件应急处理需要的体外诊断试剂实施应急注册。

**第七十六条** 申请适用应急注册程序的，申请人应当向国家药品监督管理局提出应急注册申请。符合条件的，纳入应急注册程序。

**第七十七条** 对实施应急注册的体外诊断试剂注册申请，国家药品监督管理局按照统一指挥、早期介入、随到随审、科学审批的要求办理，并行开展体外诊断试剂产品检验、体系核查、技术审评等工作。

## 第五章 变更注册与延续注册

### 第一节 变更注册

**第七十八条** 注册人应当主动开展体外诊断试剂上市后研究，对体外诊断试剂的安全性、有效性和质量可控性进行进一步确认，加强对已上市体外诊断试剂的持续管理。

已注册的第二类、第三类体外诊断试剂产品，其设计、原材料、生产工艺、适用范围、使用方法等发生实质性变化，有可能影响该体外诊断试剂安全、有效的，注册人应当向原注册部门申请办理变更注册手续；发生其他变化的，应当在变化之日起30日内向原注册部门备案。

注册证载明的产品名称、包装规格、主要组成成分、预期用途、产品技术要求、产品说明书、进口体外诊断试剂的生产地址等，属于前款规定的需要办理变更注册的事项。注册人名称和住所、代理人名称和住所等，属于前款规定的需要备案的事项。境内体外诊断试剂生产地址变更的，注册人应当在办理相应的生产许可变更后办理备案。

发生其他变化的，注册人应当按照质量管理体系要求做好相关工作，并按照规定向药品监督管理部门报告。

**第七十九条** 已注册的第二类、第三类体外诊断试剂，产品的核心技术原理等发生实质性改变，或者发生其他重大改变、对产品安全有效性产生重大影响，实质上构成新的产品的，不属于本章规定的变更申请事项，应当按照注册申请的规定办理。

**第八十条** 对于变更注册申请，技术审评机构应当重点针对变化部分进行审评，对变化后产品是否安全、有效、质量可控形成审评意见。

在对变更注册申请进行技术审评时，认为有必要对质量管理体系进行核查的，药品监督管理部门应当组织开展质量管理体系核查。

**第八十一条** 医疗器械变更注册文件与原医疗器械注册证合并使用，有效期截止日期与原医疗器械注册证相同。

### 第二节 延续注册

**第八十二条** 医疗器械注册证有效期届满需要延续注册的，注册人应当在医疗器械注册证有效期届满6个月前，向原注册部门申请延续注册，并按照相关要求提交申请资料。

除有本办法第八十三条规定情形外，接到延续注册申请的药品监督管理部门应当在医疗器械注册证有效期届满前作出准予延续的决定。逾期未作决定的，视为准予延续。

**第八十三条** 有下列情形之一的，不予延续注册：

（一）未在规定期限内提出延续注册申请；

（二）新的体外诊断试剂强制性标准或者国家标准品发布实施，申请延续注册的体外诊断试剂不能达到新要求；

（三）附条件批准的体外诊断试剂，未在规定期限内完成医疗器械注册证载明事项。

**第八十四条** 延续注册的批准时间在原注册证有效期内的，延续注册的注册证有效期起始日为原注册证到期日次日；批准时间不在原注册证有效期内的，延续注册的注册证有效期起始日为批准延续注册的日期。

**第八十五条** 体外诊断试剂变更注册申请、延续注册申请的受理与审批程序，本章未作规定的，适用本办法第三章的相关规定。

## 第六章 体外诊断试剂备案

**第八十六条** 第一类体外诊断试剂生产前，应当进行产品备案。

**第八十七条** 进行体外诊断试剂备案，备案人应当按照《医疗器械监督管理条例》的规定向药品监督管理部门提交备案资料，获取备案编号。

**第八十八条** 已备案的体外诊断试剂，备案信息表中登载内容及备案的产品技术要求发生变化的，备案人应当向原备案部门变更备案，并提交变化情况的说明以及相关文件。药品监督管理部门应当将变更情况登载于备案信息中。

**第八十九条** 已备案的体外诊断试剂管理类别调整为第二类或者第三类体外诊断试剂的，应当按照本办法规定申请注册。

## 第七章 工作时限

**第九十条** 本办法所规定的时限是体外诊断试剂注册的受理、技术审评、核查、审批等工作的最长时间。特殊注册程序相关工作时限，按特殊注册程序相关规定执行。

国家局器械审评中心等专业技术机构应当明确本单位工作程序和时限，并向社会公布。

**第九十一条** 药品监督管理部门收到体外诊断试剂注册申请后，应当自受理之日起3日内将申请资料转交技术审评机构。

**第九十二条** 体外诊断试剂注册技术审评时限，按照以下规定执行：

（一）第二类体外诊断试剂注册申请、变更注册申请、延续注册申请的技术审评时限为60日，申请资料补正后的技术审评时限为60日；

（二）第三类体外诊断试剂注册申请、变更注册申请、延续注册申请的技术审评时限为90日，申请资料补正后的技术审评时限为60日。

**第九十三条** 境内第三类体外诊断试剂质量管理体系核查时限，按照以下规定执行：

（一）国家局器械审评中心应当在体外诊断试剂注册申请受理后10日内通知相关省、自治区、直辖市药品监督管理部门启动核查；

（二）省、自治区、直辖市药品监督管理部门原则上在接到核查通知后30日内完成核查，并将核查情况、核查结果等相关材料反馈至国家局器械审评中心。

**第九十四条** 受理注册申请的药品监督管理部门应当自收到审评意见之日起20日内作出决定。

**第九十五条** 药品监督管理部门应当自作出体外诊断试剂注册审批决定之日起10日内颁发、送达有关行政许可证件。

**第九十六条** 因产品特性以及技术审评、核查等工作遇到特殊情况确需延长时限的，延长时限不得超过原时限的二分之一，经医疗器械技术审评、核查等相关技术机构负责人批准后，由延长时限的技术机构书面告知申请人，并通知其他相关技术机构。

**第九十七条** 原发证机关应当自收到医疗器械注册证补办申请之日起20日内予以补发。

**第九十八条** 以下时间不计入相关工作时限：

（一）申请人补充资料、核查后整改等所占用的时间；

（二）因申请人原因延迟核查的时间；

（三）外聘专家咨询、召开专家咨询会、需要与药品审评机构联合审评的时间；

（四）根据规定中止审评审批程序的，中止审评审批程序期间所占用的时间；

（五）质量管理体系核查所占用的时间。

**第九十九条** 本办法规定的时限以工作日计算。

## 第八章　监督管理

**第一百条** 药品监督管理部门应当加强体外诊断试剂研制活动的监督检查，必要时可以对为体外诊断试剂研制提供产品或者服务的单位和个人进行延伸检查，有关单位和个人应当予以配合，提供相关文件和资料，不得拒绝、隐瞒、阻挠。

**第一百零一条** 国家药品监督管理局建立并分步实施医疗器械唯一标识制度，申请人、备案人应当按照相关规定提交唯一标识相关信息，保证数据真实、准确、可溯源。

**第一百零二条** 国家药品监督管理局应当及时将代理人信息通报代理人所在地省、自治区、直辖市药品监督管理部门。省、自治区、直辖市药品监督管理部门对本行政区域内的代理人组织开展日常监督管理。

**第一百零三条** 省、自治区、直辖市药品监督管理部门根据医疗器械临床试验机构备案情况，组织对本行政区域内已经备案的临床试验机构开展备案后监督检查。对于新备案的医疗器械临床试验机构，应当在备案后60日内开展监督检查。

省、自治区、直辖市药品监督管理部门应当组织对本行政区域内医疗器械临床试验机构遵守医疗器械临床试验质量管理规范的情况进行日常监督检查，监督其持续符合规定要求。国家药品监督管理局根据需要对医疗器械临床试验机构进行监督检查。

**第一百零四条** 药品监督管理部门认为有必要的，可以对临床试验的真实性、准确性、完整性、规范性和可追溯性进行现场检查。

**第一百零五条** 承担第一类体外诊断试剂产品备案工作的药品监督管理部门在备案后监督中，发现备案资料不规范的，应当责令备案人限期改正。

**第一百零六条** 药品监督管理部门未及时发现本行政区域内体外诊断试剂注册管理系统性、区域性风险，或者未及时消除本行政区域内体外诊断试剂注册管理系统性、区域性隐患的，上级药品监督管理部门可以对下级药品监督管理部门主要负责人进行约谈。

## 第九章 法律责任

**第一百零七条** 违反本办法第七十八条的规定，未按照要求对发生变化进行备案的，责令限期改正；逾期不改正的，处1万元以上3万元以下罚款。

**第一百零八条** 开展体外诊断试剂临床试验未遵守临床试验质量管理规范的，依照《医疗器械监督管理条例》第九十四条予以处罚。

**第一百零九条** 医疗器械技术审评机构未依照本办法规定履行职责，致使审评工作出现重大失误的，由负责药品监督管理的部门责令改正，通报批评，给予警告；造成严重后果的，对违法单位的法定代表人、主要负责人、直接负责的主管人员和其他责任人员，依法给予处分。

**第一百一十条** 负责药品监督管理的部门工作人员违反规定，滥用职权、玩忽职守、徇私舞弊的，依法给予处分。

## 第十章 附 则

**第一百一十一条** 体外诊断试剂的命名应当遵循以下原则：

体外诊断试剂的产品名称一般由三部分组成。第一部分：被测物质的名称；第二部分：用途，如测定试剂盒、质控品等；第三部分：方法或者原理，如磁微粒化学发光免疫分析法、荧光PCR法、荧光原位杂交法等，本部分应当在括号中列出。

如果被测物组分较多或者有其他特殊情况，可以采用与产品相关的适应症名称或者其他替代名称。

第一类产品和校准品、质控品，依据其预期用途进行命名。

**第一百一十二条** 体外诊断试剂的注册或者备案单元应为单一试剂或者单一试剂盒，一个注册或者备案单元可以包括不同的包装规格。

校准品、质控品可以与配合使用的体外诊断试剂合并申请注册，也可以单独申请注册。

**第一百一十三条** 获准注册的体外诊断试剂，是指与该医疗器械注册证及附件限定内容一致且在医疗器械注册证有效期内生产的体外诊断试剂。

**第一百一十四条** 医疗器械注册证中“主要组成成分”栏内所载明的独立试剂组分，用于原注册产品的，可以单独销售。

**第一百一十五条** 申请人在申请体外诊断试剂产品注册、变更注册中可以经医疗器械主文档所有者授权，引用经登记的医疗器械主文档。医疗器械主文档由其所有者或代理机构办理登记，相关工作程序另行规定。

**第一百一十六条** 医疗器械注册证格式由国家药品监督管理局统一制定。

注册证编号的编排方式为：

×1 械注 ×2××××3×4××5××××6。其中：

×1 为注册审批部门所在地的简称：

境内第三类体外诊断试剂、进口第二类、第三类体外诊断试剂为“国”字；

境内第二类体外诊断试剂为注册审批部门所在地省、自治区、直辖市简称；

×2 为注册形式：

“准”字适用于境内体外诊断试剂；

“进”字适用于进口体外诊断试剂；

“许”字适用于香港、澳门、台湾地区的体外诊断试剂；

××××3 为首次注册年份；

×4 为产品管理类别；

××5 为产品分类编码；

××××6 为首次注册流水号。

延续注册的，××××3 和 ××××6 数字不变。产品管理类别调整的，应当重新编号。

**第一百一十七条** 第一类医疗器械备案编号的编排方式为：

×1 械备 ××××2××××3。

其中：

×1 为备案部门所在地的简称：

进口第一类体外诊断试剂为“国”字；

境内第一类体外诊断试剂为备案部门所在地省、自治区、直辖市简称加所在地设区的市级行政区域的简称（无相应设区的市级行政区域时，仅为省、自治区、直辖市的简称）；

××××2为备案年份；

××××3为备案流水号。

**第一百一十八条** 药品监督管理部门制作的医疗器械注册证、变更注册文件电子文件与纸质文件具有同等法律效力。

**第一百一十九条** 根据工作需要，国家药品监督管理局可以依法委托省、自治区、直辖市药品监督管理部门或者技术机构、社会组织承担有关的具体工作。

**第一百二十条** 省、自治区、直辖市药品监督管理部门可以参照本办法第四章规定制定本行政区域内第二类体外诊断试剂特殊注册程序，并报国家药品监督管理局备案。

**第一百二十一条** 体外诊断试剂产品注册收费项目、收费标准按照国务院财政、价格主管部门的有关规定执行。

**第一百二十二条** 体外诊断试剂紧急使用的有关规定，由国家药品监督管理局会同有关部门另行制定。

**第一百二十三条** 国内尚无同品种产品上市，医疗机构根据本单位的临床需要自行研制，在执业医师指导下在本单位内使用的体外诊断试剂，相关管理规定由国家药品监督管理局会同有关部门另行制定。

**第一百二十四条** 香港、澳门、台湾地区体外诊断试剂的注册、备案，参照进口体外诊断试剂办理。

**第一百二十五条** 本办法自2021年10月1日起施行。2014年7月30日原国家食品药品监督管理总局令第5号公布的《体外诊断试剂注册管理办法》同时废止。

# 医疗器械生产监督管理办法

（2022 年 3 月 10 日国家市场监督管理总局令第 53 号公布，自 2022 年 5 月 1 日起施行）

## 第一章　总　则

**第一条**　为了加强医疗器械生产监督管理，规范医疗器械生产活动，保证医疗器械安全、有效，根据《医疗器械监督管理条例》，制定本办法。

**第二条**　在中华人民共和国境内从事医疗器械生产活动及其监督管理，应当遵守本办法。

**第三条**　从事医疗器械生产活动，应当遵守法律、法规、规章、强制性标准和医疗器械生产质量管理规范，保证医疗器械生产全过程信息真实、准确、完整和可追溯。

医疗器械注册人、备案人对上市医疗器械的安全、有效负责。

**第四条**　根据医疗器械风险程度，医疗器械生产实施分类管理。

从事第二类、第三类医疗器械生产活动，应当经所在地省、自治区、直辖市药品监督管理部门批准，依法取得医疗器械生产许可证；从事第一类医疗器械生产活动，应当向所在地设区的市级负责药品监督管理的部门办理医疗器械生产备案。

**第五条**　国家药品监督管理局负责全国医疗器械生产监督管理工作。

省、自治区、直辖市药品监督管理部门负责本行政区域第二类、第三类医疗器械生产监督管理，依法按照职责负责本行政区域第一类医疗器械生产监督管理，并加强对本行政区域第一类医疗器械生产监督管理工作的指导。

设区的市级负责药品监督管理的部门依法按照职责监督管理本行政区域第一类医疗器械生产活动。

**第六条**　药品监督管理部门依法设置或者指定的医疗器械审评、检查、检验、监测与评价等专业技术机构，按照职责分工承担相关技术工作，为医疗器械生产监督管理提供技术支撑。

国家药品监督管理局食品药品审核查验中心组织拟订医疗器械检查制度规范和技术文件，承担重大有因检查和境外检查等工作，并对省、自治区、直辖市医疗器械检查机构质量管理体系进行指导和评估。

**第七条**　国家药品监督管理局加强医疗器械生产监督管理信息化建设，提高在线政务服务水平。

省、自治区、直辖市药品监督管理部门负责本行政区域医疗器械生产监督管理信息化建设和管理工作，按照国家药品监督管理局的要求统筹推进医疗器械生产监督管理信息共享。

**第八条** 药品监督管理部门依法及时公开医疗器械生产许可、备案、监督检查、行政处罚等信息，方便公众查询，接受社会监督。

## 第二章 生产许可与备案管理

**第九条** 从事医疗器械生产活动，应当具备下列条件：

（一）有与生产的医疗器械相适应的生产场地、环境条件、生产设备以及专业技术人员；

（二）有能对生产的医疗器械进行质量检验的机构或者专职检验人员以及检验设备；

（三）有保证医疗器械质量的管理制度；

（四）有与生产的医疗器械相适应的售后服务能力；

（五）符合产品研制、生产工艺文件规定的要求。

**第十条** 在境内从事第二类、第三类医疗器械生产的，应当向所在地省、自治区、直辖市药品监督管理部门申请生产许可，并提交下列材料：

（一）所生产的医疗器械注册证以及产品技术要求复印件；

（二）法定代表人（企业负责人）身份证明复印件；

（三）生产、质量和技术负责人的身份、学历、职称相关材料复印件；

（四）生产管理、质量检验岗位从业人员学历、职称一览表；

（五）生产场地的相关文件复印件，有特殊生产环境要求的，还应当提交设施、环境的相关文件复印件；

（六）主要生产设备和检验设备目录；

（七）质量手册和程序文件目录；

（八）生产工艺流程图；

（九）证明售后服务能力的相关材料；

（十）经办人的授权文件。

申请人应当确保所提交的材料合法、真实、准确、完整和可追溯。

相关材料可以通过联网核查的，无需申请人提供。

**第十一条** 省、自治区、直辖市药品监督管理部门收到申请后，应当根据下列情况分别作出处理：

（一）申请事项属于本行政机关职权范围，申请资料齐全、符合法定形式的，应当受理申请；

（二）申请资料存在可以当场更正的错误的，应当允许申请人当场更正；

（三）申请资料不齐全或者不符合法定形式的，应当当场或者在5个工作日内一次告知申请人需要补正的全部内容，逾期不告知的，自收到申请资料之日起即为受理；

（四）申请事项依法不属于本行政机关职权范围的，应当即时作出不予受理的决定，并告知申请人向有关行政机关申请。

省、自治区、直辖市药品监督管理部门受理或者不予受理医疗器械生产许可申请的，应当出具加盖本行政机关专用印章和注明日期的受理或者不予受理通知书。

**第十二条** 法律、法规、规章规定实施行政许可应当听证的事项，或者药品监督管理部门认为需要听证的其他涉及公共利益的重大行政许可事项，药品监督管理部门应当向社会公告，并举行听证。医疗器械生产许可申请直接涉及申请人与他人之间重大利益关系的，药品监督管理部门在作出行政许可决定前，应当告知申请人、利害关系人享有要求听证的权利。

**第十三条** 省、自治区、直辖市药品监督管理部门应当对申请资料进行审核，按照国家药品监督管理局制定的医疗器械生产质量管理规范的要求进行核查，并自受理申请之日起 20 个工作日内作出决定。现场核查可以与产品注册体系核查相结合，避免重复核查。需要整改的，整改时间不计入审核时限。

符合规定条件的，依法作出准予许可的书面决定，并于 10 个工作日内发给《医疗器械生产许可证》；不符合规定条件的，作出不予许可的书面决定，并说明理由，同时告知申请人享有依法申请行政复议或者提起行政诉讼的权利。

**第十四条** 医疗器械生产许可证分为正本和副本，有效期为 5 年。正本和副本载明许可证编号、企业名称、统一社会信用代码、法定代表人（企业负责人）、住所、生产地址、生产范围、发证部门、发证日期和有效期限。副本记载许可证正本载明事项变更以及车间或者生产线重大改造等情况。企业名称、统一社会信用代码、法定代表人（企业负责人）、住所等项目应当与营业执照中载明的相关内容一致。

医疗器械生产许可证由国家药品监督管理局统一样式，由省、自治区、直辖市药品监督管理部门印制。

医疗器械生产许可证电子证书与纸质证书具有同等法律效力。

**第十五条** 生产地址变更或者生产范围增加的，应当向原发证部门申请医疗器械生产许可变更，并提交本办法第十条规定中涉及变更内容的有关材料，原发证部门应当依照本办法第十三条的规定进行审核并开展现场核查。

车间或者生产线进行改造，导致生产条件发生变化，可能影响医疗器械安全、有效的，应当向原发证部门报告。属于许可事项变化的，应当按照规定办理相关许可变更手续。

**第十六条** 企业名称、法定代表人（企业负责人）、住所变更或者生产地址文字性变更，以及生产范围核减的，应当在变更后 30 个工作日内，向原发证部门申请登记事项变更，并提交相关材料。原发证部门应当在 5 个工作日内完成登记事项变更。

**第十七条** 医疗器械生产许可证有效期届满延续的，应当在有效期届满前 90 个工作日至 30 个工作日期间提出延续申请。逾期未提出延续申请的，不再受理其延续申请。

原发证部门应当结合企业遵守医疗器械管理法律法规、医疗器械生产质量管理规范情况和企业质量管理体系运行情况进行审查，必要时开展现场核查，在医疗器械生产许可证有效期届满前作出是否准予延续的决定。

经审查符合规定条件的，准予延续，延续的医疗器械生产许可证编号不变。不符合规定条件的，责令限期改正；整改后仍不符合规定条件的，不予延续，并书面说明理由。

延续许可的批准时间在原许可证有效期内的，延续起始日为原许可证到期日的次日；批准时间不在原许可证有效期内的，延续起始日为批准延续许可的日期。

**第十八条**　医疗器械生产企业跨省、自治区、直辖市设立生产场地的，应当向新设生产场地所在地省、自治区、直辖市药品监督管理部门申请医疗器械生产许可。

**第十九条**　医疗器械生产许可证遗失的，应当向原发证部门申请补发。原发证部门应当及时补发医疗器械生产许可证，补发的医疗器械生产许可证编号和有效期限与原许可证一致。

**第二十条**　医疗器械生产许可证正本、副本变更的，发证部门应当重新核发变更后的医疗器械生产许可证正本、副本，收回原许可证正本、副本；仅副本变更的，发证部门应当重新核发变更后的医疗器械生产许可证副本，收回原许可证副本。变更后的医疗器械生产许可证编号和有效期限不变。

**第二十一条**　有下列情形之一的，由原发证部门依法注销医疗器械生产许可证，并予以公告：

（一）主动申请注销的；

（二）有效期届满未延续的；

（三）市场主体资格依法终止的；

（四）医疗器械生产许可证依法被吊销或者撤销的；

（五）法律、法规规定应当注销行政许可的其他情形。

**第二十二条**　从事第一类医疗器械生产的，应当向所在地设区的市级负责药品监督管理的部门备案，在提交本办法第十条规定的相关材料后，即完成生产备案，获取备案编号。医疗器械备案人自行生产第一类医疗器械的，可以在办理产品备案时一并办理生产备案。

药品监督管理部门应当在生产备案之日起3个月内，对提交的资料以及执行医疗器械生产质量管理规范情况开展现场检查。对不符合医疗器械生产质量管理规范要求的，依法处理并责令限期改正；不能保证产品安全、有效的，取消备案并向社会公告。

**第二十三条**　第一类医疗器械生产备案内容发生变化的，应当在10个工作日内向原备案部门提交本办法第十条规定的与变化有关的材料，药品监督管理部门必要时可以依照本办法第二十二条的规定开展现场核查。

**第二十四条**　任何单位或者个人不得伪造、变造、买卖、出租、出借医疗器械生产许可证。

## 第三章 生产质量管理

**第二十五条** 医疗器械注册人、备案人、受托生产企业应当按照医疗器械生产质量管理规范的要求，建立健全与所生产医疗器械相适应的质量管理体系并保持其有效运行，并严格按照经注册或者备案的产品技术要求组织生产，保证出厂的医疗器械符合强制性标准以及经注册或者备案的产品技术要求。

**第二十六条** 医疗器械注册人、备案人的法定代表人、主要负责人对其生产的医疗器械质量安全全面负责。

**第二十七条** 医疗器械注册人、备案人、受托生产企业应当配备管理者代表。管理者代表受法定代表人或者主要负责人委派，履行建立、实施并保持质量管理体系有效运行等责任。

**第二十八条** 医疗器械注册人、备案人、受托生产企业应当开展医疗器械法律、法规、规章、标准以及质量管理等方面的培训，建立培训制度，制定培训计划，加强考核并做好培训记录。

**第二十九条** 医疗器械注册人、备案人、受托生产企业应当按照所生产产品的特性、工艺流程以及生产环境要求合理配备、使用设施设备，加强对设施设备的管理，并保持其有效运行。

**第三十条** 医疗器械注册人、备案人应当开展设计开发到生产的转换活动，并进行充分验证和确认，确保设计开发输出适用于生产。

**第三十一条** 医疗器械注册人、备案人、受托生产企业应当加强采购管理，建立供应商审核制度，对供应商进行评价，确保采购产品和服务符合相关规定要求。

医疗器械注册人、备案人、受托生产企业应当建立原材料采购验收记录制度，确保相关记录真实、准确、完整和可追溯。

**第三十二条** 医疗器械注册人、备案人委托生产的，应当对受托方的质量保证能力和风险管理能力进行评估，按照国家药品监督管理局制定的委托生产质量协议指南要求，与其签订质量协议以及委托协议，监督受托方履行有关协议约定的义务。

受托生产企业应当按照法律、法规、规章、医疗器械生产质量管理规范、强制性标准、产品技术要求、委托生产质量协议等要求组织生产，对生产行为负责，并接受医疗器械注册人、备案人的监督。

**第三十三条** 医疗器械注册人、备案人、受托生产企业应当建立记录管理制度，确保记录真实、准确、完整和可追溯。

鼓励医疗器械注册人、备案人、受托生产企业采用先进技术手段，建立信息化管理系统，加强对生产过程的管理。

**第三十四条** 医疗器械注册人、备案人应当负责产品上市放行，建立产品上市放行规程，明确放行标准、条件，并对医疗器械生产过程记录和质量检验结果进行审核，符合标准和条件的，经授权的放行人员签字后方可上市。委托生产的，医疗器械注册人、备案人还应当对受托生产企业的生产放行文件进行审核。

受托生产企业应当建立生产放行规程，明确生产放行的标准、条件，确认符合标准、条件的，方可出厂。

不符合法律、法规、规章、强制性标准以及经注册或者备案的产品技术要求的，不得放行出厂和上市。

**第三十五条** 医疗器械注册人、备案人应当建立并实施产品追溯制度，保证产品可追溯。受托生产企业应当协助注册人、备案人实施产品追溯。

**第三十六条** 医疗器械注册人、备案人、受托生产企业应当按照国家实施医疗器械唯一标识的有关要求，开展赋码、数据上传和维护更新，保证信息真实、准确、完整和可追溯。

**第三十七条** 医疗器械注册人、备案人、受托生产企业应当建立纠正措施程序，确定产生问题的原因，采取有效措施，防止相关问题再次发生。

医疗器械注册人、备案人、受托生产企业应当建立预防措施程序，查清潜在问题的原因，采取有效措施，防止问题发生。

**第三十八条** 医疗器械注册人、备案人应当按照医疗器械生产质量管理规范的要求，对可能影响产品安全性和有效性的原材料、生产工艺等变化进行识别和控制。需要进行注册变更或者备案变更的，应当按照注册备案管理的规定办理相关手续。

**第三十九条** 新的强制性标准实施后，医疗器械注册人、备案人应当及时识别产品技术要求和强制性标准的差异，需要进行注册变更或者备案变更的，应当按照注册备案管理的规定办理相关手续。

**第四十条** 医疗器械注册人、备案人、受托生产企业应当按照医疗器械不良事件监测相关规定落实不良事件监测责任，开展不良事件监测，向医疗器械不良事件监测技术机构报告调查、分析、评价、产品风险控制等情况。

**第四十一条** 医疗器械注册人、备案人发现生产的医疗器械不符合强制性标准、经注册或者备案的产品技术要求，或者存在其他缺陷的，应当立即停止生产，通知相关经营企业、使用单位和消费者停止经营和使用，召回已经上市销售的医疗器械，采取补救、销毁等措施，记录相关情况，发布相关信息，并将医疗器械召回和处理情况向药品监督管理部门和卫生主管部门报告。

受托生产企业应当按照医疗器械召回的相关规定履行责任，并协助医疗器械注册人、备案人对所生产的医疗器械实施召回。

**第四十二条** 医疗器械生产企业应当向药品监督管理部门报告所生产的产品品种情况。

增加生产产品品种的，应当向原生产许可或者生产备案部门报告，涉及委托生产的，还应当提供委托方、受托生产产品、受托期限等信息。

医疗器械生产企业增加生产产品涉及生产条件变化，可能影响产品安全、有效的，应当在增加生产产品30个工作日前向原生产许可部门报告，原生产许可部门应当及时开展现场核查。属于许可事项变化的，应当按照规定办理相关许可变更。

**第四十三条** 医疗器械生产企业连续停产一年以上且无同类产品在产的，重新生产时，应当进行必要的验证和确认，并书面报告药品监督管理部门。可能影响质量安全的，药品监督管理部门可以根据需要组织核查。

**第四十四条** 医疗器械注册人、备案人、受托生产企业的生产条件发生变化，不再符合医疗器械质量管理体系要求的，应当立即采取整改措施；可能影响医疗器械安全、有效的，应当立即停止生产活动，并向原生产许可或者生产备案部门报告。

受托生产企业应当及时将变化情况告知医疗器械注册人、备案人。

**第四十五条** 医疗器械注册人、备案人、受托生产企业应当每年对质量管理体系的运行情况进行自查，并于次年3月31日前向所在地药品监督管理部门提交自查报告。进口医疗器械注册人、备案人由其代理人向代理人所在地省、自治区、直辖市药品监督管理部门提交自查报告。

## 第四章 监督检查

**第四十六条** 药品监督管理部门依法按照职责开展对医疗器械注册人、备案人和受托生产企业生产活动的监督检查。

必要时，药品监督管理部门可以对为医疗器械生产活动提供产品或者服务的其他单位和个人开展延伸检查。

**第四十七条** 药品监督管理部门应当建立健全职业化、专业化医疗器械检查员制度，根据监管事权、产业规模以及检查任务等，配备充足的检查员，有效保障检查工作需要。

检查员应当熟悉医疗器械法律法规，具备医疗器械专业知识和检查技能。

**第四十八条** 药品监督管理部门依据产品和企业的风险程度，对医疗器械注册人、备案人、受托生产企业实行分级管理并动态调整。

国家药品监督管理局组织制定重点监管产品目录。省、自治区、直辖市药品监督管理部门结合实际确定本行政区域重点监管产品目录。

省、自治区、直辖市药品监督管理部门依据重点监管产品目录以及医疗器械生产质量管理状况，结合医疗器械不良事件、产品投诉举报以及企业信用状况等因素，组织实施分级监督管理工作。

**第四十九条** 省、自治区、直辖市药品监督管理部门应当制定年度医疗器械生产监督检查计划，确定医疗器械监督管理的重点，明确检查频次和覆盖范围，综合运用监督检查、重点检查、跟踪检查、有因检查和专项检查等多种形式强化监督管理。

对生产重点监管产品目录品种的企业每年至少检查一次。

**第五十条** 药品监督管理部门组织监督检查时，应当制定检查方案，明确检查事项和依据，如实记录现场检查情况，并将检查结果书面告知被检查企业。需要整改的，应当明确整改内容和整改期限。

药品监督管理部门进行监督检查时，应当指派两名以上检查人员实施监督检查。执法人员应当向被检查单位出示执法证件，其他检查人员应当出示检查员证或者表明其身份的文书、证件。

**第五十一条**　药品监督管理部门对医疗器械注册人、备案人自行生产的，开展监督检查时重点检查：

（一）医疗器械注册人、备案人执行法律法规、医疗器械生产质量管理规范情况；

（二）按照强制性标准以及经注册、备案的产品技术要求组织生产，实际生产与医疗器械注册备案、医疗器械生产许可备案等内容的一致情况；

（三）质量管理体系运行持续合规、有效情况；

（四）法定代表人、企业负责人、管理者代表等人员了解熟悉医疗器械相关法律法规情况；

（五）管理者代表履职情况；

（六）法定代表人、企业负责人、管理者代表、质量检验机构或者专职人员、生产场地、环境条件、关键生产检验设备等变化情况；

（七）用户反馈、企业内部审核等所发现问题的纠正预防措施；

（八）企业产品抽检、监督检查、投诉举报等发现问题的整改落实情况；

（九）内部审核、管理评审、变更控制、年度自查报告等情况；

（十）其他应当重点检查的内容。

**第五十二条**　药品监督管理部门对医疗器械注册人、备案人采取委托生产方式的，开展监督检查时重点检查：

（一）医疗器械注册人、备案人执行法律法规、医疗器械生产质量管理规范情况；

（二）质量管理体系运行是否持续合规、有效；

（三）管理者代表履职情况；

（四）按照强制性标准以及经注册或者备案的产品技术要求组织生产情况；

（五）用户反馈、企业内部审核等所发现问题的纠正预防措施；

（六）内部审核、管理评审、变更控制、年度自查报告等情况；

（七）开展不良事件监测、再评价以及产品安全风险信息收集与评估等情况；

（八）产品的上市放行情况；

（九）对受托生产企业的监督情况，委托生产质量协议的履行、委托生产产品的设计转换和变更控制、委托生产产品的生产放行等情况；

（十）其他应当重点检查的内容。

必要时，可以对受托生产企业开展检查。

**第五十三条**　药品监督管理部门对受托生产企业开展监督检查时重点检查：

（一）实际生产与医疗器械注册备案、医疗器械生产许可备案等内容的一致情况；

（二）受托生产企业执行法律法规、医疗器械生产质量管理规范情况；

（三）法定代表人、企业负责人、管理者代表等人员了解熟悉医疗器械相关法律法规情况；

（四）法定代表人、企业负责人、管理者代表、质量检验机构或者专职人员、生产场地、环境条件、关键生产检验设备等变化情况；

（五）产品的生产放行情况；

（六）企业产品抽检、监督检查、投诉举报等发现问题的整改落实情况；

（七）内部审核、管理评审、年度自查报告等情况；

（八）其他应当重点检查的内容。

必要时，可以对医疗器械注册人、备案人开展检查。

**第五十四条** 药品监督管理部门对不良事件监测、抽查检验、投诉举报等发现可能存在严重质量安全风险的，应当开展有因检查。有因检查原则上采取非预先告知的方式进行。

**第五十五条** 药品监督管理部门对企业的整改情况应当开展跟踪检查。

跟踪检查可以对企业提交的整改报告进行书面审查，也可以对企业的问题整改、责任落实、纠正预防措施等进行现场复查。

**第五十六条** 医疗器械注册人和受托生产企业不在同一省、自治区、直辖市的，医疗器械注册人所在地省、自治区、直辖市药品监督管理部门负责对注册人质量管理体系运行、不良事件监测以及产品召回等法定义务履行情况开展监督检查，涉及受托生产企业相关情况的，受托生产企业所在地药品监督管理部门应当配合。

受托生产企业所在地省、自治区、直辖市药品监督管理部门负责对受托生产企业生产活动开展监督检查，涉及注册人相关情况的，应当由注册人所在地药品监督管理部门对注册人开展监督检查。

医疗器械注册人、受托生产企业所在地省、自治区、直辖市药品监督管理部门应当分别落实属地监管责任，建立协同监管机制，加强监管信息沟通，实现监管有效衔接。

**第五十七条** 医疗器械注册人和受托生产企业不在同一省、自治区、直辖市，医疗器械注册人、受托生产企业所在地省、自治区、直辖市药品监督管理部门需要跨区域开展检查的，可以采取联合检查、委托检查等方式进行。

**第五十八条** 跨区域检查中发现企业质量管理体系存在缺陷的，医疗器械注册人、受托生产企业所在地省、自治区、直辖市药品监督管理部门应当依据各自职责，督促相关企业严格按照要求及时整改到位，并将检查以及整改情况及时通报相关药品监督管理部门。

对受托生产企业监督检查中发现相关问题涉及注册人的，应当通报注册人所在地药品监督管理部门；发现可能存在医疗器械质量安全风险的，应当立即采取风险控制措施，并将相关情况通报注册人所在地药品监督管理部门。注册人所在地药品监督管理部门接到通报后，应当立即进行分析研判并采取相应的风险控制措施。

对注册人监督检查中发现相关问题涉及受托生产企业的，应当通报受托生产企业所在地药品监督管理部门，联合或者委托受托生产企业所在地药品监督管理部门进行检查。

**第五十九条** 在跨区域检查中发现可能存在违法行为的，医疗器械注册人、受托生产企业所在地省、自治区、直辖市药品监督管理部门应当依据各自职责进行调查处理。违法行为处理情况应当及时通报相关药品监督管理部门。

需要跨区域进行调查、取证的，可以会同相关同级药品监督管理部门开展联合调查，也可以出具协助调查函商请相关同级药品监督管理部门协助调查、取证。

**第六十条** 第一类医疗器械备案人和受托生产企业不在同一设区的市，需要依法按照职责开展跨区域监督检查和调查取证的，参照本办法第五十六条至第五十九条的规定执行。

**第六十一条** 进口医疗器械注册人、备案人应当指定我国境内企业法人作为代理人，代理人应当协助注册人、备案人履行医疗器械监督管理条例和本办法规定的义务。

**第六十二条** 进口医疗器械的生产应当符合我国医疗器械生产相关要求，并接受国家药品监督管理局组织的境外检查。代理人负责协调、配合境外检查相关工作。

进口医疗器械注册人、备案人、代理人拒绝、阻碍、拖延、逃避国家药品监督管理局组织的境外检查，导致检查工作无法开展，不能确认质量管理体系有效运行，属于有证据证明可能危害人体健康的情形，国家药品监督管理局可以依照医疗器械监督管理条例第七十二条第二款的规定进行处理。

**第六十三条** 药品监督管理部门开展现场检查时，可以根据需要进行抽查检验。

**第六十四条** 生产的医疗器械对人体造成伤害或者有证据证明可能危害人体健康的，药品监督管理部门可以采取暂停生产、进口、经营、使用的紧急控制措施，并发布安全警示信息。

监督检查中发现生产活动严重违反医疗器械生产质量管理规范，不能保证产品安全、有效，可能危害人体健康的，依照前款规定处理。

**第六十五条** 药品监督管理部门应当定期组织开展风险会商，对辖区内医疗器械质量安全风险进行分析和评价，及时采取相应的风险控制措施。

**第六十六条** 医疗器械注册人、备案人、受托生产企业对存在的医疗器械质量安全风险，未采取有效措施消除的，药品监督管理部门可以对医疗器械注册人、备案人、受托生产企业的法定代表人或者企业负责人进行责任约谈。涉及跨区域委托生产的，约谈情况应当通报相关药品监督管理部门。

**第六十七条** 省、自治区、直辖市药品监督管理部门应当建立并及时更新辖区内第二类、第三类医疗器械注册人、受托生产企业信用档案，设区的市级负责药品监督管理的部门应当依法按照职责建立并及时更新辖区内第一类医疗器械备案人、受托生产企业信用档案。

信用档案中应当包括生产许可备案和生产产品品种、委托生产、监督检查结果、违法行为查处、质量抽查检验、不良行为记录和投诉举报等信息。

对有不良信用记录的医疗器械注册人、备案人和受托生产企业，药品监督管理部门应当增加监督检查频次，依法加强失信惩戒。

**第六十八条** 药品监督管理部门应当在信用档案中记录企业生产产品品种情况。

受托生产企业增加生产第二类、第三类医疗器械，且与该产品注册人不在同一省、自治区、直辖市，或者增加生产第一类医疗器械，且与该产品备案人不在同一设区的市的，受托生产企业所在地药品监督管理部门还应当将相关情况通报注册人、备案人所在地药品监督管理部门。

**第六十九条** 药品监督管理部门应当公布接受投诉、举报的联系方式。接到举报的药品监督管理部门应当及时核实、处理、答复。经查证属实的，应当按照有关规定对举报人给予奖励。

**第七十条** 药品监督管理部门在监督检查中，发现涉嫌违法行为的，应当及时收集和固定证据，依法立案查处；涉嫌犯罪的，及时移交公安机关处理。

**第七十一条** 药品监督管理部门及其工作人员对调查、检查中知悉的商业秘密应当保密。

**第七十二条** 药品监督管理部门及其工作人员在监督检查中，应当严格规范公正文明执法，严格执行廉政纪律，不得索取或者收受财物，不得谋取其他利益，不得妨碍企业的正常生产活动。

## 第五章　法律责任

**第七十三条** 医疗器械生产的违法行为，医疗器械监督管理条例等法律法规已有规定的，依照其规定。

**第七十四条** 有下列情形之一的，依照医疗器械监督管理条例第八十一条的规定处罚：

（一）超出医疗器械生产许可证载明的生产范围生产第二类、第三类医疗器械；

（二）在未经许可的生产场地生产第二类、第三类医疗器械；

（三）医疗器械生产许可证有效期届满后，未依法办理延续手续，仍继续从事第二类、第三类医疗器械生产；

（四）医疗器械生产企业增加生产产品品种，应当依法办理许可变更而未办理的。

**第七十五条** 未按照本办法规定办理第一类医疗器械生产备案变更的，依照医疗器械监督管理条例第八十四条的规定处理。

**第七十六条** 违反医疗器械生产质量管理规范，未建立质量管理体系并保持有效运行的，由药品监督管理部门依职责责令限期改正；影响医疗器械产品安全、有效的，依照医疗器械监督管理条例第八十六条的规定处罚。

**第七十七条** 违反本办法第十五条第二款、第四十二条第三款的规定，生产条件变化，可能影响产品安全、有效，未按照规定报告即生产的，依照医疗器械监督管理条例第八十八条的规定处罚。

**第七十八条**　有下列情形之一的，由药品监督管理部门依职责给予警告，并处1万元以上5万元以下罚款：

（一）医疗器械生产企业未依照本办法第四十二条第二款的规定向药品监督管理部门报告所生产的产品品种情况及相关信息的；

（二）连续停产一年以上且无同类产品在产，重新生产时未进行必要的验证和确认并向所在地药品监督管理部门报告的。

**第七十九条**　有下列情形之一的，由药品监督管理部门依职责责令限期改正；拒不改正的，处1万元以上5万元以下罚款；情节严重的，处5万元以上10万元以下罚款：

（一）未按照本办法第十六条的规定办理医疗器械生产许可证登记事项变更的；

（二）未按照国家实施医疗器械唯一标识的有关要求，组织开展赋码、数据上传和维护更新等工作的。

**第八十条**　药品监督管理部门工作人员违反本办法规定，滥用职权、玩忽职守、徇私舞弊的，依法给予处分。

## 第六章　附　则

**第八十一条**　本办法自2022年5月1日起施行。2014年7月30日原国家食品药品监督管理总局令第7号公布的《医疗器械生产监督管理办法》同时废止。

# 医疗器械经营监督管理办法

（2022年3月10日国家市场监督管理总局令第54号公布，自2022年5月1日起施行）

## 第一章 总 则

**第一条** 为了加强医疗器械经营监督管理，规范医疗器械经营活动，保证医疗器械安全、有效，根据《医疗器械监督管理条例》，制定本办法。

**第二条** 在中华人民共和国境内从事医疗器械经营活动及其监督管理，应当遵守本办法。

**第三条** 从事医疗器械经营活动，应当遵守法律、法规、规章、强制性标准和医疗器械经营质量管理规范等要求，保证医疗器械经营过程信息真实、准确、完整和可追溯。

医疗器械注册人、备案人可以自行销售，也可以委托医疗器械经营企业销售其注册、备案的医疗器械。

**第四条** 按照医疗器械风险程度，医疗器械经营实施分类管理。

经营第三类医疗器械实行许可管理，经营第二类医疗器械实行备案管理，经营第一类医疗器械不需要许可和备案。

**第五条** 国家药品监督管理局主管全国医疗器械经营监督管理工作。

省、自治区、直辖市药品监督管理部门负责本行政区域的医疗器械经营监督管理工作。

设区的市级、县级负责药品监督管理的部门负责本行政区域的医疗器械经营监督管理工作。

**第六条** 药品监督管理部门依法设置或者指定的医疗器械检查、检验、监测与评价等专业技术机构，按照职责分工承担相关技术工作并出具技术意见，为医疗器械经营监督管理提供技术支持。

**第七条** 国家药品监督管理局加强医疗器械经营监督管理信息化建设，提高在线政务服务水平。

省、自治区、直辖市药品监督管理部门负责本行政区域医疗器械经营监督管理信息化建设和管理工作，按照国家药品监督管理局要求统筹推进医疗器械经营监督管理信息共享。

**第八条** 药品监督管理部门依法及时公开医疗器械经营许可、备案等信息以及监督检查、行政处罚的结果，方便公众查询，接受社会监督。

## 第二章　经营许可与备案管理

**第九条**　从事医疗器械经营活动，应当具备下列条件：

（一）与经营范围和经营规模相适应的质量管理机构或者质量管理人员，质量管理人员应当具有相关专业学历或者职称；

（二）与经营范围和经营规模相适应的经营场所；

（三）与经营范围和经营规模相适应的贮存条件；

（四）与经营的医疗器械相适应的质量管理制度；

（五）与经营的医疗器械相适应的专业指导、技术培训和售后服务的质量管理机构或者人员。

从事第三类医疗器械经营的企业还应当具有符合医疗器械经营质量管理制度要求的计算机信息管理系统，保证经营的产品可追溯。鼓励从事第一类、第二类医疗器械经营的企业建立符合医疗器械经营质量管理制度要求的计算机信息管理系统。

**第十条**　从事第三类医疗器械经营的，经营企业应当向所在地设区的市级负责药品监督管理的部门提出申请，并提交下列资料：

（一）法定代表人（企业负责人）、质量负责人身份证明、学历或者职称相关材料复印件；

（二）企业组织机构与部门设置；

（三）医疗器械经营范围、经营方式；

（四）经营场所和库房的地理位置图、平面图、房屋产权文件或者租赁协议复印件；

（五）主要经营设施、设备目录；

（六）经营质量管理制度、工作程序等文件目录；

（七）信息管理系统基本情况；

（八）经办人授权文件。

医疗器械经营许可申请人应当确保提交的资料合法、真实、准确、完整和可追溯。

**第十一条**　设区的市级负责药品监督管理的部门收到申请后，应当根据下列情况分别作出处理：

（一）申请事项属于本行政机关职权范围，申请资料齐全、符合法定形式的，应当受理申请；

（二）申请资料存在可以当场更正的错误的，应当允许申请人当场更正；

（三）申请资料不齐全或者不符合法定形式的，应当当场或者在 5 个工作日内一次告知申请人需要补正的全部内容。逾期不告知的，自收到申请资料之日起即为受理；

（四）申请事项不属于本行政机关职权范围的，应当即时作出不予受理的决定，并告知申请人向有关行政部门申请。

设区的市级负责药品监督管理的部门受理或者不予受理医疗器械经营许可申请的，

应当出具加盖本行政机关专用印章和注明日期的受理或者不予受理通知书。

**第十二条** 法律、法规、规章规定实施行政许可应当听证的事项，或者药品监督管理部门认为需要听证的其他涉及公共利益的重大行政许可事项，药品监督管理部门应当向社会公告，并举行听证。医疗器械经营许可申请直接涉及申请人与他人之间重大利益关系的，药品监督管理部门在作出行政许可决定前，应当告知申请人、利害关系人享有要求听证的权利。

**第十三条** 设区的市级负责药品监督管理的部门自受理经营许可申请后，应当对申请资料进行审查，必要时按照医疗器械经营质量管理规范的要求开展现场核查，并自受理之日起20个工作日内作出决定。需要整改的，整改时间不计入审核时限。

符合规定条件的，作出准予许可的书面决定，并于10个工作日内发给医疗器械经营许可证；不符合规定条件的，作出不予许可的书面决定，并说明理由。

**第十四条** 医疗器械经营许可证有效期为5年，载明许可证编号、企业名称、统一社会信用代码、法定代表人、企业负责人、住所、经营场所、经营方式、经营范围、库房地址、发证部门、发证日期和有效期限等事项。

医疗器械经营许可证由国家药品监督管理局统一样式，由设区的市级负责药品监督管理的部门印制。

药品监督管理部门制作的医疗器械经营许可证的电子证书与纸质证书具有同等法律效力。

**第十五条** 医疗器械经营许可证变更的，应当向原发证部门提出医疗器械经营许可证变更申请，并提交本办法第十条规定中涉及变更内容的有关材料。经营场所、经营方式、经营范围、库房地址变更的，药品监督管理部门自受理之日起20个工作日内作出准予变更或者不予变更的决定。必要时按照医疗器械经营质量管理规范的要求开展现场核查。

需要整改的，整改时间不计入审核时限。不予变更的，应当书面说明理由并告知申请人。其他事项变更的，药品监督管理部门应当当场予以变更。

变更后的医疗器械经营许可证编号和有效期限不变。

**第十六条** 医疗器械经营许可证有效期届满需要延续的，医疗器械经营企业应当在有效期届满前90个工作日至30个工作日期间提出延续申请。逾期未提出延续申请的，不再受理其延续申请。

原发证部门应当按照本办法第十三条的规定对延续申请进行审查，必要时开展现场核查，在医疗器械经营许可证有效期届满前作出是否准予延续的决定。

经审查符合规定条件的，准予延续，延续后的医疗器械经营许可证编号不变。不符合规定条件的，责令限期整改；整改后仍不符合规定条件的，不予延续，并书面说明理由。逾期未作出决定的，视为准予延续。

延续许可的批准时间在原许可证有效期内的，延续起始日为原许可证到期日的次日；批准时间不在原许可证有效期内的，延续起始日为批准延续许可的日期。

**第十七条**　经营企业跨设区的市设置库房的，由医疗器械经营许可发证部门或者备案部门通报库房所在地设区的市级负责药品监督管理的部门。

**第十八条**　经营企业新设立独立经营场所的，应当依法单独申请医疗器械经营许可或者进行备案。

**第十九条**　医疗器械经营许可证遗失的，应当向原发证部门申请补发。原发证部门应当及时补发医疗器械经营许可证，补发的医疗器械经营许可证编号和有效期限与原许可证一致。

**第二十条**　有下列情形之一的，由原发证部门依法注销医疗器械经营许可证，并予以公告：

（一）主动申请注销的；

（二）有效期届满未延续的；

（三）市场主体资格依法终止的；

（四）医疗器械经营许可证依法被吊销或者撤销的；

（五）法律、法规规定应当注销行政许可的其他情形。

**第二十一条**　从事第二类医疗器械经营的，经营企业应当向所在地设区的市级负责药品监督管理的部门备案，并提交符合本办法第十条规定的资料（第七项除外），即完成经营备案，获取经营备案编号。

医疗器械经营备案人应当确保提交的资料合法、真实、准确、完整和可追溯。

**第二十二条**　必要时，设区的市级负责药品监督管理的部门在完成备案之日起3个月内，对提交的资料以及执行医疗器械经营质量管理规范情况开展现场检查。

现场检查发现与提交的资料不一致或者不符合医疗器械经营质量管理规范要求的，责令限期改正；不能保证产品安全、有效的，取消备案并向社会公告。

**第二十三条**　同时申请第三类医疗器械经营许可和进行第二类医疗器械经营备案的，或者已经取得第三类医疗器械经营许可进行第二类医疗器械备案的，可以免予提交相应资料。

**第二十四条**　第二类医疗器械经营企业的经营场所、经营方式、经营范围、库房地址等发生变化的，应当及时进行备案变更。必要时设区的市级负责药品监督管理的部门开展现场检查。现场检查不符合医疗器械经营质量管理规范要求的，责令限期改正；不能保证产品安全、有效的，取消备案并向社会公告。

**第二十五条**　对产品安全性、有效性不受流通过程影响的第二类医疗器械，可以免予经营备案。具体产品名录由国家药品监督管理局制定、调整并公布。

**第二十六条**　从事非营利的避孕医疗器械贮存、调拨和供应的机构，应当符合有关规定，无需办理医疗器械经营许可或者备案。

**第二十七条**　医疗器械注册人、备案人在其住所或者生产地址销售其注册、备案的医疗器械，无需办理医疗器械经营许可或者备案，但应当符合规定的经营条件；在其他场所贮存并销售医疗器械的，应当按照规定办理医疗器械经营许可或者备案。

**第二十八条** 任何单位和个人不得伪造、变造、买卖、出租、出借医疗器械经营许可证。

## 第三章 经营质量管理

**第二十九条** 从事医疗器械经营，应当按照法律法规和医疗器械经营质量管理规范的要求，建立覆盖采购、验收、贮存、销售、运输、售后服务等全过程的质量管理制度和质量控制措施，并做好相关记录，保证经营条件和经营活动持续符合要求。

**第三十条** 医疗器械经营企业应当建立并实施产品追溯制度，保证产品可追溯。

医疗器械经营企业应当按照国家有关规定执行医疗器械唯一标识制度。

**第三十一条** 医疗器械经营企业应当从具有合法资质的医疗器械注册人、备案人、经营企业购进医疗器械。

**第三十二条** 医疗器械经营企业应当建立进货查验记录制度，购进医疗器械时应当查验供货企业的资质，以及医疗器械注册证和备案信息、合格证明文件。进货查验记录应当真实、准确、完整和可追溯。进货查验记录包括：

（一）医疗器械的名称、型号、规格、数量；

（二）医疗器械注册证编号或者备案编号；

（三）医疗器械注册人、备案人和受托生产企业名称、生产许可证号或者备案编号；

（四）医疗器械的生产批号或者序列号、使用期限或者失效日期、购货日期等；

（五）供货者的名称、地址以及联系方式。

进货查验记录应当保存至医疗器械有效期满后2年；没有有效期的，不得少于5年。植入类医疗器械进货查验记录应当永久保存。

**第三十三条** 医疗器械经营企业应当采取有效措施，确保医疗器械运输、贮存符合医疗器械说明书或者标签标示要求，并做好相应记录。

对温度、湿度等环境条件有特殊要求的，应当采取相应措施，保证医疗器械的安全、有效。

**第三十四条** 医疗器械注册人、备案人和经营企业委托其他单位运输、贮存医疗器械的，应当对受托方运输、贮存医疗器械的质量保障能力进行评估，并与其签订委托协议，明确运输、贮存过程中的质量责任，确保运输、贮存过程中的质量安全。

**第三十五条** 为医疗器械注册人、备案人和经营企业专门提供运输、贮存服务的，应当与委托方签订书面协议，明确双方权利义务和质量责任，并具有与产品运输、贮存条件和规模相适应的设备设施，具备与委托方开展实时电子数据交换和实现产品经营质量管理全过程可追溯的信息管理平台和技术手段。

**第三十六条** 医疗器械注册人、备案人委托销售的，应当委托符合条件的医疗器械经营企业，并签订委托协议，明确双方的权利和义务。

**第三十七条** 医疗器械注册人、备案人和经营企业应当加强对销售人员的培训和管理，对销售人员以本企业名义从事的医疗器械购销行为承担法律责任。

**第三十八条**　从事第二类、第三类医疗器械批发业务以及第三类医疗器械零售业务的经营企业应当建立销售记录制度。销售记录信息应当真实、准确、完整和可追溯。销售记录包括：

（一）医疗器械的名称、型号、规格、注册证编号或者备案编号、数量、单价、金额；

（二）医疗器械的生产批号或者序列号、使用期限或者失效日期、销售日期；

（三）医疗器械注册人、备案人和受托生产企业名称、生产许可证编号或者备案编号。

从事第二类、第三类医疗器械批发业务的企业，销售记录还应当包括购货者的名称、地址、联系方式、相关许可证明文件编号或者备案编号等。

销售记录应当保存至医疗器械有效期满后2年；没有有效期的，不得少于5年。植入类医疗器械销售记录应当永久保存。

**第三十九条**　医疗器械经营企业应当提供售后服务。约定由供货者或者其他机构提供售后服务的，经营企业应当加强管理，保证医疗器械售后的安全使用。

**第四十条**　医疗器械经营企业应当配备专职或者兼职人员负责售后管理，对客户投诉的质量问题应当查明原因，采取有效措施及时处理和反馈，并做好记录，必要时及时通知医疗器械注册人、备案人、生产经营企业。

**第四十一条**　医疗器械经营企业应当协助医疗器械注册人、备案人，对所经营的医疗器械开展不良事件监测，按照国家药品监督管理局的规定，向医疗器械不良事件监测技术机构报告。

**第四十二条**　医疗器械经营企业发现其经营的医疗器械不符合强制性标准、经注册或者备案的产品技术要求，或者存在其他缺陷的，应当立即停止经营，通知医疗器械注册人、备案人等有关单位，并记录停止经营和通知情况。医疗器械注册人、备案人认为需要召回的，应当立即召回。

**第四十三条**　第三类医疗器械经营企业停业一年以上，恢复经营前，应当进行必要的验证和确认，并书面报告所在地设区的市级负责药品监督管理的部门。可能影响质量安全的，药品监督管理部门可以根据需要组织核查。

医疗器械注册人、备案人、经营企业经营条件发生重大变化，不再符合医疗器械经营质量管理体系要求的，应当立即采取整改措施；可能影响医疗器械安全、有效的，应当立即停止经营活动，并向原经营许可或者备案部门报告。

**第四十四条**　医疗器械经营企业应当建立质量管理自查制度，按照医疗器械经营质量管理规范要求进行自查，每年3月31日前向所在地市县级负责药品监督管理的部门提交上一年度的自查报告。

**第四十五条**　从事医疗器械经营活动的，不得经营未依法注册或者备案，无合格证明文件以及过期、失效、淘汰的医疗器械。

禁止进口、销售过期、失效、淘汰等已使用过的医疗器械。

## 第四章 监督检查

**第四十六条** 省、自治区、直辖市药品监督管理部门组织对本行政区域的医疗器械经营监督管理工作进行监督检查。

设区的市级、县级负责药品监督管理的部门负责本行政区域医疗器械经营活动的监督检查。

**第四十七条** 药品监督管理部门根据医疗器械经营企业质量管理和所经营医疗器械产品的风险程度，实施分类分级管理并动态调整。

**第四十八条** 设区的市级、县级负责药品监督管理的部门应当制定年度检查计划，明确监管重点、检查频次和覆盖范围并组织实施。

**第四十九条** 药品监督管理部门组织监督检查，检查方式原则上应当采取突击性监督检查，现场检查时不得少于两人，并出示执法证件，如实记录现场检查情况。检查发现存在质量安全风险或者不符合规范要求的，将检查结果书面告知被检查企业。需要整改的，应当明确整改内容以及整改期限，并进行跟踪检查。

**第五十条** 设区的市级、县级负责药品监督管理的部门应当对医疗器械经营企业符合医疗器械经营质量管理规范要求的情况进行监督检查，督促其规范经营活动。

**第五十一条** 设区的市级、县级负责药品监督管理的部门应当结合医疗器械经营企业提交的年度自查报告反映的情况加强监督检查。

**第五十二条** 药品监督管理部门应当对有下列情形的进行重点监督检查：

（一）上一年度监督检查中发现存在严重问题的；

（二）因违反有关法律、法规受到行政处罚的；

（三）风险会商确定的重点检查企业；

（四）有不良信用记录的；

（五）新开办或者经营条件发生重大变化的医疗器械批发企业和第三类医疗器械零售企业；

（六）为其他医疗器械注册人、备案人和生产经营企业专门提供贮存、运输服务的；

（七）其他需要重点监督检查的情形。

**第五十三条** 药品监督管理部门对不良事件监测、抽查检验、投诉举报等发现可能存在严重质量安全风险的，原则上应当开展有因检查。有因检查原则上采取非预先告知的方式进行。

**第五十四条** 药品监督管理部门根据医疗器械质量安全风险防控需要，可以对为医疗器械经营活动提供产品或者服务的其他相关单位和个人进行延伸检查。

**第五十五条** 医疗器械经营企业跨设区的市设置的库房，由库房所在地药品监督管理部门负责监督检查。

医疗器械经营企业所在地药品监督管理部门和库房所在地药品监督管理部门应当加强监管信息共享，必要时可以开展联合检查。

**第五十六条** 药品监督管理部门应当加强医疗器械经营环节的抽查检验，对抽查检验不合格的，应当及时处置。

省级以上药品监督管理部门应当根据抽查检验结论及时发布医疗器械质量公告。

**第五十七条** 经营的医疗器械对人体造成伤害或者有证据证明可能危害人体健康的，药品监督管理部门可以采取暂停进口、经营、使用的紧急控制措施，并发布安全警示信息。

监督检查中发现经营活动严重违反医疗器械经营质量管理规范，不能保证产品安全有效，可能危害人体健康的，依照前款规定处理。

**第五十八条** 药品监督管理部门应当根据监督检查、产品抽检、不良事件监测、投诉举报、行政处罚等情况，定期开展风险会商研判，做好医疗器械质量安全隐患排查和防控处置工作。

**第五十九条** 医疗器械注册人、备案人、经营企业对存在的医疗器械质量安全风险，未采取有效措施消除的，药品监督管理部门可以对医疗器械注册人、备案人、经营企业的法定代表人或者企业负责人进行责任约谈。

**第六十条** 设区的市级负责药品监督管理的部门应当建立并及时更新辖区内医疗器械经营企业信用档案。信用档案中应当包括医疗器械经营企业许可备案、监督检查结果、违法行为查处、质量抽查检验、自查报告、不良行为记录和投诉举报等信息。

对有不良信用记录的医疗器械注册人、备案人和经营企业，药品监督管理部门应当增加监督检查频次，依法加强失信惩戒。

**第六十一条** 药品监督管理部门应当公布接受投诉、举报的联系方式。接到举报的药品监督管理部门应当及时核实、处理、答复。经查证属实的，应当按照有关规定对举报人给予奖励。

**第六十二条** 药品监督管理部门在监督检查中，发现涉嫌违法行为的，应当及时收集和固定证据，依法立案查处；涉嫌犯罪的，及时移交公安机关处理。

**第六十三条** 药品监督管理部门及其工作人员对调查、检查中知悉的商业秘密应当保密。

**第六十四条** 药品监督管理部门及其工作人员在监督检查中，应当严格规范公正文明执法，严格执行廉政纪律，不得索取或者收受财物，不得谋取其他利益，不得妨碍企业的正常经营活动。

## 第五章 法律责任

**第六十五条** 医疗器械经营的违法行为，医疗器械监督管理条例等法律法规已有规定的，依照其规定。

**第六十六条** 有下列情形之一的，责令限期改正，并处 1 万元以上 5 万元以下罚款；情节严重的，处 5 万元以上 10 万元以下罚款；造成危害后果的，处 10 万元以上 20 万元以下罚款：

（一）第三类医疗器械经营企业擅自变更经营场所、经营范围、经营方式、库房地址；

（二）医疗器械经营许可证有效期届满后，未依法办理延续手续仍继续从事医疗器械经营活动。

未经许可从事第三类医疗器械经营活动的，依照医疗器械监督管理条例第八十一条的规定处罚。

**第六十七条** 违反医疗器械经营质量管理规范有关要求的，由药品监督管理部门责令限期改正；影响医疗器械产品安全、有效的，依照医疗器械监督管理条例第八十六条的规定处罚。

**第六十八条** 医疗器械经营企业未按照要求提交质量管理体系年度自查报告，或者违反本办法规定为其他医疗器械生产经营企业专门提供贮存、运输服务的，由药品监督管理部门责令限期改正；拒不改正的，处 1 万元以上 5 万元以下罚款；情节严重的，处 5 万元以上 10 万元以下罚款。

**第六十九条** 第三类医疗器械经营企业未按照本办法规定办理企业名称、法定代表人、企业负责人变更的，由药品监督管理部门责令限期改正；拒不改正的，处 5000 元以上 3 万元以下罚款。

**第七十条** 药品监督管理部门工作人员违反本办法规定，滥用职权、玩忽职守、徇私舞弊的，依法给予处分。

## 第六章 附 则

**第七十一条** 本办法下列用语的含义是：

医疗器械批发，是指将医疗器械销售给医疗器械生产企业、医疗器械经营企业、医疗器械使用单位或者其他有合理使用需求的单位的医疗器械经营行为。

医疗器械零售，是指将医疗器械直接销售给消费者个人使用的医疗器械经营行为。

**第七十二条** 从事医疗器械网络销售的，应当遵守法律、法规和规章有关规定。

**第七十三条** 本办法自 2022 年 5 月 1 日起施行。2014 年 7 月 30 日原国家食品药品监督管理总局令第 8 号公布的《医疗器械经营监督管理办法》同时废止。

# 医疗器械不良事件监测和再评价管理办法

（2018 年 8 月 13 日国家市场监督管理总局、国家卫生健康委员会令第 1 号公布，自 2019 年 1 月 1 日起施行）

## 第一章　总　则

**第一条**　为加强医疗器械不良事件监测和再评价，及时、有效控制医疗器械上市后风险，保障人体健康和生命安全，根据《医疗器械监督管理条例》，制定本办法。

**第二条**　在中华人民共和国境内开展医疗器械不良事件监测、再评价及其监督管理，适用本办法。

**第三条**　医疗器械上市许可持有人（以下简称持有人），应当具有保证医疗器械安全有效的质量管理能力和相应责任能力，建立医疗器械不良事件监测体系，向医疗器械不良事件监测技术机构（以下简称监测机构）直接报告医疗器械不良事件。由持有人授权销售的经营企业、医疗器械使用单位应当向持有人和监测机构报告医疗器械不良事件。

持有人应当对发现的不良事件进行评价，根据评价结果完善产品质量，并向监测机构报告评价结果和完善质量的措施；需要原注册机关审批的，应当按规定提交申请。

境外持有人指定的代理人应当承担境内销售的进口医疗器械的不良事件监测工作，配合境外持有人履行再评价义务。

**第四条**　本办法下列用语的含义：

（一）医疗器械上市许可持有人，是指医疗器械注册证书和医疗器械备案凭证的持有人，即医疗器械注册人和备案人。

（二）医疗器械不良事件，是指已上市的医疗器械，在正常使用情况下发生的，导致或者可能导致人体伤害的各种有害事件。

（三）严重伤害，是指有下列情况之一者：1. 危及生命；2. 导致机体功能的永久性伤害或者机体结构的永久性损伤；3. 必须采取医疗措施才能避免上述永久性伤害或者损伤。

（四）群体医疗器械不良事件，是指同一医疗器械在使用过程中，在相对集中的时间、区域内发生，对一定数量人群的身体健康或者生命安全造成损害或者威胁的事件。

（五）医疗器械不良事件监测，是指对医疗器械不良事件的收集、报告、调查、分析、评价和控制的过程。

（六）医疗器械重点监测，是指为研究某一品种或者产品上市后风险情况、特征、严重程度、发生率等，主动开展的阶段性监测活动。

（七）医疗器械再评价，是指对已注册或者备案、上市销售的医疗器械的安全性、有效性进行重新评价，并采取相应措施的过程。

**第五条** 国家药品监督管理局建立国家医疗器械不良事件监测信息系统，加强医疗器械不良事件监测信息网络和数据库建设。

国家药品监督管理局指定的监测机构（以下简称国家监测机构）负责对收集到的医疗器械不良事件信息进行统一管理，并向相关监测机构、持有人、经营企业或者使用单位反馈医疗器械不良事件监测相关信息。

与产品使用风险相关的监测信息应当向卫生行政部门通报。

**第六条** 省、自治区、直辖市药品监督管理部门应当建立医疗器械不良事件监测体系，完善相关制度，配备相应监测机构和人员，开展医疗器械不良事件监测工作。

**第七条** 任何单位和个人发现医疗器械不良事件，有权向负责药品监督管理的部门（以下简称药品监督管理部门）或者监测机构报告。

## 第二章 职责与义务

**第八条** 国家药品监督管理局负责全国医疗器械不良事件监测和再评价的监督管理工作，会同国务院卫生行政部门组织开展全国范围内影响较大并造成严重伤害或者死亡以及其他严重后果的群体医疗器械不良事件的调查和处理，依法采取紧急控制措施。

**第九条** 省、自治区、直辖市药品监督管理部门负责本行政区域内医疗器械不良事件监测和再评价的监督管理工作，会同同级卫生行政部门和相关部门组织开展本行政区域内发生的群体医疗器械不良事件的调查和处理，依法采取紧急控制措施。

设区的市级和县级药品监督管理部门负责本行政区域内医疗器械不良事件监测相关工作。

**第十条** 上级药品监督管理部门指导和监督下级药品监督管理部门开展医疗器械不良事件监测和再评价的监督管理工作。

**第十一条** 国务院卫生行政部门和地方各级卫生行政部门负责医疗器械使用单位中与医疗器械不良事件监测相关的监督管理工作，督促医疗器械使用单位开展医疗器械不良事件监测相关工作并组织检查，加强医疗器械不良事件监测工作的考核，在职责范围内依法对医疗器械不良事件采取相关控制措施。

上级卫生行政部门指导和监督下级卫生行政部门开展医疗器械不良事件监测相关的监督管理工作。

**第十二条** 国家监测机构负责接收持有人、经营企业及使用单位等报告的医疗器械不良事件信息，承担全国医疗器械不良事件监测和再评价的相关技术工作；负责全国医疗器械不良事件监测信息网络及数据库的建设、维护和信息管理，组织制定技术规范和指导原则，组织开展国家药品监督管理局批准注册的医疗器械不良事件相关信息的调查、评价和反馈，对市级以上地方药品监督管理部门批准注册或者备案的医疗器械不良事件信息进行汇总、分析和指导，开展全国范围内影响较大并造成严重伤害或者死亡以及其他严重后果的群体医疗器械不良事件的调查和评价。

**第十三条** 省、自治区、直辖市药品监督管理部门指定的监测机构（以下简称省级监测机构）组织开展本行政区域内医疗器械不良事件监测和再评价相关技术工作；承担本行政区域内注册或者备案的医疗器械不良事件的调查、评价和反馈，对本行政区域内发生的群体医疗器械不良事件进行调查和评价。

设区的市级和县级监测机构协助开展本行政区域内医疗器械不良事件监测相关技术工作。

**第十四条** 持有人应当对其上市的医疗器械进行持续研究，评估风险情况，承担医疗器械不良事件监测的责任，根据分析评价结果采取有效控制措施，并履行下列主要义务：

（一）建立包括医疗器械不良事件监测和再评价工作制度的医疗器械质量管理体系；

（二）配备与其产品相适应的机构和人员从事医疗器械不良事件监测相关工作；

（三）主动收集并按照本办法规定的时限要求及时向监测机构如实报告医疗器械不良事件；

（四）对发生的医疗器械不良事件及时开展调查、分析、评价，采取措施控制风险，及时发布风险信息；

（五）对上市医疗器械安全性进行持续研究，按要求撰写定期风险评价报告；

（六）主动开展医疗器械再评价；

（七）配合药品监督管理部门和监测机构组织开展的不良事件调查。

**第十五条** 境外持有人除应当履行本办法第十四条规定的义务外，还应当与其指定的代理人之间建立信息传递机制，及时互通医疗器械不良事件监测和再评价相关信息。

**第十六条** 医疗器械经营企业、使用单位应当履行下列主要义务：

（一）建立本单位医疗器械不良事件监测工作制度，医疗机构还应当将医疗器械不良事件监测纳入医疗机构质量安全管理重点工作；

（二）配备与其经营或者使用规模相适应的机构或者人员从事医疗器械不良事件监测相关工作；

（三）收集医疗器械不良事件，及时向持有人报告，并按照要求向监测机构报告；

（四）配合持有人对医疗器械不良事件的调查、评价和医疗器械再评价工作；

（五）配合药品监督管理部门和监测机构组织开展的不良事件调查。

## 第三章 报告与评价

### 第一节 基本要求

**第十七条** 报告医疗器械不良事件应当遵循可疑即报的原则，即怀疑某事件为医疗器械不良事件时，均可以作为医疗器械不良事件进行报告。

报告内容应当真实、完整、准确。

**第十八条** 导致或者可能导致严重伤害或者死亡的可疑医疗器械不良事件应当报告；创新医疗器械在首个注册周期内，应当报告该产品的所有医疗器械不良事件。

**第十九条** 持有人、经营企业和二级以上医疗机构应当注册为国家医疗器械不良事件监测信息系统用户，主动维护其用户信息，报告医疗器械不良事件。持有人应当持续跟踪和处理监测信息；产品注册信息发生变化的，应当在系统中立即更新。

鼓励其他使用单位注册为国家医疗器械不良事件监测信息系统用户，报告不良事件相关信息。

**第二十条** 持有人应当公布电话、通讯地址、邮箱、传真等联系方式，指定联系人，主动收集来自医疗器械经营企业、使用单位、使用者等的不良事件信息；对发现或者获知的可疑医疗器械不良事件，持有人应当直接通过国家医疗器械不良事件监测信息系统进行医疗器械不良事件报告与评价，并上报群体医疗器械不良事件调查报告以及定期风险评价报告等。

医疗器械经营企业、使用单位发现或者获知可疑医疗器械不良事件的，应当及时告知持有人，并通过国家医疗器械不良事件监测信息系统报告。暂不具备在线报告条件的，应当通过纸质报表向所在地县级以上监测机构报告，由监测机构代为在线报告。

各级监测机构应当公布电话、通讯地址等联系方式。

**第二十一条** 持有人应当对收集和获知的医疗器械不良事件监测信息进行分析、评价，主动开展医疗器械安全性研究。对附条件批准的医疗器械，持有人还应当按照风险管控计划开展相关工作。

**第二十二条** 持有人、经营企业、使用单位应当建立并保存医疗器械不良事件监测记录。记录应当保存至医疗器械有效期后2年；无有效期的，保存期限不得少于5年。植入性医疗器械的监测记录应当永久保存，医疗机构应当按照病例相关规定保存。

**第二十三条** 省级监测机构应当对本行政区域内注册或者备案的医疗器械的不良事件报告进行综合分析，对发现的风险提出监管措施建议，于每季度结束后30日内报所在地省、自治区、直辖市药品监督管理部门和国家监测机构。

国家监测机构应当对国家药品监督管理局批准注册或者备案的医疗器械的不良事件报告和各省、自治区、直辖市药品监督管理部门的季度报告进行综合分析，必要时向国家药品监督管理局提出监管措施建议。

**第二十四条** 省级监测机构应当按年度对本行政区域内注册或者备案的医疗器械的不良事件监测情况进行汇总分析，形成年度汇总报告，于每年3月15日前报所在地省、自治区、直辖市药品监督管理部门和国家监测机构。

国家监测机构应当对全国医疗器械不良事件年度监测情况进行汇总分析，形成年度报告，于每年3月底前报国家药品监督管理局。

省级以上药品监督管理部门应当将年度报告情况通报同级卫生行政部门。

## 第二节 个例医疗器械不良事件

**第二十五条** 持有人发现或者获知可疑医疗器械不良事件的，应当立即调查原因，导致死亡的应当在 7 日内报告；导致严重伤害、可能导致严重伤害或者死亡的应当在 20 日内报告。

医疗器械经营企业、使用单位发现或者获知可疑医疗器械不良事件的，应当及时告知持有人。其中，导致死亡的还应当在 7 日内，导致严重伤害、可能导致严重伤害或者死亡的在 20 日内，通过国家医疗器械不良事件监测信息系统报告。

**第二十六条** 除持有人、经营企业、使用单位以外的其他单位和个人发现导致或者可能导致严重伤害或者死亡的医疗器械不良事件的，可以向监测机构报告，也可以向持有人、经营企业或者经治的医疗机构报告，必要时提供相关的病历资料。

**第二十七条** 进口医疗器械的境外持有人和在境外销售国产医疗器械的持有人，应当主动收集其产品在境外发生的医疗器械不良事件。其中，导致或者可能导致严重伤害或者死亡的，境外持有人指定的代理人和国产医疗器械持有人应当自发现或者获知之日起 30 日内报告。

**第二十八条** 设区的市级监测机构应当自收到医疗器械不良事件报告之日起 10 日内，对报告的真实性、完整性和准确性进行审核，并实时反馈相关持有人。

**第二十九条** 持有人在报告医疗器械不良事件后或者通过国家医疗器械不良事件监测信息系统获知相关医疗器械不良事件后，应当按要求开展后续调查、分析和评价，导致死亡的事件应当在 30 日内，导致严重伤害、可能导致严重伤害或者死亡的事件应当在 45 日内向持有人所在地省级监测机构报告评价结果。对于事件情况和评价结果有新的发现或者认知的，应当补充报告。

**第三十条** 持有人所在地省级监测机构应当在收到持有人评价结果 10 日内完成对评价结果的审核，必要时可以委托或者会同不良事件发生地省级监测机构对导致或者可能导致严重伤害或者死亡的不良事件开展现场调查。其中，对于国家药品监督管理局批准注册的医疗器械，国家监测机构还应当对省级监测机构作出的评价审核结果进行复核，必要时可以组织对导致死亡的不良事件开展调查。

审核和复核结果应当反馈持有人。对持有人的评价结果存在异议的，可以要求持有人重新开展评价。

## 第三节 群体医疗器械不良事件

**第三十一条** 持有人、经营企业、使用单位发现或者获知群体医疗器械不良事件后，应当在 12 小时内通过电话或者传真等方式报告不良事件发生地省、自治区、直辖市药品监督管理部门和卫生行政部门，必要时可以越级报告，同时通过国家医疗器械不良事件监测信息系统报告群体医疗器械不良事件基本信息，对每一事件还应当在 24 小时内按个例事件报告。

不良事件发生地省、自治区、直辖市药品监督管理部门应当及时向持有人所在地省、自治区、直辖市药品监督管理部门通报相关信息。

**第三十二条** 持有人发现或者获知其产品的群体医疗器械不良事件后，应当立即暂停生产、销售，通知使用单位停止使用相关医疗器械，同时开展调查及生产质量管理体系自查，并于7日内向所在地及不良事件发生地省、自治区、直辖市药品监督管理部门和监测机构报告。

调查应当包括产品质量状况、伤害与产品的关联性、使用环节操作和流通过程的合规性等。自查应当包括采购、生产管理、质量控制、同型号同批次产品追踪等。

持有人应当分析事件发生的原因，及时发布风险信息，将自查情况和所采取的控制措施报所在地及不良事件发生地省、自治区、直辖市药品监督管理部门，必要时应当召回相关医疗器械。

**第三十三条** 医疗器械经营企业、使用单位发现或者获知群体医疗器械不良事件的，应当在12小时内告知持有人，同时迅速开展自查，并配合持有人开展调查。自查应当包括产品贮存、流通过程追溯，同型号同批次产品追踪等；使用单位自查还应当包括使用过程是否符合操作规范和产品说明书要求等。必要时，医疗器械经营企业、使用单位应当暂停医疗器械的销售、使用，并协助相关单位采取相关控制措施。

**第三十四条** 省、自治区、直辖市药品监督管理部门在获知本行政区域内发生的群体医疗器械不良事件后，应当会同同级卫生行政部门及时开展现场调查，相关省、自治区、直辖市药品监督管理部门应当配合。调查、评价和处理结果应当及时报国家药品监督管理局和国务院卫生行政部门，抄送持有人所在地省、自治区、直辖市药品监督管理部门。

**第三十五条** 对全国范围内影响较大并造成严重伤害或者死亡以及其他严重后果的群体医疗器械不良事件，国家药品监督管理局应当会同国务院卫生行政部门组织调查和处理。国家监测机构负责现场调查，相关省、自治区、直辖市药品监督管理部门、卫生行政部门应当配合。

调查内容应当包括医疗器械不良事件发生情况、医疗器械使用情况、患者诊治情况、既往类似不良事件、产品生产过程、产品贮存流通情况以及同型号同批次产品追踪等。

**第三十六条** 国家监测机构和相关省、自治区、直辖市药品监督管理部门、卫生行政部门应当在调查结束后5日内，根据调查情况对产品风险进行技术评价并提出控制措施建议，形成调查报告报国家药品监督管理局和国务院卫生行政部门。

**第三十七条** 持有人所在地省、自治区、直辖市药品监督管理部门可以对群体不良事件涉及的持有人开展现场检查。必要时，国家药品监督管理局可以对群体不良事件涉及的境外持有人开展现场检查。

现场检查应当包括生产质量管理体系运行情况、产品质量状况、生产过程、同型号同批次产品追踪等。

### 第四节　定期风险评价报告

**第三十八条**　持有人应当对上市医疗器械安全性进行持续研究，对产品的不良事件报告、监测资料和国内外风险信息进行汇总、分析，评价该产品的风险与受益，记录采取的风险控制措施，撰写上市后定期风险评价报告。

**第三十九条**　持有人应当自产品首次批准注册或者备案之日起，每满一年后的60日内完成上年度产品上市后定期风险评价报告。其中，经国家药品监督管理局注册的，应当提交至国家监测机构；经省、自治区、直辖市药品监督管理部门注册的，应当提交至所在地省级监测机构。第一类医疗器械的定期风险评价报告由持有人留存备查。

获得延续注册的医疗器械，应当在下一次延续注册申请时完成本注册周期的定期风险评价报告，并由持有人留存备查。

**第四十条**　省级以上监测机构应当组织对收到的医疗器械产品上市后定期风险评价报告进行审核。必要时，应当将审核意见反馈持有人。

**第四十一条**　省级监测机构应当对收到的上市后定期风险评价报告进行综合分析，于每年5月1日前将上一年度上市后定期风险评价报告统计情况和分析评价结果报国家监测机构和所在地省、自治区、直辖市药品监督管理部门。

国家监测机构应当对收到的上市后定期风险评价报告和省级监测机构提交的报告统计情况及分析评价结果进行综合分析，于每年7月1日前将上一年度上市后定期风险评价报告统计情况和分析评价结果报国家药品监督管理局。

## 第四章　重点监测

**第四十二条**　省级以上药品监督管理部门可以组织开展医疗器械重点监测，强化医疗器械产品上市后风险研究。

**第四十三条**　国家药品监督管理局会同国务院卫生行政部门确定医疗器械重点监测品种，组织制定重点监测工作方案，并监督实施。

国家医疗器械重点监测品种应当根据医疗器械注册、不良事件监测、监督检查、检验等情况，结合产品风险程度和使用情况确定。

国家监测机构组织实施医疗器械重点监测工作，并完成相关技术报告。药品监督管理部门可根据监测中发现的风险采取必要的管理措施。

**第四十四条**　省、自治区、直辖市药品监督管理部门可以根据本行政区域内医疗器械监管工作需要，参照本办法第四十三条规定，对本行政区内注册的第二类和备案的第一类医疗器械开展省级医疗器械重点监测工作。

**第四十五条**　医疗器械重点监测品种涉及的持有人应当按照医疗器械重点监测工作方案的要求开展工作，主动收集其产品的不良事件报告等相关风险信息，撰写风险评价报告，并按要求报送至重点监测工作组织部门。

**第四十六条** 省级以上药品监督管理部门可以指定具备一定条件的单位作为监测哨点，主动收集重点监测数据。监测哨点应当提供医疗器械重点监测品种的使用情况，主动收集、报告不良事件监测信息，组织或者推荐相关专家开展或者配合监测机构开展与风险评价相关的科学研究工作。

**第四十七条** 创新医疗器械持有人应当加强对创新医疗器械的主动监测，制定产品监测计划，主动收集相关不良事件报告和产品投诉信息，并开展调查、分析、评价。

创新医疗器械持有人应当在首个注册周期内，每半年向国家监测机构提交产品不良事件监测分析评价汇总报告。国家监测机构发现医疗器械可能存在严重缺陷的信息，应当及时报国家药品监督管理局。

## 第五章 风险控制

**第四十八条** 持有人通过医疗器械不良事件监测，发现存在可能危及人体健康和生命安全的不合理风险的医疗器械，应当根据情况采取以下风险控制措施，并报告所在地省、自治区、直辖市药品监督管理部门：

（一）停止生产、销售相关产品；

（二）通知医疗器械经营企业、使用单位暂停销售和使用；

（三）实施产品召回；

（四）发布风险信息；

（五）对生产质量管理体系进行自查，并对相关问题进行整改；

（六）修改说明书、标签、操作手册等；

（七）改进生产工艺、设计、产品技术要求等；

（八）开展医疗器械再评价；

（九）按规定进行变更注册或者备案；

（十）其他需要采取的风险控制措施。

与用械安全相关的风险及处置情况，持有人应当及时向社会公布。

**第四十九条** 药品监督管理部门认为持有人采取的控制措施不足以有效防范风险的，可以采取发布警示信息、暂停生产销售和使用、责令召回、要求其修改说明书和标签、组织开展再评价等措施，并组织对持有人开展监督检查。

**第五十条** 对发生群体医疗器械不良事件的医疗器械，省级以上药品监督管理部门可以根据风险情况，采取暂停生产、销售、使用等控制措施，组织对持有人开展监督检查，并及时向社会发布警示和处置信息。在技术评价结论得出后，省级以上药品监督管理部门应当根据相关法规要求，采取进一步监管措施，并加强对同类医疗器械的不良事件监测。

同级卫生行政部门应当在本行政区域内暂停医疗机构使用相关医疗器械，采取措施积极组织救治患者。相关持有人应当予以配合。

**第五十一条** 省级以上监测机构在医疗器械不良事件报告评价和审核、不良事件报告季度和年度汇总分析、群体不良事件评价、重点监测、定期风险评价报告等过程中，发现医疗器械存在不合理风险的，应当提出风险管理意见，及时反馈持有人并报告相应的药品监督管理部门。省级监测机构还应当向国家监测机构报告。

持有人应当根据收到的风险管理意见制定并实施相应的风险控制措施。

**第五十二条** 各级药品监督管理部门和卫生行政部门必要时可以将医疗器械不良事件所涉及的产品委托具有相应资质的医疗器械检验机构进行检验。医疗器械检验机构应当及时开展相关检验，并出具检验报告。

**第五十三条** 进口医疗器械在境外发生医疗器械不良事件，或者国产医疗器械在境外发生医疗器械不良事件，被采取控制措施的，境外持有人指定的代理人或者国产医疗器械持有人应当在获知后 24 小时内，将境外医疗器械不良事件情况、控制措施情况和在境内拟采取的控制措施报国家药品监督管理局和国家监测机构，抄送所在地省、自治区、直辖市药品监督管理部门，及时报告后续处置情况。

**第五十四条** 可疑医疗器械不良事件由医疗器械产品质量原因造成的，由药品监督管理部门按照医疗器械相关法规予以处置；由医疗器械使用行为造成的，由卫生行政部门予以处置。

## 第六章 再评价

**第五十五条** 有下列情形之一的，持有人应当主动开展再评价，并依据再评价结论，采取相应措施：

（一）根据科学研究的发展，对医疗器械的安全、有效有认识上改变的；

（二）医疗器械不良事件监测、评估结果表明医疗器械可能存在缺陷的；

（三）国家药品监督管理局规定应当开展再评价的其他情形。

**第五十六条** 持有人开展医疗器械再评价，应当根据产品上市后获知和掌握的产品安全有效信息、临床数据和使用经验等，对原医疗器械注册资料中的综述资料、研究资料、临床评价资料、产品风险分析资料、产品技术要求、说明书、标签等技术数据和内容进行重新评价。

**第五十七条** 再评价报告应当包括产品风险受益评估、社会经济效益评估、技术进展评估、拟采取的措施建议等。

**第五十八条** 持有人主动开展医疗器械再评价的，应当制定再评价工作方案。通过再评价确定需要采取控制措施的，应当在再评价结论形成后 15 日内，提交再评价报告。其中，国家药品监督管理局批准注册或者备案的医疗器械，持有人应当向国家监测机构提交；其他医疗器械的持有人应当向所在地省级监测机构提交。

持有人未按规定履行医疗器械再评价义务的，省级以上药品监督管理部门应当责令持有人开展再评价。必要时，省级以上药品监督管理部门可以直接组织开展再评价。

**第五十九条** 省级以上药品监督管理部门责令开展再评价的，持有人应当在再评价实施前和再评价结束后30日内向相应药品监督管理部门及监测机构提交再评价方案和再评价报告。

再评价实施期限超过1年的，持有人应当每年报告年度进展情况。

**第六十条** 监测机构对收到的持有人再评价报告进行审核，并将审核意见报相应的药品监督管理部门。

药品监督管理部门对持有人开展的再评价结论有异议的，持有人应当按照药品监督管理部门的要求重新确认再评价结果或者重新开展再评价。

**第六十一条** 药品监督管理部门组织开展医疗器械再评价的，由指定的监测机构制定再评价方案，经组织开展再评价的药品监督管理部门批准后组织实施，形成再评价报告后向相应药品监督管理部门报告。

**第六十二条** 再评价结果表明已注册或者备案的医疗器械存在危及人身安全的缺陷，且无法通过技术改进、修改说明书和标签等措施消除或者控制风险，或者风险获益比不可接受的，持有人应当主动申请注销医疗器械注册证或者取消产品备案；持有人未申请注销医疗器械注册证或者取消备案的，由原发证部门注销医疗器械注册证或者取消备案。药品监督管理部门应当将注销医疗器械注册证或者取消备案的相关信息及时向社会公布。

国家药品监督管理局根据再评价结论，可以对医疗器械品种作出淘汰的决定。被淘汰的产品，其医疗器械注册证或者产品备案由原发证部门予以注销或者取消。

被注销医疗器械注册证或者被取消备案的医疗器械不得生产、进口、经营和使用。

## 第七章 监督管理

**第六十三条** 药品监督管理部门应当依据职责对持有人和经营企业开展医疗器械不良事件监测和再评价工作情况进行监督检查，会同同级卫生行政部门对医疗器械使用单位开展医疗器械不良事件监测情况进行监督检查。

**第六十四条** 省、自治区、直辖市药品监督管理部门应当制定本行政区域的医疗器械不良事件监测监督检查计划，确定检查重点，并监督实施。

**第六十五条** 省、自治区、直辖市药品监督管理部门应当加强对本行政区域内从事医疗器械不良事件监测和再评价工作人员的培训和考核。

**第六十六条** 药品监督管理部门应当按照法规、规章、规范的要求，对持有人不良事件监测制度建设和工作开展情况实施监督检查。必要时，可以对受持有人委托开展相关工作的企业开展延伸检查。

**第六十七条** 有下列情形之一的，药品监督管理部门应当对持有人开展重点检查：

（一）未主动收集并按照时限要求报告医疗器械不良事件的；

（二）持有人上报导致或可能导致严重伤害或者死亡不良事件的报告数量与医疗机构的报告数量差距较大，提示其主体责任未落实到位的；

（三）瞒报、漏报、虚假报告的；

（四）不配合药品监督管理部门开展的医疗器械不良事件相关调查和采取的控制措施的；

（五）未按照要求通过不良事件监测收集产品安全性信息，或者未按照要求开展上市后研究、再评价，无法保证产品安全有效的。

**第六十八条**　持有人未按照要求建立不良事件监测制度、开展不良事件监测和再评价相关工作、未按照本办法第四十八条规定及时采取有效风险控制措施、不配合药品监督管理部门开展的医疗器械不良事件相关调查和采取的控制措施的，药品监督管理部门可以要求其停产整改，必要时采取停止产品销售的控制措施。

需要恢复生产、销售的，持有人应当向作出处理决定的药品监督管理部门提出申请，药品监督管理部门现场检查通过后，作出恢复生产、销售的决定。

持有人提出恢复生产、销售申请前，可以聘请具备相应资质的独立第三方专业机构进行检查确认。

**第六十九条**　省级以上药品监督管理部门统一发布下列医疗器械不良事件监测信息：

（一）群体医疗器械不良事件相关信息；

（二）医疗器械不良事件监测警示信息；

（三）需要定期发布的医疗器械不良事件监测信息；

（四）认为需要统一发布的其他医疗器械不良事件监测信息。

## 第八章　法律责任

**第七十条**　持有人有下列情形之一的，依照《医疗器械监督管理条例》第六十八条的规定，由县级以上药品监督管理部门责令改正，给予警告；拒不改正的，处5000元以上2万元以下罚款；情节严重的，责令停产停业，直至由发证部门吊销相关证明文件：

（一）未主动收集并按照时限要求报告医疗器械不良事件的；

（二）瞒报、漏报、虚假报告的；

（三）未按照时限要求报告评价结果或者提交群体医疗器械不良事件调查报告的；

（四）不配合药品监督管理部门和监测机构开展的医疗器械不良事件相关调查和采取的控制措施的。

**第七十一条**　医疗器械经营企业、使用单位有下列情形之一的，依照《医疗器械监督管理条例》第六十八条的规定，由县级以上药品监督管理部门和卫生行政部门依据各自职责责令改正，给予警告；拒不改正的，处5000元以上2万元以下罚款；情节严重的，责令停产停业，直至由发证部门吊销相关证明文件：

（一）未主动收集并按照时限要求报告医疗器械不良事件的；

（二）瞒报、漏报、虚假报告的；

（三）不配合药品监督管理部门和监测机构开展的医疗器械不良事件相关调查和采取的控制措施的。

**第七十二条** 持有人未按照要求开展再评价、隐匿再评价结果、应当提出注销申请而未提出的，由省级以上药品监督管理部门责令改正，给予警告，可以并处1万元以上3万元以下罚款。

**第七十三条** 持有人有下列情形之一的，由县级以上药品监督管理部门责令改正，给予警告；拒不改正的，处5000元以上2万元以下罚款：

（一）未按照规定建立医疗器械不良事件监测和再评价工作制度的；

（二）未按照要求配备与其产品相适应的机构和人员从事医疗器械不良事件监测相关工作的；

（三）未保存不良事件监测记录或者保存年限不足的；

（四）应当注册而未注册为医疗器械不良事件监测信息系统用户的；

（五）未主动维护用户信息，或者未持续跟踪和处理监测信息的；

（六）未根据不良事件情况采取相应控制措施并向社会公布的；

（七）未按照要求撰写、提交或者留存上市后定期风险评价报告的；

（八）未按照要求报告境外医疗器械不良事件和境外控制措施的；

（九）未按照要求提交创新医疗器械产品分析评价汇总报告的；

（十）未公布联系方式、主动收集不良事件信息的；

（十一）未按照要求开展医疗器械重点监测的；

（十二）其他违反本办法规定的。

**第七十四条** 医疗器械经营企业、使用单位有下列情形之一的，由县级以上药品监督管理部门和卫生行政部门依据各自职责责令改正，给予警告；拒不改正的，处5000元以上2万元以下罚款：

（一）未按照要求建立医疗器械不良事件监测工作制度的；

（二）未按照要求配备与其经营或者使用规模相适应的机构或者人员从事医疗器械不良事件监测相关工作的；

（三）未保存不良事件监测记录或者保存年限不足的；

（四）应当注册而未注册为国家医疗器械不良事件监测信息系统用户的；

（五）未及时向持有人报告所收集或者获知的医疗器械不良事件的；

（六）未配合持有人对医疗器械不良事件调查和评价的；

（七）其他违反本办法规定的。

药品监督管理部门发现使用单位有前款规定行为的，应当移交同级卫生行政部门处理。

卫生行政部门对使用单位作出行政处罚决定的，应当及时通报同级药品监督管理部门。

**第七十五条** 持有人、经营企业、使用单位按照本办法要求报告、调查、评价、处置医疗器械不良事件，主动消除或者减轻危害后果的，对其相关违法行为，依照《中华人民共和国行政处罚法》的规定从轻或者减轻处罚。违法行为轻微并及时纠正，没有造成危害后果的，不予处罚，但不免除其依法应当承担的其他法律责任。

**第七十六条** 各级药品监督管理部门、卫生行政部门、监测机构及其工作人员，不按规定履行职责的，依照《医疗器械监督管理条例》第七十二条和第七十四条的规定予以处理。

**第七十七条** 持有人、经营企业、使用单位违反相关规定，给医疗器械使用者造成损害的，依法承担赔偿责任。

## 第九章 附 则

**第七十八条** 医疗器械不良事件报告的内容、风险分析评价报告和统计资料等是加强医疗器械监督管理、指导合理用械的依据，不作为医疗纠纷、医疗诉讼和处理医疗器械质量事故的依据。

对于属于医疗事故或者医疗器械质量问题的，应当按照相关法规的要求另行处理。

**第七十九条** 本办法由国家药品监督管理局会同国务院卫生行政部门负责解释。

**第八十条** 本办法自2019年1月1日起施行。

# 医疗器械网络销售监督管理办法

（2017 年 12 月 20 日国家食品药品监督管理总局令第 38 号公布，自 2018 年 3 月 1 日起施行）

## 第一章　总　则

**第一条**　为加强医疗器械网络销售和医疗器械网络交易服务监督管理，保障公众用械安全，根据《中华人民共和国网络安全法》《医疗器械监督管理条例》《互联网信息服务管理办法》等法律法规，制定本办法。

**第二条**　在中华人民共和国境内从事医疗器械网络销售、提供医疗器械网络交易服务及其监督管理，应当遵守本办法。

**第三条**　国家食品药品监督管理总局负责指导全国医疗器械网络销售、医疗器械网络交易服务的监督管理，并组织开展全国医疗器械网络销售和网络交易服务监测。

省级食品药品监督管理部门负责医疗器械网络交易服务的监督管理。

县级以上地方食品药品监督管理部门负责本行政区域内医疗器械网络销售的监督管理。

**第四条**　从事医疗器械网络销售的企业、医疗器械网络交易服务第三方平台提供者应当遵守医疗器械法规、规章和规范，建立健全管理制度，依法诚信经营，保证医疗器械质量安全。

从事医疗器械网络销售的企业，是指通过网络销售医疗器械的医疗器械上市许可持有人（即医疗器械注册人或者备案人，以下简称持有人）和医疗器械生产经营企业。

医疗器械网络交易服务第三方平台提供者，是指在医疗器械网络交易中仅提供网页空间、虚拟交易场所、交易规则、交易撮合、电子订单等交易服务，供交易双方或者多方开展交易活动，不直接参与医疗器械销售的企业。

**第五条**　从事医疗器械网络销售的企业、医疗器械网络交易服务第三方平台提供者应当采取技术措施，保障医疗器械网络销售数据和资料的真实、完整、可追溯。

**第六条**　从事医疗器械网络销售的企业、医疗器械网络交易服务第三方平台提供者应当积极配合食品药品监督管理部门开展网络监测、抽样检验、现场检查等监督管理，按照食品药品监督管理部门的要求存储数据，提供信息查询、数据提取等相关支持。

## 第二章　医疗器械网络销售

**第七条**　从事医疗器械网络销售的企业应当是依法取得医疗器械生产许可、经营许可或者办理备案的医疗器械生产经营企业。法律法规规定不需要办理许可或者备案的除外。

持有人通过网络销售其医疗器械，医疗器械生产企业受持有人委托通过网络销售受托生产的医疗器械，不需要办理经营许可或者备案，其销售条件应当符合《医疗器械监督管理条例》和本办法的要求。

持有人委托开展医疗器械网络销售的，应当评估确认受托方的合法资质、销售条件、技术水平和质量管理能力，对网络销售过程和质量控制进行指导和监督，对网络销售的医疗器械质量负责。

**第八条**　从事医疗器械网络销售的企业，应当填写医疗器械网络销售信息表，将企业名称、法定代表人或者主要负责人、网站名称、网络客户端应用程序名、网站域名、网站IP地址、电信业务经营许可证或者非经营性互联网信息服务备案编号、医疗器械生产经营许可证件或者备案凭证编号等信息事先向所在地设区的市级食品药品监督管理部门备案。相关信息发生变化的，应当及时变更备案。

**第九条**　从事医疗器械网络销售的企业，应当通过自建网站或者医疗器械网络交易服务第三方平台开展医疗器械网络销售活动。

通过自建网站开展医疗器械网络销售的企业，应当依法取得《互联网药品信息服务资格证书》，并具备与其规模相适应的办公场所以及数据备份、故障恢复等技术条件。

**第十条**　从事医疗器械网络销售的企业，应当在其主页面显著位置展示其医疗器械生产经营许可证件或者备案凭证，产品页面应当展示该产品的医疗器械注册证或者备案凭证。相关展示信息应当画面清晰，容易辨识。其中，医疗器械生产经营许可证件或者备案凭证、医疗器械注册证或者备案凭证的编号还应当以文本形式展示。相关信息发生变更的，应当及时更新展示内容。

**第十一条**　从事医疗器械网络销售的企业在网上发布的医疗器械名称、型号、规格、结构及组成、适用范围、医疗器械注册证编号或者备案凭证编号、注册人或者备案人信息、生产许可证或者备案凭证编号、产品技术要求编号、禁忌症等信息，应当与经注册或者备案的相关内容保持一致。

**第十二条**　从事医疗器械网络销售的企业应当记录医疗器械销售信息，记录应当保存至医疗器械有效期后2年；无有效期的，保存时间不得少于5年；植入类医疗器械的销售信息应当永久保存。相关记录应当真实、完整、可追溯。

**第十三条**　从事医疗器械网络销售的企业，经营范围不得超出其生产经营许可或者备案的范围。

医疗器械批发企业从事医疗器械网络销售，应当销售给具有资质的医疗器械经营企业或者使用单位。

医疗器械零售企业从事医疗器械网络销售，应当销售给消费者。销售给消费者个人的医疗器械，应当是可以由消费者个人自行使用的，其说明书应当符合医疗器械说明书和标签管理相关规定，标注安全使用的特别说明。

**第十四条** 从事医疗器械网络销售的企业，应当按照医疗器械标签和说明书标明的条件贮存和运输医疗器械。委托其他单位贮存和运输医疗器械的，应当对被委托方贮存和运输医疗器械的质量保障能力进行考核评估，明确贮存和运输过程中的质量安全责任，确保贮存和运输过程中的质量安全。

## 第三章 医疗器械网络交易服务

**第十五条** 医疗器械网络交易服务第三方平台提供者应当依法取得《互联网药品信息服务资格证书》，具备与其规模相适应的办公场所以及数据备份、故障恢复等技术条件，设置专门的医疗器械网络质量安全管理机构或者配备医疗器械质量安全管理人员。

**第十六条** 医疗器械网络交易服务第三方平台提供者应当向所在地省级食品药品监督管理部门备案，填写医疗器械网络交易服务第三方平台备案表，并提交以下材料：

（一）营业执照原件、复印件；

（二）法定代表人或者主要负责人、医疗器械质量安全管理人身份证明原件、复印件；

（三）组织机构与部门设置说明；

（四）办公场所地理位置图、房屋产权证明文件或者租赁协议（附房屋产权证明文件）原件、复印件；

（五）电信业务经营许可证原件、复印件或者非经营性互联网信息服务备案说明；

（六）《互联网药品信息服务资格证书》原件、复印件；

（七）医疗器械网络交易服务质量管理制度等文件目录；

（八）网站或者网络客户端应用程序基本情况介绍和功能说明；

（九）其他相关证明材料。

**第十七条** 省级食品药品监督管理部门应当当场对企业提交材料的完整性进行核对，符合规定的予以备案，发给医疗器械网络交易服务第三方平台备案凭证；提交资料不齐全或者不符合法定情形的，应当一次性告知需要补充材料的事项。

省级食品药品监督管理部门应当在备案后 7 个工作日内向社会公开相关备案信息。备案信息包括企业名称、法定代表人或者主要负责人、网站名称、网络客户端应用程序名、网站域名、网站 IP 地址、电信业务经营许可证或者非经营性互联网信息服务备案编号、医疗器械网络交易服务第三方平台备案凭证编号等。

省级食品药品监督管理部门应当在医疗器械网络交易服务第三方平台提供者备案后 3 个月内，对医疗器械网络交易服务第三方平台开展现场检查。

**第十八条** 医疗器械网络交易服务第三方平台提供者名称、法定代表人或者主要负责人、网站名称、网络客户端应用程序名、网站域名、网站 IP 地址、电信业务经营许可证或者非经营性互联网信息服务备案编号等备案信息发生变化的，应当及时变更备案。

**第十九条** 医疗器械网络交易服务第三方平台提供者，应当在其网站主页面显著位置标注医疗器械网络交易服务第三方平台备案凭证的编号。

**第二十条**　医疗器械网络交易服务第三方平台提供者应当建立包括入驻平台的企业核实登记、质量安全监测、交易安全保障、网络销售违法行为制止及报告、严重违法行为平台服务停止、安全投诉举报处理、消费者权益保护、质量安全信息公告等管理制度。

**第二十一条**　医疗器械网络交易服务第三方平台提供者应当对申请入驻平台的企业提供的医疗器械生产经营许可证件或者备案凭证、医疗器械注册证或者备案凭证、企业营业执照等材料进行核实，建立档案并及时更新，保证入驻平台的企业许可证件或者备案凭证所载明的生产经营场所等许可或者备案信息真实。

医疗器械网络交易服务第三方平台提供者应当与入驻平台的企业签订入驻协议，并在协议中明确双方义务及违约处置措施等相关内容。

**第二十二条**　医疗器械网络交易服务第三方平台提供者应当记录在其平台上开展的医疗器械交易信息，记录应当保存至医疗器械有效期后2年；无有效期的，保存时间不得少于5年；植入类医疗器械交易信息应当永久保存。相关记录应当真实、完整、可追溯。

**第二十三条**　医疗器械网络交易服务第三方平台提供者应当对平台上的医疗器械销售行为及信息进行监测，发现入驻网络交易服务第三方平台的企业存在超范围经营、发布虚假信息、夸大宣传等违法违规行为、无法取得联系或者存在其他严重安全隐患的，应当立即对其停止网络交易服务，并保存有关记录，向所在地省级食品药品监督管理部门报告。

发现入驻网络交易服务第三方平台的企业被食品药品监督管理部门责令停产停业、吊销许可证件等处罚，或者平台交易的产品被食品药品监督管理部门暂停销售或者停止销售的，应当立即停止提供相关网络交易服务。

**第二十四条**　医疗器械网络交易服务第三方平台提供者应当在网站醒目位置及时发布产品质量安全隐患等相关信息。

## 第四章　监督检查

**第二十五条**　食品药品监督管理部门依照法律、法规、规章的规定，依职权对从事医疗器械网络销售的企业和医疗器械网络交易服务第三方平台实施监督检查和抽样检验。

**第二十六条**　对从事医疗器械网络销售的企业违法行为的查处，由其所在地县级以上地方食品药品监督管理部门管辖。

未经许可或者备案从事医疗器械网络销售，能确定违法销售企业地址的，由违法销售企业所在地县级以上地方食品药品监督管理部门管辖；不能确定违法销售企业所在地的，由违法行为发生地或者违法行为结果地的县级以上地方食品药品监督管理部门管辖。通过医疗器械网络交易服务第三方平台销售的，由医疗器械网络交易服务第三方平台提供者所在地省级食品药品监督管理部门管辖；经调查后能够确定管辖地的，及时移送有管辖权的食品药品监督管理部门。

对医疗器械网络交易服务第三方平台提供者违法行为的查处，由其所在地省级食品药品监督管理部门管辖。

网络销售的医疗器械发生重大质量事故或者造成其他严重危害后果的，可以由违法企业所在地、违法行为发生地或者违法行为结果地省级食品药品监督管理部门管辖；后果特别严重的，省级食品药品监督管理部门可以报请国家食品药品监督管理总局协调或者组织直接查处。

对发生医疗器械网络销售违法行为的网站，由省级食品药品监督管理部门通报同级通信主管部门。

**第二十七条** 国家食品药品监督管理总局组织建立国家医疗器械网络交易监测平台，开展全国医疗器械网络销售和网络交易监测与处置，监测情况定期通报省级食品药品监督管理部门。对监测发现的涉嫌违法违规信息，及时转送相关省级食品药品监督管理部门。省级食品药品监督管理部门应当及时组织处理。

**第二十八条** 省级食品药品监督管理部门自行建立的医疗器械网络销售监测平台，应当与国家医疗器械网络交易监测平台实现数据对接。

**第二十九条** 食品药品监督管理部门开展医疗器械网络销售日常监督管理，或者对涉嫌违法违规的医疗器械网络销售行为进行查处时，有权采取下列措施：

（一）进入企业医疗器械经营场所、办公场所和服务器所在地等实施现场检查；

（二）对网络销售的医疗器械进行抽样检验；

（三）询问有关人员，调查企业从事医疗器械网络销售行为的相关情况；

（四）查阅、复制企业的交易数据、合同、票据、账簿以及其他相关资料；

（五）调取网络销售的技术监测、记录资料；

（六）依法查封扣押数据存储介质等；

（七）法律、法规规定可以采取的其他措施。

**第三十条** 对网络销售医疗器械的抽样检验，按照医疗器械质量监督抽查检验相关管理规定实施。

检验结果不符合医疗器械质量安全标准的，食品药品监督管理部门收到检验报告后，应当及时对相关生产经营企业开展监督检查，采取控制措施，及时发布质量公告，对违法行为依法查处。

**第三十一条** 食品药品监督管理部门对医疗器械网络销售的技术监测记录、信息追溯资料等，可以作为认定医疗器械网络销售违法事实的依据。

**第三十二条** 从事医疗器械网络销售的企业实际情况与备案信息不符且无法取得联系的，经所在地设区的市级食品药品监督管理部门公示后，依法注销其《医疗器械经营许可证》或者在第二类医疗器械经营备案信息中予以标注，并向社会公告。相关网站由省级食品药品监督管理部门通报同级通信主管部门。

医疗器械网络交易服务第三方平台提供者实际情况与备案信息不符且无法取得联系

的，经原备案所在地省级食品药品监督管理部门公示后，在其备案信息中予以标注，向社会公告；备案时提供虚假资料的，由省级食品药品监督管理部门向社会公告备案单位。其网站由省级食品药品监督管理部门通报同级通信主管部门。

**第三十三条** 食品药品监督管理部门在检查中发现从事医疗器械网络销售的企业或者医疗器械网络交易服务第三方平台未按规定建立并执行相关质量管理制度，且存在医疗器械质量安全隐患的，食品药品监督管理部门可以责令其暂停网络销售或者暂停提供相关网络交易服务。

恢复网络销售或者恢复提供相关网络交易服务的，从事医疗器械网络销售的企业或者医疗器械网络交易服务第三方平台提供者应当向原作出处理决定的食品药品监督管理部门提出申请，经食品药品监督管理部门检查通过后方可恢复。

**第三十四条** 从事医疗器械网络销售的企业、医疗器械网络交易服务第三方平台提供者，有下列情形之一的，食品药品监督管理部门可以依职责对其法定代表人或者主要负责人进行约谈：

（一）发生医疗器械质量安全问题，可能引发医疗器械质量安全风险的；

（二）未及时妥善处理投诉举报的医疗器械质量问题，可能存在医疗器械质量安全隐患的；

（三）未及时采取有效措施排查、消除医疗器械质量安全隐患，未落实医疗器械质量安全责任的；

（四）需要进行约谈的其他情形。

约谈不影响食品药品监督管理部门依法对其进行行政处理，约谈情况及后续处理情况可以向社会公开。

被约谈企业无正当理由未按照要求落实整改的，省级食品药品监督管理部门、所在地设区的市级食品药品监督管理部门应当依职责增加监督检查频次。

**第三十五条** 有下列情形之一的，食品药品监督管理部门可以将从事医疗器械网络销售的企业、医疗器械网络交易服务第三方平台提供者及其法定代表人或者主要负责人列入失信企业和失信人员名单，并向社会公开：

（一）拒不执行暂停网络销售或者暂停提供相关网络交易服务决定的；

（二）企业被约谈后拒不按照要求整改的。

**第三十六条** 县级以上地方食品药品监督管理部门应当定期汇总分析本行政区域医疗器械网络销售监督管理情况，报告上一级食品药品监督管理部门，并依法向社会公开。

省级食品药品监督管理部门应当每年汇总分析医疗器械网络销售和网络交易服务第三方平台监督管理情况，报告国家食品药品监督管理总局，并依法向社会公开。

## 第五章 法律责任

**第三十七条** 从事医疗器械网络销售的企业、医疗器械网络交易服务第三方平台提供者违反法律法规有关规定从事销售或者交易服务，法律法规已有规定的，从其规定。构成犯罪的，移送公安机关处理。

**第三十八条** 违反本办法规定，未取得医疗器械经营许可从事网络第三类医疗器械销售的，依照《医疗器械监督管理条例》第六十三条的规定予以处罚；未取得第二类医疗器械经营备案凭证从事网络第二类医疗器械销售的，依照《医疗器械监督管理条例》第六十五条的规定予以处罚。

**第三十九条** 从事医疗器械网络销售的企业未按照本办法规定备案的，由县级以上地方食品药品监督管理部门责令限期改正，给予警告；拒不改正的，向社会公告，处1万元以下罚款。

**第四十条** 有下列情形之一的，由县级以上地方食品药品监督管理部门责令改正，给予警告；拒不改正的，处5000元以上1万元以下罚款：

（一）从事医疗器械网络销售的企业未按照本办法要求展示医疗器械生产经营许可证或者备案凭证、医疗器械注册证或者备案凭证的；

（二）医疗器械网络交易服务第三方平台提供者未按照本办法要求展示医疗器械网络交易服务第三方平台备案凭证编号的。

**第四十一条** 有下列情形之一的，由县级以上地方食品药品监督管理部门责令改正，给予警告；拒不改正的，处5000元以上2万元以下罚款：

（一）从事医疗器械网络销售的企业备案信息发生变化，未按规定变更的；

（二）从事医疗器械网络销售的企业未按规定建立并执行质量管理制度的；

（三）医疗器械网络交易服务第三方平台提供者备案事项发生变化未按规定办理变更的；

（四）医疗器械网络交易服务第三方平台提供者未按规定要求设置与其规模相适应的质量安全管理机构或者配备质量安全管理人员的；

（五）医疗器械网络交易服务第三方平台提供者未按规定建立并执行质量管理制度的。

**第四十二条** 医疗器械网络交易服务第三方平台提供者未按本办法规定备案的，由省级食品药品监督管理部门责令限期改正；拒不改正的，向社会公告，处3万元以下罚款。

**第四十三条** 有下列情形之一的，由县级以上地方食品药品监督管理部门责令改正，给予警告；拒不改正的，处1万元以上3万元以下罚款：

（一）从事医疗器械网络销售的企业、医疗器械网络交易服务第三方平台条件发生变化，不再满足规定要求的；

（二）从事医疗器械网络销售的企业、医疗器械网络交易服务第三方平台提供者不配合食品药品监督管理部门的监督检查，或者拒绝、隐瞒、不如实提供相关材料和数据的。

**第四十四条** 有下列情形之一的，由县级以上地方食品药品监督管理部门责令改正，处1万元以上3万元以下罚款：

（一）从事医疗器械网络销售的企业超出经营范围销售的；

（二）医疗器械批发企业销售给不具有资质的经营企业、使用单位的。

医疗器械零售企业将非消费者自行使用的医疗器械销售给消费者个人的，依照前款第一项规定予以处罚。

**第四十五条**　从事医疗器械网络销售的企业未按照医疗器械说明书和标签标示要求运输、贮存医疗器械的，依照《医疗器械监督管理条例》第六十七条的规定予以处罚。

**第四十六条**　负责监管医疗器械网络销售的食品药品监督管理部门工作人员不履行职责或者滥用职权、玩忽职守、徇私舞弊的，依法追究行政责任；构成犯罪的，移送司法机关追究刑事责任。

**第四十七条**　医疗器械网络交易服务第三方平台提供者提供的医疗器械产品或者服务造成他人人身、财产损失的，根据相关法律法规的规定承担民事责任。

## 第六章　附　则

**第四十八条**　医疗器械网络交易服务第三方平台备案凭证的格式由国家食品药品监督管理总局统一制定。

医疗器械网络交易服务第三方平台备案凭证由省级食品药品监督管理部门印制。

医疗器械网络交易服务第三方平台备案凭证编号的编排方式为：（×）网械平台备字〔××××〕第×××××号。其中：

第一位×代表备案部门所在地省、自治区、直辖市的简称；

第二到五位×代表4位数备案年份；

第六到十位×代表5位数备案流水号。

**第四十九条**　医疗器械网络信息服务按照《互联网药品信息服务管理办法》执行。

**第五十条**　本办法自2018年3月1日起施行。

# 医疗器械标准管理办法

（2017年4月17日国家食品药品监督管理总局令第33号公布，自2017年7月1日起施行）

## 第一章 总 则

**第一条** 为促进科学技术进步，保障医疗器械安全有效，提高健康保障水平，加强医疗器械标准管理，根据《中华人民共和国标准化法》《中华人民共和国标准化法实施条例》和《医疗器械监督管理条例》等法律法规，制定本办法。

**第二条** 本办法所称医疗器械标准，是指由国家食品药品监督管理总局依据职责组织制修订，依法定程序发布，在医疗器械研制、生产、经营、使用、监督管理等活动中遵循的统一的技术要求。

**第三条** 在中华人民共和国境内从事医疗器械标准的制修订、实施及监督管理，应当遵守法律、行政法规及本办法的规定。

**第四条** 医疗器械标准按照其效力分为强制性标准和推荐性标准。

对保障人体健康和生命安全的技术要求，应当制定为医疗器械强制性国家标准和强制性行业标准。

对满足基础通用、与强制性标准配套、对医疗器械产业起引领作用等需要的技术要求，可以制定为医疗器械推荐性国家标准和推荐性行业标准。

**第五条** 医疗器械标准按照其规范对象分为基础标准、方法标准、管理标准和产品标准。

**第六条** 国家食品药品监督管理总局依法编制医疗器械标准规划，建立医疗器械标准管理工作制度，健全医疗器械标准管理体系。

**第七条** 鼓励企业、社会团体、教育科研机构及个人广泛参与医疗器械标准制修订工作，并对医疗器械标准执行情况进行监督。

**第八条** 鼓励参与国际标准化活动，参与制定和采用国际医疗器械标准。

**第九条** 国家食品药品监督管理总局对在医疗器械标准工作中做出显著成绩的组织和个人，按照国家有关规定给予表扬和奖励。

## 第二章 标准管理职责

**第十条** 国家食品药品监督管理总局履行下列职责：

（一）组织贯彻医疗器械标准管理相关法律、法规，制定医疗器械标准管理工作制度；

（二）组织拟定医疗器械标准规划，编制标准制修订年度工作计划；

（三）依法组织医疗器械标准制修订，发布医疗器械行业标准；

（四）依法指导、监督医疗器械标准管理工作。

**第十一条**　国家食品药品监督管理总局医疗器械标准管理中心（以下简称"医疗器械标准管理中心"）履行下列职责：

（一）组织开展医疗器械标准体系的研究，拟定医疗器械标准规划草案和标准制修订年度工作计划建议；

（二）依法承担医疗器械标准制修订的管理工作；

（三）依法承担医疗器械标准化技术委员会的管理工作；

（四）承担医疗器械标准宣传、培训的组织工作；

（五）组织对标准实施情况进行调研，协调解决标准实施中的重大技术问题；

（六）承担医疗器械国际标准化活动和对外合作交流的相关工作；

（七）承担医疗器械标准信息化工作，组织医疗器械行业标准出版；

（八）承担国家食品药品监督管理总局交办的其他标准管理工作。

**第十二条**　国家食品药品监督管理总局根据医疗器械标准化工作的需要，经批准依法组建医疗器械标准化技术委员会。

医疗器械标准化技术委员会履行下列职责：

（一）开展医疗器械标准研究工作，提出本专业领域标准发展规划、标准体系意见；

（二）承担本专业领域医疗器械标准起草、征求意见、技术审查等组织工作，并对标准的技术内容和质量负责；

（三）承担本专业领域医疗器械标准的技术指导工作，协助解决标准实施中的技术问题；

（四）负责收集、整理本专业领域的医疗器械标准资料，并建立技术档案；

（五）负责本专业领域医疗器械标准实施情况的跟踪评价；

（六）负责本专业领域医疗器械标准技术内容的咨询和解释；

（七）承担本专业领域医疗器械标准的宣传、培训、学术交流和相关国际标准化活动。

**第十三条**　在现有医疗器械标准化技术委员会不能覆盖的专业技术领域，国家食品药品监督管理总局可以根据监管需要，按程序确定医疗器械标准化技术归口单位。标准化技术归口单位参照医疗器械标准化技术委员会的职责和有关规定开展相应领域医疗器械标准工作。

**第十四条**　地方食品药品监督管理部门在本行政区域依法履行下列职责：

（一）组织贯彻医疗器械标准管理的法律法规；

（二）组织、参与医疗器械标准的制修订相关工作；

（三）监督医疗器械标准的实施；

（四）收集并向上一级食品药品监督管理部门报告标准实施过程中的问题。

**第十五条** 医疗器械研制机构、生产经营企业和使用单位应当严格执行医疗器械强制性标准。

鼓励医疗器械研制机构、生产经营企业和使用单位积极研制和采用医疗器械推荐性标准，积极参与医疗器械标准制修订工作，及时向有关部门反馈医疗器械标准实施问题和提出改进建议。

## 第三章 标准制定与修订

**第十六条** 医疗器械标准制修订程序包括标准立项、起草、征求意见、技术审查、批准发布、复审和废止等。具体规定由国家食品药品监督管理总局制定。

对医疗器械监管急需制修订的标准，可以按照国家食品药品监督管理总局规定的快速程序开展。

**第十七条** 医疗器械标准管理中心应当根据医疗器械标准规划，向社会公开征集医疗器械标准制定、修订立项提案。

对征集到的立项提案，由相应的医疗器械标准化技术委员会（包括标准化技术归口单位，下同）进行研究后，提出本专业领域标准计划项目立项申请。

涉及两个或者两个以上医疗器械标准化技术委员会的标准计划项目立项提案，应当由医疗器械标准管理中心负责协调，确定牵头医疗器械标准化技术委员会，并由其提出标准计划项目立项申请。

**第十八条** 医疗器械标准管理中心对医疗器械标准计划项目立项申请，经公开征求意见并组织专家论证后，提出医疗器械标准计划项目，编制标准制修订年度工作计划建议，报国家食品药品监督管理总局审核。

国家食品药品监督管理总局审核通过的医疗器械标准计划项目，应当向社会公示。国家标准计划项目送国务院标准化行政主管部门批准下达；行业标准计划项目由国家食品药品监督管理总局批准下达。

**第十九条** 医疗器械生产经营企业、使用单位、监管部门、检测机构以及有关教育科研机构、社会团体等，可以向承担医疗器械标准计划项目的医疗器械标准化技术委员会提出起草相关医疗器械标准的申请。医疗器械标准化技术委员会结合标准的技术内容，按照公开、公正、择优的原则，选定起草单位。

起草单位应当广泛调研、深入分析研究，积极借鉴相关国际标准，在对技术内容进行充分验证的基础上起草医疗器械标准，形成医疗器械标准征求意见稿，经医疗器械标准化技术委员会初步审查后，报送医疗器械标准管理中心。

**第二十条** 医疗器械标准征求意见稿在医疗器械标准管理中心网站向社会公开征求意见，征求意见的期限一般为两个月。承担医疗器械标准计划项目的医疗器械标准化技术委员会对征集到的意见进行汇总后，反馈给标准起草单位，起草单位应当对汇总意见进行认真研究，对征求意见稿进行修改完善，形成医疗器械标准送审稿。

**第二十一条** 承担医疗器械标准计划项目的医疗器械标准化技术委员会负责组织对医疗器械标准送审稿进行技术审查。审查通过后，将医疗器械标准报批稿、实施建议及相关资料报送医疗器械标准管理中心进行审核。

**第二十二条** 医疗器械标准管理中心将审核通过后的医疗器械标准报批稿及审核结论等报送国家食品药品监督管理总局审查。审查通过的医疗器械国家标准送国务院标准化行政主管部门批准、发布；审查通过的医疗器械行业标准由国家食品药品监督管理总局确定实施日期和实施要求，以公告形式发布。

医疗器械国家标准、行业标准按照国务院标准化行政主管部门的相关规定进行公开，供公众查阅。

**第二十三条** 医疗器械标准批准发布后，因个别技术内容影响标准使用、需要进行修改，或者对原标准内容进行少量增减时，应当采用标准修改单方式修改。标准修改单应当按照标准制修订程序制定，由医疗器械标准的原批准部门审查发布。

**第二十四条** 医疗器械标准化技术委员会应当对已发布实施的医疗器械标准开展复审工作，根据科学技术进步、产业发展以及监管需要对其有效性、适用性和先进性及时组织复审，提出复审结论。复审结论分为继续有效、修订或者废止。复审周期原则上不超过 5 年。

医疗器械标准复审结论由医疗器械标准管理中心审核通过后，报送国家食品药品监督管理总局审查。医疗器械国家标准复审结论，送国务院标准化行政主管部门批准；医疗器械行业标准复审结论由国家食品药品监督管理总局审查批准，并对复审结论为废止的标准以公告形式发布。

## 第四章 标准实施与监督

**第二十五条** 医疗器械企业应当严格按照经注册或者备案的产品技术要求组织生产，保证出厂的医疗器械符合强制性标准以及经注册或者备案的产品技术要求。

**第二十六条** 医疗器械推荐性标准被法律法规、规范性文件及经注册或者备案的产品技术要求引用的内容应当强制执行。

**第二十七条** 医疗器械产品技术要求，应当与产品设计特性、预期用途和质量控制水平相适应，并不得低于产品适用的强制性国家标准和强制性行业标准。

**第二十八条** 食品药品监督管理部门对医疗器械企业实施医疗器械强制性标准以及经注册或者备案的产品技术要求的情况进行监督检查。

**第二十九条** 任何单位和个人有权向食品药品监督管理部门举报或者反映违反医疗器械强制性标准以及经注册或者备案的产品技术要求的行为。收到举报或者反映的部门，应当及时按规定作出处理。

**第三十条** 医疗器械标准实行信息化管理，标准立项、发布、实施等信息应当及时向公众公开。

**第三十一条** 食品药品监督管理部门应当在医疗器械标准发布后，及时组织、指导标准的宣传、培训。

**第三十二条** 医疗器械标准化技术委员会对标准的实施情况进行跟踪评价。医疗器械标准管理中心根据跟踪评价情况对强制性标准实施情况进行统计分析。

## 第五章 附 则

**第三十三条** 医疗器械国家标准的编号按照国务院标准化行政主管部门的规定编制。医疗器械行业标准的代号由大写汉语拼音字母等构成。强制性行业标准的代号为“YY”，推荐性行业标准的代号为“YY/ T”。

行业标准的编号由行业标准的代号、标准号和标准发布的年号构成。其形式为：YY××××1-××××2 和 YY/ T ××××1-××××2。

××××1 为标准号，××××2 为标准发布年号。

**第三十四条** 依法成立的社会团体可以制定发布团体标准。团体标准的管理应当符合国家相关规定。

**第三十五条** 医疗器械标准样品是医疗器械检验检测中的实物标准，其管理应当符合国家有关规定。

**第三十六条** 本办法自 2017 年 7 月 1 日起施行。2002 年 1 月 4 日发布的《医疗器械标准管理办法（试行）》（原国家药品监督管理局令第 31 号）同时废止。

# 国家食品药品监督管理总局<br>关于调整部分医疗器械行政审批事项审批程序的决定

（2017 年 3 月 20 日国家食品药品监督管理总局令第 32 号公布，自 2017 年 7 月 1 日起施行）

为贯彻落实《国务院关于改革药品医疗器械审评审批制度的意见》（国发〔2015〕44 号）以及国务院有关行政审批制度改革精神，进一步加强医疗器械注册管理，切实提高审评审批效率，经国家食品药品监督管理总局局务会议研究决定，将下列由国家食品药品监督管理总局作出的医疗器械行政审批决定，调整为由国家食品药品监督管理总局医疗器械技术审评中心以国家食品药品监督管理总局名义作出：

一、第三类高风险医疗器械临床试验审批决定；

二、国产第三类医疗器械和进口医疗器械许可事项变更审批决定；

三、国产第三类医疗器械和进口医疗器械延续注册审批决定。

其他医疗器械注册申请的审批决定，按现程序，由国家食品药品监督管理总局作出。

调整后的审批决定由国家食品药品监督管理总局医疗器械技术审评中心负责人签发。申请人对审批结论不服的，可以向国家食品药品监督管理总局提起行政复议或者依法提起行政诉讼。

医疗器械监管相关规章中审批程序与本决定不一致的，按照本决定执行。

本决定自 2017 年 7 月 1 日起施行。

# 医疗器械召回管理办法

（2017 年 1 月 25 日国家食品药品监督管理总局令第 29 号公布，自 2017 年 5 月 1 日起施行）

## 第一章　总　则

**第一条**　为加强医疗器械监督管理，控制存在缺陷的医疗器械产品，消除医疗器械安全隐患，保证医疗器械的安全、有效，保障人体健康和生命安全，根据《医疗器械监督管理条例》，制定本办法。

**第二条**　中华人民共和国境内已上市医疗器械的召回及其监督管理，适用本办法。

**第三条**　本办法所称医疗器械召回，是指医疗器械生产企业按照规定的程序对其已上市销售的某一类别、型号或者批次的存在缺陷的医疗器械产品，采取警示、检查、修理、重新标签、修改并完善说明书、软件更新、替换、收回、销毁等方式进行处理的行为。

前款所述医疗器械生产企业，是指境内医疗器械产品注册人或者备案人、进口医疗器械的境外制造厂商在中国境内指定的代理人。

**第四条**　本办法所称存在缺陷的医疗器械产品包括：

（一）正常使用情况下存在可能危及人体健康和生命安全的不合理风险的产品；

（二）不符合强制性标准、经注册或者备案的产品技术要求的产品；

（三）不符合医疗器械生产、经营质量管理有关规定导致可能存在不合理风险的产品；

（四）其他需要召回的产品。

**第五条**　医疗器械生产企业是控制与消除产品缺陷的责任主体，应当主动对缺陷产品实施召回。

**第六条**　医疗器械生产企业应当按照本办法的规定建立健全医疗器械召回管理制度，收集医疗器械安全相关信息，对可能的缺陷产品进行调查、评估，及时召回缺陷产品。

进口医疗器械的境外制造厂商在中国境内指定的代理人应当将仅在境外实施医疗器械召回的有关信息及时报告国家食品药品监督管理总局；凡涉及在境内实施召回的，中国境内指定的代理人应当按照本办法的规定组织实施。

医疗器械经营企业、使用单位应当积极协助医疗器械生产企业对缺陷产品进行调查、评估，主动配合生产企业履行召回义务，按照召回计划及时传达、反馈医疗器械召回信息，控制和收回缺陷产品。

**第七条** 医疗器械经营企业、使用单位发现其经营、使用的医疗器械可能为缺陷产品的，应当立即暂停销售或者使用该医疗器械，及时通知医疗器械生产企业或者供货商，并向所在地省、自治区、直辖市食品药品监督管理部门报告；使用单位为医疗机构的，还应当同时向所在地省、自治区、直辖市卫生行政部门报告。

医疗器械经营企业、使用单位所在地省、自治区、直辖市食品药品监督管理部门收到报告后，应当及时通报医疗器械生产企业所在地省、自治区、直辖市食品药品监督管理部门。

**第八条** 召回医疗器械的生产企业所在地省、自治区、直辖市食品药品监督管理部门负责医疗器械召回的监督管理，其他省、自治区、直辖市食品药品监督管理部门应当配合做好本行政区域内医疗器械召回的有关工作。

国家食品药品监督管理总局监督全国医疗器械召回的管理工作。

**第九条** 国家食品药品监督管理总局和省、自治区、直辖市食品药品监督管理部门应当按照医疗器械召回信息通报和信息公开有关制度，采取有效途径向社会公布缺陷产品信息和召回信息，必要时向同级卫生行政部门通报相关信息。

## 第二章 医疗器械缺陷的调查与评估

**第十条** 医疗器械生产企业应当按照规定建立健全医疗器械质量管理体系和医疗器械不良事件监测系统，收集、记录医疗器械的质量投诉信息和医疗器械不良事件信息，对收集的信息进行分析，对可能存在的缺陷进行调查和评估。

医疗器械经营企业、使用单位应当配合医疗器械生产企业对有关医疗器械缺陷进行调查，并提供有关资料。

**第十一条** 医疗器械生产企业应当按照规定及时将收集的医疗器械不良事件信息向食品药品监督管理部门报告，食品药品监督管理部门可以对医疗器械不良事件或者可能存在的缺陷进行分析和调查，医疗器械生产企业、经营企业、使用单位应当予以配合。

**第十二条** 对存在缺陷的医疗器械产品进行评估的主要内容包括：

（一）产品是否符合强制性标准、经注册或者备案的产品技术要求；

（二）在使用医疗器械过程中是否发生过故障或者伤害；

（三）在现有使用环境下是否会造成伤害，是否有科学文献、研究、相关试验或者验证能够解释伤害发生的原因；

（四）伤害所涉及的地区范围和人群特点；

（五）对人体健康造成的伤害程度；

（六）伤害发生的概率；

（七）发生伤害的短期和长期后果；

（八）其他可能对人体造成伤害的因素。

**第十三条** 根据医疗器械缺陷的严重程度，医疗器械召回分为：

（一）一级召回：使用该医疗器械可能或者已经引起严重健康危害的；

（二）二级召回：使用该医疗器械可能或者已经引起暂时的或者可逆的健康危害的；

（三）三级召回：使用该医疗器械引起危害的可能性较小但仍需要召回的。

医疗器械生产企业应当根据具体情况确定召回级别并根据召回级别与医疗器械的销售和使用情况，科学设计召回计划并组织实施。

## 第三章　主动召回

**第十四条**　医疗器械生产企业按照本办法第十条、第十二条的要求进行调查评估后，确定医疗器械产品存在缺陷的，应当立即决定并实施召回，同时向社会发布产品召回信息。

实施一级召回的，医疗器械召回公告应当在国家食品药品监督管理总局网站和中央主要媒体上发布；实施二级、三级召回的，医疗器械召回公告应当在省、自治区、直辖市食品药品监督管理部门网站发布，省、自治区、直辖市食品药品监督管理部门网站发布的召回公告应当与国家食品药品监督管理总局网站链接。

**第十五条**　医疗器械生产企业作出医疗器械召回决定的，一级召回应当在 1 日内，二级召回应当在 3 日内，三级召回应当在 7 日内，通知到有关医疗器械经营企业、使用单位或者告知使用者。

召回通知应当包括以下内容：

（一）召回医疗器械名称、型号规格、批次等基本信息；

（二）召回的原因；

（三）召回的要求，如立即暂停销售和使用该产品、将召回通知转发到相关经营企业或者使用单位等；

（四）召回医疗器械的处理方式。

**第十六条**　医疗器械生产企业作出医疗器械召回决定的，应当立即向所在地省、自治区、直辖市食品药品监督管理部门和批准该产品注册或者办理备案的食品药品监督管理部门提交医疗器械召回事件报告表，并在 5 个工作日内将调查评估报告和召回计划提交至所在地省、自治区、直辖市食品药品监督管理部门和批准注册或者办理备案的食品药品监督管理部门备案。

医疗器械生产企业所在地省、自治区、直辖市食品药品监督管理部门应当在收到召回事件报告表 1 个工作日内将召回的有关情况报告国家食品药品监督管理总局。

**第十七条**　调查评估报告应当包括以下内容：

（一）召回医疗器械的具体情况，包括名称、型号规格、批次等基本信息；

（二）实施召回的原因；

（三）调查评估结果；

（四）召回分级。

召回计划应当包括以下内容：

（一）医疗器械生产销售情况及拟召回的数量；

（二）召回措施的具体内容，包括实施的组织、范围和时限等；

（三）召回信息的公布途径与范围；

（四）召回的预期效果；

（五）医疗器械召回后的处理措施。

**第十八条** 医疗器械生产企业所在地省、自治区、直辖市食品药品监督管理部门可以对生产企业提交的召回计划进行评估，认为生产企业所采取的措施不能有效消除产品缺陷或者控制产品风险的，应当书面要求其采取提高召回等级、扩大召回范围、缩短召回时间或者改变召回产品的处理方式等更为有效的措施进行处理。医疗器械生产企业应当按照食品药品监督管理部门的要求修改召回计划并组织实施。

**第十九条** 医疗器械生产企业对上报的召回计划进行变更的，应当及时报所在地省、自治区、直辖市食品药品监督管理部门备案。

**第二十条** 医疗器械生产企业在实施召回的过程中，应当根据召回计划定期向所在地省、自治区、直辖市食品药品监督管理部门提交召回计划实施情况报告。

**第二十一条** 医疗器械生产企业对召回医疗器械的处理应当有详细的记录，并向医疗器械生产企业所在地省、自治区、直辖市食品药品监督管理部门报告，记录应当保存至医疗器械注册证失效后 5 年，第一类医疗器械召回的处理记录应当保存 5 年。对通过警示、检查、修理、重新标签、修改并完善说明书、软件更新、替换、销毁等方式能够消除产品缺陷的，可以在产品所在地完成上述行为。需要销毁的，应当在食品药品监督管理部门监督下销毁。

**第二十二条** 医疗器械生产企业应当在召回完成后 10 个工作日内对召回效果进行评估，并向所在地省、自治区、直辖市食品药品监督管理部门提交医疗器械召回总结评估报告。

**第二十三条** 医疗器械生产企业所在地省、自治区、直辖市食品药品监督管理部门应当自收到总结评估报告之日起 10 个工作日内对报告进行审查，并对召回效果进行评估；认为召回尚未有效消除产品缺陷或者控制产品风险的，应当书面要求生产企业重新召回。医疗器械生产企业应当按照食品药品监督管理部门的要求进行重新召回。

## 第四章 责令召回

**第二十四条** 食品药品监督管理部门经过调查评估，认为医疗器械生产企业应当召回存在缺陷的医疗器械产品而未主动召回的，应当责令医疗器械生产企业召回医疗器械。

责令召回的决定可以由医疗器械生产企业所在地省、自治区、直辖市食品药品监督管理部门作出，也可以由批准该医疗器械注册或者办理备案的食品药品监督管理部门作出。作出该决定的食品药品监督管理部门，应当在其网站向社会公布责令召回信息。

医疗器械生产企业应当按照食品药品监督管理部门的要求进行召回，并按本办法第十四条第二款的规定向社会公布产品召回信息。

必要时，食品药品监督管理部门可以要求医疗器械生产企业、经营企业和使用单位立即暂停生产、销售和使用，并告知使用者立即暂停使用该缺陷产品。

**第二十五条** 食品药品监督管理部门作出责令召回决定，应当将责令召回通知书送达医疗器械生产企业，通知书包括以下内容：

（一）召回医疗器械的具体情况，包括名称、型号规格、批次等基本信息；

（二）实施召回的原因；

（三）调查评估结果；

（四）召回要求，包括范围和时限等。

**第二十六条** 医疗器械生产企业收到责令召回通知书后，应当按照本办法第十五条、第十六条的规定通知医疗器械经营企业和使用单位或者告知使用者，制定、提交召回计划，并组织实施。

**第二十七条** 医疗器械生产企业应当按照本办法第十九条、第二十条、第二十一条、第二十二条的规定向食品药品监督管理部门报告医疗器械召回的相关情况，进行召回医疗器械的后续处理。

食品药品监督管理部门应当按照本办法第二十三条的规定对医疗器械生产企业提交的医疗器械召回总结评估报告进行审查，并对召回效果进行评价，必要时通报同级卫生行政部门。经过审查和评价，认为召回不彻底、尚未有效消除产品缺陷或者控制产品风险的，食品药品监督管理部门应当书面要求医疗器械生产企业重新召回。医疗器械生产企业应当按照食品药品监督管理部门的要求进行重新召回。

## 第五章　法律责任

**第二十八条** 医疗器械生产企业因违反法律、法规、规章规定造成上市医疗器械存在缺陷，依法应当给予行政处罚，但该企业已经采取召回措施主动消除或者减轻危害后果的，食品药品监督管理部门依照《中华人民共和国行政处罚法》的规定给予从轻或者减轻处罚；违法行为轻微并及时纠正，没有造成危害后果的，不予处罚。

医疗器械生产企业召回医疗器械的，不免除其依法应当承担的其他法律责任。

**第二十九条** 医疗器械生产企业违反本办法第二十四条规定，拒绝召回医疗器械的，依据《医疗器械监督管理条例》第六十六条的规定进行处理。

**第三十条** 医疗器械生产企业有下列情形之一的，予以警告，责令限期改正，并处3万元以下罚款：

（一）违反本办法第十四条规定，未按照要求及时向社会发布产品召回信息的；

（二）违反本办法第十五条规定，未在规定时间内将召回医疗器械的决定通知到医疗器械经营企业、使用单位或者告知使用者的；

（三）违反本办法第十八条、第二十三条、第二十七条第二款规定，未按照食品药品监督管理部门要求采取改正措施或者重新召回医疗器械的；

（四）违反本办法第二十一条规定，未对召回医疗器械的处理作详细记录或者未向食品药品监督管理部门报告的。

**第三十一条**　医疗器械生产企业有下列情形之一的，予以警告，责令限期改正；逾期未改正的，处 3 万元以下罚款：

（一）未按照本办法规定建立医疗器械召回管理制度的；

（二）拒绝配合食品药品监督管理部门开展调查的；

（三）未按照本办法规定提交医疗器械召回事件报告表、调查评估报告和召回计划、医疗器械召回计划实施情况和总结评估报告的；

（四）变更召回计划，未报食品药品监督管理部门备案的。

**第三十二条**　医疗器械经营企业、使用单位违反本办法第七条第一款规定的，责令停止销售、使用存在缺陷的医疗器械，并处 5000 元以上 3 万元以下罚款；造成严重后果的，由原发证部门吊销《医疗器械经营许可证》。

**第三十三条**　医疗器械经营企业、使用单位拒绝配合有关医疗器械缺陷调查、拒绝协助医疗器械生产企业召回医疗器械的，予以警告，责令限期改正；逾期拒不改正的，处 3 万元以下罚款。

**第三十四条**　食品药品监督管理部门及其工作人员不履行医疗器械监督管理职责或者滥用职权、玩忽职守，有下列情形之一的，由监察机关或者任免机关根据情节轻重，对直接负责的主管人员和其他直接责任人员给予批评教育，或者依法给予警告、记过或者记大过的处分；造成严重后果的，给予降级、撤职或者开除的处分：

（一）未按规定向社会发布召回信息的；

（二）未按规定向相关部门报告或者通报有关召回信息的；

（三）应当责令召回而未采取责令召回措施的；

（四）违反本办法第二十三条和第二十七条第二款规定，未能督促医疗器械生产企业有效实施召回的。

## 第六章　附　则

**第三十五条**　召回的医疗器械已经植入人体的，医疗器械生产企业应当与医疗机构和患者共同协商，根据召回的不同原因，提出对患者的处理意见和应当采取的预案措施。

**第三十六条**　召回的医疗器械给患者造成损害的，患者可以向医疗器械生产企业要求赔偿，也可以向医疗器械经营企业、使用单位要求赔偿。患者向医疗器械经营企业、使用单位要求赔偿的，医疗器械经营企业、使用单位赔偿后，有权向负有责任的医疗器械生产企业追偿。

**第三十七条**　本办法自 2017 年 5 月 1 日起施行。2011 年 7 月 1 日起施行的《医疗器械召回管理办法（试行）》（中华人民共和国卫生部令第 82 号）同时废止。

# 医疗器械通用名称命名规则

（2015 年 12 月 21 日国家食品药品监督管理总局令第 19 号公布，自 2016 年 4 月 1 日起施行）

**第一条** 为加强医疗器械监督管理，保证医疗器械通用名称命名科学、规范，根据《医疗器械监督管理条例》，制定本规则。

**第二条** 凡在中华人民共和国境内销售、使用的医疗器械应当使用通用名称，通用名称的命名应当符合本规则。

**第三条** 医疗器械通用名称应当符合国家有关法律、法规的规定，科学、明确，与产品的真实属性相一致。

**第四条** 医疗器械通用名称应当使用中文，符合国家语言文字规范。

**第五条** 具有相同或者相似的预期目的、共同技术的同品种医疗器械应当使用相同的通用名称。

**第六条** 医疗器械通用名称由一个核心词和一般不超过三个特征词组成。

核心词是对具有相同或者相似的技术原理、结构组成或者预期目的的医疗器械的概括表述。

特征词是对医疗器械使用部位、结构特点、技术特点或者材料组成等特定属性的描述。使用部位是指产品在人体的作用部位，可以是人体的系统、器官、组织、细胞等。结构特点是对产品特定结构、外观形态的描述。技术特点是对产品特殊作用原理、机理或者特殊性能的说明或者限定。材料组成是对产品的主要材料或者主要成分的描述。

**第七条** 医疗器械通用名称除应当符合本规则第六条的规定外，不得含有下列内容：

（一）型号、规格；

（二）图形、符号等标志；

（三）人名、企业名称、注册商标或者其他类似名称；

（四）“最佳”、“唯一”、“精确”、“速效”等绝对化、排他性的词语，或者表示产品功效的断言或者保证；

（五）说明有效率、治愈率的用语；

（六）未经科学证明或者临床评价证明，或者虚无、假设的概念性名称；

（七）明示或者暗示包治百病，夸大适用范围，或者其他具有误导性、欺骗性的内容；

（八）“美容”、“保健”等宣传性词语；

（九）有关法律、法规禁止的其他内容。

**第八条** 根据《中华人民共和国商标法》第十一条第一款的规定，医疗器械通用名称不得作为商标注册。

**第九条** 按照医疗器械管理的体外诊断试剂的命名依照《体外诊断试剂注册管理办法》（国家食品药品监督管理总局令第5号）的有关规定执行。

**第十条** 本规则自2016年4月1日起施行。

# 医疗器械使用质量监督管理办法

（2015年10月21日国家食品药品监督管理总局令第18号公布，自2016年2月1日起施行）

## 第一章 总 则

**第一条** 为加强医疗器械使用质量监督管理，保证医疗器械使用安全、有效，根据《医疗器械监督管理条例》，制定本办法。

**第二条** 使用环节的医疗器械质量管理及其监督管理，应当遵守本办法。

**第三条** 国家食品药品监督管理总局负责全国医疗器械使用质量监督管理工作。县级以上地方食品药品监督管理部门负责本行政区域的医疗器械使用质量监督管理工作。

上级食品药品监督管理部门负责指导和监督下级食品药品监督管理部门开展医疗器械使用质量监督管理工作。

**第四条** 医疗器械使用单位应当按照本办法，配备与其规模相适应的医疗器械质量管理机构或者质量管理人员，建立覆盖质量管理全过程的使用质量管理制度，承担本单位使用医疗器械的质量管理责任。

鼓励医疗器械使用单位采用信息化技术手段进行医疗器械质量管理。

**第五条** 医疗器械生产经营企业销售的医疗器械应当符合强制性标准以及经注册或者备案的产品技术要求。医疗器械生产经营企业应当按照与医疗器械使用单位的合同约定，提供医疗器械售后服务，指导和配合医疗器械使用单位开展质量管理工作。

**第六条** 医疗器械使用单位发现所使用的医疗器械发生不良事件或者可疑不良事件的，应当按照医疗器械不良事件监测的有关规定报告并处理。

## 第二章 采购、验收与贮存

**第七条** 医疗器械使用单位应当对医疗器械采购实行统一管理，由其指定的部门或者人员统一采购医疗器械，其他部门或者人员不得自行采购。

**第八条** 医疗器械使用单位应当从具有资质的医疗器械生产经营企业购进医疗器械，索取、查验供货者资质、医疗器械注册证或者备案凭证等证明文件。对购进的医疗器械应当验明产品合格证明文件，并按规定进行验收。对有特殊储运要求的医疗器械还应当核实储运条件是否符合产品说明书和标签标示的要求。

**第九条** 医疗器械使用单位应当真实、完整、准确地记录进货查验情况。进货查验记录应当保存至医疗器械规定使用期限届满后2年或者使用终止后2年。大型医疗器械进货查验记录应当保存至医疗器械规定使用期限届满后 5 年或者使用终止后 5 年；植入性医疗器械进货查验记录应当永久保存。

医疗器械使用单位应当妥善保存购入第三类医疗器械的原始资料，确保信息具有可追溯性。

**第十条** 医疗器械使用单位贮存医疗器械的场所、设施及条件应当与医疗器械品种、数量相适应，符合产品说明书、标签标示的要求及使用安全、有效的需要；对温度、湿度等环境条件有特殊要求的，还应当监测和记录贮存区域的温度、湿度等数据。

**第十一条** 医疗器械使用单位应当按照贮存条件、医疗器械有效期限等要求对贮存的医疗器械进行定期检查并记录。

**第十二条** 医疗器械使用单位不得购进和使用未依法注册或者备案、无合格证明文件以及过期、失效、淘汰的医疗器械。

## 第三章 使用、维护与转让

**第十三条** 医疗器械使用单位应当建立医疗器械使用前质量检查制度。在使用医疗器械前，应当按照产品说明书的有关要求进行检查。

使用无菌医疗器械前，应当检查直接接触医疗器械的包装及其有效期限。包装破损、标示不清、超过有效期限或者可能影响使用安全、有效的，不得使用。

**第十四条** 医疗器械使用单位对植入和介入类医疗器械应当建立使用记录，植入性医疗器械使用记录永久保存，相关资料应当纳入信息化管理系统，确保信息可追溯。

**第十五条** 医疗器械使用单位应当建立医疗器械维护维修管理制度。对需要定期检查、检验、校准、保养、维护的医疗器械，应当按照产品说明书的要求进行检查、检验、校准、保养、维护并记录，及时进行分析、评估，确保医疗器械处于良好状态。

对使用期限长的大型医疗器械，应当逐台建立使用档案，记录其使用、维护等情况。记录保存期限不得少于医疗器械规定使用期限届满后 5 年或者使用终止后 5 年。

**第十六条** 医疗器械使用单位应当按照产品说明书等要求使用医疗器械。一次性使用的医疗器械不得重复使用，对使用过的应当按照国家有关规定销毁并记录。

**第十七条** 医疗器械使用单位可以按照合同的约定要求医疗器械生产经营企业提供医疗器械维护维修服务，也可以委托有条件和能力的维修服务机构进行医疗器械维护维修，或者自行对在用医疗器械进行维护维修。

医疗器械使用单位委托维修服务机构或者自行对在用医疗器械进行维护维修的，医疗器械生产经营企业应当按照合同的约定提供维护手册、维修手册、软件备份、故障代码表、备件清单、零部件、维修密码等维护维修必需的材料和信息。

**第十八条** 由医疗器械生产经营企业或者维修服务机构对医疗器械进行维护维修的，应当在合同中约定明确的质量要求、维修要求等相关事项，医疗器械使用单位应当在每次维护维修后索取并保存相关记录；医疗器械使用单位自行对医疗器械进行维护维修的，应当加强对从事医疗器械维护维修的技术人员的培训考核，并建立培训档案。

**第十九条** 医疗器械使用单位发现使用的医疗器械存在安全隐患的，应当立即停止使用，通知检修；经检修仍不能达到使用安全标准的，不得继续使用，并按照有关规定处置。

**第二十条** 医疗器械使用单位之间转让在用医疗器械，转让方应当确保所转让的医疗器械安全、有效，并提供产品合法证明文件。

转让双方应当签订协议，移交产品说明书、使用和维修记录档案复印件等资料，并经有资质的检验机构检验合格后方可转让。受让方应当参照本办法第八条关于进货查验的规定进行查验，符合要求后方可使用。

不得转让未依法注册或者备案、无合格证明文件或者检验不合格，以及过期、失效、淘汰的医疗器械。

**第二十一条** 医疗器械使用单位接受医疗器械生产经营企业或者其他机构、个人捐赠医疗器械的，捐赠方应当提供医疗器械的相关合法证明文件，受赠方应当参照本办法第八条关于进货查验的规定进行查验，符合要求后方可使用。

不得捐赠未依法注册或者备案、无合格证明文件或者检验不合格，以及过期、失效、淘汰的医疗器械。

医疗器械使用单位之间捐赠在用医疗器械的，参照本办法第二十条关于转让在用医疗器械的规定办理。

## 第四章 监督管理

**第二十二条** 食品药品监督管理部门按照风险管理原则，对使用环节的医疗器械质量实施监督管理。

设区的市级食品药品监督管理部门应当编制并实施本行政区域的医疗器械使用单位年度监督检查计划，确定监督检查的重点、频次和覆盖率。对存在较高风险的医疗器械、有特殊储运要求的医疗器械以及有不良信用记录的医疗器械使用单位等，应当实施重点监管。

年度监督检查计划及其执行情况应当报告省、自治区、直辖市食品药品监督管理部门。

**第二十三条** 食品药品监督管理部门对医疗器械使用单位建立、执行医疗器械使用质量管理制度的情况进行监督检查，应当记录监督检查结果，并纳入监督管理档案。

食品药品监督管理部门对医疗器械使用单位进行监督检查时，可以对相关的医疗器械生产经营企业、维修服务机构等进行延伸检查。

医疗器械使用单位、生产经营企业和维修服务机构等应当配合食品药品监督管理部门的监督检查，如实提供有关情况和资料，不得拒绝和隐瞒。

**第二十四条** 医疗器械使用单位应当按照本办法和本单位建立的医疗器械使用质量

管理制度，每年对医疗器械质量管理工作进行全面自查，并形成自查报告。食品药品监督管理部门在监督检查中对医疗器械使用单位的自查报告进行抽查。

**第二十五条** 食品药品监督管理部门应当加强对使用环节医疗器械的抽查检验。省级以上食品药品监督管理部门应当根据抽查检验结论，及时发布医疗器械质量公告。

**第二十六条** 个人和组织发现医疗器械使用单位有违反本办法的行为，有权向医疗器械使用单位所在地食品药品监督管理部门举报。接到举报的食品药品监督管理部门应当及时核实、处理。经查证属实的，应当按照有关规定对举报人给予奖励。

## 第五章 法律责任

**第二十七条** 医疗器械使用单位有下列情形之一的，由县级以上食品药品监督管理部门按照《医疗器械监督管理条例》第六十六条的规定予以处罚：

（一）使用不符合强制性标准或者不符合经注册或者备案的产品技术要求的医疗器械的；

（二）使用无合格证明文件、过期、失效、淘汰的医疗器械，或者使用未依法注册的医疗器械的。

**第二十八条** 医疗器械使用单位有下列情形之一的，由县级以上食品药品监督管理部门按照《医疗器械监督管理条例》第六十七条的规定予以处罚：

（一）未按照医疗器械产品说明书和标签标示要求贮存医疗器械的；

（二）转让或者捐赠过期、失效、淘汰、检验不合格的在用医疗器械的。

**第二十九条** 医疗器械使用单位有下列情形之一的，由县级以上食品药品监督管理部门按照《医疗器械监督管理条例》第六十八条的规定予以处罚：

（一）未建立并执行医疗器械进货查验制度，未查验供货者的资质，或者未真实、完整、准确地记录进货查验情况的；

（二）未按照产品说明书的要求进行定期检查、检验、校准、保养、维护并记录的；

（三）发现使用的医疗器械存在安全隐患未立即停止使用、通知检修，或者继续使用经检修仍不能达到使用安全标准的医疗器械的；

（四）未妥善保存购入第三类医疗器械的原始资料的；

（五）未按规定建立和保存植入和介入类医疗器械使用记录的。

**第三十条** 医疗器械使用单位有下列情形之一的，由县级以上食品药品监督管理部门责令限期改正，给予警告；拒不改正的，处1万元以下罚款：

（一）未按规定配备与其规模相适应的医疗器械质量管理机构或者质量管理人员，或者未按规定建立覆盖质量管理全过程的使用质量管理制度的；

（二）未按规定由指定的部门或者人员统一采购医疗器械的；

（三）购进、使用未备案的第一类医疗器械，或者从未备案的经营企业购进第二类医疗器械的；

（四）贮存医疗器械的场所、设施及条件与医疗器械品种、数量不相适应的，或者未按照贮存条件、医疗器械有效期限等要求对贮存的医疗器械进行定期检查并记录的；

（五）未按规定建立、执行医疗器械使用前质量检查制度的；

（六）未按规定索取、保存医疗器械维护维修相关记录的；

（七）未按规定对本单位从事医疗器械维护维修的相关技术人员进行培训考核、建立培训档案的；

（八）未按规定对其医疗器械质量管理工作进行自查、形成自查报告的。

**第三十一条** 医疗器械生产经营企业违反本办法第十七条规定，未按要求提供维护维修服务，或者未按要求提供维护维修所必需的材料和信息的，由县级以上食品药品监督管理部门给予警告，责令限期改正；情节严重或者拒不改正的，处5000元以上2万元以下罚款。

**第三十二条** 医疗器械使用单位、生产经营企业和维修服务机构等不配合食品药品监督管理部门的监督检查，或者拒绝、隐瞒、不如实提供有关情况和资料的，由县级以上食品药品监督管理部门责令改正，给予警告，可以并处2万元以下罚款。

## 第六章 附 则

**第三十三条** 用于临床试验的试验用医疗器械的质量管理，按照医疗器械临床试验等有关规定执行。

**第三十四条** 对使用环节的医疗器械使用行为的监督管理，按照国家卫生和计划生育委员会的有关规定执行。

**第三十五条** 本办法自2016年2月1日起施行。

# 医疗器械分类规则

（2015 年 7 月 14 日国家食品药品监督管理总局令第 15 号公布，自 2016 年 1 月 1 日起施行）

**第一条**　为规范医疗器械分类，根据《医疗器械监督管理条例》，制定本规则。

**第二条**　本规则用于指导制定医疗器械分类目录和确定新的医疗器械的管理类别。

**第三条**　本规则有关用语的含义是：

（一）预期目的

指产品说明书、标签或者宣传资料载明的，使用医疗器械应当取得的作用。

（二）无源医疗器械

不依靠电能或者其他能源，但是可以通过由人体或者重力产生的能量，发挥其功能的医疗器械。

（三）有源医疗器械

任何依靠电能或者其他能源，而不是直接由人体或者重力产生的能量，发挥其功能的医疗器械。

（四）侵入器械

借助手术全部或者部分通过体表侵入人体，接触体内组织、血液循环系统、中枢神经系统等部位的医疗器械，包括介入手术中使用的器材、一次性使用无菌手术器械和暂时或短期留在人体内的器械等。本规则中的侵入器械不包括重复使用手术器械。

（五）重复使用手术器械

用于手术中进行切、割、钻、锯、抓、刮、钳、抽、夹等过程，不连接任何有源医疗器械，通过一定的处理可以重新使用的无源医疗器械。

（六）植入器械

借助手术全部或者部分进入人体内或腔道（口）中，或者用于替代人体上皮表面或眼表面，并且在手术过程结束后留在人体内 30 日（含）以上或者被人体吸收的医疗器械。

（七）接触人体器械

直接或间接接触患者或者能够进入患者体内的医疗器械。

（八）使用时限

1. 连续使用时间：医疗器械按预期目的、不间断的实际作用时间；

2. 暂时：医疗器械预期的连续使用时间在 24 小时以内；

3. 短期：医疗器械预期的连续使用时间在 24 小时（含）以上、30 日以内；

4. 长期：医疗器械预期的连续使用时间在 30 日（含）以上。

（九）皮肤

未受损皮肤表面。

（十）腔道（口）

口腔、鼻腔、食道、外耳道、直肠、阴道、尿道等人体自然腔道和永久性人造开口。

（十一）创伤

各种致伤因素作用于人体所造成的组织结构完整性破坏或者功能障碍。

（十二）组织

人体体内组织，包括骨、牙髓或者牙本质，不包括血液循环系统和中枢神经系统。

（十三）血液循环系统

血管（毛细血管除外）和心脏。

（十四）中枢神经系统

脑和脊髓。

（十五）独立软件

具有一个或者多个医疗目的，无需医疗器械硬件即可完成自身预期目的，运行于通用计算平台的软件。

（十六）具有计量测试功能的医疗器械

用于测定生理、病理、解剖参数，或者定量测定进出人体的能量或物质的医疗器械，其测量结果需要精确定量，并且该结果的准确性会对患者的健康和安全产生明显影响。

（十七）慢性创面

各种原因形成的长期不愈合创面，如静脉性溃疡、动脉性溃疡、糖尿病性溃疡、创伤性溃疡、压力性溃疡等。

**第四条** 医疗器械按照风险程度由低到高，管理类别依次分为第一类、第二类和第三类。

医疗器械风险程度，应当根据医疗器械的预期目的，通过结构特征、使用形式、使用状态、是否接触人体等因素综合判定。

**第五条** 依据影响医疗器械风险程度的因素，医疗器械可以分为以下几种情形：

（一）根据结构特征的不同，分为无源医疗器械和有源医疗器械。

（二）根据是否接触人体，分为接触人体器械和非接触人体器械。

（三）根据不同的结构特征和是否接触人体，医疗器械的使用形式包括：

无源接触人体器械：液体输送器械、改变血液体液器械、医用敷料、侵入器械、重复使用手术器械、植入器械、避孕和计划生育器械、其他无源接触人体器械。

无源非接触人体器械：护理器械、医疗器械清洗消毒器械、其他无源非接触人体器械。

有源接触人体器械：能量治疗器械、诊断监护器械、液体输送器械、电离辐射器械、植入器械、其他有源接触人体器械。

有源非接触人体器械：临床检验仪器设备、独立软件、医疗器械消毒灭菌设备、其他有源非接触人体器械。

（四）根据不同的结构特征、是否接触人体以及使用形式，医疗器械的使用状态或者其产生的影响包括以下情形：

无源接触人体器械：根据使用时限分为暂时使用、短期使用、长期使用；接触人体的部位分为皮肤或腔道（口）、创伤或组织、血液循环系统或中枢神经系统。

无源非接触人体器械：根据对医疗效果的影响程度分为基本不影响、轻微影响、重要影响。

有源接触人体器械：根据失控后可能造成的损伤程度分为轻微损伤、中度损伤、严重损伤。

有源非接触人体器械：根据对医疗效果的影响程度分为基本不影响、轻微影响、重要影响。

**第六条** 医疗器械的分类应当根据医疗器械分类判定表（见附件）进行分类判定。有以下情形的，还应当结合下述原则进行分类：

（一）如果同一医疗器械适用两个或者两个以上的分类，应当采取其中风险程度最高的分类；由多个医疗器械组成的医疗器械包，其分类应当与包内风险程度最高的医疗器械一致。

（二）可作为附件的医疗器械，其分类应当综合考虑该附件对配套主体医疗器械安全性、有效性的影响；如果附件对配套主体医疗器械有重要影响，附件的分类应不低于配套主体医疗器械的分类。

（三）监控或者影响医疗器械主要功能的医疗器械，其分类应当与被监控、影响的医疗器械的分类一致。

（四）以医疗器械作用为主的药械组合产品，按照第三类医疗器械管理。

（五）可被人体吸收的医疗器械，按照第三类医疗器械管理。

（六）对医疗效果有重要影响的有源接触人体器械，按照第三类医疗器械管理。

（七）医用敷料如果有以下情形，按照第三类医疗器械管理，包括：预期具有防组织或器官粘连功能，作为人工皮肤，接触真皮深层或其以下组织受损的创面，用于慢性创面，或者可被人体全部或部分吸收的。

（八）以无菌形式提供的医疗器械，其分类应不低于第二类。

（九）通过牵拉、撑开、扭转、压握、弯曲等作用方式，主动施加持续作用力于人体、可动态调整肢体固定位置的矫形器械（不包括仅具有固定、支撑作用的医疗器械，也不包括配合外科手术中进行临时矫形的医疗器械或者外科手术后或其他治疗中进行四肢矫形的医疗器械），其分类应不低于第二类。

（十）具有计量测试功能的医疗器械，其分类应不低于第二类。

（十一）如果医疗器械的预期目的是明确用于某种疾病的治疗，其分类应不低于第二类。

（十二）用于在内窥镜下完成夹取、切割组织或者取石等手术操作的无源重复使用手术器械，按照第二类医疗器械管理。

**第七条** 体外诊断试剂按照有关规定进行分类。

**第八条** 国家食品药品监督管理总局根据医疗器械生产、经营、使用情况，及时对医疗器械的风险变化进行分析、评价，对医疗器械分类目录进行调整。

**第九条** 国家食品药品监督管理总局可以组织医疗器械分类专家委员会制定、调整医疗器械分类目录。

**第十条** 本规则自 2016 年 1 月 1 日起施行。2000 年 4 月 5 日公布的《医疗器械分类规则》（原国家药品监督管理局令第 15 号）同时废止。

**附件：**

# 医疗器械分类判定表

| 接触人体器械 | | | | | | | | | | | |
|---|---|---|---|---|---|---|---|---|---|---|---|
| | 使用状态<br>使用形式 | | 暂时使用 | | | 短期使用 | | | 长期使用 | | |
| | | | 皮肤/腔道（口） | 创伤/组织 | 血循环/中枢 | 皮肤/腔道（口） | 创伤/组织 | 血循环/中枢 | 皮肤/腔道（口） | 创伤/组织 | 血循环/中枢 |
| 无源医疗器械 | 1 | 液体输送器械 | Ⅱ | Ⅱ | Ⅲ | Ⅱ | Ⅱ | Ⅲ | Ⅱ | Ⅲ | Ⅲ |
| | 2 | 改变血液体液器械 | – | – | Ⅲ | – | – | Ⅲ | – | – | Ⅲ |
| | 3 | 医用敷料 | Ⅰ | Ⅱ | Ⅱ | Ⅰ | Ⅱ | Ⅱ | – | – | – |
| | 4 | 侵入器械 | Ⅰ | Ⅱ | Ⅲ | Ⅱ | Ⅱ | Ⅲ | – | – | – |
| | 5 | 重复使用手术器械 | Ⅰ | Ⅰ | Ⅱ | – | – | – | – | – | – |
| | 6 | 植入器械 | – | – | – | – | – | – | Ⅲ | Ⅲ | Ⅲ |
| | 7 | 避孕和计划生育器械（不包括重复使用手术器械） | Ⅱ | Ⅱ | Ⅲ | Ⅱ | Ⅲ | Ⅲ | Ⅲ | Ⅲ | Ⅲ |
| | 8 | 其他无源器械 | Ⅰ | Ⅱ | Ⅲ | Ⅱ | Ⅱ | Ⅲ | Ⅱ | Ⅲ | Ⅲ |

续表

| | | 使用状态<br>使用形式 | 轻微损伤 | 中度损伤 | 严重损伤 |
|---|---|---|---|---|---|
| 有源医疗器械 | 1 | 能量治疗器械 | Ⅱ | Ⅱ | Ⅲ |
| | 2 | 诊断监护器械 | Ⅱ | Ⅱ | Ⅲ |
| | 3 | 液体输送器械 | Ⅱ | Ⅱ | Ⅲ |
| | 4 | 电离辐射器械 | Ⅱ | Ⅱ | Ⅲ |
| | 5 | 植入器械 | Ⅲ | Ⅲ | Ⅲ |
| | 6 | 其他有源器械 | Ⅱ | Ⅱ | Ⅲ |
| **非接触人体器械** | | | | | |
| 无源医疗器械 | | 使用状态<br>使用形式 | 基本不影响 | 轻微影响 | 重要影响 |
| | 1 | 护理器械 | Ⅰ | Ⅱ | – |
| | 2 | 医疗器械清洗消毒器械 | – | Ⅱ | Ⅲ |
| | 3 | 其他无源器械 | Ⅰ | Ⅱ | Ⅲ |
| 有源医疗器械 | | 使用状态<br>使用形式 | 基本不影响 | 轻微影响 | 重要影响 |
| | 1 | 临床检验仪器设备 | Ⅰ | Ⅱ | Ⅲ |
| | 2 | 独立软件 | – | Ⅱ | Ⅲ |
| | 3 | 医疗器械消毒灭菌设备 | – | Ⅱ | Ⅲ |
| | 4 | 其他有源器械 | Ⅰ | Ⅱ | Ⅲ |

注：1. 本表中“Ⅰ”、“Ⅱ”、“Ⅲ”分别代表第一类、第二类、第三类医疗器械；

2. 本表中“—”代表不存在这种情形。

# 药品医疗器械飞行检查办法

（2015 年 6 月 29 日国家食品药品监督管理总局令第 14 号公布，自 2015 年 9 月 1 日起施行）

## 第一章　总　则

**第一条**　为加强药品和医疗器械监督检查，强化安全风险防控，根据《中华人民共和国药品管理法》、《中华人民共和国药品管理法实施条例》、《医疗器械监督管理条例》等有关法律法规，制定本办法。

**第二条**　本办法所称药品医疗器械飞行检查，是指食品药品监督管理部门针对药品和医疗器械研制、生产、经营、使用等环节开展的不预先告知的监督检查。

**第三条**　国家食品药品监督管理总局负责组织实施全国范围内的药品医疗器械飞行检查。地方各级食品药品监督管理部门负责组织实施本行政区域的药品医疗器械飞行检查。

**第四条**　药品医疗器械飞行检查应当遵循依法独立、客观公正、科学处置的原则，围绕安全风险防控开展。

**第五条**　被检查单位对食品药品监督管理部门组织实施的药品医疗器械飞行检查应当予以配合，不得拒绝、逃避或者阻碍。

**第六条**　食品药品监督管理部门应当按照政府信息公开的要求公开检查结果，对重大或者典型案件，可以采取新闻发布等方式向社会公开。

**第七条**　食品药品监督管理部门及有关工作人员应当严格遵守有关法律法规、廉政纪律和工作要求，不得向被检查单位提出与检查无关的要求，不得泄露飞行检查相关情况、举报人信息及被检查单位的商业秘密。

## 第二章　启　动

**第八条**　有下列情形之一的，食品药品监督管理部门可以开展药品医疗器械飞行检查：

（一）投诉举报或者其他来源的线索表明可能存在质量安全风险的；

（二）检验发现存在质量安全风险的；

（三）药品不良反应或者医疗器械不良事件监测提示可能存在质量安全风险的；

（四）对申报资料真实性有疑问的；

（五）涉嫌严重违反质量管理规范要求的；

（六）企业有严重不守信记录的；

（七）其他需要开展飞行检查的情形。

**第九条**　开展飞行检查应当制定检查方案，明确检查事项、时间、人员构成和方式等。需要采用不公开身份的方式进行调查的，检查方案中应当予以明确。

必要时，食品药品监督管理部门可以联合公安机关等有关部门共同开展飞行检查。

**第十条**　食品药品监督管理部门派出的检查组应当由2名以上检查人员组成，检查组实行组长负责制。检查人员应当是食品药品行政执法人员、依法取得检查员资格的人员或者取得本次检查授权的其他人员；根据检查工作需要，食品药品监督管理部门可以请相关领域专家参加检查工作。

参加检查的人员应当签署无利益冲突声明和廉政承诺书；所从事的检查活动与其个人利益之间可能发生矛盾或者冲突的，应当主动提出回避。

**第十一条**　检查组应当调查核实被检查单位执行药品和医疗器械监管法律法规的实际情况，按照检查方案明确现场检查重点，并可以根据风险研判提出风险管控预案。

**第十二条**　检查组成员不得事先告知被检查单位检查行程和检查内容，指定地点集中后，第一时间直接进入检查现场；直接针对可能存在的问题开展检查；不得透露检查过程中的进展情况、发现的违法线索等相关信息。

**第十三条**　上级食品药品监督管理部门组织实施飞行检查的，可以适时通知被检查单位所在地食品药品监督管理部门。被检查单位所在地食品药品监督管理部门应当派员协助检查，协助检查的人员应当服从检查组的安排。

**第十四条**　组织实施飞行检查的食品药品监督管理部门应当加强对检查组的指挥，根据现场检查反馈的情况及时调整应对策略，必要时启动协调机制，并可以派相关人员赴现场协调和指挥。

## 第三章　检　查

**第十五条**　检查组到达检查现场后，检查人员应当出示相关证件和受食品药品监督管理部门委派开展监督检查的执法证明文件，通报检查要求及被检查单位的权利和义务。

**第十六条**　被检查单位及有关人员应当及时按照检查组要求，明确检查现场负责人，开放相关场所或者区域，配合对相关设施设备的检查，保持正常生产经营状态，提供真实、有效、完整的文件、记录、票据、凭证、电子数据等相关材料，如实回答检查组的询问。

**第十七条**　检查组应当详细记录检查时间、地点、现场状况等；对发现的问题应当进行书面记录，并根据实际情况收集或者复印相关文件资料、拍摄相关设施设备及物料等实物和现场情况、采集实物以及询问有关人员等。询问记录应当包括询问对象姓名、工作岗位和谈话内容等，并经询问对象逐页签字或者按指纹。

记录应当及时、准确、完整，客观真实反映现场检查情况。

飞行检查过程中形成的记录及依法收集的相关资料、实物等，可以作为行政处罚中认定事实的依据。

**第十八条** 需要抽取成品及其他物料进行检验的，检查组可以按照抽样检验相关规定抽样或者通知被检查单位所在地食品药品监督管理部门按规定抽样。抽取的样品应当由具备资质的技术机构进行检验或者鉴定，所抽取样品的检验费、鉴定费由组织实施飞行检查的食品药品监督管理部门承担。

**第十九条** 检查组认为证据可能灭失或者以后难以取得的，以及需要采取行政强制措施的，可以通知被检查单位所在地食品药品监督管理部门。被检查单位所在地食品药品监督管理部门应当依法采取证据保全或者行政强制措施。

**第二十条** 有下列情形之一的，检查组应当立即报组织实施飞行检查的食品药品监督管理部门及时作出决定：

（一）需要增加检查力量或者延伸检查范围的；

（二）需要采取产品召回或者暂停研制、生产、销售、使用等风险控制措施的；

（三）需要立案查处的；

（四）涉嫌犯罪需要移送公安机关的；

（五）其他需要报告的事项。

需要采取风险控制措施的，被检查单位应当按照食品药品监督管理部门的要求采取相应措施。

**第二十一条** 现场检查时间由检查组根据检查需要确定，以能够查清查实问题为原则。

经组织实施飞行检查的食品药品监督管理部门同意后，检查组方可结束检查。

**第二十二条** 检查结束时，检查组应当向被检查单位通报检查相关情况。被检查单位有异议的，可以陈述和申辩，检查组应当如实记录。

**第二十三条** 检查结束后，检查组应当撰写检查报告。检查报告的内容包括：检查过程、发现问题、相关证据、检查结论和处理建议等。

**第二十四条** 检查组一般应当在检查结束后5个工作日内，将检查报告、检查记录、相关证据材料等报组织实施飞行检查的食品药品监督管理部门。必要时，可以抄送被检查单位所在地食品药品监督管理部门。

## 第四章 处 理

**第二十五条** 根据飞行检查结果，食品药品监督管理部门可以依法采取限期整改、发告诫信、约谈被检查单位、监督召回产品、收回或者撤销相关资格认证认定证书，以及暂停研制、生产、销售、使用等风险控制措施。风险因素消除后，应当及时解除相关风险控制措施。

**第二十六条** 国家食品药品监督管理总局组织实施的飞行检查发现违法行为需要立

案查处的，国家食品药品监督管理总局可以直接组织查处，也可以指定被检查单位所在地食品药品监督管理部门查处。

地方各级食品药品监督管理部门组织实施的飞行检查发现违法行为需要立案查处的，原则上应当直接查处。

由下级食品药品监督管理部门查处的，组织实施飞行检查的食品药品监督管理部门应当跟踪督导查处情况。

**第二十七条**　飞行检查发现的违法行为涉嫌犯罪的，由负责立案查处的食品药品监督管理部门移送公安机关，并抄送同级检察机关。

**第二十八条**　食品药品监督管理部门有权在任何时间进入被检查单位研制、生产、经营、使用等场所进行检查，被检查单位不得拒绝、逃避。

被检查单位有下列情形之一的，视为拒绝、逃避检查：

（一）拖延、限制、拒绝检查人员进入被检查场所或者区域的，或者限制检查时间的；

（二）无正当理由不提供或者延迟提供与检查相关的文件、记录、票据、凭证、电子数据等材料的；

（三）以声称工作人员不在、故意停止生产经营等方式欺骗、误导、逃避检查的；

（四）拒绝或者限制拍摄、复印、抽样等取证工作的；

（五）其他不配合检查的情形。

检查组对被检查单位拒绝、逃避检查的行为应当进行书面记录，责令改正并及时报告组织实施飞行检查的食品药品监督管理部门；经责令改正后仍不改正、造成无法完成检查工作的，检查结论判定为不符合相关质量管理规范或者其他相关要求。

**第二十九条**　被检查单位因违法行为应当受到行政处罚，且具有拒绝、逃避监督检查或者伪造、销毁、隐匿有关证据材料等情形的，由食品药品监督管理部门按照《中华人民共和国药品管理法》、《中华人民共和国药品管理法实施条例》、《医疗器械监督管理条例》等有关规定从重处罚。

**第三十条**　被检查单位有下列情形之一，构成违反治安管理行为的，由食品药品监督管理部门商请公安机关依照《中华人民共和国治安管理处罚法》的规定进行处罚：

（一）阻碍检查人员依法执行职务，或者威胁检查人员人身安全的；

（二）伪造、变造、买卖或者使用伪造、变造的审批文件、认证认定证书等的；

（三）隐藏、转移、变卖、损毁食品药品监督管理部门依法查封、扣押的财物的；

（四）伪造、隐匿、毁灭证据或者提供虚假证言，影响依法开展检查的。

**第三十一条**　上级食品药品监督管理部门应当及时将其组织实施的飞行检查结果通报被检查单位所在地食品药品监督管理部门。

下级食品药品监督管理部门应当及时将其组织实施的飞行检查中发现的重大问题书面报告上一级食品药品监督管理部门，并于每年年底前将该年度飞行检查的总结报告报上一级食品药品监督管理部门。

**第三十二条** 针对飞行检查中发现的区域性、普遍性或者长期存在、比较突出的问题，上级食品药品监督管理部门可以约谈被检查单位所在地食品药品监督管理部门主要负责人或者当地人民政府负责人。

被约谈的食品药品监督管理部门应当及时提出整改措施，并将整改情况上报。

**第三十三条** 食品药品监督管理部门及有关工作人员有下列情形之一的，应当公开通报；对有关工作人员按照干部管理权限给予行政处分和纪律处分，或者提出处理建议；涉嫌犯罪的，依法移交司法机关处理：

（一）泄露飞行检查信息的；

（二）泄露举报人信息或者被检查单位商业秘密的；

（三）出具虚假检查报告或者检验报告的；

（四）干扰、拖延检查或者拒绝立案查处的；

（五）违反廉政纪律的；

（六）有其他滥用职权或者失职渎职行为的。

## 第五章 附 则

**第三十四条** 各级食品药品监督管理部门应当将药品医疗器械飞行检查所需费用及相关抽检费用纳入年度经费预算，并根据工作需要予以足额保障。

**第三十五条** 本办法自 2015 年 9 月 1 日起施行。

# 医疗器械说明书和标签管理规定

（2014年7月30日国家食品药品监督管理总局令第6号公布，自2014年10月1日起施行）

**第一条**　为规范医疗器械说明书和标签，保证医疗器械使用的安全，根据《医疗器械监督管理条例》，制定本规定。

**第二条**　凡在中华人民共和国境内销售、使用的医疗器械，应当按照本规定要求附有说明书和标签。

**第三条**　医疗器械说明书是指由医疗器械注册人或者备案人制作，随产品提供给用户，涵盖该产品安全有效的基本信息，用以指导正确安装、调试、操作、使用、维护、保养的技术文件。

医疗器械标签是指在医疗器械或者其包装上附有的用于识别产品特征和标明安全警示等信息的文字说明及图形、符号。

**第四条**　医疗器械说明书和标签的内容应当科学、真实、完整、准确，并与产品特性相一致。

医疗器械说明书和标签的内容应当与经注册或者备案的相关内容一致。

医疗器械标签的内容应当与说明书有关内容相符合。

**第五条**　医疗器械说明书和标签对疾病名称、专业名词、诊断治疗过程和结果的表述，应当采用国家统一发布或者规范的专用词汇，度量衡单位应当符合国家相关标准的规定。

**第六条**　医疗器械说明书和标签中使用的符号或者识别颜色应当符合国家相关标准的规定；无相关标准规定的，该符号及识别颜色应当在说明书中描述。

**第七条**　医疗器械最小销售单元应当附有说明书。

医疗器械的使用者应当按照说明书使用医疗器械。

**第八条**　医疗器械的产品名称应当使用通用名称，通用名称应当符合国家食品药品监督管理总局制定的医疗器械命名规则。第二类、第三类医疗器械的产品名称应当与医疗器械注册证中的产品名称一致。

产品名称应当清晰地标明在说明书和标签的显著位置。

**第九条**　医疗器械说明书和标签文字内容应当使用中文，中文的使用应当符合国家通用的语言文字规范。医疗器械说明书和标签可以附加其他文种，但应当以中文表述为准。

医疗器械说明书和标签中的文字、符号、表格、数字、图形等应当准确、清晰、规范。

**第十条** 医疗器械说明书一般应当包括以下内容：

（一）产品名称、型号、规格；

（二）注册人或者备案人的名称、住所、联系方式及售后服务单位，进口医疗器械还应当载明代理人的名称、住所及联系方式；

（三）生产企业的名称、住所、生产地址、联系方式及生产许可证编号或者生产备案凭证编号，委托生产的还应当标注受托企业的名称、住所、生产地址、生产许可证编号或者生产备案凭证编号；

（四）医疗器械注册证编号或者备案凭证编号；

（五）产品技术要求的编号；

（六）产品性能、主要结构组成或者成分、适用范围；

（七）禁忌症、注意事项、警示以及提示的内容；

（八）安装和使用说明或者图示，由消费者个人自行使用的医疗器械还应当具有安全使用的特别说明；

（九）产品维护和保养方法，特殊储存、运输条件、方法；

（十）生产日期，使用期限或者失效日期；

（十一）配件清单，包括配件、附属品、损耗品更换周期以及更换方法的说明等；

（十二）医疗器械标签所用的图形、符号、缩写等内容的解释；

（十三）说明书的编制或者修订日期；

（十四）其他应当标注的内容。

**第十一条** 医疗器械说明书中有关注意事项、警示以及提示性内容主要包括：

（一）产品使用的对象；

（二）潜在的安全危害及使用限制；

（三）产品在正确使用过程中出现意外时，对操作者、使用者的保护措施以及应当采取的应急和纠正措施；

（四）必要的监测、评估、控制手段；

（五）一次性使用产品应当注明“一次性使用”字样或者符号，已灭菌产品应当注明灭菌方式以及灭菌包装损坏后的处理方法，使用前需要消毒或者灭菌的应当说明消毒或者灭菌的方法；

（六）产品需要同其他医疗器械一起安装或者联合使用时，应当注明联合使用器械的要求、使用方法、注意事项；

（七）在使用过程中，与其他产品可能产生的相互干扰及其可能出现的危害；

（八）产品使用中可能带来的不良事件或者产品成分中含有的可能引起副作用的成分或者辅料；

（九）医疗器械废弃处理时应当注意的事项，产品使用后需要处理的，应当注明相应的处理方法；

（十）根据产品特性，应当提示操作者、使用者注意的其他事项。

**第十二条** 重复使用的医疗器械应当在说明书中明确重复使用的处理过程，包括清洁、消毒、包装及灭菌的方法和重复使用的次数或者其他限制。

**第十三条** 医疗器械标签一般应当包括以下内容：

（一）产品名称、型号、规格；

（二）注册人或者备案人的名称、住所、联系方式，进口医疗器械还应当载明代理人的名称、住所及联系方式；

（三）医疗器械注册证编号或者备案凭证编号；

（四）生产企业的名称、住所、生产地址、联系方式及生产许可证编号或者生产备案凭证编号，委托生产的还应当标注受托企业的名称、住所、生产地址、生产许可证编号或者生产备案凭证编号；

（五）生产日期，使用期限或者失效日期；

（六）电源连接条件、输入功率；

（七）根据产品特性应当标注的图形、符号以及其他相关内容；

（八）必要的警示、注意事项；

（九）特殊储存、操作条件或者说明；

（十）使用中对环境有破坏或者负面影响的医疗器械，其标签应当包含警示标志或者中文警示说明；

（十一）带放射或者辐射的医疗器械，其标签应当包含警示标志或者中文警示说明。

医疗器械标签因位置或者大小受限而无法全部标明上述内容的，至少应当标注产品名称、型号、规格、生产日期和使用期限或者失效日期，并在标签中明确“其他内容详见说明书”。

**第十四条** 医疗器械说明书和标签不得有下列内容：

（一）含有“疗效最佳”、“保证治愈”、“包治”、“根治”、“即刻见效”、“完全无毒副作用”等表示功效的断言或者保证的；

（二）含有“最高技术”、“最科学”、“最先进”、“最佳”等绝对化语言和表示的；

（三）说明治愈率或者有效率的；

（四）与其他企业产品的功效和安全性相比较的；

（五）含有“保险公司保险”、“无效退款”等承诺性语言的；

（六）利用任何单位或者个人的名义、形象作证明或者推荐的；

（七）含有误导性说明，使人感到已经患某种疾病，或者使人误解不使用该医疗器械会患某种疾病或者加重病情的表述，以及其他虚假、夸大、误导性的内容；

（八）法律、法规规定禁止的其他内容。

**第十五条** 医疗器械说明书应当由注册申请人或者备案人在医疗器械注册或者备案时，提交食品药品监督管理部门审查或者备案，提交的说明书内容应当与其他注册或者备案资料相符合。

**第十六条** 经食品药品监督管理部门注册审查的医疗器械说明书的内容不得擅自

更改。

已注册的医疗器械发生注册变更的，申请人应当在取得变更文件后，依据变更文件自行修改说明书和标签。

说明书的其他内容发生变化的，应当向医疗器械注册的审批部门书面告知，并提交说明书更改情况对比说明等相关文件。审批部门自收到书面告知之日起20个工作日内未发出不予同意通知件的，说明书更改生效。

**第十七条** 已备案的医疗器械，备案信息表中登载内容、备案产品技术要求以及说明书其他内容发生变化的，备案人自行修改说明书和标签的相关内容。

**第十八条** 说明书和标签不符合本规定要求的，由县级以上食品药品监督管理部门按照《医疗器械监督管理条例》第六十七条的规定予以处罚。

**第十九条** 本规定自2014年10月1日起施行。2004年7月8日公布的《医疗器械说明书、标签和包装标识管理规定》（原国家食品药品监督管理局令第10号）同时废止。

# 互联网药品信息服务管理办法

（2004 年 7 月 8 日国家食品药品监督管理局令第 9 号公布，自公布之日起施行，根据 2017 年 11 月 17 日《国家食品药品监督管理总局关于修改部分规章的决定》修正）

**第一条**　为加强药品监督管理，规范互联网药品信息服务活动，保证互联网药品信息的真实、准确，根据《中华人民共和国药品管理法》《互联网信息服务管理办法》，制定本办法。

**第二条**　在中华人民共和国境内提供互联网药品信息服务活动，适用本办法。

本办法所称互联网药品信息服务，是指通过互联网向上网用户提供药品（含医疗器械）信息的服务活动。

**第三条**　互联网药品信息服务分为经营性和非经营性两类。

经营性互联网药品信息服务是指通过互联网向上网用户有偿提供药品信息等服务的活动。

非经营性互联网药品信息服务是指通过互联网向上网用户无偿提供公开的、共享性药品信息等服务的活动。

**第四条**　国家食品药品监督管理总局对全国提供互联网药品信息服务活动的网站实施监督管理。

省、自治区、直辖市食品药品监督管理部门对本行政区域内提供互联网药品信息服务活动的网站实施监督管理。

**第五条**　拟提供互联网药品信息服务的网站，应当在向国务院信息产业主管部门或者省级电信管理机构申请办理经营许可证或者办理备案手续之前，按照属地监督管理的原则，向该网站主办单位所在地省、自治区、直辖市食品药品监督管理部门提出申请，经审核同意后取得提供互联网药品信息服务的资格。

**第六条**　各省、自治区、直辖市食品药品监督管理部门对本辖区内申请提供互联网药品信息服务的互联网站进行审核，符合条件的核发《互联网药品信息服务资格证书》。

**第七条**　《互联网药品信息服务资格证书》的格式由国家食品药品监督管理总局统一制定。

**第八条**　提供互联网药品信息服务的网站，应当在其网站主页显著位置标注《互联网药品信息服务资格证书》的证书编号。

**第九条**　提供互联网药品信息服务网站所登载的药品信息必须科学、准确，必须符合国家的法律、法规和国家有关药品、医疗器械管理的相关规定。

提供互联网药品信息服务的网站不得发布麻醉药品、精神药品、医疗用毒性药品、放射性药品、戒毒药品和医疗机构制剂的产品信息。

**第十条** 提供互联网药品信息服务的网站发布的药品（含医疗器械）广告，必须经过食品药品监督管理部门审查批准。

提供互联网药品信息服务的网站发布的药品（含医疗器械）广告要注明广告审查批准文号。

**第十一条** 申请提供互联网药品信息服务，除应当符合《互联网信息服务管理办法》规定的要求外，还应当具备下列条件：

（一）互联网药品信息服务的提供者应当为依法设立的企事业单位或者其他组织；

（二）具有与开展互联网药品信息服务活动相适应的专业人员、设施及相关制度；

（三）有两名以上熟悉药品、医疗器械管理法律、法规和药品、医疗器械专业知识，或者依法经资格认定的药学、医疗器械技术人员。

**第十二条** 提供互联网药品信息服务的申请应当以一个网站为基本单元。

**第十三条** 申请提供互联网药品信息服务，应当填写国家食品药品监督管理总局统一制发的《互联网药品信息服务申请表》，向网站主办单位所在地省、自治区、直辖市食品药品监督管理部门提出申请，同时提交以下材料：

（一）企业营业执照复印件。

（二）网站域名注册的相关证书或者证明文件。从事互联网药品信息服务网站的中文名称，除与主办单位名称相同的以外，不得以“中国”“中华”“全国”等冠名；除取得药品招标代理机构资格证书的单位开办的互联网站外，其他提供互联网药品信息服务的网站名称中不得出现“电子商务”“药品招商”“药品招标”等内容。

（三）网站栏目设置说明（申请经营性互联网药品信息服务的网站需提供收费栏目及收费方式的说明）。

（四）网站对历史发布信息进行备份和查阅的相关管理制度及执行情况说明。

（五）食品药品监督管理部门在线浏览网站上所有栏目、内容的方法及操作说明。

（六）药品及医疗器械相关专业技术人员学历证明或者其专业技术资格证书复印件、网站负责人身份证复印件及简历。

（七）健全的网络与信息安全保障措施，包括网站安全保障措施、信息安全保密管理制度、用户信息安全管理制度。

（八）保证药品信息来源合法、真实、安全的管理措施、情况说明及相关证明。

**第十四条** 省、自治区、直辖市食品药品监督管理部门在收到申请材料之日起 5 日内做出受理与否的决定，受理的，发给受理通知书；不受理的，书面通知申请人并说明理由，同时告知申请人享有依法申请行政复议或者提起行政诉讼的权利。

**第十五条** 对于申请材料不规范、不完整的，省、自治区、直辖市食品药品监督管理部门自申请之日起 5 日内一次告知申请人需要补正的全部内容；逾期不告知的，自收到材料之日起即为受理。

**第十六条** 省、自治区、直辖市食品药品监督管理部门自受理之日起 20 日内对申请提供互联网药品信息服务的材料进行审核，并作出同意或者不同意的决定。同意的，由省、自治区、直辖市食品药品监督管理部门核发《互联网药品信息服务资格证书》，同时报国家食品药品监督管理总局备案并发布公告；不同意的，应当书面通知申请人并说明理由，同时告知申请人享有依法申请行政复议或者提起行政诉讼的权利。

国家食品药品监督管理总局对各省、自治区、直辖市食品药品监督管理部门的审核工作进行监督。

**第十七条**　《互联网药品信息服务资格证书》有效期为5年。有效期届满，需要继续提供互联网药品信息服务的，持证单位应当在有效期届满前6个月内，向原发证机关申请换发《互联网药品信息服务资格证书》。原发证机关进行审核后，认为符合条件的，予以换发新证；认为不符合条件的，发给不予换发新证的通知并说明理由，原《互联网药品信息服务资格证书》由原发证机关收回并公告注销。

省、自治区、直辖市食品药品监督管理部门根据申请人的申请，应当在《互联网药品信息服务资格证书》有效期届满前作出是否准予其换证的决定。逾期未作出决定的，视为准予换证。

**第十八条**　《互联网药品信息服务资格证书》可以根据互联网药品信息服务提供者的书面申请，由原发证机关收回，原发证机关应当报国家食品药品监督管理总局备案并发布公告。被收回《互联网药品信息服务资格证书》的网站不得继续从事互联网药品信息服务。

**第十九条**　互联网药品信息服务提供者变更下列事项之一的，应当向原发证机关申请办理变更手续，填写《互联网药品信息服务项目变更申请表》，同时提供下列相关证明文件：

（一）《互联网药品信息服务资格证书》中审核批准的项目（互联网药品信息服务提供者单位名称、网站名称、IP地址等）；

（二）互联网药品信息服务提供者的基本项目（地址、法定代表人、企业负责人等）；

（三）网站提供互联网药品信息服务的基本情况（服务方式、服务项目等）。

**第二十条**　省、自治区、直辖市食品药品监督管理部门自受理变更申请之日起20个工作日内作出是否同意变更的审核决定。同意变更的，将变更结果予以公告并报国家食品药品监督管理总局备案；不同意变更的，以书面形式通知申请人并说明理由。

**第二十一条**　省、自治区、直辖市食品药品监督管理部门对申请人的申请进行审查时，应当公示审批过程和审批结果。申请人和利害关系人可以对直接关系其重大利益的事项提交书面意见进行陈述和申辩。依法应当听证的，按照法定程序举行听证。

**第二十二条**　未取得或者超出有效期使用《互联网药品信息服务资格证书》从事互联网药品信息服务的，由国家食品药品监督管理总局或者省、自治区、直辖市食品药品监督管理部门给予警告，并责令其停止从事互联网药品信息服务；情节严重的，移送相关部门，依照有关法律、法规给予处罚。

**第二十三条**　提供互联网药品信息服务的网站不在其网站主页的显著位置标注《互

联网药品信息服务资格证书》的证书编号的，国家食品药品监督管理总局或者省、自治区、直辖市食品药品监督管理部门给予警告，责令限期改正；在限定期限内拒不改正的，对提供非经营性互联网药品信息服务的网站处以 500 元以下罚款，对提供经营性互联网药品信息服务的网站处以 5000 元以上 1 万元以下罚款。

**第二十四条** 互联网药品信息服务提供者违反本办法，有下列情形之一的，由国家食品药品监督管理总局或者省、自治区、直辖市食品药品监督管理部门给予警告，责令限期改正；情节严重的，对提供非经营性互联网药品信息服务的网站处以 1000 元以下罚款，对提供经营性互联网药品信息服务的网站处以 1 万元以上 3 万元以下罚款；构成犯罪的，移送司法部门追究刑事责任：

（一）已经获得《互联网药品信息服务资格证书》，但提供的药品信息直接撮合药品网上交易的；

（二）已经获得《互联网药品信息服务资格证书》，但超出审核同意的范围提供互联网药品信息服务的；

（三）提供不真实互联网药品信息服务并造成不良社会影响的；

（四）擅自变更互联网药品信息服务项目的。

**第二十五条** 互联网药品信息服务提供者在其业务活动中，违法使用《互联网药品信息服务资格证书》的，由国家食品药品监督管理总局或者省、自治区、直辖市食品药品监督管理部门依照有关法律、法规的规定处罚。

**第二十六条** 省、自治区、直辖市食品药品监督管理部门违法对互联网药品信息服务申请作出审核批准的，原发证机关应当撤销原批准的《互联网药品信息服务资格证书》，由此给申请人的合法权益造成损害的，由原发证机关依照国家赔偿法的规定给予赔偿；对直接负责的主管人员和其他直接责任人员，由其所在单位或者上级机关依法给予行政处分。

**第二十七条** 省、自治区、直辖市食品药品监督管理部门应当对提供互联网药品信息服务的网站进行监督检查，并将检查情况向社会公告。

**第二十八条** 本办法由国家食品药品监督管理总局负责解释。

**第二十九条** 本办法自公布之日起施行。《互联网药品信息服务管理暂行规定》（国家药品监督管理局令第 26 号）同时废止。

# 第四篇　工作文件

## 一、综合类

### 国家药监局关于贯彻实施《医疗器械监督管理条例》有关事项的公告

2021 年第 76 号

新修订的《医疗器械监督管理条例》（国务院令第 739 号，以下简称新《条例》），将于 2021 年 6 月 1 日起施行。国家药监局正在组织制修订配套规章、规范性文件和技术指导原则等，将按照程序陆续发布。现就贯彻实施新《条例》有关事项公告如下：

**一、关于全面实施医疗器械注册人、备案人制度**

自 2021 年 6 月 1 日起，凡持有医疗器械注册证或者已办理第一类医疗器械备案的企业、医疗器械研制机构，应当按照新《条例》规定，分别履行医疗器械注册人、备案人的义务，加强医疗器械全生命周期质量管理，对研制、生产、经营、使用全过程中医疗器械的安全性、有效性依法承担责任。

**二、关于医疗器械注册、备案管理**

自 2021 年 6 月 1 日起，在新《条例》配套的注册、备案相关规定发布实施前，医疗器械注册申请人、备案人继续按照现行规定申请注册和进行备案。有关医疗器械临床评价要求，按照本公告第三条执行。药品监督管理部门按照现行规定的程序和时限开展注册、备案相关工作。

**三、关于医疗器械临床评价管理**

自 2021 年 6 月 1 日起，医疗器械注册申请人、备案人根据新《条例》规定开展临床评价。符合新《条例》规定的免于临床评价情形的，可以免于临床评价；进行临床评价，可以根据产品特征、临床风险、已有临床数据等情形，通过开展临床试验，或者通过对同品种医疗器械临床文献资料、临床数据进行分析评价，证明医疗器械安全、有效；已有临床文献资料、临床数据不足以确认产品安全、有效的医疗器械，应当开展临床试验。在免于临床评价的相关文件发布实施前，免于进行临床评价医疗器械目录参照现行免于进行临床试验医疗器械目录执行。

**四、关于医疗器械生产许可、备案管理**

在新《条例》配套的生产许可、备案相关规定发布实施前，医疗器械注册人、备案人办理生产许可、备案和委托生产按照现有规章和规范性文件执行。

**五、关于医疗器械经营许可、备案管理**

医疗器械注册人、备案人在其住所或者生产地址销售其注册、备案的医疗器械，无需办理医疗器械经营许可或者备案，但应当符合规定的经营条件；在其他场所贮存、销售第二、三类医疗器械的，应当按照规定办理医疗器械经营许可或者备案。

国家药监局已起草有关免于经营备案的第二类医疗器械产品目录，目前正在公开征求意见。产品目录发布后，按目录执行。

**六、关于医疗器械违法行为的查处**

医疗器械违法行为发生在2021年6月1日以前的，适用修订前的《条例》，但依据新《条例》认为不违法或者处罚较轻的，适用新《条例》。违法行为发生在2021年6月1日以后的，适用新《条例》。

特此公告。

国家药监局

2021年5月31日

# 国家药监局关于发布《企业落实医疗器械质量安全主体责任监督管理规定》的公告

2022年第124号

为督促医疗器械注册人、备案人落实医疗器械质量安全主体责任，强化医疗器械生产、经营企业质量安全关键岗位人员责任落实，根据《医疗器械监督管理条例》《医疗器械生产监督管理办法》《医疗器械经营监督管理办法》等规定，国家药监局组织制定了《企业落实医疗器械质量安全主体责任监督管理规定》，现予发布，自2023年3月1日起施行。

特此公告。

附件：企业落实医疗器械质量安全主体责任监督管理规定

国家药监局

2022年12月29日

**附件**

## 企业落实医疗器械质量安全主体责任监督管理规定

### 第一章 总 则

**第一条** 为督促医疗器械注册人、备案人落实医疗器械质量安全主体责任，强化医疗器械注册人、备案人、受托生产企业（以下简称“生产企业”）及经营企业质量安全关键岗位人员责任落实，根据《医疗器械监督管理条例》《医疗器械生产监督管理办法》《医疗器械经营监督管理办法》及《医疗器械生产质量管理规范》《医疗器械经营质量管理规范》，制定本规定。

**第二条** 在中华人民共和国境内，医疗器械生产、经营企业依法落实医疗器械质量安全责任行为及其监督管理，适用本规定。

**第三条** 医疗器械注册人、备案人依法对上市医疗器械的安全、有效负责，受托生产企业对受托生产行为负责，经营企业对本企业经营行为负责。

企业应当按照“权责一致、责任到人，因岗选人、人岗相适，尽职免责、奖惩有据”的原则，设置质量安全关键岗位，配备与生产或者经营产品性质、企业规模相适应的质量安全关键岗位人员，并为其履职提供必要的资源和制度保障，确保质量安全关键岗位人员充分履职。

## 第二章 生产企业质量安全关键岗位要求

**第四条** 生产企业质量安全关键岗位人员一般包括企业法定代表人和主要负责人（以下简称“企业负责人”）、管理者代表、质量管理部门负责人。其中企业负责人为最高管理者，管理者代表为高层管理人员，质量管理部门负责人一般为中层管理人员。

生产企业可以根据实际需要，在明确前款各岗位职责的前提下，增设质量副总经理、质量总监等岗位。

**第五条** 生产企业负责人应当对本企业医疗器械质量安全工作全面负责，建立并落实医疗器械质量安全主体责任长效机制。企业负责人应当支持和保障管理者代表、质量管理部门负责人等人员依法开展医疗器械质量安全管理工作；在作出涉及医疗器械质量安全的重大决策前，应当充分听取管理者代表、质量管理部门负责人等人员的意见和建议，对其发现的医疗器械质量安全隐患，应当组织研究并提出处置措施，及时消除风险隐患。

企业负责人应当履行包括但不限于以下职责：

（一）组织制定企业的质量方针和质量目标；

（二）确保质量管理体系有效运行所需的人力资源、基础设施和工作环境等；

（三）组织实施管理评审，定期对质量管理体系运行情况进行评估，并持续改进；

（四）按照相关法律、法规、规章、生产质量管理规范的要求，以及强制性标准和产品技术要求组织生产。

**第六条** 生产企业负责人应当在企业高层管理人员中确定一名管理者代表。管理者代表应当是所在企业全职员工，并至少符合以下条件：

（一）遵纪守法，具有良好职业道德素质且无不良从业记录。

（二）熟悉并能正确执行相关法律、法规、规章、规范和标准，接受过系统化的质量管理体系知识培训。

（三）熟悉医疗器械生产质量管理工作，具备指导和监督本企业各部门按规定实施医疗器械生产质量管理规范的专业技能和解决实际问题的能力。

（四）生产第二类、第三类医疗器械的，管理者代表原则上应当具有医疗器械相关专业大学本科及以上学历或者中级及以上技术职称，并具有3年及以上质量管理或生产、技术管理工作经验；

生产第一类医疗器械的，管理者代表原则上应当具有大学专科及以上学历，并具有3年及以上医疗器械生产企业工作经历。

具有5年及以上医疗器械质量管理或者生产、技术管理工作经验，熟悉本企业产品、生产和质量管理情况，经实践证明具有良好履职能力的管理者代表，可以适当放宽相关学历和职称要求。

管理者代表在任职后还应当持续加强知识更新，积极参加企业质量管理体系相关学习和培训活动，不断提高质量管理水平。

**第七条** 管理者代表应当由企业负责人任命、授权，在企业内部独立履行职责，发现产品存在质量安全风险时，应当提出相关产品上市的否决意见或者停止生产活动的建议。

管理者代表应当履行包括但不限于以下职责：

（一）贯彻执行相关法律、法规、规章、规范、强制性标准和产品技术要求。

（二）组织建立、实施并保持企业质量管理体系，向企业负责人报告质量管理体系的运行情况和改进需求。

（三）确保产品符合放行要求，并组织开展上市后产品质量的信息收集工作。

（四）组织开展企业自查、不良事件监测及报告、医疗器械召回等工作。

（五）配合药品监督管理部门开展监督检查，针对发现的问题，组织企业相关部门按照要求及时整改。

**第八条** 生产企业负责人应当与管理者代表签订授权书，明确管理者代表应当履行的质量管理职责并授予相应的权限。企业应当在确定管理者代表15个工作日内向所在地药品监督管理部门报告。

企业应当建立健全管理者代表相关管理制度和考核机制，为管理者代表履行职责提供必要条件，同时确保其在履行职责时不受企业内部因素的不当干扰。对于不能有效履职的管理者代表，企业负责人应当立即代其履职，或者指定符合本规定第六条要求的人员代其履行管理者代表职责，并于30个工作日内确定和任命新的管理者代表。

**第九条** 生产企业应当设立质量管理部门并任命质量管理部门负责人。质量管理部门负责人应当熟悉医疗器械相关法律、法规、规章、规范和标准，具有质量管理的实践经验和工作技能，并具备与所生产产品相匹配的专业知识和工作经历。

规模较小生产企业可以根据实际情况，由管理者代表兼任质量管理部门负责人。

质量管理部门负责人与生产管理部门负责人不得相互兼任。

**第十条** 质量管理部门负责人应当履行包括但不限于以下职责：

（一）依据质量控制程序要求，正确识别各项质量管控点，制定管理规程。

（二）确保本部门人员经相关培训，掌握相关理论知识和实际操作技能。

（三）对质量管理中的实际问题进行分析、判断和处理。

## 第三章 经营企业质量安全关键岗位要求

**第十一条** 经营企业质量安全关键岗位人员包括企业负责人、质量负责人和质量管理人员。其中企业负责人为最高管理者，质量负责人为高层管理人员或者质量管理机构负责人。

**第十二条** 经营企业负责人应当对本企业医疗器械质量安全工作全面负责，提供必要的条件，保证质量负责人、质量管理人员有效履行职责，确保企业按照相关法律、法规、规章、经营质量管理规范要求经营医疗器械；作出涉及医疗器械质量安全的重大决策前，应当充分听取质量负责人、质量管理人员的意见和建议，对其发现的本企业质量安全隐患，应当组织研究并提出处置措施，及时消除风险隐患。

**第十三条** 经营企业质量负责人负责医疗器械质量管理工作，应当独立履行职责，在企业内部对医疗器械质量管理具有裁决权，承担相应的质量管理责任。

**第十四条** 第三类医疗器械经营企业质量负责人应当具有医疗器械相关专业大专及以上学历或者中级及以上专业技术职称，并具有3年及以上医疗器械经营质量管理工作经历。

**第十五条** 经营企业应当配备与经营范围和经营规模相适应的质量管理人员，质量管理人员应当具有相关专业学历和职称，并履行医疗器械经营质量管理规范规定的职责。

体外诊断试剂经营企业质量管理人员中，应当至少有1人具有主管检验师职称；或者具有检验学相关专业（包括检验学、生物医学工程、生物化学、免疫学、基因学、药学、生物技术、临床医学、医疗器械等专业）大专及以上学历或者中级以上专业技术职称，并具有检验相关工作3年及以上工作经历。

专门提供医疗器械运输、贮存服务企业的质量管理人员中，应当至少有2人具有大专及以上学历或者中级及以上专业技术职称，同时应当具有3年及以上医疗器械质量管理工作经历。

## 第四章 企业质量安全管理机制

**第十六条** 生产企业和经营企业应当严格按照相关法律、法规、规章、规范等要求，开展医疗器械生产和经营活动。质量安全关键岗位人员应当充分履行岗位职责，保持质量管理体系持续有效运行，保证医疗器械生产和经营全过程持续符合医疗器械生产、经营质量管理规范要求。

**第十七条** 医疗器械注册人、备案人委托生产的，应当按照国家药品监督管理局制定的医疗器械委托生产质量协议指南要求，由企业负责人或者其授权人签订质量协议以及委托协议，不得通过协议转移依法应当由注册人、备案人履行的义务和责任。委托生产前，医疗器械注册人、备案人的管理者代表应当组织对受托生产企业质量保证能力和风险管理能力进行评估；委托生产后，应当定期组织对受托生产企业质量管理体系进行现场审核，并确保双方质量管理体系有效衔接。

受托生产企业应当积极接受注册人、备案人的审核和监督，并及时采取纠正和预防措施落实其整改要求。受托生产的产品不得再次委托生产。

**第十八条** 生产企业应当建立产品放行程序，明确产品放行条件及审核、批准要求。

注册人、备案人应当建立产品上市放行规程，由质量管理部门负责人组织对医疗器械生产过程记录和质量检验结果进行审核。产品上市放行不得委托受托生产企业进行。

受托生产企业应当建立生产放行规程，由质量管理部门负责人组织对医疗器械生产过程进行审核，对产品进行检验。

**第十九条**　生产企业应当建立纠正和预防措施程序。

生产企业应当对不良事件监测、用户投诉、企业自检或者监督抽检、监督检查、内外部审核等情况进行调查分析。对于发现的问题，应当启动纠正措施程序，由管理者代表或者质量管理部门负责人组织相关部门研究分析产生问题原因，采取有效措施，防止相关问题再次发生。

对于潜在问题，企业应当启动预防措施程序，研究潜在问题原因，采取有效措施，防止问题发生。

**第二十条**　生产企业可以根据实际需要，对上述第十七条、十八条、十九条所涉及的质量安全关键岗位人员职责进行调整，但应当确保符合相关法规、规章、生产质量管理规范和本规定第二章要求。

**第二十一条**　生产企业负责人应当每季度至少听取一次管理者代表工作情况汇报，对企业生产情况和质量安全管理情况进行回顾分析，对风险防控重点工作进行研究并作出调度安排，形成调度记录。

**第二十二条**　经营企业负责人应当每季度至少听取一次质量负责人工作情况汇报，对企业经营质量安全风险情况进行工作会商和总结，对重点工作作出调度安排，形成医疗器械质量安全风险会商会议纪要。

## 第五章　企业质量安全关键岗位履职保障机制

**第二十三条**　生产企业、经营企业应当建立健全质量安全关键岗位人员履职保障机制，明确岗位职责、任职条件，给予与岗位职责相适应的培训、权限和资源，为质量安全关键岗位人员充分履职提供必要保障。

**第二十四条**　生产企业、经营企业应当制定质量安全关键岗位说明书，明确质量安全关键岗位人员主要职责，并规定管理者代表、质量负责人、质量管理部门负责人的任职条件和所需权限。

**第二十五条**　生产企业、经营企业应当按照质量管理体系要求，对质量安全关键岗位人员进行与其职责和工作内容相关的岗前培训和继续教育，建立培训记录。培训内容应当包括相关法律法规、医疗器械专业知识及技能、质量管理制度等。

**第二十六条**　生产企业管理者代表、质量管理部门负责人和经营企业质量负责人、质量管理人员应当在职在岗，并履行岗位职责。

企业应当按照质量管理体系要求，对质量安全关键岗位负责人员的任命、调整、责任履行等情况予以记录，存档备查。

**第二十七条**　生产企业管理者代表、质量管理部门负责人和经营企业质量负责人、质量管理人员发现有医疗器械质量安全潜在风险，应当立即按程序报告。企业应当依法及时采取风险控制措施，相关报告情况应当予以记录并保存。

企业及企业负责人无正当理由未采纳上述人员提出的意见建议，导致发生医疗器械质量安全违法行为的，对企业及企业负责人应当依法处罚，对依法履职尽责的医疗器械质量安全岗位负责人员应当依法不予处罚。

**第二十八条** 鼓励企业建立质量安全关键岗位人员激励机制，对工作成效显著的给予表彰和奖励。

质量安全关键岗位人员未按规定履行职责，造成医疗器械质量安全事故的，企业应当追究其工作责任。

药品监督管理部门在监督检查中发现质量安全关键岗位人员未按规定履职的，应当要求企业限期整改；发现企业存在严重违法行为的，应当依照《医疗器械监督管理条例》规定对企业负责人、直接负责的主管人员和其他责任人员作出罚款、禁止从业等处罚。

## 第六章　附　则

**第二十九条** 为医疗器械网络交易提供服务的电子商务平台经营者参照本规定关于经营企业要求执行。

**第三十条** 本规定自2023年3月1日起施行。

# 二、临床评价

## 国家药监局 国家卫生健康委关于发布《医疗器械临床试验质量管理规范》的公告

2022 年第 28 号

为深化医疗器械审评审批制度改革，加强医疗器械临床试验管理，根据《医疗器械监督管理条例》（国务院令第 739 号）及《医疗器械注册与备案管理办法》（市场监管总局令第 47 号）、《体外诊断试剂注册与备案管理办法》（市场监管总局令第 48 号），国家药品监督管理局会同国家卫生健康委员会组织修订了《医疗器械临床试验质量管理规范》，现予发布，自 2022 年 5 月 1 日起施行。

特此公告。

附件：医疗器械临床试验质量管理规范

国家药监局 国家卫生健康委

2022 年 3 月 24 日

**附件**

## 医疗器械临床试验质量管理规范

### 第一章 总 则

**第一条** 为加强对医疗器械临床试验的管理，维护受试者权益和安全，保证医疗器械临床试验过程规范，结果真实、准确、完整和可追溯，根据《医疗器械监督管理条例》，制定本规范。

**第二条** 在中华人民共和国境内，为申请医疗器械（含体外诊断试剂，下同）注册而实施的医疗器械临床试验相关活动，应当遵守本规范。

本规范涵盖医疗器械临床试验全过程，包括医疗器械临床试验的方案设计、实施、监查、稽查、检查以及数据的采集、记录、保存、分析，总结和报告等。

**第三条** 医疗器械临床试验应当遵守《世界医学大会赫尔辛基宣言》的伦理准则和

国家涉及人的生物医学研究伦理的相关规范。参与医疗器械临床试验的各方应当按照试验中各自的职责承担相应的伦理责任。

**第四条** 实施医疗器械临床试验应当有充分的科学依据和明确的试验目的，权衡受试者和社会预期的风险和获益。只有当预期的获益大于风险时，方可实施或者继续实施临床试验。

**第五条** 医疗器械临床试验应当在具备相应条件并且按照规定备案的医疗器械临床试验机构实施。

**第六条** 医疗器械临床试验应当获得伦理委员会的同意。列入需进行临床试验审批的第三类医疗器械目录的，还应当获得国家药品监督管理局的批准，并且在符合要求的三级甲等医疗机构实施临床试验。

**第七条** 医疗器械临床试验的申办者应当建立覆盖医疗器械临床试验全过程的质量管理体系，确保医疗器械临床试验符合相关法律法规，保护受试者权益和安全。

## 第二章 伦理委员会

**第八条** 伦理委员会的职责是保护受试者合法权益和安全，维护受试者尊严。

**第九条** 伦理委员会应当遵守《世界医学大会赫尔辛基宣言》的伦理准则和相关法律法规规定。伦理委员会的组成、运行、备案管理应当符合卫生健康管理部门要求。

**第十条** 伦理委员会所有委员应当接受伦理知识、本规范和相关法律法规培训，熟悉医疗器械临床试验的伦理准则和相关法律法规规定，遵守伦理委员会的工作程序。

**第十一条** 医疗器械临床试验开始前，申办者应当通过主要研究者向伦理委员会提交下列文件：

（一）临床试验方案；

（二）研究者手册；

（三）知情同意书文本和其他任何提供给受试者的书面材料；

（四）招募受试者和向其宣传的程序性文件（如适用）；

（五）病例报告表文本；

（六）基于产品技术要求的产品检验报告；

（七）临床前研究相关资料；

（八）主要研究者简历、专业特长、能力、接受培训和其他能够证明其资格的文件；

（九）试验医疗器械的研制符合适用的医疗器械质量管理体系相关要求的声明；

（十）与伦理审查相关的其他文件。

**第十二条** 伦理委员会应当对医疗器械临床试验的伦理性和科学性进行审查，并应当重点关注下列内容：

（一）主要研究者的资格、经验以及是否有充足的时间参加该临床试验；

（二）临床试验的人员配备以及设备条件等是否符合试验要求；

（三）受试者可能遭受的风险程度与试验预期的受益相比是否合适；

（四）临床试验方案是否充分考虑了伦理原则，是否符合科学性，包括研究目的是否适当、受试者的权益和安全是否得到保障、其他人员可能遭受的风险是否得到充分保护；

（五）向受试者提供的有关本试验的信息资料是否完整，是否明确告知其应当享有的权利；受试者是否可以理解知情同意书的内容；获取知情同意书的方法是否适当；

（六）受试者入选、排除是否科学和公平；

（七）受试者是否因参加临床试验而获得合理补偿；受试者若发生与临床试验相关的伤害或者死亡，给予的诊治和保障措施是否充分；

（八）对儿童、孕妇、老年人、智力低下者、精神障碍患者等特殊人群受试者的保护是否充分。

**第十三条** 伦理委员会审查意见可以是：

（一）同意；

（二）作必要修改后同意；

（三）不同意；

（四）暂停或者终止已同意的试验。

审查意见要求修改或者予以否定的，应当说明理由。

**第十四条** 知情同意书一般应当包括下列内容以及对事项的说明：

（一）主要研究者的姓名以及相关信息；

（二）医疗器械临床试验机构的名称；

（三）临床试验名称、目的、方法、内容；

（四）临床试验过程、期限；

（五）临床试验的资金来源、可能的利益冲突；

（六）预期受试者可能的受益和已知的、可以预见的风险以及可能发生的不良事件；

（七）受试者可以获得的替代诊疗方法以及其潜在受益和风险的信息；

（八）适用时，说明受试者可能被分配到临床试验的不同组别；

（九）受试者参加临床试验是自愿的，且在临床试验的任何阶段有权退出而不会受到歧视或者报复，其医疗待遇与权益不受影响；

（十）告知受试者参加临床试验的个人资料属于保密，但医疗器械临床试验机构管理部门、伦理委员会、药品监督管理部门、卫生健康管理部门或者监查员、稽查员在工作需要时按照规定程序可以查阅受试者参加临床试验的个人资料；

（十一）受试者在临床试验期间可能获得的免费诊疗项目和其他相关补偿；

（十二）如发生与临床试验相关的伤害，受试者可以获得的治疗和/或赔偿；

（十三）受试者在临床试验期间可以随时了解与其相关的信息资料。

知情同意书应当注明制定的版本和日期或者修订后的版本和日期。知情同意书应当采用受试者能够理解的语言和文字。知情同意书不应当含有会引起受试者放弃合法权益以及免除医疗器械临床试验机构和主要研究者、申办者应当负责任的内容。

**第十五条** 伦理委员会的跟踪审查：

（一）伦理委员会应当对医疗器械临床试验进行跟踪监督，发现受试者权益和安全不能得到保障等情形，可以在任何时间书面要求暂停或者终止该项临床试验；

（二）伦理委员会需要审查研究者报告的本临床试验机构发生的严重不良事件等安全性信息，审查申办者报告的试验医疗器械相关严重不良事件等安全性信息。伦理委员会可以要求修改临床试验方案、知情同意书和其他提供给受试者的信息，暂停或者终止该项临床试验；

（三）伦理委员会需要审查临床试验方案的偏离对受试者权益和安全的可能影响，或者对医疗器械临床试验的科学性、完整性的可能影响。

**第十六条** 医疗器械临床试验过程中，修订临床试验方案以及知情同意书等文件、恢复已暂停的临床试验，应当在重新获得伦理委员会的书面同意后方可实施。

**第十七条** 伦理委员会应当保存伦理审查的全部记录，包括伦理审查的书面记录、委员信息、递交的文件、会议记录和相关往来记录等。

## 第三章　医疗器械临床试验机构

**第十八条** 医疗器械临床试验机构应当符合备案条件，建立临床试验管理组织架构和管理制度。医疗器械临床试验机构应当具有相应的临床试验管理部门，承担医疗器械临床试验的管理工作。

**第十九条** 医疗器械临床试验机构管理部门应当负责在医疗器械临床试验机构备案管理信息系统中填报、管理和变更医疗器械临床试验机构备案信息，包括临床试验专业、主要研究者等信息；负责在备案系统中在线提交上一年度实施医疗器械临床试验工作总结报告；负责在伦理委员会对医疗器械临床试验审查前，组织评估该临床试验主要研究者的资质并完成其备案。

**第二十条** 医疗器械临床试验机构应当建立质量管理制度，涵盖医疗器械临床试验实施的全过程，包括培训和考核、临床试验的实施、医疗器械的管理、生物样本的管理、不良事件和器械缺陷的处理以及安全性信息的报告、记录、质量控制等制度，确保主要研究者履行其临床试验相关职责，保证受试者得到妥善的医疗处理，确保试验产生数据的真实性。

**第二十一条** 医疗器械临床试验机构在接受医疗器械临床试验前，应当根据试验医疗器械的特性评估相关资源，确保具备相匹配的资质、人员、设施、条件等。

**第二十二条** 医疗器械临床试验机构和研究者应当配合申办者组织的监查和稽查，以及药品监督管理部门、卫生健康管理部门开展的检查。

**第二十三条** 医疗器械临床试验机构应当按照相关法律法规和与申办者的合同，妥善保存临床试验记录和基本文件。

## 第四章 研究者

**第二十四条** 负责医疗器械临床试验的主要研究者应当具备下列条件：

（一）已完成医疗器械临床试验主要研究者备案；

（二）熟悉本规范和相关法律法规；

（三）具有试验医疗器械使用所要求的专业知识和经验，经过临床试验相关培训，有临床试验的经验，熟悉申办者所提供的医疗器械临床试验方案、研究者手册等资料；

（四）有能力协调、支配和使用进行该项医疗器械临床试验的人员和设备，且有能力处理医疗器械临床试验中发生的不良事件和其他关联事件。

**第二十五条** 主要研究者应当确保医疗器械临床试验遵守伦理委员会同意的最新版本临床试验方案；在约定的时限内，按照本规范和相关法律法规的规定实施医疗器械临床试验。

**第二十六条** 主要研究者可以根据医疗器械临床试验的需要，授权经过临床试验相关培训的研究者，组织进行受试者招募和知情同意、筛选和随访；试验医疗器械和对照医疗器械（如适用）的管理和使用；生物样本的管理和使用（如适用）；不良事件和器械缺陷的处理；临床试验数据记录以及病例报告表填写等。

**第二十七条** 参与医疗器械临床试验的研究者应当：

（一）具有承担医疗器械临床试验相应的专业技术资格、培训经历和相关经验；

（二）参加申办者组织的与该医疗器械临床试验相关的培训，并在主要研究者授权的范围内参与医疗器械临床试验；

（三）熟悉试验医疗器械的原理、适用范围或者预期用途、产品性能、操作方法、安装要求以及技术指标等，了解该试验医疗器械临床前研究相关资料；

（四）充分了解并且遵守临床试验方案、本规范和相关法律法规规定以及与医疗器械临床试验相关的职责；

（五）掌握临床试验可能产生风险的防范以及紧急处理方法。

**第二十八条** 研究者应当遵守《世界医学大会赫尔辛基宣言》的伦理准则及相关伦理要求，并符合以下要求：

（一）应当使用经伦理委员会同意的最新版本知情同意书和其他提供给受试者的信息；

（二）在受试者参与临床试验前，应当向受试者说明试验医疗器械以及临床试验有关的详细情况，告知受试者可能的受益和已知的、可以预见的风险，经充分和详细解释后由受试者在知情同意书上签署姓名和日期，研究者在知情同意书上应当签署姓名和日期；

（三）受试者为无民事行为能力人或者限制民事行为能力人的，应当依法获得其监护人的书面知情同意；受试者缺乏阅读能力的，应当有一位公正见证人见证整个知情同意过程并在知情同意书上签字并注明日期；

（四）不应当强迫或者以其他不正当方式诱使受试者参加临床试验；

（五）确保知情同意书更新并获得伦理委员会审查同意后，所有受影响的未结束试验流程的受试者，都签署新修订的知情同意书。

**第二十九条** 研究者对申办者提供的试验医疗器械和对照医疗器械（如适用）有管理责任，应当确保其仅用于参加该医疗器械临床试验的受试者，在临床试验期间按照要求储存和保管，在临床试验完成或者终止后按照相关法律法规和与申办者的合同进行处理。

**第三十条** 研究者应当确保医疗器械临床试验中生物样本的采集、处理、保存、运输、销毁等符合临床试验方案和相关法律法规。

**第三十一条** 医疗器械临床试验中发生不良事件时，研究者应当为受试者提供足够、及时的治疗和处理；当受试者出现并发疾病需要治疗和处理时，研究者应当及时告知受试者。研究者应当记录医疗器械临床试验过程中发生的不良事件和发现的器械缺陷。

**第三十二条** 研究者应当及时报告医疗器械临床试验中的安全性信息：

（一）医疗器械临床试验中发生严重不良事件时，研究者应当立即对受试者采取适当的治疗措施；同时，研究者应当在获知严重不良事件后24小时内，向申办者、医疗器械临床试验机构管理部门、伦理委员会报告；并按照临床试验方案的规定随访严重不良事件，提交严重不良事件随访报告；

（二）发现医疗器械临床试验的风险超过可能的受益，需要暂停或者终止临床试验时，主要研究者应当向申办者、医疗器械临床试验机构管理部门、伦理委员会报告，及时通知受试者，并保证受试者得到适当治疗和随访。

**第三十三条** 主要研究者应当对收到的安全性信息及时处理：

（一）收到申办者提供的试验医疗器械相关严重不良事件和其他安全性信息时，应当及时签收阅读，并考虑受试者的治疗是否进行相应调整，必要时尽早与受试者沟通；

（二）收到申办者或者伦理委员会需要暂停或者终止医疗器械临床试验的通知时，应当及时通知受试者，并保证受试者得到适当治疗和随访。

**第三十四条** 主要研究者应当按时向伦理委员会报告医疗器械临床试验的进展，及时报告影响受试者权益和安全的事件或者对临床试验方案的偏离。

**第三十五条** 医疗器械临床试验机构和研究者对申办者严重或者持续违反本规范和相关法律法规，或者要求改变试验数据、结论的行为，应当书面向申办者所在地省、自治区、直辖市药品监督管理部门报告。

## 第五章　申办者

**第三十六条** 申办者应当对医疗器械临床试验的真实性、合规性负责。申办者为境外机构的，应当按照相关法律法规指定中国境内的企业法人作为代理人，由代理人协助申办者履行职责。

**第三十七条**　申办者的质量管理体系应当覆盖医疗器械临床试验的全过程，包括医疗器械临床试验机构和主要研究者的选择、临床试验方案的设计、医疗器械临床试验的实施、记录、结果报告和文件归档等。申办者的质量管理措施应当与临床试验的风险相适应。

**第三十八条**　申办者发起医疗器械临床试验前应当：

（一）确保产品设计已定型，完成试验医疗器械的临床前研究，包括性能验证以及确认、基于产品技术要求的产品检验报告、风险受益分析等，且结果应当能够支持该项医疗器械临床试验；

（二）根据试验医疗器械的特性，选择已备案的医疗器械临床试验机构、专业和主要研究者；

（三）负责组织制定研究者手册、临床试验方案、知情同意书、病例报告表、标准操作规程以及其他相关文件，并向医疗器械临床试验机构和主要研究者提供。

**第三十九条**　申办者应当与医疗器械临床试验机构和主要研究者签订合同，明确各方在医疗器械临床试验中的权利和义务。

**第四十条**　申办者应当在医疗器械临床试验经伦理审查通过并且与医疗器械临床试验机构签订合同后，向申办者所在地省、自治区、直辖市药品监督管理部门进行临床试验项目备案。

医疗器械临床试验备案完成后，该医疗器械临床试验机构方可开始第一例受试者知情同意以及筛选。

**第四十一条**　医疗器械临床试验开始前，申办者应当负责组织与该医疗器械临床试验相关的培训，如试验医疗器械的原理、适用范围、产品性能、操作方法、安装要求、技术指标以及临床试验方案、标准操作规程以及其他相关文件等。

**第四十二条**　申办者应当免费提供试验医疗器械，并符合以下要求：

（一）试验医疗器械应当按照医疗器械生产质量管理规范的相关要求生产且质量合格；

（二）确定试验医疗器械的运输条件、储存条件、储存时间、有效期等；

（三）试验医疗器械应当按照临床试验方案要求进行适当包装和保存；包装标签上应当标明产品信息，具有易于识别、正确编码的标识，标明仅用于医疗器械临床试验；

（四）医疗器械临床试验获得伦理委员会同意后，申办者负责在规定的条件下将试验医疗器械运输至医疗器械临床试验机构；

（五）对从医疗器械临床试验机构回收的试验医疗器械，申办者负责保存回收处置等记录。

**第四十三条**　申办者应当为受试者支付与医疗器械临床试验相关的费用。受试者发生与医疗器械临床试验相关的损害或者死亡时，申办者应当承担相应的治疗费用、补偿或者赔偿，但不包括研究者和医疗器械临床试验机构自身过失以及受试者自身疾病进展所致的损害。

**第四十四条** 申办者应当负责医疗器械试验期间安全性信息的评估和报告：

（一）申办者应当在获知死亡或者危及生命的临床试验医疗器械相关严重不良事件后7日内、获知非死亡或者非危及生命的试验医疗器械相关严重不良事件和其他严重安全性风险信息后15日内，向参与临床试验的其他医疗器械临床试验机构、伦理委员会以及主要研究者报告，向申办者所在地省、自治区、直辖市药品监督管理部门报告，向医疗器械临床试验机构所在地省、自治区、直辖市药品监督管理部门和卫生健康管理部门报告，并采取风险控制措施；出现可能影响受试者安全、可能影响医疗器械临床试验实施、可能改变伦理委员会同意意见的信息时，应当及时组织对临床试验方案、知情同意书和其他提供给受试者的信息、以及其他相关文件进行修改，并提交伦理委员会审查；

（二）出现大范围临床试验医疗器械相关严重不良事件，或者其他重大安全性问题时，申办者应当暂停或者终止医疗器械临床试验，并向所有医疗器械临床试验机构管理部门、伦理委员会以及主要研究者报告，向申办者所在地省、自治区、直辖市药品监督管理部门报告，向所有医疗器械临床试验机构所在地省、自治区、直辖市药品监督管理部门和卫生健康管理部门报告。

**第四十五条** 申办者应当承担医疗器械临床试验监查责任，制定监查标准操作规程，并选择符合要求的监查员履行监查职责：

（一）监查员人数以及监查次数应当与医疗器械临床试验的复杂程度和参与临床试验的医疗器械临床试验机构数量相匹配；

（二）监查员应当受过相应的培训，熟悉本规范和相关法律法规，具备相关专业背景知识，熟悉试验医疗器械的相关研究资料和同类产品临床方面的信息、临床试验方案以及其相关的文件，能够有效履行监查职责；

（三）监查员应当遵守由申办者制定的监查标准操作规程，督促医疗器械临床试验按照临床试验方案实施。监查的内容包括医疗器械临床试验机构和研究者在临床试验实施过程中对临床试验方案、本规范和相关法律法规的依从性；受试者知情同意书签署、筛选、随访、权益和安全保障；试验医疗器械和对照医疗器械（如适用）的管理和使用；生物样本的管理和使用（如适用）；不良事件和器械缺陷的处理；安全性信息的报告；临床试验数据记录以及病例报告表填写等。

**第四十六条** 为保证临床试验的质量，申办者可以组织独立于医疗器械临床试验、有相应培训和经验的稽查员对临床试验实施情况进行稽查，评估临床试验是否符合临床试验方案、本规范和相关法律法规的规定。

**第四十七条** 申办者应当确保医疗器械临床试验的实施遵守临床试验方案，发现医疗器械临床试验机构和研究者不遵守临床试验方案、本规范和相关法律法规的，应当及时指出并予以纠正；如情况严重或者持续不改，应当终止该临床试验机构和研究者继续参加该临床试验，并书面向临床试验机构所在地省、自治区、直辖市药品监督管理部门报告。

**第四十八条** 申办者应当在医疗器械临床试验暂停、终止或者完成后10个工作日内，书面报告所有的主要研究者、医疗器械临床试验机构管理部门、伦理委员会。

申办者应当在医疗器械临床试验终止或者完成后10个工作日内，向申办者所在地省、自治区、直辖市药品监督管理部门报告。

## 第六章　临床试验方案和试验报告

**第四十九条**　实施医疗器械临床试验，申办者应当根据试验目的，综合考虑试验医疗器械的风险、技术特征、适用范围和预期用途等，组织制定科学、合理的临床试验方案。

**第五十条**　临床试验方案一般包含产品基本信息、临床试验基本信息、试验目的、风险受益分析、试验设计要素、试验设计的合理性论证、统计学考虑、实施方式（方法、内容、步骤）、临床试验终点、数据管理、对临床试验方案修正的规定、不良事件和器械缺陷定义和报告的规定、伦理学考虑等内容。

**第五十一条**　申办者、主要研究者应当按照临床试验方案实施医疗器械临床试验，并完成临床试验报告。临床试验报告应当全面、完整、准确反映临床试验结果，临床试验报告安全性、有效性数据应当与临床试验源数据一致。

**第五十二条**　临床试验报告一般包含医疗器械临床试验基本信息、实施情况、统计分析方法、试验结果、不良事件和器械缺陷报告以及其处理情况、对试验结果的分析讨论、临床试验结论、伦理情况说明、存在问题以及改进建议等内容。

**第五十三条**　临床试验方案、临床试验报告应当由主要研究者签名、注明日期，经医疗器械临床试验机构审核签章后交申办者。

## 第七章　多中心临床试验

**第五十四条**　多中心临床试验是指按照同一临床试验方案，在两个以上（含两个）医疗器械临床试验机构实施的临床试验。

多中心临床试验在不同的国家或者地区实施时，为多区域临床试验，在中国境内实施的多区域医疗器械临床试验应当符合本规范的相关要求。

**第五十五条**　申办者实施多中心医疗器械临床试验，应当符合以下要求：

（一）申办者应当确保参加医疗器械临床试验的各中心均能遵守临床试验方案；

（二）申办者应当向各中心提供相同的临床试验方案。临床试验方案的伦理性和科学性经组长单位伦理委员会审查通过后，参加临床试验的其他医疗器械临床试验机构伦理委员会一般情况下不再对临床试验方案设计提出修改意见，但是有权不同意在其医疗器械临床试验机构进行试验；

（三）各中心应当使用相同的病例报告表和填写指导说明，以记录在医疗器械临床试验中获得的试验数据；

（四）医疗器械临床试验开始前，应当有书面文件明确参加医疗器械临床试验的各中心主要研究者的职责；

（五）申办者应当确保各中心主要研究者之间的沟通；

（六）申办者负责选择、确定医疗器械临床试验的协调研究者，协调研究者供职的医疗机构为组长单位。协调研究者承担多中心临床试验中各中心的协调工作。

**第五十六条** 多中心临床试验报告应当由协调研究者签名、注明日期，经组长单位医疗器械临床试验机构审核签章后交申办者。

各分中心临床试验小结应当由该中心的主要研究者签名、注明日期，经该中心的医疗器械临床试验机构审核签章后交申办者。分中心临床试验小结主要包括人员信息、试验医疗器械和对照医疗器械（如适用）信息、试验概述、病例入组情况、临床试验方案的执行情况、试验数据的总结和描述性分析、医疗器械临床试验质量管理情况、不良事件和器械缺陷的发生以及处理情况、方案偏离情况说明等。

## 第八章 记录要求

**第五十七条** 医疗器械临床试验数据应当真实、准确、完整、具有可追溯性。医疗器械临床试验的源数据应当清晰可辨识，不得随意更改；确需更改时应当说明理由，签名并注明日期。

**第五十八条** 在医疗器械临床试验中，主要研究者应当确保任何观察与发现均正确完整地予以记录。以患者为受试者的临床试验，相关的医疗记录应当载入门诊或者住院病历中。

**第五十九条** 主要研究者应当确保按照申办者提供的指南，填写和修改病例报告表，确保病例报告表中的数据准确、完整、清晰和及时。病例报告表中报告的数据应当与源文件一致。病例报告表中数据的修改，应当确保初始记录清晰可辨，保留修改轨迹，修改者签名并注明日期。

**第六十条** 医疗器械临床试验中如采用电子数据采集系统，该系统应当经过可靠的验证，具有完善的权限管理和稽查轨迹，可以追溯至记录的创建者、创建时间或者修改者、修改时间、修改情况，所采集的电子数据可以溯源。

**第六十一条** 医疗器械临床试验基本文件是用于评价申办者、医疗器械临床试验机构和主要研究者对本规范和药品监督管理部门有关要求的执行情况。药品监督管理部门可以对医疗器械临床试验基本文件进行检查，并作为确认医疗器械临床试验实施的真实性和所收集数据完整性的依据。

**第六十二条** 申办者和医疗器械临床试验机构应当具备临床试验基本文件保存的场所和条件，应当建立基本文件管理制度。医疗器械临床试验基本文件按临床试验阶段分为三部分：准备阶段文件、进行阶段文件、完成或者终止后文件。

**第六十三条** 申办者和医疗器械临床试验机构应当确保临床试验基本文件在保存期间的完整性，避免故意或者无意地更改或者丢失。

（一）研究者应当在医疗器械临床试验过程中妥善保存临床试验基本文件；

（二）医疗器械临床试验机构应当保存临床试验基本文件至医疗器械临床试验完成或者终止后10年；

（三）伦理委员会应当保存伦理审查的全部记录至医疗器械临床试验完成或者终止后10年；

（四）申办者应当保存临床试验基本文件至无该医疗器械使用时。

## 第九章　附　则

**第六十四条**　本规范下列用语的含义：

医疗器械临床试验，是指在符合条件的医疗器械临床试验机构中，对拟申请注册的医疗器械（含体外诊断试剂）在正常使用条件下的安全性和有效性进行确认的过程。

医疗器械临床试验机构，是指具备相应条件，按照本规范和相关法律法规实施医疗器械临床试验的机构，包括承担体外诊断试剂临床试验的血液中心和中心血站、设区的市级以上疾病预防控制机构、戒毒中心等非医疗机构。

临床试验方案，是指说明医疗器械临床试验目的、设计、方法学和组织实施等的文件。临床试验方案包括方案以及其修订版。

临床试验报告，是指描述一项医疗器械临床试验设计、执行、统计分析和结果的文件。

病例报告表，是指按照医疗器械临床试验方案所规定设计的文件，用以记录试验过程中获得的每个受试者的全部信息和数据。

研究者手册，是指申办者提供的，帮助主要研究者和参与临床试验的其他研究者更好地理解和遵守临床试验方案的资料汇编，包括但不限于：申办者基本信息、试验医疗器械的概要说明、支持试验医疗器械预期用途和临床试验设计理由的概要和评价、可能的风险、推荐的防范和紧急处理方法等。

试验医疗器械，是指医疗器械临床试验中对其安全性、有效性进行确认的拟申请注册的医疗器械。

对照医疗器械，是指医疗器械临床试验中作为对照的在中华人民共和国境内已上市医疗器械。

伦理委员会，是指由适当人员组成的独立的委员会，其职责是确保参与医疗器械临床试验的受试者的权益和安全得到保护。

知情同意，是指向受试者告知医疗器械临床试验的各方面情况后，受试者确认自愿参加该项医疗器械临床试验的过程，应当以书面签署姓名和注明日期的知情同意书作为证明文件。

受试者，是指自愿参加医疗器械临床试验的个人。

公正见证人，是指与医疗器械临床试验无关，不受临床试验相关人员不公正影响的个人，在受试者无阅读能力时，作为公正的见证人，阅读知情同意书和其他提供给受试者的信息，并见证知情同意。

申办者，是指医疗器械临床试验的发起、管理和提供财务支持的机构或者组织。

研究者，是指在医疗器械临床试验机构中实施医疗器械临床试验的人员。

主要研究者，是指在医疗器械临床试验机构中实施医疗器械临床试验的负责人。

协调研究者，是指在多中心临床试验中由申办者指定实施协调工作的研究者，一般为组长单位的主要研究者。

监查，是指申办者为保证医疗器械临床试验能够遵守临床试验方案、本规范和相关法律法规，选派专门人员对医疗器械临床试验机构、研究者进行评价调查，对医疗器械临床试验过程中的数据进行验证并记录和报告的活动。

稽查，是指由申办者组织对医疗器械临床试验相关活动和文件进行系统性的独立检查，以确定此类活动的执行、数据的记录、分析和报告是否符合临床试验方案、本规范和相关法律法规。

检查，是指监管部门对医疗器械临床试验的有关文件、设施、记录和其他方面进行的监督管理活动。

偏离，是指有意或者无意地未遵守医疗器械临床试验方案要求的情形。

不良事件，是指在医疗器械临床试验过程中出现的不良医学事件，无论是否与试验医疗器械相关。

严重不良事件，是指医疗器械临床试验过程中发生的导致死亡或者健康状况严重恶化，包括致命的疾病或者伤害、身体结构或者身体功能的永久性缺陷、需要住院治疗或者延长住院时间、需要采取医疗措施以避免对身体结构或者身体功能造成永久性缺陷；导致胎儿窘迫、胎儿死亡或者先天性异常、先天缺损等事件。

器械缺陷，是指临床试验过程中医疗器械在正常使用情况下存在可能危及人体健康和生命安全的不合理风险，如标签错误、质量问题、故障等。

源数据，是指医疗器械临床试验中的临床发现、观察和其他活动的原始记录以及其经核准的副本中的所有信息，可以用于医疗器械临床试验重建和评价。

源文件，是指包含源数据的印刷文件、可视文件或者电子文件等。

**第六十五条** 医疗器械临床试验方案等文书的格式范本由国家药品监督管理局另行制定。

**第六十六条** 本规范自 2022 年 5 月 1 日起施行。

# 国家药监局关于实施《医疗器械临床试验质量管理规范》有关事项的通告

2022 年第 21 号

《医疗器械临床试验质量管理规范》（2022 年第 28 号）（以下简称《规范》）已经发布，自 2022 年 5 月 1 日起施行。为做好《规范》实施工作，现将有关事项通告如下：

**一、做好新旧制度文件衔接工作**

自 2022 年 5 月 1 日起，尚未通过伦理审查的医疗器械临床试验项目，应当按照《规范》进行调整后开展临床试验；对于已经通过首次伦理审查的项目，可以按照原相关文件要求开展工作。

**二、同步执行相关范本要求**

为配合《规范》实施，进一步指导临床试验开展，配套发布《医疗器械临床试验方案范本》《医疗器械临床试验报告范本》《体外诊断试剂临床试验方案范本》《体外诊断试剂临床试验报告范本》《医疗器械 / 体外诊断试剂临床试验严重不良事件报告表范本》《医疗器械 / 体外诊断试剂临床试验基本文件目录》（附件 1–6），与《规范》同步实施。

**三、积极推进《规范》实施工作**

各省级药品监督管理部门应当加强《规范》的宣贯培训工作，督促本行政区域内医疗器械临床试验申办者和临床试验机构落实《规范》要求，提高临床试验质量，确保临床试验过程规范，结果真实、准确、完整和可追溯。

特此通告。

附件：1. 医疗器械临床试验方案范本
2. 医疗器械临床试验报告范本
3. 体外诊断试剂临床试验方案范本
4. 体外诊断试剂临床试验报告范本
5. 医疗器械 / 体外诊断试剂临床试验严重不良事件报告表范本
6. 医疗器械 / 体外诊断试剂临床试验基本文件目录

国家药监局

2022 年 3 月 30 日

**附件 1**

# 医疗器械临床试验方案范本

方案编号：

## ××× 临床试验方案

试验医疗器械名称：
型号规格：
需进行临床试验审批的第三类医疗器械 是□ 否□
方案版本号和日期：
临床试验机构：
主要研究者：
临床试验组长单位 / 协调研究者（多中心临床试验适用）：
申办者：

### 填写说明

1. 申办者应当根据试验目的，综合考虑试验医疗器械的风险、技术特征、适用范围等，组织制定科学、合理的临床试验方案。

2. 本方案应当由主要研究者签名和注明日期，经医疗器械临床试验机构审核签章后交申办者。

3. 可附方案历次修订情况以及理由。

4. 方案应当有目录。

5. 可根据需要增加缩略语表、参考文献等内容。

### 一、申办者信息

（一）申办者名称

（二）申办者地址

（三）申办者联系方式

### 二、临床试验机构和主要研究者信息

### 三、临床试验的背景资料

（一）研发背景

（二）产品基本信息（包括结构组成、工作原理、作用机理、产品特点等）

（三）适用范围以及相关信息（包括适应症、适用人群、使用部位、与人体接触的方式和时间、疾病的严重程度和阶段、使用条件、重复使用、使用方法、禁忌症、警告以

及预防措施等）

## 四、试验目的

## 五、试验设计

（一）总体设计以及确定依据

（二）受试者选择

1. 入选标准

2. 排除标准

3. 受试者退出标准和程序

（三）评价方法

1. 有效性评价

（1）评价指标以及其观察目的、定义、观察时间点、测定方法、计算公式（如适用）、判定标准（适用于定性指标和等级指标）等。如适用，明确规定主要评价指标和次要评价指标。

（2）确定依据

2. 安全性评价

（1）评价指标以及其观察目的、定义、观察时间点、测定方法、计算公式（如适用）、判定标准（适用于定性指标和等级指标）等。如适用，明确规定主要评价指标和次要评价指标。

（2）确定依据

（四）试验医疗器械和对照医疗器械 / 对照诊疗方法（如适用）

（五）试验流程

1. 试验流程图

2. 试验实施（方法、内容、步骤等）

3. 用械规范

4. 合并治疗（如用药）规范

（六）偏倚控制措施

## 六、统计学考虑

（一）样本量估算

1. 计算公式、各参数取值（如显著性水平、把握度、预期脱落率、界值等）以及其确定依据，计算结果

2. 样本量分配以及其确定依据（如适用）

（二）分析数据集

（三）受试者剔除标准

（四）统计方法

（五）缺失值和异常值的处理

## 七、监查计划

## 八、数据管理

## 九、风险受益分析

## 十、临床试验的质量控制

## 十一、临床试验的伦理问题以及知情同意

（一）伦理方面的考虑

（二）知情同意过程

## 十二、对不良事件和器械缺陷报告的规定

（一）不良事件的定义和报告规定

（二）器械缺陷

（三）严重不良事件的定义

（四）报告程序、联络人信息

## 十三、临床试验方案的偏离与临床试验方案修正的规定

## 十四、直接访问源数据、文件

## 十五、临床试验报告应当涵盖的内容

## 十六、保密原则

## 十七、各方承担的职责

## 十八、其他需要说明的内容

研究者声明

我同意：

1. 严格按照赫尔辛基宣言、中国现行法规、以及试验方案的要求进行本次临床试验。

2. 将所要求的全部数据准确记录于病例报告表（CRF）中，配合完成临床试验报告。

3. 试验医疗器械仅用于本次临床试验，在临床试验过程中完整准确地记录试验医疗器械的接收和使用情况，并保存记录。

4. 允许申办者授权或派遣的监查员、稽查员和监管部门对该项临床试验进行监查、稽查和检查。

5. 严格履行各方签署的临床试验合同 / 协议条款。

我已全部阅读了临床试验方案，包括以上的声明，我同意以上全部内容。

| 主要研究者<br><br><br><br>签名<br>年　月　日 |
| --- |

| 医疗器械临床试验机构<br><br><br><br>签章<br>年　月　日 |
| --- |

| 申办者<br><br><br><br>签章<br>年　月　日 |
| --- |

**附件 2**

# 医疗器械临床试验报告范本

报告编号 / 版本号：

## ××× 临床试验报告

试验医疗器械名称：
临床试验使用的型号规格：
需进行临床试验审批的第三类医疗器械 是□ 否□
临床试验机构：
主要研究者：
临床试验组长单位 / 协调研究者（多中心临床试验适用）：
临床试验开始时间：
临床试验结束时间：

方案编号：
方案版本号和日期：
申办者：

原始资料保存地点：

年　月　日

## 填写说明

1. 申办者、主要研究者应当本着认真负责的态度，严格按照临床试验方案实施临床试验，公正、客观地完成临床试验报告。

2. 申办者、主要研究者应当对试验报告的真实性和科学性负责。

3. 本报告应当由主要研究者签名和注明日期，经医疗器械临床试验机构审核签章后交申办者。多中心临床试验报告应当由协调研究者签名、注明日期，经组长单位医疗器械临床试验机构审核签章后交申办者。

4. 报告应当有目录。

5. 可根据报告需要增加缩略语表、参考文献等内容。

### 一、报告摘要

### 二、临床试验的背景

### 三、临床试验目的

### 四、临床试验的实施

（一）试验流程图
（二）受试者选择
1. 入选标准
2. 排除标准
3. 受试者退出标准
（三）临床试验样本量
（四）试验医疗器械和对照医疗器械 / 对照诊疗方法（如适用）
（五）临床评价标准
1. 有效性评价
2. 安全性评价

### 五、统计分析方法

1. 分析数据集

2. 受试者剔除标准

3. 统计分析方法

4. 缺失值和异常值的处理

## 六、临床试验结果

（一）分析数据集

（二）基线数据

（三）有效性评价

（四）安全性评价

（五）不良事件以及其处理情况

1. 不良事件，包括定义、不良事件的描述、处理过程以及处理结果，与器械的关系

2. 严重不良事件，包括定义、严重不良事件的描述、处理过程以及处理结果，与器械的关系

（六）器械缺陷

## 七、临床试验结果分析、讨论，尤其是适用范围、适应症、禁忌症和注意事项等

## 八、临床试验结论

## 九、存在问题以及改进建议

## 十、多中心临床试验所有临床试验机构（如适用）

## 十一、试验人员名单

## 十二、伦理情况说明

## 十三、其他需要说明的情况（试验过程中方案修改情况说明、试验方案的偏离情况）

## 十四、主要研究者（单中心临床试验）/ 协调研究者（多中心临床试验）签名，注明日期，临床试验机构审核签章

| 主要研究者 / 协调研究者<br><br><br><br>签名<br>年　　月　　日 |
| --- |

| 医疗器械临床试验机构 / 组长单位医疗器械临床试验机构<br><br><br>签章<br>年 月 日 |
|---|

| 申办者<br><br><br>签章<br>年 月 日 |
|---|

**附件 3**

# 体外诊断试剂临床试验方案范本

方案编号：

## ××× 临床试验方案

试验体外诊断试剂名称：

方案版本号和日期：

临床试验组长单位：

协调研究者：

申办者：

### 填写说明

1. 申办者应当根据试验目的，综合考虑试验体外诊断试剂的风险、技术特征、预期用途等，组织制定科学、合理的临床试验方案。

2. 本方案应当由主要研究者签名和注明日期，经医疗器械临床试验机构审核签章后交申办者。

3. 可附方案历次修订情况以及理由。

4. 方案应当有目录。

5. 可根据需要增加缩略语表、参考文献等内容。

## 一、申办者信息

（一）申办者名称

（二）申办者地址

（三）申办者联系方式

## 二、临床试验机构和主要研究者信息

## 三、临床试验的背景资料

（一）研发背景

（二）产品基本信息：试验体外诊断试剂产品名称、包装规格、检验原理、主要组成成分、配套仪器以及试剂、产品特点等。

（三）预期用途以及相关临床背景（试验体外诊断试剂预期用途、适用人群、适应症、使用方法、使用条件；目前针对相关适应症所采用的临床或实验室诊断方法；同类产品上市情况等）

## 四、临床试验目的

## 五、临床试验设计

（一）总体设计以及确定依据

1. 临床试验设计类型

2. 对比试剂 / 方法（如适用）以及选择理由

3. 不一致结果确认方法（如适用）以及选择理由

4. 其他可能使用的配套仪器和试剂等

（二）受试者选择和样本收集

1. 入选标准

2. 排除标准

3. 受试者退出标准和程序

4. 样本收集和样本要求，包括样本类型以及样本采集、保存和运输方法等。

（三）临床评价指标

1. 临床评价指标以及其可接受标准（如适用）

2. 确定依据

（四）试验流程

1. 试验流程图

2. 试验实施（方法、内容、步骤等）

（五）偏倚控制措施

## 六、统计学考虑

（一）样本量要求以及确定依据

1. 样本量估算
2. 样本量分配、亚组样本量要求（如适用）
（二）分析数据集
（三）样本剔除标准
（四）统计分析方法
（五）不一致结果、离群值等分析方法

## 七、监查计划

## 八、数据管理

## 九、风险受益分析

## 十、临床试验的质量控制

## 十一、临床试验的伦理问题以及知情同意

（一）伦理方面的考虑
（二）知情同意过程

## 十二、对不良事件和器械缺陷报告的规定

（一）不良事件的定义和报告规定
（二）器械缺陷
（三）严重不良事件的定义
（四）报告程序、联络人信息

## 十三、临床试验方案的偏离与临床试验方案修正的规定

## 十四、关于同意直接访问源数据、文件的说明

## 十五、临床试验报告应当涵盖的内容

## 十六、保密原则

## 十七、各方承担的职责

## 十八、其他需要说明的内容

研究者声明
我同意：
1. 严格按照赫尔辛基宣言、中国现行法规、以及试验方案的要求进行本次临床试验。
2. 将所要求的全部数据准确记录于病例报告表（CRF）中，配合完成临床试验报告。
3. 试验体外诊断试剂仅用于本次临床试验，在临床试验过程中完整准确地记录试验体外诊断试剂的接收和使用情况，并保存记录。

4. 允许申办者授权或派遣的监查员、稽查员和监管部门对该项临床试验进行监查、稽查和检查。

5. 严格履行各方签署的临床试验合同/协议条款。

我已全部阅读了临床试验方案，包括以上的声明，我同意以上全部内容。

| 主要研究者<br><br><br><br>签名<br>年 月 日 |
|---|
| 医疗器械临床试验机构<br><br><br><br>签名<br>年 月 日 |
| 申办者<br><br><br><br>签章<br>年 月 日 |

**附件 4**

# 体外诊断试剂临床试验报告范本

报告编号/版本号：

## ××× 临床试验报告

试验体外诊断试剂名称：

临床试验使用的包装规格：

临床试验组长单位：

协调研究者：

临床试验开始时间：
临床试验结束时间：
方案编号：
方案版本号和日期：
申办者：
原始资料保存地点：

年　月　日

## 填写说明

1. 申办者、主要研究者应当本着认真负责的态度，严格按照临床试验方案实施临床试验，公正、客观地完成临床试验报告。

2. 申办者、协调研究者应当对试验报告的真实性和科学性负责。

3. 多中心临床试验报告应当由协调研究者签名、注明日期，经组长单位医疗器械临床试验机构审核签章后交申办者。

4. 报告应当有目录。

5. 可根据报告需要增加缩略语表、参考文献等内容。

## 一、报告摘要

对临床试验基本情况进行简要介绍。包括临床试验目的、方法、临床试验机构、入组病例情况、样本量、样本分配、临床评价指标、结果分析等。

## 二、临床试验的背景

1. 被测物的来源、生物以及理化性质

2. 临床预期用途，适用的目标人群，目前针对相关适应症所采用的临床或实验室诊断方法等

3. 试验体外诊断试剂所采用的方法原理、技术要求等

4. 国内外已批准上市同类产品的应用现状等

5. 探索性试验情况（如适用）

## 三、临床试验目的

## 四、临床试验的实施

（一）试验流程图

（二）临床试验方法

1. 临床试验设计类型

2. 对比试剂 / 方法（如适用）详细信息

3. 不一致结果确认方法（如适用）详细信息

4. 临床试验用其他所有产品以及检测方法的具体信息，包括配套仪器、校准品、质控品、其他试剂（如：核酸提取试剂）等

（三）受试者选择和样本收集

1. 入选标准

2. 排除标准

3. 受试者退出标准

4. 样本收集和样本要求，包括样本类型以及样本采集、保存、运输方法等

（四）临床试验样本量

（五）临床评价指标以及其可接受标准（如适用）

## 五、统计分析方法

1. 分析数据集

2. 样本剔除标准

3. 统计分析方法，包括不一致结果、离群值等的分析方法。

## 六、临床试验结果

（一）分析数据集

（二）基线数据（如适用）

（四）统计分析结果，包括不一致结果、离群值等的分析。

（五）不良事件以及其处理情况

1. 不良事件，包括定义、不良事件的描述、处理过程以及处理结果，与试验体外诊断试剂的关系

2. 严重不良事件，包括定义、严重不良事件的描述、处理过程以及处理结果，与试验体外诊断试剂的关系

（六）器械缺陷

## 七、临床试验结果分析、讨论，尤其是产品预期用途、适应症、适用人群、检验方法的局限性、注意事项等

## 八、临床试验结论

## 九、存在问题以及改进建议

## 十、多中心临床试验所有临床试验机构

## 十一、试验人员名单

## 十二、伦理情况说明

## 十三、其他需要说明的情况（试验过程中方案修改情况说明、试验方案的偏离情况）

## 十四、协调研究者签名，注明日期，组长单位临床试验机构审核签章

| |
|---|
| 主要研究者<br><br><br>签名<br>年　月　日 |

| |
|---|
| 组长单位医疗器械临床试验机构<br><br><br>签章<br>年　月　日 |

| |
|---|
| 申办者<br><br><br>签章<br>年　月　日 |

## 十五、临床试验报告附件

各临床试验机构临床试验小结（含附件）

临床试验小结由主要研究者签名、注明日期，经临床试验机构审核后签章。其中临床试验数据表应当由试验操作者、复核者签字，临床试验机构签章（封面以及骑缝章）。

附件 5

# 医疗器械 / 体外诊断试剂临床试验<br>严重不良事件报告表范本

<table>
<tr><td colspan="4">基本情况</td></tr>
<tr><td>临床试验名称</td><td colspan="3"></td></tr>
<tr><td>临床试验备案号</td><td colspan="3"></td></tr>
<tr><td>报告类型</td><td>□首次报告<br>□随访报告<br>□总结报告</td><td>报告日期</td><td>年　　月　　日</td></tr>
<tr><td>申办者</td><td colspan="3"></td></tr>
<tr><td>申办者联系地址</td><td colspan="3"></td></tr>
<tr><td>申办者联系人</td><td></td><td>申办者联系电话 / 手机号码</td><td></td></tr>
<tr><td>临床试验机构</td><td colspan="3"></td></tr>
<tr><td>机构备案号</td><td></td><td>临床试验专业</td><td></td></tr>
<tr><td>主要研究者</td><td></td><td>职称</td><td></td></tr>
<tr><td>联系人</td><td></td><td>联系电话</td><td></td></tr>
<tr><td colspan="4">试验医疗器械情况</td></tr>
<tr><td>试验医疗器械名称</td><td></td><td>规格型号 / 包装规格</td><td></td></tr>
<tr><td>试验医疗器械分类</td><td></td><td>需临床试验审批的第三类医疗器械</td><td>□是　□否</td></tr>
<tr><td>批号</td><td></td><td>生产日期 / 失效日期</td><td></td></tr>
<tr><td>适用范围或者预期用途</td><td colspan="3"></td></tr>
<tr><td colspan="4">受试者情况</td></tr>
<tr><td>编号</td><td colspan="3"></td></tr>
<tr><td>性别</td><td>□男　□女</td><td>出生日期</td><td>年　　月　　日</td></tr>
<tr><td>合并疾病以及治疗情况描述</td><td colspan="3"></td></tr>
</table>

续表

<table>
<tr><th colspan="5">严重不良事件情况</th></tr>
<tr><td>严重不良事件名称</td><td colspan="4"></td></tr>
<tr><td>使用日期</td><td>年 月 日</td><td>发生日期</td><td colspan="2">年 月 日</td></tr>
<tr><td>研究者获知日期</td><td>年 月 日</td><td>申办者获知日期</td><td colspan="2">年 月 日</td></tr>
<tr><td>严重不良事件分类</td><td colspan="4">□ 导致死亡 年 月 日<br>□ 致命的疾病或者伤害<br>□ 身体结构或者身体功能的永久性缺陷<br>□ 需住院治疗或者延长住院时间<br>□ 需要采取医疗措施以避免对身体结构或者身体功能造成永久性缺陷<br>□ 导致胎儿窘迫、胎儿死亡或者先天性异常、先天缺损<br>□ 其他 ________</td></tr>
<tr><td>对试验医疗器械采取措施</td><td colspan="4">□继续使用 □减少使用 □暂停使用<br>□暂停使用后又恢复 □停止使用 □其他 ________</td></tr>
<tr><td>转归</td><td colspan="4">□症状消失（后遗症 □有 □无） □症状持续<br>□症状缓解 □症状加重 □死亡 □其他 ________</td></tr>
<tr><td>与试验医疗器械的关系</td><td colspan="4">□肯定有关 □可能有关 □可能无关<br>□肯定无关（注：可能无关、肯定无关不需要报监管部门）</td></tr>
<tr><td>是否器械缺陷</td><td>□是<br>□否</td><td>是否预期</td><td colspan="2">□是 □否</td></tr>
<tr><td>是否其他严重安全性风险信息</td><td>□是<br>□否</td><td>是否大范围严重不良事件或其他重大安全性问题</td><td colspan="2">□是 □否</td></tr>
<tr><td colspan="5">发生以及处理的详细情况：</td></tr>
<tr><td>采取何种风险控制措施</td><td colspan="4">□修改临床试验方案 □修改知情同意书和其他提供给受试者的信息<br>□修改其他相关文件 □继续监测风险，暂无需采取其它措施 □暂停医疗器械临床试验 □终止医疗器械临床试验 □其他 ________</td></tr>
<tr><td colspan="5">申办者盖章</td></tr>
</table>

注：本表所述医疗器械包括体外诊断试剂。

填写说明：

一、本表供医疗器械（含体外诊断试剂，下同）临床试验申办者向其所在地省级药品监督管理部门，向医疗器械临床试验机构所在地省级药品监督管理部门和卫生健康管理部门，报告医疗器械临床试验过程中发生的试验医疗器械相关严重不良事件个案。纸质报告由申办者加盖公章后快递。研究者报告严重不良事件的报告表由申办者确定，原则上至少应当涵盖此报告表信息。

二、试验医疗器械相关严重不良事件指受试者按照临床试验方案使用试验医疗器械后出现的，经分析认为与试验医疗器械的关系是可能有关或者肯定有关。

三、报告时限为获知死亡或者危及生命的试验医疗器械相关严重不良事件后 7 天内、获知非死亡或者非危及生命的试验医疗器械相关严重不良事件后 15 天内。申办者首次获知当天为第 0 天。

四、盲法试验中发生与使用的医疗器械相关的严重不良事件时，为便于判断严重不良事件与试验医疗器械的相关性，申办者可建立相应的程序，仅由个别专门人员进行相关个例破盲，而对疗效结果进行分析和阐述的人员仍应当保持“盲态”。

五、医疗器械临床试验期间出现其他严重安全性风险信息时，申办者填写本表格的适用项，并详细描述控制措施。

六、当医疗器械临床试验中出现大范围临床试验医疗器械相关严重不良事件，或者其他重大安全性问题时，应在本表中勾选，详细描述发生及处理情况，并采取暂停或终止医疗器械临床试验等风险控制措施。

七、填写要求

1. 本表由申办者填写，内容应当真实、准确、完整，与临床试验源数据一致。

2. 本表包括基本情况、试验医疗器械情况、受试者情况、严重不良事件情况四个部分。

3. 基本情况

3.1 临床试验名称：指医疗器械临床试验备案表上的医疗器械临床试验名称。

3.2 临床试验备案号：指医疗器械临床试验备案表上的备案号。

3.3 报告类型

3.3.1 首次报告：指申办者首次获知试验医疗器械严重不良事件时的报告。

3.3.2 随访报告：指严重不良事件随访中发生重要变化时的报告。

3.3.3 总结报告：指严重不良事件消失 / 缓解后的末次报告。

3.4 报告日期：指填写本表的确切日期。

3.5 申办者：指上报严重不良事件的申办者，应当与医疗器械临床试验备案表上申办者一致，加盖公章。

3.6 申办者联系地址：指上报医疗器械不良事件单位的联系地址。

3.7 申办者联系人：指上报严重不良事件申办者负责医疗器械临床试验中不良事件监测的人员。

3.8 申办者联系电话 / 手机号码：指上报严重不良事件申办者负责医疗器械临床试验中不良事件监测部门的电话。

3.9 临床试验机构：指上报严重不良事件发生所在的医疗器械临床试验机构，应当与医疗器械临床试验备案表上医疗器械临床试验机构一致。

3.10 机构备案号：指上报严重不良事件发生所在的医疗器械临床试验机构，在药品监督管理部门备案系统中的备案号，应当与医疗器械临床试验备案表上医疗器械临床试验机构备案号一致。

3.11 临床试验专业：指上报严重不良事件发生所在的临床试验专业，在药品监督管理部门备案系统中的备案名称，应当与医疗器械临床试验备案表上临床试验专业一致。

3.12 主要研究者：指上报严重不良事件发生所在的医疗器械临床试验机构的主要研究者，应当与医疗器械临床试验备案表上主要研究者一致。

3.13 职称：指上报严重不良事件发生所在的医疗器械临床试验机构的主要研究者的职称。

3.14 联系人：指上报严重不良事件发生所在的医疗器械临床试验机构的联系人，可为主要研究者或者主要研究者授权研究者中的临床医生。

3.15 联系电话：指上报严重不良事件发生所在的医疗器械临床试验机构的联系人的联系电话。

4. 试验医疗器械情况

4.1 试验医疗器械名称：指上报严重不良事件涉及试验医疗器械的名称，应当与医疗器械临床试验备案表上试验医疗器械一致。

4.2 规格型号 / 包装规格：指上报严重不良事件涉及试验医疗器械的规格型号，或涉及试验体外诊断试剂的包装规格，应当与医疗器械临床试验备案表上试验医疗器械规格型号，或试验体外诊断试剂的包装规格一致。

4.3 试验医疗器械分类：指上报严重不良事件涉及试验医疗器械的分类，应当与医疗器械临床试验备案表上试验医疗器械分类一致。

4.4 需临床试验审批的第三类医疗器械：指上报严重不良事件涉及试验医疗器械是否属于需要临床试验审批的第三类医疗器械，应当与医疗器械临床试验备案表上试验医疗器械一致。

4.5 批号：指上报严重不良事件涉及试验医疗器械的批号，应当与使用的试验医疗器械标签或者包装标识一致。

4.6 生产日期 / 失效日期：指试验医疗器械的生产日期，以及在规定的条件下能够保证质量的期限，应当与使用的试验医疗器械标签或者包装标识一致。

4.7 适用范围或者预期用途：指试验医疗器械的适用范围或者预期用途。

有多种试验医疗器械时，可根据情况增加行。

5. 受试者情况

5.1 编号：指上报严重不良事件涉及受试者在临床试验中的编号。

5.2 性别：指上报严重不良事件涉及受试者的性别。

5.3 出生日期：指上报严重不良事件涉及受试者的出生日期。

5.4 合并疾病以及治疗：指上报严重不良事件涉及受试者在临床试验中的合并疾病以及治疗，根据受试者病历填写。若受试者无合并疾病以及治疗，填写为“无”。

6. 严重不良事件情况

6.1 严重不良事件名称：指上报严重不良事件的名称，应当是医学术语，优先使用医学诊断。

6.2 使用日期：指上报严重不良事件涉及试验医疗器械的确切使用日期。

6.3 发生日期：指上报严重不良事件的发生日期。

6.4 研究者获知日期：指研究者获知上报严重不良事件的确切日期。

6.5 申办者获知日期：指研究者向申办者报告严重不良事件的确切日期。

6.6 严重不良事件分类：指上报严重不良事件的分类，若勾选为“其他”，需要注明具体情况。

6.7 对试验医疗器械采取措施：指研究者对发生严重不良事件的试验医疗器械采取的措施；若勾选为“其他”，需要注明具体措施。

6.8 转归：指填写本表时受试者的转归情况；若勾选为“症状消失”还需选择有无后遗症；若勾选为“其他”，需要注明具体情况。

6.9 与试验医疗器械的关系：指上报严重不良事件与试验医疗器械的相关性。

6.9.1 与试验医疗器械有关：(1) 两者存在合理时间关系；(2) 试验医疗器械已知风险或者可以用试验医疗器械的机理去解释；(3) 停止使用后伤害减轻或者消失；(4) 再次使用后伤害再次出现；(5) 无法用其他影响因素解释。同时满足其中五条判断为“肯定有关”；满足其中两条判断为“可能有关”。

6.9.2 与试验医疗器械无关：(1) 两者不存在合理时间关系；(2) 该不良事件为该试验医疗器械不可能导致的事件类型；(3) 该不良事件可用合并用械 / 药、患者病情进展、其他治疗影响来解释。同时满足其中三条判断为“肯定无关”；满足其中一条判断为“可能无关”。

6.10 是否器械缺陷：指上报严重不良事件是否由试验医疗器械的器械缺陷引起。

6.11 是否预期：指上报严重不良事件是否为预期的试验医疗器械严重不良事件。

6.12 是否其他严重安全性风险信息：指上报的内容是否属于其他严重安全性风险信息。

6.13 是否大范围严重不良事件或其他重大安全性问题：根据临床试验方案、试验医疗器械特征、产品风险以及文献数据等方面，结合此前已报告例数和情况，判断是否属于需要暂停或者终止临床试验的大范围严重不良事件或其他重大安全性问题。

6.14 发生以及处理的详细情况：指上报严重不良事件的发生以及研究者处理情况。

6.14.1 需描述受试者参加医疗器械临床试验情况。

6.14.2 描述试验医疗器械使用情况，对于有源和无源医疗器械应当描述试验医疗器械具体操作使用情况，出现的非预期结果，（可能）对受试者造成的伤害，采取的救治措施以及结果等。对于体外诊断医疗器械，应当描述患者诊疗信息（如疾病情况、用药情况等）、样本检测过程与结果、发现的异常情况、采取的措施、最终结果判定、对临床诊疗的影响等。

6.14.3 描述严重不良事件发生与处理情况。

6.14.4 若是大范围严重不良事件，需要详细描述相关受试者严重不良事件的汇总情况。

6.15 采取何种风险控制措施：指针对严重不良事件已采取或者拟采取的风险控制措施。勾选“其他”，需要描述具体措施，比如：加强研究者培训、密切跟踪随访等。

## 附件 6

# 医疗器械 / 体外诊断试剂临床试验基本文件目录

为指导申办者和医疗器械临床试验机构开展医疗器械（含体外诊断试剂，下同）临床试验，特制定本文件目录供参考执行。

医疗器械临床试验开展顺序一般为：申办者完成临床前相关研究，选择已备案的医疗器械临床试验机构以及主要研究者，并组织临床试验方案等相关文件制定。伦理委员会审查批准该临床试验，申办者与临床试验机构签订合同后进行医疗器械临床试验项目备案；其中，对人体具有较高风险的第三类医疗器械临床试验，还应当经国务院药品监督管理部门批准。受试者签署知情同意书以及入组，研究者按照临床试验方案实施临床试验。申办者在临床试验完成后向所在地省局报告。

## 一、临床试验准备阶段

| 临床试验保存文件 | | 临床试验机构 | 申办者 |
|---|---|---|---|
| 1 | 临床试验申请表 | 保存原件 | 保存 |
| 2 | 试验方案以及其修正案（已签章） | 保存原件 | 保存原件 |
| 3 | 研究者手册 | 保存 | 保存原件 |
| 4 | 知情同意书文本以及其他任何提供给受试者的书面材料 | 保存原件 | 保存原件 |
| 5 | 招募受试者和向其宣传的程序性文件（若有） | 保存原件 | 保存原件 |
| 6 | 病例报告表文本 | 保存原件 | 保存原件 |
| 7 | 基于产品技术要求的产品检验报告 | 保存 | 保存原件 |
| 8 | 临床前研究相关资料 | 保存 | 保存原件 |
| 9 | 研究者简历以及资格证明文件 | 保存 | 保存 |

续表

| | 临床试验保存文件 | 临床试验机构 | 申办者 |
|---|---|---|---|
| 10 | 试验医疗器械的研制符合适用的医疗器械质量管理体系相关要求的声明 | 保存 | 保存原件 |
| 11 | 受试者保险的相关文件（若有） | 保存 | 保存原件 |
| 12 | 伦理委员会审查意见 | 保存原件 | 保存原件 |
| 13 | 伦理委员会成员表（若有） | 保存原件 | 保存原件 |
| 14 | 临床试验合同（已签章） | 保存原件 | 保存原件 |
| 15 | 医疗器械临床试验批件（若有） | 保存 | 保存原件 |
| 16 | 药品监督管理部门临床试验备案文件 | 保存 | 保存原件 |
| 17 | 启动会相关培训记录 | 保存原件 | 保存 |
| 18 | 研究者签名样张以及研究者授权表 | 保存原件 | 保存 |
| 19 | 临床试验有关的实验室检测正常值范围（若有） | 保存 | 保存 |
| 20 | 医学或者实验室室间质控证明（若有） | 保存 | 保存 |
| 21 | 试验医疗器械标签文本 | – | 保存原件 |
| 22 | 试验医疗器械与试验相关物资的交接单 | 保存原件 | 保存 |
| 23 | 设盲试验的破盲程序（若有） | 保存 | 保存原件 |
| 24 | 总随机表（若有） | – | 保存原件 |
| 25 | 监查计划 | – | 保存原件 |
| 26 | 试验启动监查报告 | – | 保存原件 |

## 二、临床试验进行阶段

| | 临床试验保存文件 | 临床试验机构 | 申办者 |
|---|---|---|---|
| 27 | 研究者手册更新件（若有） | 保存 | 保存原件 |
| 28 | 临床试验方案更新件（若有） | 保存原件 | 保存原件 |
| 29 | 其他文件（病例报告表、知情同意书、书面情况通知）的更新（若有） | 保存原件 | 保存原件 |
| 30 | 试验医疗器械产品检验报告的更新（若有） | 保存 | 保存原件 |
| 31 | 伦理委员会对更新文件的书面审查意见（若有） | 保存原件 | 保存原件 |
| 32 | 研究者简历以及资格证明文件的更新（若有） | 保存 | 保存 |

续表

| 临床试验保存文件 | | 临床试验机构 | 申办者 |
|---|---|---|---|
| 33 | 临床试验有关的实验室检测正常值范围更新（若有） | 保存 | 保存 |
| 34 | 医学或者实验室室间质控证明更新（若有） | 保存 | 保存 |
| 35 | 试验医疗器械与试验相关物资的交接单（若有） | 保存 | 保存 |
| 36 | 已签名的知情同意书（若有） | 保存原件 | – |
| 37 | 原始医疗文件（若有） | 保存原件 | – |
| 38 | 已填并签字的病例报告表 | 保存 | 保存 |
| 39 | 研究者对严重不良事件的报告（若有） | 保存原件 | 保存 |
| 40 | 申办者对试验医疗器械相关严重不良事件的报告（若有） | 保存 | 保存原件 |
| 41 | 其他严重安全性风险信息的报告（若有） | 保存 | 保存原件 |
| 42 | 受试者鉴认代码表 | 保存原件 | – |
| 43 | 受试者筛选表与入选表 | 保存原件 | – |
| 44 | 研究者签名样张以及研究者授权表更新文件（若有） | 保存原件 | 保存 |
| 45 | 监查员监查报告 | – | 保存原件 |

## 三、临床试验完成或者终止后

| 临床试验保存文件 | | 临床试验机构 | 申办者 |
|---|---|---|---|
| 46 | 试验医疗器械储存、使用、维护、保养、销毁、回收等记录（若有） | 保存原件（若有） | 保存原件（若有） |
| 47 | 生物样本采集、处理、使用、保存、运输、销毁等各环节的完整记录（若有） | 保存原件 | – |
| 48 | 所有检测试验结果原始记录（若有） | 保存原件 | 保存 |
| 49 | 最终监查报告 | – | 保存原件 |
| 50 | 稽查证明（若有） | – | 保存原件 |
| 51 | 治疗分配记录（若有） | 保存 | 保存原件 |
| 52 | 破盲证明（若有） | 保存 | 保存原件 |
| 53 | 研究者向伦理委员会提交的试验完成文件 | 保存原件 | 保存 |
| 54 | 分中心临床试验小结 | 保存原件（本中心） | 保存原件 |
| 55 | 临床试验报告 | 保存原件（组长单位） | 保存原件 |

# 食品药品监管总局
# 关于医疗器械临床试验备案有关事宜的公告

2015 年第 87 号

根据《医疗器械监督管理条例》的规定，开展医疗器械临床试验应当备案。现将备案有关事宜公告如下：

一、开展医疗器械临床试验，申办者应当在试验项目经伦理审查通过并与临床试验机构签订协议或合同后，填写《医疗器械临床试验备案表》（附件 1），提交备案表中列出的相关材料，其中境内医疗器械向申办者所在地省级食品药品监督管理部门备案，进口医疗器械向代理人所在地省级食品药品监督管理部门备案。

二、接受备案的省级食品药品监督管理部门，对《医疗器械临床试验备案表》填写完整且提交材料齐全的，应当当场备案。备案号编排方式为：×1 械临备××××2××××3，其中 ×1 为备案部门所在地简称，××××2 为年份，××××3 为流水号。

三、接受备案的省级食品药品监督管理部门，应当在 10 个工作日内将备案信息（格式见附件 2）通报临床试验机构所在地的同级食品药品监督管理部门和卫生计生主管部门。

四、自公告发布之日起，开展医疗器械临床试验应当按照本公告备案后实施。

五、申办者完成临床试验备案后，对试验项目起止日期有变化的，应当于变化后 10 个工作日内告知原备案管理部门并留有信息变更的记录。

六、食品药品监督管理部门应当加强对医疗器械临床试验备案工作的监督检查，对违反规定的依法查处。

接受备案的省级食品药品监督管理部门应当每月 10 日前将备案信息以电子邮件方式报送国家食品药品监督管理总局医疗器械注册管理司（电子信箱：mdct@cfda.gov.cn）。

特此公告。

附件：1. 医疗器械临床试验备案表

2. 医疗器械临床试验备案信息通报表

食品药品监管总局

2015 年 7 月 3 日

# 国家药监局关于发布需进行临床试验审批的第三类医疗器械目录（2020 年修订版）的通告

2020 年第 61 号

为贯彻落实中共中央办公厅、国务院办公厅《关于深化审评审批制度改革鼓励药品医疗器械创新的意见》和国务院深化“放管服”改革要求，进一步加强医疗器械临床试验的管理，维护医疗器械临床试验过程中受试者权益，推进监管科学研究成果转化，提高审批效率，加快产品上市，根据《医疗器械监督管理条例》，国家药品监督管理局组织对需进行临床试验审批的第三类医疗器械目录进行了修订，现予发布，自发布之日起施行。

《关于发布需进行临床试验审批的第三类医疗器械目录的通告》（国家食品药品监督管理总局通告 2014 年第 14 号）同时废止。

特此通告。

附件：需进行临床试验审批的第三类医疗器械目录（2020 年修订版）

国家药监局

2020 年 9 月 14 日

# 国家药监局关于发布免于临床评价医疗器械目录的通告

2021 年第 71 号

为做好医疗器械注册管理工作，根据《医疗器械注册与备案管理办法》（国家市场监督管理总局令第 47 号），国家药监局组织制定了免于临床评价医疗器械目录，现予发布，自 2021 年 10 月 1 日起施行。

特此通告。

附件：免于临床评价医疗器械目录

国家药监局

2021 年 9 月 16 日

# 国家药监局关于发布免于临床试验体外诊断试剂目录的通告

2021 年第 70 号

为做好医疗器械注册管理工作，根据《体外诊断试剂注册与备案管理办法》(国家市场监督管理总局令第 48 号)，国家药监局组织制定了免于临床试验体外诊断试剂目录，现予发布，自 2021 年 10 月 1 日起施行。

特此通告。

附件：免于临床试验体外诊断试剂目录

国家药监局

2021 年 9 月 16 日

# 国家药监局 国家卫生健康委关于发布
# 医疗器械拓展性临床试验管理规定（试行）的公告

2020 年第 41 号

为贯彻落实中共中央办公厅、国务院办公厅《关于深化审评审批制度改革鼓励药品医疗器械创新的意见》，支持医疗器械拓展性临床试验工作，国家药品监督管理局会同国家卫生健康委员会制定了《医疗器械拓展性临床试验管理规定（试行）》，现予发布。

附件：医疗器械拓展性临床试验管理规定（试行）

国家药监局 国家卫生健康委
2020 年 3 月 14 日

**附件**

## 医疗器械拓展性临床试验管理规定（试行）

### 第一章　总　则

**第一条**　为满足公众临床需要，使临床急需治疗的患者能够尽快获得试验用医疗器械，规范医疗器械拓展性临床试验的开展和安全性数据的收集，维护受试者权益，根据中共中央办公厅、国务院办公厅《关于深化审评审批制度改革鼓励药品医疗器械创新的意见》，制定本规定。

**第二条**　在中华人民共和国境内开展医疗器械拓展性临床试验，应当遵守本规定。

**第三条**　本规定所称医疗器械拓展性临床试验，是指患有危及生命且尚无有效治疗手段的疾病的患者，可在开展临床试验的机构内使用尚未批准上市的医疗器械的活动和过程。

拓展性临床试验医疗器械的使用需基于已有临床试验初步观察可能使患者获益，且患者由于临床试验机构已按临床试验方案完成病例的入选，不能通过参加已开展的临床试验获得该医疗器械的使用。

**第四条**　医疗器械拓展性临床试验应当符合医疗器械临床试验质量管理的相关规定。

## 第二章 权益和责任

**第五条** 医疗器械拓展性临床试验应当遵循《世界医学大会赫尔辛基宣言》确定的伦理准则，保障受试者权益。

在受试者参加拓展性临床试验前，受试者、研究者应当按照《医疗器械临床试验质量管理规范》的要求签署知情同意书。知情同意应当确保受试者了解其将接受试验用医疗器械的治疗，明确告知受试者拓展性临床试验所用医疗器械尚未获得境内上市许可，以及试验用医疗器械在安全性和有效性方面可能存在的风险。受试者参加医疗器械拓展性临床试验应当是自愿的，在试验过程中，受试者有权随时退出试验。

伦理审查时应当充分保障受试者权益，基于医疗器械拓展性使用的潜在风险，考虑疾病的病程，确认受试者受益大于风险。

**第六条** 开展医疗器械拓展性临床试验的受试者、研究者、申办者和临床试验机构应当签订协议，明确各方权利、义务和责任。申办者、研究者、临床试验机构和伦理委员会应当参照《医疗器械临床试验质量管理规范》的要求承担各自的责任。

医疗器械临床试验机构在建立医疗器械临床试验质量管理体系时，为有效控制医疗器械拓展性临床试验质量和风险，应当针对拓展性临床试验的特点增加相应管理制度和标准操作规范，在进行医疗器械临床试验机构备案时应当提交相应的自查报告，同时建立医疗器械拓展性临床试验公示制度，接受社会监督。公示至少包括如下内容：伦理委员会意见、拓展性临床试验开展的必要性、拓展性临床试验方案摘要。

**第七条** 开展医疗器械拓展性临床试验前，申办者应当向所在地省、自治区、直辖市药品监督管理部门备案，医疗器械临床试验机构应当向所在地的卫生健康行政部门报告。

接受备案的药品监督管理部门应当将备案情况通报临床试验机构所在地的同级药品监督管理部门。

省、自治区、直辖市药品监督管理部门和卫生健康行政部门应当依据各自职责加强对医疗器械拓展性临床试验的监督管理。

**第八条** 医疗器械拓展性临床试验，不影响相应医疗器械临床试验的进程。申办者应当积极尽责申请试验用医疗器械在中国境内的注册。

**第九条** 申办者、研究者及临床试验机构不得对拓展性临床试验用医疗器械收取费用。

## 第三章 启动条件

**第十条** 拓展性临床试验用医疗器械的使用方法应当与正在开展的或者已结束的临床试验一致，其适用范围不应当超出正在开展的或者已结束的临床试验确认的适用范围。

**第十一条** 医疗器械拓展性临床试验应当在已开展该医疗器械临床试验的机构内进

行，由患者、申办者或者研究者提出。

**第十二条**　研究者经判定认为患有危及生命且尚无有效治疗手段的疾病患者因使用试验用医疗器械引起的风险不大于疾病自身风险，预期的受益应当超过可能出现的损害。

**第十三条**　医疗器械临床试验机构应当具备与医疗器械拓展性临床试验相适应的组织管理和质量控制能力，同时具备以下条件：

（一）具有三级甲等医疗机构资质，已开展同种疾病研究和治疗，临床专业水平国内先进，具有与拟开展的拓展性临床试验相适应的诊疗项目；

（二）具有能够使用拓展性临床试验用医疗器械的医师，该医师具备相关使用经验或者培训经历；

（三）具备较高的医疗器械管理水平，已建立完善的医疗器械使用质量管理体系，具备医疗器械使用评价和医疗器械不良事件监测能力。

**第十四条**　医疗器械拓展性临床试验的主要研究者应当具有高级职称，参加过3个以上医疗器械临床试验。

**第十五条**　申办者应当会同研究者按照本章要求形成评估资料，供伦理审查使用。

**第十六条**　医疗器械拓展性临床试验的伦理审查应当有使用该医疗器械相应的专业医生参与。

**第十七条**　伦理委员会应当严格审议医疗器械拓展性临床试验受益与风险分析报告、临床试验方案及相关文件，确保该试验符合《医疗器械临床试验质量管理规范》和本规定的相应要求。

## 第四章　过程管理

**第十八条**　申办者应当对医疗器械拓展性临床试验实施监查和核查，并会同研究者定期进行安全性和疗效评价，必要时可暂停或者终止拓展性临床试验。

**第十九条**　医疗器械拓展性临床试验过程中发现试验用医疗器械可能存在严重器械缺陷，研究者、申办者应当暂停或者终止拓展性临床试验，及时报告临床试验机构医疗器械临床试验管理部门。

**第二十条**　医疗器械拓展性临床试验过程中出现以下情形之一的，伦理委员会应当终止拓展性临床试验：

（一）受试者权益不能得到保障；

（二）出现与试验医疗器械可能有关的严重不良事件，或者出现临床试验结果未达到预期疗效，经伦理委员会评估认为拓展性临床试验风险大于受益情况；

（三）已开展的医疗器械临床试验方案有较大调整，但未对相应拓展性临床试验方案进行重新评估；

（四）最新研究显示医疗器械拓展性临床试验存在伦理性或者科学性问题。

**第二十一条**　医疗器械拓展性临床试验开展过程中出现以下情形之一的，临床试验自动终止。申办者、研究者、伦理委员会均应当及时启动终止程序，并报告临床试验机构医疗器械临床试验管理部门：

（一）试验用医疗器械或者与其相似的医疗器械已经在中国境内获准上市；

（二）与试验用医疗器械安全有效性相当的治疗方法已在临床得到使用；

（三）试验用医疗器械申请医疗器械注册未获得批准；

（四）存在违反本规定的情形。

**第二十二条** 被暂停的医疗器械拓展性临床试验，未经伦理委员会同意，不得恢复。

## 第五章 数据收集

**第二十三条** 医疗器械拓展性临床试验数据的收集和提交应当合法、真实、完整、准确和可追溯。

**第二十四条** 医疗器械拓展性临床试验数据的分析评价主要关注安全性数据，在此基础上可兼顾有效性数据，以对拟注册产品进行全面评价。

**第二十五条** 医疗器械拓展性临床试验安全性数据的评价，主要关注使用试验用医疗器械时出现的不良事件及其发生率、持续时间、严重程度，以评价试验用医疗器械的预期风险。

**第二十六条** 申请医疗器械注册时，可以提交医疗器械拓展性临床试验方案、医疗器械拓展性临床试验数据，并对数据进行分析评价，形成分析评价报告。

## 第六章 附 则

**第二十七条** 本规定由国家药品监督管理局和国家卫生健康委员会负责解释。

**第二十八条** 本规定自发布之日起施行。

# 国家药监局 国家卫生健康委关于发布定制式医疗器械监督管理规定（试行）的公告

2019 年第 53 号

为规范定制式医疗器械注册监督管理，保障定制式医疗器械的安全性、有效性，满足患者个性化需求，根据《国务院关于修改〈医疗器械监督管理条例〉的决定》（中华人民共和国国务院令第 680 号）规定，国家药品监督管理局会同国家卫生健康委员会制定了《定制式医疗器械监督管理规定（试行）》，现予发布，自 2020 年 1 月 1 日起施行。

附件：定制式医疗器械监督管理规定（试行）

国家药监局 国家卫生健康委
2019 年 6 月 26 日

**附件**

## 定制式医疗器械监督管理规定（试行）

### 第一章　总　则

**第一条**　为满足临床实践中的罕见特殊个性化需求，规范定制式医疗器械监督管理，保障定制式医疗器械的安全性、有效性，依据《医疗器械监督管理条例》，制定本规定。

**第二条**　在中华人民共和国境内从事定制式医疗器械的研制、生产、使用活动及其监督管理，应当遵守本规定。

**第三条**　对定制式医疗器械实行备案管理，生产、使用定制式医疗器械应当按照本规定备案。

定制式医疗器械不得委托生产。

**第四条**　当定制式医疗器械临床使用病例数及前期研究能够达到上市前审批要求时，应当按照《医疗器械注册管理办法》《体外诊断试剂注册管理办法》规定，申报注册或者办理备案。符合伦理准则且真实、准确、完整、可溯源的临床使用数据，可以作为临床评价资料用于注册申报。

**第五条**　定制式医疗器械仅供提出特殊需求出具订单的医疗机构用于指定患者，非订单机构或者非指定患者不得使用。

医疗机构使用定制式医疗器械应当以患者利益为核心，遵循伦理准则以及安全、有效和节约原则。

**第六条** 医疗器械生产企业、医疗机构应当严格遵守医疗器械研制、生产、使用相关规范要求，按照本规定和协议约定履行义务，并承担相应责任。

## 第二章 备案管理

**第七条** 定制式医疗器械名称应当符合《医疗器械通用名称命名规则》要求，采用“产品通用名称”后加括号“定制”的命名形式。

**第八条** 医疗器械生产企业及医疗机构共同作为定制式医疗器械备案人，在生产、使用定制式医疗器械前应当向医疗器械生产企业所在地（进口产品为代理人所在地）省、自治区、直辖市药品监督管理部门备案。备案资料符合形式要求的，省、自治区、直辖市药品监督管理部门当场予以备案（见附1—3）。备案资料不齐全或者不符合规定形式的，应当一次告知需要补正的全部内容。对不予备案的，应当告知备案人并说明理由。

已备案的定制式医疗器械，备案信息表（见附2）登载内容发生变化的，备案人应当提交变化情况的说明及相关证明文件，向原备案部门变更备案信息。备案资料符合形式要求的，省、自治区、直辖市药品监督管理部门应当在变更情况栏中载明变化情况。

备案人自行取消备案的，向原备案部门提交自行取消备案相关资料。省、自治区、直辖市药品监督管理部门应当及时向社会公告，其中自行取消备案日期为备案人提交取消备案相关资料日期。

备案、变更备案及取消备案信息（见附2）应当及时在本省、自治区、直辖市药品监督管理部门政务网站上公开，通报医疗机构所在地省、自治区、直辖市药品监督管理部门和卫生健康行政部门，并每半年向国家药品监管数据共享平台（http://10.64.1.145）报送一次。

未经备案或者备案已取消的，生产企业不得生产，医疗机构不得使用。

**第九条** 主要原材料、生产工艺、技术原理、结构组成、关键性能指标及适用范围基本相同的定制式医疗器械构成一个备案单元。对于配合使用、以完成同一手术/医疗目的的定制式医疗器械组合可以作为同一备案单元。

**第十条** 定制式医疗器械生产企业应当具备以下条件：

（一）有定制式医疗器械研制、生产所需的专业技术人员；

（二）具备定制式医疗器械研制能力和研究基础；

（三）有相同类型的依据标准规格批量生产的医疗器械注册证及相应生产许可证（境外生产企业应当持有注册地或者生产地址所在国家或者地区医疗器械主管部门出具的企业资格证明文件）；

（四）有相同类型的依据标准规格批量生产的医疗器械的生产能力和生产经验，并符合相应的质量管理体系。

**第十一条**　使用定制式医疗器械的医疗机构应当具备以下条件：

（一）三级综合或者三级专科医院，具有与使用的定制式医疗器械相适应的诊疗项目；

（二）有在医疗机构注册的、能够使用定制式医疗器械的主诊医师；

（三）具备使用同类已上市产品的经验，已开展同种疾病研究和治疗，临床专业水平国内先进；

（四）具备较高的医疗器械管理水平，已建立完善的医疗器械使用质量管理体系，具备医疗器械使用评价和医疗器械不良事件监测能力。

**第十二条**　当定制式医疗器械生产企业不具备相同类型的依据标准规格批量生产的医疗器械产品的有效注册证或者生产许可证时，或者主要原材料、技术原理、结构组成、关键性能指标及适用范围基本相同的产品已批准注册的，备案自动失效。备案人应当主动取消备案。

## 第三章　设计加工

**第十三条**　生产企业与医疗机构双方应当签订协议，明确双方权利、义务和责任。制作订单应当列入协议。

**第十四条**　定制式医疗器械应当由医疗机构与生产企业达成一致后填写书面订单，订单应当载明以下内容：

（一）生产企业信息，包括生产企业名称、住所、生产地址、负责人、联系人、联系电话；

（二）医疗机构信息，包括医疗机构名称、地址、负责人、主诊医师、联系人、联系电话；

（三）患者信息，包括姓名（可以按姓名首字母缩写或数字代码标识，前提是可以通过记录追踪到指定患者）、住院号、性别、年龄、病情描述、治疗方案、治疗风险等；

（四）采用定制式医疗器械原因的声明；

（五）定制需求，包括定制医疗器械临床数据（影像数据、检查数据、病损部位、病损模型等）、医疗目的和定制医疗器械要求说明等；

（六）产品设计要求、成品交付要求、产品验收标准、产品验收清单等；

（七）授权主诊医师和生产企业联系人签字及日期。

**第十五条**　在保护患者隐私的情况下，生产企业应当将定制式医疗器械产品设计环节延伸到医疗机构。

**第十六条**　定制式医疗器械研制、生产除符合医疗器械生产质量管理规范及相关附录要求外，还应当满足以下特殊要求：

（一）人员

对于参与产品设计制造的医务人员和工程人员应当有明确的分工和清晰的职责界限，

能够进行充分的沟通和交流。

（二）设计开发

1. 作为设计输入重要信息载体的制作订单，应当能够全面地、完整地反映所要设计的定制式医疗器械的参数特点。

2. 制作订单型式应当包括纸质订单，可以包括影像数据资料等。如对影像数据扫描参数有特定范围要求，也应当一并提出。

3. 用于数据处理或者采集数据（影像资料）转化用的软件应当经过验证和确认，并应当选取最极端情况测试所有文件转化过程。

4. 定制式医疗器械应当经过必要的设计验证。设计验证可以采用多种模式，如制作试样、设计评价、三维计算机模拟（有限元分析等）、临床对比等，生产企业应当在包括设计和开发在内的产品实现全过程中，制定风险管理的要求并形成文件，保持相关记录。

5. 需经过医工交互平台进行数据传递时，医工交互平台应当经过必要的验证，防止信息丢失。

6. 定制式医疗器械设计和生产过程中，如果存在设计更改，必须经过相关的验证和确认，保留设计更改记录，并告知医疗机构授权主诊医师并经过其确认，确认记录需进行保存。

（三）质量控制

生产企业应当规定定制式医疗器械产品的放行程序、条件和批准要求。

（四）追溯管理

生产企业应当建立每一件定制式医疗器械产品的唯一识别编号，并确保信息具有可追溯性。

定制式医疗器械相关文件记录的保存期限应当不少于生产企业所规定的医疗器械的寿命期，对于植入性定制式医疗器械的文件记录应当永久保存，对于非植入的其他定制式医疗器械的文件记录应当自放行产品的日期起不少于5年。

**第十七条** 定制式医疗器械的说明书和标签原则上应当符合《医疗器械说明书和标签管理规定》的要求。

（一）说明书至少还应当特别标明以下事项：

1. 可以识别定制式医疗器械的唯一识别编号（识别号）；

2. 患者姓名（可以按姓名首字母缩写或数字代码标识，前提是可以通过记录追踪到指定患者）以及该定制式医疗器械是某个患者专用的声明；

3. 医疗机构名称，以及开具设计制作订单的主诊医师姓名；

4. 定制要求。

（二）标签至少还应当特别标明以下事项：

1. 可以识别定制式医疗器械的唯一识别编号（识别号）；

2. 患者姓名（可以按姓名首字母缩写或数字代码标识，前提是可以通过记录追踪到指定患者）；

3. 医疗机构名称，以及开具设计制作订单的主诊医师姓名。

**第十八条** 每年1月底前，备案人应当向所在地省、自治区、直辖市药品监督管理部门和卫生健康行政部门报告上一年度定制式医疗器械的生产和使用年度报告（见附4）。

## 第四章 使用管理

**第十九条** 医疗机构应当建立定制式医疗器械查验记录制度，按照协议和制作订单确认的设计要求、产品验收标准、产品验收清单等验收定制式医疗器械，符合要求的，签字确认，做好交付记录并保存。

**第二十条** 医疗机构应当向患者或者其监护人告知使用定制式医疗器械的原因及使用风险，获得患者或者其监护人同意并签署知情同意书后，与生产企业协商制作订单。医疗机构使用定制式医疗器械前，向患者或者其监护人告知产品备案等情况。

**第二十一条** 医疗机构应当将定制式医疗器械的制作订单，产品验收、调改、使用、退回等信息以及与使用质量安全密切相关的必要信息妥善保存，确保信息具有可追溯性，并在病历中记录定制式医疗器械产品名称和唯一识别编号。相关信息的保存期限应当不少于生产企业所规定的医疗器械的寿命期，对于植入性定制式医疗器械的相关信息应当永久保存，对于非植入的其他定制式医疗器械，从生产企业交付产品的日期起不少于5年。

**第二十二条** 医疗机构应当对使用后的定制式医疗器械开展评价工作。由医疗、护理、临床工程技术、医院感染控制、生产企业技术人员等组成评价工作技术团队，对定制式医疗器械使用的实际效果和质量安全情况进行分析评价，并将此评价结果作为后期合理使用的重要依据。

**第二十三条** 定制式医疗器械备案人应当按照《医疗器械不良事件监测和再评价管理办法》有关规定开展定制式医疗器械不良事件监测和再评价工作。

**第二十四条** 医疗机构应当制定完善的安全防范措施和风险控制计划，发生严重不良事件等紧急情况时，立即启动应急预案，采取防范控制措施，及时处置。

**第二十五条** 医疗机构在定制式医疗器械使用过程中出现下列情形之一的，应当停止使用，会同医疗器械生产企业，开展调查分析，进行风险受益评估，采取必要风险控制措施，并及时向所在地省、自治区、直辖市药品监督管理部门和卫生健康行政部门报告。

（一）相关医疗技术被卫生健康行政部门废除或者禁止使用；

（二）使用定制式医疗器械的主要专业技术人员或者关键设备、设施及其他辅助条件发生变化，不能正常使用；

（三）发生与定制式医疗器械直接相关的严重不良事件；

（四）定制式医疗器械存在产品质量和安全隐患，或者使用效果不确切；

（五）定制式医疗器械存在伦理缺陷；

（六）已有批准上市可替代医疗器械；

（七）其他需要停止使用的情形。

必要时，备案人应当取消备案，有关省、自治区、直辖市药品监督管理部门可以直接取消相关产品备案。

**第二十六条** 定制式医疗器械不得在大众传播媒介进行广告宣传。

**第二十七条** 除法律法规允许外，禁止将患者信息用于生产和使用定制式医疗器械以外的其他用途。

## 第五章 监督管理

**第二十八条** 省、自治区、直辖市药品监督管理部门应当定期对定制式医疗器械生产企业开展监督检查。市县两级负责药品监督管理的部门应当定期对使用定制式医疗器械的医疗机构开展检查。

如发现定制式医疗器械可能引起重大安全隐患的，省、自治区、直辖市药品监督管理部门应当及时中止相关定制式医疗器械的生产和使用；对于省、自治区、直辖市药品监督管理部门未及时处理的，国家药品监督管理部门应当责成省、自治区、直辖市药品监督管理部门中止相关定制式医疗器械的生产和使用。

**第二十九条** 生产企业有以下情形之一的，由省、自治区、直辖市药品监督管理部门向社会公告，并纳入企业诚信档案，同时通报相关使用医疗机构所在地省、自治区、直辖市药品监督管理部门及卫生健康行政部门：

（一）未取得备案，或者备案失效后生产并提供给医疗机构使用的；

（二）提供虚假资料或者采取其他欺骗手段取得定制式医疗器械生产使用备案的；

（三）超出备案范围生产并提供给医疗机构使用的。

**第三十条** 医疗机构使用未经备案、超出备案范围或者备案失效定制式医疗器械的，由市县两级负责药品监督管理的部门向社会公告，并纳入诚信档案，同时通报医疗机构及相关生产企业所在地省、自治区、直辖市药品监督管理部门及卫生健康行政部门。

医疗机构应当停止使用而未停止使用的，按照《医疗器械监督管理条例》有关未停止使用医疗器械的情形予以处理。

## 第六章 附 则

**第三十一条** 定制式医疗器械是指为满足指定患者的罕见特殊病损情况，在我国已上市产品难以满足临床需求的情况下，由医疗器械生产企业基于医疗机构特殊临床需求而设计和生产，用于指定患者的、预期能提高诊疗效果的个性化医疗器械。

患者匹配医疗器械是指医疗器械生产企业在依据标准规格批量生产医疗器械产品基础上，基于临床需求，按照验证确认的工艺设计和制造的、用于指定患者的个性化医疗器械（例如定制式义齿）。

本规定所指的定制式医疗器械不包含患者匹配医疗器械。患者匹配医疗器械应当按照《医疗器械注册管理办法》《体外诊断试剂注册管理办法》的规定进行注册或者备案，注册 / 备案的产品规格型号为所有可能生产的尺寸范围。

相同类型的医疗器械是指主要原材料、生产工艺、技术原理、结构组成、关键性能指标及适用范围基本相同的医疗器械。

**第三十二条** 符合《医疗器械应急审批程序》有关规定的医疗器械，不适用于本规定。

含有药物成分或者细胞、组织等生物活性成分的定制式医疗器械不适用于本规定。

**第三十三条** 军队医疗机构使用定制式医疗器械的监管工作，由军队卫生主管部门负责。

**第三十四条** 备案号的编排方式为：×1 械定制备 ××××2-××3。

其中：×1：备案部门所在地简称，××××2：备案年份，××3：备案流水号。

**第三十五条** 本规定自 2020 年 1 月 1 日起施行。

附：1. 定制式医疗器械备案资料要求及说明

2. 定制式医疗器械备案信息表

3. 定制式医疗器械备案表

4. 定制式医疗器械年度报告表

**附 1**

# 定制式医疗器械备案资料要求及说明

## 一、备案资料

（一）定制式医疗器械备案表（见附 3）

（二）生产使用定制式医疗器械必要性的说明，包括患者病损特殊性、定制式医疗器械特点、预期提高疗效等说明。

（三）定制式医疗器械研制相关资料。包括制作订单、产品设计要求，产品结构组成、工作原理、作用机理、主要原材料，产品验收标准，以及相关设计制造验证确认等资料。

（四）产品风险分析资料。医疗器械应当按照 YY/T 0316《医疗器械风险管理对医疗器械的应用》的有关要求编制，主要包括医疗器械预期用途和与安全性有关特征的判定、危害的判定、估计每个危害处境的风险；对每个已判定的危害处境，评价和决定是否需要降低风险；风险控制措施的实施和验证结果，必要时应当引用检测和评价性报告；任何一个或多个剩余风险的可接受性评定等，形成风险管理报告。

体外诊断试剂应当对产品寿命周期的各个环节，从预期用途、可能的使用错误、与安全性有关的特征、已知和可预见的危害等方面的判定及对患者风险的估计进行风险分析、风险评价及相应的风险控制的基础上，形成风险管理报告。

（五）生产制造信息

对生产过程相关情况的概述。无源医疗器械应当明确产品生产加工工艺，注明关键工艺和特殊工艺。有源医疗器械应当提供产品生产工艺过程的描述性资料，可采用流程图的形式，是生产过程的概述。体外诊断试剂应当概述主要生产工艺，包括：固相载体、显色系统等的描述及确定依据，反应体系包括样本采集及处理、样本要求、样本用量、试剂用量、反应条件、校准方法（如果需要）、质控方法等。

应当概述研制、生产场地的实际情况。

（六）临床使用方案（包括患者救治预案）

（七）伦理委员会意见

（八）生产企业与医疗机构的协议，协议应当明确各方责任和义务。

（九）证明性文件及材料

1. 境内生产企业提供：企业营业执照复印件、组织机构代码证复印件，相同类型的依据标准规格制造的医疗器械注册证复印件及医疗器械生产许可证复印件，以及定制式医疗器械生产相关的专业技术人员履历等资料。

2. 境外生产企业提供：

（1）境外生产企业资格证明文件、相同类型的依据标准规格制造的医疗器械注册证复印件，以及定制式医疗器械生产相关的专业技术人员履历等资料；

（2）境外生产企业在中国境内指定代理人的委托书、代理人承诺书及营业执照副本复印件或者机构登记证明复印件。

3. 医疗机构提供：

（1）医疗机构执业资格许可证照复印件、医疗机构级别证明文件复印件；

（2）医疗器械质量管理部门概况、人员介绍、管理制度、标准操作规程等。

（十）符合性声明，包括备案人声明遵守相关法律法规要求，以及声明所提交资料真实。

## 二、变更备案资料

（一）变化情况说明及相关证明文件

变化情况说明应当附备案信息表变化内容比对列表。

相应证明文件应当详实、全面、准确。

（二）证明性文件

1. 境内生产企业提供：企业营业执照副本复印件、组织机构代码证副本复印件。

2. 境外生产企业提供：境外生产企业资格证明文件、在中国境内指定代理人的委托书、代理人承诺书及营业执照副本复印件或者机构登记证明复印件。

3. 医疗机构提供：医疗机构执业资格许可证照复印件、医疗机构级别证明文件复印件。

（三）符合性声明，包括备案人声明遵守相关法律法规要求，以及声明所提交资料真实。

**三、自行取消备案资料**

（一）由备案人签章的取消定制式医疗器械备案的声明，声明应当包括取消备案的备案号，取消备案的原因及情况说明。

（二）境内生产企业应当提交营业执照副本的复印件和组织机构代码证复印件。

境外生产企业应当提交资格证明文件、在中国境内指定代理人的委托书、代理人承诺书及营业执照副本复印件或者机构登记证明复印件。

医疗机构应当提交医疗机构执业资格许可证照复印件和医疗机构级别证明文件复印件。

（三）符合性声明，包括备案人声明遵守相关法律法规要求，以及声明所提交资料真实。

**四、备案资料形式要求**

（一）备案资料完整齐备。备案表填写完整。

（二）各项文件除证明性文件外均应当以中文形式提供。如证明性文件为外文形式还应当提供中文译本。根据外文资料翻译的申报资料，应当同时提供原文。

（三）境内产品备案资料如无特殊说明的，应当由备案人签章。“签章”是指：生产企业及医疗机构盖章，或者生产企业及医疗机构法定代表人、负责人签名加生产企业及医疗机构盖章。所盖章必须是生产企业及医疗机构公章，不得使用注册专用章。

（四）进口产品备案资料如无特别说明，原文资料均应当为原件，并由境外生产企业签章，中文文本由代理人及医疗机构签章。原文资料“签章”是指：境外生产企业的法定代表人、负责人签名，或者签名加组织机构盖章，并且应当提交由境外生产企业所在地公证机构出具的公证件；中文资料“签章”是指：代理人及医疗机构的组织机构盖章，或者其法定代表人、负责人签名加组织机构盖章。

（五）备案资料应当包含所提交资料目录，包括整个申报资料的1级和2级标题，并以表格形式说明每项的卷和页码。

（六）具体办理人应当提交备案人或其代理人授权书及其身份证复印件。

# 食品药品监管总局 国家卫生计生委关于发布医疗器械临床试验机构条件和备案管理办法的公告

2017年第145号

根据《中共中央办公厅、国务院办公厅印发〈关于深化审评审批制度改革鼓励药品医疗器械创新的意见〉的通知》（厅字〔2017〕42号）和《国务院关于修改〈医疗器械监督管理条例〉的决定》（中华人民共和国国务院令第680号）规定，医疗器械临床试验机构由资质认定改为备案管理。国家食品药品监督管理总局会同国家卫生和计划生育委员会制定了《医疗器械临床试验机构条件和备案管理办法》，现予发布，自2018年1月1日起施行。

食品药品监管总局　国家卫生计生委

2017年11月15日

## 医疗器械临床试验机构条件和备案管理办法

### 第一章　总　则

**第一条**　为了加强和规范医疗器械临床试验机构管理，根据《医疗器械监督管理条例》的规定，制定本办法。

**第二条**　本办法所指的医疗器械临床试验机构备案，是指医疗器械临床试验机构按照本办法规定的条件和要求，将机构概况、专业技术水平、组织管理能力、伦理审查能力等信息提交食品药品监督管理部门进行存档、备查的过程。

**第三条**　本办法适用于在中华人民共和国境内开展医疗器械临床试验的机构备案管理工作。

### 第二章　备案条件

**第四条**　医疗器械临床试验机构应当符合医疗器械临床试验质量管理规范的要求，具备开展医疗器械临床试验相应的专业技术水平、组织管理能力、伦理审查能力等以下条件：

（一）具有医疗机构执业资格；

（二）具有二级甲等以上资质；

（三）承担需进行临床试验审批的第三类医疗器械临床试验的，应为三级甲等医疗机构；

（四）具有医疗器械临床试验管理部门，配备适宜的管理人员、办公条件，并具有对医疗器械临床试验的组织管理和质量控制能力；

（五）具有符合医疗器械临床试验质量管理规范要求的伦理委员会；

（六）具有医疗器械临床试验管理制度和标准操作规程；

（七）具有与开展相关医疗器械临床试验相适应的诊疗科目，且应与医疗机构执业许可诊疗科目一致；

（八）具有能够承担医疗器械临床试验的人员，医疗器械临床试验主要研究者应当具有高级职称，其中开展创新医疗器械产品或需进行临床试验审批的第三类医疗器械产品临床试验的主要研究者应参加过 3 个以上医疗器械或药物临床试验；

（九）已开展相关医疗业务，能够满足医疗器械临床试验所需的受试人群要求等；

（十）具有防范和处理医疗器械临床试验中突发事件和严重不良事件的应急机制和处置能力；

（十一）国家食品药品监督管理总局、国家卫生和计划生育委员会规定的其他条件。

**第五条**　除符合本办法第四条条件的医疗机构外，其他承担体外诊断试剂临床试验的血液中心和中心血站、设区的市级以上疾病预防控制机构、戒毒中心等非医疗机构开展按医疗器械管理的体外诊断试剂临床试验，其应当具备以下条件：

（一）具有相应业务主管部门发放的机构资质证明文件；

（二）具有体外诊断试剂临床试验的管理部门，配备相应人员、办公条件，并具有对体外诊断试剂临床试验的组织管理和质量控制能力；

（三）能够开展伦理审查工作；

（四）具有体外诊断试剂临床试验管理制度和标准操作规程；

（五）具有与开展体外诊断试剂临床试验相适应的诊疗科目，且应与本机构业务范围一致；

（六）具有能够承担临床试验的人员，临床试验主要研究者应当具有高级职称；

（七）已开展相关业务，能够满足体外诊断试剂临床试验所需的受试人群要求等；

（八）具有防范和处理医疗器械临床试验中突发事件和严重不良事件的应急机制和处置能力；

（九）国家食品药品监督管理总局、国家卫生和计划生育委员会规定的其他条件。

## 第三章　备案程序

**第六条**　国家食品药品监督管理总局组织建立医疗器械临床试验机构备案管理信息系统（以下简称备案系统），用于开展医疗器械临床试验机构备案管理工作。

**第七条** 医疗器械临床试验机构应当根据本办法的要求对本单位是否具备医疗器械临床试验条件和能力进行评估，并自行在备案系统中备案。

**第八条** 医疗器械临床试验机构应当按照要求，在备案系统中如实填写以下内容：

（一）机构名称、机构性质、地址、联系方式。

（二）机构级别、规模概况，包括床位、人员配备、建筑面积、医疗设备等。

（三）拟开展医疗器械临床试验的专业及主要研究者概况。

（四）医疗器械临床试验管理部门负责人和联系方式。

（五）提交包含如下内容的自查报告：

1. 临床试验管理部门概况、人员介绍、管理制度、标准操作规程等；

2. 伦理委员会或伦理审查工作概况，包括人员、制度等；

3. 医疗器械临床试验质量管理体系建立运行概况；

4. 临床试验管理部门人员、研究者的医疗器械临床试验相关法规和专业知识培训情况；

5. 防范和处理医疗器械临床试验中突发事件、严重不良事件的应急机制和处置能力情况；

6. 既往开展医疗器械临床试验的情况；

7. 其他需要说明的情况。

**第九条** 医疗器械临床试验机构应按照备案系统要求，上传医疗机构执业资格许可证照、医疗机构级别证明文件、其他机构资质证明文件和资料符合性声明等材料。

**第十条** 医疗器械临床试验机构办理备案获得备案号后可以承担医疗器械临床试验。

已备案的医疗器械临床试验机构名称、地址、联系人、联系方式和主要研究者等有关备案信息可在备案系统中查询。

**第十一条** 医疗器械临床试验机构名称、机构级别、机构负责人员、地址、伦理委员会、医疗器械临床试验专业和主要研究者备案信息发生变化时，医疗器械临床试验机构应当登录备案系统，在线填写相关信息变更情况。

**第十二条** 医疗器械临床试验机构应当在每年 1 月 31 日前在线提交上一年度开展医疗器械临床试验工作总结报告。

**第十三条** 医疗器械临床试验机构决定不再开展医疗器械临床试验的，应登录备案系统，取消备案。

## 第四章 监督管理

**第十四条** 省级以上食品药品监督管理部门应当每年定期将本行政区域医疗器械临床试验机构备案的相关信息通报同级卫生计生行政部门。

**第十五条** 省级食品药品监督管理部门、卫生计生行政部门应按照各自监管职责，加强对本行政区域医疗器械临床试验机构的监督管理和信息通报。对发现的违法违规行为，按照《医疗器械监督管理条例》及其他相关法规规定组织查处。

**第十六条** 隐瞒有关情况或者提供虚假材料办理临床试验机构备案的，或者存在缺陷、不适宜继续承担临床试验的临床试验机构，省级以上食品药品监督管理部门按照《医疗器械监督管理条例》的规定进行处理。国家食品药品监督管理总局取消其机构或相关专业的备案信息，通报国家卫生和计划生育委员会，并进行公告。

**第十七条** 医疗器械临床试验机构的备案信息涉及国家机密、商业秘密或者个人隐私的，应当符合《中华人民共和国保守国家秘密法》及其他相关法律法规的规定。

## 第五章　附　则

**第十八条** 医疗器械临床试验机构备案号格式为：械临机构备 +4 位年代号 +5 位顺序编号。

**第十九条** 食品药品监督管理部门实施临床试验机构备案和监督管理，不得收取任何费用。

**第二十条** 本办法自 2018 年 1 月 1 日起施行。

# 食品药品监管总局办公厅
# 关于做好医疗器械临床试验机构备案工作的通知

食药监办械管〔2017〕161号

**各省、自治区、直辖市食品药品监督管理局：**

《医疗器械临床试验机构条件和备案管理办法》（以下简称《备案办法》）已经发布，自2018年1月1日起施行。为做好医疗器械临床试验机构备案工作，现将有关事项通知如下：

## 一、充分认识医疗器械临床试验机构备案工作重要性

为贯彻落实《中共中央办公厅、国务院办公厅印发〈关于深化审评审批制度改革鼓励药品医疗器械创新的意见〉的通知》（厅字〔2017〕42号）和《医疗器械监督管理条例》（中华人民共和国国务院令第680号）要求，医疗器械临床试验机构实行备案管理，将有利于释放临床资源，扩大临床试验机构的数量，更好地满足医疗器械临床试验需求，对鼓励医疗器械创新、促进产业健康发展具有重要意义。各省级食品药品监督管理局要高度重视《备案办法》实施工作，监督指导行政区域内拟开展医疗器械临床试验的临床试验机构开展备案工作。

## 二、做好医疗器械临床试验机构备案宣贯培训工作

各省级食品药品监督管理局要加强与同级卫生计生行政部门的协调配合，推动《备案办法》的宣传贯彻和培训工作，指导行政区域内医疗机构和有关单位尽快使用医疗器械临床试验机构备案管理信息系统进行备案。

申请医疗器械临床试验的机构自2018年1月1日起可登录食品药品监管总局网站（网址 http://www.cfda.gov.cn），点击“医疗器械临床试验机构备案管理信息系统（以下简称备案系统）”进行备案。有关单位和个人可登录备案系统查询医疗器械临床试验机构备案信息。医疗器械临床试验申办者可以登录备案系统选择已经备案的医疗器械临床试验机构开展临床试验。

备案系统由食品药品监管总局组织建立，日常管理工作由食品药品监管总局核查中心负责。

## 三、做好医疗器械临床试验机构备案过渡期相关工作

为了保证临床试验工作的持续开展，自2018年1月1日至2018年12月31日，医疗器械临床试验申办者可以继续选择经食品药品监管总局会同国家卫生计生委认定的药物临床试验机构开展临床试验。其中，体外诊断试剂临床试验申办者还可以继续按照

《食品药品监管总局关于实施〈医疗器械注册管理办法〉和〈体外诊断试剂注册管理办法〉有关事项的通知》（食药监械管〔2014〕144 号）中的有关规定，选择省级卫生医疗机构开展临床试验；对于特殊使用目的的体外诊断试剂，可以在符合要求的市级以上的疾病预防控制中心、专科医院或检验检疫所、戒毒中心等机构开展临床试验。

自 2019 年 1 月 1 日起，医疗器械（包括体外诊断试剂）临床试验申办者应当选取已经在备案系统备案的医疗器械临床试验机构，按照《医疗器械临床试验质量管理规范》（食品药品监管总局 国家卫生计生委令第 25 号）和《体外诊断试剂注册管理办法》（食品药品监管总局令第 5 号）的有关要求开展临床试验。

**四、加强医疗器械临床试验机构监督检查**

各省级食品药品监督管理局要切实落实属地监管责任，加强对医疗器械临床试验事中事后监管。做好与同级卫生计生行政部门的协调配合及信息通报工作；督促医疗器械临床试验机构在每年 1 月 31 日前提交上一年度开展医疗器械临床试验工作总结报告。组织制定并落实监督检查计划，加强对行政区域内医疗器械临床试验机构的监督检查；对发现的违法违规行为，按照《医疗器械监督管理条例》及其他相关规定组织查处。

对医疗机构和有关单位在执行《备案办法》过程中遇到的情况和问题，应注意收集、及时沟通并报告总局器械注册司。

食品药品监管总局办公厅

2017 年 11 月 24 日

# 三、标准分类

## 食品药品监管总局
## 关于发布医疗器械分类目录的公告

2017 年第 104 号

为贯彻实施《医疗器械监督管理条例》和《国务院关于改革药品医疗器械审评审批制度的意见》（国发〔2015〕44 号）的要求，国家食品药品监督管理总局组织修订了《医疗器械分类目录》，现予发布，自 2018 年 8 月 1 日起施行。

特此公告。

附件：医疗器械分类目录

食品药品监管总局

2017 年 8 月 31 日

# 食品药品监管总局关于实施《医疗器械分类目录》有关事项的通告

2017 年第 143 号

为贯彻落实《医疗器械监督管理条例》和《国务院关于改革药品医疗器械审评审批制度的意见》（国发〔2015〕44 号），国家食品药品监督管理总局于 2017 年 8 月 31 日发布《医疗器械分类目录》（以下简称新《分类目录》），自 2018 年 8 月 1 日起施行。为做好新《分类目录》实施工作，现将有关事项通告如下：

## 一、新《分类目录》的总体说明

（一）新《分类目录》按技术专业和临床使用特点分为 22 个子目录，子目录由一级产品类别、二级产品类别、产品描述、预期用途、品名举例和管理类别组成。判定产品的管理类别时，应当根据产品的实际情况，结合新《分类目录》中产品描述、预期用途和品名举例进行综合判定，产品描述和预期用途是用于判定产品的管理类别，不代表相关产品注册内容的完整表述。注册申请人可以使用新《分类目录》的品名举例，或根据《医疗器械通用名称命名规则》（国家食品药品监督管理总局令第 19 号）拟定产品名称。

（二）新《分类目录》不包括体外诊断试剂，体外诊断试剂产品类别应当按照《体外诊断试剂注册管理办法》（国家食品药品监督管理总局令第 5 号，以下简称 5 号令）、《体外诊断试剂注册管理办法修正案》（总局令第 30 号，以下简称 30 号令）、《6840 体外诊断试剂分类子目录（2013 版）》及后续发布的分类界定文件中有关体外诊断试剂的分类界定意见进行判定，分类编码继续延用 6840。

（三）新《分类目录》不包括组合包类产品，组合包类产品的类别应当依据《医疗器械分类规则》（国家食品药品监督管理总局令第 15 号）、5 号令、30 号令等相关规定进行判定。

（四）《关于发布第一类医疗器械产品目录的通告》（国家食品药品监督管理总局通告 2014 年第 8 号）、《食品药品监管总局办公厅关于实施第一类医疗器械备案有关事项的通知》（食药监办械管〔2014〕174 号）和 2014 年 5 月 30 日以后发布的医疗器械分类界定文件中有关第一类医疗器械产品的分类界定意见继续有效。自 2018 年 8 月 1 日起，上述文件规定的产品管理类别与新《分类目录》不一致的，以新《分类目录》的产品管理类别为准。

（五）自 2018 年 8 月 1 日起，除第（二）项和第（四）项以及既往发布的分类界定文件中不作为医疗器械管理的产品分类界定意见外，原《医疗器械分类目录》（国药监械〔2002〕302 号，以下简称原《分类目录》）及既往发布的医疗器械分类界定文件内容及目录废止。

## 二、医疗器械注册和备案管理有关政策

（六）2018 年 8 月 1 日前已受理并准予注册的首次注册申请项目，食品药品监督管理部门按照原《分类目录》核发医疗器械注册证。

2018 年 8 月 1 日前已受理但尚未作出审批决定的首次注册申请项目，食品药品监督管理部门按照原《分类目录》继续审评；准予注册的，如按照新《分类目录》不涉及产品管理类别调整，则按照新《分类目录》核发医疗器械注册证，在注册证备注栏中注明原《分类目录》产品分类编码；如按照新《分类目录》涉及产品管理类别调整，则继续按照原《分类目录》核发医疗器械注册证，并在注册证备注栏中注明新《分类目录》产品管理类别和分类编码（新《分类目录》的分类编码为子目录编号）。

自 2018 年 8 月 1 日起，注册申请人应当按照新《分类目录》提出注册申请。

（七）2018 年 8 月 1 日前已受理并准予延续注册的申请项目，食品药品监督管理部门按照原《分类目录》核发医疗器械注册证。

2018 年 8 月 1 日前已受理但尚未作出审批决定的延续注册申请项目，食品药品监督管理部门按照原《分类目录》继续审评；准予延续注册的，如按照新《分类目录》不涉及产品管理类别调整，则按照新《分类目录》核发医疗器械注册证，在注册证备注栏中注明原医疗器械注册证编号；如按照新《分类目录》涉及产品管理类别调整，则继续按照原《分类目录》核发医疗器械注册证，并在注册证备注栏中注明新《分类目录》产品管理类别和分类编码。

自 2018 年 8 月 1 日起，注册人应当按照《医疗器械注册管理办法》（国家食品药品监督管理总局令第 4 号）和新《分类目录》提出延续注册申请；准予延续注册的，食品药品监督管理部门按照新《分类目录》核发医疗器械注册证，并在注册证备注栏中注明原医疗器械注册证编号。涉及产品管理类别由高类别调整为低类别的，注册人应当在医疗器械注册证有效期届满 6 个月前，按照改变后的类别向相应食品药品监督管理部门申请延续注册或者办理备案。食品药品监督管理部门对准予延续注册的，按照新《分类目录》核发医疗器械注册证；对备案资料符合要求的，制作备案凭证；并在注册证备注栏或备案凭证变更情况中注明原医疗器械注册证编号。涉及产品管理类别由低类别调整为高类别的，注册人应当按照改变后的类别向相应食品药品监督管理部门申请注册。在原医疗器械注册证有效期内提出注册申请的，如在开展产品类别转换工作期间注册证到期，注册人可向原审批部门提出原医疗器械注册证延期申请，予以延期的，原则上原医疗器械注册证有效期不得超过 2019 年 8 月 31 日。

（八）对于注册变更申请项目，医疗器械注册变更文件的注册证编号同原医疗器械注册证。如原注册证为按照原《分类目录》核发的，则 2018 年 8 月 1 日后核发的注册变更文件备注栏中同时注明新《分类目录》的产品管理类别和分类编码。

（九）2018 年 8 月 1 日前已完成备案的第一类医疗器械产品，原备案凭证继续有效。按照新《分类目录》涉及产品类别由低类别调整为高类别的，备案人应当依据《医疗器

械注册管理办法》（国家食品药品监督管理总局令第4号）和新《分类目录》的规定，按照改变后的类别向食品药品监督管理部门申请注册，并于2019年8月31日前完成注册。

自2018年8月1日起，应当按照新《分类目录》和《关于发布第一类医疗器械产品目录的通告》（国家食品药品监督管理总局通告2014年第8号）、《食品药品监管总局办公厅关于实施第一类医疗器械备案有关事项的通知》（食药监办械管〔2014〕174号）以及2014年5月30日后发布的医疗器械分类界定文件中有关第一类医疗器械产品分类界定意见实施备案。

（十）自2017年11月1日至2018年7月31日，国家食品药品监督管理总局医疗器械标准管理中心对医疗器械分类界定的申请，分别依据原《分类目录》和新《分类目录》给出产品管理类别和分类编码；自2018年8月1日起，依据新《分类目录》给出产品管理类别和分类编码。

**三、医疗器械生产经营许可有关政策**

（十一）自2018年8月1日起，持按照新《分类目录》核发的医疗器械注册证申请医疗器械生产许可的，食品药品监管部门应当依据医疗器械注册证按照新《分类目录》填写《医疗器械生产许可证》的生产范围和医疗器械生产产品登记表，其中生产范围应填写到一级产品类别。

自2018年8月1日起，持按照新《分类目录》核发的医疗器械注册证申请变更《医疗器械生产许可证》生产范围或增加生产产品的，食品药品监管部门应当依据医疗器械注册证将《医疗器械生产许可证》的生产范围和医疗器械生产产品登记表分成原《分类目录》分类编码区和新《分类目录》分类编码区，并明确标识，分别注明产品生产范围和产品信息。其中，按照新《分类目录》填写的生产范围应填写到一级产品类别。新旧版本分类编码产品生产范围不得混编，待全部产品均为新版产品分类编码的注册证后，不再分区。

（十二）自2018年8月1日起，新发放的医疗器械经营许可证和第二类医疗器械经营备案凭证的经营范围应当分成原《分类目录》分类编码区和新《分类目录》分类编码区，并明确标识。经营范围填写到子目录类别。新旧版本分类编码经营范围不得混编，待全部产品均为新版产品分类编码的注册证后，不再分区。

各省级食品药品监督管理部门应当按照国家食品药品监督管理总局的统一部署，组织开展本辖区新《分类目录》培训工作，监督指导相关单位实施新《分类目录》。各级食品药品监督管理部门对新《分类目录》实施过程中遇到的问题要及时研究处理，并及时向上一级食品药品监督管理部门报告。

特此通告。

食品药品监管总局

2017年8月31日

# 国家药监局关于调整《医疗器械分类目录》部分内容的公告

2020 年第 147 号

为进一步深化医疗器械审评审批制度改革，依据医疗器械产业发展和监管工作实际，按照《医疗器械监督管理条例》有关要求，国家药监局决定对《医疗器械分类目录》部分内容进行调整。现将有关事项公告如下：

## 一、调整内容

对 28 类医疗器械的《医疗器械分类目录》内容进行调整，其中，15 类医疗器械管理类别进行调整（见附件 1），13 类医疗器械目录内容进行调整（见附件 2）。

## 二、实施要求

（一）自本公告发布之日起，药品监督管理部门依据《医疗器械注册管理办法》《关于公布医疗器械注册申报资料要求和批准证明文件格式的公告》《关于第一类医疗器械备案有关事项的公告》等，按照调整后的类别受理医疗器械注册和备案申请。

（二）对于已受理尚未完成注册审批（包括首次注册和延续注册）的医疗器械，药品监督管理部门继续按照原受理类别审评审批，准予注册的，核发医疗器械注册证，并在注册证备注栏注明调整后的产品管理类别。

（三）对于已注册的医疗器械，其管理类别由第三类调整为第二类的，医疗器械注册证在有效期内继续有效。如需延续的，注册人应当在医疗器械注册证有效期届满 6 个月前，按照改变后的类别向相应药品监督管理部门申请延续注册，准予延续注册的，按照调整后的产品管理类别核发医疗器械注册证。

对于已注册的医疗器械，其管理类别由第二类调整为第一类的，医疗器械注册证在有效期内继续有效。注册证到期前，注册人可向相应药品监督管理部门申请产品备案，备案资料符合要求的，药品监督管理部门应当按照相关要求制作备案凭证，并在其网站公布备案信息表中登载的信息。

（四）医疗器械注册证有效期内发生注册变更的，注册人应当向原注册部门申请注册变更。如原注册证为按照原《医疗器械分类目录》核发，本公告涉及产品的注册变更文件备注栏中应当注明公告实施后的产品管理类别。

（五）各级药品监督管理部门要加强《医疗器械分类目录》内容调整的宣贯培训，切实做好相关产品审评审批、备案和上市后监管工作。

本公告自发布之日起实施。

附件：1. 医疗器械分类目录产品管理类别调整意见汇总表

2. 医疗器械分类目录内容调整意见汇总表

国家药监局

2020 年 12 月 18 日

# 国家药监局关于调整《医疗器械分类目录》部分内容的公告

2022 年第 25 号

为进一步深化医疗器械审评审批制度改革，依据医疗器械产业发展和监管工作实际，按照《医疗器械监督管理条例》《医疗器械分类目录动态调整工作程序》有关要求，国家药监局决定对《医疗器械分类目录》部分内容进行调整。现将有关事项公告如下：

## 一、调整内容

对 02–15–14 夹子装置等 10 种医疗器械产品涉及《医疗器械分类目录》内容进行调整，具体调整内容见附件。

## 二、实施要求

（一）对于附件中由 I 类调整为Ⅱ类管理的“14–10–08 液体敷料、膏状敷料”中非无菌提供、通过在创面表面形成保护层，起物理屏障作用，用于小创口、擦伤、切割伤等浅表性创面及周围皮肤的护理的液体敷料、膏状敷料类产品，自本公告发布之日起，可按《医疗器械注册与备案管理办法》（国家市场监督管理总局令第 47 号）的规定申请注册。2022 年 1 月 1 日前已按照 2017 版《医疗器械分类目录》办理第一类医疗器械产品备案的，2023 年 4 月 1 日前产品备案继续有效；自 2023 年 4 月 1 日起，该类产品未依法取得医疗器械注册证不得生产、进口和销售。相关生产企业应当切实落实产品质量安全主体责任，确保上市产品的安全有效。

（二）对于调整内容的其他产品，自本公告发布之日起，药品监督管理部门依据《医疗器械注册与备案管理办法》《关于公布医疗器械注册申报资料要求和批准证明文件格式的公告》等，按照调整后的类别受理医疗器械注册申请。

对于已受理尚未完成注册审批（包括首次注册和延续注册）的医疗器械，药品监督管理部门继续按照原受理类别审评审批，准予注册的，核发医疗器械注册证，并在注册证备注栏注明调整后的产品管理类别。

对于已注册的医疗器械，其管理类别由第 III 类调整为第Ⅱ类的，医疗器械注册证在有效期内继续有效。如需延续的，注册人应当在医疗器械注册证有效期届满 6 个月前，按照改变后的类别向相应药品监督管理部门申请延续注册，准予延续注册的，按照调整后的产品管理类别核发医疗器械注册证。

医疗器械注册证有效期内发生注册变更的，注册人应当向原注册部门申请注册变更。如原注册证为按照原《医疗器械分类目录》核发，本公告涉及产品的注册变更文件备注栏中应当注明公告实施后的产品管理类别。

（三）各级药品监督管理部门要加强《医疗器械分类目录》内容调整的宣贯培训，切实做好相关产品审评审批和上市后监管工作。

特此公告。

附件：《医疗器械分类目录》部分内容调整表

国家药监局

2022 年 3 月 22 日

# 国家药监局关于调整《医疗器械分类目录》部分内容的公告

2022 年第 30 号

为进一步深化医疗器械审评审批制度改革，依据医疗器械产业发展和监管工作实际，按照《医疗器械监督管理条例》《医疗器械分类目录动态调整工作程序》有关要求，国家药监局决定对《医疗器械分类目录》部分内容进行调整。现将有关事项公告如下：

## 一、调整内容

对 27 类医疗器械涉及《医疗器械分类目录》内容进行调整，具体调整内容见附件。

## 二、实施要求

（一）对于附件中调整涉及的 09-07-02 射频治疗（非消融）设备中射频治疗仪、射频皮肤治疗仪类产品，自本公告发布之日起，可按《医疗器械注册与备案管理办法》（国家市场监督管理总局令第 47 号）的规定申请注册。自 2024 年 4 月 1 日起，射频治疗仪、射频皮肤治疗仪类产品未依法取得医疗器械注册证不得生产、进口和销售。

射频治疗仪、射频皮肤治疗仪类产品相关注册人、生产企业应当切实履行产品质量安全主体责任，全面加强产品全生命周期质量管理，确保上市产品的安全有效。自本公告发布之日起，射频治疗仪、射频皮肤治疗仪类产品相关注册人、生产企业应当主动向所在地（进口产品为代理人所在地）省级药品监督管理部门报告产品按医疗器械研制注册计划、适用的安全性标准承诺、生产质量管理体系及运行情况、顾客投诉处置及不良事件制度和执行情况等。省级药品监督管理部门应当建立企业信用档案，加强对该类产品注册人、生产企业的检查，督促企业落实主体责任、加快完成产品注册，健全质量管理体系。自 2024 年 4 月 1 日起，未取得医疗器械生产、经营许可（备案）的企业，不得从事相关产品的生产和销售。

（二）对于调整内容的其他产品，自本公告发布之日起，药品监督管理部门依据《医疗器械注册与备案管理办法》《关于公布医疗器械注册申报资料要求和批准证明文件格式的公告》等，按照调整后的类别受理医疗器械注册申请。

对于已受理尚未完成注册审批（包括首次注册和延续注册）的医疗器械，药品监督管理部门继续按照原受理类别审评审批，准予注册的，核发医疗器械注册证，并在注册证备注栏注明调整后的产品管理类别。

对于已注册的医疗器械，其管理类别由第三类调整为第二类的，医疗器械注册证在有效期内继续有效。如需延续的，注册人应当在医疗器械注册证有效期届满 6 个月前，按照改变后的类别向相应药品监督管理部门申请延续注册，准予延续注册的，按照调整后的产品管理类别核发医疗器械注册证。

医疗器械注册证有效期内发生注册变更的，注册人应当向原注册部门申请变更注册。如原注册证为按照原《医疗器械分类目录》核发，本公告涉及产品的变更注册文件备注栏中应当注明公告实施后的产品管理类别。

（三）各级药品监督管理部门要加强《医疗器械分类目录》内容调整的宣贯培训，切实做好相关产品审评审批和上市后监管工作。

附件:《医疗器械分类目录》部分内容调整表

国家药监局

2022 年 3 月 28 日

# 国家药监局关于医用透明质酸钠产品管理类别的公告

2022 年第 103 号

为加强医用透明质酸钠（玻璃酸钠）产品的监督管理，进一步规范相关产品注册（备案），保证公众用药用械安全有效，根据《药品管理法》《医疗器械监督管理条例》相关规定，现就该类产品管理有关事宜公告如下：

一、根据不同预期用途（适应症）、工作原理等，医用透明质酸钠（玻璃酸钠）产品按照以下情形分别管理：

（一）用于治疗关节炎、干眼症等的产品，按照药品管理。

（二）符合以下情形，且不含发挥药理学、代谢学或免疫学作用的药物成分时，按照医疗器械管理，其管理类别不得低于第二类。

1. 作为接触镜护理产品应用时，按照第三类医疗器械管理。

2. 作为可吸收外科防粘连材料应用时，按照第三类医疗器械管理。

3. 作为眼用粘弹剂应用时，按照第三类医疗器械管理。

4. 作为注射填充增加组织容积产品应用时，按照第三类医疗器械管理。

5. 作为注射到真皮层，主要通过所含透明质酸钠的保湿、补水等作用，改善皮肤状态应用时，按照第三类医疗器械管理。

6. 用于修复膀胱上皮氨基葡萄糖保护层应用时，按照第三类医疗器械管理。

7. 作为医用敷料应用时，若产品可部分或者全部被人体吸收，或者用于慢性创面，按照第三类医疗器械管理；若产品不可被人体吸收且用于非慢性创面，按照第二类医疗器械管理。

8. 作为辅助改善皮肤病理性疤痕，辅助预防皮肤病理性疤痕形成的疤痕修复敷料应用时，按照第二类医疗器械管理。

9. 作为口腔溃疡、口腔组织创面愈合治疗辅助材料应用时，按照第二类医疗器械管理。

10. 作为体腔器械（不含避孕套）导入润滑剂应用时，按照第二类医疗器械管理。

11. 含有透明质酸钠润滑剂的避孕套，按照第二类医疗器械管理。

（三）对于含有透明质酸钠（玻璃酸钠）的药械组合产品，应当根据产品首要作用方式判定为以药品作用为主或者以医疗器械作用为主的药械组合产品。不提倡药械组合产品添加抗菌成分。

对含有抗菌成分的医用敷料产品、含有药物的整形用注射填充物等按下述原则判定：

1. 含有抗菌成分的医用敷料产品，应当提供非临床药效学研究和 / 或临床研究证实产品是否具有抗菌治疗作用。用于判定产品是否具有抗菌治疗作用的非临床药效学研究

和 / 或临床研究及评判标准可参考药品研发相关的非临床和临床技术指导原则。（1）如果非临床药效学研究和 / 或临床研究证实产品具有明确的抗菌治疗作用，其中，主要通过抗菌治疗作用实现其预期用途的产品判定为以药品为主的药械组合产品；主要通过创面物理覆盖、渗液吸收等作用实现其预期用途的产品判定为以医疗器械为主的药械组合产品。（2）如果非临床药效学研究和 / 或临床研究未显示产品具有抗菌治疗作用，则产品按照医疗器械管理。

2. 含有局麻药等药物（如盐酸利多卡因、氨基酸、维生素）、主要通过填充增加组织容积的整形用注射填充物，判定为以医疗器械为主的药械组合产品。

3. 含有局麻药等药物（如盐酸利多卡因、氨基酸、维生素等）、主要通过所含透明质酸钠的保湿、补水等作用，改善皮肤状态的医疗美容用注射材料，判定为以医疗器械为主的药械组合产品。

4. 含有药物的体腔器械（不含避孕套）导入润滑剂，判定为以医疗器械为主的药械组合产品。

二、以涂擦、喷洒或者其他类似方法，施用于皮肤、毛发、指甲、口唇等人体表面，以清洁、保护、修饰、美化为目的的产品，不按照药品或者医疗器械管理。

用于缓解阴道干燥的产品（不包括用于阴道创面护理的产品），不按照药品或者医疗器械管理。

仅用于破损皮肤、创面消毒的含消毒剂成分的洗液、消毒液、消毒棉片等，不按照药品或者医疗器械管理。

三、经修饰的透明质酸钠（玻璃酸钠）经验证后如相关物理、化学、生物特性与透明质酸钠一致，管理属性和管理类别可参照本公告执行。

四、自公告发布之日起，按照上述管理类别受理医用透明质酸钠（玻璃酸钠）产品的注册申请。

五、已经按照药品或医疗器械受理的注册申请，正在审评、审批的品种，继续按照药品或医疗器械进行审评、审批，符合要求的，核发药品批准文号或医疗器械注册证书。其中，需要改变管理属性或类别的，限定其批准文号或注册证书的有效期截止日期为 2024 年 12 月 31 日。

六、已获得药品批准文号或医疗器械注册证的产品，需要改变管理属性、管理类别的，原药品批准文号或医疗器械注册证在证书有效期内继续有效；所涉及企业应当按照相应管理属性和类别的有关要求积极开展转换工作，在 2024 年 12 月 31 日之前完成转换。开展转换工作期间原药品批准文号或医疗器械注册证到期的，在产品安全有效且上市后未发生严重不良事件或质量事故的前提下，企业可按原管理属性和类别向原审批部门提出延期申请，予以延期的，原药品批准文号或医疗器械注册证有效期不得超过 2024 年 12 月 31 日。

七、已按第一类医疗器械备案的冷敷凝胶、光子冷凝胶、液体敷料、膏状敷料等产品，按照《关于实施〈第一类医疗器械产品目录〉有关事项的通告》（国家药监局通告

2021年第107号）和《关于调整〈医疗器械分类目录〉部分内容的公告》（国家药监局公告2022年第25号）有关要求执行。

八、各相关企业应当切实落实产品质量安全主体责任，确保上市产品的安全有效。各级药品监督管理部门要加强宣贯培训，切实做好相关产品审评审批和上市后监管工作。

九、本公告自发布之日起实施，《关于医用透明质酸钠产品管理类别的公告》（原国家食品药品监督管理局公告2009年第81号）同时废止。

国家药监局

2022年11月10日

# 国家药监局关于发布医疗器械分类目录动态调整工作程序的公告

2021 年第 60 号

为加强医疗器械分类管理，规范《医疗器械分类目录》动态调整工作，根据《医疗器械监督管理条例》《医疗器械分类规则》，国家药监局组织制定了《医疗器械分类目录动态调整工作程序》，现予发布。

特此公告。

附件：医疗器械分类目录动态调整工作程序

国家药监局

2021 年 4 月 27 日

附件

## 医疗器械分类目录动态调整工作程序

**第一条** 为加强医疗器械分类管理，规范《医疗器械分类目录》(以下简称《分类目录》) 动态调整工作，根据《医疗器械监督管理条例》《医疗器械分类规则》，制定本工作程序。

**第二条** 《分类目录》动态调整工作应当根据医疗器械风险变化情况，参考国际经验，遵循符合最新科学认知、立足监管实际、鼓励创新、推动产业高质量发展的原则。

**第三条** 《分类目录》动态调整包括以下情形：

（一）调整子目录；

（二）调整一级产品类别、二级产品类别和 / 或管理类别；

（三）增补有代表性的创新医疗器械产品；

（四）删除不再作为医疗器械管理的产品；

（五）修订产品描述、预期用途和品名举例等内容。

**第四条** 境内医疗器械注册人和备案人、生产经营企业、使用单位可以向所在省（区、市）药品监督管理部门提出《分类目录》调整建议；境外医疗器械注册人和备案人可以委托其境内代理人，向其代理人所在省（区、市）药品监督管理部门提出《分类目录》调整建议。

省（区、市）药品监督管理部门负责对行政区域内《分类目录》调整建议进行初审，认为确需调整的，将调整建议报国家药监局医疗器械标准管理中心（以下简称标管中心）。

**第五条** 国家药监局相关部门、省（区、市）药品监督管理部门，医疗器械相关学会、协会等社会团体，国家药监局医疗器械分类技术委员会（以下简称分类技术委员会）委员，可向标管中心提出《分类目录》调整建议。

**第六条** 《分类目录》调整建议和相关材料应当通过标管中心分类界定信息系统提交，相关材料包括但不限于以下内容：

（一）拟调整的内容和理由；

（二）拟调整产品国内外管理属性、类别和产业现状；

（三）拟调整产品主要风险点及风险变化等情况；

（四）拟调整产品技术特点、与已上市同类产品的比较和临床使用等情况；

（五）拟调整产品不良事件和上市后监管有关情况（如适用）。

**第七条** 标管中心收到《分类目录》调整建议后应当及时进行研究，基于对产品风险变化情况的分析、评估，参考国际医疗器械分类实践，结合我国监管实际，综合研判形成初步调整意见。

**第八条** 标管中心将《分类目录》初步调整意见在其网站向社会公开征求意见 1 个月。根据征求意见情况，修改完善形成《分类目录》拟调整意见。

**第九条** 针对《分类目录》子目录的拟调整意见，由标管中心报国家药监局。国家药监局组织分类技术委员会执委会审议。审议通过后将拟调整意见在国家药监局网站公示 7 日，公示后按程序发布调整公告。

**第十条** 针对其他情形的《分类目录》拟调整意见，由标管中心组织分类技术委员会专业组审议。审议通过后将拟调整意见报国家药监局。国家药监局将拟调整意见公示 7 日，公示后按程序发布调整公告。

**第十一条** 标管中心按照国家药监局公布的《分类目录》调整公告，及时调整《分类目录》数据库。

**第十二条** 《分类目录》根据需要进行调整，调整工作原则上每年不少于一次。

**第十三条** 已注册 / 备案医疗器械管理类别调整后的注册 / 备案事项，按照《医疗器械注册管理办法》等有关要求执行。

**第十四条** 体外诊断试剂分类子目录动态调整工作参照本程序执行。

**第十五条** 本程序自公布之日起实施。

# 国家药监局关于发布<br>医疗器械唯一标识系统规则的公告

2019 年第 66 号

为贯彻落实《国务院办公厅关于印发治理高值医用耗材改革方案的通知》(国办发〔2019〕37 号)，规范医疗器械唯一标识系统建设，加强医疗器械全生命周期管理，依据《医疗器械监督管理条例》，国家药监局制定了《医疗器械唯一标识系统规则》，现予发布，自 2019 年 10 月 1 日起施行。

特此公告。

附件：医疗器械唯一标识系统规则

国家药监局

2019 年 8 月 23 日

**附件**

## 医疗器械唯一标识系统规则

**第一条**　为规范医疗器械唯一标识系统建设，加强医疗器械全生命周期管理，根据《医疗器械监督管理条例》，制定本规则。

**第二条**　在中华人民共和国境内销售、使用的医疗器械，其唯一标识系统应当符合本规则。

**第三条**　本规则所称医疗器械唯一标识系统，由医疗器械唯一标识、唯一标识数据载体和唯一标识数据库组成。

医疗器械唯一标识，是指在医疗器械产品或者包装上附载的，由数字、字母或者符号组成的代码，用于对医疗器械进行唯一性识别。

医疗器械唯一标识数据载体，是指存储或者传输医疗器械唯一标识的数据媒介。

医疗器械唯一标识数据库，是指储存医疗器械唯一标识的产品标识与关联信息的数据库。

**第四条**　医疗器械唯一标识系统建设应当积极借鉴国际标准，遵循政府引导、企业落实、统筹推进、分步实施的原则。

**第五条**　国家药品监督管理局负责建立医疗器械唯一标识系统制度，制定医疗器械唯一标识系统建设规划，推动各方积极应用医疗器械唯一标识，促进医疗器械全生命周期管理。

省、自治区、直辖市药品监督管理部门负责指导并监督本行政区域内注册人/备案人开展医疗器械唯一标识系统建设相关工作。

**第六条** 注册人/备案人负责按照本规则创建和维护医疗器械唯一标识，在产品或者包装上赋予医疗器械唯一标识数据载体，上传相关数据，利用医疗器械唯一标识加强产品全过程管理。

鼓励医疗器械生产经营企业和使用单位积极应用医疗器械唯一标识进行相关管理。

**第七条** 医疗器械唯一标识包括产品标识和生产标识。产品标识为识别注册人/备案人、医疗器械型号规格和包装的唯一代码；生产标识由医疗器械生产过程相关信息的代码组成，根据监管和实际应用需求，可包含医疗器械序列号、生产批号、生产日期、失效日期等。

产品发生可能影响医疗器械识别、追溯的变更或者监管要求变化时，应当创建新的产品标识。

医疗器械停止销售、使用的，其产品标识不得用于其他医疗器械；重新销售、使用时，可使用原产品标识。

**第八条** 医疗器械唯一标识应当符合唯一性、稳定性和可扩展性的要求。

唯一性，是指医疗器械唯一标识应当与医疗器械识别要求相一致。

稳定性，是指医疗器械唯一标识应当与产品基本特征相关，产品的基本特征未变化的，产品标识应当保持不变。

可扩展性，是指医疗器械唯一标识应当与监管要求和实际应用不断发展相适应。

**第九条** 注册人/备案人应当按照医疗器械唯一标识的编制标准创建、维护医疗器械唯一标识。

医疗器械唯一标识编制标准应当符合国家药品监督管理局以及符合本规则要求的发码机构制定的相关标准。

**第十条** 发码机构应当为中国境内的法人机构，具备完善的管理制度和运行体系，确保按照其标准创建的医疗器械唯一标识的唯一性，并符合国家数据安全有关要求。

发码机构应当向注册人/备案人提供执行其标准的流程并指导实施，应当将其编码标准上传至医疗器械唯一标识数据库并动态维护，每年1月31日前向国家药品监督管理局提交按照其标准创建的唯一标识上一年度的报告。

国家鼓励发码机构采用相关国际标准建立唯一标识运行体系。

**第十一条** 医疗器械唯一标识数据载体应当满足自动识别和数据采集技术以及人工识读的要求。如空间有限或者使用受限，应当优先采用符合自动识别和数据采集技术的载体形式。

自动识别和数据采集技术包括一维码、二维码或者射频标签等形式，鼓励采用先进的自动识别和数据采集技术。

采用一维码时，可将产品标识和生产标识串联，也可多行并联；采用射频标签时，应当同时具备一维码或者二维码。

**第十二条**　注册人/备案人应当选择与其创建的医疗器械唯一标识相适应的数据载体标准，对以其名义上市的医疗器械最小销售单元和更高级别的包装或者医疗器械产品上赋予唯一标识数据载体，并确保在医疗器械经营使用期间唯一标识数据载体牢固、清晰、可读。

**第十三条**　国家药品监督管理局制定医疗器械唯一标识数据相关标准及规范，组织建立医疗器械唯一标识数据库，供公众查询。

**第十四条**　注册人/备案人应当按照相关标准或者规范要求上传、维护和更新唯一标识数据库中的相关数据，并对数据的真实性、准确性、完整性负责。

**第十五条**　注册人/备案人应当在申请医疗器械注册、注册变更或者办理备案时，在注册/备案管理系统中提交其产品标识。

注册人/备案人应当在产品上市销售前，将产品标识和相关数据上传至医疗器械唯一标识数据库。

**第十六条**　药品监督管理部门可根据监管需求调用和管理相关数据。

鼓励各相关方采用先进信息化手段、应用医疗器械唯一标识，对医疗器械在生产、经营、使用等环节进行管理。

**第十七条**　本规则下列用语的含义：

自动识别和数据采集，是指不通过键盘直接将数据输入计算机系统或者其他微处理器控制的设备的技术。

人工识读，是指与机器识读媒介相对应的，可由人眼直接识别的编码信息。

**第十八条**　本规则自2019年10月1日起施行。分类实施的具体步骤另行制定并公布。

# 国家药监局关于做好第一批实施医疗器械唯一标识工作有关事项的通告

2019年第72号

《医疗器械唯一标识系统规则》(以下简称《规则》)已于2019年8月发布。按照《规则》要求，分步推行医疗器械唯一标识制度。现将第一批实施医疗器械唯一标识工作有关事项通告如下：

## 一、品种范围

按照风险程度和监管需要，确定部分有源植入类、无源植入类等高风险第三类医疗器械作为第一批医疗器械唯一标识实施品种，具体产品目录见附件。

## 二、进度安排

对列入第一批实施产品目录的医疗器械，注册人应当按照时限要求有序开展以下工作：

(一)唯一标识赋码

2020年10月1日起，生产的医疗器械应当具有医疗器械唯一标识；

2020年10月1日前已生产的医疗器械可不具有医疗器械唯一标识。生产日期以医疗器械标签为准。

(二)唯一标识注册系统提交

2020年10月1日起，申请首次注册、延续注册或者注册变更时，注册申请人/注册人应当在注册管理系统中提交其最小销售单元的产品标识。

产品标识不属于注册审查事项，产品标识的单独变化不属于注册变更范畴。

(三)唯一标识数据库提交

2020年10月1日起生产的医疗器械，在其上市销售前，注册人应当按照相关标准或者规范要求将最小销售单元、更高级别包装的产品标识和相关数据上传至医疗器械唯一标识数据库；

当医疗器械产品最小销售单元产品标识的相关数据发生变化时，注册人应当在该产品上市销售前，在医疗器械唯一标识数据库中进行变更，实现数据更新。医疗器械最小销售单元产品标识变化时，应当按照新增产品标识上传数据至医疗器械唯一标识数据库。

## 三、工作要求

(一)强化企业责任。第一批实施唯一标识工作的注册人应当高度重视，充分认识《规则》实行的重要意义，严格按照《规则》和本通告要求组织开展赋码、数据上传和维护等工作，并对数据真实性、准确性、完整性负责。

（二）积极拓展应用。鼓励注册人应用医疗器械唯一标识建立医疗器械信息化追溯系统，实现对其产品生产、流通、使用全程可追溯。鼓励医疗器械生产经营企业、使用单位在其相关管理活动中积极应用医疗器械唯一标识，探索建立与上下游的追溯链条，推动衔接应用。

（三）加强培训宣传。积极开展《规则》培训工作，对注册人、生产经营企业、使用单位等开展有针对性的业务培训，组织有关人员认真学习，加强工作指导，保障政策有效实施。加大新闻宣传力度，正确引导，形成良好的舆论氛围。

特此通告。

附件：第一批实施医疗器械唯一标识的产品目录

国家药监局

2019 年 10 月 12 日

**附件**

## 第一批实施医疗器械唯一标识的产品目录

依据《医疗器械分类目录》列出以下品种：

### 一、01 有源手术器械

| 一级产品类别 | 二级产品类别 | 管理类别 |
| --- | --- | --- |
| 05 冷冻手术设备及附件 | 02 冷冻消融针及导管 | Ⅲ |

### 二、02 无源手术器械

| 一级产品类别 | 二级产品类别 | 管理类别 |
| --- | --- | --- |
| 13 手术器械－吻（缝）合器械及材料 | 06 可吸收缝合线 | Ⅲ |

### 三、03 神经和心血管手术器械

| 一级产品类别 | 二级产品类别 | 管理类别 |
| --- | --- | --- |
| 13 神经和心血管手术器械－心血管介入器械 | 01 造影导管 | Ⅲ |
| | 02 导引导管 | Ⅲ |
| | 03 中心静脉导管 | Ⅲ |

续表

| 一级产品类别 | 二级产品类别 | 管理类别 |
|---|---|---|
| 13 神经和心血管手术器械－心血管介入器械 | 05 灌注导管 | Ⅲ |
| | 06 球囊扩张导管 | Ⅲ |
| | 07 切割球囊 | Ⅲ |
| | 08 造影球囊 | Ⅲ |
| | 09 封堵球囊 | Ⅲ |
| | 10 血栓抽吸导管 | Ⅲ |
| | 11 套针外周导管 | Ⅲ |
| | 16 导丝 | Ⅲ |
| | 20 心脏封堵器装载器 | Ⅲ |
| | 21 心脏封堵器输送线缆 | Ⅲ |
| | 22 血管内回收装置 | Ⅲ |

## 四、06 医用成像器械

| 一级产品类别 | 二级产品类别 | 管理类别 |
|---|---|---|
| 14 医用内窥镜 | 04 胶囊式内窥镜系统 | Ⅲ |

## 五、10 输血、透析和体外循环器械

| 一级产品类别 | 二级产品类别 | 管理类别 |
|---|---|---|
| 04 血液净化及腹膜透析器具 | 01 血液透析器具 | Ⅲ |
| 06 心肺流转器具 | 01 氧合器 | Ⅲ |
| | 03 微栓过滤器 | Ⅲ |

## 六、12 有源植入器械

| 一级产品类别 | 二级产品类别 | 管理类别 |
|---|---|---|
| 01 心脏节律管理设备 | 01 植入式心脏起搏器 | Ⅲ |
| | 02 植入式心律转复除颤器 | Ⅲ |
| | 03 临时起搏器 | Ⅲ |

续表

| 一级产品类别 | 二级产品类别 | 管理类别 |
| --- | --- | --- |
| 01 心脏节律管理设备 | 04 植入式心脏起搏电极导线 | Ⅲ |
| | 05 植入式心脏除颤电极导线 | Ⅲ |
| | 06 临时起搏电极导线 | Ⅲ |
| | 07 植入式心脏事件监测设备 | Ⅲ |
| 02 神经调控设备 | 01 植入式神经刺激器 | Ⅲ |
| | 02 植入式神经刺激电极 | Ⅲ |
| | 04 神经调控充电设备 | Ⅲ |
| 03 辅助位听觉设备 | 01 植入式位听觉设备 | Ⅲ |

## 七、13 无源植入器械

| 一级产品类别 | 二级产品类别 | 管理类别 |
| --- | --- | --- |
| 01 骨结合植入物 | 02 单 / 多部件可吸收骨固定器械 | Ⅲ |
| 04 关节置换植入物 | 01 髋关节假体 | Ⅲ |
| | 02 膝关节假体 | Ⅲ |
| | 03 肩关节假体 | Ⅲ |
| | 04 肘关节假体 | Ⅲ |
| | 05 指关节假体 | Ⅲ |
| | 06 腕关节假体 | Ⅲ |
| | 07 踝关节假体 | Ⅲ |
| | 08 颞下颌关节假体 | Ⅲ |
| 06 神经内 / 外科植入物 | 04 硬脑（脊）膜补片 | Ⅲ |
| | 06 颅内支架系统 | Ⅲ |
| | 07 颅内栓塞器械 | Ⅲ |
| | 08 颅内弹簧圈系统 | Ⅲ |
| | 09 人工颅骨 | Ⅲ |

续表

| 一级产品类别 | 二级产品类别 | 管理类别 |
|---|---|---|
| 06 神经内 / 外科植入物 | 10 脑积水分流器及组件 | Ⅲ |
| | 11 颅内动脉瘤血流导向装置 | Ⅲ |
| 07 心血管植入物 | 01 血管内假体 | Ⅲ |
| | 02 血管支架 | Ⅲ |
| | 03 腔静脉滤器 | Ⅲ |
| | 04 人工血管 | Ⅲ |
| | 05 心血管补片 | Ⅲ |
| | 06 人工心脏瓣膜及瓣膜修复器械 | Ⅲ |
| | 07 心脏封堵器 | Ⅲ |
| | 08 心血管栓塞器械 | Ⅲ |
| 09 整形及普通外科植入物 | 01 整形填充材料 | Ⅲ |
| | 02 整形用注射填充物 | Ⅲ |
| | 03 乳房植入物 | Ⅲ |
| | 04 外科补片 / 外科修补网 | Ⅲ |
| | 06 非血管支架 | Ⅲ |
| | 07 支气管内活瓣 | Ⅲ |

## 八、14 注输、护理和防护器械

| 一级产品类别 | 二级产品类别 | 管理类别 |
|---|---|---|
| 02 血管内输液器械 | 10 植入式给药器械 | III |
| 05 非血管内导（插）管 | 05 输尿管支架 | III |

## 九、16 眼科器械

| 一级产品类别 | 二级产品类别 | 管理类别 |
|---|---|---|
| 07 眼科植入物及辅助器械 | 01 人工晶状体 | III |

# 国家药监局 国家卫生健康委 国家医保局关于深入推进试点做好第一批实施医疗器械唯一标识工作的公告

2020 年第 106 号

自 2019 年 7 月医疗器械唯一标识系统试点工作开展以来，唯一标识在医疗器械生产、经营、使用全链条各环节得到示范应用，有力助推了医疗器械从源头生产到最终临床使用全链条联动。为贯彻落实《国务院办公厅关于印发治理高值医用耗材改革方案的通知》（国办发〔2019〕37 号）和国务院深化医药卫生体制改革有关重点工作任务，进一步拓展医疗器械唯一标识在医疗、医保等领域的衔接应用，现就深入推进试点做好第一批实施唯一标识有关工作公告如下：

## 一、深入推进唯一标识试点工作

（一）试点时间。受新冠肺炎疫情影响，唯一标识试点深度尚有不足。为充分验证唯一标识制度实施的成效，经研究，决定将唯一标识系统试点时间延长至 2020 年 12 月 31 日。试点期间，企业可向医疗器械唯一标识数据库上传、维护和更新相关数据，各相关方可通过唯一标识数据库共享应用相关数据，医疗机构可积极探索唯一标识与医疗器械管理、临床应用、医保结算等领域的衔接应用。

（二）试点品种。在现有试点品种的基础上，以自愿原则，鼓励企业将更多品种，特别是国家卫生健康委办公厅印发的《第一批国家高值医用耗材重点治理清单》（以下简称《清单》）中的产品纳入试点范围。

## 二、扎实组织好第一批产品实施工作

（一）实施时间。试点结束后，将全面启动第一批唯一标识实施工作，第一批实施时间由 2020 年 10 月 1 日调整至 2021 年 1 月 1 日。

（二）实施品种。为落实国务院高值医用耗材治理改革有关要求，在《国家药监局关于做好第一批实施医疗器械唯一标识工作有关事项的通告》（2019 年第 72 号）9 大类 64 个品种的基础上，将《清单》中耳内假体、脊柱椎体间固定 / 置换系统、可吸收外科止血材料、阴茎假体、植入式药物输注设备等 5 种高风险第三类医疗器械纳入第一批实施唯一标识的品种范围，具体产品目录见附件。鼓励《清单》中其他品种第一批实施唯一标识。

《国家药监局关于做好第一批实施医疗器械唯一标识工作有关事项的通告》（2019 年第 72 号）除实施时间和实施品种调整外，其余实施要求不变。

（三）有关要求。

1. 各省（区、市）药品监督管理局要高度重视唯一标识实施工作，积极开展唯一标识政策宣贯培训，做好试点工作指导，尽快摸清行政区域内第一批实施唯一标识的企业情况，结合工作实际制定相应工作方案，组织好辖区内第一批实施工作。

2. 第一批实施唯一标识的医疗器械注册人于2021年1月1日起，严格按照《医疗器械唯一标识系统规则》等有关要求开展产品赋码、数据上传和维护等工作，并对数据真实性、准确性、完整性负责。

3. 医疗器械唯一标识实施各相关方要充分利用唯一标识开展工作，重点推进唯一标识在医药、医疗、医保等领域的衔接应用。各方在实施过程中应当及时分析、总结，重要问题和建议及时报告，确保唯一标识实施工作顺利推进。

特此公告。

附件：第一批实施医疗器械唯一标识的产品目录

国家药监局　国家卫生健康委　国家医保局

2020年9月29日

附件

## 第一批实施医疗器械唯一标识的产品目录

依据《医疗器械分类目录》列出以下品种：

### 一、01 有源手术器械

| 一级产品类别 | 二级产品类别 | 管理类别 |
| --- | --- | --- |
| 05 冷冻手术设备及附件 | 02 冷冻消融针及导管 | Ⅲ |

### 二、02 无源手术器械

| 一级产品类别 | 二级产品类别 | 管理类别 |
| --- | --- | --- |
| 13 手术器械－吻（缝）合器械及材料 | 06 可吸收缝合线 | Ⅲ |

### 三、03 神经和心血管手术器械

| 一级产品类别 | 二级产品类别 | 管理类别 |
| --- | --- | --- |
| 13 神经和心血管手术器械－心血管介入器械 | 01 造影导管 | Ⅲ |
| | 02 导引导管 | Ⅲ |

续表

| 一级产品类别 | 二级产品类别 | 管理类别 |
| --- | --- | --- |
| 13 神经和心血管手术器械－心血管介入器械 | 03 中心静脉导管 | Ⅲ |
| | 05 灌注导管 | Ⅲ |
| | 06 球囊扩张导管 | Ⅲ |
| | 07 切割球囊 | Ⅲ |
| | 08 造影球囊 | Ⅲ |
| | 09 封堵球囊 | Ⅲ |
| | 10 血栓抽吸导管 | Ⅲ |
| | 11 套针外周导管 | Ⅲ |
| | 16 导丝 | Ⅲ |
| | 20 心脏封堵器装载器 | Ⅲ |
| | 21 心脏封堵器输送线缆 | Ⅲ |
| | 22 血管内回收装置 | Ⅲ |

## 四、06 医用成像器械

| 一级产品类别 | 二级产品类别 | 管理类别 |
| --- | --- | --- |
| 14 医用内窥镜 | 04 胶囊式内窥镜系统 | Ⅲ |

## 五、10 输血、透析和体外循环器械

| 一级产品类别 | 二级产品类别 | 管理类别 |
| --- | --- | --- |
| 04 血液净化及腹膜透析器具 | 01 血液透析器具 | Ⅲ |
| 06 心肺流转器具 | 01 氧合器 | Ⅲ |
| | 03 微栓过滤器 | Ⅲ |

## 六、12 有源植入器械

| 一级产品类别 | 二级产品类别 | 管理类别 |
|---|---|---|
| 01 心脏节律管理设备 | 01 植入式心脏起搏器 | Ⅲ |
| | 02 植入式心律转复除颤器 | Ⅲ |
| | 03 临时起搏器 | Ⅲ |
| | 04 植入式心脏起搏电极导线 | Ⅲ |
| | 05 植入式心脏除颤电极导线 | Ⅲ |
| | 06 临时起搏电极导线 | Ⅲ |
| | 07 植入式心脏事件监测设备 | Ⅲ |
| 02 神经调控设备 | 01 植入式神经刺激器 | Ⅲ |
| | 02 植入式神经刺激电极 | Ⅲ |
| | 04 神经调控充电设备 | Ⅲ |
| 03 辅助位听觉设备 | 01 植入式位听觉设备 | Ⅲ |
| 04 其他 | 03 植入式药物输注设备 | Ⅲ |

## 七、13 无源植入器械

| 一级产品类别 | 二级产品类别 | 管理类别 |
|---|---|---|
| 01 骨结合植入物 | 02 单 / 多部件可吸收骨固定器械 | Ⅲ |
| 03 脊柱植入物 | 02 脊柱椎体间固定 / 置换系统 | Ⅲ |
| 04 关节置换植入物 | 01 髋关节假体 | Ⅲ |
| | 02 膝关节假体 | Ⅲ |
| | 03 肩关节假体 | Ⅲ |
| | 04 肘关节假体 | Ⅲ |
| | 05 指关节假体 | Ⅲ |
| | 06 腕关节假体 | Ⅲ |
| | 07 踝关节假体 | Ⅲ |
| | 08 颞下颌关节假体 | Ⅲ |

续表

| 一级产品类别 | 二级产品类别 | 管理类别 |
|---|---|---|
| 06 神经内 / 外科植入物 | 04 硬脑（脊）膜补片 | Ⅲ |
| | 06 颅内支架系统 | Ⅲ |
| | 07 颅内栓塞器械 | Ⅲ |
| | 08 颅内弹簧圈系统 | Ⅲ |
| | 09 人工颅骨 | Ⅲ |
| | 10 脑积水分流器及组件 | Ⅲ |
| | 11 颅内动脉瘤血流导向装置 | Ⅲ |
| 07 心血管植入物 | 01 血管内假体 | Ⅲ |
| | 02 血管支架 | Ⅲ |
| | 03 腔静脉滤器 | Ⅲ |
| | 04 人工血管 | Ⅲ |
| | 05 心血管补片 | Ⅲ |
| | 06 人工心脏瓣膜及瓣膜修复器械 | Ⅲ |
| | 07 心脏封堵器 | Ⅲ |
| | 08 心血管栓塞器械 | Ⅲ |
| 08 耳鼻喉植入物 | 02 耳内假体 | Ⅲ |
| 09 整形及普通外科植入物 | 01 整形填充材料 | Ⅲ |
| | 02 整形用注射填充物 | Ⅲ |
| | 03 乳房植入物 | Ⅲ |
| | 04 外科补片 / 外科修补网 | Ⅲ |
| | 06 非血管支架 | Ⅲ |
| | 07 支气管内活瓣 | Ⅲ |
| | 09 阴茎假体 | Ⅲ |

## 八、14 注输、护理和防护器械

| 一级产品类别 | 二级产品类别 | 管理类别 |
|---|---|---|
| 02 血管内输液器械 | 10 植入式给药器械 | Ⅲ |
| 05 非血管内导（插）管 | 05 输尿管支架 | Ⅲ |
| 08 可吸收外科敷料（材料） | 01 可吸收外科止血材料 | Ⅲ |

## 九、16 眼科器械

| 一级产品类别 | 二级产品类别 | 管理类别 |
|---|---|---|
| 07 眼科植入物及辅助器械 | 01 人工晶状体 | Ⅲ |

# 国家药监局 国家卫生健康委 国家医保局 关于做好第二批实施医疗器械唯一标识工作的公告

2021 年第 114 号

2021 年 1 月 1 日起，首批 9 大类 69 个医疗器械品种实施唯一标识。为进一步贯彻落实《医疗器械监督管理条例》《国务院办公厅关于印发治理高值医用耗材改革方案的通知》和国务院深化医药卫生体制改革有关重点工作任务，现将第二批实施医疗器械唯一标识工作有关事项公告如下：

## 一、实施品种

在《国家药监局 国家卫生健康委 国家医保局关于深入推进试点做好第一批实施医疗器械唯一标识工作的公告》（2020 年第 106 号）规定的 9 大类 69 个品种的基础上，将其余第三类医疗器械（含体外诊断试剂）纳入第二批实施唯一标识范围。支持和鼓励其他医疗器械品种实施唯一标识。

## 二、实施时间

纳入第二批实施唯一标识的医疗器械注册人应当按照以下要求开展工作：

（一）唯一标识赋码

2022 年 6 月 1 日起，生产的医疗器械应当具有医疗器械唯一标识；此前已生产的第二批实施唯一标识的产品可不具有唯一标识。生产日期以医疗器械标签为准。

（二）唯一标识注册系统提交

2022 年 6 月 1 日起，申请首次注册、延续注册或者注册变更时，注册申请人 / 注册人应当在注册管理系统中提交其最小销售单元的产品标识。

产品标识不属于注册审查事项，产品标识的单独变化不属于注册变更范畴。

（三）唯一标识数据库提交

2022 年 6 月 1 日起生产的医疗器械，在其上市销售前，注册人应当按照相关标准或者规范要求将最小销售单元、更高级别包装的产品标识和相关数据上传至医疗器械唯一标识数据库，确保数据真实、准确、完整、可追溯。对于已在国家医保局医保医用耗材分类与代码数据库中维护信息的医疗器械，要在唯一标识数据库中补充完善医保医用耗材分类与代码字段，同时在医保医用耗材分类与代码数据库维护中完善医疗器械唯一标识相关信息，并确认与医疗器械唯一标识数据库数据的一致性。

当医疗器械最小销售单元产品标识相关数据发生变化时，注册人应当在产品上市销售前，在医疗器械唯一标识数据库中进行变更，实现数据更新。医疗器械最小销售单元产品标识变化时，应当按照新增产品标识在医疗器械唯一标识数据库上传数据。

**三、有关要求**

医疗器械注册人要切实落实企业主体责任，鼓励基于唯一标识建立健全追溯体系，做好产品召回、追踪追溯等有关工作。对于因《医疗器械分类目录》动态调整导致产品管理类别发生变化的情况，医疗器械注册人应当按照调整后管理类别的要求实施唯一标识。

医疗器械经营企业要在经营活动中积极应用唯一标识，做好带码入库、出库，实现产品在流通环节可追溯。

医疗机构要在临床使用、支付收费、结算报销等临床实践中积极应用唯一标识，做好全程带码记录，实现产品在临床环节可追溯。

发码机构要制定针对本机构的唯一标识编制标准及指南，指导医疗器械注册人开展唯一标识创建、赋码工作，并验证按照其标准编制的唯一标识在流通、使用环节可识读性。

省级药品监督管理部门要加强唯一标识工作的培训指导，组织辖区内医疗器械注册人按要求开展产品赋码、数据上传和维护工作，加强与辖区内卫生、医保部门协同，推动三医联动。

省级卫生健康部门要指导辖区内医疗机构积极应用唯一标识，加强医疗器械在临床应用中的规范管理。

省级医保部门要加强医保医用耗材分类与代码与医疗器械唯一标识的关联使用，推动目录准入、支付管理、带量招标等的透明化、智能化。

特此公告。

国家药监局　国家卫生健康委　国家医保局

2021 年 9 月 13 日

# 国家药监局关于发布
# 第一类医疗器械产品目录的公告

2021 年第 158 号

为贯彻落实《医疗器械监督管理条例》（国务院令第 739 号）要求，进一步指导第一类医疗器械备案工作，国家药品监督管理局组织修订了《第一类医疗器械产品目录》，现予发布。该目录自 2022 年 1 月 1 日起施行。

特此公告。

附件：第一类医疗器械产品目录

国家药监局

2021 年 12 月 30 日

# 国家药监局关于实施《第一类医疗器械产品目录》有关事项的通告

2021 年第 107 号

为更好地指导第一类医疗器械备案管理，依据《医疗器械监督管理条例》（国务院令第 739 号）、《医疗器械分类规则》（国家食品药品监督管理总局令第 15 号，以下简称 15 号令）有关规定，国家药品监督管理局组织修订发布了《第一类医疗器械产品目录》（以下简称新《一类目录》），自 2022 年 1 月 1 日起施行。为做好新《一类目录》实施工作，现将有关事项通告如下：

## 一、新《一类目录》的总体说明

（一）新《一类目录》以 2017 版《医疗器械分类目录》为主体框架，包含 2017 版《医疗器械分类目录》中 19 个子目录，119 个一级产品类别，368 个二级产品类别，2629 个品名举例，较 2017 版《医疗器械分类目录》增加 90 条产品信息，新增 538 个品名举例。

（二）新《一类目录》对第一类医疗器械的产品描述、预期用途进行了概括性的表述，不代表相关产品备案内容的完整表述。判定产品管理类别时，应当结合产品实际情况，根据新《一类目录》中产品描述、预期用途和品名举例进行判定。

（三）新《一类目录》增加了《部分第一类医疗器械产品禁止添加成分名录》附录，明确新《一类目录》中“09-02-03 物理降温设备”“09-03-08 光治疗设备附件”“14-10-02 创口贴”“20-03-11 穴位压力刺激器具”中的产品不能含有中药、化学药物、生物制品、消毒和抗菌成分、天然植物及其提取物等发挥药理学、免疫学、代谢作用的成分或者可被人体吸收的成分，包括但不限于附录表格中所列成分，进一步规范相关产品备案。

（四）新《一类目录》不包括体外诊断试剂。体外诊断试剂产品管理类别应当按照《体外诊断试剂注册与备案管理办法》（国家市场监督管理总局令第 48 号，以下简称 48 号令）、《关于发布〈体外诊断试剂分类规则〉的公告》（国家药品监督管理局公告 2021 年第 129 号，以下简称 129 号公告）、体外诊断试剂分类相关目录进行判定，分类编码继续延用 6840。

（五）新《一类目录》不包括组合包类产品。组合包类产品是由需配合使用从而实现某一预期用途的一种以上医疗器械组合而成的产品。组合包类产品的管理类别应当依据 15 号令、48 号令、129 号公告等相关规定进行判定。

（六）新《一类目录》自 2022 年 1 月 1 日起实施。实施后，《关于发布第一类医疗器械产品目录的通告》（国家食品药品监督管理总局通告 2014 年第 8 号）、《食品药品监管总局办公厅关于实施第一类医疗器械备案有关事项的通知》（食药监办械管〔2014〕174号）以及2016年以前发布的医疗器械分类界定文件全部废止。2017版《医疗器械分类目录》及既往分类界定结果与新《一类目录》不一致的，均以新《一类目录》为准。

## 二、医疗器械备案管理有关政策

（七）自2022年1月1日起，第一类医疗器械均应当按照新《一类目录》实施备案。

2022年1月1日前已完成备案的产品，其中如按照新《一类目录》产品仍作为第一类医疗器械管理、但备案信息表中登载内容及备案的产品技术要求有关内容与新《一类目录》不一致的，备案人应当于2022年4月1日前完成备案信息变更，或向原备案部门提出取消原备案、重新办理第一类医疗器械备案。

（八）根据新《一类目录》无法确定产品管理类别的，应当按照医疗器械分类界定工作流程申请分类界定，确认为第一类医疗器械的，备案人可根据分类界定结果依照有关规定办理备案。

（九）根据医疗器械生产、经营、使用等情况，基于医疗器械风险分析、评价，参照《医疗器械分类目录动态调整工作程序》，及时更新调整《一类目录》。

各省级药品监督管理部门应当按照国家药监局的统一部署，组织开展行政区域内新《一类目录》培训工作，监督指导相关单位实施新《一类目录》。对新《一类目录》实施过程中遇到的问题要及时研究处理，并及时向国家药监局报告。

特此通告。

国家药监局

2021年12月30日

# 国家药监局关于发布《体外诊断试剂分类规则》的公告

2021 年第 129 号

为规范体外诊断试剂分类管理，根据《医疗器械监督管理条例》（国务院令第 739 号），国家药品监督管理局组织制定了《体外诊断试剂分类规则》，现予发布，自发布之日起施行。

特此公告。

国家药监局

2021 年 10 月 27 日

**附件**

## 体外诊断试剂分类规则

**第一条** 为规范体外诊断试剂分类管理，根据《医疗器械监督管理条例》，制定本规则。

**第二条** 本规则所述体外诊断试剂是指按照医疗器械管理的体外诊断试剂。按照药品管理的用于血源筛查的体外诊断试剂和采用放射性核素标记的体外诊断试剂，不属于本规则规定的范围。

用于细胞治疗、细胞回输、辅助生殖等的细胞培养基类产品，不属于本规则规定的范围。

**第三条** 本规则用于指导体外诊断试剂分类目录的制定和调整，确定新的体外诊断试剂的管理类别。

**第四条** 体外诊断试剂的管理类别应当根据产品风险程度进行判定。影响体外诊断试剂风险程度的因素包括但不限于以下内容：

（一）产品预期用途、适应症以及预期使用环境和使用者的专业知识；

（二）检验结果信息对医学诊断和治疗的影响程度；

（三）检验结果对个人和 / 或公共健康的影响。

**第五条** 体外诊断试剂根据风险程度由低到高，管理类别依次分为第一类、第二类和第三类。

第一类体外诊断试剂是指具有较低的个人风险，没有公共健康风险，实行常规管理可以保证其安全、有效的体外诊断试剂，通常为检验辅助试剂。

第二类体外诊断试剂是指具有中等的个人风险和/或公共健康风险，检验结果通常是几个决定因素之一，出现错误的结果不会危及生命或导致重大残疾，需要严格控制管理以保证其安全、有效的体外诊断试剂。

第三类体外诊断试剂是指具有较高的个人风险和/或公共健康风险，为临床诊断提供关键的信息，出现错误的结果会对个人和/或公共健康安全造成严重威胁，需要采取特别措施严格控制管理以保证其安全、有效的体外诊断试剂。

**第六条**　体外诊断试剂的分类应当根据如下规则进行判定：

（一）第一类体外诊断试剂

1. 不用于微生物鉴别或药敏试验的微生物培养基，以及仅用于细胞增殖培养，不具备对细胞的选择、诱导、分化功能，且培养的细胞用于体外诊断的细胞培养基；

2. 样本处理用产品，如溶血剂、稀释液、染色液、核酸提取试剂等；

3. 反应体系通用试剂，如缓冲液、底物液、增强液等。

（二）第二类体外诊断试剂

除已明确为第一类、第三类的体外诊断试剂，其他为第二类体外诊断试剂，主要包括：

1. 用于蛋白质检测的试剂；

2. 用于糖类检测的试剂；

3. 用于激素检测的试剂；

4. 用于酶类检测的试剂；

5. 用于酯类检测的试剂；

6. 用于维生素检测的试剂；

7. 用于无机离子检测的试剂；

8. 用于药物及药物代谢物检测的试剂；

9. 用于自身抗体检测的试剂；

10. 用于微生物鉴别或者药敏试验的试剂，以及用于细胞增殖培养，对细胞具有选择、诱导、分化功能，且培养的细胞用于体外诊断的细胞培养基；

11. 用于变态反应（过敏原）检测的试剂；

12. 用于其他生理、生化或者免疫功能指标检测的试剂。

（三）第三类体外诊断试剂

1. 与致病性病原体抗原、抗体以及核酸等检测相关的试剂；

2. 与血型、组织配型相关的试剂；

3. 与人类基因检测相关的试剂；

4. 与遗传性疾病检测相关的试剂；

5. 与麻醉药品、精神药品、医疗用毒性药品检测相关的试剂；

6. 与治疗药物作用靶点检测相关的试剂和伴随诊断用试剂；

伴随诊断用试剂是用于评价相关医疗产品安全有效性的工具，主要用于在治疗前和/或治疗中识别出最有可能从相关医疗产品获益的患者和因治疗而可能导致严重不良反应风险增加的患者。用于药物及药物代谢物检测的试剂不属于伴随诊断用试剂。

7. 与肿瘤筛查、诊断、辅助诊断、分期等相关的试剂。

**第七条** 体外诊断试剂分类时，还应当结合以下情形综合判定：

（一）第六条所列的第二类体外诊断试剂如用于肿瘤筛查、诊断、辅助诊断、分期等，或者用于遗传性疾病检测的试剂等，按照第三类体外诊断试剂管理。

（二）用于药物及药物代谢物检测的试剂，如该药物属于麻醉药品、精神药品或者医疗用毒性药品范围的，按照第三类体外诊断试剂管理。

（三）与第一类体外诊断试剂配合使用的校准品、质控品，按照第二类体外诊断试剂管理；与第二类、第三类体外诊断试剂配合使用的校准品、质控品按与试剂相同的类别管理；多项校准品、质控品，按照其中的高类别管理。

（四）具有明确诊断价值的流式细胞仪用抗体试剂、免疫组化用抗体试剂和原位杂交用探针试剂，流式细胞仪用淋巴细胞亚群分析试剂盒，依据其临床预期用途，根据第六条规定分别按照第二类或第三类体外诊断试剂管理。

仅为专业医生提供辅助诊断信息的流式细胞仪用单一抗体试剂、免疫组化用单一抗体试剂和原位杂交用单一探针试剂，以及流式细胞仪用同型对照抗体试剂，按照第一类体外诊断试剂管理。

（五）第六条所列第一类体外诊断试剂中的样本处理用产品，如为非通用产品，或参与反应并影响检验结果，应当与相应检测试剂的管理类别一致。

**第八条** 体外诊断试剂分类目录由国家药品监督管理局制定并发布。国家药品监督管理局根据体外诊断试剂生产、经营、使用情况，及时对体外诊断试剂的风险变化进行分析、评价，对体外诊断试剂分类目录进行调整。

新研制、尚未列入体外诊断试剂分类目录的体外诊断试剂，申请人可以直接申请第三类体外诊断试剂产品注册，也可以依据本分类规则判断产品类别并按照医疗器械分类界定工作流程申请分类界定。

**第九条** 国家药品监督管理局可以组织医疗器械分类技术委员会制定、调整体外诊断试剂分类目录。

**第十条** 本规则自发布之日起施行。既往发布的文件中体外诊断试剂分类原则与本规则不一致的，以本规则为准。

# 国家药监局综合司关于进一步加强医疗器械强制性行业标准管理有关事项的通知

药监综械注〔2020〕72号

**各省、自治区、直辖市药品监督管理局，新疆生产建设兵团药品监督管理局，各有关单位：**

为进一步统一对强制性行业标准的认识，切实推进医疗器械强制性行业标准规范、有效实施，根据《中华人民共和国标准化法》《医疗器械监督管理条例》《强制性国家标准管理办法》和《医疗器械标准管理办法》，现就进一步加强医疗器械强制性行业标准管理有关事项通知如下：

**一、切实维护强制性行业标准的法律地位**

医疗器械强制性行业标准是由国家药监局组织制修订、批准发布，在医疗器械研制、生产、经营、使用及其监督管理活动中遵循的统一技术要求。《中华人民共和国标准化法》第十条规定"法律、行政法规和国务院决定对强制性标准的制定另有规定的，从其规定。"《医疗器械监督管理条例》第六条规定"医疗器械产品应当符合医疗器械强制性国家标准；尚无强制性国家标准的，应当符合医疗器械强制性行业标准。"各有关单位要充分认识强制性行业标准的法律地位，切实维护强制性行业标准的权威性，确保强制性行业标准规范、有效实施。

**二、进一步完善强制性行业标准体系**

医疗器械强制性行业标准是为保障人体健康和生命安全，涉及产品安全和基本性能要求的标准。制定强制性标准应当坚持通用性原则，优先制定针对某个或多个特定领域共性的技术要求。

国家药监局组织开展强制性行业标准全面评估论证，持续优化医疗器械强制性行业标准体系。需制定强制性行业标准的，尽快启动标准制定程序；需更新完善的，尽快启动修订程序；不宜强制的，转化为推荐性标准；不再适用的，及时予以废止。

**三、完善强制性行业标准起草和实施**

医疗器械标准管理部门要加强标准立项、起草、征求意见、技术审查、批准发布、复审等全过程精细化管理。强制性行业标准起草应当广泛调研、深入研究，积极借鉴国际标准。制定技术指标时，尽可能采用与产品使用功能相关的技术性能特征，而不简单用设计和描述特征表示。强制性行业标准的技术要求应当可验证、可操作，强制性行业标准编写应当遵守国家标准化工作有关规定，强制性行业标准前言中不再载明具体起草单位和起草人信息，可在标准编制说明中体现起草单位和起草人信息。

强制性行业标准实施日期应当依据产业和监管实际确定。强制性行业标准发布后实施前，医疗器械企业可选择执行新强制性行业标准或者原强制性行业标准。新强制性行业标准实施后，原强制性行业标准同时废止。

## 四、加强强制性行业标准的宣贯培训

各医疗器械标准化技术委员会（技术归口单位）要全力承担好本专业领域标准的宣贯培训和解读工作。各级药品监管部门应当组织开展已发布强制性标准的培训。医疗器械相关协会、学会等社会团体应当积极主动组织标准培训，规范提升行业、团体贯彻标准能力。医疗器械研制、生产、经营、使用单位应当积极参加培训并主动开展内部培训，提高标准理解力，确保标准实施到位。

## 五、规范强制性行业标准的执行

医疗器械技术审评部门应当加强技术审评过程中对产品执行强制性行业标准的审核，充分利用强制性行业标准进一步简化成熟产品技术审评要求，不断提升审评工作效率。

医疗器械相关科技和产业不断发展，新技术、新工艺、新产品不断涌现，若新产品结构特征、预期用途、使用方式等与强制性行业标准的适用范围不一致，医疗器械企业在申请注册时，可提出不适用强制性行业标准的说明，并提供经验证的证明性资料。上述不适用强制性行业标准的说明和证明性资料由医疗器械技术审评部门组织判定，必要时可会同医疗器械标准化技术委员会（技术归口单位）予以判定。强制性行业标准不适用情况应当在获准注册的产品技术要求中予以明确，并由医疗器械技术审评部门向国家药监局医疗器械标准管理中心予以通报，医疗器械标准管理中心根据上述情况尽快组织修订完善强制性行业标准。

各级药品监管部门在上市后监管工作中，应当将企业执行强制性行业标准情况作为日常监督检查的重要内容，强化标准执行，督促企业落实质量安全主体责任。

## 六、强化强制性行业标准的实施评估

强制性行业标准实施中，各级药品监管部门、医疗器械标准管理部门、技术审评部门等，应当将标准实施中存在的问题及时反馈相应标准化技术委员会（技术归口单位）。各医疗器械标准化技术委员会（技术归口单位）应当对强制性行业标准的实施情况进行跟踪评估，及时研究解决相关问题。需要进一步明确标准内容的，要及时发布标准解读，统一理解和认识；需要制修订相关标准的，要按程序提出标准制修订立项申请。国家药监局医疗器械标准管理中心根据跟踪评估情况对强制性行业标准实施情况进行统计分析，形成统计分析报告，持续推进医疗器械强制性行业标准制修订全生命周期闭环管理，不断提升标准质量和水平。

国家药监局综合司

2020 年 7 月 7 日

# 食品药品监管总局关于发布医疗器械标准制修订工作管理规范的公告

2017 年第 156 号

为贯彻落实中共中央办公厅、国务院办公厅《关于深化审评审批制度改革鼓励药品医疗器械创新的意见》（厅字〔2017〕42 号），根据《医疗器械标准管理办法》（国家食品药品监督管理总局令第 33 号）有关规定，国家食品药品监督管理总局组织修订了《医疗器械标准制修订工作管理规范》，现予发布。

特此公告。

附件：医疗器械标准制修订工作管理规范

食品药品监管总局

2017 年 12 月 12 日

附件

## 医疗器械标准制修订工作管理规范

### 第一章　总　则

**第一条**　为加强医疗器械标准制定、修订工作的规范化管理，建立公开、透明、高效的医疗器械标准制修订工作机制，提高医疗器械标准质量，根据《医疗器械标准管理办法》，制定本规范。

**第二条**　本规范适用于医疗器械国家标准和行业标准的制定、修订，包含医疗器械标准立项、起草、验证、征求意见、技术审查、审核批准和发布、实施和评价、修改和勘误、复审和废止，以及医疗器械行业标准制修订快速程序等。

**第三条**　医疗器械标准实行信息化管理。国家食品药品监督管理总局医疗器械标准管理中心（以下简称标管中心）负责医疗器械标准制修订信息系统（以下简称信息系统）的建设和维护。

## 第二章 标准立项

**第四条** 医疗器械标准计划项目实行全年公开征集制度。医疗器械生产经营企业、使用单位、监管部门、检测机构以及有关教育科研机构、社会团体和个人均可提出立项提案。提案单位或个人通过信息系统填写《医疗器械标准立项提案表》(附表1),报送相关专业领域的医疗器械标准化技术委员会(以下简称技委会)、医疗器械标准化分技术委员会(以下简称分技委会)或标准化技术归口单位(以下简称技术归口单位)。

**第五条** 医疗器械标准计划项目的立项条件:

(一)符合国家现行法律法规和有关规定;

(二)符合医疗器械监管和医疗器械产业及技术发展需要;

(三)符合医疗器械标准规划和医疗器械标准体系要求,原则上不与现行医疗器械标准及已立项的计划项目交叉、重复;

(四)符合国家采用国际标准的政策;

(五)属于产品标准的强制性行业标准计划项目,原则上其适用的产品应取得医疗器械注册证或备案凭证;

(六)列入国家产业规划、重大科技专项等的标准。

**第六条** 医疗器械生产经营企业、使用单位、监管部门、检测机构以及有关教育科研机构、社会团体等,可以向立项提案归口的技委会、分技委会或技术归口单位申请作为医疗器械标准第一起草单位。

担任第一起草单位需同时具备以下条件:

(一)业务范围与标准涉及的技术内容相适应;

(二)具备相关的科研和技术能力,在行业内具有代表性和较高的权威性;

(三)具有熟悉国家医疗器械有关政策法规的技术人员;

(四)具有熟悉标准中涉及的国内外技术发展趋势、生产水平和使用要求、了解当前存在的问题和解决方法的技术人员;

(五)标准需要验证的,具备验证能力。

**第七条** 对暂不明确归口的立项提案,可直接报送标管中心,由标管中心委托相应的技委会、分技委会或技术归口单位进行可行性研究,并确定技术归口单位。

涉及两个或两个以上技委会、分技委会或技术归口单位的立项提案,由标管中心负责协调,确定牵头和协作的技委会、分技委会或技术归口单位。

**第八条** 技委会、分技委会或技术归口单位收到立项提案后,应当按照第五条、第六条的要求,对立项提案进行深入调研、充分论证、广泛听取利益相关方意见。属于技委会、分技委会归口的立项提案需经全体委员审议,参加投票的委员不得少于3/4。参加投票委员2/3以上赞成,且反对意见不超过参加投票委员的1/4,方为通过。

属于技术归口单位归口的,需组织专家进行审议,专家人数原则上不少于15人。技术归口单位按程序公开征集专家并公示。参加投票的专家2/3以上赞成，且反对意见不超过参加投票专家的1/4，方为通过。

审议内容至少包括项目名称、标准的效力、适用范围和主要技术内容、第一起草单位等。

**第九条**　对审议通过的立项提案，技委会、分技委会或技术归口单位应将立项申请材料，通过信息系统进行申报。分技委会的立项申请应首先报所属技委会，经其审核通过后，再报标管中心。技委会或技术归口单位的立项申请按要求报标管中心。

**第十条**　标管中心对技委会或技术归口单位报送的立项申请进行初审，符合要求的立项申请，由标管中心向社会公开征求意见，公开内容包括项目名称、适用范围、标准的效力、国际标准采用情况、第一起草单位等，征求意见时间为1个月。征求意见后，标管中心统筹协调各方意见并组织专家论证。对审查通过的立项申请，标管中心提出标准立项计划项目建议，报送国家食品药品监督管理总局（以下简称总局）。

**第十一条**　总局对医疗器械标准立项计划项目建议进行审核。审核通过的标准计划项目（以下简称计划项目），在总局网站向社会公示7日，公示无异议后，国家标准计划项目报送国务院标准化行政主管部门批准下达；行业标准计划项目由总局批准下达。

**第十二条**　计划项目批准后，技委会、分技委会或技术归口单位应当按计划组织实施，并向标管中心报送计划项目的执行情况。标管中心对执行情况进行管理和监督检查。

**第十三条**　批准的计划项目实施过程中原则上不允许调整。确需撤销的或变更项目适用范围、标准名称（涉及项目适用范围变更）第一起草单位、标准的效力、归口单位等重要事项的，承担计划项目的技委会、分技委会或技术归口单位应填写《医疗器械标准计划项目调整申请表》（附表2），按第二章第八条的要求再次组织审议，审议通过的，技委会或技术归口单位将调整申请表报送标管中心，分技委会将调整申请表报送技委会。标管中心审核调整申请并提出调整建议，报送总局。经审查同意的，国家标准计划项目调整送国务院标准化行政主管部门批准；行业标准计划项目调整由总局批准，并由标管中心在信息系统中公布。经审查未同意的，技委会、分技委会或技术归口单位依照原计划开展标准制修订工作。

**第十四条**　计划项目需按时限要求完成。如不能按期完成，承担计划项目的技委会、分技委会或技术归口单位至少提前3个月向标管中心提交延期申请。如因审查未通过而需要延期的，需在标准审查结束后1个月内向标管中心提交延期申请。标管中心应审核，建议准予延期的，报送总局。对于国家标准计划项目延期建议，由总局报国务院标准化行政主管部门批准。准予延期的行业标准，总局批准后，标管中心在信息系统中调整时限。

**第十五条**　同一计划项目原则上可申请1次延期，最长延期时限为1年。

**第十六条**　总局每年公布标准计划完成情况。未完成当年计划项目总数的80%，且未获准延期的技委会或归口单位，总局将视情形减免该单位下一年度的计划项目。

## 第三章 标准起草

**第十七条** 技委会、分技委会或技术归口单位应当按照批准的标准计划项目及时组织开展标准起草工作，并对标准质量及技术内容负责。

**第十八条** 医疗器械生产经营企业、使用单位、监管部门、检测机构以及有关教育科研机构、社会团体等，可以向承担计划项目的技委会、分技委会或技术归口单位申请作为起草单位。技委会、分技委会或技术归口单位按照公开、公正、择优的原则确定参与起草单位，参与起草单位需具有代表性，充分发挥各相关方的作用。立项提案单位可优先作为起草单位。如计划项目为产品标准，参与起草单位原则上至少包括一家相关产品的生产或研究机构。

参与起草单位需填写《医疗器械标准起草单位登记表》(附表 3)，在承担计划项目的技委会、分技委会或技术归口单位备案。参与起草单位的变更，需经技委会、分技委会或技术归口单位同意。

**第十九条** 技委会、分技委会或技术归口单位应组织起草单位推荐标准起草人，成立标准起草工作组。标准起草人应由起草单位具有丰富专业知识和实践经验的技术人员担任。起草人需填写《医疗器械标准起草人登记表》(附表 4)，在技委会、分技委会或技术归口单位备案。起草人的变更，需经技委会、分技委会或技术归口单位同意。

**第二十条** 标准起草工作组负责标准起草工作，并确定第一起草人。第一起草人原则上来自第一起草单位，负责标准起草的具体编写、协调等工作。标准第一起草人需具备以下条件：

(一) 强制性标准第一起草人原则上具备高级及以上专业技术职称或相当技术职务，推荐性标准第一起草人具备中级及以上专业技术职称或相当技术职务；

(二) 具有相关产品检验、研发、生产或质量技术等工作经验；

(三) 具有一定的标准化管理和医疗器械法规知识；

(四) 具有较好的文字表达能力和较高的英语水平；

(五) 具有较好的组织管理和协调能力；

(六) 未出现无故不按时完成标准工作任务的情况；

**第二十一条** 标准起草工作组应广泛调研、深入分析研究，积极借鉴相关国际标准，在对技术内容进行充分论证的基础上，按 GB/T 1《标准化工作导则》、GB/T 20000《标准化工作指南》等标准编写规范要求起草标准草案。

## 第四章 标准验证

**第二十二条** 技委会、分技委会或技术归口单位应当组织对标准草案进行验证。验证时可公开征集验证单位，组织开展验证工作、分析验证结果，得出验证结论。

**第二十三条** 需要试验验证确定的技术要求和方法应当进行试验验证。不需要试验验证的技术内容，需说明免试验验证理由。

**第二十四条** 试验验证前，应当拟定试验方案，明确试验目的、要求、人员、试验对象、试验方法，试验中使用的仪器、设备、工具、工作场地、工作环境以及验证时应当注意的事项等，确保试验验证结论的可重复性、可靠性和准确性。

**第二十五条** 同一试验验证项目应在不同企业或检测机构中开展，原则上至少包括一家检测机构。

**第二十六条** 技委会、分技委会或技术归口单位应按标准存档要求保存完成的验证材料，验证材料应准确、真实、清晰。

## 第五章 征求意见

**第二十七条** 技委会、分技委会或技术归口单位根据验证结论，修改完善标准草案，形成医疗器械标准征求意见稿、编制说明及有关附件。“编制说明”的内容一般包括：

（一）工作简况，包括任务来源、协作单位、主要工作过程、标准起草单位及其所做的工作等；

（二）标准编制原则和确定标准主要内容（如技术指标、参数、公式、性能要求、试验方法、检验规则等）的论据（包括试验、统计数据），修订标准时，需说明新旧标准的对比情况；

（三）主要试验（或验证）的分析、综述报告，技术经济论证，预期的经济效果；

（四）采用国际标准和国外先进标准的程度，以及与国际同类标准水平的对比情况，或与测试的国外样品、样机的有关数据对比情况；

（五）与有关的现行法律、法规和强制性标准的关系；

（六）重大分歧意见的处理经过和依据；

（七）作为强制性标准或推荐性标准的建议；

（八）贯彻标准的要求和措施建议（包括组织措施、技术措施、过渡办法、实施日期等内容）；

（九）废止现行有关标准的建议；

（十）其他需要说明的事项。

**第二十八条** 技委会、分技委会或技术归口单位按要求向标管中心上报标准征求意见稿、编制说明等材料，同时向委员及相关单位征求意见。标管中心在其网站向社会公开征求意见。

**第二十九条** 征求意见时，需明确征求意见的期限，一般为2个月。被征求意见的单位应在规定期限内回复意见，如没有意见也应当复函说明，逾期不复函，按无异议处理。对重大的意见，需说明论据或提出技术论证。

**第三十条** 技委会、分技委会或技术归口单位负责对征集到的意见进行汇总后，反馈给标准起草工作组。标准起草工作组负责对征集的意见进行研究，提出处理意见，填写《医疗器械标准征求意见汇总处理表》(附表5)，上报技委会、分技委会或技术归口单位。对征求意见的处理方式为：采纳、部分采纳、技术审查阶段讨论和不采纳。对于结论为“部分采纳”、“技术审查阶段讨论”或“不采纳”的，需说明理由。

**第三十一条** 技委会、分技委会或技术归口单位需对征求意见处理情况进行审核。若征求的意见分歧较大，技委会、分技委会或技术归口单位应进行调查研究或补充验证工作，视情况考虑是否再次征求意见。

**第三十二条** 根据征求意见的处理情况，起草工作组修改完善标准征求意见稿及相关材料，形成标准送审稿、编制说明、验证报告、意见汇总处理表和有关附件。

## 第六章 技术审查

**第三十三条** 技委会、分技委会或技术归口单位负责组织对标准送审稿进行技术审查。审查形式分为会议审查和函审两种。对强制性标准、重大基础推荐性标准、涉及专利的标准以及征求意见分歧意见较多的推荐性标准送审稿需进行会议审查。必要时，可在会议审查或函审前对标准进行预审，预审结论不作为报批标准的依据。

**第三十四条** 采用会议审查时，技委会、分技委会或技术归口单位需提前10个工作日将标准送审稿、编制说明、征求意见汇总处理表等送审材料交全体委员或审查专家。

**第三十五条** 采用函审时，技委会、分技委会或技术归口单位需将送审材料和《医疗器械标准送审稿函审单》(附表6)交全体委员或审查专家，并规定回函期限，一般不少于1个月。

**第三十六条** 标准起草工作组需对标准的主要技术内容、编制工作过程、征求意见及处理情况等进行说明，并解释标准中技术要求的含义及制定依据。对各方提出的意见或建议应当如实准确地解答，采纳合理的部分。

**第三十七条** 由技委会、分技委会承担的医疗器械标准计划项目，技委会、分技委会负责组织全体委员表决，参加投票的委员不得少于全体委员的3/4。参加投票委员的2/3以上赞成，且反对意见不超过参加投票委员的1/4，方为通过。委员本人未出席会议且未委托本单位代表出席会议的，或函审未按规定时间投票的，按弃权处理。会议审查委员（含委员代表）出席率不足2/3时，需重新组织审查。

由技术归口单位承担的医疗器械标准计划项目，技术归口单位负责组织专家进行投票，原则上人数不少于15人，参加投票的专家不得少于3/4。参加投票专家的2/3以上赞成，且反对意见不超过参加投票专家的1/4，方为通过。

**第三十八条** 技委会、分技委会或技术归口单位需根据会议审查或函审情况，形成会议审查（函审）纪要，并填写《医疗器械标准技术审查结论表》(附表7)，并经与会委员或专家审议通过。会议审查（函审）纪要需如实反映审查情况，内容包括审查时间和地点、参与审查人员和单位情况、审查情况、对送审稿的审查结论、对编制说明内容的审查结论等。审查结论分为“通过”、“修改后通过”、“未通过”三种情形。

**第三十九条** 对于审查结论为“通过”的或“修改后通过”的，技委会、分技委会或技术归口单位组织起草单位依据审查意见修改完善标准送审稿等材料，形成标准报批稿、实施建议（包括实施日期、确定实施日期的依据）等材料。

对于审查结论为“未通过”的，技委会、分技委会或技术归口单位需根据审查意见修改完善后再次组织审查。

**第四十条** 技委会或者技术归口单位将标准报批稿、实施建议等报批材料报送标管中心。分技委会按要求将报批材料上报技委会，技委会应在30个工作日内完成审查，审查通过后，上报标管中心。

## 第七章 审核批准和发布

**第四十一条** 标管中心对标准制修订程序、报批稿协调性、报批材料齐全性和规范性等进行审核，审核工作应当在60个工作日内完成，补充资料时间不计算在审核时限内。必要时，可组织专家进行技术论证。对于需要完善上报材料的，标管中心在信息系统向技委会、分技委会或技术归口单位提出审核意见。技委会、分技委会或技术归口单位在30个工作日内根据审核意见提交相关材料。若标准报批稿及其相关报批材料不符合要求，标管中心将报批相关材料退回技委会、分技委会或技术归口单位，由技委会、分技委会或技术归口单位修订完善后重新上报。

**第四十二条** 审核通过的医疗器械国家标准，技委会或技术归口单位在国家标准制修订工作管理信息系统完成上报。对审核通过的医疗器械行业标准，标管中心将标准报批稿及相关材料送标准出版单位进行审校，有疑问时及时反馈标管中心。

**第四十三条** 标管中心将审核通过的医疗器械国家标准和审校通过的医疗器械行业标准报批稿及相关材料报送总局审查。审查通过的国家标准送国务院标准化行政主管部门批准、发布；审查通过的行业标准由总局批准，并确定实施日期和实施要求，以公告形式发布，必要时对标准实施提出指导性意见。

医疗器械国家标准、行业标准按照相关规定公开，供公众查阅。

## 第八章 实施和评价

**第四十四条** 技委会、分技委会和技术归口单位应在标准发布后开展标准的宣传、培训。必要时，标管中心可组织开展强制性标准以及重大基础标准的宣传、培训。

**第四十五条** 相关单位或个人在标准实施过程中发现问题，可向标准归口的技委会、分技委会或技术归口单位反馈。针对反馈的问题，技委会、分技委会或技术归口单位应当组织研究，提出解决方案报标管中心。

**第四十六条** 技委会、分技委会或技术归口单位应对标准的实施情况进行跟踪评价，并及时向标管中心反馈。对医疗器械强制性标准，标管中心根据跟踪评价情况对强制性标准实施情况进行统计分析。必要时，标管中心可组织相关单位、专家开展对医疗器械强制性标准、重大基础标准实施的评价，提出建议后报总局。

## 第九章 修改和勘误

**第四十七条** 医疗器械标准发布实施后，因个别技术内容影响标准使用需要进行修改时，应当采用标准修改单方式修改。相关单位或个人均可向标准归口的技委会、分技委会或技术归口单位提出标准修改的建议。技委会、分技委会或技术归口单位参照立项提案的审议程序，确定是否需要修改。

**第四十八条** 标准修改单应当由标准归口的技委会、分技委会或技术归口单位按照医疗器械标准制修订程序起草、征求意见、技术审查及报批。医疗器械标准修改单征求意见时间可适当缩短。

**第四十九条** 标管中心将审核通过的医疗器械标准修改单、修改单实施建议及相关报批材料上报总局审查。经审查通过的医疗器械国家标准修改单及相关报批材料送国务院标准化行政主管部门审批、发布。经审查通过的医疗器械行业标准修改单，由总局批准，确定实施日期和实施要求，并予以发布。

**第五十条** 若医疗器械标准发布出版后存在文字性错误等不涉及技术指标或内容的变化或修改，勘误后不会产生标准理解的歧义，由归口单位将拟勘误的内容报出版单位并抄送标管中心。标准出版单位审核通过后予以勘误，发布勘误表或勘误说明，在标准再次印刷时予以更正。

## 第十章 复审和废止

**第五十一条** 技委会、分技委会或技术归口单位应当对已发布实施的医疗器械标准开展复审工作，根据科学技术进步、产业发展、监管需要对其有效性、适用性和先进性及时组织复审。复审周期原则上不超过5年。复审可采用会议审查或函审，标准复审程序和要求需参照第六章技术审查的相关规定，形成复审结论。复审结论分为“继续有效”、“修订”或者“废止”。

**第五十二条** 标准复审后，技委会、分技委会或技术归口单位需形成复审报告，报告内容包括复审简况、复审程序、处理意见、复审结论，并将标准复审材料上报标管中心。报送材料包括报送公文、标准复审报告、标准复审项目汇总表以及《医疗器械标准复审结论表》(附表8)。

**第五十三条** 标管中心审核通过复审结论后，上报总局审查、批准。医疗器械国家标准复审结论送国务院标准化行政主管部门批准；医疗器械行业标准复审结论由总局审查批准。

**第五十四条** 复审结论为“继续有效”的医疗器械标准，维持原标准号和年号。在总局网站上予以标识。

**第五十五条** 复审结论为“修订”的医疗器械标准，归口的技委会、分技委会或技术归口单位按照立项要求提出立项申请，批准后组织修订，或通过修改单进行修改。

**第五十六条** 复审结论为“废止”的医疗器械国家标准，按国务院标准化行政主管部门的规定予以废止。对需要废止的医疗器械行业标准，由总局向社会公开征求意见后，发布公告予以废止。

## 第十一章 医疗器械行业标准制修订快速程序

**第五十七条** 对医疗器械监管急需制修订的行业标准，可采用快速程序。

**第五十八条** 根据监管急需情况，总局组织标管中心研究后确定标准立项计划项目和承担计划项目的技委会、分技委会或技术归口单位。

**第五十九条** 技委会、分技委会或技术归口单位应当及时组织起草、征求意见、技术审查，标管中心及时完成审核，总局及时审批发布。相关时限可适当缩短。

## 第十二章 附 则

**第六十条** 技委会、分技委会或技术归口单位需按照《标准档案管理办法》等相关规定保存标准制修订过程中的相关文件资料，包括项目建议书、起草人登记表、验证原始文件材料、会议纪要、标准审定投票单等过程文件。存档材料应真实可靠、可追溯。

**第六十一条** 已批准发布的医疗器械标准属于科技成果，可以作为相关人员申请科研奖励和参加专业技术资格评审的依据。

**第六十二条** 技委会、分技委或技术归口单位的管理应当符合相关规定。

**第六十三条** 本规范自发布之日起施行。2007 年 4 月 6 日发布的《医疗器械行业标准制修订工作规范（试行）》（国食药监械〔2007〕238 号）同时废止。

附表：1. 医疗器械标准立项提案表
2. 医疗器械标准计划项目调整申请表
3. 医疗器械标准起草单位登记表
4. 医疗器械标准起草人登记表
5. 医疗器械标准征求意见汇总处理表
6. 医疗器械标准送审稿函审单
7. 医疗器械标准技术审查结论表
8. 医疗器械标准复审结论表

# 食品药品监管总局办公厅关于规范医疗器械产品分类有关工作的通知

食药监办械管〔2017〕127号

**各省、自治区、直辖市食品药品监督管理局，各有关单位：**

为加强医疗器械分类管理，进一步规范医疗器械产品分类有关工作的程序和要求，根据《医疗器械监督管理条例》等相关规定，现就有关事项通知如下：

**一、分类界定工作程序**

（一）申请人应当依据《医疗器械分类规则》（总局令第15号）、《体外诊断试剂注册管理办法》（总局令第5号）、《体外诊断试剂注册管理办法修正案》（总局令第30号）、《关于发布第一类医疗器械产品目录的通告》（总局通告2014年第8号）、《医疗器械分类目录》（以下简称《分类目录》）、《6840体外诊断试剂分类子目录（2013版）》及分类界定通知等文件判定产品类别。对于新研制的尚未列入《分类目录》或分类界定通知等文件的医疗器械，按照《医疗器械监督管理条例》第十六条规定申请类别确认的，申请人应当通过总局医疗器械标准管理中心（以下简称标管中心）分类界定信息系统提出分类界定申请，具体流程见附件。

新研制的尚未列入《分类目录》或分类界定通知等文件的医疗器械是指未在我国境内上市的全新产品；或者与已上市产品相比，产品的技术原理、结构组成、使用部位或技术特点、预期目的等发生了影响产品分类的实质性变化，根据《分类目录》或分类界定通知等文件难以确定管理类别的医疗器械。

（二）省级食品药品监督管理部门负责对行政区域内申请人提出的产品分类界定申请进行审查，经综合判定确定类别或提出预分类界定意见。对经审查可以确定为《分类目录》等文件中产品的，直接在分类界定信息系统告知申请人产品类别；对经审查认为属于新研制尚未列入《分类目录》等文件中的医疗器械的，应依据《医疗器械分类规则》《体外诊断试剂注册管理办法》《分类目录》等文件提出预分类界定意见，通过分类界定信息系统将相关资料提交至标管中心，并将纸质版资料寄送至标管中心。

（三）标管中心负责对进口及港、澳、台产品的分类界定申请和省级食品药品监督管理部门出具预分类界定意见的分类界定申请组织研究审核。

标管中心对进口及港、澳、台产品的分类界定申请和省级食品药品监督管理部门出具预分类界定意见的分类界定申请组织审核后，认为属于《分类目录》等文件中的医疗器械的，标管中心直接在分类界定信息系统告知申请人分类界定结果；认为属于新研制的尚未列入《分类目录》等文件中的医疗器械的，组织医疗器械分类技术委员会相关专业组研究提出产品分类技术建议，标管中心复核后在分类界定信息系统告知申请人。标管中心应当自其受理分类界定申请之日起20个工作日内完成类别确认工作。需要补充资料的，申请人应当在30个工作日内按照补正通知的要求一次提供补充资料。如申请人未按要求提交补充资料，或逾期未提交补充资料的，标管中心将退回申请。补充资料及专家研讨所需时间不计算在时限内。

（四）医疗器械分类界定信息系统由标管中心负责建设、维护。省级食品药品监督管理部门及标管中心出具的分类界定结果可供申请人、各省级食品药品监督管理部门、各级医疗器械技术审评部门等适时查询。

**二、涉及类别确认的其他情况**

（五）医疗器械技术审评部门在技术审评中发现产品未列入《分类目录》等文件中，或者未经分类界定信息系统告知分类界定结果的，按照以下程序办理：总局医疗器械技术审评中心应当按照《医疗器械分类规则》《体外诊断试剂注册管理办法》等，结合技术审评判定产品类别，对于无法确定类别的，应当会同标管中心确定在审产品的管理类别；省级医疗器械技术审评部门将产品分类有关情况上报省级食品药品监督管理部门，由省级食品药品监督管理部门按照医疗器械分类界定程序办理。

（六）对于日常监管、稽查、投诉举报中涉及产品类别确认的，由所在地省级食品药品监督管理部门根据实际情况作出判定。必要时，省级食品药品监督管理部门可向总局提出分类界定请示，并提供用于支持分类的相应详细资料及预分类界定意见，由总局医疗器械注册管理司组织标管中心研究确定。

（七）申请创新医疗器械特别审批程序的医疗器械的分类按照创新医疗器械特别审批程序中的规定办理。

（八）药械组合产品的属性界定按照药械组合产品有关规定办理。

**三、分类目录调整**

（九）标管中心将适时建立公开的分类目录数据库，并基于产品上市信息及既往分类界定确认的结果，经对产品名称及描述、预期用途、产品类别、分类编码等内容进行梳理归纳，维护分类目录数据库。

（十）总局相关部门、单位及省级食品药品监督管理部门等可根据医疗器械生产、经营、使用等情况，提出对《分类目录》调整的意见并反馈标管中心。标管中心对医疗器械的风险变化进行分析、评价，必要时组织医疗器械分类技术委员会提出对医疗器械管理类别调整的建议和意见，经总局审核后，由标管中心对分类目录数据库进行调整。

本通知自2018年8月1日起实施，《国家食品药品监督管理局办公室关于进一步做好医疗器械产品分类界定工作的通知》（食药监办械〔2013〕36号）及《食品药品监管总局办公厅关于进一步加强医疗器械分类界定管理的通知》（食药监办械管〔2015〕124号）同时废止。

附件：医疗器械分类界定工作流程

食品药品监管总局办公厅

2017年9月21日

附件

# 医疗器械分类界定工作流程

## 一、申请方式

申请人通过中国食品药品检定研究院（国家食品药品监督管理总局医疗器械标准管理中心）网站进入“医疗器械标准管理研究所”二级网站的“医疗器械分类界定信息系统”页面（网址：http://www.nifdc.org.cn/qxbgzx/CL0482/），点击进入“医疗器械分类界定信息系统”，注册后填写《分类界定申请表》，并上传其他申请材料。

在线打印《分类界定申请表》，连同其他申请材料（应与上传的申请材料完全相同）加盖申请企业骑缝章，寄送至相关单位。境内产品的相关材料寄至申请企业所在地的省级食品药品监督管理部门，进口及港、澳、台产品的相关材料寄送至国家食品药品监督管理总局医疗器械标准管理中心（地址：北京市大兴区生物医药产业基地华佗路31号院4号楼B404房间，邮编：102629）。

## 二、申请材料要求

（一）分类界定申请表；

（二）产品照片和/或产品结构图；

（三）产品技术要求及产品说明书（样稿）；

（四）进口上市证明材料（如有）；

（五）资料真实性自我保证声明；

（六）其他与产品分类界定有关的材料。其中对于尚未列入《分类目录》等文件的新研制产品，至少还应当提交：

1. 与国内外已上市相关产品、《分类目录》或分类界定通知文件中相关产品的分析及对比，并说明符合新研制尚未列入分类目录产品的判定依据；

2. 核心刊物公开发表的能够充分说明产品临床应用价值的学术论文、专著及文件综述（如有）；

3. 产品的创新内容；

4. 信息或者专利检索机构出具的查新报告。

所有申请材料应当使用中文。根据外文资料翻译的，应当同时提供原文。

## 三、申请状态和结果查询

各省级食品药品监督管理部门、各级医疗器械技术审评部门和申请人登陆“医疗器械分类界定信息系统”，在“操作栏”中点击“查看流程图”，即可查询申请状态和结果。

# 食品药品监管总局关于实施《医疗器械通用名称命名规则》有关事项的通知

食药监械管〔2016〕35号

**各省、自治区、直辖市食品药品监督管理局，有关单位：**

《医疗器械通用名称命名规则》（国家食品药品监督管理总局令第19号）（以下简称《命名规则》）已发布，自2016年4月1日起施行。为做好《命名规则》实施工作，现将有关事项通知如下：

**一、切实提高对医疗器械命名工作重要性的认识**

规范医疗器械命名是医疗器械监管的重要基础性工作。使用医疗器械通用名称有助于研制、生产、流通、使用等各监管环节对医疗器械产品的有效识别，逐步推进、全面实现医疗器械通用名称是科学有效监管的有力保障。

医疗器械产品种类繁多、技术特点复杂、组成结构差异大，需要建立一套以“规则—术语—数据库”为架构的医疗器械命名体系。《命名规则》的发布实施，重点解决当前医疗器械名称相对混乱、误导识别、存在夸张绝对用语等问题。《命名规则》实施后，国家食品药品监督管理总局将在“十三五”期间针对医疗器械产品结构组成、技术特性和预期目的等，结合医疗器械分类目录，组织研究医疗器械产品核心词和特征词，制定发布命名术语指南，搭建通用名称数据库，逐步推进医疗器械通用名称的实施。

**二、大力做好《命名规则》宣传贯彻和培训工作**

各级食品药品监督管理部门要认真贯彻落实《命名规则》，制定计划并加强宣传贯彻和培训工作。各省级食品药品监督管理部门要加强对设区市级食品药品监督管理部门相关工作的指导。国家食品药品监督管理总局将适时组织集中培训。

**三、关于《命名规则》实施后注册申请项目的处理**

自2016年4月1日起受理的医疗器械注册申请，注册申请人应当按照《命名规则》拟定产品名称，医疗器械技术审评机构应当对产品名称予以审核规范。

在2016年4月1日前已受理尚处于技术审评环节的医疗器械注册申请，医疗器械技术审评机构也应当对产品名称予以审核规范。

**四、关于《命名规则》实施前已获准注册项目的处理**

在2016年4月1日前已获准注册的医疗器械，其产品名称可在注册证有效期内继续使用。

延续注册时，在产品不变的情况下，为符合《命名规则》而改变产品名称，注册申请人可以按照延续注册提交申请，并提供产品名称变化的说明，医疗器械技术审评机构应当对产品名称予以审核规范，并在注册证备注栏中注明原产品名称。

注册证在有效期内，注册申请人如申请产品名称许可事项变更的，应当按照《命名规则》拟定产品名称，医疗器械技术审评机构应当对产品名称予以审核规范。

**五、关于《命名规则》实施后备案项目的处理**

自 2016 年 4 月 1 日起，办理第一类医疗器械备案的产品，备案人应当按照《命名规则》及备案的相关规定确定产品名称。

地方各级食品药品监督管理部门要注意收集《命名规则》实施情况和实施过程中遇到的问题，并及时向上级食品药品监督管理部门报告。

食品药品监管总局

2016 年 3 月 29 日

# 食品药品监管总局办公厅关于医疗器械产品技术要求有关问题的通知

食药监办械管〔2016〕22号

**各省、自治区、直辖市食品药品监督管理局：**

为贯彻实施《医疗器械监督管理条例》（国务院令第650号，以下简称《条例》），进一步明确产品技术要求有关问题，现将有关事项通知如下：

一、《条例》中明确了产品技术要求的法律地位。第一类医疗器械产品备案和申请第二类、第三类医疗器械产品注册，应当提交产品技术要求等资料；医疗器械生产企业应当严格按照经注册或者备案的产品技术要求组织生产，保证出厂的医疗器械符合强制性标准以及经注册或者备案的产品技术要求。

二、医疗器械注册申请人应当根据医疗器械成品的性能指标和检验方法编制产品技术要求，在注册申请时提交产品技术要求及其他注册申报资料。

三、承担注册检验的医疗器械检验机构应当依据产品技术要求对相关产品进行注册检验，并根据《食品药品监管总局关于印发医疗器械检验机构开展医疗器械产品技术要求预评价工作规定的通知》（食药监械管〔2014〕192号）的要求，对注册申请人提交的产品技术要求进行预评价。

四、医疗器械技术审评机构在对申请注册医疗器械技术审评时，应当根据产品技术要求及其他注册申报资料，对其安全性、有效性研究和结果进行系统评价，提出结论性审评意见。

五、产品技术要求主要包括医疗器械成品的性能指标和检验方法，其中哪些项目需要出厂检验，不在产品技术要求中规定。企业应当根据产品技术要求、产品特性、生产工艺、生产过程、质量管理体系等确定生产过程中各个环节的检验项目，最终以产品检验规程的形式予以细化和固化，用以指导企业的出厂检验和放行工作，确保出厂的产品质量符合强制性标准以及经注册或者备案的产品技术要求。

医疗器械生产企业发现其生产的医疗器械不符合强制性标准、经注册或者备案的产品技术要求或者存在其他缺陷的，应当立即停止生产，通知相关生产经营企业、使用单位和消费者停止经营和使用，召回已经上市销售的医疗器械，采取补救、销毁等措施，记录相关情况，发布相关信息，并将医疗器械召回和处理情况向食品药品监督管理部门和卫生计生主管部门报告。

六、食品药品监督管理部门应当加强本行政区域医疗器械生产企业的监督检查，并对医疗器械生产企业是否按照经注册或者备案的产品技术要求组织生产等事项进行重点监督检查。产品技术要求是载明产品性能指标和检验方法的文件，可作为监督抽验的抽验依据。

七、产品技术要求是针对一个具体注册申报产品制定的，依据产品技术要求认可医疗器械检验机构检验资质，不能解决承检范围覆盖问题，按照检验项目和参数进行检验机构资质认定，可以满足注册检验和监督抽验的要求，符合监管工作需求。总局将积极协调，依法配合国务院有关部门推进医疗器械检验机构资质认定工作，并加强对相关检验机构资质认定工作的培训和指导。

食品药品监管总局办公厅

2016 年 2 月 26 日

# 四、注册备案

## 国家药监局关于实施《医疗器械注册与备案管理办法》《体外诊断试剂注册与备案管理办法》有关事项的通告

2021 年第 76 号

《医疗器械注册与备案管理办法》（国家市场监督管理总局令第 47 号）和《体外诊断试剂注册与备案管理办法》（国家市场监督管理总局令第 48 号）（以下统称《办法》）已发布，自 2021 年 10 月 1 日起施行。为做好《办法》实施工作，现将有关事项通告如下：

**一、关于《办法》实施前已受理注册申请项目的处理**

《办法》实施前已受理但尚未作出审批决定的注册申请项目，药品监督管理部门按照原规定继续审评审批，符合上市条件的，发给医疗器械注册证。延续注册的注册证有效期起始日执行《办法》第八十四条规定。

**二、关于补正材料涉及的检验报告**

《办法》实施前已受理但尚未作出审批决定的注册申请项目，如补正材料涉及检验报告，注册申请人应当委托具有资质的医疗器械检验机构出具补充检验报告；如注册申请人的体系核查涵盖了检验能力，也可以按照《办法》及相关要求提交补充自检报告。

**三、关于新的强制性标准实施之日前受理注册申请项目的审查**

对于申请注册的医疗器械，其产品技术要求中引用的强制性标准发生变化的，除国家药监局在发布实施标准文件中另有规定外，在新标准实施之日前受理注册的，可以按照原标准进行审评审批。自新标准实施之日起，企业应当全面实施新标准，产品应当符合新标准要求。

**四、关于医疗器械生物学试验**

医疗器械生物学评价中涉及生物学试验的，其生物学试验报告由申请人在申请注册时作为研究资料提交。开展生物学试验，应当委托具有生物学试验资质的医疗器械检验机构按照相关标准进行试验。国外实验室出具的生物学试验报告，应当附有国外实验室表明其符合 GLP 实验室要求的质量保证文件。

**五、关于进口医疗器械和境内生产的医疗器械注册（备案）形式**

进口医疗器械，应当由境外注册申请人（备案人）申请注册（办理备案）；境外企业在境内生产的医疗器械，应当由境内生产的企业作为注册申请人（备案人）申请注册（办理备案）。

**六、关于第一类医疗器械备案**

第一类医疗器械备案不需提交临床评价资料。

**七、关于医疗器械注册管理相关文件**

（一）《办法》实施后，附件中所列的医疗器械注册管理相关文件同时废止。

（二）《办法》中未涉及的事项，如国务院药品监督管理部门以前发布的医疗器械注册管理的文件中有明确规定的，仍执行原规定。

特此通告。

附件：废止文件目录

国家药监局

2021 年 9 月 28 日

**附件**

# 废止文件目录

| 序号 | 文件名称 | 文号 |
|---|---|---|
| 1 | 关于印发医疗器械注册复审程序（试行）的通知 | 食药监办械〔2010〕92 号 |
| 2 | 食品药品监管总局关于实施《医疗器械注册管理办法》和《体外诊断试剂注册管理办法》有关事项的通知 | 食药监械管〔2014〕144 号 |
| 3 | 食品药品监管总局关于印发医疗器械检验机构开展医疗器械产品技术要求预评价工作规定的通知 | 食药监械管〔2014〕192 号 |
| 4 | 食品药品监管总局关于执行医疗器械和体外诊断试剂注册管理办法有关问题的通知 | 食药监械管〔2015〕247 号 |
| 5 | 国家食品药品监督管理总局关于发布医疗器械注册指定检验工作管理规定的通告 | 2015 年第 94 号 |
| 6 | 国家药品监督管理局关于修改医疗器械延续注册等部分申报资料要求的公告 | 2018 年第 53 号 |
| 7 | 国家药监局关于调整医疗器械临床试验审批程序的公告 | 2019 年第 26 号 |
| 8 | 国家药品监督管理局关于公布新修订免于进行临床试验医疗器械目录的通告 | 2018 年第 94 号 |
| 9 | 国家药监局关于公布新增和修订的免于进行临床试验医疗器械目录的通告 | 2019 年第 91 号 |
| 10 | 国家药监局关于发布免于进行临床试验医疗器械目录（第二批修订）的通告 | 2021 年第 3 号 |

# 国家药监局关于全面实施医疗器械电子注册证的公告

2022 年第 91 号

为贯彻落实党中央、国务院关于深化“放管服”改革的重要决策部署，优化营商环境，进一步激发市场主体发展活力，为企业提供更加高效便捷的政务服务，国家药监局于 2020 年 10 月试点发放国产第三类、进口第二、三类医疗器械注册证，并逐步试点发放了与电子注册证关联的注册证变更文件，现已发放医疗器械电子注册证 1.4 万张、注册证变更文件 0.35 万张。在总结前期试点发放及应用情况基础上，国家药监局经研究决定，自 2022 年 11 月 1 日起，全面实施医疗器械电子注册证。现将有关事项公告如下：

一、此次医疗器械电子注册证发放范围为自 2022 年 11 月 1 日起，由国家药监局批准的国产第三类、进口第二、三类医疗器械注册证及注册变更文件。

二、医疗器械电子注册证与纸质注册证具有同等法律效力。电子注册证具有即时送达、短信提醒、证照授权、扫码查询、在线验证、全网共享等功能。

三、企业须先行在国家药监局网上办事大厅注册并实名认证，进入网上办事大厅“我的证照”栏目查看下载相应的电子注册证。也可登录“中国药监 APP”，查看使用电子注册证。

四、医疗器械电子注册证不包含产品技术要求、说明书等附件。上述附件以电子文件形式与医疗器械电子注册证同步推送至国家药监局网上办事大厅法人空间“我的证照”栏目，推送成功即送达，企业可自行登录下载获取。

五、申请人应妥善保管国家药监局网上办事大厅账号、电子注册证及相关附件电子文件等。

六、医疗器械电子注册证使用相关问题可查看国家药监局网上办事大厅“电子证照”相关栏目。

特此公告。

国家药监局

2022 年 10 月 24 日

# 国家药监局关于第一类医疗器械备案有关事项的公告

2022 年第 62 号

为做好第一类医疗器械备案工作，根据《医疗器械监督管理条例》（国务院令第 739 号）、《医疗器械注册与备案管理办法》（国家市场监督管理总局令第 47 号）、《体外诊断试剂注册与备案管理办法》（国家市场监督管理总局令第 48 号），现就第一类医疗器械（含第一类体外诊断试剂）备案有关事项公告如下：

一、医疗器械备案是指医疗器械备案人（以下简称备案人）依照法定程序和要求向药品监督管理部门提交备案资料，药品监督管理部门对提交的备案资料存档备查的活动。

二、境内第一类医疗器械备案，备案人向设区的市级负责药品监督管理的部门提交备案资料。进口第一类医疗器械备案，备案人向国家药品监督管理局提交备案资料。

三、判定产品管理类别时，应当结合产品实际情况，根据《第一类医疗器械产品目录》《体外诊断试剂分类子目录》等规定中产品描述、预期用途和品名举例进行判定。

按照《第一类医疗器械产品目录》《体外诊断试剂分类子目录》（以下统称目录）和有关分类界定结果等判定为第一类医疗器械的，备案人向相应的备案部门办理备案；超出目录内容的，根据相关工作程序申请分类界定，明确为第一类医疗器械的，向相应的备案部门办理备案。

四、办理医疗器械备案，备案人应当提交符合要求（见附件 1）的备案资料，填写备案表（见附件 2），获取备案编号。备案人应当确保提交的资料合法、真实、准确、完整和可追溯。

五、备案人提交符合附件 1 要求的备案资料后即完成备案。对备案的医疗器械，备案部门向备案人提供备案编号（备案编号告知书见附件 3），并按照规定的时间公布《第一类医疗器械备案信息表》或《第一类体外诊断试剂备案信息表》（见附件 4）中登载的有关信息。

六、已备案的医疗器械，备案信息表中登载内容及备案的产品技术要求发生变化，备案人应当向原备案部门变更备案，并提交变化情况的说明及相关文件。对变更备案的医疗器械，备案部门应当将变更情况登载于备案信息表“变更情况”栏中，并按照规定的时间公布变更情况相关信息。

七、备案部门应当按照第一类医疗器械备案操作规范（见附件 5）开展备案工作。

八、第一类医疗器械备案编号的编排方式为：

×1 械备 ××××2××××3。其中：

×1 为备案部门所在地的简称：

进口第一类医疗器械为“国”字；

境内第一类医疗器械为备案部门所在地省、自治区、直辖市简称加所在地设区的市级行政区域的简称（无相应设区的市级行政区域时，仅为省、自治区、直辖市的简称）；

××××2 为备案年份；

××××3 为备案流水号。

九、国家药监局建立备案信息平台，汇集第一类医疗器械备案信息；省级药品监督管理部门负责本辖区内第一类医疗器械备案信息的收集和报送。对备案的，备案部门应当按照规定的时间在其网站公布备案信息表中登载的有关信息，省级药品监督管理部门按要求将境内第一类医疗器械备案信息及时上报国家药品监督管理局备案信息平台。

对变更备案的，备案部门将变更情况登载于备案信息表变更情况栏中，按照规定的时间在其网站公布变更备案的有关信息，省级药品监督管理部门按要求将境内第一类医疗器械变更备案信息及时上报国家药品监督管理局备案信息平台。

本公告自发布之日起施行。原国家食品药品监督管理总局发布的《关于第一类医疗器械备案有关事项的公告》（2014 年第 26 号）同时废止。

特此公告。

附件：1. 第一类医疗器械备案资料要求及说明

2. 第一类医疗器械备案表（格式）

3. 第一类医疗器械备案编号告知书

4. 第一类医疗器械备案信息表和第一类体外诊断试剂备案信息表

5. 第一类医疗器械备案操作规范

国家药监局

2022 年 8 月 10 日

**附件 1**

## 第一类医疗器械备案资料要求及说明

### 一、备案资料

（一）第一类医疗器械备案表

（二）关联文件

1. 境内备案人提供：企业营业执照副本或事业单位法人证书的复印件。

委托其他企业生产的，应当提供受托企业资格文件（营业执照副本复印件）、委托合同和质量协议复印件。

2. 境外备案人提供：

（1）境外备案人企业资格证明文件：境外备案人注册地所在国家（地区）公司登记

主管部门或医疗器械主管部门出具的能够证明境外备案人存续且具备相应医疗器械生产资格的证明文件；或第三方认证机构为境外备案人出具的能够证明境外备案人具备相应医疗器械生产资格的证明文件。

（2）境外备案人注册地或生产地所在国家（地区）医疗器械主管部门出具的准许该产品上市销售的证明文件。备案人注册地或生产地所在国家（地区）未将该产品作为医疗器械管理的，备案人需提供相关文件，包括备案人注册地或者生产地所在国家（地区）准许该产品上市销售的证明文件。未在境外备案人注册地或生产地所在国家（地区）上市的创新医疗器械可以不提交。

（3）境外备案人在中国境内指定代理人的委托书、代理人承诺书，代理人营业执照副本复印件。

（三）产品技术要求

产品技术要求应按照《医疗器械产品技术要求编写指导原则》编制，主要包括医疗器械成品的可进行客观判定的功能性、安全性指标和检测方法。

（四）产品检验报告

产品检验报告应为产品全性能自检报告或委托检验报告，检验的产品应当具有典型性。

检验报告后随附产品实物照片。产品实物照片应当包括拆除所有内外包装后的样品实物照片，以及内外包装实样照片。多个型号规格的，提供典型产品的照片。

（五）产品说明书及最小销售单元标签设计样稿

说明书和标签应当符合《医疗器械说明书和标签管理规定》《体外诊断试剂说明书编写指导原则》等相关要求，说明书中产品性能应当与产品技术要求中的相应内容一致。进口产品应当提交境外政府主管部门批准或者认可的说明书原文及其中文译本。

（六）生产制造信息

对生产过程相关情况的概述。无源医疗器械应明确产品生产加工工艺，注明关键工艺。有源医疗器械应提供产品生产工艺过程的描述性资料，可采用流程图的形式，或生产过程的概述。体外诊断试剂应概述主要生产工艺，包括：固相载体、显色系统等的描述及确定依据，反应体系包括样本采集及处理、样本要求、样本用量、试剂用量、反应条件、校准方法（如果需要）、质控方法等。

有多个研制、生产场地的，应当概述每个研制、生产场地的实际情况。

委托其他企业生产的，应当列出受托企业名称、住所、生产地址。

（七）符合性声明

1. 声明符合第一类医疗器械备案相关要求；

2. 声明本产品符合有关分类的要求及依据，包括《第一类医疗器械产品目录》或《体外诊断试剂分类子目录》的有关内容，应当注明确切的产品分类依据，明确所属子目录、一级、二级产品类别；

3. 声明本产品符合现行国家标准、行业标准并提供符合标准的清单；

4. 声明所提交备案资料的真实性（境内产品由备案人出具，进口产品由备案人和代理人分别出具）。

## 二、变更备案资料

（一）变化情况说明及相关关联文件

变化情况说明应附备案信息表变化内容对比表。

涉及产品技术要求变化的，应提供产品技术要求变化内容对比表及产品检验报告（如涉及）。

（二）关联文件

如变更事项涉及备案的关联文件变化的，应当提交新的关联文件。

境外备案人还应当提交在中国境内指定代理人的委托书、代理人承诺书，代理人营业执照副本复印件。

（三）符合性声明

1. 声明符合第一类医疗器械备案相关要求；

2. 声明本产品符合有关分类的要求及依据，包括《第一类医疗器械产品目录》或《体外诊断试剂分类子目录》的有关内容，应当注明确切的产品分类依据，明确所属子目录、一级、二级产品类别；

3. 声明本产品符合现行国家标准、行业标准并提供符合标准的清单；

4. 声明所提交备案资料的真实性（境内产品由备案人出具，进口产品由备案人和代理人分别出具）。

## 三、备案资料内容要求

（一）产品名称（产品分类名称）

产品名称（不包括体外诊断试剂）原则上应当直接使用《第一类医疗器械产品目录》中“品名举例”所列举的名称；对于确有需要调整产品名称进行备案的，应当采用符合《医疗器械通用名称命名规则》（国家食品药品监督管理总局令第19号）及相关命名指导原则的名称。

体外诊断试剂产品分类名称（产品名称）应当采用《体外诊断试剂分类子目录》中的产品分类名称（产品名称）。

（二）产品描述、预期用途

“产品描述”和“预期用途”应当符合《第一类医疗器械产品目录》和《体外诊断试剂分类子目录》（以下统称目录）中相应要求，不应超出目录中“产品描述”和“预期用途”和相关内容的范围。

《第一类医疗器械产品目录》中产品描述项下使用“通常由……组成”时，相关内容只是给出了产品的代表性结构组成。备案时，可以根据备案产品的实际情况，描述结构组成；描述时，不可使用“通常由……组成”，而应使用“由……组成”，并写明具体的组成。有“一次性使用”“重复性使用”“无源产品”“粘贴部位为完好皮肤”“不具有剂量控制功能”“非无菌提供”等限定性表述的，备案产品“产品描述”应当明确。

（三）型号/规格

型号/规格不应包含存在明示或暗示治疗疾病、夸大预期用途或者其他具有误导性欺骗性的内容。

（四）备案人名称、住所

境内备案人备案表中的备案人名称、住所应当与企业营业执照或事业单位法人证书中一致。境外备案人备案表中的备案人名称、住所、生产地址应当与境外关联文件一致。

（五）境外备案人指定代理人的委托书、代理人承诺书

境外备案人指定代理人的委托书、代理人承诺书中的委托、承诺内容，应当与备案内容一致。

（六）说明书

说明书中涉及产品描述的内容（包括但不限于结构组成、主要组成成分、预期用途、使用方式、注意事项等涉及产品描述的部分）不得超出其他备案资料中的相应内容。

如产品使用前由使用机构根据说明书进行灭菌或消毒，在备案时提交的产品说明书中应提供经验证的灭菌或消毒方法。

## 四、备案资料形式要求

（一）备案资料完整齐备。备案表填写完整。

（二）各项文件除关联文件外均应以中文形式提供。如关联文件为外文形式还应提供中文译本并由代理人签章。根据外文资料翻译的资料，应当同时提供原文。

（三）境内产品备案资料如无特殊说明的，应当由备案人签章。“签章”是指：备案人盖公章，或者其法定代表人、负责人签名加盖备案人公章。

（四）进口产品备案资料如无特别说明，原文资料均应当由备案人签章，中文资料由代理人签章。原文资料“签章”是指：备案人的法定代表人或者负责人签名，或者签名加组织机构印章；中文资料“签章”是指：代理人盖公章，或者其法定代表人、负责人签名并加盖代理人公章。

（五）进口产品备案资料中由境外备案人提供的关联文件、符合性声明以及说明书、标签应当提交由备案人所在地公证机构出具的公证件。公证件可以是通过电子公证模式办理的，但应当同时提交由境外备案人出具的关于公证模式的说明文件。

（六）备案人提交纸质备案资料的，备案资料应当有所提交资料目录，包括备案资料的一级和二级标题，并以表格形式说明每项的页码。

## 五、其他要求

（一）对于以下两种情形的产品，应当按下述要求备案：

1. 对于出厂时为非无菌提供的，使用前需由使用机构根据说明书进行灭菌或消毒，以满足临床需求的第一类医疗器械产品（例如：非无菌提供的可重复使用眼科手术

刀),“产品描述”项下应当写明“非无菌提供，使用前由使用机构根据说明书进行灭菌”或“非无菌提供，使用前由使用机构根据说明书进行消毒”;“产品说明书”中应当提供灭菌或消毒方法，所提供的灭菌、消毒方法和产品可以承受的灭菌、消毒次数应经过确认。

2. 对于出厂时为非无菌提供的，使用前不再进行灭菌或消毒，但为了满足临床需求本身具有微生物限度要求的第一类医疗器械产品(例如：接触创面的按第一类医疗器械管理的创口贴),“产品描述”项下应当写明需符合的微生物限度要求;“产品技术要求”中应当写明需符合的微生物限度要求;“生产制造信息”中应当写明：为使产品符合规定的微生物限度要求，生产者采取了哪些措施；目前符合哪项标准规定的微生物限度要求(如适用)。

(二)《第一类医疗器械产品目录》中“09-02-03 物理降温设备”“09-03-08 光治疗设备附件”“14-10-02 创口贴”“20-03-11 穴位压力刺激器具”四类产品，不能含有中药、化学药物、生物制品、消毒和抗菌成分、天然植物及其提取物等发挥药理学、免疫学、代谢作用的成分或者可被人体吸收的成分，包括但不限于《第一类医疗器械产品目录》附录所列成分。

《第一类医疗器械产品目录》“09-02-03 物理降温设备”备案时，产品名称应当直接使用目录“品名举例”所列举的名称，预期用途不得超出目录规定的预期用途。

(三)关于组合包类产品。由需配合使用从而实现某一预期用途的一种以上医疗器械组合而成的产品，若组合中所有产品均为第一类医疗器械(不得含有任何形式的非医疗器械产品),且组合后不改变各组成器械的预期用途，可按照第一类医疗器械备案。其产品名称应体现组合特性，原则上按其主要临床预期用途命名，名称的组成内容应在所属目录“产品类别(一级或者二级)”、所含各产品的“预期用途”范围内，如上肢内固定手术器械(包)、膝关节手术器械(包)等。同时，“产品描述”应包含所有组成的医疗器械，并说明各组成医疗器械的“产品描述”和“预期用途”,且其基本内容均应与目录中的相应内容一致。组合包类产品以包内对其预期用途起主要作用的医疗器械的分类编码作为该组合包的分类编码。

**附件 2**

备案编号：

# 第一类医疗器械备案表
# （格式）

产品名称（产品分类名称）：____________________
备案人名称：______________________________

## 填表说明

1. 本表用于进口和境内第一类医疗器械、体外诊断试剂备案。

2. 要求填写的栏目内容应使用中文、完整、清楚、不得空白，无相关内容处应填写“/”。因备案表格式所限而无法填写完整时，请另附附件。

3. 境内医疗器械、体外诊断试剂只填写备案人名称、住所和生产地址中文栏。进口医疗器械、体外诊断试剂备案人的住所和生产地址中文栏自行选择填写。进口医疗器械、体外诊断试剂备案人名称、进口医疗器械产品名称（体外诊断试剂为产品分类名称，以下同）中文栏必填。

4. 进口医疗器械、体外诊断试剂产品名称、备案人名称、住所和生产地址原文栏必填，原文填写内容应与备案人住所或生产地所在国家（地区）医疗器械主管部门出具的允许产品上市销售的证明文件中载明内容和文种一致。如备案系统不支持原文文种填写，则原文栏填写英文，英文内容必须与原文一致。

5. 境内医疗器械备案人应填写统一社会信用代码。

6. 进口医疗器械、体外诊断试剂产品名称、备案人名称、住所和生产地址英文栏必填。如原文非英文，英文内容必须与原文一致。

7. 所填写各项内容应与所提交备案材料内容相对应。

8. 医疗器械产品分类编码均使用《第一类医疗器械产品目录》的分类编码，分类编码填写为“子目录编号－一级产品类别编号－二级产品类别编号”。体外诊断试剂分类编码为“6840”。组合包类产品以包内对其预期用途起主要作用的医疗器械的分类编码作为该组合包的分类编码。

9. 备案人、代理人住所栏填写备案人和代理人企业营业执照等相关关联文件上载明的住所。

10. 备案人、代理人所在地系指备案人和代理人住所所在国家（地区）或省（区、市）。

11. 境内备案人委托生产的，应当填写受托企业名称及其统一社会信用代码。

12. 如有其他需要特别说明的问题，请在本表“其他需要说明的问题”栏中说明。

注：填表前，请详细阅读填表说明

<table>
<tr><td rowspan="3">产品名称<br>（产品分类名称）</td><td colspan="2">中文</td><td colspan="3"></td></tr>
<tr><td colspan="2">原文</td><td colspan="3"></td></tr>
<tr><td colspan="2">英文</td><td colspan="3"></td></tr>
<tr><td>分类编码</td><td colspan="5"></td></tr>
<tr><td>结构特征</td><td colspan="5">有源□ 无源□ 体外诊断试剂□</td></tr>
<tr><td>型号 / 规格<br>（包装规格）</td><td colspan="5"></td></tr>
<tr><td>产品描述<br>（主要组成成分）</td><td colspan="5"></td></tr>
<tr><td>预期用途</td><td colspan="5"></td></tr>
<tr><td>产品有效期<br>（体外<br>诊断试剂适用）</td><td colspan="5"></td></tr>
<tr><td rowspan="11">备案人</td><td rowspan="3">名称</td><td>中文</td><td colspan="3"></td></tr>
<tr><td>原文</td><td colspan="3"></td></tr>
<tr><td>英文</td><td colspan="3"></td></tr>
<tr><td rowspan="3">住所</td><td>中文</td><td colspan="3"></td></tr>
<tr><td>原文</td><td colspan="3"></td></tr>
<tr><td>英文</td><td colspan="3"></td></tr>
<tr><td>联系人</td><td colspan="2"></td><td>电话</td><td></td></tr>
<tr><td>传真</td><td colspan="2"></td><td>电子邮箱</td><td></td></tr>
<tr><td>邮编</td><td colspan="4"></td></tr>
<tr><td>备案人<br>所在地</td><td colspan="4"></td></tr>
<tr><td>统一社会信用代码</td><td colspan="4"></td></tr>
</table>

续表

<table>
<tr><td rowspan="3">生产地址</td><td>中文</td><td colspan="3"></td></tr>
<tr><td>原文</td><td colspan="3"></td></tr>
<tr><td>英文</td><td colspan="3"></td></tr>
<tr><td>受托企业名称<br>（如适用）</td><td colspan="2"></td><td>统一社会信用代码</td><td></td></tr>
<tr><td rowspan="6">代理人</td><td>名称</td><td colspan="3"></td></tr>
<tr><td>住所</td><td colspan="3"></td></tr>
<tr><td>邮编</td><td colspan="3"></td></tr>
<tr><td>联系人</td><td></td><td>电话</td><td></td></tr>
<tr><td>传真</td><td></td><td>电子邮箱</td><td></td></tr>
<tr><td>代理人<br>所在地</td><td colspan="3"></td></tr>
<tr><td colspan="5">应附资料<br>1. 关联文件 □<br>2. 产品技术要求 □<br>3. 产品检验报告 □<br>4. 产品说明书及最小销售单元标签设计样稿 □<br>5. 生产制造信息 □<br>6. 符合性声明 □</td></tr>
<tr><td colspan="5">其他需要说明的问题</td></tr>
<tr><td colspan="5">备案人 / 代理人（签章）<br>日期： 年 月 日</td></tr>
</table>

附件 3

## 第一类医疗器械备案编号告知书

****** （备案人）：

根据《医疗器械监督管理条例》《医疗器械注册与备案管理办法》《体外诊断试剂注册与备案管理办法》的相关规定，提供备案编号如下：

备案编号：

产品名称（产品分类名称）：

备案人住所：

生产地址：

***

（备案部门名称）

（盖章）

日期：　　　年　月　日

本告知书仅用于备案人获取备案编号。

备案人应当确保备案资料合法、真实、准确、完整和可追溯。

已备案的医疗器械，备案信息表中登载内容及备案的产品技术要求发生变化，备案人应当向原备案部门变更备案。变更备案的，备案编号不变，不再重新发放备案编号告知书。

附件 4

## 第一类医疗器械备案信息表

备案编号：

| | |
|---|---|
| 备案人名称 | |
| 备案人统一社会信用代码 | （境内医疗器械适用） |
| 备案人住所 | |
| 生产地址 | |

续表

| | |
|---|---|
| 代理人 | （进口医疗器械适用） |
| 代理人住所 | （进口医疗器械适用） |
| 产品名称 | |
| 型号 / 规格 | |
| 产品描述 | |
| 预期用途 | |
| 备注 | |
| 备案部门<br>备案日期 | ***<br>（备案部门名称）<br>备案日期：年 月 日 |
| 变更情况 | **** 年 ** 月 ** 日，** 变更为 **。<br>…… |

境内备案人委托生产的，备注栏应当标注受托企业名称。

备案人应当确保提交的资料合法、真实、准确、完整和可追溯。

备案人实际生产产品应当与备案信息一致。

# 第一类体外诊断试剂备案信息表

备案编号：

| | |
|---|---|
| 备案人名称 | |
| 备案人统一社会信用代码 | （境内体外诊断试剂适用） |
| 备案人住所 | |
| 生产地址 | |
| 代理人 | （进口体外诊断试剂适用） |
| 代理人住所 | （进口体外诊断试剂适用） |

续表

| | |
|---|---|
| 产品分类名称（产品名称） | |
| 包装规格 | |
| 产品有效期 | |
| 主要组成成分 | |
| 预期用途 | |
| 备注 | |
| 备案部门<br>备案日期 | ***<br>（备案部门名称）<br>备案日期：　年　月　日 |
| 变更情况 | **** 年 ** 月 ** 日，** 变更为 **。<br>…… |

境内备案人委托生产的，备注栏应当标注受托企业名称。

备案人应当确保提交的资料合法、真实、准确、完整和可追溯。

备案人实际生产产品应当与备案信息一致。

附件 5

# 第一类医疗器械备案操作规范

## 一、备案（包括变更备案）

（一）备案人向相应的备案部门提交备案资料。

（二）备案部门应当结合备案人提交的备案资料，判断产品是否属于第一类医疗器械，备案资料是否符合规定。

对于医疗器械（不包括体外诊断试剂），备案表中“产品名称”“产品描述”“预期用途”与《第一类医疗器械产品目录》相比，不超出目录内容的，属于第一类医疗器械。超出目录内容的，备案人应当根据相关工作程序申请分类界定，明确为第一类医疗器械的，向相应的备案部门提交备案资料。

对于体外诊断试剂，备案表中“产品分类名称”和“预期用途”与《体外诊断试剂分类子目录》所列内容相同或者少于目录内容的，属于第一类体外诊断试剂；超出目录内容的，备案人应当根据相关工作程序申请分类界定，明确为第一类体外诊断试剂的，向相应的备案部门提交备案资料。

（三）备案事项属于本部门职权范围，备案资料符合要求的，提供备案编号。备案资料不符合要求的，告知备案人并说明理由。

（四）备案事项不属于本部门职权范围的，告知备案人。

（五）备案部门按本部门档案管理程序对备案资料予以归档。

## 二、备案后管理

（一）管理要求

承担第一类医疗器械产品备案工作的药品监督管理部门根据工作需要开展备案后的检查，重点对备案资料的规范性进行回顾性检查。发现备案资料不规范的，应当责令备案人限期改正；备案人未按要求限期改正的，应当公告取消备案。

已备案的医疗器械管理类别调整为第二类、第三类的，应当按照规定申请注册；备案人应当主动取消备案。备案人开展产品再评价工作的结果表明，已上市产品不能保证安全、有效的，备案人应当主动取消备案。已备案的医疗器械调整为不再按照医疗器械管理的，备案人应当主动取消备案。备案人未按要求取消备案的，备案部门可以公告取消备案。取消备案后不得再继续生产相应医疗器械。

第一类医疗器械上市后监管执行上市后监督管理的相关规定。

已经备案的资料不符合要求的，按照《医疗器械监督管理条例》第八十四条予以处罚。

（二）工作指导

设区的市级负责药品监督管理的部门应当加强对产品备案管理自查工作，并于每年1月份向省级药品监督管理部门报送上一年度产品备案工作自查总结报告。

设区的市级负责药品监督管理的部门开展备案工作中遇到产品管理类别、备案信息不明确等问题时，应当及时与省级药品监督管理部门沟通，省级药品监督管理部门应当加强对设区的市级负责药品监督管理的部门第一类医疗器械备案工作的指导。

设区的市级备案部门和设区的市级市场监管部门不是同一个部门时，设区的市级备案部门应当及时将备案信息提供给设区的市级市场监管部门。

# 国家药监局关于公布医疗器械注册申报资料要求和批准证明文件格式的公告

2021 年第 121 号

为规范医疗器械注册管理，根据《医疗器械监督管理条例》（国务院令第 739 号）和《医疗器械注册与备案管理办法》（国家市场监督管理总局令第 47 号），国家药监局组织制定了医疗器械注册申报资料要求和批准证明文件格式（见附件），现予公布，自 2022 年 1 月 1 日起施行。原国家食品药品监督管理总局发布的《关于公布医疗器械注册申报资料要求和批准证明文件格式的公告》（原国家食品药品监督管理总局公告 2014 年第 43 号）同时废止。

特此公告。

附件：1. 中华人民共和国医疗器械注册证（格式）
2. 中华人民共和国医疗器械变更注册（备案）文件（格式）
3. 国家药品监督管理局医疗器械临床试验审批意见单（格式）
4. 医疗器械注册申报资料和批准证明文件格式要求
5. 医疗器械注册申报资料要求及说明
6. 医疗器械延续注册申报资料要求及说明
7. 医疗器械变更备案 / 变更注册申报资料要求及说明
8. 医疗器械临床试验审批申报资料要求及说明
9. 医疗器械安全和性能基本原则清单

国家药监局

2021 年 9 月 29 日

**附件 1**

# 中华人民共和国医疗器械注册证
# （格式）

注册证编号：

| | |
|---|---|
| 注册人名称 | |
| 注册人住所 | |
| 生产地址 | |
| 代理人名称 | （进口医疗器械适用） |
| 代理人住所 | （进口医疗器械适用） |
| 产品名称 | |
| 型号、规格 | |
| 结构及组成 | |
| 适用范围 | |
| 附　件 | 产品技术要求 |
| 其他内容 | |
| 备　注 | |

审批部门：　　　　　　　　　　　批准日期：　年　月　日

生效日期：　年　月　日

有效期至：　年　月　日

（审批部门盖章）

附件2

# 中华人民共和国医疗器械变更注册（备案）文件
# （格式）

注册证编号：

| | |
|---|---|
| 产品名称 | |
| 变更内容 | “***（原注册内容或项目）”变更为“***（变更后的内容或项目）”。 |
| 备　注 | 本文件与“　　　　”医疗器械注册证共同使用。 |

审批部门：　　　　　　　　　　　　　　　　　批准日期：　　年　　月　　日

（审批部门盖章）

附件3

# 国家药品监督管理局医疗器械临床试验审批意见单
# （格式）

受理号：

| | |
|---|---|
| 申请人名称 | |
| 申请人住所 | |
| 试验医疗器械名称 | |
| 试验医疗器械型号、规格 | |
| 试验医疗器械结构及组成 | |
| 审批意见 | |
| 备　注 | |

审批部门：　　　　　　　　　　批准日期：　　年　　月　　日

（审批部门盖章）

附件 4

# 医疗器械注册申报资料和批准证明文件格式要求

## 一、申报资料格式要求

按照医疗器械电子申报系统申报的，注册申报资料应当符合电子申报的格式要求。未按照医疗器械电子申报系统申报的，注册申报资料应当符合以下格式要求，除特别说明适用于境内产品或进口产品申报资料的内容，其余内容对所有类型申报产品均适用。

（一）形式要求

1. 申报资料应当有所提交资料目录，包括申报资料的一级和二级标题。每项二级标题对应的资料应当单独编制页码。

2. 申报资料应当按目录顺序排列并装订成册。

3. 申报资料一式一份，其中产品技术要求一式两份，应当使用 A4 规格纸张打印，内容完整、清楚，不得涂改，政府部门及其他机构出具的文件按照原件尺寸提供。凡装订成册的，不得自行拆分。

4. 申报资料使用复印件的，复印件应当清晰并与原件一致。

5. 各项申报资料中的申请内容应当具有一致性。

6. 各项文件除关联文件外，均应当以中文形式提供，如证明性文件为外文形式，还应当提供中文译本并由代理人签章。根据外文资料翻译的申报资料，应当同时提供原文。

（二）签章和公证要求

1. 境内产品申报资料如无特殊说明的，应当由注册申请人签章。“签章”是指：注册申请人盖公章，或者其法定代表人、负责人签名并加盖公章。

2. 进口产品申报资料如无特别说明，原文资料均应当由注册申请人签章，中文资料由代理人签章。原文资料“签章”是指：注册申请人的法定代表人或者负责人签名，或者签名并加盖组织机构印章；中文资料“签章”是指：代理人盖公章，或者其法定代表人、负责人签名并加盖公章。

3. 进口产品申报资料中由境外注册申请人提供的关联文件、符合性声明以及说明书、标签应当提交由注册申请人所在地公证机构出具的公证件。公证件可以是通过电子公证模式办理的，但应当同时提交由境外注册申请人出具的关于新公证模式的说明文件。

（三）电子文档要求

下列注册申报资料还需同时提交电子文档：

1. 申请表。

2. 产品技术要求。

应当为 word 文档，并且可编辑、修改。

3. 综述资料、非临床研究综述以及产品说明书。

应当为 word 文档，并且可编辑、修改。

4. 临床试验数据库

根据文件类型，采用适宜的电子文档，包括pdf、word、excel、xpt、txt等，word、excel、txt等文件应当可编辑、修改。

## 二、批准证明文件格式要求

（一）批准证明文件制作的原则要求

制证人员应当按照行政审批结论制作批件。

1. 制作的《医疗器械注册证》、《医疗器械变更注册（备案）文件》内容完整、准确无误，加盖的医疗器械注册专用章准确、无误。

2. 制作的《不予行政许可决定书》中须写明不予行政许可的理由，并注明申请人依法享有申请行政复议或者提起行政诉讼的权利以及投诉渠道。

3. 其他许可文书等应当符合公文的相关要求。

（二）批准证明文件制作的具体要求

1.《医疗器械注册证》

《医疗器械注册证》栏内填写内容较多的，可采用附页形式。不适用的栏目，应当标注“不适用”。

《医疗器械注册证》及附件所列内容为注册限定内容。如药品监督管理部门经注册审查，认为《医疗器械注册证》中除已明确规定需载明的内容外仍有其他内容需要载明，应当在《医疗器械注册证》“其他内容”栏目中列出，内容较多可采用附件形式。

进口产品《医疗器械注册证》中产品名称、注册人名称应当使用中文，可附加英文或原文，注册人住所和生产地址可使用中文、英文或原文。

2.《医疗器械变更注册（备案）文件》

《医疗器械变更注册（备案）文件》中“变更内容”栏的填写：变更内容在国家药品监督管理局/省级药品监督管理部门政府网站上予以公布的，填写变更后内容，例如“注册人名称变更为×××”、“代理人住所变更为×××”；变更内容不在国家药品监督管理局/省级药品监督管理部门政府网站上予以公布的，填写变更项目，例如“产品技术要求中检验方法变更”。

3. 补发《医疗器械注册证》或《医疗器械变更注册（备案）文件》

在备注栏加注“××××年××月××日补发”，其他内容不变。

4.《医疗器械注册证》和《医疗器械变更注册（备案）文件》等用A4纸打印。

5.《医疗器械注册证》和《医疗器械变更注册（备案）文件》等可采用电子文件。

（三）批准文件附件发放要求

国家药品监督管理局/省级药品监督管理部门应当将经审查核准的产品技术要求进行编号并加盖医疗器械注册专用章，作为注册证附件发给申请人。产品技术要求的标题为“×××（产品名称）产品技术要求”，编号即为相应的注册证编号。

变更产品技术要求的，国家药品监督管理局/省级药品监督管理部门应当将经审查核准的产品技术要求变更对比表，加盖医疗器械注册专用章，随变更注册（备案）文件一并发给注册人。

附件 5

# 医疗器械注册申报资料要求及说明

| 申报资料一级标题 | 申报资料二级标题 |
|---|---|
| 1. 监管信息 | 1.1 章节目录<br>1.2 申请表<br>1.3 术语、缩写词列表<br>1.4 产品列表<br>1.5 关联文件<br>1.6 申报前与监管机构的联系情况和沟通记录<br>1.7 符合性声明 |
| 2. 综述资料 | 2.1 章节目录<br>2.2 概述<br>2.3 产品描述<br>2.4 适用范围和禁忌证<br>2.5 申报产品上市历史<br>2.6 其他需说明的内容 |
| 3. 非临床资料 | 3.1 章节目录<br>3.2 产品风险管理资料<br>3.3 医疗器械安全和性能基本原则清单<br>3.4 产品技术要求及检验报告<br>3.5 研究资料<br>3.6 非临床文献<br>3.7 稳定性研究<br>3.8 其他资料 |
| 4. 临床评价资料 | 4.1 章节目录<br>4.2 临床评价资料<br>4.3 其他资料 |
| 5. 产品说明书和标签样稿 | 5.1 章节目录<br>5.2 产品说明书<br>5.3 标签样稿<br>5.4 其他资料 |
| 6. 质量管理体系文件 | 6.1 综述<br>6.2 章节目录<br>6.3 生产制造信息<br>6.4 质量管理体系程序<br>6.5 管理职责程序<br>6.6 资源管理程序<br>6.7 产品实现程序<br>6.8 质量管理体系的测量、分析和改进程序<br>6.9 其他质量体系程序信息<br>6.10 质量管理体系核查文件 |

## 一、监管信息

（一）章节目录

应当包括本章的所有标题和小标题，注明目录中各内容的页码。

（二）申请表

按照填表要求填写。

（三）术语、缩写词列表

如适用，应当根据注册申报资料的实际情况，对其中出现的需要明确含义的术语或缩写词进行定义。

（四）产品列表

以表格形式列出拟申报产品的型号、规格、结构及组成、附件，以及每个型号规格的标识（如型号或部件的编号，器械唯一标识等）和描述说明（如尺寸、材质等）。

（五）关联文件

1. 境内申请人应当提供：

（1）企业营业执照副本或事业单位法人证书的复印件。

（2）按照《创新医疗器械特别审查程序》审批的境内医疗器械申请注册时，应当提交通过创新医疗器械审查的相关说明。

（3）按照《医疗器械应急审批程序》审批的医疗器械产品申请注册时，应当提交通过医疗器械应急审批的相关说明。

（4）委托其他企业生产的，应当提供受托企业资格文件（营业执照副本复印件）、委托合同和质量协议。

（5）进口医疗器械注册人通过其在境内设立的外商投资企业按照进口医疗器械产品在中国境内企业生产有关规定申请注册时，应当提交进口医疗器械注册人同意注册申报的声明或授权文件；还应提供申请人与进口医疗器械注册人的关系（包括法律责任）说明文件，应当附相关协议、质量责任、股权证明等文件。

2. 境外申请人应当提供：

（1）企业资格证明文件：境外申请人注册地所在国家（地区）公司登记主管部门或医疗器械主管部门出具的能够证明境外申请人存续且具备相应医疗器械生产资格的证明文件；或第三方认证机构为境外申请人出具的能够证明境外申请人具备相应医疗器械生产资格的证明文件。

（2）境外申请人注册地或生产地所在国家（地区）医疗器械主管部门出具的准许该产品上市销售的证明文件，未在境外申请人注册地或生产地所在国家（地区）上市的创新医疗器械可以不提交。

（3）境外申请人注册地或者生产地所在国家（地区）未将该产品作为医疗器械管理的，申请人需要提供相关文件，包括注册地或者生产地所在国家（地区）准许该产品上市销售的证明文件，未在境外申请人注册地或生产地所在国家（地区）上市的创新医疗器械可以不提交。

（4）在中国境内指定代理人的委托书、代理人承诺书及营业执照副本复印件。

（5）按照《创新医疗器械特别审查程序》审批的进口医疗器械申请注册时，应当提交通过创新医疗器械审查的相关说明。

（6）按照《医疗器械应急审批程序》审批的进口医疗器械产品申请注册时，应当提交通过医疗器械应急审批的相关说明。

（7）委托其他企业生产的，应当提供受托企业资格文件、委托合同和质量协议。

3. 主文档授权信

如适用，申请人应当对主文档引用的情况进行说明。申请人应当提交由主文档所有者或其备案代理机构出具的授权申请人引用主文档信息的授权信。授权信中应当包括引用主文档的申请人信息、产品名称、已备案的主文档编号、授权引用的主文档页码/章节信息等内容。

（六）申报前与监管机构的联系情况和沟通记录

1. 在产品申报前，如果申请人与监管机构针对申报产品以会议形式进行了沟通，或者申报产品与既往注册申报相关。应当提供下列内容（如适用）：

（1）列出监管机构回复的申报前沟通。

（2）既往注册申报产品的受理号。

（3）既往申报前沟通的相关资料，如既往申报会议前提交的信息、会议议程、演示幻灯片、最终的会议纪要、会议中待办事项的回复，以及所有与申请相关的电子邮件。

（4）既往申报（如自行撤销/不予注册上市申请、临床试验审批申请等）中监管机构已明确的相关问题。

（5）在申报前沟通中，申请人明确提出的问题，以及监管机构提供的建议。

（6）说明在本次申报中如何解决上述问题。

2. 如不适用，应当明确声明申报产品没有既往申报和/或申报前沟通。

（七）符合性声明

申请人应当声明下列内容：

1. 申报产品符合《医疗器械注册与备案管理办法》和相关法规的要求。

2. 申报产品符合《医疗器械分类规则》有关分类的要求。

3. 申报产品符合现行国家标准、行业标准，并提供符合标准的清单。

4. 保证所提交资料的真实性（境内产品由申请人出具，进口产品由申请人和代理人分别出具）。

## 二、综述资料

（一）章节目录

应当包括本章的所有标题和小标题，注明目录中各内容的页码。

（二）概述

1. 描述申报产品的通用名称及其确定依据。

2. 描述申报产品的管理类别，包括：所属分类子目录名称、一级产品类别、二级产品类别，管理类别，分类编码。

3. 描述申报产品适用范围。

4. 如适用，描述有关申报产品的背景信息概述或特别细节，如：申报产品的历史概述、历次提交的信息，与其他经批准上市产品的关系等。

（三）产品描述

1. 器械及操作原理描述

（1）无源医疗器械

描述工作原理、作用机理（如适用）、结构及组成、原材料（与使用者和/或患者直接或间接接触的材料成分；若器械中包含生物材料或衍生物，描述物质来源和原材料、预期使用目的、主要作用方式；若器械中包含活性药物成分（API）或药物，描述药物名称、预期使用目的、主要作用方式、来源）、交付状态及灭菌方式（如适用，描述灭菌实施者、灭菌方法、灭菌有效期），结构示意图和/或产品图示、使用方法及图示（如适用）以及区别于其他同类产品的特征等内容。

（2）有源医疗器械

描述工作原理、作用机理（如适用）、结构及组成、主要功能及其组成部件（如关键组件和软件等）的功能、产品图示（含标识、接口、操控面板、应用部分等细节），以及区别于其他同类产品的特征等内容。含有多个组成部分的，应说明其连接或组装关系。

2. 型号规格

对于存在多种型号规格的产品，应当明确各型号规格的区别。应当采用对比表或带有说明性文字的图片、图表，描述各种型号规格的结构组成（或配置）、功能、产品特征和运行模式、技术参数等内容。

3. 包装说明

（1）说明所有产品组成的包装信息。对于无菌医疗器械，应当说明其无菌屏障系统的信息；对于具有微生物限度要求的医疗器械，应当说明保持其微生物限度的包装信息。说明如何确保最终使用者可清晰地辨识包装的完整性。

（2）若使用者在进行灭菌前需要包装医疗器械或附件时，应当提供正确包装的信息（如材料、成分和尺寸等）。

4. 研发历程

阐述申请注册产品的研发背景和目的。如有参考的同类产品或前代产品，应当提供同类产品或前代产品的信息，并说明选择其作为研发参考的原因。

5. 与同类和/或前代产品的参考和比较

列表比较说明申报产品与同类产品和/或前代产品在工作原理、结构组成、制造材料、性能指标、作用方式（如植入、介入），以及适用范围等方面的异同。

（四）适用范围和禁忌证

1. 适用范围

（1）应当明确申报产品可提供的治疗或诊断功能，可描述其医疗过程（如体内或体外诊断、康复治疗监测、避孕、消毒等），并写明申报产品诊断、治疗、预防、缓解或治愈的疾病或病况，将要监测的参数和其他与适用范围相关的考虑。

（2）申报产品的预期用途，并描述其适用的医疗阶段（如治疗后的监测、康复等）。

（3）明确目标用户及其操作或使用该产品应当具备的技能 / 知识 / 培训。

（4）说明产品是一次性使用还是重复使用。

（5）说明与其组合使用实现预期用途的其他产品。

2. 预期使用环境

（1）该产品预期使用的地点，如医疗机构、实验室、救护车、家庭等。

（2）可能影响其安全性和有效性的环境条件，如温度、湿度、压力、移动、振动、海拔等。

3. 适用人群

目标患者人群的信息（如成人、新生儿、婴儿或者儿童）或无预期治疗特定人群的声明，患者选择标准的信息，以及使用过程中需要监测的参数、考虑的因素。

如申报产品目标患者人群包含新生儿、婴儿或者儿童，应当描述预期使用申报产品治疗、诊断、预防、缓解或治愈疾病、病况的非成人特定群体。

4. 禁忌证

如适用，通过风险 / 受益评估后，针对某些疾病、情况或特定的人群（如儿童、老年人、孕妇及哺乳期妇女、肝肾功能不全者），认为不推荐使用该产品，应当明确说明。

（五）申报产品上市历史

如适用，应当提交申报产品的下列资料：

1. 上市情况

截至提交注册申请前，申报产品在各国家或地区的上市批准时间、销售情况。若申报产品在不同国家或地区上市时有差异（如设计、标签、技术参数等），应当逐一描述。

2. 不良事件和召回

如适用，应当以列表形式分别对申报产品上市后发生的不良事件、召回的发生时间以及每一种情况下申请人采取的处理和解决方案，包括主动控制产品风险的措施，向医疗器械不良事件监测技术机构报告的情况，相关部门的调查处理情况等进行描述。

同时，应当对上述不良事件、召回进行分析评价，阐明不良事件、召回发生的原因并对其安全性、有效性的影响予以说明。若不良事件、召回数量大，应当根据事件类型总结每个类型涉及的数量。

3. 销售、不良事件及召回率

如适用，应当提交申报产品近五年在各国家（地区）销售数量的总结，按以下方式提供在各国家（地区）的不良事件、召回比率，并进行比率计算关键分析。

如：不良事件发生率＝不良事件数量 ÷ 销售数量 ×100%，召回发生率＝召回数量 ÷ 销售数量 ×100%。发生率可以采用每使用患者年或每使用进行计算，申请人应当描述发生率计算方法。

（六）其他需说明的内容

1. 如适用，明确与申报产品联合使用实现预期用途的其他产品的详细信息。

2. 对于已获得批准的部件或配合使用的附件，应当提供注册证编号和国家药监局官方网站公布的注册证信息。

## 三、非临床资料

（一）章节目录

应当包括本章的所有标题和小标题，注明目录中各内容的页码。

（二）产品风险管理资料

产品风险管理资料是对产品的风险管理过程及其评审的结果予以记录所形成的资料。应当提供下列内容，并说明对于每项已判定危害的下列各个过程的可追溯性。

1. 风险分析：包括医疗器械适用范围和与安全性有关特征的识别、危害的识别、估计每个危害处境的风险。

2. 风险评价：对于每个已识别的危害处境，评价和决定是否需要降低风险，若需要，描述如何进行相应风险控制。

3. 风险控制：描述为降低风险所执行风险控制的相关内容。

4. 任何一个或多个剩余风险的可接受性评定。

5. 与产品受益相比，综合评价产品风险可接受。

（三）医疗器械安全和性能基本原则清单

说明产品符合《医疗器械安全和性能基本原则清单》（见附件 9）各项适用要求所采用的方法，以及证明其符合性的文件。对于《医疗器械安全和性能基本原则清单》中不适用的各项要求，应当说明理由。

对于包含在产品注册申报资料中的文件，应当说明其在申报资料中的具体位置；对于未包含在产品注册申报资料中的文件，应当注明该证据文件名称及其在质量管理体系文件中的编号备查。

（四）产品技术要求及检验报告

1. 申报产品适用标准情况

申报产品应当符合适用的强制性标准。对于强制性行业标准，若申报产品结构特征、预期用途、使用方式等与强制性标准的适用范围不一致，申请人应当提出不适用强制性标准的说明，并提供经验证的证明性资料。

2. 产品技术要求

医疗器械产品技术要求应当按照相关要求的规定编制。

3. 产品检验报告

可提交以下任一形式的检验报告：

（1）申请人出具的自检报告。

（2）委托有资质的医疗器械检验机构出具的检验报告。

（五）研究资料

根据申报产品适用范围和技术特征，提供非临床研究综述，逐项描述所开展的研究，概述研究方法和研究结论。根据非临床研究综述，提供相应的研究资料，各项研究可通过文献研究、实验室研究、模型研究等方式开展，一般应当包含研究方案、研究报告。采用建模研究的，应当提供产品建模研究资料。

1. 化学和物理性能研究

（1）应当提供产品化学 / 材料表征、物理和 / 或机械性能指标的确定依据、设计输入来源以及临床意义，所采用的标准或方法、采用的原因及理论基础。

（2）燃爆风险

对于暴露于易燃、易爆物质或与其他可燃物、致燃物联合使用的医疗器械，应当提供燃爆风险研究资料，证明在正常状态及单一故障状态下，燃爆风险可接受。

（3）联合使用

如申报产品预期与其他医疗器械、药品、非医疗器械产品联合使用实现同一预期用途，应当提供证明联合使用安全有效的研究资料，包括互联基本信息（连接类型、接口、协议、最低性能）、联合使用风险及控制措施、联合使用上的限制，兼容性研究等。

联合药物使用的，应当提供药物相容性研究资料，证明药品和器械联合使用的性能符合其适应证和预期用途。

（4）量效关系和能量安全

对于向患者提供能量或物质治疗的医疗器械，应当提供量效关系和能量安全性研究资料，提供证明治疗参数设置的安全性、有效性、合理性，以及除预期靶组织外，能量不会对正常组织造成不可接受的伤害的研究资料。

2. 电气系统安全性研究

应当提供电气安全性、机械和环境保护以及电磁兼容性的研究资料，说明适用的标准以及开展的研究。

3. 辐射安全研究

对于具有辐射或潜在辐射危害（包括电离辐射和非电离辐射）的产品，应当提供辐射安全的研究资料，包括：

（1）说明符合的辐射安全通用及专用标准，对于标准中的不适用条款应详细说明理由；

（2）说明辐射的类型并提供辐射安全验证资料，应确保辐射能量、辐射分布以及其他辐射关键特性能够得到合理的控制和调整，并可在使用过程中进行预估、监控。（如适用）

（3）提供减少使用者、他人和患者在运输、贮存、安装、使用中辐射吸收剂量的防护措施，避免误用的方法。对于需要安装的产品，应当明确有关验收和性能测试、验收标准及维护程序的信息。

4. 软件研究

（1）软件

含有软件组件的产品和独立软件，应当提供软件的研究资料，包括基本信息、实现过程、核心功能、结论等内容，详尽程度取决于软件安全性级别（严重、中等、轻微）。其中，基本信息包括软件标识、安全性级别、结构功能、物理拓扑、运行环境、注册历史，实现过程包括开发概况、风险管理、需求规范、生存周期、验证与确认、可追溯性分析、缺陷管理、更新历史，明确核心功能、核心算法、预期用途的对应关系。

（2）网络安全

具备电子数据交换、远程控制或用户访问功能的独立软件和含有软件组件的产品，应当提供网络安全研究资料，包括基本信息、实现过程、漏洞评估、结论等内容，详尽程度取决于软件安全性级别。其中，基本信息包括软件信息、数据架构、网络安全能力、网络安全补丁、安全软件，实现过程包括风险管理、需求规范、验证与确认、可追溯性分析、更新维护计划，漏洞评估明确已知漏洞相关信息。

（3）现成软件

产品若使用现成软件，应当根据现成软件的类型、使用方式等情况提供相应软件研究资料和网络安全研究资料。

（4）人工智能

产品若采用深度学习等人工智能技术实现预期功能与用途，应当提供算法研究资料，包括算法基本信息、数据收集、算法训练、算法性能评估等内容。

（5）互操作性

产品若通过电子接口与其他医疗器械或非医疗器械交换并使用信息，应当提供互操作性研究资料，包括基本信息、需求规范、风险管理、验证与确认、维护计划等内容。

（6）其他

产品若采用移动计算、云计算、虚拟现实等信息通信技术实现预期功能与用途，应当提供相应技术研究资料，包括基本信息、需求规范、风险管理、验证与确认、维护计划等内容。

5. 生物学特性研究

对于与患者直接或间接接触的器械，应当进行生物学评价。生物学评价资料应当包括：

（1）描述产品所用材料及与人体接触性质，设计和生产过程中可能引入的污染物和残留物，设计和生产过程中可能产生的析出物（包括滤沥物和/或蒸发物）、降解产物、加工残留物，与医疗器械直接接触的包装材料等相关信息。

（2）描述申报产品的物理和/或化学信息并考虑材料表征（如适用），如器械的物理作用可能产生生物学风险，应当进行评价。

（3）生物学评价的策略、依据和方法。

（4）已有数据和结果的评价。

（5）选择或豁免生物学试验的理由和论证。

（6）完成生物学评价所需的其他数据。

若医疗器械材料可能释放颗粒进入患者和使用者体内，从而产生与颗粒尺寸和性质相关风险，如纳米材料，对所有包含、产生或由其组成的医疗器械，应当提供相关生物学风险研究资料。

若根据申报产品预期用途，其会被人体吸收、代谢，如可吸收产品，应当提供所用材料/物质与人体组织、细胞和体液之间相容性的研究资料。

6. 生物源材料的安全性研究

对于含有同种异体材料、动物源性材料或生物活性物质等具有生物安全风险的产品，应当提供相应生物安全性研究资料。

生物安全性研究资料应当包括：

（1）相应材料或物质的情况，组织、细胞和材料的获取、加工、保存、测试和处理过程。

（2）阐述来源，并说明生产过程中灭活和去除病毒和/或传染性因子的工艺过程，提供有效性验证数据或相关资料。

（3）说明降低免疫原性物质的方法和/或工艺过程，提供质量控制指标与验证性实验数据或相关资料。

（4）支持生物源材料安全性的其他资料。

7. 清洁、消毒、灭菌研究

（1）生产企业灭菌：应当明确灭菌工艺（方法和参数）和无菌保证水平（SAL），并提供灭菌验证及确认的相关研究资料。

（2）使用者灭菌：应当明确推荐的灭菌工艺（方法和参数）、所推荐灭菌工艺的确定依据以及验证的相关研究资料；对可耐受两次或多次灭菌的产品，应当提供产品所推荐灭菌工艺耐受性的研究资料。

（3）使用者清洁和消毒：应当明确推荐的清洗和消毒工艺（方法和参数）、工艺的确定依据以及验证的相关研究资料。

（4）残留毒性：若产品经灭菌或消毒后可能产生残留物质，应当对灭菌或消毒后的产品进行残留毒性的研究，明确残留物信息及采取的处理方法，并提供相关研究资料。

（5）以非无菌状态交付，且使用前需灭菌的医疗器械，应当提供证明包装能减少产品受到微生物污染的风险，且适用于生产企业规定灭菌方法的研究资料。

8. 动物试验研究

为避免开展不必要的动物试验，医疗器械是否开展动物试验研究应当进行科学决策，并提供论证/说明资料。经决策需通过动物试验研究验证/确认产品风险控制措施有效性的，应当提供动物试验研究资料，研究资料应当包括试验目的、实验动物信息、受试器械和对照信息、动物数量、评价指标和试验结果、动物试验设计要素的确定依据等内容。

9. 证明产品安全性、有效性的其他研究资料。

（六）非临床文献

提供与申报产品相关的已发表的非临床研究（如尸体研究、生物力学研究等）文献/书目列表，并提供相关内容的复印件（外文应同时提供翻译件）。如未检索到与申报产品相关的非临床文献/书目，应当提供相关的声明。

（七）稳定性研究

1. 货架有效期

如适用，应当提供货架有效期和包装研究资料，证明在货架有效期内，在生产企业规定的运输贮存条件下，产品可保持性能功能满足使用要求，具有微生物限度要求的产品还应当符合微生物限度要求，以无菌状态交付的产品还应保持无菌状态。

2. 使用稳定性

如适用，应当提供使用稳定性/可靠性研究资料，证明在生产企业规定的使用期限/使用次数内，在正常使用、维护和校准（如适用）情况下，产品的性能功能满足使用要求。

3. 运输稳定性

应当提供运输稳定性和包装研究资料，证明在生产企业规定的运输条件下，运输过程中的环境条件（例如：震动、振动、温度和湿度的波动）不会对医疗器械的特性和性能，包括完整性和清洁度，造成不利影响。

（八）其他资料

免于进行临床评价的第二类、第三类医疗器械，申请人应当按照《列入免于进行临床评价医疗器械目录产品对比说明技术指导原则》，从基本原理、结构组成、性能、安全性、适用范围等方面，证明产品的安全有效性。

对于一次性使用的医疗器械，还应当提供证明其无法重复使用的支持性资料。

## 四、临床评价资料

需要进行临床评价的第二类、第三类医疗器械，按照相关要求提供临床评价资料。

（一）章节目录

应当包括本章的所有标题和小标题，注明目录中各内容的页码。

（二）临床评价资料

1. 产品描述和研发背景：包括申报产品基本信息、适用范围、现有的诊断或治疗方法及涉及医疗器械的临床应用情况、申报产品与现有诊断或治疗方法的关系、预期达到的临床疗效等。

2. 明确临床评价涵盖的范围，申报产品中如有可免于进行临床评价的部分，描述其结构组成并说明免于进行临床评价的理由。

3. 临床评价路径：根据申报产品的适用范围、技术特征、已有临床数据等具体情况，选择恰当的临床评价路径，包括同品种临床评价路径和/或临床试验路径。

4. 若通过同品种临床评价路径进行临床评价，应当提交申报产品与同品种医疗器械在适用范围、技术特征、生物学特性方面的对比资料；应当对同品种医疗器械的临床数据进行收集、评估和分析，形成临床证据。如适用，应当描述申报产品与同品种医疗器械的差异，提交充分的科学证据证明二者具有相同的安全有效性。

5. 若通过临床试验路径进行临床评价，应当提交临床试验方案、临床试验机构伦理委员会同意开展临床试验的书面意见、临床试验报告、知情同意书样本，并附临床试验数据库（原始数据库、分析数据库、说明性文件和程序代码）。

（三）其他资料

如适用，提供相应项目评价资料的摘要、报告和数据。

## 五、产品说明书和标签样稿

（一）章节目录

应当包括本章的所有标题和小标题，注明目录中各内容的页码。

（二）产品说明书

1. 应当提交产品说明书，内容应当符合《医疗器械说明书和标签管理规定》和相关法规、规章、规范性文件、强制性标准的要求。

2. 境外申请人应当提交产品原文说明书。

（三）标签样稿

应当提交最小销售单元标签样稿，内容应当符合《医疗器械说明书和标签管理规定》和相关法规、规章、规范性文件、强制性标准的要求。

（四）其他资料

如适用，提交对产品信息进行补充说明的其他文件。

## 六、质量管理体系文件

（一）综述

申请人应当承诺已按照相关法规要求建立相应的质量管理体系，随时接受质量管理体系核查。

（二）章节目录

应当包括本章的所有标题和小标题，注明目录中各内容的页码。

（三）生产制造信息

1. 产品描述信息

器械工作原理和总体生产工艺的简要说明。

2. 一般生产信息

提供生产器械或其部件的所有地址和联络信息。

如适用，应当提供外包生产、重要组件或原材料的生产（如动物组织和药品）、关键工艺过程、灭菌等情况的所有重要供应商名称和地址。

（四）质量管理体系程序

用于建立和维护质量管理体系的高层级质量管理体系程序，包括质量手册、质量方针、质量目标和文件及记录控制程序。

（五）管理职责程序

用于通过阐述质量方针、策划、职责/权限/沟通和管理评审，对建立和维护质量管理体系形成管理保证文件的程序。

（六）资源管理程序

用于为实施和维护质量管理体系所形成足够资源（包括人力资源、基础设施和工作环境）供应文件的程序。

（七）产品实现程序

高层级的产品实现程序，如说明策划和客户相关过程的程序。

1. 设计和开发程序

用于形成从项目初始至设计转换的整个过程中关于产品设计的系统性和受控的开发过程文件的程序。

2. 采购程序

用于形成符合已制定的质量和/或产品技术参数的采购产品/服务文件的程序。

3. 生产和服务控制程序

用于形成受控条件下生产和服务活动文件的程序，这些程序阐述诸如产品的清洁和污染的控制、安装和服务活动、过程确认、标识和可追溯性等问题。

4. 监视和测量装置控制程序

用于形成质量管理体系运行过程中所使用的监视和测量设备已受控并持续符合既定要求文件的程序。

（八）质量管理体系的测量、分析和改进程序

用于形成如何监视、测量、分析和改进以确保产品和质量管理体系的符合性，并保持质量管理体系有效性的文件的程序。

（九）其他质量体系程序信息

不属于上述内容，但对此次申报较为重要的其他信息。

（十）质量管理体系核查文件

根据上述质量管理体系程序，申请人应当形成相关质量管理体系文件和记录。应当提交下列资料，在质量管理体系核查时进行检查。

1. 申请人基本情况表。

2. 申请人组织机构图。

3. 生产企业总平面布置图、生产区域分布图。

4. 生产过程有净化要求的，应当提供有资质的检测机构出具的环境检测报告（附平面布局图）复印件。

5. 产品生产工艺流程图，应当标明主要控制点与项目及主要原材料、采购件的来源及质量控制方法。

6. 主要生产设备和检验设备（包括进货检验、过程检验、出厂最终检验所需的相关设备；在净化条件下生产的，还应当提供环境监测设备）目录。

7. 质量管理体系自查报告。

8. 如适用，应当提供拟核查产品与既往已通过核查产品在生产条件、生产工艺等方面的对比说明。

## 附件 6

# 医疗器械延续注册申报资料要求及说明

### 一、监管信息

（一）章节目录

应当包括本章的所有标题和小标题，注明目录中各内容的页码。

（二）申请表

按照填表要求填写。

（三）关联文件

1. 境内注册人应当提交企业营业执照副本或事业单位法人证书复印件；境外注册人应当提交企业资格证明文件。

2. 境外注册人应当提交在中国境内指定代理人的委托书、代理人承诺书及营业执照副本复印件。

3. 提交原医疗器械注册证及其附件的复印件、历次医疗器械变更注册（备案）文件及其附件的复印件。

4. 如医疗器械注册证有效期内有新的医疗器械强制性标准发布实施，已注册产品为符合新的强制性标准所做的变化属于应当办理变更注册的，注册人应当提交申请延续注册前已获得原审批部门批准的变更注册（备案）文件及其附件的复印件。已注册产品为符合新的强制性标准所做的变化属于无需办理变更注册手续或者无需变化即可符合新的强制性标准的，注册人应当提供情况说明和相关证明资料。

进口医疗器械延续注册时，不需要提供注册人注册地或者生产地所在国家（地区）批准产品上市销售的证明文件。

（四）申报前与监管机构的联系情况和沟通记录

1. 在注册证有效期内，如果注册人与监管机构针对申报产品以会议形式进行了沟通，应当提供下列内容（如适用）：

（1）列出监管机构回复的沟通情况。

（2）在沟通中，注册人明确提出的问题，以及监管机构提供的建议。

（3）说明在本次申报中如何解决上述问题。

2. 如不适用，应当明确声明申报产品在注册证有效期内没有既往申报和/或申报前沟通。

（五）符合性声明

注册人应当声明下列内容：

1. 延续注册产品没有变化。如产品发生了注册证载明事项以外变化的，应当明确“产品所发生的变化通过质量管理体系进行控制，注册证载明事项无变化”。

2. 延续注册产品符合《医疗器械注册与备案管理办法》和相关法规的要求。

3. 延续注册产品符合《医疗器械分类规则》有关分类的要求。

4. 延续注册产品符合现行国家标准、行业标准，并提供符合标准的清单。

5. 保证所提交资料的真实性（境内产品由注册人出具，进口产品由注册人和代理人分别出具）。

## 二、非临床资料

（一）章节目录

应当包括本章的所有标题和小标题，注明目录中各内容的页码。

（二）产品技术要求

如在原医疗器械注册证有效期内发生了涉及产品技术要求变更的，应当提交依据变更注册（备案）文件修改的产品技术要求。

（三）其他资料

原医疗器械注册证中载明要求继续完成的事项，涉及非临床研究的，应当提供相关总结报告，并附相应资料。

## 三、临床评价资料

原医疗器械注册证中载明要求继续完成的事项，涉及临床评价的，应当提供相关总结报告，并附相应资料。

附件 7

# 医疗器械变更备案 / 变更注册申报资料要求及说明

## 变更备案资料要求及说明

### 一、监管信息

（一）章节目录

应当包括本章的所有标题和小标题，注明目录中各内容的页码。

（二）备案表

按照填表要求填写。

（三）关联文件

1. 境内注册人应当提交：企业营业执照副本或事业单位法人证书复印件。

2. 境外注册人应当提交：

（1）根据变更事项在境外注册人注册地或生产地所在国家（地区）是否需要获得新的企业资格证明文件，提交相应的企业资格证明文件。

（2）如变更事项在境外注册人注册地或生产地所在国家（地区），需要获得新的医疗器械主管部门出具的准许产品上市销售证明文件，应当提交相应文件；如变更事项不需要获得注册人注册地或生产地址所在国家（地区）医疗器械主管部门批准的，应当予以说明；未在境外上市的创新医疗器械可以不提交。

（3）在中国境内指定代理人的委托书、代理人承诺书及营业执照副本复印件。

3. 应当提交原医疗器械注册证及其附件的复印件、历次医疗器械变更注册（备案）文件及其附件的复印件。

（四）符合性声明

注册人应当声明下列内容：

1. 申报产品符合《医疗器械注册与备案管理办法》和相关法规的要求；

2. 申报产品符合《医疗器械分类规则》有关分类的要求。

3. 申报产品符合现行国家标准、行业标准，并提供符合标准的清单。

4. 保证所提交资料的真实性（境内产品由注册人出具，进口产品由注册人和代理人分别出具）。

### 二、综述资料

（一）章节目录

应当包括本章的所有标题和小标题，注明目录中各内容的页码。

产品描述

1. 注册人关于变更情况的说明。

详细描述本次变更情况、变更的具体原因及目的。

2. 根据产品具体变更情况提供相应文件，包括下列情形：

（1）注册人名称变更

企业名称变更核准通知书（境内注册人）和/或相应关联文件。

（2）注册人住所变更

变更前后企业营业执照副本或事业单位法人证书复印件（境内注册人）和/或相应关联文件。

（3）境内医疗器械生产地址变更

变更后的生产许可证及其附件。

（4）代理人变更

①注册人出具新代理人委托书、新代理人出具的承诺书；

②新代理人的营业执照副本复印件。

（5）代理人住所变更

变更前后营业执照副本复印件。

## 变更注册申报资料要求及说明

### 一、监管信息

（一）章节目录

应当包括本章的所有标题和小标题，注明目录中各内容的页码。

（二）申请表

按照填表要求填写。

（三）关联文件

1. 境内注册人应当提交：企业营业执照副本或事业单位法人证书复印件。

2. 境外注册人应当提交：

（1）根据变更事项在境外注册人注册地或生产地所在国家（地区）是否需要获得新的企业资格证明文件，提交相应的企业资格证明文件。

（2）如变更事项在境外注册人注册地或生产地所在国家（地区），需要获得新的医疗器械主管部门出具的准许产品上市销售证明文件，应当提交相应文件；如变更事项不需要获得注册人注册地或生产地址所在国家（地区）医疗器械主管部门批准的，应当予以说明；未在境外上市的创新医疗器械可以不提交。

（3）在中国境内指定代理人的委托书、代理人承诺书及营业执照副本复印件。

3. 应当提交原医疗器械注册证及其附件的复印件、历次医疗器械变更注册（备案）文件及其附件的复印件。

（四）申报前与监管机构的联系情况和沟通记录

1. 在本次变更申请提交前，如注册人与监管机构针对申报产品以会议形式进行了沟通，应当提供下列内容（如适用）：

（1）列出监管机构回复的沟通情况。

（2）在沟通中，注册人明确提出的问题，及监管机构提供的建议。

（3）说明在本次申报中如何解决上述问题。

2. 如不适用，应当明确声明申报产品没有既往申报和/或申报前沟通。

（五）符合性声明

注册人应当声明下列内容：

1. 申报产品符合《医疗器械注册与备案管理办法》和相关法规的要求。

2. 申报产品符合《医疗器械分类规则》有关分类的要求。

3. 申报产品符合现行国家标准、行业标准，并提供符合标准的清单。

4. 保证所提交资料的真实性（境内产品由注册人出具，进口产品由注册人和代理人分别出具）。

## 二、综述资料

（一）章节目录

应当包括本章的所有标题和小标题，注明目录中各内容的页码。

（二）概述

详细描述本次变更情况、变更的具体原因及目的。

（三）产品变更情况描述

根据产品具体变更情况提供相应的说明及对比表，包括下列情形：

1. 产品名称变化。

2. 产品技术要求变化。

3. 型号、规格变化。

4. 结构及组成变化。

5. 产品适用范围变化。

6. 进口医疗器械生产地址变化。

7. 注册证中"其他内容"变化。

8. 其他变化。

## 三、非临床资料

（一）章节目录

应当包括本章的所有标题和小标题，注明目录中各内容的页码。

（二）产品风险管理资料

应当提交与产品变化相关的产品风险管理资料。

产品风险管理资料是对产品的风险管理过程及其评审的结果予以记录所形成的资料。应当提供如下内容，并说明对于每项已判定危害的下列各个过程的可追溯性。

1. 风险分析：包括医疗器械适用范围和与安全性有关特征的识别、危害的识别、估计每个危害处境的风险。

2. 风险评价：对于每个已识别的危害处境，评价和决定是否需要降低风险，若需要，描述如何进行相应风险控制。

3. 风险控制：描述为降低风险所执行风险控制的相关内容。

4. 任何一个或多个剩余风险的可接受性评定。

5. 与产品受益相比，综合评价产品风险可接受。

（三）产品技术要求及检验报告

如适用，应当提交下列资料：

1. 申报产品适用标准情况

申报产品应当符合适用的强制性标准。对于强制性行业标准，若申报产品结构特征、预期用途、使用方式等与强制性标准的适用范围不一致，注册人应当提出不适用强制性标准的说明，并提供经验证的证明性资料。

2. 产品技术要求

由于医疗器械强制性标准已经修订或者其他变化，涉及产品技术要求变化的，应当明确产品技术要求变化的具体内容。

3. 产品检验报告

可提交以下任一形式的针对产品技术要求变化部分的检验报告：

（1）注册人出具的自检报告。

（2）委托有资质的医疗器械检验机构出具的检验报告。

（四）研究资料

1. 分析并说明变化部分对产品安全性、有效性的影响。

2. 根据变化情况，提供非临床研究综述，逐项描述所开展的研究，概述研究方法和研究结论。根据非临床研究综述，提供相应的研究资料，各项研究资料一般应当包含研究方案、研究报告。

（五）其他资料

免于进行临床评价的第二类、第三类医疗器械，如发生前文所述的变化，有可能影响产品安全、有效及申报产品与《免于进行临床评价医疗器械目录》所述产品等同性论证的，申请人应当按照《列入免于进行临床评价医疗器械目录产品对比说明技术指导原则》，从基本原理、结构组成、性能、安全性、适用范围等方面，证明产品的安全有效性。

## 四、临床评价资料

需要进行临床评价的第二类、第三类医疗器械，如发生前文所述的变化，有可能影响产品安全、有效的，涉及临床评价的，应当按照相关要求提供适用的临床评价资料。

（一）章节目录

应当包括本章的所有标题和小标题，注明目录中各内容的页码。

（二）临床评价资料要求

1. 产品描述和研发背景：包括申报产品基本信息、适用范围、现有的诊断或治疗方法及涉及医疗器械的临床应用情况、申报产品与现有诊断或治疗方法的关系、预期达到的临床疗效等。

2. 明确临床评价涵盖的范围，申报产品中如有可免于进行临床评价的部分，描述其结构组成并说明免于进行临床评价的理由。

3. 临床评价路径：根据申报产品的适用范围、技术特征、已有临床数据等具体情况，选择恰当的临床评价路径，包括同品种临床评价路径和/或临床试验路径。

4. 若通过同品种临床评价路径进行临床评价，应当提交申报产品与同品种医疗器械在适用范围、技术特征、生物学特性方面的对比资料；应当对同品种医疗器械的临床数据进行收集、评估和分析，形成临床证据。如适用，应当描述申报产品与同品种医疗器械的差异，提交充分的科学证据证明二者具有相同的安全有效性。

5. 若通过临床试验路径进行临床评价，应当提交临床试验方案、临床试验机构伦理委员会同意开展临床试验的书面意见、临床试验报告、知情同意书样本，并附临床试验数据库（原始数据库、分析数据库、说明性文件和程序代码）。

（三）其他资料

如适用，提供相应项目评价资料的摘要、报告和数据。

## 五、产品说明书

（一）章节目录

应当包括本章的所有标题和小标题，注明目录中各内容的页码。

（二）产品说明书

如适用，应当以对比表形式详细说明变更内容，并提交变更前的说明书以及变更后的产品说明书，产品说明书内容应当符合《医疗器械说明书和标签管理规定》和相关法规、规章、规范性文件、强制性标准的要求。

如不适用，应当提供相应说明。

（三）其他资料

如申报产品还有对产品信息进行补充说明的其他文件，如适用，应当以对比表形式详细说明变更内容，并提交变更前、后的文件。

如不适用，应当提供相应说明。

## 六、质量管理体系文件

已注册产品发生前述变更注册情形的，注册人应当承诺已根据产品变更的具体情况，按照相关法规要求对已建立的质量管理体系进行相应调整，并随时接受质量管理体系核查。

注册人提出变更的具体原因或目的涉及产品设计、原材料、生产工艺、适用范围、使用方法变化的，应当针对变化部分进行质量管理体系核查；其余变化，一般不需进行质量管理体系核查。

需要进行质量管理体系核查的，应当按照附件5的要求提交本部分资料。

（一）综述

注册人应当承诺已按照相关法规要求，根据产品变更的具体情形对质量管理体系进行相应调整，随时接受质量管理体系核查。详述涉及产品变更项目的质量管理体系变化情况，并按照下列要求逐项提交适用项目的资料，不适用应当说明理由。

（二）章节目录

应当包括本章的所有标题和小标题，注明目录中各内容的页码。

（三）生产制造信息

1. 产品描述信息

器械工作原理和总体生产工艺的简要说明。

2. 一般生产信息

提供生产器械或其部件的所有地址和联络信息。

如适用，应当提供外包生产、重要组件或原材料的生产（如动物组织和药品）、关键工艺过程、灭菌等情况的所有重要供应商名称和地址。

（四）质量管理体系程序

用于建立和维护质量管理体系的高层级质量管理体系程序，包括质量手册、质量方针、质量目标和文件及记录控制程序。

（五）管理职责程序

用于通过阐述质量方针、策划、职责 / 权限 / 沟通和管理评审，对建立和维护质量管理体系形成管理保证文件的程序。

（六）资源管理程序

用于为实施和维护质量管理体系所形成足够资源（包括人力资源、基础设施和工作环境）供应文件的程序。

（七）产品实现程序

高层级的产品实现程序，如说明策划和客户相关过程的程序。

1. 设计和开发程序

用于形成从项目初始至设计转换的整个过程中关于产品设计的系统性和受控的开发过程文件的程序。

2. 采购程序

用于形成符合已制定的质量和 / 或产品技术参数的采购产品 / 服务文件的程序。

3. 生产和服务控制程序

用于形成受控条件下生产和服务活动文件的程序，这些程序阐述诸如产品的清洁和污染的控制、安装和服务活动、过程确认、标识和可追溯性等问题。

4. 监视和测量装置控制程序

用于形成质量管理体系运行过程中所使用的监视和测量设备已受控并持续符合既定

要求的文件的程序。

（八）质量管理体系的测量、分析和改进程序

用于形成如何监视、测量、分析和改进以确保产品和质量管理体系的符合性，并保持质量管理体系有效性的文件的程序。

（九）其他质量体系程序信息

不属于上述内容，但对此次申报较为重要的其他信息。

（十）质量管理体系文件

根据上述质量管理体系程序，注册人应当形成涉及产品变更项目的相关质量管理体系文件和记录：

1. 注册人基本情况表。

2. 注册人组织机构图。

3. 生产企业总平面布置图、生产区域分布图。

4. 如生产过程有净化要求的应当提供有资质的检测机构出具的环境检测报告（附平面布局图）复印件。

5. 产品生产工艺流程图，应当标明主要控制点与项目及主要原材料、采购件的来源及质量控制方法。

6. 主要生产设备和检验设备（包括进货检验、过程检验、出厂的最终检验相关设备；如需净化生产的，还应当提供环境监测设备）目录。

7. 注册质量管理体系自查报告。

8. 如适用，应当提供拟核查产品与既往已通过核查产品在生产条件、生产工艺等方面的对比说明。

**附件 8**

# 医疗器械临床试验审批申报资料要求及说明

## 一、监管信息

（一）章节目录

应当包括本章的所有标题和小标题，注明目录中各内容的页码。

（二）申请表

按照填表要求填写。

（三）术语、缩写词列表

如适用，应当根据注册申报资料的实际情况，对其中出现的需要明确含义的术语或缩写词进行定义。

（四）产品列表

以表格形式列出拟进行临床试验产品的型号、规格、结构及组成、附件，以及每个型

号规格的标识（如型号或部件的编号，器械唯一标识等）和描述说明（如尺寸、材质等）。

（五）关联文件

1. 境内申请人应当提供：企业营业执照副本或事业单位法人证书复印件。

2. 境外申请人应当提供：

（1）企业资格证明文件。

（2）境外申请人注册地或生产地所在国家（地区）医疗器械主管部门出具的准许该产品上市销售的证明文件，未在境外上市的创新医疗器械可以不提交。

（3）境外申请人注册地或者生产地所在国家（地区）未将该产品作为医疗器械管理的，申请人需要提供相关文件，包括注册地或者生产地所在国家（地区）准许该产品上市销售的证明文件，未在境外申请人注册地或生产地所在国家（地区）上市的创新医疗器械可以不提交。

（4）在中国境内指定代理人的委托书、代理人承诺书及营业执照副本复印件。

（六）申报前与监管机构的联系情况和沟通记录

1. 在提出临床试验审批申请前，如果申请人与监管机构针对申报产品以会议形式进行了沟通，或者申报产品与既往申报相关，应当提供下列内容（如适用）：

（1）列出监管机构回复的申报前沟通。

（2）既往申报产品的受理号。

（3）既往申报前沟通的相关资料，如既往申报会议前提交的信息、会议议程、演示幻灯片、最终的会议纪要、会议中待办事项的回复，以及所有与申请相关的电子邮件。

（4）既往申报中监管机构已明确的相关问题。

（5）在申报前沟通中，申请人明确提出的问题，以及监管机构提供的建议。

（6）说明在本次申报中如何解决上述问题。

2. 如不适用，应当明确声明申报产品没有既往申报和/或申报前沟通。

（七）符合性声明

申请人应当声明下列内容：

1. 申报产品符合《医疗器械注册与备案管理办法》和相关法规的要求。

2. 申报产品符合现行国家标准、行业标准，并提供符合标准的清单。

3. 保证所提交资料的真实性（境内产品由申请人出具，进口产品由申请人和代理人分别出具）。

## 二、综述资料

（一）章节目录

应当包括本章的所有标题和小标题，注明目录中各内容的页码。

（二）产品描述

1. 试验产品描述

应当包括试验医疗器械的设计原理、工作原理、作用机理、产品特征、结构组成及图示、制造材料、型号规格及其划分依据、主要生产工艺、包装材料、交付状态、研发历程、适用范围及禁忌证等内容。

2. 与同类产品的参考和比较

国内外同类产品上市前研究及上市后临床应用情况，试验医疗器械与国内外已上市同类产品在工作原理、结构组成、制造材料、性能指标、作用方式及适用范围等方面的异同比较资料。

（三）其他需说明的内容

可能发生的与试验医疗器械相关的不良事件信息。

## 三、非临床资料

（一）章节目录

应当包括本章的所有标题和小标题，注明目录中各内容的页码。

（二）产品风险管理资料

1. 提供产品风险管理资料。

2. 提供临床试验受益与风险对比分析报告。

（三）产品技术要求及检验报告

1. 申报产品适用标准情况

申报产品应当符合适用的强制性标准。对于强制性行业标准，若申报产品结构特征、预期用途、使用方式等与强制性标准的适用范围不一致，申请人应当提出不适用强制性标准的说明，并提供经验证的证明性资料。

2. 产品技术要求

医疗器械产品技术要求应当按照相关要求的规定编制。

3. 产品检验报告

可提交以下任一形式的检验报告：

（1）申请人出具的自检报告。

（2）委托有资质的医疗器械检验机构出具的检验报告。

（四）研究资料

一般应当包括：

1. 试验医疗器械的非临床研究资料，包括研究方案、报告和数据。如，化学和物理性能研究、生物相容性研究、动物试验等。

2. 与评价试验医疗器械安全性和有效性相关的已发表文献及评论性综述，并论述与评价试验医疗器械安全有效的相关性。

（五）其他资料

其他要求提交的证明产品安全性、有效性的研究资料。

## 四、临床资料

（一）章节目录

应当包括本章的所有标题和小标题，注明目录中各内容的页码。

（二）临床试验资料

1. 临床试验方案

临床试验方案应当符合《医疗器械临床试验质量管理规范》相关要求，按照相关要求提交临床试验方案。

2. 伦理委员会同意临床试验开展的书面意见

开展多中心临床试验的，应当提交牵头单位伦理委员会同意临床试验开展的书面意见。

## 五、产品说明书和标签样稿

（一）章节目录

应当包括本章的所有标题和小标题，注明目录中各内容的页码。

（二）产品说明书

应当提交产品说明书，内容应当符合《医疗器械说明书和标签管理规定》和相关法规、规章、规范性文件、强制性标准的要求。

（三）标签样稿

应当提交最小销售单元标签样稿，内容应当符合《医疗器械说明书和标签管理规定》和相关法规、规章、规范性文件、强制性标准的要求。

（四）其他资料

如适用，应当提交对产品信息进行补充说明的其他文件。

## 附件 9

# 医疗器械安全和性能基本原则清单

| 条款号 | 要求 | 适用 | 证明符合性采用的方法 | 为符合性提供客观证据的文件 |
|---|---|---|---|---|
| A | 安全和性能的通用基本原则 | | | |
| A1 | 一般原则 | | | |
| A1.1 | 医疗器械应当实现申请人的预期性能，其设计和生产应当确保器械在预期使用条件下达到预期目的。这些器械应当是安全的并且能够实现其预期性能，与患者受益相比，其风险应当是可接受的，且不会损害医疗环境、患者安全、使用者及他人的安全和健康。 | | | |

续表

| 条款号 | 要求 | 适用 | 证明符合性采用的方法 | 为符合性提供客观证据的文件 |
|---|---|---|---|---|
| A1.2 | 申请人应当建立、实施、形成文件和维护风险管理体系，确保医疗器械安全、有效且质量可控。在医疗器械全生命周期内，风险管理是一个持续、反复的过程，需要定期进行系统性的改进更新。在开展风险管理时，申请人应当：<br>a）建立涵盖所有医疗器械风险管理计划并形成文件；<br>b）识别并分析涵盖所有医疗器械的相关的已知和可预见的危险（源）；<br>c）估计和评价在预期使用和可合理预见的误使用过程中，发生的相关风险；<br>d）依据 A1.3 和 A1.4 相关要求，消除或控制 c）点所述的风险；<br>e）评价生产和生产后阶段信息对综合风险、风险受益判定和风险可接受性的影响。上述评价应当包括先前未识别的危险（源）或危险情况，由危险情况导致的一个或多个风险对可接受性的影响，以及对先进技术水平的改变等。<br>f）基于对 e）点所述信息影响的评价，必要时修改控制措施以符合 A1.3 和 A1.4 相关要求。 | | | |
| A1.3 | 医疗器械的申请人在设计和生产过程中采取的风险控制措施，应当遵循安全原则，采用先进技术。需要降低风险时，申请人应当控制风险，确保每个危险（源）相关的剩余风险和总体剩余风险是可接受的。在选择最合适的解决方案时，申请人应当按以下优先顺序进行：<br>a）通过安全设计和生产消除或适当降低风险；<br>b）适用时，对无法消除的风险采取充分的防护措施，包括必要的警报；<br>c）提供安全信息（警告 / 预防措施 / 禁忌证），适当时，向使用者提供培训。 | | | |
| A1.4 | 申请人应当告知使用者所有相关的剩余风险。 | | | |
| A1.5 | 在消除或降低与使用有关的风险时，申请人应该：<br>a）适当降低医疗器械的特性（如人体工程学 / 可用性）和预期使用环境（如灰尘和湿度）可能带来的风险；<br>b）考虑预期使用者的技术知识、经验、教育背景、培训、身体状况（如适用）以及使用环境。 | | | |
| A1.6 | 在申请人规定的生命周期内，在正常使用、维护和校准（如适用）情况下，外力不应对医疗器械的特性和性能造成不利影响，以致损害患者、使用者及他人的健康和安全。 | | | |
| A1.7 | 医疗器械的设计、生产和包装，包括申请人所提供的说明和信息，应当确保在按照预期用途使用时，运输和贮存条件（例如：震动、振动、温度和湿度的波动）不会对医疗器械的特性和性能，包括完整性和清洁度，造成不利影响。申请人应能确保有效期内医疗器械的性能、安全和无菌保证水平。 | | | |
| A1.8 | 在货架有效期内、开封后的使用期间，以及运输或送货期间，医疗器械应具有可接受的稳定性。 | | | |

续表

| 条款号 | 要求 | 适用 | 证明符合性采用的方法 | 为符合性提供客观证据的文件 |
|---|---|---|---|---|
| A1.9 | 在正常使用条件下，基于当前先进技术水平，比较医疗器械性能带来的受益，所有已知的、可预见的风险以及任何不良副作用应最小化且可接受。 | | | |
| A2 | 临床评价 | | | |
| A2.1 | 基于监管要求，医疗器械可能需要进行临床评价（如适用）。所谓临床评价，就是对临床数据进行评估，确定医疗器械具有可接受的风险受益比，包括以下几种形式：<br>a）临床试验报告<br>b）临床文献资料<br>c）临床经验数据 | | | |
| A2.2 | 临床试验的实施应当符合《赫尔辛基宣言》的伦理原则。保护受试者的权利、安全和健康，作为最重要的考虑因素，其重要性超过科学和社会效益。在临床试验的每个步骤，都应理解、遵守和使用上述原则。另外，临床试验方案审批、患者知情同意等应符合相关法规要求。 | | | |
| A3 | 化学、物理和生物学特性 | | | |
| A3.1 | 关于医疗器械的化学、物理和生物学特性，应当特别注意以下几点：<br>a）所用材料和组成成分的选择，需特别考虑：<br>– 毒性；<br>– 生物相容性；<br>– 易燃性；<br>b）工艺对材料性能的影响；<br>c）生物物理学或者建模研究结果应当事先进行验证（如适用）；<br>d）所用材料的机械性能，如适用，应当考虑强度、延展性、断裂强度、耐磨性和抗疲劳性等属性；<br>e）表面特性；<br>f）器械与已规定化学和 / 或物理性能的符合性。 | | | |
| A3.2 | 基于医疗器械的预期用途，医疗器械的设计、生产和包装，应当尽可能减少污染物和残留物对使用者和患者，以及对从事医疗器械运输、贮存及其他相关人员造成的风险。特别要注意与使用者和患者暴露组织接触的时间和频次。 | | | |
| A3.3 | 医疗器械的设计和生产应当适当降低析出物（包括滤沥物和 / 或蒸发物）、降解产物、加工残留物等造成的风险。应当特别注意致癌、致突变或有生殖毒性的泄漏物或滤沥物。 | | | |
| A3.4 | 医疗器械的设计和生产应当考虑到医疗器械及其预期使用环境的性质，适当降低物质意外进入器械所带来的风险。 | | | |

续表

| 条款号 | 要求 | 适用 | 证明符合性采用的方法 | 为符合性提供客观证据的文件 |
|---|---|---|---|---|
| A3.5 | 医疗器械及其生产工艺的设计应当能消除或适当降低对使用者和其他可能接触者的感染风险。设计应当：<br>a）操作安全，易于处理；<br>b）尽量减少医疗器械的微生物泄漏和/或使用过程中的感染风险；<br>c）防止医疗器械或其内容物（例如：标本）的微生物污染；<br>d）尽量减少意外风险（例如：割伤和刺伤（如针刺伤）、意外物质溅入眼睛等）。 | | | |
| A4 | 灭菌和微生物污染 | | | |
| A4.1 | 医疗器械其设计应当方便使用者对其进行安全清洁、消毒、灭菌和/或重复灭菌（必要时）。 | | | |
| A4.2 | 具有微生物限度要求的医疗器械，其设计、生产和包装应当确保在出厂后，按照申请人规定的条件运输和贮存，符合微生物限度要求。 | | | |
| A4.3 | 以无菌状态交付的医疗器械，其设计、生产和包装应按照适当的程序进行，以确保在出厂时无菌。在申请人规定的条件下运输和贮存的未破损无菌包装，打开前都应当保持无菌状态。应确保最终使用者可清晰地辨识包装的完整性（例如：防篡改包装）。 | | | |
| A4.4 | 无菌医疗器械应按照经验证的方法进行加工、生产、包装和灭菌，其货架有效期应按照经验证的方法确定。 | | | |
| A4.5 | 预期无菌使用的医疗器械（申请人灭菌或使用者灭菌），均应在适当且受控的条件和设施下生产和包装。 | | | |
| A4.6 | 以非无菌状态交付，且使用前灭菌的医疗器械：<br>a）包装应尽量减少产品受到微生物污染的风险，且应适用于申请人规定的灭菌方法；<br>b）申请人规定的灭菌方法应当经过验证。 | | | |
| A4.7 | 若医疗器械可以无菌和非无菌状态交付使用，应明确标识其交付状态。 | | | |
| A5 | 环境和使用条件 | | | |
| A5.1 | 如医疗器械预期与其他医疗器械或设备整合使用，应确保整合使用后的系统，包括连接系统，整体的安全性，且不影响器械本身的性能。整合使用上的限制应明确标识和/或在使用说明书中明确。对于需要使用者处理的连接，如液体、气体传输、电耦合或机械耦合等，在设计和生产过程中尽可能消除或降低所有可能的风险，包括错误连接或安全危害。 | | | |

续表

| 条款号 | 要求 | 适用 | 证明符合性采用的方法 | 为符合性提供客观证据的文件 |
|---|---|---|---|---|
| A5.2 | 医疗器械的设计和生产应当考虑预期的使用环境和使用条件，以消除或降低下列风险：<br>a）与物理和人体工程学 / 可用性的特性有关，对使用者或他人造成损伤的风险；<br>b）由于用户界面设计、人体工程学 / 可用性的特性以及预期使用环境导致的错误操作的风险；<br>c）与合理可预期的外部因素或环境条件有关的风险，如磁场、外部电磁效应、静电释放、诊断和治疗带来的辐射、压力、湿度、温度和 / 或压力和加速度的变化；<br>d）正常使用条件下与固体材料、液体和其他物质，包括气体，接触而产生的风险；<br>e）软件与信息技术（IT）运行环境的兼容性造成的风险；<br>f）正常使用过程中，医疗器械非预期析出物导致的环境风险；<br>g）样本 / 样品 / 数据不正确识别和错误结果导致的风险，比如用于分析、测试或检测的样本容器、可拆卸部件和 / 或附件，其颜色和 / 或数字编码混淆；<br>h）与其他用于诊断、监测或治疗的医疗器械互相干扰导致的风险。 | | | |
| A5.3 | 医疗器械的设计和生产应当消除或降低在正常状态及单一故障状态下燃烧和爆炸的风险，尤其是预期用途包括暴露于易燃、易爆物质或其他可致燃物相关的器械联用。 | | | |
| A5.4 | 医疗器械的设计和生产应能确保调整、校准和维护过程能够安全有效的完成。<br>a）对无法进行维护的医疗器械，如植入物，应尽量降低材料老化等风险；<br>b）对无法进行调整和校准的医疗器械，如某些类型的温度计，应尽量降低测量或控制机制精度的损失风险。 | | | |
| A5.5 | 与其他医疗器械或产品联合使用的医疗器械，其设计和生产应能保证互操作性和兼容性可靠且安全。 | | | |
| A5.6 | 医疗器械的设计和生产应能降低未经授权的访问风险，这种访问可能会妨碍器械正常运行，或造成安全隐患。 | | | |
| A5.7 | 具有测量、监视或有数值显示功能的医疗器械，其设计和生产应当符合人体工程学 / 可用性原则，并应顾及器械预期用途、预期使用者、使用环境。 | | | |
| A5.8 | 医疗器械的设计和生产应便于使用者、患者或其他人员对其以及相关废弃物的安全处置或再利用。使用说明书应明确安全处置或回收的程序和方法。 | | | |
| A6 | 对电气、机械和热风险的防护 | | | |
| A6.1 | 医疗器械的设计和生产应具有机械相关的防护，保护使用者免于承受由诸如运动阻力、不稳定性和活动部件等引起的机械风险。 | | | |

续表

| 条款号 | 要求 | 适用 | 证明符合性采用的方法 | 为符合性提供客观证据的文件 |
|---|---|---|---|---|
| A6.2 | 除非振动是器械特定性能的一部分，否则医疗器械的设计和生产应当将产品振动导致的风险降到最低，应尽量采用限制振动（特别是振动源）的方法。 | | | |
| A6.3 | 除非噪声是器械特定性能的一部分，否则医疗器械设计和生产应将产品噪声导致的风险降到最低，应尽量采用限制噪声（特别是噪声源）的方法。 | | | |
| A6.4 | 如果医疗器械的部件在使用前或使用中需要进行连接或重新连接，其设计和生产应当降低这些部件间的连接故障风险。 | | | |
| A6.5 | 医疗器械的可接触部件（不包括用于供热或既定温度设置部位）及其周围环境，在正常使用时不应存在过热风险。 | | | |
| A7 | 有源医疗器械及与其连接的医疗器械 | | | |
| A7.1 | 当有源医疗器械发生单一故障时，应当采取适当的措施消除或降低因此而产生的风险。 | | | |
| A7.2 | 患者的安全依赖于内部电源供电的医疗器械，应当具有检测供电状态的功能，并在电源容量不足时提供适当的提示或警告。 | | | |
| A7.3 | 患者的安全取决于外部电源供电状态的医疗器械，应当包括可显示任何电源故障的报警系统。 | | | |
| A7.4 | 用于监视患者一个或多个临床指标的医疗器械，必须配备适当报警系统，在患者健康状况恶化或危及生命时，向使用者发出警报。 | | | |
| A7.5 | 鉴于电磁干扰可能会损害正常运行的装置或设备，医疗器械的设计和生产应降低产生电磁干扰的风险。 | | | |
| A7.6 | 医疗器械的设计和生产，应确保产品具有足够的抗电磁干扰能力，以确保产品的正常运行。 | | | |
| A7.7 | 当产品按申请人的说明进行安装和维护，在正常状态和单一故障状态时，医疗器械的设计和生产应减少使用者和他人免于遭受意外电击的风险。 | | | |
| A8 | 含有软件的医疗器械以及独立软件 | | | |
| A8.1 | 含有电子可编程系统（内含软件组件）的医疗器械或独立软件的设计，应确保准确度、可靠性、精确度、安全和性能符合其预期用途。应采取适当措施，消除或减少单一故障导致的风险或性能降低。 | | | |
| A8.2 | 含有软件组件的医疗器械或独立软件，应根据先进技术进行开发、生产和维护，同时应当考虑开发生存周期（如快速迭代开发、频繁更新、更新的累积效应）、风险管理（如系统、环境和数据的变化）等原则，包括信息安全（如安全地进行更新）、验证和确认（如更新管理过程）的要求。 | | | |

续表

| 条款号 | 要求 | 适用 | 证明符合性采用的方法 | 为符合性提供客观证据的文件 |
|---|---|---|---|---|
| A8.3 | 预期与移动计算平台整合使用的软件，其设计和开发，应当考虑平台本身（如屏幕尺寸和对比度、联通性、内存等）以及与其使用相关的外部因素（不同环境下的照明或噪声水平）。 | | | |
| A8.4 | 申请人应规定软件按照预期正常运行所必须的最低要求，如硬件、IT 网络特性和 IT 网络安全措施，包括未经授权的访问。 | | | |
| A8.5 | 医疗器械的设计、生产和维护应能提供足够的网络安全水平，以防止未经授权的访问。 | | | |
| A9 | 具有诊断或测量功能的医疗器械 | | | |
| A9.1 | 具有诊断或测量（包括监测）功能的医疗器械的设计和生产，应当基于适当的科技方法，除其他性能外，还应确保相应的准确度、精密度和稳定性，以实现其预期目的。<br>a）申请人应规定准确度限值（如适用）。<br>b）为便于使用者理解和接受，数字化测量值应以标准化单位表示（如可能），推荐使用国际通用的标准计量单位，考虑到安全、使用者的熟悉程度和既往的临床实践，也可使用其他公认的计量单位。<br>c）医疗器械导示器和控制器的功能应有详细的说明，若器械通过可视化系统提供与操作、操作指示或调整参数有关的说明，该类信息应能够被使用者和患者（适用时）理解。 | | | |
| A10 | 说明书和标签 | | | |
| A10.1 | 医疗器械应附有识别该器械及其申请人所需的信息。每个医疗器械还应附有相关安全和性能信息或相关指示。这些信息可出现在器械本身、包装上或使用说明书中，或者可以通过电子手段（如网站）便捷访问，易于被预期使用者理解。 | | | |
| A11 | 辐射防护 | | | |
| A11.1 | 医疗器械的设计、生产和包装应当考虑尽量减少使用者、他人和患者（如适用）的辐射吸收剂量，同时不影响其诊断或治疗功能。 | | | |
| A11.2 | 具有辐射或潜在辐射危害的医疗器械，其操作说明应详细说明辐射的性质，对使用者、他人或患者（若适用）的防护措施，避免误用的方法，降低运输、贮存和安装的风险。 | | | |
| A11.3 | 若医疗器械有辐射或有潜在辐射危害，应当具备辐射泄漏声光报警功能（如可行）。 | | | |
| A11.4 | 医疗器械的设计和生产应降低使用者、其他人员或患者（若适用）暴露于非预期、偏离或散射辐射的风险。在可能和适当的情况下，应采取措施减少使用者、其他人员或患者（若适用）等可能受影响的人在辐射中的暴露。 | | | |

续表

| 条款号 | 要求 | 适用 | 证明符合性采用的方法 | 为符合性提供客观证据的文件 |
|---|---|---|---|---|
| A11.5 | 具有辐射或潜在辐射危害且需要安装的医疗器械，应当在操作说明中明确有关验收和性能测试、验收标准及维护程序的信息。 | | | |
| A11.6 | 若医疗器械对使用者有辐射或潜在辐射危害，其设计和生产应确保辐射剂量、几何分布、能量分布（或质量）以及其他辐射关键特性能够得到合理的控制和调整，并可在使用过程中进行监控（如适用）。上述医疗器械的设计和生产，应确保相关可变参数的重复性在可接受范围内。 | | | |
| A12 | 对非专业用户使用风险的防护 | | | |
| A12.1 | 对于非专业用户使用的医疗器械（如自测或近患者检测），为保证医疗器械的正常使用，其设计和生产应当考虑非专业用户的操作技能，以及因非专业用户技术和使用环境的不同对结果的影响。申请人提供的信息和说明应易于理解和使用，并可对结果做出解释。 | | | |
| A12.2 | 供非专业用户使用的医疗器械（如自测或近患者检测）的设计和生产应当：<br>a）确保使用者可以按照使用说明书的规定安全准确的使用。当无法将与说明书相关的风险降低到适当水平时，可以通过培训来降低此类风险；<br>b）尽可能减少非专业用户因错误操作和错误解释结果导致的风险。 | | | |
| A12.3 | 供非专业用户使用的医疗器械可通过以下措施方便用户：<br>a）在使用时，可以验证器械的正常运行；<br>b）当器械不能正常运行或提供无效结果时，会发出警告。 | | | |
| A13 | 含有生物源材料的医疗器械 | | | |
| A13.1 | 对于含有动植物组织、细胞或其它物质，细菌来源物质或衍生物的医疗器械，若无活性或以非活性状态交付，应当：<br>a）组织、细胞及其衍生物应来源于已受控且符合预期用途的动物种属。动物的地理来源信息应根据相关法规要求予以保留。<br>b）动物源的组织、细胞、物质或其衍生物的采集、加工、保存、检测和处理过程，应确保患者、使用者以及其他人员（如适用）的安全。特别是病毒和其他传染性病原体，应通过经验证的先进技术消除或灭活，影响医疗器械性能的情况除外。 | | | |
| A13.2 | 对于监管部门而言，当医疗器械由人体来源的组织、细胞、物质或其衍生物生产时，应当采取以下措施：<br>a）组织、细胞的捐赠、获取和检测应依据相关法规的要求进行；<br>b）为确保患者、使用者或他人的安全，应对组织、细胞或其衍生物进行加工、保存或其他处理。对于病毒和其他传染源，应通过源头控制，或在生产过程中通过经验证的先进技术消除或灭活。 | | | |

# 国家药监局关于公布体外诊断试剂注册申报资料要求和批准证明文件格式的公告

2021年第122号

为规范体外诊断试剂注册管理，根据《医疗器械监督管理条例》（国务院令第739号）和《体外诊断试剂注册与备案管理办法》（国家市场监督管理总局令第48号），国家药监局组织制定了体外诊断试剂注册申报资料要求和批准证明文件格式（见附件），现予公布，自2022年1月1日起施行。原国家食品药品监督管理总局发布的《关于公布体外诊断试剂注册申报资料要求和批准证明文件格式的公告》（原国家食品药品监督管理总局公告2014年第44号）同时废止。

特此公告。

附件：1. 中华人民共和国医疗器械注册证（体外诊断试剂）（格式）
2. 中华人民共和国医疗器械变更注册（备案）文件（体外诊断试剂）（格式）
3. 医疗器械注册申报资料和批准证明文件格式要求（体外诊断试剂）
4. 体外诊断试剂注册申报资料要求及说明
5. 体外诊断试剂延续注册申报资料要求及说明
6. 体外诊断试剂变更备案/变更注册申报资料要求及说明
7. 体外诊断试剂安全和性能基本原则清单

国家药监局

2021年9月29日

**附件 1**

# 中华人民共和国医疗器械注册证（体外诊断试剂）
# （格式）

注册证编号：

| | |
|---|---|
| 注册人名称 | |
| 注册人住所 | |
| 生产地址 | |
| 代理人名称 | （进口体外诊断试剂适用） |
| 代理人住所 | （进口体外诊断试剂适用） |
| 产品名称 | |
| 包装规格 | |
| 主要组成成分 | |
| 预期用途 | |
| 产品储存条件及有效期 | |
| 附　件 | 产品技术要求、说明书 |
| 其他内容 | |
| 备　注 | |

审批部门：　　　　　　　　　　　　批准日期：　　年　　月　　日

　　　　　　　　　　　　　　　　　生效日期：　　年　　月　　日

　　　　　　　　　　　　　　　　　有效期至：　　年　　月　　日

（审批部门盖章）

附件 2

# 中华人民共和国医疗器械变更注册（备案）文件
# （体外诊断试剂）
# （格式）

注册证编号：

| | |
|---|---|
| 产品名称 | |
| 变更内容 | “***（原注册内容或项目）”变更为“***（变更后的内容或项目）”。 |
| 备　注 | 本文件与“　　　　”医疗器械注册证共同使用。 |

审批部门：　　　　　　　　　　　　　　　　批准日期：　　年　　月　　日

（审批部门盖章）

附件 3

# 医疗器械注册申报资料和批准证明文件格式要求
# （体外诊断试剂）

## 一、申报资料格式要求

按照医疗器械电子申报系统申报的，注册申报资料应当符合电子申报的格式要求。未按照医疗器械电子申报系统申报的，注册申报资料应当符合以下格式要求，除特别说明适用于境内产品或进口产品申报资料的内容，其余内容对所有类型申报产品均适用。

（一）形式要求

1. 申报资料应当有所提交资料目录，包括申报资料的一级和二级标题。每项二级标题对应的资料应当单独编制页码。

2. 申报资料应当按目录顺序排列并装订成册。

3. 申报资料一式一份，其中产品技术要求和产品中文说明书一式两份，应当使用A4规格纸张打印，内容完整、清楚，不得涂改，政府部门及其他机构出具的文件按照原件尺寸提供。凡装订成册的，不得自行拆分。

4. 申报资料使用复印件的，复印件应当清晰并与原件一致。

5. 各项申报资料中的申请内容应当具有一致性。

6. 各项文件除关联文件外，均应当以中文形式提供，如证明性文件为外文形式，还应当提供中文译本并由代理人签章。根据外文资料翻译的申报资料，应当同时提供原文。

（二）签章和公证要求

1. 境内产品申报资料如无特别说明的，应当由注册申请人签章。“签章”是指：注册申请人盖公章，或者其法定代表人、负责人签名并加盖公章。

2. 进口产品申报资料如无特殊说明，原文资料均应当由注册申请人签章，中文资料由代理人签章。原文资料“签章”是指：注册申请人的法定代表人或者负责人签名，或者签名并加盖组织机构印章；中文资料“签章”是指：代理人盖公章，或者其法定代表人、负责人签名并加盖公章。

3. 进口产品申报资料中由境外注册申请人提供的关联文件、符合性声明以及说明书、标签应当提交由注册申请人所在地公证机构出具的公证件。公证件可以通过电子公证模式办理，但应当同时提交由境外注册申请人出具的关于新公证模式的说明文件。

（三）电子文档要求

下列注册申报资料还需同时提交电子文档：

1. 申请表。

2. 产品技术要求及产品说明书。

应当为Word文档，并且可编辑、修改。

3. 综述资料。

应当为Word文档，并且可编辑、修改。

4. 临床试验数据库。

应当选择适宜的电子文档，包括Excel、Word等，并且可编辑、修改。

## 二、批准证明文件格式要求

（一）批准证明文件制作的原则要求

制证人员应当按照行政审批结论制作批件。

1. 制作的《医疗器械注册证》、《医疗器械变更注册（备案）文件》内容完整、准确无误，加盖的医疗器械注册专用章准确、无误。

2. 制作的《不予行政许可决定书》中须写明不予行政许可的理由，并注明申请人依法享有申请行政复议或者提起行政诉讼的权利以及投诉渠道。

3. 其他许可文书等应当符合公文的相关要求。

（二）批准证明文件制作的具体要求

1.《医疗器械注册证》

《医疗器械注册证》栏内填写内容较多的，可采用附页形式。不适用的栏目，应当标注“不适用”。

《医疗器械注册证》及附件所列内容为注册限定内容。如药品监督管理部门经注册审查，认为《医疗器械注册证》中除已明确规定需载明的内容外仍有其他内容需要载明，应当在《医疗器械注册证》“其他内容”栏目中列出，内容较多可采用附件形式。

进口产品《医疗器械注册证》中产品名称、注册人名称应当使用中文，可附加英文或原文，注册人住所和生产地址可使用中文、英文或原文。

2.《医疗器械变更注册（备案）文件》

《医疗器械变更注册（备案）文件》中“变更内容”栏的填写：变更内容在国家药品监督管理局/省级药品监督管理部门政府网站上予以公布的，填写变更后内容，例如“注册人名称变更为 ×××”、“代理人住所变更为 ×××”；变更内容不在国家药品监督管理局/省级药品监督管理部门政府网站上予以公布的，填写变更项目，例如“产品技术要求中检验方法变更”。

3. 补发《医疗器械注册证》或《医疗器械变更注册（备案）文件》

在备注栏加注“×××× 年 ×× 月 ×× 日补发”，其他内容不变。

4.《医疗器械注册证》和《医疗器械变更注册（备案）文件》等用 A4 纸打印。

5.《医疗器械注册证》和《医疗器械变更注册（备案）文件》等可采用电子文件。

（三）批准文件附件发放要求

国家药品监督管理局/省级药品监督管理部门应当将经审查核准的产品技术要求进行编号，与经审查核准的产品说明书一并加盖医疗器械注册专用章，作为注册证附件发给申请人。产品技术要求的编号即为相应的注册证编号。

变更产品技术要求、产品说明书的，国家药品监督管理局/省级药品监督管理部门应当将经审查核准的产品技术要求、产品说明书变更对比表，加盖医疗器械注册专用章，随变更注册（备案）文件一并发给注册人。

附件 4

# 体外诊断试剂注册申报资料要求及说明

| 申报资料一级标题 | 申报资料二级标题 |
| --- | --- |
| 1. 监管信息 | 1.1 章节目录<br>1.2 申请表<br>1.3 术语、缩写词列表<br>1.4 产品列表<br>1.5 关联文件<br>1.6 申报前与监管机构的联系情况和沟通记录 1.7 符合性声明 |
| 2. 综述资料 | 2.1 章节目录<br>2.2 概述<br>2.3 产品描述<br>2.4 预期用途<br>2.5 申报产品上市历史<br>2.6 其他需说明的内容 |
| 3. 非临床资料 | 3.1 章节目录<br>3.2 产品风险管理资料<br>3.3 体外诊断试剂安全和性能基本原则清单<br>3.4 产品技术要求及检验报告<br>3.5 分析性能研究<br>3.6 稳定性研究<br>3.7 阳性判断值或参考区间研究<br>3.8 其他资料 |
| 4. 临床评价资料 | 4.1 章节目录<br>4.2 临床评价资料 |
| 5. 产品说明书和标签样稿 | 5.1 章节目录<br>5.2 产品说明书<br>5.3 标签样稿<br>5.4 其他资料 |
| 6. 质量管理体系文件 | 6.1 综述<br>6.2 章节目录<br>6.3 生产制造信息<br>6.4 质量管理体系程序<br>6.5 管理职责程序<br>6.6 资源管理程序<br>6.7 产品实现程序<br>6.8 质量管理体系的测量、分析和改进程序<br>6.9 其他质量体系程序信息<br>6.10 质量管理体系核查文件 |

## 一、监管信息

（一）章节目录

应当包括本章的所有标题和小标题，注明目录中各内容的页码。

（二）申请表

按照填表要求填写。

（三）术语、缩写词列表

如适用，应当根据注册申报资料的实际情况，对其中出现的需要明确含义的术语或缩写词进行定义。

（四）产品列表

以表格形式列出拟申报产品的包装规格、主要组成成分，以及每个包装规格的标识（如货号、器械唯一标识等）和描述说明。

（五）关联文件

1. 境内申请人应当提供：

（1）企业营业执照副本或事业单位法人证书复印件。

（2）按照《创新医疗器械特别审查程序》审批的境内体外诊断试剂产品申请注册时，应当提交通过创新医疗器械审查的相关说明。

（3）按照《医疗器械应急审批程序》审批的体外诊断试剂产品申请注册时，应当提交通过医疗器械应急审批的相关说明。

（4）委托其他企业生产的，应当提供受托企业资格文件（营业执照副本复印件）、委托合同和质量协议。

（5）进口医疗器械注册人通过其在境内设立的外商投资企业按照进口医疗器械产品在中国境内企业生产有关规定申请注册时，应当提交进口医疗器械注册人同意注册申报的声明或授权文件；还应当提供申请人与进口医疗器械注册人关系（包括法律责任）的说明文件，应当附相关协议、质量责任、股权证明等文件。

2. 境外申请人应当提供：

（1）企业资格证明文件：境外申请人注册地所在国家（地区）公司登记主管部门或医疗器械主管部门出具的能够证明境外申请人存续且具备相应医疗器械生产资格的证明文件；或第三方认证机构为境外申请人出具的能够证明境外申请人具备相应医疗器械生产资格的证明文件。

（2）境外申请人注册地或生产地所在国家（地区）医疗器械主管部门出具的准许该产品上市销售的证明文件，未在境外申请人注册地或生产地所在国家（地区）上市的创新医疗器械可以不提交。

（3）境外申请人注册地或者生产地所在国家（地区）未将该产品作为医疗器械管理的，申请人需要提供相关文件，包括注册地或者生产地所在国家（地区）准许该产品上市销售的证明文件，未在境外申请人注册地或生产地所在国家（地区）上市的创新医疗器械可以不提交。

（4）在中国境内指定代理人的委托书、代理人承诺书及营业执照副本复印件。

（5）按照《创新医疗器械特别审查程序》审批的进口体外诊断试剂申请注册时，应当提交通过创新医疗器械审查的相关说明。

（6）按照《医疗器械应急审批程序》审批的体外诊断试剂申请注册时，应当提交通过医疗器械应急审批的相关说明。

（7）委托其他企业生产的，应当提供受托企业资格文件、委托合同和质量协议。

3. 主文档授权信

如适用，申请人应当对主文档引用的情况进行说明。申请人应当提交由主文档所有者或其备案代理机构出具的授权申请人引用主文档信息的授权信。授权信中应当包括引用主文档的申请人信息、产品名称、已备案的主文档编号、授权引用的主文档页码/章节信息等内容。

（六）申报前与监管机构的联系情况和沟通记录

1. 在产品申报前，如果申请人与监管机构针对申报产品以会议形式进行了沟通，或者申报产品与既往注册申报相关。应当提供下列内容（如适用）：

（1）列出监管机构回复的申报前沟通。

（2）既往注册申报产品的受理号。

（3）既往申报前沟通的相关资料，如既往申报会议前提交的信息、会议议程、演示幻灯片、最终的会议纪要、会议中待办事项的回复，以及所有与申请相关的电子邮件。

（4）既往申报（如自行撤销/不予注册上市申请等）中监管机构已明确的相关问题。

（5）在申报前沟通中，申请人明确提出的问题，以及监管机构提供的建议。

（6）说明在本次申报中如何解决上述问题。

2. 如不适用，应当明确声明申报产品没有既往申报和/或申报前沟通。

（七）符合性声明

申请人应当声明下列内容：

1. 申报产品符合《体外诊断试剂注册与备案管理办法》和相关法规的要求。

2. 申报产品符合《体外诊断试剂分类规则》、《体外诊断试剂分类子目录》有关分类的要求。

3. 申报产品符合现行国家标准、行业标准，并提供符合标准的清单。

4. 申报产品符合国家标准品的清单。

5. 保证所提交资料的真实性（境内产品由申请人出具，进口产品由申请人和代理人分别出具）。

## 二、综述资料

（一）章节目录

应当包括本章的所有标题和小标题，注明目录中各内容的页码。

（二）概述

1. 描述申报产品的通用名称及其确定依据。

2. 描述申报产品的管理类别，包括：所属分类子目录名称、管理类别、分类编码。

3. 描述申报产品预期用途。

4. 如适用，描述有关申报产品的背景信息概述或特别细节，如：申报产品的历史概述、历次提交的信息，与其他经批准上市产品的关系等。

（三）产品描述

1. 产品综述

（1）描述产品所采用的技术原理，产品组成，原材料的来源及制备方法，主要生产工艺，检验方法，质控品的制备方法及赋值情况，如产品检测需要进行校准，应描述校准品的制备方法及溯源情况。

注：技术原理包括反应原理（如双抗原夹心法、杂交捕获法），方法学（如化学发光法、比浊法），测量方法（如终点法、速率法），信号处理方法，数据获取和解读方式，分析前处理步骤等。

（2）描述产品主要研究结果的总结和评价，包括分析性能评估、阳性判断值或参考区间、稳定性以及临床评价等。

（3）描述不同包装规格之间的差异。

（4）描述产品中使用的生物材料或衍生物（如适用），包括生物学来源（如人、动物、病原体、重组或发酵产物）和组织来源（如血液）。人源性材料须对有关传染病（HIV、HBV、HCV 等）病原体检测予以说明；其他动物源及微生物来源的材料，应当说明其在产品运输、使用过程中对使用者和环境是安全的，并提供相关的文件。

2. 包装描述

有关产品包装的信息，包括包装形状和材料。

3. 研发历程

阐述申请注册产品的研发背景和目的。如有参考的同类产品或前代产品，应当提供同类产品和/或前代产品的信息，并说明选择其作为研发参考的原因。

4. 与同类和/或前代产品的比较

（1）境内、外已有同类产品和/或前代产品上市，申请人应提供其产品名称、生产企业、注册情况，并列表比较申报产品与同类产品和/或前代产品在技术原理、预期用途、使用方法、性能指标、临床应用情况等方面的异同。

（2）境内、外尚无同类产品上市，或申报产品改变常规预期用途并具有新的临床意义，申请人需提供分析物与预期临床适应证之间关系的文献资料，包括临床研究文献综述、相关临床诊疗指南文件、行业公认的共识性文件等。

（四）预期用途

1. 预期用途

（1）预期用途：应明确产品用于检测的分析物和功能（如辅助诊断、鉴别诊断、筛查或监测等)，并写明适用仪器、使用方法(自动/半自动/手工)、检测类型(定性/定量/半定量)、样本类型(如血清、血浆、尿液、脑脊液)和/或添加剂(如抗凝剂)、样本采集及保存装置等。

(2)临床适应证：临床适应证的发生率、易感人群、分析物的详细介绍及与临床适应证的关系，相关的临床或实验室诊断方法。

(3)适用人群：目标患者/人群的信息，对于适用人群包含亚群、儿童或新生儿的情况，应进行明确。

(4)预期使用者：专业或非专业。

2. 预期使用环境

(1)申报产品预期使用的地点。

(2)可能会影响其安全性和有效性的环境条件(如温度、湿度、海拔)。

(五)申报产品上市历史

如适用，应当提交申报产品的下列资料：

1. 上市情况

截至提交注册申请前，申报产品在各国家或地区的上市批准时间、销售情况。若申报产品在不同国家或地区上市时有差异(如设计、标签、技术参数等)，应当逐一描述。

2. 不良事件和召回

如适用，应当以列表形式分别对申报产品上市后发生的不良事件、召回的发生时间以及每一种情况下申请人采取的处理和解决方案，包括主动控制产品风险的措施，向医疗器械不良事件监测技术机构报告的情况，相关部门的调查处理情况等进行描述。

同时，应当对上述不良事件、召回进行分析评价，阐明不良事件、召回发生的原因并对其安全性、有效性的影响予以说明。若不良事件、召回数量大，应当根据事件类型总结每个类型涉及的数量。

3. 销售、不良事件及召回率

如适用，应当提交申报产品近五年在各国家(地区)销售数量的总结，按以下方式提供在各国家(地区)的不良事件、召回比率，并进行比率计算关键分析。

如：不良事件发生率＝不良事件数量 ÷ 销售数量 ×100%，召回发生率＝召回数量 ÷ 销售数量 ×100%。发生率可以采用每使用患者年或每使用进行计算，申请人应当描述发生率计算方法。

(六)其他需说明的内容

1. 除申报产品外，检测系统的其他组成部分，包括但不限于：样本处理用试剂、适用仪器、质控品、校准品、独立软件等基本信息，及其在检测中发挥的作用，必要时应提交相应的说明书。

2. 对于已获得批准的检测系统的其他组成部分，应当提供注册证编号和国家药监局官方网站公布的注册证信息。

## 三、非临床资料

（一）章节目录

应包括本章的所有标题和小标题，注明目录中各内容的页码。

（二）产品风险管理资料

产品风险管理资料是对产品的风险管理过程及其评审的结果予以记录所形成的资料。应当提供下列内容，并说明对于每项已判定危害的下列各个过程的可追溯性。

1. 风险分析：包括体外诊断试剂预期用途和与安全性有关特征的识别、危害的识别、估计每个危害处境的风险。

2. 风险评价：对于每个已识别的危害处境，评价和决定是否需要降低风险，若需要，描述如何进行相应风险控制。

3. 风险控制：描述为降低风险所执行风险控制的相关内容。

4. 任何一个或多个剩余风险的可接受性评定。

5. 与产品受益相比，综合评价产品风险可接受。

（三）体外诊断试剂安全和性能基本原则清单

说明产品符合《体外诊断试剂安全和性能基本原则清单》（见附件7）各项适用要求所采用的方法，以及证明其符合性的文件。对于其中不适用的各项要求，应当说明理由。

对于包含在产品注册申报资料中的文件，应当说明其在申报资料中的具体位置；对于未包含在产品注册申报资料中的文件，应当注明该证据文件名称及其在质量管理体系文件中的编号备查。

（四）产品技术要求及检验报告

1. 申报产品适用标准情况

申报产品应当符合适用的强制性标准。对于强制性行业标准，若申报产品结构特征、技术原理、预期用途、使用方式等与强制性标准的适用范围不一致，申请人应当提出不适用强制性标准的说明，并提供经验证的证明性资料。

2. 产品技术要求

体外诊断试剂产品技术要求应当按照相关要求的规定编制。

第三类体外诊断试剂产品技术要求中还应当以附录形式明确主要原材料以及生产工艺要求。

3. 产品检验报告

在保证产品原材料和生产工艺稳定可靠的基础上，采用在符合医疗器械质量管理体系相关要求的条件下生产的产品进行检验。第三类体外诊断试剂应当提供三个不同生产批次产品的检验报告。有适用的国家标准品的，应当使用国家标准品对产品进行检验。可提交以下任一形式的检验报告：

（1）申请人出具的自检报告。

（2）委托有资质的医疗器械检验机构出具的检验报告。

（五）分析性能研究

体外诊断试剂的分析性能评估主要包括样本稳定性，适用的样本类型，校准品的量值溯源和质控品的赋值，准确度 / 正确度，精密度，包容性，空白限、检出限及定量限，分析特异性，高剂量钩状效应，测量区间及可报告区间，反应体系，可用性等项目的研究资料，应当采用多批产品进行性能评估。

如申报产品适用不同的机型，需要提交在不同机型上进行评估的资料。如申报产品包含不同的包装规格，需要对各包装规格进行分析或验证。

申请人应当在原材料和生产工艺经过选择和确认、质量管理体系得到有效控制并且保证产品质量稳定的基础上，进行产品的分析性能评估。

下列各项资料内容应当包括研究方案、报告和数据，提供证据的总结以及证据充分性的论证或者此项研究不适用的说明。

1. 样本稳定性

申请人应充分考虑实际使用过程中样本采集、处理、运输及保存等各个阶段的条件，对不同类型样本的稳定性分别进行评价并提交研究资料。内容包括建议的保存条件、添加剂（如抗凝剂）和运输条件（如涉及）等。

2. 适用的样本类型

申请人应对适用的样本类型及添加剂进行适用性确认。如果选择具有代表性的样本类型代替其他可比的样本类型进行分析性能评估，应说明原因并提供证据支持。

应以列表形式说明各项分析性能评估中使用的样本类型及其来源。

3. 校准品的量值溯源和质控品的赋值

申请人应明确申报产品适用的校准品和质控品。

如申报产品包括校准品，应当提交溯源资料。

如申报产品包括质控品，应当提交在所有适用机型上进行赋值和验证的资料。

4. 准确度

（1）准确度 / 正确度

申请人应评估准确度或正确度并提交研究资料。可采用方法学比对（与对比试剂、参考测量程序或诊断准确度标准比较）、参考物质检测或回收试验等方式。

（2）精密度

精密度包括重复性、中间精密度和再现性。应考虑运行、时间、操作者、仪器、试剂批次和地点等影响精密度的条件，设计合理的精密度试验方案进行评价。

5. 包容性

对于部分产品，如病原体检测试剂和部分人类基因检测试剂等，申请人应评估包容性并提交研究资料。

6. 空白限、检出限及定量限

申请人应评估空白限、检出限、定量限并提交研究资料。

7. 分析特异性

申请人应评估干扰物质和交叉反应并提交研究资料。

干扰物质研究应当考虑常见的内源性干扰、外源性干扰和已有报道的干扰物质等对产品检测结果的影响。

交叉反应研究应当考虑分析物的结构类似物、具有同源性序列的核酸片段、易引起相同或相似的临床症状的其他病原体、采样部位正常寄生或易并发的其他微生物、已有报道的交叉物质、原材料生产引入的交叉物质等对产品检测结果的影响。

8. 高剂量钩状效应

对于特定方法学的产品，申请人应评估高剂量钩状效应并提交研究资料。

9. 测量区间及可报告区间

对于定量检测试剂，申请人应评估申报产品的线性区间、测量区间及可报告区间并提交研究资料。

10. 反应体系

管理类别为第二类的产品注册申报时无需提交；由申请人保存，技术审评需要时应提交。

反应体系研究资料包括样本的制备方式（采集和处理）、样本要求、样本用量、试剂用量、反应条件、校准方法（如有）、质控方法、结果判读方式等。

11. 可用性（如适用）

评价预期使用者的行为、能力和局限性等因素对产品检测结果的影响，并提交研究资料。

（六）稳定性研究

一般应包含研究方案、报告和数据。

1. 实时稳定性（货架有效期）

提交至少三批申报产品在实际储存条件下保存至成品有效期后的实时稳定性研究资料。明确储存的环境条件（如温度、湿度和光照）及有效期。

2. 使用稳定性

提交申报产品实际使用期间稳定性的研究资料，应包括所有组成成分的开封稳定性。适用时提交复溶稳定性、机载稳定性及冻融次数研究资料等。如涉及校准品，还应提交校准频率或校准稳定性研究资料。明确产品使用的温度、湿度条件等。

3. 运输稳定性

提交申报产品可在特定或者预期的条件下运输的研究资料，应说明产品正确运输的环境条件（如温度、湿度、光照和机械保护等）。同时说明产品的包装方式以及暴露的最差运输条件。

（七）阳性判断值或参考区间研究

申请人应当详细说明阳性判断值或参考区间确定的方法或依据，采用样本的来源与组成，并提交阳性判断值或参考区间确定的研究资料。

校准品和质控品不需要提交阳性判断值或参考区间的确定资料。

（八）其他资料

1. 主要原材料研究资料

管理类别为第二类的产品注册申报时无需提交；由申请人保存，技术审评需要时应提交。

主要原材料的研究资料包括主要原材料的来源、选择、制备方法的研究资料，质量分析证书，主要原材料质量标准的制定和检验资料。

如适用，提交企业参考品的研究资料，包括来源、组成、阴阳性和/或量值确认等。

2. 生产工艺研究资料

管理类别为第二类的产品注册申报时无需提交；由申请人保存，技术审评需要时应提交。

生产工艺的研究资料包括工作液的配制、分装和冻干，固相载体的包被，结合物的制备，显色/发光等结果放大系统的确定等。

3. 三批产品的生产及自检记录。

4. 证明产品安全性、有效性的其他非临床研究资料。

## 四、临床评价资料

需要进行临床评价的第二类、第三类体外诊断试剂，应当按照以下要求提供适用的临床评价资料。

（一）章节目录

应当包括本章的所有标题和小标题，注明目录中各内容的页码。

（二）临床评价资料

1. 综述

（1）简要总结支持产品注册申报的临床评价过程和数据，说明临床评价路径和关键内容，包括试验地点（如机构）、试验方法、受试者及样本、评价指标及可接受标准、试验结果、结论、资料位置等。

（2）论证上述数据用于支持本次申报的理由及充分性。

2. 临床试验资料

开展临床试验的，应提交临床试验方案、临床试验机构伦理委员会同意开展临床试验的书面意见、知情同意书样本、临床试验报告（附各机构临床试验小结，包括小结正文及临床试验数据表、临床试验中所采用的其他试验方法或其他体外诊断试剂等产品的基本信息等），并附临床试验数据库，包括原始数据库、分析数据库、说明性文件和程序代码（如有）。境外临床试验资料应符合要求。

临床试验相关资料签章应符合《医疗器械临床试验质量管理规范》的要求。

3. 其他临床评价资料

列入免于进行临床试验目录的体外诊断试剂，临床评价资料包括与“目录”对应项目的对比资料、临床评价报告（包括描述性比对分析和比对性能数据）等。

4. 其他资料

提交使用申报产品在境内、外完成的其他临床评价资料，包括临床评价的摘要、报告、数据和临床文献综述、经验数据等。

## 五、产品说明书和标签样稿

（一）章节目录

应当包括本章的所有标题和小标题，注明目录中各内容的页码。

（二）产品说明书

1. 应当提交产品说明书，内容应当符合《体外诊断试剂说明书编写指导原则》和相关法规、规章、规范性文件、强制性标准的要求。

2. 境外申请人应当提交产品原文说明书。

（三）标签样稿

应当提交最小销售单元标签样稿，内容应当符合《医疗器械说明书和标签管理规定》和相关法规、规章、规范性文件、强制性标准的要求。

（四）其他资料

如适用，提交对产品信息进行补充说明的其他文件。

## 六、质量管理体系文件

（一）综述

申请人应当承诺已按照相关法规要求建立相应的质量管理体系，随时接受质量管理体系核查。

（二）章节目录

应当包括本章的所有标题和小标题，注明目录中各内容的页码。

（三）生产制造信息

1. 产品描述信息

申报产品技术原理和总体生产工艺的简要说明。

2. 一般生产信息

提供申报产品及其组分的所有生产地址和联络信息。

如适用，应当提供所有重要供应商名称和地址，包括外包生产、关键成分或原材料的生产（如抗原、抗体）和灭菌等。

（四）质量管理体系程序

用于建立和维护质量管理体系的高层级质量管理体系程序，包括质量手册、质量方针、质量目标和文件及记录控制程序。

（五）管理职责程序

用于通过阐述质量方针、策划、职责 / 权限 / 沟通和管理评审，对建立和维护质量管理体系形成管理保证文件的程序。

（六）资源管理程序

用于为实施和维护质量管理体系所形成足够资源（包括人力资源、基础设施和工作环境）供应文件的程序。

（七）产品实现程序

高层级的产品实现程序，如说明策划和客户相关过程的程序。

1. 设计和开发程序

用于形成从项目初始至设计转换的整个过程中关于产品设计的系统性和受控的开发过程文件的程序。

2. 采购程序

用于形成符合已制定的质量和/或产品技术参数的采购产品/服务文件的程序。

3. 生产和服务控制程序

用于形成受控条件下生产和服务活动文件的程序，这些程序阐述诸如产品的生产和服务活动、清洁和污染的控制、过程确认、标识和可追溯性等问题。

4. 监视和测量装置控制程序

用于形成质量管理体系运行过程中所使用的监视和测量设备已受控并持续符合既定要求文件的程序。

（八）质量管理体系的测量、分析和改进程序

用于形成如何监视、测量、分析和改进以确保产品和质量管理体系的符合性，并保持质量管理体系有效性的文件的程序。

（九）其他质量体系程序信息

不属于上述内容，但对此次申报较为重要的其他信息。

（十）质量管理体系核查文件

根据上述质量管理体系程序，申请人应当形成相关质量管理体系文件和记录。应当提交下列资料，在质量管理体系核查时进行检查。

1. 申请人基本情况表。

2. 申请人组织机构图。

3. 生产企业总平面布置图、生产区域分布图。

4. 生产过程有净化要求的，应当提供有资质的检测机构出具的环境检测报告（附平面布局图）复印件。

5. 产品生产工艺流程图，应当标明主要控制点与项目及主要原材料、采购件的来源及质量控制方法。

6. 主要生产设备和检验设备（包括进货检验、过程检验、出厂最终检验所需的相关设备；在净化条件下生产的，还应当提供环境监测设备）目录。

7. 质量管理体系自查报告。

8. 如适用，应当提供拟核查产品与既往已通过核查产品在生产条件、生产工艺等方面的对比说明。

附件 5

# 体外诊断试剂延续注册申报资料要求及说明

## 一、监管信息

（一）章节目录

应当包括本章的所有标题和小标题，注明目录中各内容的页码。

（二）申请表

按照填表要求填写。

（三）关联文件

1. 境内注册人应当提交企业营业执照副本或事业单位法人证书复印件；境外注册人应当提交企业资格证明文件。

2. 境外注册人应当提交在中国境内指定代理人的委托书、代理人承诺书及营业执照副本复印件。

3. 提交原医疗器械注册证及其附件的复印件、历次医疗器械变更注册（备案）文件及其附件的复印件。

4. 如医疗器械注册证有效期内有新的医疗器械强制性标准和/或国家标准品发布实施，已注册产品为符合新的强制性标准和/或国家标准品所做的变化属于应当办理变更注册的，注册人应当提交申请延续注册前已获得原审批部门批准的变更注册（备案）文件及其附件的复印件。已注册产品为符合新的强制性标准和/或国家标准品所做的变化属于无需办理变更注册手续或者无需变化即可符合新的强制性标准和/或国家标准品的，注册人应当提供情况说明和相关证明资料。

进口体外诊断试剂延续注册时，不需要提供注册人注册地或者生产地所在国家（地区）批准产品上市销售的证明文件。

（四）申报前与监管机构的联系情况和沟通记录

1. 在注册证有效期内，如果注册人与监管机构针对申报产品以会议形式进行了沟通，应当提供下列内容（如适用）：

（1）列出监管机构回复的沟通情况。

（2）在沟通中，注册人明确提出的问题，以及监管机构提供的建议。

（3）说明在本次申报中如何解决上述问题。

2. 如不适用，应当明确声明申报产品在注册证有效期内没有既往申报和/或申报前沟通。

（五）符合性声明

注册人应当声明下列内容：

1. 延续注册产品没有变化。如产品发生了注册证载明事项以外变化的，应当明确“产品所发生的变化通过质量管理体系进行控制，注册证载明事项无变化”。

2. 延续注册产品符合《体外诊断试剂注册与备案管理办法》和相关法规的要求。

3. 延续注册产品符合《体外诊断试剂分类规则》、《体外诊断试剂分类子目录》有关分类的要求。

4. 延续注册产品符合现行国家标准、行业标准，并提供符合标准的清单。

5. 延续注册产品符合国家标准品的清单。

6. 保证所提交资料的真实性（境内产品由注册人出具，进口产品由注册人和代理人分别出具）。

## 二、非临床资料

（一）章节目录

应当包括本章的所有标题和小标题，注明目录中各内容的页码。

（二）产品技术要求

如在原医疗器械注册证有效期内发生了涉及产品技术要求变更的，应当提交依据变更注册（备案）文件修改的产品技术要求。

（三）产品说明书

如在原医疗器械注册证有效期内发生了涉及产品说明书变更的，应当提交依据变更注册（备案）文件修改的产品说明书。

（四）其他资料

原医疗器械注册证中载明要求继续完成的事项，涉及非临床研究的，应当提供相关总结报告，并附相应资料。

## 三、临床评价资料

原医疗器械注册证中载明要求继续完成的事项，涉及临床评价的，应当提供相关总结报告，并附相应资料。

附件 6

# 体外诊断试剂变更备案 / 变更注册<br>申报资料要求及说明

## 变更备案资料要求及说明

## 一、监管信息

（一）章节目录

应当包括本章的所有标题和小标题，注明目录中各内容的页码。

（二）备案表

按照填表要求填写。

（三）关联文件

1. 境内注册人应当提交：企业营业执照副本或事业单位法人证书复印件。

2. 境外注册人应当提交：

（1）根据变更事项在境外注册人注册地或生产地所在国家（地区）是否需要获得新的企业资格证明文件，提交相应的企业资格证明文件。

（2）如变更事项在境外注册人注册地或生产地所在国家（地区），需要获得新的医疗器械主管部门出具的准许产品上市销售证明文件，应当提交相应文件；如变更事项不需要获得注册人注册地或生产地址所在国家（地区）医疗器械主管部门批准的，应当予以说明；未在境外上市的创新医疗器械可以不提交。

（3）在中国境内指定代理人的委托书、代理人承诺书及营业执照副本复印件。

3. 应当提交原医疗器械注册证及其附件的复印件、历次医疗器械变更注册（备案）文件及其附件的复印件。

（四）符合性声明

注册人应当声明下列内容：

1. 申报产品符合《体外诊断试剂注册与备案管理办法》和相关法规的要求。

2. 申报产品符合《体外诊断试剂分类规则》、《体外诊断试剂分类子目录》有关分类的要求。

3. 申报产品符合现行国家标准、行业标准，并提供符合标准的清单。

4. 申报产品符合国家标准品的清单。

5. 保证所提交资料的真实性（境内产品由申请人出具，进口产品由申请人和代理人分别出具）。

## 二、综述资料

（一）章节目录

应当包括本章的所有标题和小标题，注明目录中各内容的页码。

（二）产品描述

注册人关于变更情况的说明。

详细描述本次变更情况、变更的具体原因及目的。

2. 根据产品具体变更情况提供相应文件，包括下列情形：

（1）注册人名称变更

企业名称变更核准通知书（境内注册人）和/或相应关联文件。

（2）注册人住所变更

变更前后企业营业执照副本或事业单位法人证书复印件（境内注册人）和/或相应关联文件。

（3）境内体外诊断试剂生产地址变更

变更后的生产许可证及其附件。

（4）代理人变更

①注册人出具新代理人委托书、新代理人出具的承诺书；

②新代理人的营业执照副本复印件。

（5）代理人住所变更

变更前后营业执照副本复印件。

# 变更注册申报资料要求及说明

## 一、监管信息

（一）章节目录

应当包括本章的所有标题和小标题，注明目录中各内容的页码。

（二）申请表

按照填表要求填写。

（三）关联文件

1. 境内注册人应当提交：企业营业执照副本或事业单位法人证书复印件。

2. 境外注册人应当提交：

（1）根据变更事项在境外注册人注册地或生产地所在国家（地区）是否需要获得新的企业资格证明文件，提交相应的企业资格证明文件。

（2）如变更事项在境外注册人注册地或生产地所在国家（地区），需要获得新的医疗器械主管部门出具的准许产品上市销售证明文件，应当提交相应文件；如变更事项不需要获得注册人注册地或生产地址所在国家（地区）医疗器械主管部门批准的，应当予以说明；未在境外上市的创新医疗器械可以不提交。

（3）在中国境内指定代理人的委托书、代理人承诺书及营业执照副本复印件。

3. 应当提交原医疗器械注册证及其附件的复印件、历次医疗器械变更注册（备案）文件及其附件的复印件。

（四）申报前与监管机构的联系情况和沟通记录

1. 在本次变更申请提交前，如注册人与监管机构针对申报产品以会议形式进行了沟通，应当提供下列内容（如适用）：

（1）列出监管机构回复的沟通情况。

（2）在沟通中，注册人明确提出的问题，及监管机构提供的建议。

（3）说明在本次申报中如何解决上述问题。

2. 如不适用，应当明确声明申报产品没有既往申报和/或申报前沟通。

（五）符合性声明

注册人应当声明下列内容：

1. 申报产品符合《体外诊断试剂注册与备案管理办法》和相关法规的要求。

2. 申报产品符合《体外诊断试剂分类规则》、《体外诊断试剂分类子目录》有关分类的要求。

3. 申报产品符合现行国家标准、行业标准，并提供符合标准的清单。

4. 申报产品符合国家标准品的清单。

5. 保证所提交资料的真实性（境内产品由注册人出具，进口产品由注册人和代理人分别出具）。

## 二、综述资料

（一）章节目录

应当包括本章的所有标题和小标题，注明目录中各内容的页码。

（二）概述

详细描述本次变更情况、变更的具体原因及目的。

（三）产品变更情况描述

根据产品具体变更情况提供相应的说明及对比表，包括下列情形：

1. 产品名称变化。

2. 包装规格变化。

3. 产品储存条件及有效期变化。

4. 适用仪器变化。

5. 阳性判断值或参考区间变化。

6. 产品技术要求、说明书变化。

7. 第三类体外诊断试剂原材料、生产工艺、反应体系变化。

8. 适用的样本类型变化。

9. 适用人群变化。

10. 临床适应证变化。

11. 进口体外诊断试剂生产地址变化。

12. 其他可能改变产品安全有效性的变化。

（四）变更对产品安全性、有效性影响的技术分析

1. 分析变更对产品安全性、有效性可能产生的影响。

注册人应根据变更的性质，在进行风险分析的基础上，采用科学合理的方法进行产品变更的设计验证和/或确认，评估变更对于产品分析性能和/或临床性能的影响。

对于与产品配合使用的其他产品发生变更的情形（例如提取试剂，样本保存液等），注册人应评估变更对包括产品在内的检测系统安全有效性的影响。

2. 变更对产品安全性、有效性影响的研究方法（非临床研究和/或临床评价）的选择依据、验收标准。

3. 结果的总结以及结论。

4. 论证上述证据用于支持本次变更注册的理由及充分性。

## 三、非临床资料

（一）章节目录

应包括本章的所有标题和小标题，注明目录中各内容的页码。

（二）产品风险管理资料

应当提交与产品变化相关的产品风险管理资料。

产品风险管理资料是对产品的风险管理过程及其评审的结果予以记录所形成的资料。应当提供如下内容，并说明对于每项已判定危害的下列各个过程的可追溯性。

1. 风险分析：包括体外诊断试剂预期用途和与安全性有关特征的识别、危害的识别、估计每个危害处境的风险。

2. 风险评价：对于每个已识别的危害处境，评价和决定是否需要降低风险，若需要，描述如何进行相应风险控制。

3. 风险控制：描述为降低风险所执行风险控制的相关内容。

4. 任何一个或多个剩余风险的可接受性评定。

5. 与产品受益相比，综合评价产品风险可接受。

（三）产品技术要求及检验报告

如适用应当提交下列资料：

1. 申报产品适用标准情况

申报产品应当符合适用的强制性标准。对于强制性行业标准，若申报产品结构特征、技术原理、预期用途、使用方式等与强制性标准的适用范围不一致，注册人应当提出不适用强制性标准的说明，并提供经验证的证明性资料。

2. 产品技术要求

由于强制性标准已经修订或者其他变化，涉及产品技术要求变化的，应当明确产品技术要求变化的具体内容。

3. 产品检验报告

可提交以下任一形式的针对产品技术要求变化部分的检验报告：

（1）注册人出具的自检报告。

（2）委托有资质的医疗器械检验机构出具的检验报告。

第三类体外诊断试剂应当提供三个不同生产批次产品的检验报告。

（四）分析性能研究

如适用，注册人应根据具体变更情况，在风险管理和技术分析的基础上，基于变更对产品安全性、有效性的影响，采用适当的方法进行分析性能评估并提交研究资料，应当包含研究方案、报告和数据。

（五）稳定性研究

如适用，注册人应根据具体变更情况，在风险管理和技术分析的基础上，基于变更对产品安全性、有效性的影响，采用适当的方法进行稳定性研究并提交研究资料，应当包含研究方案、报告和数据。

（六）阳性判断值或参考区间研究

如适用，注册人应根据具体变更情况，在风险管理和技术分析的基础上，基于变更对产品安全性、有效性的影响，采用适当的方法进行阳性判断值或参考区间研究并提交研究资料，应当包含研究方案、报告和数据。

（七）其他资料

如适用，注册人应根据具体变更情况，在风险管理和技术分析的基础上，基于变更对产品安全性、有效性的影响，采用适当的方法进行相应的研究并提交研究资料，如原材料、生产工艺、反应体系等变更的研究资料。

## 四、临床评价资料

需要进行临床评价的第二类、第三类体外诊断试剂，注册人应根据具体变更情况，基于变化部分对产品安全性、有效性影响的论述，必要时采用适当的方法进行临床评价并按照以下要求提交资料。

（一）章节目录

应当包括本章的所有标题和小标题，注明目录中各内容的页码。

（二）临床评价资料要求

如适用，应当提交与产品变化部分相关的临床评价资料。

1. 综述

（1）简要总结支持产品注册申报的临床评价过程和数据，说明临床评价路径和关键内容，包括试验地点（如机构）、试验方法、受试者及样本、评价指标及可接受标准、试验结果、结论、资料位置等。

（2）论证上述临床数据用于支持本次申报的理由及充分性。

2. 依据产品变化对产品临床性能的影响及变更后产品的风险分析，变更后产品通过临床前研究不能确认其安全有效的，应提交临床评价资料。下列变更情况原则上应当提交临床评价资料：

（1）适用的样本类型变化。

（2）适用人群变化。

（3）临床适应证变化。

（4）其他显著影响产品临床性能的变化。

3. 临床试验资料

开展临床试验的，应提交临床试验方案、临床试验机构伦理委员会同意开展临床试验的书面意见、知情同意书样本、临床试验报告（附各机构临床试验小结，包括小结正文及临床试验数据表、临床试验中所采用的其他试验方法或其他体外诊断试剂等产品的基本信息等），并附临床试验数据库，包括原始数据库、分析数据库、说明性文件和程序代码（如有）。境外临床试验资料应符合要求。

临床试验相关资料签章应符合《医疗器械临床试验质量管理规范》的要求。

4. 其他临床评价资料

列入免于进行临床试验目录的体外诊断试剂，临床评价资料包括与“目录”对应项目的对比资料、临床评价报告（包括描述性比对分析和比对性能数据）等。

5. 其他资料

提交使用申报产品在境内、外完成的其他临床评价资料，包括临床评价的摘要、报告、数据和临床文献综述、经验数据等。

## 五、产品说明书

（一）章节目录

应当包括本章的所有标题和小标题，注明目录中各内容的页码。

（二）产品说明书

如适用，应当以对比表形式详细说明变更内容，并提交变更前、后的产品中文说明书，内容应当符合《体外诊断试剂说明书编写指导原则》和相关法规、规章、规范性文件、强制性标准的要求。

境外注册人应当提交变更前、后的产品原文说明书。

如不适用，应当提供相应说明。

## 六、质量管理体系文件

已注册产品发生前述变更情形的，注册人应当承诺已根据产品变更的具体情况，按照相关法规要求对已建立的质量管理体系进行相应调整，并随时接受质量管理体系核查。

注册人提出变更的具体原因或目的涉及原材料、生产工艺变化的，应当针对变化部分进行质量管理体系核查；其余变化，一般不需进行质量管理体系核查。

需要进行质量管理体系核查的，应当按照附件4的要求提交本部分资料。

（一）综述

注册人应当承诺已按照相关法规要求，根据产品变更的具体情形对质量管理体系进行相应调整，随时接受质量管理体系核查。详述涉及产品变更项目的质量管理体系变化情况，并按照下列要求逐项提交适用项目的资料，不适用应当说明理由。

（二）章节目录

应当包括本章的所有标题和小标题，注明目录中各内容的页码。

（三）生产制造信息

1. 产品描述信息

申报产品技术原理和总体生产工艺的简要说明。

2. 一般生产信息

提供申报产品及其组分的所有生产地址和联络信息。

如适用，应当提供所有重要供应商名称和地址，包括外包生产、关键成分或原材料的生产（如抗原、抗体）和灭菌等。

（四）质量管理体系程序

用于建立和维护质量管理体系的高层级质量管理体系程序，包括质量手册、质量方针、质量目标和文件及记录控制程序。

（五）管理职责程序

用于通过阐述质量方针、策划、职责 / 权限 / 沟通和管理评审，对建立和维护质量管理体系形成管理保证文件的程序。

（六）资源管理程序

用于为实施和维护质量管理体系所形成足够资源（包括人力资源、基础设施和工作环境）供应文件的程序。

（七）产品实现程序

高层级的产品实现程序，如说明策划和客户相关过程的程序。

1. 设计和开发程序

用于形成从项目初始至设计转换的整个过程中关于产品设计的系统性和受控的开发过程文件的程序。

2. 采购程序

用于形成符合已制定的质量和 / 或产品技术参数的采购产品 / 服务文件的程序。

3. 生产和服务控制程序

用于形成受控条件下生产和服务活动文件的程序，这些程序阐述诸如产品生产和服务活动、清洁和污染的控制、过程确认、标识和可追溯性等问题。

4. 监视和测量装置控制程序

用于形成质量管理体系运行过程中所使用的监视和测量设备已受控并持续符合既定要求的文件的程序。

（八）质量管理体系的测量、分析和改进程序

用于形成如何监视、测量、分析和改进以确保产品和质量管理体系的符合性，并保持质量管理体系有效性的文件的程序。

（九）其他质量体系程序信息

不属于上述内容，但对此次申报较为重要的其他信息。

（十）质量管理体系核查文件

根据上述质量管理体系程序，注册人应当形成涉及产品变更项目的相关质量管理体系文件和记录：

1. 注册人基本情况表。

2. 注册人组织机构图。

3. 生产企业总平面布置图、生产区域分布图。

4. 如生产过程有净化要求的应当提供有资质的检测机构出具的环境检测报告（附平面布局图）复印件。

5. 产品生产工艺流程图，应当标明主要控制点与项目及主要原材料、采购件的来源

及质量控制方法。

6. 主要生产设备和检验设备（包括进货检验、过程检验、出厂的最终检验相关设备；如需净化生产的，还应当提供环境监测设备）目录。

7. 注册人质量管理体系自查报告。

8. 如适用，应当提供拟核查产品与既往已通过核查产品在生产条件、生产工艺等方面的对比说明。

## 附件 7

# 体外诊断试剂安全和性能基本原则清单

| 条款号 | 要求 | 适用 | 证明符合性采用的方法 | 为符合性提供客观证据的文件 |
|---|---|---|---|---|
| A | 安全和性能的通用基本原则 | | | |
| A1 | 一般原则 | | | |
| A1.1 | 医疗器械应当实现申请人申报产品的预期性能，其设计和生产应当确保器械在预期使用条件下达到预期目的。这些器械应当是安全的并且能够实现其预期性能，与患者受益相比，其风险应当是可接受的，且不会损害医疗环境、患者安全、使用者及他人的安全和健康。 | | | |
| A1.2 | 申请人应当建立、实施、记录和维护风险管理体系，确保医疗器械安全、有效且质量可控。在医疗器械全生命周期内，风险管理是一个持续、反复的过程，需要定期进行系统性的改进更新。在开展风险管理时，申请人应当：<br>a）建立涵盖所有医疗器械风险管理计划并形成文件；<br>b）识别并分析涵盖所有医疗器械的相关的已知和可预见的危险（源）；<br>c）估计和评价在预期使用和可合理预见的误使用过程中，发生的相关风险；<br>d）依据 A1.3 和 A1.4 相关要求，消除或控制 c）点所述的风险；<br>e）评价生产和生产后阶段信息对综合风险、风险受益判定和风险可接受性的影响。上述评价应当包括先前未识别的危险（源）或危险情况，由危险情况导致的一个或多个风险对可接受性的影响，以及对先进技术水平的改变等。<br>f）基于对 e）点所述信息影响的评价，必要时修改控制措施以符合 A1.3 和 A1.4 相关要求。 | | | |

续表

| 条款号 | 要求 | 适用 | 证明符合性采用的方法 | 为符合性提供客观证据的文件 |
|---|---|---|---|---|
| A1.3 | 医疗器械的申请人在设计和生产过程中采取的风险控制措施，应当遵循安全原则，采用先进技术。需要降低风险时，申请人应当控制风险，确保每个危险（源）相关的剩余风险和总体剩余风险是可接受的。在选择最合适的解决方案时，申请人应当按以下优先顺序进行：<br>a）通过安全设计和生产消除或适当降低风险；<br>b）适用时，对无法消除的风险采取充分的防护措施，包括必要的警报；<br>c）提供安全信息（警告 / 预防措施 / 禁忌证），适当时，向使用者提供培训。 | | | |
| A1.4 | 申请人应当告知使用者所有相关的剩余风险。 | | | |
| A1.5 | 在消除或降低与使用有关的风险时，申请人应该：<br>a）适当降低医疗器械的特性（如人体工程学 / 可用性）和预期使用环境（如灰尘和湿度）可能带来的风险；<br>b）考虑预期使用者的技术知识、经验、教育背景、培训、身体状况（如适用）以及使用环境。 | | | |
| A1.6 | 在申请人规定的生命周期内，在正常使用、维护和校准（如适用）情况下，外力不应对医疗器械的特性和性能造成不利影响，以致损害患者、使用者及他人的健康和安全。 | | | |
| A1.7 | 医疗器械的设计、生产和包装，包括申请人所提供的说明和信息，应当确保在按照预期用途使用时，运输和贮存条件（例如：震动、振动、温度和湿度的波动）不会对医疗器械的特性和性能，包括完整性和清洁度，造成不利影响。申请人应能确保有效期内医疗器械的性能、安全和无菌保证水平。 | | | |
| A1.8 | 在货架有效期内、开封后的使用期间（对于诊断试剂，包括在机稳定性），以及运输或送货期间（对于诊断试剂，包括被测样品），医疗器械应具有可接受的稳定性。 | | | |
| A1.9 | 在正常使用条件下，基于当前先进技术水平，比较医疗器械性能带来的受益，所有已知的、可预见的风险以及任何不良副作用应最小化且可接受。 | | | |
| A2 | 临床评价 | | | |
| A2.1 | 基于监管要求，医疗器械可能需要进行临床评价（如适用）。所谓临床评价，就是对临床数据进行评估，确定医疗器械具有可接受的风险受益比，包括以下几种形式：<br>a）临床试验报告（诊断试剂临床性能评价报告）<br>b）临床文献资料<br>c）临床经验数据 | | | |

续表

| 条款号 | 要求 | 适用 | 证明符合性采用的方法 | 为符合性提供客观证据的文件 |
| --- | --- | --- | --- | --- |
| A2.2 | 临床试验的实施应当符合《赫尔辛基宣言》的伦理原则。保护受试者的权利、安全和健康，这是最重要的考虑因素，其重要性超过科学和社会效益。在临床试验的每个步骤，都应理解、遵守和使用上述原则。另外，临床试验方案审批、患者知情同意、诊断试剂剩余样本使用等应符合相关法规要求。 | | | |
| A3 | 化学、物理和生物学特性 | | | |
| A3.1 | 关于医疗器械的化学、物理和生物学特性，应特别注意以下几点：<br>a）所用材料和组成成分的选择，需特别考虑：<br>– 毒性；<br>– 生物相容性；<br>– 易燃性；<br>b）工艺对材料性能的影响；<br>c）生物物理学或者建模研究结果应当事先进行验证（如适用）；<br>d）所用材料的机械性能，如适用，应考虑强度、延展性、断裂强度、耐磨性和抗疲劳性等属性；<br>e）表面特性；<br>f）器械与已规定化学和 / 或物理性能的符合性。 | | | |
| A3.2 | 基于医疗器械的预期用途，医疗器械的设计、生产和包装，应当尽可能减少污染物和残留物对使用者和患者，以及对从事医疗器械运输、贮存及其他相关人员造成的风险。特别要注意与使用者和患者暴露组织接触的时间和频次。 | | | |
| A3.3 | 医疗器械的设计和生产应当适当降低析出物（包括滤沥物和 / 或蒸发物）、降解产物、加工残留物等造成的风险。应当特别注意致癌、致突变或有生殖毒性的泄漏物或滤沥物。 | | | |
| A3.4 | 医疗器械的设计和生产应当考虑到医疗器械及其预期使用环境的性质，适当降低物质意外进入器械所带来的风险。 | | | |
| A3.5 | 医疗器械及其生产工艺的设计应当能消除或适当降低对使用者和其他可能接触者的感染风险。设计应当：<br>a）操作安全，易于处理；<br>b）尽量减少医疗器械的微生物泄漏和 / 或使用过程中的感染风险；<br>c）防止医疗器械或其内容物（例如：标本）的微生物污染；<br>d）尽量减少意外风险（例如：割伤和刺伤（如针刺伤）、意外物质溅入眼睛等）。 | | | |
| A4 | 灭菌和微生物污染 | | | |
| A4.1 | 医疗器械其设计应当方便使用者对其进行安全清洁、消毒、灭菌和 / 或重复灭菌（必要时）。 | | | |

续表

| 条款号 | 要求 | 适用 | 证明符合性采用的方法 | 为符合性提供客观证据的文件 |
|---|---|---|---|---|
| A4.2 | 具有微生物限度要求的医疗器械，其设计、生产和包装应当确保在出厂后，按照申请人规定的条件运输和贮存，符合微生物限度要求。 | | | |
| A4.3 | 以无菌状态交付的医疗器械，其设计、生产和包装应按照适当的程序进行，以确保在出厂时无菌。在申请人规定的条件下运输和贮存的未破损无菌包装，打开前都应当保持无菌状态。应确保最终使用者可清晰地辨识包装的完整性（例如：防篡改包装）。 | | | |
| A4.4 | 无菌医疗器械应按照经验证的方法进行加工、生产、包装和灭菌，其货架有效期应按照经验证的方法确定。 | | | |
| A4.5 | 预期无菌使用的医疗器械（申请人灭菌或使用者灭菌），均应在适当且受控的条件和设施下生产和包装。 | | | |
| A4.6 | 以非无菌状态交付，且使用前灭菌的医疗器械：<br>a）包装应尽量减少产品受到微生物污染的风险，且应适用于申请人规定的灭菌方法；<br>b）申请人规定的灭菌方法应当经过验证。 | | | |
| A4.7 | 若医疗器械可以无菌和非无菌状态交付使用，应明确标识其交付状态。 | | | |
| A5 | 环境和使用条件 | | | |
| A5.1 | 如医疗器械预期与其他医疗器械或设备整合使用，应确保整合使用后的系统，包括连接系统，整体的安全性，且不影响器械本身的性能。整合使用上的限制应明确标识和/或在使用说明书中明确。对于需要使用者处理的连接，如液体、气体传输、电耦合或机械耦合等，在设计和生产过程中尽可能消除或降低所有可能的风险，包括错误连接或安全危害。 | | | |

续表

| 条款号 | 要求 | 适用 | 证明符合性采用的方法 | 为符合性提供客观证据的文件 |
|---|---|---|---|---|
| A5.2 | 医疗器械的设计和生产应当考虑预期的使用环境和使用条件，以消除或降低下列风险：<br>a）与物理和人体工程学 / 可用性的特性有关，对使用者或他人造成损伤的风险；<br>b）由于用户界面设计、人体工程学 / 可用性的特性以及预期使用环境导致的错误操作的风险；<br>c）与合理可预期的外部因素或环境条件有关的风险，如磁场、外部电和电磁效应、静电释放、诊断和治疗带来的辐射、压力、湿度、温度和 / 或压力和加速度的变化；<br>d）正常使用条件下与固体材料、液体和其他物质，包括气体，接触而产生的风险；<br>e）软件与信息技术（IT）运行环境的兼容性造成的风险；<br>f）正常使用过程中，医疗器械非预期析出物导致的环境风险；<br>g）样本 / 样品 / 数据不正确识别和错误结果导致的风险，比如用于分析、测试或检测的样本容器、可拆卸部件和 / 或附件，其颜色和 / 或数字编码混淆；<br>h）与其他用于诊断、监测或治疗的医疗器械互相干扰导致的风险。 | | | |
| A5.3 | 医疗器械的设计和生产应当消除或降低在正常状态及单一故障状态下燃烧和爆炸的风险，尤其是预期用途包括暴露于易燃、易爆物质或与其他致燃物相关的器械联用。 | | | |
| A5.4 | 医疗器械的设计和生产应能确保调整、校准和维护过程能够安全有效的完成。<br>a）对无法进行维护的医疗器械，如植入物，应尽量降低材料老化等风险；<br>b）对无法进行调整和校准的医疗器械，如某些类型的温度计，应尽量降低测量或控制机制精度的损失风险。 | | | |
| A5.5 | 与其他医疗器械或产品联合使用的医疗器械的设计和生产，其互操作性和兼容性应可靠且安全。 | | | |
| A5.6 | 医疗器械的设计和生产应能降低未经授权的访问风险，这种访问可能会妨碍器械正常运行，或造成安全隐患。 | | | |
| A5.7 | 具有测量、监视或有数值显示功能的医疗器械，考虑到预期使用环境、使用者、预期用途，其设计和生产应符合人体工程学 / 可用性原则。 | | | |
| A5.8 | 医疗器械的设计和生产，应便于使用者、患者或其他人员对其安全处置或再利用；应便于相关废弃物的安全处置或再利用。使用说明书应明确安全处置或回收的程序和方法。 | | | |

续表

| 条款号 | 要求 | 适用 | 证明符合性采用的方法 | 为符合性提供客观证据的文件 |
|---|---|---|---|---|
| A6 | 具有诊断或测量功能的医疗器械 | | | |
| A6.1 | 具有诊断或测量（包括监测）功能的医疗器械的设计和生产，应基于适当的科学和技术方法，除其他性能外，还应确保相应的准确度、精密度和稳定性，以实现其预期目的。<br>a）申请人应规定准确度限值（如适用）。<br>b）数字化测量值应以使用者理解和接受的标准化单位表示（如可能），推荐使用国际通用的标准计量单位，考虑到安全性、使用者的熟悉程度和既往的临床实践，也可使用其他公认的计量单位。<br>c）医疗器械导示器和控制器的功能应有详细的说明，若器械通过可视化系统提供与操作、操作指示或调整参数有关的说明，该类信息应能够被使用者和患者（适用时）理解。 | | | |
| A7 | 说明书和标签 | | | |
| A7.1 | 医疗器械应附有识别该器械及其申请人所需的信息。每个医疗器械还应附有相关安全和性能信息或相关指示。这些信息可出现在器械本身、包装上或使用说明书中，或者可以通过电子手段（如网站）便捷访问，易于被预期使用者理解。 | | | |
| A8 | 对非专业用户使用风险的防护 | | | |
| A8.1 | 对于非专业用户使用的医疗器械（如自测或近患者检测），为保证医疗器械的正常使用，其设计和生产应当考虑非专业用户的操作技能，以及因非专业用户技术和使用环境的不同对结果的影响。申请人提供的信息和说明应易于理解和使用，并可对结果做出解释。 | | | |
| A8.2 | 供非专业用户使用的医疗器械（如自测或近患者检测）的设计和生产应当：<br>a）确保使用者可以按照使用说明书的规定安全准确的使用。当无法将与说明书相关的风险降低到适当水平时，可以通过培训来降低此类风险；<br>b）尽可能减少非专业用户因错误操作和错误解释结果导致的风险。 | | | |
| A8.3 | 供非专业用户使用的医疗器械可通过以下措施方便用户：<br>a）在使用时，可以验证器械的正常运行；<br>b）当器械不能正常运行或提供无效结果时，会发出警告。 | | | |

续表

| 条款号 | 要求 | 适用 | 证明符合性采用的方法 | 为符合性提供客观证据的文件 |
|---|---|---|---|---|
| A9 | 含有生物源材料的医疗器械 | | | |
| A9.1 | 对于含有动植物组织、细胞或其它物质，细菌来源物质或衍生物的医疗器械，若无活性或以非活性状态交付，应当：<br>a）组织、细胞及其衍生物应来源于已受控且符合预期用途的动物种属。动物的地理来源信息应根据相关法规要求予以保留。<br>b）动物源的组织、细胞、物质或其衍生物的采集、加工、保存、检测和处理过程，应确保患者、使用者以及其他人员（如适用）的安全。特别是病毒和其他传染性病原体，应通过经验证的先进技术消除或灭活，影响医疗器械性能的情况除外。 | | | |
| A9.2 | 对于监管部门而言，当医疗器械由人体来源的组织、细胞、物质或其衍生物生产时，应当采取以下措施：<br>a）组织、细胞的捐赠、获取和检测应依据相关法规的要求进行；<br>b）为确保患者、使用者或他人的安全，应对组织、细胞或其衍生物进行加工、保存或其他处理。对于病毒和其他传染源，应通过源头控制，或在生产过程中通过经验证的先进技术消除或灭活。 | | | |
| A9.3 | 当医疗器械使用 A13.1、A13.2 以外的生物物质（例如植物或细菌来源的材料）生产时，其加工、保存、检测和处理应确保患者、用户以及其他人员（如废弃物处置人员等）的安全。对于病毒和其他传染源，为确保安全，应通过源头控制，或在生产过程中通过经验证的先进技术消除或灭活，以确保安全。 | | | |
| B | 适用于 IVD 医疗器械的基本原则 | | | |
| B1 | 化学、物理和生物特性 | | | |
| B1.1 | 关于 IVD 医疗器械的化学、物理和生物学特性，考虑到产品的预期用途，应注意由于所用材料与待检测或测定的标本、分析物或标志物之间的物理和/或化学不相容性而导致分析性能受损的可能性（如生物组织、细胞、体液和微生物）。 | | | |

续表

| 条款号 | 要求 | 适用 | 证明符合性采用的方法 | 为符合性提供客观证据的文件 |
|---|---|---|---|---|
| B2 | 性能特性 | | | |
| B2.1 | IVD 医疗器械应达到申请人声称的适用于预期用途的分析和临床性能指标，同时应考虑适用人群、预期使用者和使用环境。应使用合理的、经验证的、公认的技术方法，确定上述指标。<br>a）分析性能包括不限于，<br>a 校准品和质控品的溯源、赋值<br>b 准确度（正确度和精密度）<br>c 分析灵敏度 / 最低检出限<br>d 分析特异性<br>e 测量区间<br>f 样本稳定性<br>b）临床性能，如临床诊断敏感性、临床诊断特异性、阳性预测值、阴性预测值、似然比、以及正常和异常人群的阳性判断值或参考区间。<br>c）验证控制程序，以确保使用者按照预期用途使用 IVD 医疗器械，因此其结果适合预期用途。 | | | |
| B2.2 | 如果 IVD 医疗器械的性能取决于使用的校准品或质控品，应通过可用的参考测量程序或可提供的更高级别的参考物质，来确保这些定标液或质控品的赋值具有溯源性，（当 IVD 医疗器械的性能依赖于校准品或质控品的使用时，应通过参考测量程序或更高级别的参考物质溯源校准品或质控品的赋值。） | | | |
| B2.3 | 在可能的情况下，数字表示的数值应采用普遍接受的标准化单位，并且可被 IVD 医疗器械的使用者理解。（数值标识应尽可能地采用标准化单位，且易于使用者理解。） | | | |
| B2.4 | IVD 医疗器械的性能特征应根据预期用途进行评估，包括以下内容：<br>a）预期使用者，例如非专业人员、实验室专业人员；<br>b）预期使用环境，例如：患者住所、急诊室、救护车、医疗中心、实验室；<br>c）相关人群，如儿童、成人、孕妇、具有特定疾病体征和症状的个体、接受鉴别诊断的患者等。适当情况下，评估的人群应酌情代表种族，性别和遗传多样性群体，以代表产品拟上市销售地区的人群。<br>对于传染病，建议选择的人群具有相似的患病率。 | | | |
| 说明 | 1. 第 3 列若适用，应当注明“是”。不适用应当注明“否”，并结合产品特点说明不适用的理由。<br>2. 第 4 列应当填写证明该医疗器械符合安全和性能基本原则的方法，通常可采取下列方法证明符合基本要求：<br>（1）符合已发布的医疗器械部门规章、规范性文件。<br>（2）符合医疗器械相关国家标准、行业标准、国际标准。<br>（3）符合普遍接受的测试方法。<br>（4）符合企业自定的方法。<br>（5）与已批准上市的同类产品的比较。<br>（6）临床评价。<br>3. 证明符合性的证据包含在产品注册申报资料中，应当说明其在申报资料中的具体位置。证明符合性的证据未包含在产品注册申报资料中，应当注明该证据文件名称及其在质量管理体系文件中的编号备查。 | | | |

# 国家药监局关于医疗器械主文档登记事项的公告

2021 年第 36 号

为贯彻落实中共中央办公厅、国务院办公厅《关于深化审评审批制度改革鼓励药品医疗器械创新的意见》、国务院《关于改革药品医疗器械审评审批制度的意见》精神，进一步提高医疗器械审评审批质量，建立更加科学高效的审评审批体系，鼓励创新，方便医疗器械生产企业选择原材料和关键元器件，简化注册申报，现将境内第三类和进口第二类、第三类医疗器械主文档登记有关事项公告如下：

一、医疗器械主文档内容主要涉及医疗器械原材料等。医疗器械注册申请人应当指导并协助主文档所有者按照医疗器械注册申报资料相关要求建立主文档。医疗器械注册申请人对其申报的医疗器械负全部责任。

二、医疗器械注册申请人在中华人民共和国境内提出的进口第二类、第三类及境内第三类医疗器械（含体外诊断试剂）注册、变更、临床试验审批等申请事项中所引用主文档的登记，适用于本公告。

三、国家药品监督管理局医疗器械技术审评中心（以下简称器审中心）建立医疗器械主文档登记平台（以下简称为登记平台）与数据库。主文档所有者可通过登记平台按本公告要求提交主文档登记资料，登记后获得主文档登记编号。器审中心待关联医疗器械提出注册相关申请后对主文档资料一并审评。

四、医疗器械主文档的登记为自愿行为。境内主文档所有者可自行申请登记。进口（含港澳台地区）主文档所有者应当委托境内代理机构申请登记。主文档登记资料均需经过主文档所有者签章，包括医疗器械主文档登记（更新）申请表及其随附登记资料和技术资料。外文文件还需提供简体中文翻译件（中文翻译件可由境内代理机构签章）。

五、主文档登记资料及签章等内容适用于医疗器械注册电子申报相关要求。主文档所有者或其代理机构申领 eRPS 系统配套使用的数字认证证书（Certificate Authority，CA）后，在电子申报系统中提交医疗器械主文档登记申请表（附件 1）或医疗器械主文档登记更新申请表（附件 2）、申请表随附登记资料、技术资料等登记资料。资料提交成功后，器审中心向主文档所有者或其代理机构发送医疗器械主文档登记回执（附件 3）。登记回执仅证明主文档存档待查，供医疗器械产品注册等申报事项引用。国家药监局器审中心将适时在其官方网站公开主文档登记相关信息（附件 4），以便于公众查询。

六、申请登记的医疗器械主文档登记资料形式要求见附件 5。

七、已登记的医疗器械主文档内容发生变化时，主文档所有者可申请登记资料的更新。医疗器械主文档登记更新申请表见附件 2。

八、医疗器械主文档登记具体要求详见《医疗器械主文档登记相关事项说明》（附件 6）。

各省、自治区、直辖市药品监督管理局可根据实际情况参照本公告开展境内第二类医疗器械主文档登记事项。

本公告自发布之日起实施。

特此公告。

附件：1. 医疗器械主文档登记申请表
2. 医疗器械主文档登记更新申请表
3. 医疗器械主文档登记回执
4. 医疗器械主文档登记相关信息
5. 医疗器械主文档登记资料形式要求
6. 医疗器械主文档登记相关事项说明

国家药监局

2021 年 3 月 5 日

**附件 1**

## 医疗器械主文档登记申请表

| |
|---|
| **声明**<br>**申请人保证：**<br>①本申请表内容及所提交资料均真实、来源合法，未侵犯他人权益。<br>②专利权属声明：我们声明，本申请对他人专利不构成侵权。<br>③对于本表中所填写的内容，同意公开。<br>如查有不实之处，我们承担由此导致的一切法律后果。 |
| **登记事项**<br>**1. 本登记申请属于（单选）：**<br>□境内登记　□进口登记 |
| **2. 登记事项中文名称：**<br>**3. 登记事项原文名称（如有）：**<br>**4. 登记事项规格（如适用）：**<br>**5. 登记事项描述（公开内容）：** |

续表

| |
|---|
| 6. 质量标准：□采用国家标准或者行业标准<br>如有，标准名称：标准号：<br>□中华人民共和国药典： 版 ○生物制品规程： 版<br>□自拟：<br>□其他：<br><br>需要备注的内容（如有）： |
| 7. 境内登记主文档所有者：<br>所在省份 / 直辖市 / 自治区：<br>中文名称：<br>统一社会信用代码：<br>法定代表人： 职位：<br>住所： 邮编：<br>生产地址： 邮编：<br>通讯地址： 邮编：<br>申请负责人： 职位：<br>联系人： 职位：<br>电话： 传真：<br>电子邮箱： 手机：<br>法定代表人或其指定授权人（签名）：<br><br>（加盖公章处）<br>年 月 日<br><br>8. 进口登记主文档所有者：<br>中文名称：<br>英文名称：<br>原文名称：<br>住所：（中文 / 英文 / 原文）：<br>生产地址（中文 / 英文 / 原文）：<br>国家或地区：<br>申请负责人： 职位：<br>电话： 传真：<br>电子邮箱：<br>申请负责人或其指定授权人（签名）：<br><br>（盖章处，如有）<br>年 月 日 |

续表

| |
|---|
| **9. 进口登记主文档所有者代理机构：**<br>所在省份 / 直辖市 / 自治区：<br>中文名称：<br>外文名称：<br>统一社会信用代码：<br>法定代表人：　　　　　　　　职位：<br>住所：　　　　　　　　　　　邮编：<br>通讯地址：　　　　　　　　　邮编：<br>申请负责人：　　　　　　　　职位：<br>联系人：　　　　　　　　　　职位：<br>电话：　　　　　　　　　　　传真：<br>电子邮箱：　　　　　　　　　手机：<br>法定代表人或其指定授权人（签名）：<br>（加盖公章处）<br>年　月　日 |
| **10. 拟登记内容在境内已上市医疗器械中的应用史：**<br>应用情况的描述：<br>医疗器械名称：<br>注册相关申请受理号：<br>医疗器械注册证号（临床试验批件号）：<br>（点击 + 号可添加医疗器械产品） |
| **11. 备注：** |

# 医疗器械主文档登记申请表填写及随附登记资料说明

1. 登记事项名称：指登记事项的主要关键词。若登记事项为医疗器械原材料，则登记事项名称应包含具体的原材料名称，如："硅橡胶原材料主文档"。

2. 原文名称：进口登记时本项为必填项目。

3. 登记事项描述：指登记事项的简单描述，此内容为公开内容。

4. 质量标准：指本项登记申请所提交标准的来源或执行依据。如有适用的标准，包括但不限于国内标准、行业标准、中华人民共和国药典、药品标准等，需写明版次；来源于境外药典的，需注明药典名称及版次；"其他"是指非以上来源的，应该写明具体来源，如自行研究等情况。

5. 登记主文档所有者：是指提供主文档资料并提出主文档资料登记申请的组织机构。

6. 各申请机构栏内："名称"，应当填写其经过法定登记机关注册登记的名称。"所在省份/直辖市/自治区"是指登记申请人或代理机构等所在的省份/直辖市/自治区。"统一社会信用代码"，是指境内统一社会信用代码管理机构发给的统一社会信用代码，境外申请机构免填。"申请负责人"，是指本项登记申请的项目负责人。电话、手机、传真和电子信箱，确保能及时取得联系。填写时须包含区号（境外的应包含国家或者地区号），经总机接转的须提供分机编号。"联系人"应当填写具体办理申请事务的工作人员姓名，以便联系。

7. 填表应当使用中文简体字，必要的原文除外。文字陈述应简明、准确。选择性项目中，除明确规定为单选外，可以选择多项或者全部不选择。

8. 本申请表随附的登记资料（均应经过签章）：

8.1 境内主文档所有者提供：企业营业执照复印件。

8.2 境外企业提供的主文档所有者提供：

（1）境外企业提供的主文档所有者企业资格证明文件，应经过公证。

（2）境外企业提供的主文档所有者在中国境内指定代理机构的委托书、代理机构承诺书及企业营业执照复印件。

9. 本申请表随附真实性声明，声明所提交登记资料真实性。

## 附件 2

# 医疗器械主文档登记更新申请表

| |
|---|
| **声明**<br>**申请人保证：**<br>①本申请表内容及所提交资料均真实、来源合法，未侵犯他人权益。<br>②专利权属声明：我们声明：本更新申请对他人专利不构成侵权。<br>③对于本表中所填写的内容，同意公开。<br>如查有不实之处，我们承担由此导致的一切法律后果。 |
| **原登记号：** |
| **更新登记事项**<br>**1. 本更新登记申请属于（单选）：**<br>□境内更新登记　□进口更新登记 |

续表

| |
|---|
| **2. 登记事项中文名称：**<br><br>**3. 登记事项原文名称（如有）：**<br><br>**4. 登记事项规格（如适用）：**<br><br>**5. 登记事项描述（公开内容）：** |
| **6. 拟更新内容：** |
| **7. 境内登记主文档所有者：**<br>所在省份 / 直辖市 / 自治区：<br>中文名称：<br>统一社会信用代码：<br>法定代表人：　　　　　　　　职位：<br>住所：　　　　　　　　　　　邮编：<br>生产地址：　　　　　　　　　邮编：<br>通讯地址：　　　　　　　　　邮编：<br>申请负责人：　　　　　　　　职位：<br>联系人：　　　　　　　　　　职位：<br>电话：　　　　　　　　　　　传真：<br>电子邮箱：　　　　　　　　　手机：<br>法定代表人或其指定授权人（签名）：<br><br>（加盖公章处）<br>年　月　日<br><br>**8. 进口登记主文档所有者：**<br>中文名称：<br>英文名称：<br>原文名称：<br>住所：（中文 / 英文 / 原文）：<br>生产地址（中文 / 英文 / 原文）：<br>国家或地区：<br>申请负责人：　　　　　　　　职位：<br>电话：　　　　　　　　　　　传真：<br>电子邮箱：<br>申请负责人或其指定授权人（签名）：<br><br>（盖章处，如有）<br>年　月　日 |

续表

| |
|---|
| **9. 进口登记主文档所有者代理机构：**<br>所在省份 / 直辖市 / 自治区：<br>中文名称：<br>外文名称：<br>统一社会信用代码：<br>法定代表人：　　　　职位：<br>住所：　　　　邮编：<br>通讯地址：　　　　邮编：<br>申请负责人：　　　　职位：<br>联系人：　　　　职位：<br>电话：　　　　传真：<br>电子邮箱：　　　　手机：<br>法定代表人或其指定授权人（签名）：<br><br>（加盖公章处）<br>年　月　日 |
| **10. 拟登记内容在境内已上市医疗器械中的应用史（仅填写更新情况）：**<br>应用情况的描述：<br>医疗器械名称：<br>医疗器械受理号：<br>医疗器械注册证号：<br>（点击 + 号可添加医疗器械产品） |
| **11. 备注：** |

# 医疗器械主文档更新登记申请表填写及随附登记资料说明

原登记号：需填写已登记所获得的登记编号。

1. 原文名称：进口更新登记申请时本项为必填项目。

2. 拟更新内容较多的，可以采用列表的方式提供。相应证明文件应详实、全面、准确。

3. 涉及更新登记事项质量标准的，建议提交标准的来源或执行依据。如有适用的标准，包括但不限于国内标准、行业标准、中华人民共和国药典、药品标准等，需写明版次；来源于境外药典的，需注明药典名称及版次；"其他"是指非以上来源的，应该写明具体来源，如自行研究等情况。

4. 填表应当使用中文简体字，必要的原文除外。文字陈述应简明、准确。

5. 本申请表随附的登记资料（均应经过签章）：

5.1 医疗器械主文档原登记回执原件。

5.2 更新登记的境内主文档所有者提供：企业营业执照复印件。

5.3 更新登记的境外主文档所有者提供：

（1）更新登记的境外主文档所有者企业资格证明文件，应经过公证。

（2）更新登记的境外主文档所有者在中国境内指定代理机构的委托书、代理机构承诺书及企业营业执照复印件。

6. 本申请表随附真实性声明，声明所提交登记资料真实性。

**附件3**

# 医疗器械主文档登记回执

（主文档所有者）：

根据相关法规要求，对你单位申请的医疗器械主文档予以登记，登记编号：________________。

注：本回执仅表示主文档存档待查，供医疗器械注册、变更及临床试验审批申报使用。

国家药品监督管理局医疗器械技术审评中心

（盖章）

日期：年 月 日

## 附件 4

# 医疗器械主文档登记相关信息

首次登记编号：
更新日期：

| | | |
|---|---|---|
| 所有者名称 | 中文 | |
| | 英文 | |
| | 原文 | |
| 所有者统一社会信用代码 | （境内登记适用） | |
| 所有者住所 | 中文 | |
| | 英文 | |
| | 原文 | |
| 所有者生产地址 | 中文 | |
| | 英文 | |
| | 原文 | |
| 代理机构 | （进口登记适用） | |
| 代理机构住所 | （进口登记适用） | |
| 登记事项名称 | | |
| 登记事项描述 | | |
| 登记事项关联审评情况 | | |
| 备注 | | |
| 登记单位和日期 | （国家药品监督管理局医疗器械技术审评中心）<br>登记日期： 年 月 日 | |
| 更新情况 | **** 年 ** 月 ** 日，** 更新为 **。<br>…… | |

注：登记事项关联审评情况包括：

A. 待关联医疗器械审评

B. 关联医疗器械已审评并发出补正资料通知单

C. 关联医疗器械已审结（合格）

D. 关联医疗器械已审结（终止审查）

E. 关联医疗器械已审结（自动撤销）

F. 关联医疗器械已审结（不予注册）

**附件 5**

# 医疗器械主文档登记资料形式要求

一、登记资料完整齐备。登记所涉及表格应填写完整，所填写各项内容应与所提交登记资料内容相对应。对于主文档所有者、代理机构信息、地址等，应填写主文档所有者和代理机构企业营业执照等相关登记资料上载明的信息。进口主文档所有者信息建议使用原文填写。

二、各项文件除登记资料外均需以中文形式提供。如登记资料为外文形式，还需提供中文翻译件。根据外文资料翻译的登记资料，需同时提供原文文件。

三、主文档登记资料如无特殊说明的，需由主文档所有者签章。主文档登记资料以电子形式提交，相关要求可参见《关于实施医疗器械注册电子申报的公告》（国家药品监督管理局 2019 年第 46 号）及《关于发布医疗器械注册申请电子提交技术指南的通告》（国家药品监督管理局 2019 年第 29 号）。

四、代理机构委托书的内容需包括：办理医疗器械主文档登记申请；承担与国家药品监督管理部门、进口主文档所有者的沟通联络；向进口主文档所有者如实、准确传达相关的法规和技术要求；对主文档内容进行更新。代理机构的承诺书由代理机构相关负责人签章，其内容需与委托书中委托的事宜一致。

五、登记资料需具有所提交资料的目录，包括整个申报资料的 1 级和 2 级标题，并以表格形式说明每项的卷和页码。

六、主文档所有者和代理机构需分别对各自提交的文件出具真实性声明。

**附件 6**

# 医疗器械主文档登记相关事项说明

## 一、编制目的

医疗器械主文档是技术资料的一种形式。该类资料由其所有者提交给医疗器械技术审评机构，用于授权医疗器械注册申请人在申报医疗器械注册等事项时引用其作为注册申报资料的一部分。医疗器械技术审评机构不会向医疗器械注册申请人披露主文档资料内容。本说明旨在指导主文档所有者进行医疗器械主文档的登记及对医疗器械注册申请人的授权引用。

## 二、主要法规依据

《医疗器械注册管理办法》

《体外诊断试剂注册管理办法》

《医疗器械注册申报资料要求和批准证明文件格式》

《体外诊断试剂注册申报资料要求和批准证明文件格式》

## 三、适用范围

本说明适用于医疗器械注册申请人在进口二类、三类及境内三类医疗器械（包括体外诊断试剂）注册、变更、临床试验审批等申请事项中引用的主文档。

## 四、基本原则

在医疗器械审评审批的过程中，医疗器械注册申请人有可能需要将第三方企业（如：原材料供应商）的技术保密资料提交给技术审评机构以支持相关注册申请。部分第三方企业可以接受监管机构对其技术资料进行保密审阅，却不希望将其技术资料直接披露给医疗器械注册申请人。主文档设立的目的是为了保护主文档所有者的商业秘密，此外也避免不同医疗器械注册申请人重复提交相同技术资料。主文档由其所有者自愿提交登记申请，监管机构对主文档进行登记。

如果主文档所有者为境外企业，需在中国境内设立代理机构，以便于及时就主文档登记工作与监管机构进行沟通，对主文档资料内容进行更新以及对医疗器械注册申请人进行授权引用。主文档所有者登记主文档时需明确代理机构的名称、地址、联系方式以及委托权限。通过主文档更新可以更改代理机构信息。

## 五、主文档内容

主文档的内容可以涉及医疗器械多个方面，包括原材料等。医疗器械主文档需要包括具体技术内容，如原材料主文档可以包括原材料组成成分描述、物理性能研究资料、化学性能研究资料、生物学评价资料/毒理学风险分析资料等。但是对于一些明确要求在医疗器械申报资料中提交的内容，并不适合采用主文档的形式提交，如体外诊断试剂原材料信息等。

主文档的形式要求详见本公告附件5《医疗器械主文档登记资料形式要求》，以电子文档形式提交。如果所提交的主文档资料内容不符合主文档登记的要求，则无法作为主文档进行登记。

主文档的技术内容建议参照医疗器械/体外诊断试剂注册申报资料要求以及相关指导原则的适用要求提供。

## 六、主文档更新相关要求

主文档所有者可以通过医疗器械监管机构对主文档进行更新，包括授权情况的变化、代理机构的变化以及主文档资料的任何变化。更新相关资料需提交更新后的全套主文档资料，并附与前一版本主文档内容的变化情况说明。

主文档完成登记后，若主文档内容发生变化，则有可能对相关医疗器械产生影响，进而造成医疗器械发生实质性改变，导致生产企业无法保障产品质量的稳定性或不能满足相关法规要求。因此，被授权引用主文档的医疗器械注册人需与主文档所有者以协议的方式规定，主文档所有者有义务在主文档内容发生变化之前主动告知医疗器械注册人所有相关变化内容。告知的内容应尽可能详尽，使得被授权企业可以合理评估主文档的更新对相关医疗器械产品安全、有效性的影响，以便采取措施以满足相关法规要求，必要时，按照相关程序进行注册变更。

## 七、主文档授权相关要求

医疗器械注册申请人可以引用已登记的主文档支持医疗器械注册、变更、临床试验审批等申请事项。对主文档的引用必须获得主文档所有者或其委托代理机构的书面授权。授权书中应包括引用主文档的医疗器械生产企业名称、产品名称、申请事项、已登记的主文档编号、授权引用的主文档页码 / 章节信息等内容，授权书需由主文档所有者签章，授权书样式可参考后附《医疗器械主文档授权书样本》。

主文档所有者或其代理机构直接向医疗器械申请人提供授权书，无需单独提交给监管机构。授权书经主文档所有者签章的原件应随附在医疗器械注册申请人的注册申报资料中。一旦引用该主文档的医疗器械申请事项得到受理，则该授权不得撤销。

当医疗器械注册申请人发现医疗器械的受理补正资料或注册补正资料涉及主文档内容的更新时，需通知主文档所有者提交更新主文档，并向医疗器械注册申请人出具新的授权书（注明新的主文档登记编号），授权书原件应随附在补正资料中。

# 医疗器械主文档授权书样本

致国家药品监督管理局医疗器械技术审评中心：

现授权 ××× 公司（申请人名称）引用我公司登记号为 ×××（主文档登记号）的 ×××（主文档登记事项名称）主文档用于 ×××（申报产品名称）的 ×××（申请事项）。此次授权引用的主文档资料内容为 ×××（页码范围 / 章节数）。

**主文档所有者：**

**主文档所有者住所：**

**主文档所有者联系人：**

**手机：** **座机：**

**传真：** **电子邮箱：**

**（签章）**

**日期：**

# 国家药监局关于发布《医疗器械产品注册项目立卷审查要求》等文件的通告

2022 年第 40 号

为进一步深化审评审批制度改革，鼓励医疗器械创新，按照《医疗器械注册与备案管理办法》（国家市场监督管理总局令第 47 号）、《体外诊断试剂注册与备案管理办法》（国家市场监督管理总局令第 48 号）、《国家药品监督管理局关于公布医疗器械注册申报资料要求和批准证明文件格式的公告》（2021 年第 121 号）、《国家药品监督管理局关于公布体外诊断试剂注册申报资料要求和批准证明文件格式的公告》（2021 年第 122 号）和《国家药品监督管理局关于实施〈医疗器械注册与备案管理办法〉〈体外诊断试剂注册与备案管理办法〉有关事项的通告》（2021 年第 76 号）等有关要求，国家药品监督管理局组织对现行的《医疗器械产品注册项目立卷审查要求（试行）》等文件进行了全面修订。

国家药品监督管理局医疗器械技术审评中心在受理环节按照修订后的立卷审查要求对相应申请的申报资料进行审查，对申报资料进入技术审评环节的完整性、合规性、一致性进行判断。立卷审查不对产品安全性、有效性评价的合理性、充分性进行分析，不对产品风险受益比进行判定。立卷审查适用于医疗器械注册、许可事项变更、临床试验审批等申请事项。

现将修订后的文件予以发布，自发布之日起实施，《国家药监局关于发布〈医疗器械产品注册项目立卷审查要求（试行）〉等文件的通告》（2019 年第 42 号）同时废止。

特此通告。

附件：1. 医疗器械产品注册项目立卷审查要求
2. 医疗器械变更注册项目立卷审查要求
3. 医疗器械免临床评价目录对比立卷审查表
4. 医疗器械临床评价立卷审查表
5. 体外诊断试剂产品注册项目立卷审查要求
6. 体外诊断试剂变更注册项目立卷审查要求
7. 体外诊断试剂临床评价立卷审查表（非临床试验）
8. 体外诊断试剂临床评价立卷审查表（临床试验）
9. 医疗器械临床试验审批项目立卷审查要求
10. 医疗器械延续注册项目立卷审查要求
11. 体外诊断试剂延续注册项目立卷审查要求

国家药监局

2022 年 8 月 26 日

# 国家药监局关于发布《医疗器械注册自检管理规定》的公告

2021 年第 126 号

为加强医疗器械注册管理，规范注册申请人注册自检工作，确保医疗器械注册检验工作有序开展，根据《医疗器械监督管理条例》（国务院令第 739 号）及《医疗器械注册与备案管理办法》（市场监管总局令第 47 号）、《体外诊断试剂注册与备案管理办法》（市场监管总局令第 48 号），国家药品监督管理局组织制定了《医疗器械注册自检管理规定》，现予发布，自发布之日起施行。

特此公告。

国家药监局

2021 年 10 月 21 日

## 医疗器械注册自检管理规定

为加强医疗器械（含体外诊断试剂）注册管理，规范注册申请人注册自检工作，确保医疗器械注册审查工作有序开展，根据《医疗器械监督管理条例》《医疗器械注册与备案管理办法》《体外诊断试剂注册与备案管理办法》，制定本规定。

### 一、自检能力要求

（一）总体要求

注册时开展自检的，注册申请人应当具备自检能力，并将自检工作纳入医疗器械质量管理体系，配备与产品检验要求相适应的检验设备设施，具有相应质量检验部门或者专职检验人员，严格检验过程控制，确保检验结果真实、准确、完整和可追溯，并对自检报告负主体责任。

（二）检验能力要求

1. 人员要求。注册申请人应当具备与所开展检验活动相适应的检验人员和管理人员（含审核、批准人员）。注册申请人应当配备专职检验人员，检验人员应当为正式聘用人员，并且只能在本企业从业。

检验人员的教育背景、技术能力和数量应当与产品检验工作相匹配。检验人员应当熟悉医疗器械相关法律法规、标准和产品技术要求，掌握检验方法原理、检测操作技能、作业指导书、质量控制要求、实验室安全与防护知识、计量和数据处理知识等，并且应当经过医疗器械相关法律法规、质量管理和有关专业技术的培训和考核。

检验人员、审核人员、批准人员等应当经注册申请人依规定授权。

2. 设备和环境设施要求。注册申请人应当配备满足检验方法要求的仪器设备和环境设施，建立和保存设备及环境设施的档案、操作规程、计量 / 校准证明、使用和维修记录，并按有关规定进行量值溯源。

开展特殊专业检验的实验室，如生物学评价、电磁兼容、生物安全性、体外诊断试剂实验室等，其环境设施条件应当符合其特定的专业要求。

3. 样品管理要求。注册申请人应当建立并实施检验样品管理程序，确保样品受控并保持相应状态。

4. 检验质量控制要求。注册申请人应当使用适当的方法和程序开展所有检验活动。适用时，包括测量不确定度的评定以及使用统计技术进行数据分析。

鼓励注册申请人参加由能力验证机构组织的有关检验能力验证 / 实验室间比对项目，提高检测能力和水平。

5. 记录的控制要求。所有质量记录和原始检测记录以及有关证书 / 证书副本等技术记录均应当归档并按适当的期限保存。记录包括但不限于设备使用记录、检验原始记录、检验用的原辅材料采购与验收记录等。记录的保存期限应当符合相关法规要求。

（三）管理体系要求

注册申请人开展自检的，应当按照有关检验工作和申报产品自检的要求，建立和实施与开展自检工作相适应的管理体系。

自检工作应当纳入医疗器械质量管理体系。注册申请人应当制定与自检工作相关的质量管理体系文件（包括质量手册、程序、作业指导书等）、所开展检验工作的风险管理及医疗器械相关法规要求的文件等，并确保其有效实施和受控。

（四）自检依据

注册申请人应当依据拟申报注册产品的产品技术要求进行检验。

检验方法的制定应当与相应的性能指标相适应，优先考虑采用已颁布的标准检验方法或者公认的检验方法。

检验方法应当进行验证或者确认，确保检验具有可重复性和可操作性。

对于体外诊断试剂产品，检验方法中还应当明确说明采用的参考品 / 标准品、样本制备方法、使用的试剂批次和数量、试验次数、计算方法等。

（五）其他事项

1. 委托生产的注册申请人可以委托受托生产企业开展自检，并由注册申请人出具相应自检报告。受托生产企业自检能力应当符合本规定的要求。

2. 境内注册申请人所在的境内集团公司或其子公司具有通过中国合格评定国家认可委员会认可的实验室，或者境外注册申请人所在的境外集团公司或其子公司具有通过境外政府或政府认可的相应实验室资质认证机构认可的实验室的，经集团公司授权，可以由相应实验室为注册申请人开展自检，由注册申请人出具相应自检报告。

## 二、自检报告要求

（一）申请产品注册时提交的自检报告应当是符合产品技术要求的全项目检验报告。变更注册、延续注册按照相关规定提交相应自检报告。报告格式应当符合检验报告模板（附件 1）的要求。

（二）自检报告应当结论准确，便于理解，用字规范，语言简练，幅面整洁，不允许涂改。签章应当符合《医疗器械注册申报资料要求和批准证明文件格式》《体外诊断试剂注册申报资料要求和批准证明文件格式》相关要求。

（三）同一注册单元内所检验的产品应当能够代表本注册单元内其他产品的安全性和有效性。

## 三、委托检验要求

（一）受托条件

注册申请人提交自检报告的，若不具备产品技术要求中部分条款项目的检验能力，可以将相关条款项目委托有资质的医疗器械检验机构进行检验。有资质的医疗器械检验机构应当符合《医疗器械监督管理条例》第七十五条的相关规定。

（二）对受托方的评价

注册申请人应当在医疗器械生产质量管理体系文件中对受托方的资质、检验能力符合性等进行评价，并建立合格受托方名录，保存评价记录和评价报告。

（三）样品一致性

注册申请人应当确保自行检验样品与委托检验样品一致性，与受托方及时沟通，通报问题，协助做好检验工作。

（四）形成自检报告

注册申请人应当对受托方出具的报告进行汇总，结合注册申请人自行完成的检验项目，形成完整的自检报告。涉及委托检验的项目，除在备注栏中注明受托的检验机构外，还应当附有委托检验报告原件。

## 四、申报资料要求

注册申请人通过自检方式提交产品检验报告的，应当提交以下申报资料：

（一）自检报告。涉及委托检验项目的，还应当提供相关检验机构的资质证明文件。

（二）具有相应自检能力的声明。注册申请人应当承诺具备产品技术要求中相应具体条款项目自行检验的能力，包括具备相应人员、设备、设施和环境等，并按照质量管理体系要求开展检验。

（三）质量管理体系相关资料。包括检验用设备（含标准品）配置表（见附件 2）；用于医疗器械检验的软件，应当明确其名称、发布版本号、发布日期、供应商或代理商等信息（格式参考附件 2）；医疗器械注册自检检验人员信息表（见附件 3）；检验相关的质量管理体系文件清单，如质量手册、程序文件、作业指导书等，文件名称中应当包含文件编号信息等。

（四）关于型号覆盖的说明。提供型号覆盖的相关资料，包括典型性的说明、被覆盖型号 / 配置与主检型号 / 配置的差异性分析等。

（五）报告真实性自我保证声明。若注册申请人将相关项目进行委托检验，自我保证声明应当包括提交自行检验样品、委托检验样品一致性的声明。

境内注册申请人自身开展自检的实验室如通过中国合格评定国家认可委员会（CNAS）认可，或者境外注册申请人自身开展自检的实验室通过境外政府或政府认可的相应实验室资质认证机构认可，可不提交本条第（二）和（三）项内容，但应当提交相应认可的证明性文件及相应承检范围的支持性资料。集团公司或其子公司经集团公司授权由相应实验室开展自检的，应当提交授权书。

## 五、现场检查要求

对于提交自检报告的，药品监管部门开展医疗器械注册质量管理体系现场核查时，除按照有关医疗器械注册质量管理体系核查指南要求办理外，还应当按照本文第一部分“自检能力要求”逐项进行核实，并在现场核查报告中予以阐述。检查时应当选派熟悉检验人员参与检查。

现场检查可以参照，但不限于以下方式开展：

（一）检验人员资质要求：查看检验人员的在职证明、相关人员信息表中检验人员与批准人员培训记录、个人档案等文件，并与相应人员进行面对面交流，核实资质、能力是否符合有关质量管理体系要求。

（二）检验人员操作技能：对声称自检的项目进行随机抽查，要求医疗器械注册自检检验人员信息表中相应检验人员根据作业指导书（或操作规程），对留样样品或自检样品进行现场操作，应能重复检验全过程，检验方法符合要求，且检验结果与企业申报注册资料中的结论一致。

（三）设施和环境：开展特殊专业检验的实验室，如生物学实验室、电磁兼容试验室、体外诊断试剂实验室等，检查实验室的设施、环境及监测记录等是否符合产品检验的要求。

（四）检验设备：核对申报资料中提交的自检用设备配置表中信息与现场有关设备是否一致。查看检验设备的检定 / 校准记录、计量确认资料是否满足检验要求。核查检验设备的清单，清单应当注明设备的来源（自购 / 租赁），并查看相应的合同文件。

使用企业自制校准品、质控品、样本处理试剂等的，应当查看相关操作规程、质量标准、配制和检验记录，关注校准品制备、量值传递规程、不确定度要求、稳定性研究等内容，关注质控品制备、赋值操作规程、靶值范围确定、稳定性研究等内容。

（五）检验记录：查看原始记录，检验设备使用、校准、维护和维修记录，检验环境条件记录，检验样品的有效性的相关材料、对受托方审核评价记录和报告（如有），委托检验报告（如有），委托检验协议（如有）等。

（六）检验质量控制能力：查看检验相关的质量手册、程序文件、标准、作业指导书（如适用）、操作规程、检验方法验证 / 确认记录、内部质量控制记录等文件。

境内注册申请人自身开展自检的实验室如通过中国合格评定国家认可委员会认可，或者境外注册申请人自身开展自检的实验室通过境外政府或政府认可的实验室认证机构认可，可按照医疗器械注册质量管理体系核查指南要求办理。

## 六、责任要求

注册申请人应当按照《医疗器械监督管理条例》要求，加强医疗器械全生命周期质量管理，对研制、生产、检验等全过程中医疗器械的安全性、有效性和检验报告的真实性依法承担责任。

注册申请人提供的自检报告虚假的，依照《医疗器械监督管理条例》第八十三条规定处罚。受托方出具虚假检验报告的，依照《医疗器械监督管理条例》第九十六条规定处罚。

附件：1. 医疗器械注册自检报告模板
2. 医疗器械注册自检用设备（含标准品 / 参考品）配置表
3. 医疗器械注册自检检验人员信息表

# 食品药品监管总局关于发布医疗器械优先审批程序的公告

2016 年第 168 号

为保障医疗器械临床使用需求，根据《医疗器械监督管理条例》（国务院令第 650 号）、《国务院关于改革药品医疗器械审评审批制度的意见》（国发〔2015〕44 号）等有关规定，国家食品药品监督管理总局组织制定了《医疗器械优先审批程序》，现予发布，自 2017 年 1 月 1 日起施行。

特此公告。

附件：医疗器械优先审批程序

食品药品监管总局
2016 年 10 月 25 日

**附件**

## 医疗器械优先审批程序

**第一条**　为保障医疗器械临床使用需求，根据《医疗器械监督管理条例》（国务院令第 650 号）、《国务院关于改革药品医疗器械审评审批制度的意见》（国发〔2015〕44 号）等有关规定，制定本程序。

**第二条**　国家食品药品监督管理总局对符合下列条件之一的境内第三类和进口第二类、第三类医疗器械注册申请实施优先审批：

（一）符合下列情形之一的医疗器械：

1. 诊断或者治疗罕见病，且具有明显临床优势；

2. 诊断或者治疗恶性肿瘤，且具有明显临床优势；

3. 诊断或者治疗老年人特有和多发疾病，且目前尚无有效诊断或者治疗手段；

4. 专用于儿童，且具有明显临床优势；

5. 临床急需，且在我国尚无同品种产品获准注册的医疗器械。

（二）列入国家科技重大专项或者国家重点研发计划的医疗器械。

（三）其他应当优先审批的医疗器械。

**第三条**　对于本程序第二条第（一）、（二）项情形，需要按照本程序优先审批的，申请人应当向国家食品药品监督管理总局提出优先审批申请。

对于本程序第二条第（三）项情形，由国家食品药品监督管理总局广泛听取意见，并组织专家论证后确定。

**第四条** 对于符合本程序第二条第（一）、（二）项情形的，申请人应当在提交医疗器械注册申请时一并提交医疗器械优先审批申请表（见附1）。

对于本程序第二条第（二）项情形的医疗器械优先审批申请，申请人还应当提交该产品列入国家科技重大专项或者国家重点研发计划的相关证明文件。

**第五条** 国家食品药品监督管理总局医疗器械注册申请受理部门对优先审批申请材料进行形式审查，对优先审批申请材料齐全且予以受理的注册申请项目，注明优先审批申请，转交国家食品药品监督管理总局医疗器械技术审评中心（以下简称器审中心）进行审核。

**第六条** 对于本程序第二条第（一）项情形的医疗器械优先审批申请以及其他应当优先审批的医疗器械，器审中心每月集中组织专家论证审核，出具审核意见。经专家论证需要优先审批的，拟定予以优先审批。

对于本程序第二条第（二）项情形的医疗器械优先审批申请，器审中心自收到申请之日起5个工作日内进行审核，符合优先审批情形的，拟定予以优先审批。

**第七条** 器审中心将拟定优先审批项目的申请人、产品名称、受理号在其网站上予以公示，公示时间应当不少于5个工作日。公示期内无异议的，即优先进入审评程序，并告知申请人。

**第八条** 对公示项目有异议的，应当在公示期内向器审中心提交书面意见并说明理由（异议表见附2）。器审中心应当在收到异议起10个工作日内，对相关意见进行研究，并将研究意见告知申请人和提出异议方。

**第九条** 器审中心经审核不予优先审批的，将不予优先审批的意见和原因告知申请人，并按常规审批程序办理。

**第十条** 器审中心对列入优先审批的医疗器械注册申请，按照接收时间单独排序，优先进行技术审评。

**第十一条** 对于优先审批的项目，省级食品药品监督管理部门优先安排医疗器械注册质量管理体系核查。

**第十二条** 对于优先审批的项目，器审中心在技术审评过程中，应当按照相关规定积极与申请人进行沟通交流，必要时，可以安排专项交流。

**第十三条** 对于申请优先审批的境内医疗器械注册申请项目，器审中心确认该产品属于第二类医疗器械的，受理部门及时将第二类医疗器械注册申报资料和分类意见转申请人所在地省级食品药品监督管理部门审评审批。

**第十四条** 对于优先审批的项目，器审中心在技术审评报告中注明为优先审批项目，国家食品药品监督管理总局优先进行行政审批。

**第十五条** 已经按照医疗器械应急审批程序、创新医疗器械特别审批程序进行审批的注册申请项目，不执行本程序。

**第十六条** 各省、自治区、直辖市食品药品监督管理部门可参照本程序开展行政区域内第二类医疗器械注册优先审批工作。

**第十七条** 本程序自2017年1月1日起施行。

附：1. 医疗器械优先审批申请表

2. 医疗器械优先审批项目异议表

**附1**

# 医疗器械优先审批申请表

| | | | |
|---|---|---|---|
| 产品名称 | | | |
| 申请人 | | | |
| 受理号 | （受理后由受理部门填写） | | |
| 联系人 | | 联系方式 | |
| 优先审批理由 | 注：说明该项目优先审批的理由，相关依据可作为附件一并提交。 | | |
| 备注 | | | |
| 申请人签章 | 年 月 日<br>注：境内申请人由申请人签章，境外申请人由申请人或者其代理人签章。 | | |

附 2

# 医疗器械优先审批项目异议表

| | |
|---|---|
| 提出人 | （可为单位或个人） |
| 工作单位 | |
| 联系方式 | |
| 医疗器械优先审批异议相关信息 | |
| 产品名称 | |
| 申请人 | |
| 受理号 | |
| 优先审批异议的理由 | 注：说明优先审批异议的理由，相关依据可作为附件一并提交。 |
| 单位签章或个人签字 | 年　　月　　日<br>注：提出人为单位的，由单位签章；提出人为个人的，由个人签字。 |

# 国家药监局关于发布创新医疗器械特别审查程序的公告

2018 年第 83 号

为贯彻落实中共中央办公厅、国务院办公厅《关于深化审评审批制度改革鼓励药品医疗器械创新的意见》（厅字〔2017〕42 号），鼓励医疗器械研发创新，促进医疗器械新技术的推广和应用，推动医疗器械产业高质量发展，国家药品监督管理局组织修订了《创新医疗器械特别审查程序》，现予发布，自 2018 年 12 月 1 日起施行。原国家食品药品监督管理总局印发的《创新医疗器械特别审批程序（试行）》（食药监械管〔2014〕13 号）同时废止。

特此公告。

附件：创新医疗器械特别审查程序

国家药监局

2018 年 11 月 2 日

**附件**

## 创新医疗器械特别审查程序

**第一条**　为了保障医疗器械的安全、有效，鼓励医疗器械的研究与创新，促进医疗器械新技术的推广和应用，推动医疗器械产业发展，根据《医疗器械监督管理条例》《医疗器械注册管理办法》《体外诊断试剂注册管理办法》等法规和规章，制定本程序。

**第二条**　符合下列情形的医疗器械审查，适用于本程序：

（一）申请人通过其主导的技术创新活动，在中国依法拥有产品核心技术发明专利权，或者依法通过受让取得在中国发明专利权或其使用权，创新医疗器械特别审查申请时间距专利授权公告日不超过 5 年；或者核心技术发明专利的申请已由国务院专利行政部门公开，并由国家知识产权局专利检索咨询中心出具检索报告，报告载明产品核心技术方案具备新颖性和创造性。

（二）申请人已完成产品的前期研究并具有基本定型产品，研究过程真实和受控，研究数据完整和可溯源。

（三）产品主要工作原理或者作用机理为国内首创，产品性能或者安全性与同类产品比较有根本性改进，技术上处于国际领先水平，且具有显著的临床应用价值。

**第三条** 药品监督管理部门及相关技术机构，根据各自职责和本程序规定，按照早期介入、专人负责、科学审查的原则，在标准不降低、程序不减少的前提下，对创新医疗器械予以优先办理，并加强与申请人的沟通交流。

**第四条** 申请人申请创新医疗器械特别审查，应当在第二类、第三类医疗器械首次注册申请前，填写《创新医疗器械特别审查申请表》(见附1)，并提交支持拟申请产品符合本程序第二条要求的资料。资料应当包括：

(一)申请人企业资质证明文件。

(二)产品知识产权情况及证明文件。

(三)产品研发过程及结果综述。

(四)产品技术文件，至少应当包括：

1. 产品的适用范围或者预期用途；

2. 产品工作原理或者作用机理；

3. 产品主要技术指标及确定依据，主要原材料、关键元器件的指标要求，主要生产工艺过程及流程图，主要技术指标的检验方法。

(五)产品创新的证明性文件，至少应当包括：

1. 核心刊物公开发表的能够充分说明产品临床应用价值的学术论文、专著及文件综述；

2. 国内外已上市同类产品应用情况的分析及对比(如有)；

3. 产品的创新内容及在临床应用的显著价值。

(六)产品风险分析资料。

(七)产品说明书(样稿)。

(八)其他证明产品符合本程序第二条的资料。

(九)所提交资料真实性的自我保证声明。

境外申请人应当委托中国境内的企业法人作为代理人或者由其在中国境内的办事机构提出申请，并提交以下文件：

1. 境外申请人委托代理人或者其在中国境内办事机构办理创新医疗器械特别审查申请的委托书；

2. 代理人或者申请人在中国境内办事机构的承诺书；

3. 代理人营业执照或者申请人在中国境内办事机构的机构登记证明。

申报资料应当使用中文。原文为外文的，应当有中文译本。

**第五条** 境内申请人应当向其所在地的省级药品监督管理部门提出创新医疗器械特别审查申请。省级药品监督管理部门对申报项目是否符合本程序第二条要求进行初审，并于20个工作日内出具初审意见。经初审不符合第二条要求的，省级药品监督管理部门应当告知申请人；符合第二条要求的，省级药品监督管理部门将申报资料和初审意见一并报送国家药品监督管理局行政事项受理服务和投诉举报中心(以下简称受理和举报中心）。

境外申请人应当向国家药品监督管理局提出创新医疗器械特别审查申请。

**第六条** 受理和举报中心对创新医疗器械特别审查申请申报资料进行形式审查，对符合本程序第四条规定的形式要求的予以受理，并给予受理编号，编排方式为：CQTS××××1×××2，其中××××1为申请的年份；×××2为产品流水号。

对于已受理的创新医疗器械特别审查申请，申请人可以在审查决定作出前，申请撤回创新医疗器械特别审查申请及相关资料，并说明理由。

**第七条** 国家药品监督管理局医疗器械技术审评中心（以下简称器审中心）设立创新医疗器械审查办公室，对创新医疗器械特别审查申请进行审查。

**第八条** 创新医疗器械审查办公室收到创新医疗器械特别审查申请后，组织专家进行审查。

申请资料存在以下五种情形之一的，创新医疗器械审查办公室不组织专家进行审查：

1. 申请资料虚假的；

2. 申请资料内容混乱、矛盾的；

3. 申请资料的内容与申报项目明显不符的；

4. 申请资料中产品知识产权证明文件不完整、专利权不清晰的；

5. 前次审查意见已明确指出产品主要工作原理或者作用机理非国内首创，且再次申请时产品设计未发生改变的。

**第九条** 创新医疗器械审查办公室收到创新医疗器械特别审查申请后，应当于60个工作日内出具审查意见（公示及异议处理时间不计算在内）。

**第十条** 经创新医疗器械审查办公室审查，对拟进行特别审查的申请项目，应当在器审中心网站将申请人、产品名称予以公示，公示时间应当不少于10个工作日。对于公示内容有异议的，应当对相关意见研究后作出最终审查决定。

**第十一条** 创新医疗器械审查办公室作出审查决定后，将审查结果通过器审中心网站告知申请人。

审查结果告知后5年内，未申报注册的创新医疗器械，不再按照本程序实施审查。5年后，申请人可按照本程序重新申请创新医疗器械特别审查。

**第十二条** 经审查拟同意进行特别审查的申请项目，创新医疗器械审查办公室在出具审查意见时一并对医疗器械管理类别进行界定。所申请创新医疗器械的管理属性存在疑问的，申请人应当先进行属性界定后再提出创新医疗器械特别审查申请。对于境内企业申请，如产品被界定为第二类医疗器械，相应的省级药品监督管理部门可参照本程序进行审查。

**第十三条** 对于经审查同意按本程序审查的创新医疗器械，申请人所在地省级药品监督管理部门应当指定专人，应申请人的要求及时沟通、提供指导。在收到申请人质量管理体系核查申请后，应当予以优先办理。

**第十四条** 对于创新医疗器械，医疗器械检验机构在进行检验时，应当优先进行检验，并出具检验报告。

**第十五条** 创新医疗器械的临床试验应当按照医疗器械临床试验相关规定的要求进行，药品监督管理部门应当根据临床试验的进程进行监督检查。

**第十六条** 创新医疗器械临床研究工作需重大变更的，如临床试验方案修订，使用方法、规格型号、预期用途、适用范围或人群的调整等，申请人应当评估变更对医疗器械安全性、有效性和质量可控性的影响。产品主要工作原理或者作用机理发生变化的创新医疗器械，应当按照本程序重新申请。

**第十七条** 对于创新医疗器械，在产品注册申请受理前以及技术审评过程中，器审中心应当指定专人，应申请人的要求及时沟通、提供指导，共同讨论相关技术问题。

**第十八条** 对于创新医疗器械，申请人在注册申请受理前以及技术审评过程中可填写创新医疗器械沟通交流申请表（见附2），就下列问题与器审中心沟通交流：

（一）重大技术问题；

（二）重大安全性问题；

（三）临床试验方案；

（四）阶段性临床试验结果的总结与评价；

（五）其他需要沟通交流的重要问题。

**第十九条** 器审中心应当对申请人提交的沟通交流申请及相关资料及时进行审核，并将审核结果告知申请人（见附3）。器审中心同意进行沟通交流的，应当明确告知申请人拟讨论的问题，与申请人商定沟通交流的形式、时间、地点、参加人员等，并安排与申请人沟通交流。沟通交流应当形成记录，记录需经双方签字确认，供该产品的后续研究及审评工作参考。

**第二十条** 受理和举报中心受理创新医疗器械注册申请后，应当将该注册申请项目标记为“创新医疗器械”，并及时进行注册申报资料流转。

**第二十一条** 器审中心对已受理注册申报的创新医疗器械，应当优先进行技术审评；技术审评结束后，国家药品监督管理局优先进行行政审批。

**第二十二条** 属于下列情形之一的，国家药品监督管理局可终止本程序并告知申请人：

（一）申请人主动要求终止的；

（二）申请人未按规定的时间及要求履行相应义务的；

（三）申请人提供伪造和虚假资料的；

（四）全部核心技术发明专利申请被驳回或视为撤回的；

（五）失去产品全部核心技术发明专利专利权或者使用权的；

（六）申请产品不再作为医疗器械管理的；

（七）经专家审查会议讨论确定不宜再按照本程序管理的。

**第二十三条** 国家药品监督管理局在实施本程序过程中，应当加强与有关部门的沟通和交流，及时了解创新医疗器械的研发进展。

**第二十四条**　按本程序审查获准注册的医疗器械申请许可事项变更的，国家药品监督管理局予以优先办理。

**第二十五条**　突发公共卫生事件应急所需医疗器械，按照《医疗器械应急审批程序》办理。

**第二十六条**　本程序对创新医疗器械注册管理未作规定的，按照《医疗器械注册管理办法》等相关规定执行。

**第二十七条**　省、自治区、直辖市药品监督管理部门可参照本程序开展行政区域内第二类创新医疗器械特别审查工作。

**第二十八条**　本程序自2018年12月1日起施行。原国家食品药品监督管理总局印发的《创新医疗器械特别审批程序（试行）》（食药监械管〔2014〕13号）同时废止。

附：1. 创新医疗器械特别审查申请表

2. 创新医疗器械沟通交流申请表

3. 创新医疗器械沟通交流申请回复单

# 国家药监局关于发布《医疗器械应急审批程序》的公告

2021 年第 157 号

为有效预防、及时控制和消除突发公共卫生事件的危害，确保突发公共卫生事件应急所需医疗器械尽快完成审批，根据《医疗器械监督管理条例》（国务院令第 739 号）及《医疗器械注册与备案管理办法》（市场监管总局令第 47 号）、《体外诊断试剂注册与备案管理办法》（市场监管总局令第 48 号），国家药品监督管理局组织修订了《医疗器械应急审批程序》，现予发布，自发布之日起施行。原国家食品药品监督管理局《关于印发医疗器械应急审批程序通知》（国食药监械〔2009〕565 号）同时废止。

特此公告。

国家药监局

2021 年 12 月 29 日

## 医疗器械应急审批程序

**第一条** 为有效预防、及时控制和消除突发公共卫生事件的危害，确保突发公共卫生事件应急所需医疗器械尽快完成审批，根据《医疗器械监督管理条例》《医疗器械注册与备案管理办法》《体外诊断试剂注册与备案管理办法》等法规和规章，制定本程序。

**第二条** 存在突发公共卫生事件威胁时，以及突发公共卫生事件发生后，药品监督管理部门按照统一指挥、早期介入、随到随审、科学审批的原则，对突发公共卫生事件应急处理所需医疗器械实施应急审批。

**第三条** 国家药监局根据突发公共卫生事件的情形和变化情况，决定启动及终止本程序的时间。本程序启动后，各级药品监督管理部门及相关技术机构，根据各自职能和本程序规定，开展相关医疗器械的检验、质量管理体系考核、技术审评和行政审批等工作。

**第四条** 本程序适用于突发公共卫生事件应急所需，且在我国境内尚无同类产品上市，或虽在我国境内已有同类产品上市，但产品供应不能满足突发公共卫生事件应急处理需要，并经国家药监局确认的境内第三类和进口第二类、第三类医疗器械的审批。

**第五条** 申请医疗器械应急审批的，境内注册申请人应当将产品应急所需的情况及产品研发情况告知相应的省、自治区、直辖市药品监督管理局，省、自治区、直辖市药品监督管理局应当及时了解相关医疗器械研制情况，必要时采取早期介入的方式，对拟申报产品进行评估，并及时指导注册申请人开展相关申报工作。

**第六条**　申请境内第三类和进口第二类、第三类医疗器械应急审批的，应当向国家药监局受理部门提交《医疗器械应急审批申请表》和产品研究综述资料及相关说明。

**第七条**　国家药监局组织专家，通过会议、函审、书面征求意见等方式对申请应急审批的医疗器械和国家应急响应工作机制书面推荐的应急所需医疗器械是否符合本程序第四条要求，以及研发成熟度、生产能力等进行评估，及时对产品是否进行应急审批予以确认，并将结果通知申请人、相应技术机构、省、自治区、直辖市药品监督管理局。

**第八条**　对于经国家药监局确认进行应急审批的医疗器械（以下简称应急审批医疗器械），如委托药品监督管理部门医疗器械检验机构开展检验的，相关医疗器械检验机构应当在接收样品后24小时内组织开展医疗器械检验，并及时出具检验报告。相关检验能力不足时，国家药监局可以指定具有检验能力的医疗器械检验机构开展检验。

**第九条**　对于应急审批医疗器械，国家药监局医疗器械技术审评中心应当指定专人，早期介入，按照注册申请人需求，通过适当方式开展咨询，指导注册申报资料准备，并按照医疗器械审评工作要求，对企业拟提交注册的资料按照随到随审原则开展受理前预审查。

**第十条**　对于应急审批医疗器械，相应的省、自治区、直辖市药品监督管理局应当在接到国家药监局通知后2日内组织开展质量管理体系核查，并及时出具质量管理体系核查报告，提交国家药监局医疗器械技术审评中心。

**第十一条**　对于应急审批医疗器械，注册申请人在申报表中勾选“应急审批”，国家药监局医疗器械技术审评中心于当天完成注册申请事项的签收并按照国家药监局立卷审查要求开展立卷审查。

**第十二条**　境内和进口第三类应急审批医疗器械注册申请受理并确认缴费转入技术审评阶段后，国家药监局应当在10日内完成技术审评；技术审评结束后，在3日内完成行政审批。

进口第二类应急审批医疗器械注册申请受理并确认缴费转入技术审评阶段后，国家药监局应当在5日内完成技术审评；技术审评结束后，在3日内完成行政审批。

**第十三条**　对于应急审批医疗器械，注册人所在地省、自治区、直辖市药品监督管理局在接到相关医疗器械生产许可申办或变更申请后，应当按照《医疗器械生产监督管理办法》的相关规定，在受理后5日内做出是否予以核发或变更医疗器械生产许可证的决定。

**第十四条**　对于应急审批医疗器械，附条件批准上市的，医疗器械注册证的有效期与注册证注明的附带条件的完成时限一致，原则上不超过1年。如注册人完成附带条件，可以在到期之日前申请办理延续注册，符合要求的给予延续注册，注册证有效期为5年。

**第十五条**　对于应急审批医疗器械，自确认应急审批之日起90日内，如注册申请人无法按照注册要求完成注册申报资料准备并获得注册申请受理，不再按照应急审批办理，原则上可以参照《医疗器械优先审批程序》，受理后优先审评审批。

**第十六条** 省、自治区、直辖市药品监督管理局可参照本程序制定本辖区内应急审批程序，用于本辖区内境内第二类医疗器械应急审批工作，并将相关程序报国家药监局。

**第十七条** 各省、自治区、直辖市药品监督管理局应当加强对应急审批医疗器械生产企业的监督检查，监督企业落实主体责任，保障产品质量安全。

**第十八条** 按照《医疗器械监督管理条例》紧急使用的产品，不适用本程序。

**第十九条** 本程序自发布之日起施行。原国家食品药品监督管理局印发的《医疗器械应急审批程序》（国食药监械〔2009〕565号）同时废止。

附：医疗器械应急审批申请表

# 国家药监局关于印发境内第三类和进口医疗器械注册审批操作规范的通知

国药监械注〔2021〕53号

**各省、自治区、直辖市药品监督管理局，新疆生产建设兵团药品监督管理局：**

为落实《医疗器械监督管理条例》（国务院令第739号）要求，根据《医疗器械注册与备案管理办法》（市场监管总局令第47号）《体外诊断试剂注册与备案管理办法》（市场监管总局令第48号），国家局组织修订了《境内第三类和进口医疗器械注册审批操作规范》，现予印发，自发布之日起施行。《食品药品监管总局关于印发境内第三类和进口医疗器械注册审批操作规范的通知》（食药监械管〔2014〕208号）同时废止。

附件：《境内第三类和进口医疗器械注册审批操作规范》

国家药监局

2021年11月2日

**附件**

## 境内第三类和进口医疗器械注册审批操作规范

境内第三类和进口第二类、第三类医疗器械（包括体外诊断试剂）注册审批（指产品注册、变更注册和延续注册）包括受理、技术审评、行政审批和批件制作四个环节，临床试验审批包括受理、技术审评、行政审批三个环节，变更备案包括受理和文件制作两个环节。

境内第三类和进口第二类、第三类医疗器械产品注册的受理和技术审评，境内第三类和进口第二类、第三类医疗器械变更注册、延续注册、临床试验审批项目的受理、技术审评和行政审批，境内第三类和进口第二类、第三类医疗器械变更备案资料由国家药品监督管理局医疗器械技术审评中心负责接收；

境内第三类和进口第二类、三类医疗器械产品注册的行政审批由国家药品监督管理局负责；

批件（文件）制作由国家药品监督管理局行政事项受理服务和投诉举报中心负责。

## 一、境内第三类和进口医疗器械注册审批

（一）受理

1. 受理路径

通过医疗器械注册电子申报信息化系统申报，无需提交纸质资料，申请资料应当符合相应医疗器械注册申请电子提交技术指南要求。

提交纸质资料的应当与相应医疗器械注册申请电子提交技术指南规定的电子申报目录形式一致，同时需提交相应资料电子文档。

2. 受理审核

国家药品监督管理局医疗器械技术审评中心在受理环节，对产品注册、变更注册、临床试验审批申请事项按照立卷审查要求对相应申请的注册申请资料进行审核，对相应注册申请资料进入技术审评环节的完整性、合规性、一致性进行判断。对其余申请事项按照形式审核要求进行审核。

（1）对申请人提交的注册申请资料进行签收，并根据受理审核操作规范分配受理及审评路径。

（2）根据受理审核操作规范，对申请事项开展审核。对产品注册、变更注册、临床试验审批申请事项由审评人员根据相应立卷审查标准进行受理审核。对于其他申请事项由审评人员根据形式审核要求进行受理审核。

（3）申请事项属于本行政机关职权范围，申请资料齐全、符合受理要求，予以受理，出具《受理通知书》，需要申请人缴纳费用的，出具《缴费通知书》，《受理通知书》《缴费通知书》应当加盖本行政机关专用章并注明日期。

（4）申请资料存在可以当场更正的错误的，应当允许申请人当场更正。

（5）申请资料不齐全或者不符合受理要求的，应当在5个工作日内一次告知申请人需要补正的全部内容，并出具《补正材料通知书》，逾期不告知的，自收到申请资料之日起即为受理。

（6）对申请事项依法不属于本行政机关职权范围的，应当即时做出不予受理的决定，出具《不予受理通知书》，加盖本行政机关专用章并注明日期。

（7）自受理申请之日起3个工作日内，由国家药品监督管理局医疗器械技术审评中心开展技术审评。

（二）技术审评（60/90个工作日）

国家药品监督管理局医疗器械技术审评中心对境内第三类和进口第二类、第三类医疗器械产品注册、变更注册、延续注册、临床试验审批项目进行技术审评，并提出技术审评意见。

1. 主审

（1）责任人：根据技术审评部门操作规范确定的技术审评人员。

（2）主审要求和职责：按照相关法律法规、法定程序和技术审评要求，根据申请

人的申请，对其拟上市销售产品的安全性、有效性和质量可控性研究及其结果进行系统评价，确定注册内容是否符合医疗器械产品注册的相关规定，出具审评意见；对医疗器械变更注册内容进行审查，确定变更注册内容是否符合变更注册的相关规定，出具审评意见；对延续注册内容进行审查，确定是否符合延续注册的相关规定，出具审评意见；对临床试验审批按照《医疗器械监督管理条例》第二十七条进行综合分析，出具审评意见。

2. 复核

（1）责任人：国家药品监督管理局医疗器械技术审评中心各审评部室负责人或其委托的人员。

（2）复核要求和职责：对审评意见进行审查，必要时复核注册申请资料，确定审评意见的完整性、规范性和准确性，并提出复核意见。确定审评过程符合有关审评程序的规定，做到审评尺度一致。

3. 签发

（1）责任人：国家药品监督管理局医疗器械技术审评中心分管主任或经授权的人员。

（2）签发要求和职责：对审评意见和复核意见进行审核，确认审评结论，签发审评报告。

4. 其他要求

（1）技术审评过程中，必要时可调阅原始研究资料等所需资料。

（2）需要补正资料的，国家药品监督管理局医疗器械技术审评中心应当一次告知申请人需要补正的全部内容。申请人应当在1年内按照补正通知的要求一次提供补充资料；国家药品监督管理局医疗器械技术审评中心应当自收到补充资料之日起60个工作日内（临床试验审批为40个工作日内）完成技术审评。

（3）应当依法进行质量管理体系核查的，依据有关规定启动。

（三）行政审批（20个工作日）

对境内第三类和进口第二类、三类医疗器械产品注册、变更注册、延续注册、临床试验审批的受理、技术审评的审查内容和审评过程进行行政复核，并根据技术审评结论作出批准注册或不予行政许可的决定。

其中变更注册、延续注册、临床试验审批的行政审批由国家药品监督管理局医疗器械技术审评中心开展，按照其操作规范办理。审评报告签发后即完成行政审批。

对于产品注册行政审批，要求如下：

1. 审核

（1）责任人

国家药品监督管理局医疗器械注册管理司注册处室审核人员。

（2）审核要求

确定本次申请属于本部门审批职责范围；审评程序是否符合相关法规和工作程序的规定；技术审评报告是否完整和规范；审评时限是否符合法定要求；技术审评结论是否

明确。

（3）职责

根据审核要求，提出审核意见，填写行政审查记录后将技术审评报告、行政审查记录报送核准人员。

2. 核准

（1）责任人

国家药品监督管理局医疗器械注册管理司处负责人或司负责人。

（2）核准要求

对审核人员出具的审核意见进行审查；确定本次申请注册的产品是否注册。

（3）岗位职责

对符合核准要求的进口第二类医疗器械注册申请项目，由处负责人提出核准意见，填写行政审查记录后将技术审评报告和行政审查记录报送司负责人。

对符合核准要求的境内和进口第三类医疗器械注册申请项目，由司负责人提出核准意见，填写行政审查记录后将审查记录报送主管局领导。

对不符合核准要求的，提出核准意见，填写审查记录后将技术审评报告、审查记录退回审核人员。

3. 审定

（1）责任人

国家药品监督管理局医疗器械注册管理司负责人或国家药品监督管理局主管局领导。

（2）审定要求

对核准人员出具的核准意见进行审查；最终批准本次申请注册的产品是否注册。

（3）岗位职责

国家药品监督管理局医疗器械注册管理司负责人负责进口第二类医疗器械注册申请事项，符合审定要求的作出批准注册或不予行政许可的决定，签发相关文件。

国家药品监督管理局主管局领导负责境内和进口第三类医疗器械注册申请事项，符合审定要求的作出批准注册或不予行政许可的决定，签发相关文件。

（四）批件（文件）制作（10个工作日）

国家药品监督管理局行政事项受理服务和投诉举报中心负责批件（文件）制作。制证人员应当按照行政审批结论制作批件（文件）。

1. 批件（文件）制作要求

（1）制作的《医疗器械注册证》《医疗器械变更注册（备案）文件》内容完整、准确无误，加盖的本行政机关专用章准确、无误。

（2）制作的《不予行政许可决定书》中须写明不予行政许可的理由，并注明申请人依法享有申请行政复议或者提起行政诉讼的权利以及投诉渠道。

（3）其他许可文书等应当符合公文的相关要求。

2. 岗位职责

对准予许可的，制作《医疗器械注册证》或《医疗器械变更注册（备案）文件》，加盖本行政机关专用章。

对不予许可的，制作《不予行政许可决定书》，加盖本行政机关专用章。

## 二、变更备案

国家药品监督管理局医疗器械技术审评中心负责接收变更备案资料。

（一）申请资料格式要求

应当符合本规范第一项受理中所提申请资料格式要求。

（二）岗位职责

1. 变更备案属于本部门职权范围，申请资料齐全、符合形式要求的，予以接收，将备案结论转国家药品监督管理局行政事项受理服务和投诉举报中心。

2. 变更备案资料不齐全或者不符合规定形式的，应当一次告知申请人需要补正的全部内容。对不予变更备案的，应当告知申请人并说明理由。

3. 变更备案不属于本部门职权范围的，不予接收，同时告知申请人并说明理由。

（三）文件制作（10个工作日）

国家药品监督管理局行政事项受理服务和投诉举报中心制证人员按照申请表中的变更内容制作《医疗器械变更注册（备案）文件》。

1. 文件制作要求

制作的《医疗器械变更注册（备案）文件》内容完整、准确无误，加盖的本行政机关专用章准确、无误。

2. 岗位职责

制作《医疗器械变更注册（备案）文件》，加盖本行政机关专用章。

## 三、其他要求

（一）延续注册相关要求

国家药品监督管理局应当在《医疗器械注册证》有效期届满前作出准予延续的决定；逾期未作决定的，视为准予延续。国家药品监督管理局发出补正资料通知和召开专家咨询会议通知等行为，不属于《医疗器械监督管理条例》第二十二条中逾期未作决定的情形。

（二）关于延续注册和原注册证变更的衔接

企业对原注册证申请变更注册或者办理变更备案，医疗器械变更注册（备案）文件登载的注册证编号为原注册证编号；如企业同时又对原注册证申请延续注册，延续注册需核发新的注册证编号，此种情况下，可在延续注册证备注栏中载明原注册证编号。相应产品医疗器械变更注册（备案）文件无论批准时间，均可以与延续注册批准的注册证共同使用。

（三）关于注册证有关内容

首次注册的，注册证批准日期与生效日期一致，延续注册的，批准时间在原注册证有效期内的，注册证生效日期为原注册证到期次日，批准时间不在原注册证有效期内的，注册证生效日期为批准日期。

境内第三类医疗器械委托生产的，在注册证备注栏中注明受托企业名称。

（四）临床试验审批的申请应当自受理申请之日60日内作出是否同意的决定，并通过国家药品监督管理局医疗器械审评中心网站通知申请人。逾期未通知的，视为同意。

（五）国家药品监督管理局医疗器械技术审评中心应当根据《医疗器械注册与备案管理办法》（市场总局令第47号）第五十七条、《体外诊断试剂注册与备案管理办法》（市场总局令第48号）第五十六条要求制定相应工作程序，办理有关事项。处理异议的工作时限原则上为30个工作日。

（六）申请人自注册申请受理后，15个工作日内未按要求缴费的，视为申请人主动撤回申请，国家药品监督管理局终止其注册程序。

（七）《医疗器械注册证》和《医疗器械变更注册（备案）文件》等用A4纸打印，也可采用电子形式发放。

# 国家药监局关于印发境内第二类医疗器械注册审批操作规范的通知

国药监械注〔2021〕54 号

**各省、自治区、直辖市药品监督管理局，新疆生产建设兵团药品监督管理局：**

为落实《医疗器械监督管理条例》（国务院令第 739 号）要求，根据《医疗器械注册与备案管理办法》（市场监管总局令第 47 号）和《体外诊断试剂注册与备案管理办法》（市场监管总局令第 48 号），国家局组织修订了《境内第二类医疗器械注册审批操作规范》，现予印发，自发布之日起施行。《食品药品监管总局关于印发境内第二类医疗器械注册审批操作规范的通知》（食药监械管〔2014〕209 号）同时废止。

附件：《境内第二类医疗器械注册审批操作规范》

国家药监局

2021 年 11 月 2 日

**附件**

## 境内第二类医疗器械注册审批操作规范

境内第二类医疗器械（包括体外诊断试剂）注册审批（指产品注册、变更注册和延续注册）包括受理、技术审评、行政审批和批件制作四个环节，变更备案包括受理和文件制作两个环节。

### 一、境内第二类医疗器械注册审批

（一）受理

1. 受理的申请资料格式应当符合医疗器械、体外诊断试剂注册申请资料要求。

2. 岗位职责

（1）负责对境内第二类医疗器械注册申请资料的完整性和规范性进行形式审查。

（2）申请事项属于本行政机关职权范围，申请资料齐全、符合受理要求，予以受理，出具《受理通知书》，加盖本行政机关专用章并注明日期。

（3）申请资料存在可以当场更正的错误的，应当允许申请人当场更正。

（4）申请资料不齐全或者不符合受理要求的，应当在 5 个工作日内一次告知申请人需要补正的全部内容，并出具《补正材料通知书》，逾期不告知的，自收到申请资料之日起即为受理。

（5）对申请事项依法不属于本行政机关职权范围的，应当即时做出不予受理的决定，出具《不予受理通知书》，加盖本行政机关专用章并注明日期。

（6）自受理申请并缴费之日起3个工作日内，由相应医疗器械技术审评机构开展技术审评。

（二）技术审评（60个工作日）

技术审评机构对境内第二类医疗器械安全性、有效性、质量可控性研究和结果进行系统评价，提出结论性意见，并对技术审评阶段出具的审评意见负责。

1. 主审

（1）责任人：技术审评机构技术审评人员。

（2）主审要求和职责：按照相关法律法规、法定程序和技术审评要求，根据申请人的申请，对其拟上市销售产品的安全性、有效性和质量可控性研究及其结果进行系统评价，确定注册内容是否符合医疗器械产品注册的相关规定，出具审评意见；对医疗器械变更注册内容进行审查，确定变更注册内容是否符合变更注册的相关规定，出具审评意见；对延续注册内容进行审查，确定是否符合延续注册的相关规定，出具审评意见。

2. 复核

（1）责任人：技术审评机构部门负责人或其委托人员。

（2）复核要求和职责：对审评意见进行审查，必要时复核注册申请资料，确定审评意见的完整性、规范性和准确性，并提出复核意见。确定审评过程符合有关审评程序的规定，做到审评尺度一致。

3. 签发

（1）责任人：技术审评机构负责人或其委托人员。

（2）签发要求和职责：对审评意见和复核意见进行审核，确认审评结论，签发审评报告。

4. 其他要求

（1）技术审评过程中，必要时可调阅原始研究资料等所需资料。

（2）需要补正资料的，技术审评机构应当一次告知申请人需要补正的全部内容。申请人应当在1年内按照补正通知的要求一次提供补充资料；技术审评机构应当自收到补充资料之日起60个工作日内完成技术审评。申请人补充资料的时间不计算在审评时限内。

（3）应当依法进行注册质量管理体系核查的，依据有关规定启动。

（三）行政审批（20个工作日）

对受理、技术审评的审查内容和审评过程进行行政复核，并根据技术审评结论作出批准注册或不予行政许可的决定。

1. 审核

（1）责任人

省级药品监督管理部门负责医疗器械注册的处室审核人员。

（2）审核要求

确定本次申请属于本部门审批职责范围；审评程序是否符合相关法规和工作程序的规定；技术审评报告是否完整和规范；审评时限是否符合法定要求；技术审评结论是否明确。

（3）职责

根据审核要求，提出审核意见，填写审查记录后将技术审评报告、行政审查记录报送核准人员。根据核准意见，修改审查记录或者将技术审评报告退回技术审评部门修改。

2. 核准

（1）责任人

省级药品监督管理部门负责医疗器械注册的处室负责人。

（2）核准要求

对审核人员出具的审核意见进行审查；确定本次申请注册的产品是否注册。

（3）岗位职责

对符合核准要求的境内第二类医疗器械注册申请项目，提出核准意见，填写审查记录后将技术审评报告和行政审查记录报送审定人员；对不符合核准要求的，提出核准意见，填写行政审查记录后将技术审评报告、行政审查记录退回审核人员。

3. 审定

（1）责任人

省级药品监督管理部门主管局领导。

（2）审定要求

对核准人员出具的核准意见进行审查；最终批准本次申请注册的产品是否注册。

（3）岗位职责

对境内第二类医疗器械注册申请项目，符合审定要求的作出批准注册或不予行政许可的决定，签发相关文件。

（四）批件（文件）制作（10个工作日）

制证人员应当按照行政审批结论制作批件（文件）。

1. 制作的《医疗器械注册证》《医疗器械变更注册（备案）文件》内容完整、准确无误，加盖的本行政机关专用章准确、无误。

2. 制作的《不予行政许可决定书》中须写明不予行政许可的理由，并注明申请人依法享有申请行政复议或者提起行政诉讼的权利以及投诉渠道。

3. 其他许可文书等应当符合公文的相关要求。

2. 岗位职责

对准予许可的，制作《医疗器械注册证》或《医疗器械变更注册（备案）文件》，加盖本行政机关专用印章。

对不予许可的，制作《不予行政许可决定书》，加盖本行政机关专用印章。

## 二、变更备案

省级药品监督管理部门负责接收变更备案资料。

（一）申请资料格式要求

应当符合本规范第一项受理中所提申请资料格式要求。

（二）岗位职责

1. 变更备案属于本行政机关职权范围，申请资料齐全、符合形式审查要求的，予以接收，将备案结论转制证部门。

2. 变更备案资料不齐全或者不符合规定形式的，应当一次告知申请人需要补正的全部内容，对不予变更备案的，应告知申请人并说明理由。

3. 变更备案不属于本行政机关职权范围的，不予接收，同时告知申请人并说明理由。

（三）文件制作（10个工作日）

制证人员按照申请表中的变更内容制作《医疗器械变更注册（备案）文件》。

1. 文件制作要求

制作的《医疗器械变更注册（备案）文件》内容完整、准确、无误，加盖的本行政机关专用章准确、无误。

2. 岗位职责

制作《医疗器械变更注册（备案）文件》，加盖本行政机关专用章。

## 三、其他要求

（一）延续注册相关要求

省级药品监督管理部门应当在《医疗器械注册证》有效期届满前作出准予延续的决定；逾期未作决定的，视为准予延续。省级药品监督管理部门发出补正资料通知和召开专家会议通知等行为，不属于《医疗器械监督管理条例》第二十二条中逾期未作决定的情形。

（二）关于延续注册和原注册证变更的衔接

企业对原注册证申请变更注册或者办理变更备案，医疗器械变更注册（备案）文件登载的注册证编号为原注册证编号；如企业同时又对原注册证申请延续注册，延续注册需核发新的注册证编号，此种情况下，可在延续注册证备注栏中载明原注册证编号。相应产品医疗器械变更注册（备案）文件无论批准时间，均可以与延续注册批准的注册证共同使用。

（三）关于注册证有关内容

首次注册的，注册证批准日期与生效日期一致，延续注册的，批准时间在原注册证有效期内的，注册证生效日期为原注册证到期次日，批准时间不在原注册证有效期内的，注册证生效日期为批准日期。

境内第二类医疗器械委托生产的，在注册证备注栏中注明受托企业名称。

（四）省级药品监督管理部门技术审评机构应当根据《医疗器械注册与备案管理办法》（市场总局令第47号）第五十七条、《体外诊断试剂注册与备案管理办法》（市场总局令第 48 号）第五十六条要求制定相应工作程序，办理有关事项。处理异议的工作时限原则上为 30 个工作日。

（五）申请人自注册申请受理后，未在规定期限内按要求缴费的，视为申请人主动撤回申请，省级药品监管部门终止其注册程序。具体期限由省级药品监管部门自行确定。

（六）审批时限如国家局有规定或者地方性法规有规定的，从其规定。

（七）省级药品监督管理部门建立医疗器械注册电子申报系统接收企业注册申报的，无需提交纸质资料，电子申报应当符合省级药品监督管理部门相应要求。

（八）《医疗器械注册证》和《医疗器械注册变更文件》等用 A4 纸打印，也可采用电子形式发放。

各省、自治区、直辖市药品监督管理部门可参照本规范的要求，结合各地实际情况作出具体规定。

附：境内第二类医疗器械注册技术审评报告（参考格式）

**附**

受理号：　　　　　　　　　　　　　　受理日期：

# 境内第二类医疗器械注册技术审评报告（参考格式）

产品名称：

规格型号：

申请人：

××××××××××××（技术审评单位名称）

# 技术审评报告

<table>
<tr><td>注册形式</td><td>□注册申请<br>□变更注册申请<br>□延续注册申请</td></tr>
<tr><td>产品名称</td><td></td></tr>
<tr><td>申请人</td><td></td></tr>
<tr><td>生产地址</td><td></td></tr>
<tr><td colspan="2">技术审查内容</td></tr>
<tr><td colspan="2">1. 产品概述</td></tr>
<tr><td colspan="2">2. 同类产品及该产品既往注册情况</td></tr>
<tr><td colspan="2">3. 有关产品安全性、有效性主要评价内容<br>[ 如原理、材料、化学和物理性能、电气安全、辐射安全、软件、生物学特性、生物源材料、消毒、灭菌工艺、动物实验、稳定性传染和微生物污染防护、临床试验等 ]</td></tr>
<tr><td colspan="2">4. 企业提供的证据<br>[ 技术资料提供的证明方法、方法依据及相关客观数据 ]</td></tr>
<tr><td colspan="2">5. 存在问题及主要补正意见</td></tr>
<tr><td colspan="2">6. 企业针对“存在问题及主要补正意见”提供的证据或修改的内容</td></tr>
<tr><td colspan="2">综合意见<br>备选项：[ 符合技术审评要求，建议准予注册。<br>申请资料不符合技术审评要求，建议不予行政许可。（列明具体理由和依据。）<br>同意企业申请，建议准予撤回。<br>其他。（须明确具体情况）]<br><br>主审：　　年　　月　　日</td></tr>
<tr><td colspan="2">复核：　　年　　月　　日</td></tr>
<tr><td colspan="2">签发：　　年　　月　　日</td></tr>
</table>

# 国家药监局综合司<br>关于印发境内第三类医疗器械注册质量管理体系<br>核查工作程序的通知

药监综械注〔2022〕13号

**各省、自治区、直辖市药品监督管理局：**

为做好医疗器械注册质量管理体系核查工作，根据《医疗器械监督管理条例》《医疗器械注册与备案管理办法》《体外诊断试剂注册与备案管理办法》等相关法规规章，国家局组织修订了《境内第三类医疗器械注册质量管理体系核查工作程序》，现予印发，自发布之日起施行。原国家食品药品监督管理总局《关于印发境内第三类医疗器械注册质量管理体系核查工作程序（暂行）的通知》（食药监械管〔2015〕63号）同时废止。

国家药监局综合司

2022年2月9日

## 境内第三类医疗器械注册质量管理体系核查工作程序

**第一条** 为做好医疗器械注册质量管理体系核查工作，根据《医疗器械监督管理条例》（国务院令第739号）《医疗器械注册与备案管理办法》（国家市场监督管理总局令第47号）和《体外诊断试剂注册与备案管理办法》（国家市场监督管理总局令第48号）等相关规定，制定本程序。

**第二条** 本程序适用于境内第三类医疗器械注册质量管理体系核查。

**第三条** 省、自治区、直辖市药品监督管理部门负责境内第三类医疗器械注册质量管理体系核查工作，国家药品监督管理局医疗器械技术审评中心（以下简称国家局器械审评中心）必要时参与核查。

**第四条** 国家局器械审评中心在医疗器械注册申请受理后10个工作日内，将注册质量管理体系核查通知、注册质量管理体系相关资料、注册申请表电子版发送至相应省、自治区、直辖市药品监督管理部门（跨省委托生产产品仅发至注册申请人所在地药品监督管理部门）。国家局器械审评中心参与核查的，在通知中告知省、自治区、直辖市药品监督管理部门（通知格式见附件1）。涉及跨省委托生产的，由注册申请人所在地省级药品监督管理部门协商受托生产企业所在地药品监督管理部门联合开展或委托开展现场检查，受托生产企业所在地药品监督管理部门应当予以支持配合。

**第五条** 省、自治区、直辖市药品监督管理部门按照医疗器械生产质量管理规范以及相关附录、注册质量管理体系核查指南的要求开展与产品研制、生产有关的质量管理体系核查。

在核查过程中，应当同时对注册申请人检验用产品和临床试验用产品的真实性进行核查。重点查阅设计开发过程实施策划和控制的相关记录，用于产品生产的采购记录、生产记录、检验记录和留样观察记录等。

提交自检报告的，应当对申请人或者受托机构研制过程中的检验能力、检验结果等进行重点核查。

**第六条** 省、自治区、直辖市药品监督管理部门根据申请人的具体情况、监督检查情况、本次申请注册产品与既往已通过核查产品生产条件及工艺对比情况等，酌情安排现场检查的内容，避免重复检查。

产品具有相同工作原理、预期用途，并且具有基本相同的结构组成、生产条件、生产工艺的，现场检查时，可仅对企业检验用产品和临床试验用产品的真实性进行核查，重点查阅设计开发过程实施策划和控制的相关记录，用于产品生产的采购记录、生产记录、检验记录和留样观察记录等。

**第七条** 省、自治区、直辖市药品监督管理部门应当自收到体系核查通知起 30 个工作日内完成质量管理体系核查工作。对于国家局器械审评中心参与核查的项目，省、自治区、直辖市药品监督管理部门应当在开展现场检查 5 个工作日前书面通知国家局器械审评中心。

**第八条** 检查组实施现场检查前应当制定现场检查方案。现场检查方案内容包括：企业基本情况、检查品种、检查目的、检查依据、现场检查时间、日程安排、检查项目、检查组成员及分工等。现场检查时间一般为 1 至 3 天，如 3 天仍不能完成检查的，可适当延长时间。

检查组应当由 2 名以上（含 2 名）检查员组成，企业所在的设区的市级药品监督管理部门可派 1 名观察员参加现场检查。必要时，药品监督管理部门可邀请有关专家参加现场检查。对于提交自检报告的，检查时应当选派熟悉检验人员参与检查。

**第九条** 现场检查实行检查组长负责制。检查组长负责组织召开现场检查首次会议、末次会议以及检查组内部会议，负责现场检查资料汇总，审定现场检查结论。

**第十条** 现场检查开始时，应当召开首次会议。首次会议应当由检查组成员、观察员、企业负责人和 / 或管理者代表、相关人员参加。内容包括确认检查范围、落实检查日程、宣布检查纪律和注意事项、确定企业联络人员等。

**第十一条** 检查员应当按照检查方案进行检查，对检查发现的问题如实记录。

**第十二条** 在现场检查期间，检查组应当召开内部会议，交流检查情况，对疑难问题进行研究并提出处理意见，必要时应予取证。检查结束前，检查组应当召开内部会议，进行汇总、评定，并如实记录。检查组内部会议期间，企业人员应当回避。

**第十三条** 现场检查结束时，应当召开末次会议。末次会议应当由检查组成员、观察员、企业负责人和/或管理者代表、相关人员参加。内容包括检查组向企业通报现场检查情况，企业对现场检查情况进行确认。对于检查中发现的问题有异议的，企业应当提供书面说明及相关证据和证明材料。

**第十四条** 检查组对现场检查出具建议结论，建议结论分为“通过检查”、“整改后复查”、“未通过检查”三种情况。

**第十五条** 省、自治区、直辖市药品监督管理部门应当自现场检查结束后5个工作日内对检查组提交的现场检查资料进行审核，提出核查结论，核查结论为“通过核查”、“整改后复查”、“未通过核查”三种情况。对于需要整改后复查的，由核查部门自作出意见之日起10个工作日内将需要整改的内容告知申请人。

**第十六条** 整改后复查的，注册申请人自收到整改意见之日起6个月内一次性向原核查部门提交复查申请及整改报告。原核查部门应当在收到复查申请后30个工作日内完成复查。能够通过资料进行核实的，可免于现场复查。

未在规定期限内提交复查申请和整改报告的，以及整改复查后仍达不到“通过核查”要求的，核查结论为“整改后未通过核查”。整改后通过核查的，核查结论为“整改后通过核查”。

**第十七条** 申请人拒绝接受质量管理体系现场检查的，核查结论为“未通过核查”。

**第十八条** 省、自治区、直辖市药品监督管理部门应当在做出“通过核查”、“整改后通过核查”、“未通过核查”、“整改后未通过核查”的结论后5个工作日内，将核查结果通知（格式见附件2）发送国家局器械审评中心。

**第十九条** 未通过核查的，国家局器械审评中心提出不予注册的审评意见，国家药品监督管理局作出不予注册的决定。

**第二十条** 质量管理体系核查工作应当严格遵守法律法规、核查纪律，保守国家秘密和被检查单位的秘密，遵守廉政相关要求。

**第二十一条** 国家药品监督管理局加强对核查工作的监督指导，对于省、自治区、直辖市药品监督管理部门未能按照时限要求完成相应工作的，责令其整改；对无正当理由多次未能按照时限要求完成相应工作的，予以通报，并视情况按规定约谈相应省、自治区、直辖市药品监督管理部门。

**第二十二条** 省、自治区、直辖市药品监督管理部门可参照本程序制定境内第二类医疗器械注册质量管理体系核查的工作程序。

**第二十三条** 本程序自公布之日起施行。《食品药品监管总局关于印发境内第三类医疗器械注册质量管理体系核查工作程序（暂行）的通知》（食药监械管〔2015〕63号）同时废止。

附件：1. 关于开展医疗器械注册质量管理体系核查的通知（格式）

2. 境内第三类医疗器械注册质量管理体系核查

**附件 1**

药监械审核〔20××〕×号

# 关于开展医疗器械注册质量管理体系核查的通知
# （格式）

**××省（自治区、直辖市）药品监督管理局：**

你省（自治区、直辖市）××××公司提交的××××注册申请（受理号：准×××××××××××），现已进入技术审评阶段。依据相关规定，请你局按照《医疗器械注册与备案管理办法》《体外诊断试剂注册与备案管理办法》相关规定，组织开展注册质量管理体系核查工作，并将核查结果文件报送我中心。

□该产品属于创新/优先审批医疗器械，请予以优先办理。

□我中心不参与本次现场检查工作。

□我中心参与本次现场检查工作。

□本次核查建议关注：

联系人：　　　　　　　　　　联系电话：

备注：

1. 核查工作可按照《医疗器械注册与备案管理办法》第 50 条或者《体外诊断试剂注册与备案管理办法》第 49 条要求开展，避免重复检查。

2. 如涉及注册自检的，请按照《医疗器械注册自检管理规定》的相关要求，对申请人的自检能力予以关注。

国家药品监督管理局

医疗器械技术审评中心

年　月　日

附件 2

# 境内第三类医疗器械注册质量管理体系核查结果通知（格式）

注册受理号：

| |
|---|
| 注册申请人： |
| 住所： |
| 生产地址： |
| 产品名称： |
| 本次核查覆盖的规格型号： |
| 核查依据： |
| 检验用产品和临床试验用产品真实性：<br>用于产品生产的原材料是否有采购记录：<br>是否有产品生产过程的记录和检验记录：<br>样品的批号是否和生产记录的批号一致：<br>如需要留样的产品，是否有留样： |
| 发现的问题： |
| 其他说明： |
| 核查结论：<br>□通过核查　　□未通过核查<br>□整改后通过核查　□整改后未通过核查<br><br>日　　期：<br>（省、自治区、直辖市药品监督管理部门盖章） |
| 附：现场检查人员名单 |

## 现场检查人员名单

| 姓名 | 职务 | 工作单位 | 签字 |
| --- | --- | --- | --- |
| | | | |
| | | | |
| | | | |
| | | | |
| | | | |
| | | | |
| | | | |
| | | | |
| | | | |
| | | | |
| | | | |
| | | | |
| | | | |
| | | | |
| | | | |
| | | | |
| | | | |
| | | | |
| | | | |
| | | | |
| | | | |
| | | | |
| | | | |
| | | | |
| | | | |
| | | | |
| | | | |

# 国家药监局关于药械组合产品注册有关事宜的通告

2021 年第 52 号

为加强药械组合产品的注册管理，根据药品、医疗器械注册管理的有关规定，现就药械组合产品注册有关事宜通告如下：

一、药械组合产品系指由药品与医疗器械共同组成，并作为一个单一实体生产的医疗产品。

二、以药品作用为主的药械组合产品，应当按照药品有关要求申报注册；以医疗器械作用为主的药械组合产品，应当按照医疗器械有关要求申报注册。对于药械组合产品中所含药品或者医疗器械已获我国或者生产国（地区）批准上市销售的，相应的上市销售证明文件应当在申报注册时一并提交。药械组合产品的申报资料要求可参考相关文件和指导原则。

三、申请人应当充分评估其拟申报药械组合产品的属性。对于药械组合产品不能确定管理属性的，申请人应当在申报注册前向国家药品监督管理局医疗器械标准管理中心（以下简称标管中心）申请药械组合产品属性界定。

四、标管中心对受理的药械组合产品属性界定申请资料进行审查，按程序提出属性界定意见，在药械组合产品属性界定信息系统中告知申请人，并及时在其网站对外公布药械组合产品属性界定结果。

五、申请人根据产品属性界定结果，向国家药品监督管理局申报药品或者医疗器械注册申请，并在申请表中注明“药械组合产品”。

六、国家药品监督管理局药品审评中心与医疗器械技术审评中心建立协调机制。按照药品申报注册的药械组合产品，由药品审评中心牵头进行审评，需要联合审评的，注册申报资料转交医疗器械技术审评中心同步进行审评；按照医疗器械注册申报的药械组合产品，由医疗器械技术审评中心牵头进行审评，需要联合审评的，注册申报资料转交药品审评中心同步进行审评。对于联合审评的药械组合产品，药品审评中心与医疗器械技术审评中心应当协同开展申报产品的沟通咨询等工作；双方分别对相应部分的安全性、有效性及质量可控性出具审评报告，并明确审评结论，由牵头单位进行汇总并做出总体评价，出具总体审评结论后转入国家药品监督管理局相应业务司进行行政审批。

七、相关法规、文件中已有明确管理属性规定的，按其规定执行。

八、本通告自发布之日起实施，《关于药械组合产品注册有关事宜的通告》（原国家食品药品监督管理局通告 2009 年第 16 号）和《关于调整药械组合产品属性界定有关事项的通告》（国家药品监督管理局通告2019年第28号）同时废止。

特此通告。

附件：1. 药械组合产品属性界定程序

2. 药械组合产品属性界定申请资料要求及说明

国家药监局

2021年7月23日

附件1

## 药械组合产品属性界定程序

一、申请人通过药械组合产品属性界定信息系统（登陆路径详见附件2）向标管中心提交药械组合产品属性界定申请。

二、标管中心对收到的药械组合产品属性界定申请资料进行初审。对于符合要求的，予以受理；对于不符合要求的，应当于5个工作日内在药械组合产品属性界定信息系统中一次性告知申请人需要补正的全部内容；对于申请事项不属于药械组合产品属性界定事项范围的，或者补充资料仍不符合要求的，予以退回。

三、标管中心对受理的药械组合产品属性界定申请进行审查，20个工作日内提出属性界定意见，并在药械组合产品属性界定信息系统中告知申请人。需要专家研究等特殊情形的，所需时间不计算在属性界定时限内。

四、属性界定过程中需要申请人补正资料的，标管中心应当在药械组合产品属性界定信息系统中一次性告知需要补正的全部内容。申请人应当在60个工作日内按照要求一次提供补充资料。申请人补充资料的时间不计算在属性界定时限内。逾期未提交补充资料的，或者补充资料不符合要求的，标管中心退回属性界定申请。

五、申请人对药械组合产品属性界定结果有异议的，可以在界定结果告知之日起10个工作日内向标管中心提出复审申请。复审申请的内容仅限于原提交的申请资料。标管中心自受理复审申请之日起20个工作日内明确复审意见并在药械组合产品属性界定信息系统中告知申请人，复审意见作为最终属性界定结果。需要专家研究等特殊情形的，所需时间不计算在属性界定时限内。

六、申请人可以登陆药械组合产品属性界定信息系统查询申请状态、补正通知和属性界定结果。

附件 2

# 药械组合产品属性界定申请资料要求及说明

申请人通过中国食品药品检定研究院（国家药品监督管理局医疗器械标准管理中心）网站（网址：https：//www.nifdc.org.cn）进入“医疗器械标准与分类管理”二级网站，点击进入“药械组合产品属性界定信息系统”，按要求上传以下申请材料：

## 一、药械组合产品属性界定申请表

## 二、支持性材料

（一）产品描述

组合产品名称、组成成分（所含成分剂量）、组合方式、预期用途、使用时与患者接触部位 / 接触时间、产品示意图、实物照片等。

（二）作用机制

组合产品及各组成成分的作用机制，并提供相关支持和验证性资料。

（三）拟采用的使用说明书（或用户手册等）

（四）组合产品各组成成分来源

（五）申请人属性界定建议及论证资料

1. 申请人对于该组合产品的属性界定建议；

2. 组合产品实现预期用途的首要作用方式，即该组合产品实现最重要的治疗作用的单一作用方式（即药品或者医疗器械）；

3. 首要作用方式的确定依据，包括支持性试验资料及文献资料，对组合产品中发挥、部分发挥和不发挥主要作用的组分进行系统论证并提供支持性资料。

（六）相关产品监管情况

如已有相似或相关的产品在国内外上市，简要介绍该产品结构、组成（含量）、预期用途等基本情况、管理属性和类别及支持性资料。对于进口组合产品申请属性界定的，应当同时提交该组合产品在境外上市的相关资料。

（七）其他与产品属性确定有关的资料

在线打印《药械组合产品属性界定申请表》并签字签章，扫描后连同其他申请资料一并按要求上传。所有申请资料应当使用中文。根据外文资料翻译的，应当同时提供原文。

# 国家药监局关于进口医疗器械产品在中国境内企业生产有关事项的公告

2020 年第 104 号

为进一步贯彻落实国务院《关于改革药品医疗器械审评审批制度的意见》和中共中央办公厅、国务院办公厅印发的《关于深化审评审批制度改革鼓励药品医疗器械创新的意见》，落实“放管服”改革和优化营商环境要求，全面深化医疗器械审评审批制度改革，推动医疗器械产业高质量发展，更好地满足公众健康需求，现就已获进口医疗器械注册证产品在中国境内企业生产的有关事项公告如下：

## 一、适用范围

进口医疗器械注册人通过其在境内设立的外商投资企业在境内生产第二类、第三类已获进口医疗器械注册证产品的有关事项，适用本公告。

## 二、注册要求

（一）进口医疗器械注册人在中国境内设立的外商投资企业作为注册申请人，向药品监督管理部门提交境内医疗器械注册申请。注册申请内容，除注册人名称、住所、生产地址外，原则上应当与所对应的进口医疗器械注册证及其附件载明的相关事项保持一致。

（二）注册申请人按照《医疗器械注册申报资料要求和批准证明文件格式的公告》（国家食品药品监督管理总局 2014 年第 43 号公告）、《体外诊断试剂注册申报资料要求和批准证明文件格式的公告》（国家食品药品监督管理总局 2014 年第 44 号公告）等要求提交注册申报资料。其中，医疗器械产品的综述资料、研究资料、临床评价资料、产品风险分析资料，体外诊断试剂产品的综述资料、主要原材料的研究资料（适用时）、主要生产工艺及反应体系的研究资料（适用时）、分析性能评估资料、阳性判断值或参考区间确定资料、稳定性研究资料、临床评价资料、产品风险分析资料，可提交进口医疗器械的原注册申报资料。进口注册人和境内注册申请人应当确保上述资料与本次注册申请的相关性和支持性。

（三）注册申报程序按照《医疗器械注册管理办法》《体外诊断试剂注册管理办法》以及医疗器械电子申报相关规定执行。

（四）按照本公告要求提交注册申请并获得批准的，注册证备注栏中应当载明相关已获准注册的进口产品的医疗器械注册证号。

## 三、注册体系核查要求

注册申请人应当确保境内生产包含产品的主要生产工艺，并承诺主要原材料和生产工艺不发生改变，提供产品在境内生产质量管理体系符合我国《医疗器械生产质量管理规范》的自查报告和境内外质量管理体系等同性对比报告。药品监管部门按照医疗器械注册质量管理体系核查工作程序，对境内注册申请人开展全面核查，重点关注境内外质量管理体系的等同性、溯源性，以及变更生产过程带来的体系变化是否会产生新的风险，引起注册事项的变更。

## 四、上市后监管要求

境内注册人应当按照《医疗器械生产监督管理办法》办理医疗器械生产许可证，严格落实质量安全主体责任，加强医疗器械全生命周期质量管理；按照《医疗器械生产质量管理规范》要求，建立健全质量管理体系并保证有效运行。

## 五、其他方面

中国境内企业投资的境外注册人在境内生产已获进口医疗器械注册证的第二类、第三类医疗器械产品的，参照本公告执行，由投资境外注册人的中国境内企业作为注册申请人申请该产品注册。

香港、澳门、台湾地区已获医疗器械注册证的产品有关事项参照本公告执行。

本公告自公告之日起施行。

附件：医疗器械 / 体外诊断试剂注册申报资料要求

国家药监局

2020 年 9 月 18 日

## 附件

# 医疗器械 / 体外诊断试剂注册申报资料要求

| 标题 | 资料要求说明 | eRPS 提交目录 |
|---|---|---|
| 1. 申请表 | 注册申请人产品注册申请表。 | CH1.04 申请表 |
| 2. 证明性文件 | （1）注册申请人营业执照副本复印件。<br>（2）进口医疗器械注册人同意注册申报的声明或授权文件。声明同意境内 xx 生产企业进行 xx 产品注册申报，授权注册申请人使用相应进口产品注册申报资料，确保与此次注册申请的相关性和支持性，提供使用相应进口产品注册申报资料的清单。<br>（3）注册申请人与进口医疗器械注册人的关系（包括法律责任）说明文件，应当附相关协议、质量责任、股权证明等文件。（由注册申请人提供）。 | CH1.06 质量管理体系、全面质量体系或其他证明文件 |
| 3. 安全有效基本要求清单 | 注册申请人依据《医疗器械注册申报资料要求和批准证明文件格式的公告》（2014 年第 43 号）附件 4 第三条、附件 8 要求，提交安全有效基本要求清单。（医疗器械适用） | CH3.3 安全有效性基本要求（EP）清单 |

续表

| 标题 | 资料要求说明 | eRPS 提交目录 |
| --- | --- | --- |
| 4. 生产制造信息 / 生产及自检记录 | 注册申请人依据《医疗器械注册申报资料要求和批准证明文件格式的公告》（2014 年第 43 号）附件 4 第六条要求，提交生产制造信息。（医疗器械适用）<br>注册申请人依据《体外诊断试剂注册申报资料要求和批准证明文件格式的公告》（2014 年第 44 号）附件 3 第九条要求，提交生产及自检记录。（体外诊断试剂适用） | CH6A.3.1 产品描述信息、CH6A.3.2 一般生产信息（医疗器械适用）<br>CH6B.6.3 生产和服务控制信息（体外诊断试剂适用） |
| 5. 产品技术要求 | 注册申请人依据《医疗器械注册申报资料要求和批准证明文件格式的公告》（2014 年第 43 号）附件 4 第九条要求，提交产品技术要求。（医疗器械适用）<br>注册申请人依据《体外诊断试剂注册申报资料要求和批准证明文件格式的公告》（2014 年第 44 号）附件 3 第十二条要求，提交产品技术要求。（体外诊断试剂适用） | CH3.4.1 标准列表（产品技术要求） |
| 6. 产品注册检验报告 | 注册申请人依据《医疗器械注册申报资料要求和批准证明文件格式的公告》（2014 年第 43 号）附件 4 第十条要求，提交产品检验报告。（医疗器械适用）<br>注册申请人依据《体外诊断试剂注册申报资料要求和批准证明文件格式的公告》（2014 年第 44 号）附件 3 第十三条要求，提交产品检验报告。（体外诊断试剂适用） | CH3.4.2 符合性声明和 / 或认证 |
| 7. 说明书和标签样稿 | 注册申请人依据《医疗器械注册申报资料要求和批准证明文件格式的公告》（2014 年第 43 号）附件 4 第十一条要求，提交说明书和最小销售单元的标签样稿。（医疗器械适用）<br>注册申请人依据《体外诊断试剂注册申报资料要求和批准证明文件格式的公告》（2014 年第 44 号）附件 3 第十四条、第十五条要求，提交说明书和标签样稿。（体外诊断试剂适用） | CH5.03 包装说明 / 使用说明书、CH5.02 产品 / 包装标签（医疗器械适用）<br>CH5.3 包装说明 / 使用说明书、CH5.2 产品 / 包装标签（体外诊断试剂适用） |
| 8. 符合性声明 | （1）质量管理体系等同声明<br>申请注册产品与相应进口产品生产质量管理体系等同性的声明。（注册申请人和进口医疗器械注册人分别出具）<br>（2）医疗器械注册申请人声明本产品符合《医疗器械注册管理办法》和相关法规的要求；声明本产品符合现行国家标准、行业标准，并提供符合标准的清单。<br>体外诊断试剂注册申请人声明本产品符合《体外诊断试剂注册管理办法》和相关法规的要求；声明本产品的类别符合《体外诊断试剂注册管理办法》；声明本产品符合现行国家标准、行业标准，并提供符合标准的清单。<br>（3）所提交资料真实性的自我保证声明（注册申请人和进口医疗器械注册人分别出具）。 | CH1.11.7 符合性声明（医疗器械适用）<br>CH1.11.6 符合性声明（体外诊断试剂适用） |

# 五、生产经营

## 国家药监局关于实施《医疗器械生产监督管理办法》《医疗器械经营监督管理办法》有关事项的通告

2022 年第 18 号

《医疗器械生产监督管理办法》（国家市场监督管理总局令第 53 号）（以下简称《生产办法》）《医疗器械经营监督管理办法》（国家市场监督管理总局令第 54 号）（以下简称《经营办法》）已经发布，自 2022 年 5 月 1 日起施行。现将有关事项通告如下：

**一、切实加强宣传培训贯彻实施工作**

各级药品监督管理部门要加强对《生产办法》《经营办法》的学习宣贯和培训，深刻理解、准确掌握，结合本地实际，认真贯彻实施，切实落实医疗器械质量安全监管责任。

从事医疗器械生产经营活动的企业，要加强对医疗器械法规规章学习培训，认真执行法规规章的要求，切实履行医疗器械产品质量安全管理责任。

**二、关于医疗器械生产经营许可备案**

自 2022 年 5 月 1 日起，新申请从事医疗器械生产、经营活动的，分别按照《生产办法》《经营办法》有关规定办理许可或者备案。

在 2022 年 5 月 1 日前，药品监督管理部门已受理但尚未批准的医疗器械生产、经营许可申请，在《生产办法》《经营办法》实施后，对符合条件的，分别按照《生产办法》《经营办法》规定的时限办理并发放医疗器械生产、经营许可证。

**三、关于许可证、备案凭证的样式及印制**

《医疗器械生产许可证》《医疗器械经营许可证》样式及编号方式，由国家药品监督管理局统一制定，有关药品监督管理部门按规定自行印制。

为便于医疗器械生产经营活动，方便社会和企业查询，有关药品监督管理部门可以根据企业需要，提供第一类医疗器械生产备案凭证、第二类医疗器械经营备案凭证。

**四、关于许可备案变更、延续及补发**

现有有效期内的医疗器械生产许可证、医疗器械经营许可证继续有效。《生产办法》《经营办法》实施后，医疗器械生产许可证及医疗器械经营许可证，需要变更、延续、补发的，应当分别按照《生产办法》《经营办法》有关规定办理。变更、补发的许可证件，有效期限不变。

现有第一类医疗器械生产备案凭证、第二类医疗器械经营备案凭证继续有效。《生产办法》《经营办法》实施后，对于第一类医疗器械生产备案凭证，以及除免于经营备案以外的第二类医疗器械经营备案凭证，需要变更或者补发的，应当分别按照《生产办法》《经营办法》有关要求办理，备案编号不变。

**五、关于许可备案信息化管理应用**

各级药品监督管理部门依法公开医疗器械生产、经营许可备案信息，方便公众查询，并及时上传到国家药监局数据共享平台，实现全国药品监管系统数据共享。各级药品监督管理部门应当按照国家电子证照工作要求及相关标准，积极推进医疗器械生产经营许可电子证照发放及应用。

自 2022 年 5 月 1 日起，《食品药品监管总局关于实施〈医疗器械生产监督管理办法〉和〈医疗器械经营监督管理办法〉有关事项的通知》（食药监械监〔2014〕143 号）予以废止。

特此通告。

附件：1. 医疗器械生产许可申请表及许可证样式
2. 第一类医疗器械生产备案表及备案凭证样式
3. 医疗器械经营许可申请表及许可证样式
4. 第二类医疗器械经营备案表及备案凭证样式
5. 有关填写说明

国家药监局

2022 年 3 月 11 日

# 国家药监局综合司关于加强医疗器械生产经营分级监管工作的指导意见

药监综械管〔2022〕78号

**各省、自治区、直辖市和新疆生产建设兵团药品监督管理局：**

为贯彻实施《医疗器械监督管理条例》，贯彻落实《医疗器械生产监督管理办法》《医疗器械经营监督管理办法》要求，进一步加强医疗器械生产经营监管工作，科学合理配置监管资源，依法保障医疗器械安全有效，推动医疗器械质量安全水平实现新提升，现提出以下指导意见。

## 一、总体要求

各级药品监督管理部门应当认真贯彻落实《医疗器械监督管理条例》《医疗器械生产监督管理办法》《医疗器械经营监督管理办法》要求，按照“风险分级、科学监管，全面覆盖、动态调整，落实责任、提升效能”的原则，开展医疗器械生产经营分级监管工作，夯实各级药品监管部门监管责任，建立健全科学高效的监管模式，加强医疗器械生产经营监督管理，保障人民群众用械安全。

## 二、开展医疗器械生产分级监管

（一）落实生产分级监管职责。国家药品监督管理局负责指导和检查全国医疗器械生产分级监管工作，制定医疗器械生产重点监管品种目录；省、自治区、直辖市药品监督管理部门负责制定本行政区域医疗器械生产重点监管品种目录，组织实施医疗器械生产分级监管工作；设区的市级负责药品监督管理的部门依法按职责负责本行政区域第一类医疗器械生产分级监管的具体工作。

（二）结合实际确定重点监管品种目录。国家药品监督管理局根据医疗器械产品风险程度制定并动态调整医疗器械生产重点监管品种目录（见附件1）；省、自治区、直辖市药品监督管理部门应当综合分析本行政区域同类产品注册数量、市场占有率、生产质量管理总体水平和风险会商情况等因素，对国家药品监督管理局制定的目录进行补充，确定本行政区域医疗器械生产重点监管品种目录并进行动态调整。

对于跨区域委托生产的医疗器械注册人，由注册人所在地省、自治区、直辖市药品监督管理部门负责研究确定其产品是否纳入本行政区域医疗器械生产重点监管品种目录。

（三）制定分级监管细化规定。省、自治区、直辖市药品监督管理部门应当结合本行政区域产业发展、企业质量管理状况和监管资源配备情况，制定并印发医疗器械生产分级监管细化规定，明确监管级别划分原则，以及对不同监管级别医疗器械注册人备案人、受托生产企业的监督检查形式、频次和覆盖率。

监管级别划分和检查要求可以按照以下原则：

对风险程度高的企业实施四级监管，主要包括生产本行政区域重点监管品种目录产品，以及质量管理体系运行状况差、有严重不良监管信用记录的企业；

对风险程度较高的企业实施三级监管，主要包括生产除本行政区域重点监管品种目录以外第三类医疗器械，以及质量管理体系运行状况较差、有不良监管信用记录的企业；

对风险程度一般的企业实施二级监管，主要包括生产除本行政区域重点监管品种目录以外第二类医疗器械的企业；

对风险程度较低的企业实施一级监管，主要包括生产第一类医疗器械的企业。

涉及多个监管级别的，按照最高级别进行监管。

一般情况下，对实施四级监管的企业，每年全项目检查不少于一次；对实施三级监管的，每年检查不少于一次，其中每两年全项目检查不少于一次；对实施二级监管的，原则上每两年检查不少于一次；对实施一级监管的，原则上每年随机抽取本行政区域25%以上的企业进行监督检查，并对新增第一类医疗器械生产企业在生产备案之日起3个月内开展现场检查，必要时对生产地址变更或者生产范围增加的第一类医疗器械生产企业进行现场核查。监督检查可以与产品注册体系核查、生产许可变更或者延续现场核查等相结合，提高监管效能。

全项目检查是指药品监督管理部门按照医疗器械生产质量管理规范及相应附录，对监管对象开展的覆盖全部适用项目的检查。对委托生产的医疗器械注册人备案人开展的全项目检查，应当包括对受托生产企业相应生产活动的检查。

（四）动态调整监管级别。省、自治区、直辖市药品监督管理部门应当根据医疗器械生产分级监管细化规定，结合监督检查、监督抽验、不良事件监测、产品召回、投诉举报和案件查办等情况，每年组织对本行政区域医疗器械注册人备案人、受托生产企业风险程度进行科学研判，确定监管级别并告知企业。对于当年内医疗器械注册人备案人、受托生产企业出现严重质量事故，新增高风险产品、国家集中带量采购中选产品、创新产品等情况，应当即时评估并调整其监管级别。

对于长期以来监管信用状况较好的企业，可以酌情下调监管级别；对于以委托生产方式或者通过创新医疗器械审评审批通道取得产品上市许可，以及跨区域委托生产的医疗器械注册人，仅进行受托生产的受托生产企业，国家集中带量采购中选产品的医疗器械注册人备案人、受托生产企业应当酌情上调监管级别。具体调整方式由省、自治区、直辖市药品监管部门结合本行政区域企业整体监管信用状况、企业数量和监管资源配比等情况确定。

（五）根据监管级别强化监督检查。省、自治区、直辖市药品监督管理部门应当按照分级监管规定，制定年度监督检查计划，明确检查频次和覆盖率，确定监管重点；坚持问题导向，综合运用监督检查、重点检查、跟踪检查、有因检查和专项检查等多种形式强化监督管理。监督检查可以采取非预先告知的方式进行，重点检查、有因检查和专项检查原则上采取非预先告知的方式进行。

对于通过国家药品监督管理局创新医疗器械审评审批通道取得产品上市许可的医疗器械注册人及其受托生产企业，应当充分考虑创新医疗器械监管会商确定的监管风险点和监管措施；对于因停产导致质量管理体系无法持续有效运行的企业，应当跟踪掌握相关情况，采取有针对性的监管措施。

## 三、开展医疗器械经营分级监管

（六）落实经营分级监管职责。国家药品监督管理局负责指导和检查全国医疗器械经营分级监管工作，并制定医疗器械经营重点监管品种目录；省、自治区、直辖市药品监督管理部门负责指导和检查设区的市级负责药品监督管理的部门实施医疗器械经营分级监管工作；设区的市级负责药品监督管理的部门负责制定本行政区域医疗器械经营重点监管品种目录，组织实施医疗器械经营分级监管工作；县级负责药品监督管理的部门负责本行政区域内医疗器械经营分级监管具体工作。

对于跨设区的市增设库房的医疗器械经营企业，按照属地管理原则，由经营企业和仓库所在地设区的市级负责药品监督管理的部门分别负责确定其监管级别并实施监管工作。

（七）结合实际确定重点监管品种目录。国家药品监督管理局根据医疗器械产品和产品经营风险程度，制定并动态调整医疗器械经营重点监管品种目录（见附件 2）；设区的市级负责药品监督管理的部门应当综合分析产品监督抽验、不良事件监测、产品召回、质量投诉、风险会商情况等因素，对国家药品监督管理局制定的目录进行补充，确定本行政区域医疗器械经营重点监管品种目录并进行动态调整。

对于跨设区的市增设库房的医疗器械经营企业，由库房所在地设区的市级负责药品监督管理的部门负责确定其库存的产品是否属于本行政区域医疗器械经营重点监管产品。

（八）制定分级监管细化规定。设区的市级负责药品监督管理的部门应当根据本行政区域医疗器械经营的风险程度、经营业态、质量管理水平和企业监管信用情况，结合医疗器械不良事件及产品投诉状况等因素，制定并印发分级监管细化规定，明确监管级别划分原则，以及对不同监管级别医疗器械经营企业的监督检查形式、频次和覆盖率。

监管级别划分和检查要求可以按照以下原则进行：

对风险程度高的企业实施四级监管，主要包括“为其他医疗器械注册人、备案人和生产经营企业专门提供贮存、运输服务的”经营企业和风险会商确定的重点检查企业；

对风险程度较高的企业实施三级监管，主要包括本行政区域医疗器械经营重点监管品种目录产品涉及的批发企业，上年度存在行政处罚或者存在不良监管信用记录的经营企业；

对风险程度一般的企业实施二级监管，主要包括除三级、四级监管以外的经营第二、三类医疗器械的批发企业，本行政区域医疗器械经营重点监管品种目录产品涉及的零售企业；

对风险程度较低的企业实施一级监管，主要包括除二、三、四级监管以外的其他医疗器械经营企业。

涉及多个监管级别的，按最高级别对其进行监管。

实施四级监管的企业，设区的市级负责药品监督管理的部门每年组织全项目检查不少于一次；实施三级监管的企业，设区的市级负责药品监督管理的部门每年组织检查不少于一次，其中每两年全项目检查不少于一次；实施二级监管的企业，县级负责药品监督管理的部门每两年组织检查不少于一次，对角膜接触镜类和防护类产品零售企业可以根据监管需要确定检查频次；实施一级监管的企业，县级负责药品监督管理的部门按照有关要求，每年随机抽取本行政区域 25% 以上的企业进行监督检查，4 年内达到全覆盖。必要时，对新增经营业态的企业进行现场核查。

全项目检查是指药品监督管理部门按照医疗器械经营质量管理规范及相应附录，对经营企业开展的覆盖全部适用项目的检查。对“为其他医疗器械注册人、备案人和生产经营企业专门提供贮存、运输服务的”经营企业开展的全项目检查，应当包括对委托的经营企业的抽查。

（九）动态调整监管级别。设区的市级负责药品监督管理的部门应当根据医疗器械经营分级监管细化规定，在全面有效归集医疗器械产品、企业和监管等信息的基础上，每年组织对本行政区域医疗器械经营企业、跨设区的市增设库房的医疗器械经营企业进行评估，科学研判企业风险程度，确定监管级别并告知企业。对于新增经营业态等特殊情况可以即时确定或调整企业监管级别。

对于长期以来监管信用情况较好的企业，可以酌情下调监管级别；对于存在严重违法违规行为、异地增设库房、国家集中带量采购中选产品和疫情防控用产品经营企业应当酌情上调监管级别。具体调整方式由设区的市级负责药品监管的部门结合本行政区域企业整体监管信用状况、企业数量和监管资源配比等情况确定。

（十）根据监管级别强化监督检查。地方各级负责药品监督管理的部门应当根据监管级别，制定年度监督检查计划，明确检查重点、检查方式、检查频次和覆盖率。检查方式原则上应当采取突击性监督检查，鼓励采用现代信息技术手段实施监督管理，提高监管效率和水平。

## 四、加强监督管理，提高监管效能

（十一）加强组织领导。各级药品监督管理部门要切实提高政治站位，充分认识在监管对象数量大幅增加、注册人备案人制度全面实施、经营新业态层出不穷的形势下，进一步加强分级监管、提升监管效能、推进风险治理的重要意义。各省级药品监督管理部门要按照国家药品监督管理局统一部署，加强统筹协调，发挥主导作用，建立健全跨区域跨层级协同监管机制，强化协作配合，加强对市、县级负责药品监督管理的部门工作的监督指导，上下联动，一体推进医疗器械生产经营分级监管工作。

（十二）加强问题处置。地方各级药品监督管理部门应当贯彻“四个最严”要求，对检查发现的问题，严格依照法规、规章、标准、规范等要求处置，涉及重大问题的，应当及时处置并向上级药品监督管理部门报告。对于产业发展中出现的新问题，相关药品监管部门应当及时调整完善分级管理细化规定，实现监管精准化、科学化、实效化，确保监管全覆盖、无缝隙。各省级药品监督管理部门要定期组织专家研判本行政区域医疗器械生产经营安全形势，分析共性问题、突出问题、薄弱环节，提出改进措施，形成年度报告。

（十三）加强能力建设。各级药品监督管理部门要持续加强能力建设，完善检查执法体系和稽查办案机制，充实职业化专业化检查员队伍，加强稽查队伍建设，创新检查方式方法，强化检查稽查协同和执法联动。各级药品监督管理部门要查找监管能力短板，明确监管能力建设目标和建设方向，丰富监管资源，促进科学分配，助推医疗器械产业高质量发展，更好地满足人民群众对医疗器械安全的需求。

本指导意见自2023年1月1日起施行。原国家食品药品监督管理总局《关于印发〈医疗器械生产企业分类分级监督管理规定〉的通知》（食药监械监〔2014〕234号）、《关于印发国家重点监管医疗器械目录的通知》（食药监械监〔2014〕235号）、《关于印发〈医疗器械经营企业分类分级监督管理规定〉的通知》（食药监械监〔2015〕158号）和《医疗器械经营环节重点监管目录及现场检查重点内容》（食药监械监〔2015〕159号）同时废止。

附件：1. 医疗器械生产重点监管品种目录

2. 医疗器械经营重点监管品种目录

国家药监局综合司

2022年9月7日

# 食品药品监管总局关于发布医疗器械生产质量管理规范的公告

2014 年第 64 号

为加强医疗器械生产监督管理，规范医疗器械生产质量管理，根据《医疗器械监督管理条例》(国务院令第 650 号)、《医疗器械生产监督管理办法》(国家食品药品监督管理总局令第 7 号)，国家食品药品监督管理总局组织修订了《医疗器械生产质量管理规范》，现予以发布。

特此公告。

附件：医疗器械生产质量管理规范

食品药品监管总局

2014 年 12 月 29 日

附件

## 医疗器械生产质量管理规范

### 第一章 总 则

**第一条** 为保障医疗器械安全、有效，规范医疗器械生产质量管理，根据《医疗器械监督管理条例》(国务院令第 650 号)、《医疗器械生产监督管理办法》(国家食品药品监督管理总局令第 7 号)，制定本规范。

**第二条** 医疗器械生产企业（以下简称企业）在医疗器械设计开发、生产、销售和售后服务等过程中应当遵守本规范的要求。

**第三条** 企业应当按照本规范的要求，结合产品特点，建立健全与所生产医疗器械相适应的质量管理体系，并保证其有效运行。

**第四条** 企业应当将风险管理贯穿于设计开发、生产、销售和售后服务等全过程，所采取的措施应当与产品存在的风险相适应。

## 第二章 机构与人员

**第五条** 企业应当建立与医疗器械生产相适应的管理机构，并有组织机构图，明确各部门的职责和权限，明确质量管理职能。生产管理部门和质量管理部门负责人不得互相兼任。

**第六条** 企业负责人是医疗器械产品质量的主要责任人，应当履行以下职责：

（一）组织制定企业的质量方针和质量目标；

（二）确保质量管理体系有效运行所需的人力资源、基础设施和工作环境等；

（三）组织实施管理评审，定期对质量管理体系运行情况进行评估，并持续改进；

（四）按照法律、法规和规章的要求组织生产。

**第七条** 企业负责人应当确定一名管理者代表。管理者代表负责建立、实施并保持质量管理体系，报告质量管理体系的运行情况和改进需求，提高员工满足法规、规章和顾客要求的意识。

**第八条** 技术、生产和质量管理部门的负责人应当熟悉医疗器械相关法律法规，具有质量管理的实践经验，有能力对生产管理和质量管理中的实际问题作出正确的判断和处理。

**第九条** 企业应当配备与生产产品相适应的专业技术人员、管理人员和操作人员，具有相应的质量检验机构或者专职检验人员。

**第十条** 从事影响产品质量工作的人员，应当经过与其岗位要求相适应的培训，具有相关理论知识和实际操作技能。

**第十一条** 从事影响产品质量工作的人员，企业应当对其健康进行管理，并建立健康档案。

## 第三章 厂房与设施

**第十二条** 厂房与设施应当符合生产要求，生产、行政和辅助区的总体布局应当合理，不得互相妨碍。

**第十三条** 厂房与设施应当根据所生产产品的特性、工艺流程及相应的洁净级别要求合理设计、布局和使用。生产环境应当整洁、符合产品质量需要及相关技术标准的要求。产品有特殊要求的，应当确保厂房的外部环境不能对产品质量产生影响，必要时应当进行验证。

**第十四条** 厂房应当确保生产和贮存产品质量以及相关设备性能不会直接或者间接受到影响，厂房应当有适当的照明、温度、湿度和通风控制条件。

**第十五条** 厂房与设施的设计和安装应当根据产品特性采取必要的措施，有效防止昆虫或者其他动物进入。对厂房与设施的维护和维修不得影响产品质量。

**第十六条** 生产区应当有足够的空间，并与其产品生产规模、品种相适应。

**第十七条** 仓储区应当能够满足原材料、包装材料、中间品、产品等的贮存条件和要求，按照待验、合格、不合格、退货或者召回等情形进行分区存放，便于检查和监控。

**第十八条** 企业应当配备与产品生产规模、品种、检验要求相适应的检验场所和设施。

## 第四章 设 备

**第十九条** 企业应当配备与所生产产品和规模相匹配的生产设备、工艺装备等，并确保有效运行。

**第二十条** 生产设备的设计、选型、安装、维修和维护必须符合预定用途，便于操作、清洁和维护。生产设备应当有明显的状态标识，防止非预期使用。

企业应当建立生产设备使用、清洁、维护和维修的操作规程，并保存相应的操作记录。

**第二十一条** 企业应当配备与产品检验要求相适应的检验仪器和设备，主要检验仪器和设备应当具有明确的操作规程。

**第二十二条** 企业应当建立检验仪器和设备的使用记录，记录内容包括使用、校准、维护和维修等情况。

**第二十三条** 企业应当配备适当的计量器具。计量器具的量程和精度应当满足使用要求，标明其校准有效期，并保存相应记录。

## 第五章 文件管理

**第二十四条** 企业应当建立健全质量管理体系文件，包括质量方针和质量目标、质量手册、程序文件、技术文件和记录，以及法规要求的其他文件。

质量手册应当对质量管理体系作出规定。

程序文件应当根据产品生产和质量管理过程中需要建立的各种工作程序而制定，包含本规范所规定的各项程序。

技术文件应当包括产品技术要求及相关标准、生产工艺规程、作业指导书、检验和试验操作规程、安装和服务操作规程等相关文件。

**第二十五条** 企业应当建立文件控制程序，系统地设计、制定、审核、批准和发放质量管理体系文件，至少应当符合以下要求：

（一）文件的起草、修订、审核、批准、替换或者撤销、复制、保管和销毁等应当按照控制程序管理，并有相应的文件分发、替换或者撤销、复制和销毁记录；

（二）文件更新或者修订时，应当按规定评审和批准，能够识别文件的更改和修订状态；

（三）分发和使用的文件应当为适宜的文本，已撤销或者作废的文件应当进行标识，防止误用。

**第二十六条** 企业应当确定作废的技术文件等必要的质量管理体系文件的保存期限，以满足产品维修和产品质量责任追溯等需要。

**第二十七条** 企业应当建立记录控制程序，包括记录的标识、保管、检索、保存期限和处置要求等，并满足以下要求：

（一）记录应当保证产品生产、质量控制等活动的可追溯性；

（二）记录应当清晰、完整，易于识别和检索，防止破损和丢失；

（三）记录不得随意涂改或者销毁，更改记录应当签注姓名和日期，并使原有信息仍清晰可辨，必要时，应当说明更改的理由；

（四）记录的保存期限应当至少相当于企业所规定的医疗器械的寿命期，但从放行产品的日期起不少于2年，或者符合相关法规要求，并可追溯。

## 第六章 设计开发

**第二十八条** 企业应当建立设计控制程序并形成文件，对医疗器械的设计和开发过程实施策划和控制。

**第二十九条** 在进行设计和开发策划时，应当确定设计和开发的阶段及对各阶段的评审、验证、确认和设计转换等活动，应当识别和确定各个部门设计和开发的活动和接口，明确职责和分工。

**第三十条** 设计和开发输入应当包括预期用途规定的功能、性能和安全要求、法规要求、风险管理控制措施和其他要求。对设计和开发输入应当进行评审并得到批准，保持相关记录。

**第三十一条** 设计和开发输出应当满足输入要求，包括采购、生产和服务所需的相关信息、产品技术要求等。设计和开发输出应当得到批准，保持相关记录。

**第三十二条** 企业应当在设计和开发过程中开展设计和开发到生产的转换活动，以使设计和开发的输出在成为最终产品规范前得以验证，确保设计和开发输出适用于生产。

**第三十三条** 企业应当在设计和开发的适宜阶段安排评审，保持评审结果及任何必要措施的记录。

**第三十四条** 企业应当对设计和开发进行验证，以确保设计和开发输出满足输入的要求，并保持验证结果和任何必要措施的记录。

**第三十五条** 企业应当对设计和开发进行确认，以确保产品满足规定的使用要求或者预期用途的要求，并保持确认结果和任何必要措施的记录。

**第三十六条** 确认可采用临床评价或者性能评价。进行临床试验时应当符合医疗器械临床试验法规的要求。

**第三十七条** 企业应当对设计和开发的更改进行识别并保持记录。必要时，应当对设计和开发更改进行评审、验证和确认，并在实施前得到批准。

当选用的材料、零件或者产品功能的改变可能影响到医疗器械产品安全性、有效性时，应当评价因改动可能带来的风险，必要时采取措施将风险降低到可接受水平，同时应当符合相关法规的要求。

**第三十八条** 企业应当在包括设计和开发在内的产品实现全过程中，制定风险管理的要求并形成文件，保持相关记录。

## 第七章 采 购

**第三十九条** 企业应当建立采购控制程序，确保采购物品符合规定的要求，且不低于法律法规的相关规定和国家强制性标准的相关要求。

**第四十条** 企业应当根据采购物品对产品的影响，确定对采购物品实行控制的方式和程度。

**第四十一条** 企业应当建立供应商审核制度，并应当对供应商进行审核评价。必要时，应当进行现场审核。

**第四十二条** 企业应当与主要原材料供应商签订质量协议，明确双方所承担的质量责任。

**第四十三条** 采购时应当明确采购信息，清晰表述采购要求，包括采购物品类别、验收准则、规格型号、规程、图样等内容。应当建立采购记录，包括采购合同、原材料清单、供应商资质证明文件、质量标准、检验报告及验收标准等。采购记录应当满足可追溯要求。

**第四十四条** 企业应当对采购物品进行检验或者验证，确保满足生产要求。

## 第八章 生产管理

**第四十五条** 企业应当按照建立的质量管理体系进行生产，以保证产品符合强制性标准和经注册或者备案的产品技术要求。

**第四十六条** 企业应当编制生产工艺规程、作业指导书等，明确关键工序和特殊过程。

**第四十七条** 在生产过程中需要对原材料、中间品等进行清洁处理的，应当明确清洁方法和要求，并对清洁效果进行验证。

**第四十八条** 企业应当根据生产工艺特点对环境进行监测，并保存记录。

**第四十九条** 企业应当对生产的特殊过程进行确认，并保存记录，包括确认方案、确认方法、操作人员、结果评价、再确认等内容。

生产过程中采用的计算机软件对产品质量有影响的，应当进行验证或者确认。

**第五十条** 每批（台）产品均应当有生产记录，并满足可追溯的要求。

生产记录包括产品名称、规格型号、原材料批号、生产批号或者产品编号、生产日期、数量、主要设备、工艺参数、操作人员等内容。

**第五十一条** 企业应当建立产品标识控制程序，用适宜的方法对产品进行标识，以便识别，防止混用和错用。

**第五十二条**　企业应当在生产过程中标识产品的检验状态，防止不合格中间产品流向下道工序。

**第五十三条**　企业应当建立产品的可追溯性程序，规定产品追溯范围、程度、标识和必要的记录。

**第五十四条**　产品的说明书、标签应当符合相关法律法规及标准要求。

**第五十五条**　企业应当建立产品防护程序，规定产品及其组成部分的防护要求，包括污染防护、静电防护、粉尘防护、腐蚀防护、运输防护等要求。防护应当包括标识、搬运、包装、贮存和保护等。

## 第九章　质量控制

**第五十六条**　企业应当建立质量控制程序，规定产品检验部门、人员、操作等要求，并规定检验仪器和设备的使用、校准等要求，以及产品放行的程序。

**第五十七条**　检验仪器和设备的管理使用应当符合以下要求：

（一）定期对检验仪器和设备进行校准或者检定，并予以标识；

（二）规定检验仪器和设备在搬运、维护、贮存期间的防护要求，防止检验结果失准；

（三）发现检验仪器和设备不符合要求时，应当对以往检验结果进行评价，并保存验证记录；

（四）对用于检验的计算机软件，应当确认。

**第五十八条**　企业应当根据强制性标准以及经注册或者备案的产品技术要求制定产品的检验规程，并出具相应的检验报告或者证书。

需要常规控制的进货检验、过程检验和成品检验项目原则上不得进行委托检验。对于检验条件和设备要求较高，确需委托检验的项目，可委托具有资质的机构进行检验，以证明产品符合强制性标准和经注册或者备案的产品技术要求。

**第五十九条**　每批（台）产品均应当有检验记录，并满足可追溯的要求。检验记录应当包括进货检验、过程检验和成品检验的检验记录、检验报告或者证书等。

**第六十条**　企业应当规定产品放行程序、条件和放行批准要求。放行的产品应当附有合格证明。

**第六十一条**　企业应当根据产品和工艺特点制定留样管理规定，按规定进行留样，并保持留样观察记录。

## 第十章　销售和售后服务

**第六十二条**　企业应当建立产品销售记录，并满足可追溯的要求。销售记录至少包括医疗器械的名称、规格、型号、数量；生产批号、有效期、销售日期、购货单位名称、地址、联系方式等内容。

**第六十三条**　直接销售自产产品或者选择医疗器械经营企业，应当符合医疗器械相关法规和规范要求。发现医疗器械经营企业存在违法违规经营行为时，应当及时向当地食品药品监督管理部门报告。

**第六十四条**　企业应当具备与所生产产品相适应的售后服务能力，建立健全售后服务制度。应当规定售后服务的要求并建立售后服务记录，并满足可追溯的要求。

**第六十五条**　需要由企业安装的医疗器械，应当确定安装要求和安装验证的接收标准，建立安装和验收记录。

由使用单位或者其他企业进行安装、维修的，应当提供安装要求、标准和维修零部件、资料、密码等，并进行指导。

**第六十六条**　企业应当建立顾客反馈处理程序，对顾客反馈信息进行跟踪分析。

## 第十一章　不合格品控制

**第六十七条**　企业应当建立不合格品控制程序，规定不合格品控制的部门和人员的职责与权限。

**第六十八条**　企业应当对不合格品进行标识、记录、隔离、评审，根据评审结果，对不合格品采取相应的处置措施。

**第六十九条**　在产品销售后发现产品不合格时，企业应当及时采取相应措施，如召回、销毁等。

**第七十条**　不合格品可以返工的，企业应当编制返工控制文件。返工控制文件包括作业指导书、重新检验和重新验证等内容。不能返工的，应当建立相关处置制度。

## 第十二章　不良事件监测、分析和改进

**第七十一条**　企业应当指定相关部门负责接收、调查、评价和处理顾客投诉，并保持相关记录。

**第七十二条**　企业应当按照有关法规的要求建立医疗器械不良事件监测制度，开展不良事件监测和再评价工作，并保持相关记录。

**第七十三条**　企业应当建立数据分析程序，收集分析与产品质量、不良事件、顾客反馈和质量管理体系运行有关的数据，验证产品安全性和有效性，并保持相关记录。

**第七十四条**　企业应当建立纠正措施程序，确定产生问题的原因，采取有效措施，防止相关问题再次发生。

应当建立预防措施程序，确定潜在问题的原因，采取有效措施，防止问题发生。

**第七十五条**　对于存在安全隐患的医疗器械，企业应当按照有关法规要求采取召回等措施，并按规定向有关部门报告。

**第七十六条**　企业应当建立产品信息告知程序，及时将产品变动、使用等补充信息

通知使用单位、相关企业或者消费者。

**第七十七条** 企业应当建立质量管理体系内部审核程序，规定审核的准则、范围、频次、参加人员、方法、记录要求、纠正预防措施有效性的评定等内容，以确保质量管理体系符合本规范的要求。

**第七十八条** 企业应当定期开展管理评审，对质量管理体系进行评价和审核，以确保其持续的适宜性、充分性和有效性。

## 第十三章 附 则

**第七十九条** 医疗器械注册申请人或备案人在进行产品研制时，也应当遵守本规范的相关要求。

**第八十条** 国家食品药品监督管理总局针对不同类别医疗器械生产的特殊要求，制定细化的具体规定。

**第八十一条** 企业可根据所生产医疗器械的特点，确定不适用本规范的条款，并说明不适用的合理性。

**第八十二条** 本规范下列用语的含义是：

验证：通过提供客观证据对规定要求已得到满足的认定。

确认：通过提供客观证据对特定的预期用途或者应用要求已得到满足的认定。

关键工序：指对产品质量起决定性作用的工序。

特殊过程：指通过检验和试验难以准确评定其质量的过程。

**第八十三条** 本规范由国家食品药品监督管理总局负责解释。

**第八十四条** 本规范自2015年3月1日起施行。原国家食品药品监督管理局于2009年12月16日发布的《医疗器械生产质量管理规范（试行）》（国食药监械〔2009〕833号）同时废止。

# 食品药品监管总局关于发布医疗器械生产质量管理规范附录定制式义齿的公告

2016 年第 195 号

为加强医疗器械生产监督管理，规范医疗器械生产质量管理，根据《医疗器械监督管理条例》（国务院令 650 号）、《医疗器械生产监督管理办法》（国家食品药品监督管理总局令第 7 号），国家食品药品监督管理总局组织起草了《医疗器械生产质量管理规范附录定制式义齿》，现予以发布。

本附录是定制式义齿生产质量管理规范的特殊要求。定制式义齿生产质量管理体系应当符合《医疗器械生产质量管理规范》及本附录的要求。

特此公告。

附件：医疗器械生产质量管理规范附录定制式义齿

食品药品监管总局
2016 年 12 月 16 日

附件

## 医疗器械生产质量管理规范附录定制式义齿

### 第一部分 范围和原则

1.1 本附录中所指的定制式义齿是指根据医疗机构提供的患者口腔印模、口腔模型、口腔扫描数据及产品制作设计单，经过加工制作，最终为患者提供的能够恢复牙体缺损、牙列缺损、牙列缺失的形态、功能及外观的牙修复体，不包含齿科种植体。

1.2 本附录是对定制式义齿生产质量管理规范的特殊要求。

### 第二部分 特殊要求

2.1 人员

2.1.1 技术、生产和质量管理负责人应当具有口腔修复学相关专业知识，并具有相应的实践经验，应当有能力对生产管理和质量管理中实际问题作出正确判断和处理。

2.1.2 从事产品生产的人员应当掌握所在岗位的技术和要求，并接受过口腔修复学等相关专业知识和实际操作技能的培训。

2.1.3 专职检验人员应当接受过口腔修复学等相关专业知识培训，具有相应的实际操作技能。

2.1.4 应当对从事与产品质量有影响人员的健康进行管理，并建立健康档案。直接接触物料和产品的操作人员每年至少体检一次，患有传染性、感染性疾病的人员不得从事直接接触产品的工作。

2.2 厂房与设施

2.2.1 厂房不得设在居民住宅等不适合生产的场所。

2.2.2 生产环境应当整洁、卫生。

2.2.3 铸造、喷砂、石膏制作等易产尘、易污染等区域应当独立设置，并定期清洁。产品上瓷、清洗和包装等相对清洁的区域应当与易产尘、易污染等区域保持相对独立。

2.2.4 应当对消毒、生产、检验、仓储等区域合理区分，并与产品生产规模、品种相适应。

2.2.5 易燃、易爆、有毒、有害的物料应当专区存放、标识明显，专人保管和发放。

2.2.6 应当对生产过程中产生粉尘、烟雾、毒害物等有害物质的厂房、设备安装相应的防护装置，采取有效的防护措施，确保对工作环境、人员的防护。

2.3 设备

2.3.1 对于通过切削技术（CAD/CAM）、增材制造技术（3D 打印）生产产品的，应当配备相应的生产设备、工艺装备及计算机辅助设计和制作系统。

2.4 采购

2.4.1 生产按照第二类医疗器械注册的定制式义齿，应当采购经食品药品监督管理部门批准注册或备案的义齿原材料，其技术指标应当符合强制性标准或经注册或备案的产品技术要求。

2.4.2 使用未注册或备案的义齿原材料生产的定制式义齿按照第三类医疗器械管理，并应当具有相应的生产许可。

2.4.3 经注册或备案的义齿原材料标签和说明书要求应符合《医疗器械说明书和标签管理规定》，进口的义齿原材料标签和说明书文字内容应当使用中文。

2.4.4 应当选择具有合法资质的义齿原材料供应商，核实并保存供方资质证明文件，并建立档案。

2.4.5 应当在金属原材料进货检验时查阅、留存金属原材料生产企业的出厂检验报告。出厂检验报告中应当包含有关金属元素限定指标的检验项目，如检验报告中不能涵盖有关金属元素的限定指标，应当要求金属原材料生产企业对金属元素限定指标进行检验，并保存相关检验结果。

2.4.6 金属原材料生产企业不能提供有关金属元素的限定指标的检验记录的，应当对金属原材料进行检验或不予采购。

2.4.7 应当制定口腔印模、口腔模型、口腔扫描数据及设计单的接收准则。

2.5 生产管理

2.5.1 应当编制产品生产工艺规程、作业指导书等，明确关键工序和特殊过程。

2.5.2 应当明确口腔印模、口腔模型及成品的消毒方法，并按照要求进行消毒。成品经消毒、包装后方可出厂。

2.5.3 应当建立接收区、模型工件盒的消毒规定，并对生产区工作台面进行定期清洁，保存相关记录。

2.5.4 金属尾料的添加要求应当按照金属原材料生产企业提供的产品说明书执行。

2.5.5 应当对产品生产后废料的处理进行规定，应当符合环境保护的相关要求，并保留处理记录。

2.5.6 应当对主要义齿原材料进行物料平衡核查，确保主要义齿原材料实际用量与理论用量在允许的偏差范围内，如有显著差异，必须查明原因。

2.5.7 每个产品均应当有生产记录，并满足可追溯要求。生产记录应当包括所用的主要义齿原材料生产企业名称、主要义齿原材料名称、金属品牌型号、批号 / 编号、主要生产设备名称或编号、操作人员等内容。

2.6 质量控制

2.6.1 每个产品均应当有检验记录，并满足可追溯要求。检验要求应当不低于强制性标准要求和国家有关产品的相关规定。

2.6.2 产品生产过程中可能增加或产生有害金属元素的，应当按照有关行业标准的要求对金属元素限定指标进行检验。

2.7 销售和售后服务

2.7.1 应当选择具有合法资质的医疗机构，保存医疗机构执业资质证明文件，并建立档案。

2.7.2 应当建立产品销售记录，确保与医疗机构间的产品可追溯。销售的产品应当附有标签、检验合格证、说明书和设计单。

2.8 不合格品控制

2.8.1 应当对医疗机构返回的产品进行消毒、评审。

## 第三部分　术语

3.1 下列术语的含义是：

口腔印模：是指口腔有关组织的印模，反映了与修复有关的口腔软、硬组织的情况。

口腔模型：是指由口腔印模灌注成的模型。

设计单：是对定制式义齿生产过程的书面指导，是生产定制式义齿前填写的数据证明文件。

切削技术（CAD/CAM）：计算机辅助设计与制造技术，主要用于材料去除、切削加工。

增材制造技术（3D 打印）：是采用材料逐渐累加的方法制造实体零件的技术，相对于传统的材料去除、切削加工技术，是一种“自下而上”的制造方法。

金属原材料：具有合金、贵金属或非贵金属属性的材料。

金属尾料：是指熔模铸造工艺完成铸件后，切割剩余的铸道、底座部分，及生产过程中对金属铸件打磨切削去除的部分、不合格铸件。

物料平衡：在适当考虑可允许的正常偏差的情况下，产品或物料的理论产量或理论用量与实际产量或用量之间持平。

有害元素：已知可能产生生物学副作用的元素。

## 第四部分 附 则

4.1 本附录由国家食品药品监督管理总局负责解释。

4.2 本附录自 2018 年 1 月 1 日起施行。

# 食品药品监管总局关于发布医疗器械生产质量管理规范附录无菌医疗器械的公告

2015 年第 101 号

为加强医疗器械生产监督管理，规范医疗器械生产质量管理，根据《医疗器械监督管理条例》（国务院令 650 号）、《医疗器械生产监督管理办法》（国家食品药品监督管理总局令第 7 号），国家食品药品监督管理总局组织起草了《医疗器械生产质量管理规范附录无菌医疗器械》，现予以发布。

本附录是无菌医疗器械生产质量管理规范的特殊要求。无菌医疗器械生产质量管理体系应当符合《医疗器械生产质量管理规范》及本附录的要求。

特此公告。

附件：医疗器械生产质量管理规范附录无菌医疗器械

食品药品监管总局
2015 年 7 月 10 日

附件

## 医疗器械生产质量管理规范附录无菌医疗器械

### 第一部分　范围和原则

1.1 本附录是对无菌医疗器械生产质量管理规范的特殊要求。

1.2 无菌医疗器械生产须满足其质量和预期用途的要求，最大限度地降低污染，并应当根据产品特性、生产工艺和设备等因素，确定无菌医疗器械洁净室（区）的洁净度级别，以保证医疗器械不受污染或能有效排除污染。

### 第二部分　特殊要求

2.1 人员

2.1.1 凡在洁净室（区）工作的人员应当定期进行卫生和微生物学基础知识、洁净作业等方面培训。临时进入洁净室（区）的人员，应当对其进行指导和监督。

2.1.2 应当建立对人员的清洁要求，制定洁净室（区）工作人员卫生守则。人员进入洁净室（区）应当按照程序进行净化，并穿戴工作帽、口罩、洁净工作服、工作鞋。裸手接触产品的操作人员每隔一定时间应当对手再次进行消毒。裸手消毒剂的种类应当定期更换。

2.1.3 应当制定人员健康要求，建立人员健康档案。直接接触物料和产品的人员每年至少体检一次。患有传染性和感染性疾病的人员不得从事直接接触产品的工作。

2.1.4 应当明确人员服装要求，制定洁净和无菌工作服的管理规定。工作服及其质量应当与生产操作的要求及操作区的洁净度级别相适应，其式样和穿着方式应当能够满足保护产品和人员的要求。洁净工作服和无菌工作服不得脱落纤维和颗粒性物质，无菌工作服应当能够包盖全部头发、胡须及脚部，并能阻留人体脱落物。

2.2 厂房与设施

2.2.1 应当有整洁的生产环境。厂区的地面、路面周围环境及运输等不应对无菌医疗器械的生产造成污染。行政区、生活区和辅助区的总体布局应当合理，不得对生产区有不良影响。厂区应当远离有污染的空气和水等污染源的区域。

2.2.2 应当根据所生产的无菌医疗器械的质量要求，确定在相应级别洁净室（区）内进行生产的过程，避免生产中的污染。空气洁净级别不同的洁净室（区）之间的静压差应大于5帕，洁净室（区）与室外大气的静压差应大于10帕，并应有指示压差的装置。必要时，相同洁净级别的不同功能区域（操作间）之间也应当保持适当的压差梯度。

2.2.3 植入和介入到血管内的无菌医疗器械及需要在10,000级下的局部100级洁净室（区）内进行后续加工（如灌装封等）的无菌医疗器械或单包装出厂的配件，其末道清洁处理、组装、初包装、封口的生产区域和不经清洁处理的零部件的加工生产区域应当不低于10,000级洁净度级别。

2.2.4 与血液、骨髓腔或非自然腔道直接或间接接触的无菌医疗器械或单包装出厂的配件，其末道清洁处理、组装、初包装、封口的生产区域和不经清洁处理的零部件的加工生产区域应当不低于100,000级洁净度级别。

2.2.5 与人体损伤表面和粘膜接触的无菌医疗器械或单包装出厂的配件，其末道清洁处理、组装、初包装、封口的生产区域和不经清洁处理的零部件的加工生产区域应当不低于300,000级洁净度级别。

2.2.6 与无菌医疗器械的使用表面直接接触、不需清洁处理即使用的初包装材料，其生产环境洁净度级别的设置应当遵循与产品生产环境的洁净度级别相同的原则，使初包装材料的质量满足所包装无菌医疗器械的要求；若初包装材料不与无菌医疗器械使用表面直接接触，应当在不低于300,000级洁净室（区）内生产。

2.2.7 对于有要求或采用无菌操作技术加工的无菌医疗器械（包括医用材料），应当在10,000级下的局部100级洁净室（区）内进行生产。

2.2.8 洁净工作服清洗干燥间、洁具间、专用工位器具的末道清洁处理与消毒的区域的空气洁净度级别可低于生产区一个级别，但不得低于300,000级。无菌工作服的整理、灭菌后的贮存应当在10,000级洁净室（区）内。

2.2.9 洁净室（区）应当按照无菌医疗器械的生产工艺流程及所要求的空气洁净度级别进行合理布局，人流、物流走向应当合理。同一洁净室（区）内或相邻洁净室（区）间的生产操作不得互相交叉污染。

2.2.10 洁净室（区）空气洁净度级别指标应当符合医疗器械相关行业标准的要求。

2.2.11 洁净室（区）的温度和相对湿度应当与产品生产工艺要求相适应。无特殊要求时，温度应当控制在18~28℃，相对湿度控制在45%~65%。

2.2.12 进入洁净室（区）的管道、进回风口布局应当合理，水、电、气输送线路与墙体接口处应当可靠密封，照明灯具不得悬吊。

2.2.13 洁净室（区）内操作台应当光滑、平整、不脱落尘粒和纤维，不易积尘并便于清洁处理和消毒。

2.2.14 生产厂房应当设置防尘、防止昆虫和其他动物进入的设施。洁净室（区）的门、窗及安全门应当密闭，洁净室（区）的门应当向洁净度高的方向开启，洁净室（区）的内表面应当便于清洁，不受清洁和消毒的影响。100级的洁净室（区）内不得设置地漏。在其他洁净室（区）内，水池或地漏应当有适当的设计和维护，并安装易于清洁且带有空气阻断功能的装置以防倒灌，同外部排水系统的连接方式应当能够防止微生物的侵入。

2.2.15 洁净室（区）内使用的压缩空气等工艺用气均应当经过净化处理。与产品使用表面直接接触的气体，其对产品的影响程度应当进行验证和控制，以适应所生产产品的要求。

2.2.16 洁净室（区）内的人数应当与洁净室（区）面积相适应。

2.3 设备

2.3.1 生产设备、工艺装备和工位器具应当符合洁净环境控制和工艺文件的要求。

2.3.2 洁净室（区）空气净化系统应当经过确认并保持连续运行，维持相应的洁净度级别，并在一定周期后进行再确认。

若停机后再次开启空气净化系统，应当进行必要的测试或验证，以确认仍能达到规定的洁净度级别要求。

2.3.3 应当确定所需要的工艺用水。当生产过程中使用工艺用水时，应当配备相应的制水设备，并有防止污染的措施，用量较大时应当通过管道输送至洁净室（区）的用水点。工艺用水应当满足产品质量的要求。

2.3.4 应当制定工艺用水的管理文件，工艺用水的储罐和输送管道应当满足产品要求，并定期清洗、消毒。

2.3.5 与物料或产品直接接触的设备、工艺装备及管道表面应当光洁、平整、无颗粒物质脱落、无毒、耐腐蚀，不与物料或产品发生化学反应和粘连，易于清洁处理、消毒或灭菌。

2.4 设计开发

2.4.1 应当明确灭菌工艺（方法和参数）和无菌保证水平（SAL），并提供灭菌确认报告。

2.4.2 如灭菌使用的方法容易出现残留，应当明确残留物信息及采取的处理方法。

2.5 采购

2.5.1 应当对采购物品进行检验或验证，需要进行生物学评价的材料，采购物品应当与经生物学评价的材料相同。

2.5.2 对来源于动物的原、辅材料应当满足产品质量控制要求。

2.5.3 无菌医疗器械的初包装材料应当适用于所用的灭菌过程或无菌加工的包装要求，并执行相应法规和标准的规定，确保在包装、运输、贮存和使用时不会对产品造成污染。

应当根据产品质量要求确定所采购初包装材料的初始污染菌和微粒污染可接受水平并形成文件，按照文件要求对采购的初包装材料进行进货检验并保持相关记录。

2.6 生产管理

2.6.1 生产过程中产生粉尘、烟雾、毒害物、射线和紫外线等有害物质的厂房、设备应当安装相应的防护装置，建立其工作环境条件的要求并形成文件，以进行有效控制。

2.6.2 应当制定洁净室（区）的卫生管理文件，按照规定对洁净室（区）进行清洁处理和消毒，并保存记录。所用的消毒剂或消毒方法不得对设备、工艺装备、物料和产品造成污染。消毒剂品种应当定期更换，防止产生耐药菌株。

2.6.3 生产设备所用的润滑剂、冷却剂、清洗剂及在洁净室（区）内通过模具成型后不需清洁处理的零配件所用的脱模剂，均不得对产品造成污染。

2.6.4 应当制定工位器具的管理文件，所选用的工位器具应当能避免产品在存放和搬运中被污染和损坏。

2.6.5 进入洁净室（区）的物品，包括原料和零配件等必须按程序进行净化处理。

对于需清洁处理的无菌医疗器械的零配件，末道清洁处理应当在相应级别的洁净室（区）内进行，末道清洁处理介质应当满足产品质量的要求。

2.6.6 应当建立清场的管理规定，以防止产品的交叉污染，并做好清场记录。

2.6.7 应当建立批号管理规定，明确生产批号和灭菌批号的关系，规定每批产品应形成的记录。

2.6.8 应当选择适宜的方法对产品进行灭菌或采用适宜的无菌加工技术以保证产品无菌，并执行相关法规和标准的要求。

2.6.9 应当建立无菌医疗器械灭菌过程确认程序并形成文件。灭菌过程应当按照相关标准要求在初次实施前进行确认，必要时再确认，并保持灭菌过程确认记录。

2.6.10 应当制定灭菌过程控制文件，保持每一灭菌批的灭菌过程参数记录，灭菌记录应当可追溯到产品的每一生产批。

2.6.11 对直接或间接接触心血管系统、淋巴系统或脑脊髓液或药液的零配件应当至少能追溯到产品生产所用的原材料、灭菌设备和生产环境。

2.6.12 应当根据对产品质量影响的程度规定各种无菌医疗器械产品和材料的贮存条

件，贮存场所应当具有相应的环境监控设施，应当控制和记录贮存条件，贮存条件应当在标签或使用说明书中注明。

2.7 质量控制

2.7.1 应当具备无菌、微生物限度和阳性对照的检测能力和条件。

2.7.2 应当对工艺用水进行监控和定期检测，并保持监控记录和检测报告。

2.7.3 应当按照医疗器械相关行业标准要求对洁净室（区）的尘粒、浮游菌或沉降菌、换气次数或风速、静压差、温度和相对湿度进行定期检（监）测，并保存检（监）测记录。

2.7.4 应当根据产品质量要求确定产品的初始污染菌和微粒污染的控制水平并形成文件，明确中间品的存储环境要求和存放时间，按文件要求定期检测并保持相关记录。应当定期对检测记录进行汇总和趋势分析。

2.7.5 应当根据产品留样目的确定留样数量和留样方式，按照生产批或灭菌批等进行留样，并保存留样观察记录或留样检验记录。

## 第三部分 术 语

3.1 下列术语的含义是：

批号：用于识别一个特定批的具有唯一性的数字和（或）字母的组合。

生产批：指在一段时间内，同一工艺条件下连续生产出的具有同一性质和质量的产品。

灭菌批：在同一灭菌容器内，同一工艺条件下灭菌的具有相同无菌保证水平的产品。

灭菌：用以使产品无任何形式的存活微生物的过程，且该过程应当经过确认。

无菌：产品上无存活微生物的状态。

初包装材料：与产品直接接触的包装材料。

洁净室（区）：需要对尘粒及微生物含量进行控制的房间（区域）。其建筑结构、装备及其作用均具有减少该房间（区域）内污染源的介入、产生和滞留的功能。

洁净度：洁净环境内单位体积空气中含大于或等于某一粒径的悬浮粒子和微生物最大允许统计数。

无菌加工：在受控的环境中进行产品的无菌制备及产品的无菌灌装。该环境的空气供应、材料、设备和人员都得到控制，使微生物和微粒污染控制到可接受水平。

## 第四部分 附 则

4.1 本附录由国家食品药品监督管理总局负责解释。

4.2 本附录自2015年10月1日起施行。原国家食品药品监督管理局于2009年12月16日发布的《关于印发医疗器械生产质量管理规范无菌医疗器械实施细则和检查评定标准（试行）的通知》（国食药监械〔2009〕835号）同时废止。

# 食品药品监管总局关于发布医疗器械生产质量管理规范附录植入性医疗器械的公告

2015年第102号

为加强医疗器械生产监督管理，规范医疗器械生产质量管理，根据《医疗器械监督管理条例》(国务院令650号)、《医疗器械生产监督管理办法》(国家食品药品监督管理总局令第7号)，国家食品药品监督管理总局组织起草了《医疗器械生产质量管理规范附录植入性医疗器械》，现予以发布。

本附录是植入性医疗器械生产质量管理规范的特殊要求。植入性医疗器械生产质量管理体系应当符合《医疗器械生产质量管理规范》及本附录的要求。

特此公告。

附件：医疗器械生产质量管理规范附录植入性医疗器械

食品药品监管总局
2015年7月10日

附件

## 医疗器械生产质量管理规范附录植入性医疗器械

### 第一部分 范围和原则

1.1 本附录适用于植入性的有源医疗器械和无源医疗器械，但不适用于组织工程植入物中生物技术组成部分和除齿科种植体外的其他齿科植入物。

1.2 本附录是对植入性医疗器械生产质量管理规范的特殊要求。

1.3 植入性的无菌医疗器械，生产中应当最大限度地降低污染，以保证医疗器械不受污染或能有效排除污染。植入性的非无菌医疗器械，其生产环境的设置应当满足产品质量的要求。

### 第二部分 特殊要求

2.1 人员

2.1.1 植入性的动物源医疗器械和同种异体医疗器械的生产、技术和质量管理人员应当具有相应的生物学、生物化学、微生物学、医学、免疫学等专业知识，并具有相应的实践经验，以确保具备在生产、质量管理中履行职责的能力。

2.1.2 凡在洁净室（区）工作的人员应当定期进行卫生和微生物学基础知识、洁净作业等方面培训。临时进入洁净室（区）的人员，应当对其进行指导和监督。

2.1.3 从事植入性的动物源医疗器械和同种异体医疗器械生产的全体人员，包括清洁、维修等人员均应当根据其产品和所从事的生产操作进行专业和安全防护培训。

2.1.4 应当建立对人员的清洁要求，制定洁净室（区）工作人员卫生守则。人员进入洁净室（区）应当按照程序进行净化，并穿戴工作帽、口罩、洁净工作服、工作鞋。裸手接触产品的操作人员每隔一定时间应当对手再次进行消毒。裸手消毒剂的种类应当定期更换。

2.1.5 应当制定人员健康要求，设立人员健康档案。直接接触物料和产品的操作人员每年至少体检一次。患有传染性和感染性疾病的人员不得从事直接接触产品的工作。

2.1.6 应当明确人员服装要求，制定洁净和无菌工作服的管理规定。工作服及其质量应当与生产操作的要求及操作区的洁净度级别相适应，其式样和穿着方式应当能够满足保护产品和人员的要求。洁净工作服和无菌工作服不得脱落纤维和颗粒性物质，无菌工作服应当能够包盖全部头发、胡须及脚部，并能阻留人体脱落物。

2.2 厂房与设施

2.2.1 应当有整洁的生产环境。厂区的地面、路面周围环境及运输等不应对植入性的无菌医疗器械的生产造成污染。行政区、生活区和辅助区的总体布局应当合理，不得对生产区有不良影响。厂区应当远离有污染的空气和水等污染源的区域。

2.2.2 应当根据所生产的植入性无菌医疗器械的质量要求，确定在相应级别洁净室（区）内进行生产的过程，避免生产中的污染。空气洁净级别不同的洁净室（区）之间的静压差应大于5帕，洁净室（区）与室外大气的静压差应大于10帕，并应有指示压差的装置。必要时，相同洁净级别的不同功能区域（操作间）之间也应当保持适当的压差梯度。

2.2.3 主要与骨接触的植入性无菌医疗器械或单包装出厂的配件，其末道清洁处理、组装、初包装、封口的生产区域和不经清洁处理零部件的加工生产区域应当不低于100,000级洁净度级别。

2.2.4 主要与组织和组织液接触的植入性无菌医疗器械或单包装出厂的配件，其末道清洁处理、组装、初包装、封口的生产区域和不经清洁处理零部件的加工生产区域应当不低于100,000级洁净度级别。

2.2.5 主要与血液接触的植入性无菌医疗器械或单包装出厂的配件，其末道清洁处理、组装、初包装、封口的生产区域和不经清洁处理零部件的加工生产区域应当不低于10,000级洁净度级别。

2.2.6 与人体损伤表面和粘膜接触的植入性无菌医疗器械或单包装出厂的零部件，其末道清洁处理、组装、初包装、封口的生产区域和不经清洁处理零部件的加工生产区域应当不低于300,000级洁净度级别。

2.2.7 与植入性的无菌医疗器械的使用表面直接接触、不需清洁处理即使用的初包装材料，其生产环境洁净度级别的设置应当遵循与产品生产环境的洁净度级别相同的原则，使初包装材料的质量满足所包装无菌医疗器械的要求；若初包装材料不与植入性无菌医疗器械使用表面直接接触，应当在不低于300,000洁净室（区）内生产。

2.2.8 对于有要求或采用无菌操作技术加工的植入性无菌医疗器械（包括医用材料），应当在10,000级下的局部100级洁净室（区）内进行生产。

2.2.9 洁净工作服清洗干燥间、洁具间、专用工位器具的末道清洁处理与消毒的区域的空气洁净度级别可低于生产区一个级别，但不得低于300,000级。无菌工作服的整理、灭菌后的贮存应当在10,000级洁净室（区）内。

2.2.10 洁净室（区）应当按照植入性的无菌医疗器械的生产工艺流程及所要求的空气洁净度级别进行合理布局，人流、物流走向应当合理。同一洁净室（区）内或相邻洁净室（区）间的生产操作不得互相交叉污染。

2.2.11 洁净室（区）空气洁净度级别指标应当符合医疗器械相关行业标准的要求。

2.2.12 洁净室（区）的温度和相对湿度应当与产品生产工艺要求相适应。无特殊要求时，温度应当控制在18~28℃，相对湿度控制在45%~65%。

2.2.13 进入洁净室（区）的管道、进回风口布局应当合理，水、电、气输送线路与墙体接口处应当可靠密封，照明灯具不得悬吊。

2.2.14 洁净室（区）内操作台应当光滑、平整、不脱落尘粒和纤维、不易积尘并便于清洁处理和消毒。

2.2.15 生产厂房应当设置防尘、防止昆虫和其他动物进入的设施。洁净室（区）的门、窗及安全门应当密闭，洁净室（区）的门应当向洁净度高的方向开启。洁净室（区）的内表面应当便于清洁，不受清洁和消毒的影响。

100级的洁净室（区）内不得设置地漏。在其他洁净室（区）内，水池或地漏应当有适当的设计和维护，并安装易于清洁且带有空气阻断功能的装置以防倒灌，同外部排水系统的连接方式应当能够防止微生物的侵入。

2.2.16 洁净室（区）内使用的压缩空气等工艺用气均应当经过净化处理。与产品使用表面直接接触的气体，其对产品的影响程度应当进行验证和控制，以适应所生产产品的要求。

2.2.17 洁净室（区）内的人数应当与洁净室（区）面积相适应。

2.2.18 对植入性的非无菌医疗器械或使用前预期灭菌的医疗器械，如果通过确认的产品清洁、包装过程能将污染降低并保持稳定的控制水平，应当建立一个受控的环境来确保该确认的清洁和包装过程。

2.3 设备

2.3.1 生产设备、工艺装备和工位器具应当符合洁净环境控制和工艺文件的要求。

2.3.2 洁净室（区）空气净化系统应当经过确认并保持连续运行，维持相应的洁净度级别，并在一定周期后进行再确认。

若停机后再次开启空气净化系统，应当进行必要的测试或验证，以确认仍能达到规定的洁净度级别要求。

2.3.3 应当确定所需要的工艺用水。当生产过程中使用工艺用水时，应当配备相应的制水设备，并有防止污染的措施，用量较大时应当通过管道输送至洁净室（区）的用水点。工艺用水应当满足产品质量的要求。

2.3.4 应当制定工艺用水的管理文件，工艺用水的储罐和输送管道应当满足产品要求，并定期清洗、消毒。

2.3.5 与物料或产品直接接触的设备、工艺装备及管道表面应当光洁、平整、无颗粒物质脱落、无毒、耐腐蚀，不与物料或产品发生化学反应和粘连，易于清洁处理和消毒或灭菌。

2.4 设计开发

2.4.1 有源植入性医疗器械的设计与制造应当将与能源使用有关的风险，特别是与绝缘、漏电及过热有关的风险，降至最低。

2.4.2 含有同种异体材料、动物源性材料或生物活性物质等具有生物安全风险类的植入性医疗器械，在研制开发过程中应当对相关材料及生物活性物质的生物安全性进行验证并形成文件。

2.4.3 研制加工工艺应当对各种助剂的使用及对杂质（如残留单体、小分子残留物等）的控制情况进行验证并形成文件。

2.5 采购

2.5.1 应当对采购物品进行检验或验证，需要进行生物学评价的材料，采购物品应当与经生物学评价的材料相同。

2.5.2 植入性无菌医疗器械的初包装材料应当适用于所用的灭菌过程或无菌加工的包装要求，并执行相应法规和标准的规定，确保在包装、运输、贮存和使用时不会对产品造成污染。

应当根据产品质量要求确定所采购初包装材料的初始污染菌和微粒污染可接受水平并形成文件，按照文件要求对采购的初包装材料进行进货检验并保持相关记录。

2.5.3 植入性的动物源医疗器械和同种异体医疗器械生产企业对所需供体采购应当向合法和有质量保证的供方采购，与供方签订采购协议书，对供方的资质进行评价，并有详细的采购信息记录。

2.5.4 植入性的动物源医疗器械生产企业应当对用于医疗器械生产的动物源性供体进行风险分析和管理，对所需供体可能感染病毒和传染性病原体进行安全性控制并保存资料，应当制定灭活或去除病毒和其他传染性病原体的工艺文件，该工艺需经验证并保留验证报告。

2.5.5 植入性的动物源医疗器械生产企业应当与动物定点供应单位签订长期供应协议，在协议中应当载明供体的质量要求，并保存供应单位相关资格证明、动物检疫合格证、动物防疫合格证，执行的检疫标准等资料。生产企业应当保存供体的可追溯性文件和记录。

2.5.6 植入性的同种异体医疗器械生产企业应当对所需供体进行严格筛查，应当建立供体筛查技术要求，并保存供体病原体及必要的血清学检验报告。

2.5.7 植入性的同种异体医疗器械生产企业应当保存供者志愿捐献书。在志愿捐献书中，应当明确供者所捐献组织的实际用途，并经供者本人或其法定代理人或其直系亲属签名确认。对用于医疗器械生产的同种异体原材料，生产企业应当保存与其合作的医疗机构提供的合法性证明或其伦理委员会的确认文件。

2.6 生产管理

2.6.1 生产过程中产生粉尘、烟雾、毒害物、射线和紫外线等有害物质的厂房、设备应当安装相应的防护装置，建立其工作环境条件的要求并形成文件，以进行有效控制。

2.6.2 应当制定洁净室（区）的卫生管理文件，按照规定对洁净室（区）进行清洁处理和消毒，并保存记录。所用的消毒剂或消毒方法不得对设备、工艺装备、物料和产品造成污染。消毒剂品种应当定期更换，防止产生耐药菌株。

2.6.3 生产设备所用的润滑剂、冷却剂、清洗剂及在洁净室（区）内通过模具成型后不清洗的零配件所用的脱模剂，均不得对产品造成污染。

2.6.4 应当制定工位器具的管理文件，所选用的工位器具应当能避免产品在存放和搬运中被污染和损坏。

2.6.5 进入洁净室（区）的物品，包括原料和零配件等必须按程序进行净化处理。

对于需清洁处理的植入性无菌医疗器械的零配件，末道清洁处理应当在相应级别的洁净室（区）内进行，末道清洁处理介质应当满足产品质量的要求。

2.6.6 应当建立清场的管理规定，以防止产品的交叉污染，并做好清场记录。

2.6.7 应当建立批号管理规定，明确生产批号和灭菌批号的关系，规定每批产品应当形成的记录。

2.6.8 应当选择适宜的方法对产品进行灭菌或采用适宜的无菌加工技术以保证产品无菌，并执行相关法规和标准的要求。

2.6.9 应当建立植入性无菌医疗器械灭菌过程确认程序并形成文件。灭菌过程应当按照相关标准要求在初次实施前进行确认，必要时再确认，并保持灭菌过程确认记录。

2.6.10 应当制定灭菌过程控制文件，保持每一灭菌批的灭菌过程参数记录，灭菌记录应当可追溯到产品的每一生产批。

2.6.11 应当建立可追溯性程序并形成文件，规定植入性医疗器械可追溯的范围、程度、唯一性标识和要求的记录。在规定可追溯要求的记录时，应当包括可能导致最终产品不满足其规定要求的所用的原材料、生产设备、操作人员和生产环境等记录。

2.6.12 植入性医疗器械应当标记生产企业名称或商标、批代码（批号）或系列号，以保证其可追溯。如果标记会影响产品的预期性能，或因产品体积或物理特性难以清晰标记，上述信息可以使用标签或其他方法标示。

2.6.13 应当根据对产品质量影响的程度规定各种植入性无菌医疗器械产品和材料的贮存条件，贮存场所应当具有环境监控设施，应当控制和记录贮存条件，贮存条件应当在标签或使用说明书中注明。

2.6.14 以非无菌状态提供的植入性医疗器械，应当在确认过的清洁条件或净化条件下进行末道清洗和包装，清洗水质至少为纯化水，同时采取适当的措施，避免或降低微生物污染。其包装应当能保持其产品不发生锈蚀、霉变、蜕变等性质变化，应适宜企业所用的灭菌方法。

2.6.15 植入性的动物源医疗器械和同种异体医疗器械生产企业应当对供体的控制、防护、试验及处理提供有效保障措施。对于涉及到生物安全性的有关病毒和其他传染性病原体，企业应当采用有效的方法灭活、去除病毒和其他传染性病原体，并对其工艺过程的有效性进行确认。企业应当保存所有与生产有关的控制记录。

2.6.16 植入性的动物源医疗器械和同种异体医疗器械的物料应当在受控条件下进行处理，不应造成污染。企业应当建立废弃的动物和人体组织的处理程序和记录。

2.6.17 用于生产植入性的动物源医疗器械和同种异体医疗器械的操作区和设备应当便于清洁，能耐受熏蒸和消毒。

2.6.18 生产植入性的动物源医疗器械和同种异体医疗器械的洁净室（区）和需要消毒的区域，应当选择使用一种以上的消毒方式，并进行检测，以防止产生耐药菌株。

2.7 质量控制

2.7.1 植入性无菌医疗器械生产企业应当具备无菌、微生物限度和阳性对照的检测能力和条件。

2.7.2 应当对工艺用水进行监控和定期检测，并保持监控记录和检测报告。

2.7.3 植入性无菌医疗器械生产企业应当按照医疗器械相关行业标准要求对洁净室（区）的尘粒、浮游菌或沉降菌、换气次数或风速、静压差、温度和相对湿度进行定期检（监）测，并保存检（监）测记录。

2.7.4 应当根据产品质量要求确定产品的初始污染菌和微粒污染的控制水平并形成文件，明确中间品的存储环境要求和存放时间，按文件要求定期检测并保持相关记录。应当定期对检测记录进行汇总和趋势分析。

2.7.5 应当建立与生产产品相适应的检验机构，对产品按批进行出厂检验项目的检验。检验记录应当载明检验和试验人员的姓名、职务和检验日期。

2.7.6 应当根据产品留样目的确定留样数量和留样方式，按照生产批或灭菌批等进行留样，并保存留样观察记录或留样检验记录。

2.8 销售

2.8.1 应当要求其代理商或经销商保存医疗器械分销记录以便追溯。企业应当保存货运包装收件人的名字和地址的记录。

2.9 不良事件监测、分析和改进

2.9.1 应当制定对取出的植入性医疗器械进行分析研究的规定并形成文件。在获得取出的植入性医疗器械后，企业应当对其分析研究，了解植入产品有效性和安全性方面的信息，以用于提高产品质量和改进产品安全性。

2.9.2 应当建立与其生产产品相适应的医疗器械不良事件信息收集方法，及时收集医疗器械不良事件。

## 第三部分 术 语

3.1 下列术语的含义是：

批号：用于识别一个特定批的具有唯一性的数字和（或）字母的组合。

生产批：指在一段时间内，同一工艺条件下连续生产出的具有同一性质和质量的产品。

灭菌批：在同一灭菌容器内，同一工艺条件下灭菌的具有相同无菌保证水平的产品。

灭菌：用以使产品无任何形式的存活微生物的过程，且该过程应当经过确认。

无菌：产品上无存活微生物的状态。

初包装材料：与产品直接接触的包装材料。

洁净室(区)：需要对尘粒及微生物含量进行控制的房间（区域）。其建筑结构、装备及其作用均具有减少该房间（区域）内污染源的介入、产生和滞留的功能。

洁净度：洁净环境内单位体积空气中含大于或等于某一粒径的悬浮粒子和微生物最大允许统计数。

无菌加工：在受控的环境中进行产品的无菌制备及产品的无菌灌装。该环境的空气供应、材料、设备和人员都得到控制，使微生物和微粒污染控制到可接受水平。

## 第四部分 附 则

4.1 本附录由国家食品药品监督管理总局负责解释。

4.2 本附录自2015年10月1日起施行。原国家食品药品监督管理局于2009年12月16日发布的《关于印发医疗器械生产质量管理规范植入性医疗器械实施细则和检查评定标准（试行）的通知》（国食药监械〔2009〕836号）同时废止。

# 食品药品监管总局关于发布医疗器械生产质量管理规范附录体外诊断试剂的公告

2015 年第 103 号

为加强医疗器械生产监督管理，规范医疗器械生产质量管理，根据《医疗器械监督管理条例》（国务院令 650 号）、《医疗器械生产监督管理办法》（国家食品药品监督管理总局令第 7 号），国家食品药品监督管理总局组织起草了《医疗器械生产质量管理规范附录体外诊断试剂》，现予以发布。

本附录是体外诊断试剂生产质量管理规范的特殊要求。体外诊断试剂生产质量管理体系应当符合《医疗器械生产质量管理规范》及本附录的要求。

特此公告。

附件：医疗器械生产质量管理规范附录体外诊断试剂

食品药品监管总局

2015 年 7 月 10 日

附件

## 医疗器械生产质量管理规范附录体外诊断试剂

### 第一部分　范围和原则

1.1 本附录适用于按照医疗器械管理的体外诊断试剂。

1.2 本附录是对体外诊断试剂生产质量管理规范的特殊要求。

### 第二部分　特殊要求

2.1 人员

2.1.1 体外诊断试剂生产、技术和质量管理人员应当具有医学、检验学、生物学、免疫学或药学等与所生产产品相关的专业知识，并具有相应的实践经验，以确保具备在生产、质量管理中履行职责的能力。

2.1.2 凡在洁净室（区）工作的人员应当定期进行卫生和微生物学基础知识、洁净作业等方面培训。临时进入洁净室（区）的人员，应当对其进行指导和监督。

2.1.3 从事体外诊断试剂生产的全体人员，包括清洁、维修等人员均应当根据其产品和所从事的生产操作进行专业和安全防护培训。

2.1.4 应当建立对人员的清洁要求，制定洁净室（区）工作人员卫生守则。人员进入洁净室（区）应当按照程序进行净化，并穿戴工作帽、口罩、洁净工作服、工作鞋。裸手接触产品的操作人员每隔一定时间应当对手再次进行消毒。裸手消毒剂的种类应当定期更换。

2.1.5 应当制定人员健康要求，建立人员健康档案。直接接触物料和产品的操作人员每年至少体检一次。患有传染性和感染性疾病的人员不得从事直接接触产品的工作。

2.1.6 应当明确人员服装要求，制定洁净和无菌工作服的管理规定。工作服及其质量应当与生产操作的要求及操作区的洁净度级别相适应，其式样和穿着方式应当能够满足保护产品和人员的要求。洁净工作服和无菌工作服不得脱落纤维和颗粒性物质，无菌工作服应当能够包盖全部头发、胡须及脚部，并能阻留人体脱落物。

2.2 厂房与设施

2.2.1 应当有整洁的生产环境。厂区的地面、路面周围环境及运输等不应对产品的生产造成污染。行政区、生活区和辅助区的总体布局合理，不得对生产区有不良影响。厂区应当远离有污染的空气和水等污染源的区域。

2.2.2 生产厂房应当设置防尘、防止昆虫和其他动物进入的设施。洁净室（区）的门、窗及安全门应当密闭，洁净室（区）的门应当向洁净度高的方向开启。

2.2.3 应当根据体外诊断试剂的生产过程控制，确定在相应级别的洁净室（区）内进行生产的过程，避免生产中的污染。空气洁净级别不同的洁净室（区）之间的静压差应当大于5帕，洁净室（区）与室外大气的静压差应大于10帕，并应当有指示压差的装置。相同级别洁净室间的压差梯度应当合理。

2.2.4 酶联免疫吸附试验试剂、免疫荧光试剂、免疫发光试剂、聚合酶链反应（PCR）试剂、金标试剂、干化学法试剂、细胞培养基、校准品与质控品、酶类、抗原、抗体和其他活性类组分的配制及分装等产品的配液、包被、分装、点膜、干燥、切割、贴膜以及内包装等，生产区域应当不低于100,000级洁净度级别。

2.2.5 阴性或阳性血清、质粒或血液制品等的处理操作，生产区域应当不低于10,000级洁净度级别，并应当与相邻区域保持相对负压。

2.2.6 无菌物料等分装处理操作，操作区域应当符合局部100级洁净度级别。

2.2.7 普通类化学试剂的生产应当在清洁环境中进行。

2.2.8 洁净室（区）空气洁净度级别应当符合下表规定：

表　洁净室（区）空气洁净度级别

| 洁净度级别 | 尘粒最大允许数 /$m^3$ | | 微生物最大允许数 | |
|---|---|---|---|---|
| | ≥ 0.5μm | ≥ 5μm | 浮游菌 /$m^3$ | 沉降菌 / 皿 |
| 100 级 | 3,500 | 0 | 5 | 1 |
| 10,000 级 | 350,000 | 2,000 | 100 | 3 |
| 100,000 级 | 3,500,000 | 20,000 | 500 | 10 |

2.2.9 洁净室（区）应当按照体外诊断试剂的生产工艺流程及所要求的空气洁净度级别进行合理布局，人流、物流走向应当合理。同一洁净室（区）内或相邻洁净室（区）间的生产操作不得互相交叉污染。

2.2.10 进入洁净室（区）的管道、进回风口布局应当合理，水、电、气输送线路与墙体接口处应当可靠密封，照明灯具不得悬吊。

2.2.11 洁净室（区）的温度和相对湿度应当与产品生产工艺要求相适应。无特殊要求时，温度应当控制在 18~28℃，相对湿度控制在 45%~65%。

2.2.12 洁净室（区）和非洁净室（区）之间应有缓冲设施。

2.2.13 洁净室（区）的内表面（墙面、地面、天棚、操作台等）应当平整光滑、无裂缝、接口严密、无颗粒物脱落，避免积尘，并便于清洁处理和消毒。

2.2.14 洁净室（区）的空气如循环使用应当采取有效措施避免污染和交叉污染。

2.2.15 洁净室（区）内的水池、地漏应安装防止倒灌的装置，避免对环境和物料造成污染。

100 级的洁净室（区）内不得设置地漏。

2.2.16 产尘操作间应当保持相对负压或采取有效措施，防止粉尘扩散，避免交叉污染。

2.2.17 对具有污染性、传染性和高生物活性的物料应当在受控条件下进行处理，避免造成传染、污染或泄漏等。

2.2.18 生产激素类、操作有致病性病原体或芽胞菌制品的，应当使用单独的空气净化系统，与相邻区域保持负压，排出的空气不能循环使用。

2.2.19 进行危险度二级及以上的病原体操作应当配备生物安全柜，空气应当进行过滤处理后方可排出。应当对过滤器的性能进行定期检查以保证其有效性。使用病原体类检测试剂的阳性血清应当有相应的防护措施。

2.2.20 对于特殊的高致病性病原体的采集、制备，应当按照有关部门颁布的行业标准，如人间传染病微生物名录、微生物和生物医学实验室生物安全通用准则、实验室生物安全通用要求等相关规定，配备相应的生物安全设施。

2.2.21 生产聚合酶链反应（PCR）试剂的，其生产和检验应当在独立的建筑物或空间内进行，保证空气不直接联通，防止扩增时形成的气溶胶造成交叉污染。其生产和质检的器具不得混用，用后应严格清洗和消毒。

2.2.22 洁净室（区）内的人数应当与洁净室（区）面积相适应。

2.2.23 对生产环境没有空气净化要求的体外诊断试剂，应当在清洁环境内进行生产。

清洁条件的基本要求：要有防尘、通风、防止昆虫或其他动物以及异物混入等措施；人流、物流分开，人员进入生产车间前应当有换鞋、更衣、佩戴口罩和帽子、洗手、手消毒等清洁措施；生产场地的地面应当便于清洁，墙、顶部应平整、光滑，无颗粒物脱落；操作台应当光滑、平整、无缝隙、耐腐蚀，便于清洗、消毒；应当对生产区域进行定期清洁、清洗和消毒；应当根据生产要求对生产车间的温湿度进行控制。

2.2.24 易燃、易爆、有毒、有害、具有污染性或传染性、具有生物活性或来源于生物体的物料的管理应当符合国家相关规定。所涉及的物料应当列出清单，专区存放、专人保管和发放，并制定相应的防护规程。

2.2.25 动物室应当在隔离良好的建筑体内，与生产、质检区分开，不得对生产造成污染。

2.3 设备

2.3.1 洁净室（区）空气净化系统应当经过确认并保持连续运行，维持相应的洁净度级别，并在一定周期后进行再确认。

若停机后再次开启空气净化系统，应当进行必要的测试或验证，以确认仍能达到规定的洁净度级别要求。

2.3.2 应当确定所需要的工艺用水。当生产过程中使用工艺用水时，应当配备相应的制水设备，并有防止污染的措施，用量较大时应当通过管道输送至洁净室（区）的用水点。工艺用水应当满足产品质量的要求。

2.3.3 应当制定工艺用水的管理文件，工艺用水的储罐和输送管道应当满足所生产的产品对于水质的要求，并定期清洗、消毒。

2.3.4 配料罐容器与设备连接的主要固定管道应当标明内存的物料名称、流向，定期清洗和维护，并标明设备运行状态。

2.3.5 与物料或产品直接接触的设备、容器具及管道表面应当光洁、平整、无颗粒物质脱落、无毒、耐腐蚀，不与物料或产品发生化学反应和粘连，易于清洁处理和消毒或灭菌。

2.3.6 需要冷藏、冷冻的原料、半成品、成品，应当配备相应的冷藏、冷冻储存设备，并按规定监测设备运行状况、记录储存温度。

冷藏、冷冻体外诊断试剂应当配备符合其温度要求的运输设施设备。

2.4 设计开发

2.4.1 研制条件，包括配合使用的设备、仪器和试剂应当满足研究所需，研制所用的设备、仪器和试剂应当保存使用记录。

2.4.2 研制过程中主要原料、中间体、重要辅料应当明确来源，其数量、使用量及其剩余量应当保存记录。

2.4.3 工艺研究、技术要求/分析性能研究、稳定性研究、检验、临床试验/评价（包括预实验）研究、参考值研究等各个阶段的样品数量、贮存条件、留样、使用或销毁情况应当保存记录，样品试制量应当满足从事研究所需要的数量。

2.5 采购

2.5.1 外购的标准品、校准品、质控品、生产用或质控用血液的采购应满足可追溯要求。应当由企业或提供机构测定病原微生物及明确定值范围；应当对其来源地、定值范围、灭活状态、数量、保存、使用状态等信息有明确记录，并由专人负责。

2.6 生产管理

2.6.1 洁净室（区）内使用的压缩空气等工艺用气均应当经过净化处理。与产品使用表面直接接触的气体，其对产品的影响程度应当进行验证和控制，以适应所生产产品的要求。

2.6.2 生产设备、容器具等应当符合洁净环境控制和工艺文件的要求。

2.6.3 应当按照物料的性状和储存要求进行分类存放管理，应当明确规定中间品的储存条件和期限。

物料应当在规定的使用期限内，按照先进先出的原则使用。无规定使用期限的，应当根据物料的稳定性数据确定储存期限。储存期内发现储存条件变化且可能影响产品质量时，应及时进行复验。

2.6.4 进入洁净室（区）的物品应当按程序进行净化处理。

2.6.5 在生产过程中，应当建立产品标识和生产状态标识控制程序，对现场各类物料和生产区域、设备、管路的状态进行识别和管理。

2.6.6 应当对每批产品中关键物料进行物料平衡核查。如有显著差异，必须查明原因，在得出合理解释，确认无潜在质量事故后，方可按正常产品处理。

2.6.7 应当制定批号管理制度，对主要物料、中间品和成品按规定进行批号管理，并保存和提供可追溯的记录。同一试剂盒内各组分批号不同时应当尽量将生产日期接近的组分进行组合，在每个组分的容器上均标明各自的批号和有效期。整个试剂盒的有效期应当以最先到有效期的组分的效期为准。

2.6.8 不同品种产品的生产应当做到有效隔离，以避免相互混淆和污染。有数条包装线同时进行包装时，应当采取隔离或其他有效防止混淆的措施。

2.6.9 应当制定洁净室（区）的卫生管理文件，按照规定对洁净室（区）进行清洁处理和消毒，并做好记录。所用的消毒剂或消毒方法不得对设备、容器具、物料和产品造成污染。消毒剂品种应当定期更换，防止产生耐药菌株。

2.6.10 生产设备所用的润滑剂、清洗剂均不得对产品造成污染。

2.6.11 应当建立清场的管理规定。前一道工艺结束后或前一种产品生产结束后必须进行清场，确认合格后才可以入场进行其他生产，并保存清场记录。相关的配制和分装器具必须专用，使用后进行清洗、干燥等洁净处理。

2.6.12 应当建立可追溯性程序并形成文件，应当规定可追溯的范围、程度、标识和记录。记录应当包括生产过程所用的原材料、生产过程、生产设备、操作人员和生产环境等内容。

2.6.13 生产一定周期后，应当对关键项目进行再验证。当影响产品质量的主要因素，如工艺、质量控制方法、主要原辅料、主要生产设备等需要开展重新验证的条件发生改变时，应当进行相关内容的重新验证。

应当根据不同产品特性提出验证的时间。

2.6.14 生产车间连续停产一年以上的，重新组织生产前应当对生产环境及设施设备、主要原辅材料、关键工序、检验设备及质量控制方法等重新进行验证。

连续停产不足一年的，如有必要，也应当重新对生产环境和设施设备进行验证。

2.6.15 应当对生产用需要灭活的血清或血浆建立灭活处理的操作规程，并按照操作规程的要求，对生产用灭活前后的血清或血浆状态进行明显的区分和标识。

2.6.16 生产中的废液、废物等应当进行无害化处理，并符合相关的环保要求。

2.7 质量控制

2.7.1 应当建立校准品、参考品量值溯源程序。对每批生产的校准品、参考品进行赋值。

2.7.2 生产和检验用的菌毒种应当标明来源，验收、储存、保管、使用、销毁应执行国家有关医学微生物菌种保管的规定和病原微生物实验室生物安全管理条例。应当建立生产用菌毒种的原始种子批、主代种子批和工作种子批系统。

2.7.3 生产用细胞应当建立原始细胞库、主代细胞库、工作细胞库。应当建立细胞库档案资料和细胞操作日志。自行制备抗原或抗体，应当对所用原料的来源和性质有详细的记录并可追溯。

2.7.4 应当对检验过程中使用的标准品、校准品、质控品建立台账及使用记录。应当记录其来源、批号、效期、溯源途径、主要技术指标、保存状态等信息，按照规定进行复验并保存记录。

2.7.5 留样应当在规定条件下储存。应当建立留样台账，及时记录留样检验信息，留样检验报告应当注明留样批号、效期、检验日期、检验人、检验结果等。留样期满后应当对留样检验报告进行汇总、分析并归档。

## 第三部分 术 语

3.1 下列术语的含义是：

批号：用于识别一个特定批的具有唯一性的数字和（或）字母的组合。

物料：原料、辅料、包装材料、中间品等。

主要物料：试剂产品组成中在性能上起到主要作用的成分。

物料平衡：在适当考虑可允许的正常偏差的情况下，产品或物料的理论产量或理论用量与实际产量或用量之间持平。

洁净室(区)：需要对尘粒及微生物含量进行控制的房间(区域)。其建筑结构、装备及其作用均具有减少该房间(区域)内污染源的介入、产生和滞留的功能。

洁净度：洁净环境内单位体积空气中含大于或等于某一粒径的悬浮粒子和微生物最大允许统计数。

## 第四部分　附　则

4.1 本附录由国家食品药品监督管理总局负责解释。

4.2 本附录自2015年10月1日起施行。原国家食品药品监督管理局于2007年4月28日发布的《关于印发〈体外诊断试剂质量管理体系考核实施规定(试行)〉〈体外诊断试剂生产实施细则(试行)〉和〈体外诊断试剂生产企业质量管理体系考核评定标准(试行)〉的通知》(国食药监械〔2007〕239号)同时废止。

# 国家药监局关于发布医疗器械生产质量管理规范附录独立软件的通告

2019 年第 43 号

为加强独立软件类医疗器械生产监管，规范独立软件生产质量管理，根据《医疗器械监督管理条例》（国务院令 680 号）、《医疗器械生产监督管理办法》（国家食品药品监督管理总局令第 7 号），国家药品监督管理局组织起草了《医疗器械生产质量管理规范附录独立软件》，现予以发布。

本附录是独立软件医疗器械生产质量管理规范的特殊要求。独立软件类医疗器械生产质量管理体系应当符合《医疗器械生产质量管理规范》及本附录的要求。

特此通告。

附件：医疗器械生产质量管理规范附录独立软件

国家药监局
2019 年 7 月 5 日

附件

## 医疗器械生产质量管理规范附录独立软件

### 第一部分　范围和原则

1.1 本附录适用于独立软件，软件组件参照执行。

1.2 本附录遵循软件生存周期过程和网络安全的基本原则和通用要求，是对独立软件生产质量管理规范的特殊要求。

### 第二部分　特殊要求

2.1 人员

2.1.1 软件开发、测试、维护人员应当具备与岗位职责要求相适宜的专业知识、实践经验和工作能力。

2.1.2 黑盒测试应当保证同一软件项的开发人员和测试人员不得互相兼任。

2.1.3 用户测试人员应当具备适宜的软件产品使用经验，或经过培训具备适宜的软件产品使用技能。

2.2 设备

2.2.1 应当在软件生存周期过程持续提供充分、适宜、有效的软件开发和测试环境，包括软硬件设备、开发测试工具、网络等资源以及病毒防护、数据备份与恢复等保证措施。

2.2.2 软件开发和测试环境维护应当形成文件，确定软件开发和测试环境定期验证、更新升级、病毒防护等活动要求，保持相关记录。

2.3 设计开发

2.3.1 应当结合软件生存周期模型特点建立软件生存周期过程控制程序并形成文件，确定软件开发策划、软件需求分析、软件设计、软件编码、验证与确认、软件更新、风险管理、缺陷管理、可追溯性分析、配置管理、文件与记录控制、现成软件使用、网络安全保证、软件发布、软件部署、软件停运等活动要求。

2.3.2 软件生存周期过程质量保证活动要求应当与软件安全性级别相适宜。软件安全性级别应当在采取风险控制措施之前，结合软件的预期用途、使用场景和核心功能进行综合判定，并仅可通过外部风险控制措施降低级别。

2.3.3 应当依据风险管理控制程序实施软件风险管理活动，结合产品识别、分析、评价、控制和监测软件功能、接口、用户界面、现成软件、网络安全等风险，并贯穿于软件生存周期全过程。

2.3.4 软件配置管理应当建立控制程序并形成文件，规范软件版本、源代码、文件、工具、现成软件等控制要求，确定配置标识、变更控制、配置状态记录等活动要求。使用配置管理工具保证软件质量，并贯穿于软件生存周期全过程。

2.3.5 软件版本控制应当基于合规性要求确定软件版本命名规则，涵盖软件、现成软件、网络安全的全部软件更新类型，各字段含义应当明确且无歧义无矛盾。软件版本变更应当符合软件版本命名规则的要求。

2.3.6 软件可追溯性分析应当建立控制程序并形成文件，涵盖现成软件、网络安全的控制要求，形成软件可追溯性分析报告以供评审。使用可追溯性分析工具保证软件开发、软件更新过程满足可追溯性要求，并贯穿于软件生存周期全过程。

2.3.7 现成软件使用应当形成文件，确定风险管理、验证与确认、缺陷管理、可追溯性分析、软件更新、配置管理、文件与记录控制、网络安全保证等活动要求。遗留软件还应当确定现有文件、上市后使用情况、用户投诉、不良事件、召回情况等评估活动要求。使用开源软件应当遵循相应开源许可协议。

2.3.8 软件开发策划应当确定软件需求分析、软件设计、软件编码、验证与确认、风险管理、缺陷管理、可追溯性分析、配置管理、文件与记录控制、现成软件使用、网络安全保证、评审等活动计划，形成相关文件和记录，并适时更新。软件开发策划应当保证软件开发和测试的人员及环境与软件开发要求相适宜。

2.3.9 软件需求分析应当综合分析法规、标准、用户、产品、功能、性能、接口、用户界面、网络安全、警示提示等软件需求，确定风险管理、可追溯性分析、现成软件使用评估、软件确认测试计划创建、评审等活动要求，形成软件需求规范和评审记录并经批准，适时更新并经批准。可追溯性分析此时应当分析软件需求与风险管理、软件需求与产品需求的关系。

2.3.10 软件设计应当依据软件需求规范实施软件体系架构、功能、性能、算法、接口、用户界面、单元、网络安全等设计，确定风险管理、可追溯性分析、现成软件使用评估、软件验证测试计划创建、评审等活动要求，形成软件设计规范和评审记录并经批准，适时更新并经批准。可追溯性分析此时应当分析软件设计与软件需求之间的关系。

2.3.11 软件编码应当依据软件设计规范实施，确定源代码编写与注释、现成软件使用、可追溯性分析、各级测试用例创建、评审等活动要求，形成评审记录，并适时更新。源代码编写与注释应当符合软件编码规则文件的要求。测试用例应当保证软件验证与确认测试的充分性、适宜性、有效性。可追溯性分析此时应当分析源代码与软件设计、源代码与测试用例的关系。

2.3.12 软件验证应当确定源代码审核、静态分析、动态分析、单元测试、集成测试、系统测试、评审等活动要求，涵盖现成软件、网络安全的验证要求，并保持相关记录。白盒测试应当确定语句、判定、条件、路径等测试覆盖率要求，并与软件安全性级别相适宜。

2.3.13 单元测试、集成测试、系统测试应当依据相应测试计划实施，涵盖现成软件、网络安全的测试要求，确定缺陷管理、风险管理、可追溯性分析、评审等活动要求，形成相应软件测试记录、测试报告以及评审记录，并适时更新。可追溯性分析此时应当分析各级测试用例与软件设计、系统测试与软件需求、系统测试与风险管理的关系。

2.3.14 软件确认应当确定用户测试、临床评价、评审等活动要求，涵盖现成软件、网络安全的确认要求，并保持相关记录。保证软件满足用户需求和预期目的，且软件已知剩余缺陷的风险均可接受。

2.3.15 用户测试应当依据用户测试计划在真实使用环境或模拟使用环境下实施，涵盖现成软件、网络安全的测试要求，确定缺陷管理、风险管理、可追溯性分析、评审等活动要求，形成用户测试记录、测试报告以及评审记录并经批准，适时更新并经批准。可追溯性分析此时应当分析用户测试与用户需求、用户测试与风险管理的关系。

2.3.16 软件更新应当形成文件，涵盖现成软件、网络安全的变更控制要求，确定软件更新请求评估、软件更新策划、软件更新实施、风险管理、验证与确认、缺陷管理、可追溯性分析、配置管理、文件与记录控制、评审、用户告知等活动要求，形成相关文件和记录并经批准，适时更新并经批准。软件版本变更应当与软件更新情况相匹配。验证与确认应当根据软件更新的类型、内容和程度实施相适宜的回归测试、用户测试等活动。

2.3.17 软件缺陷管理应当形成文件，确定软件缺陷评估、软件缺陷修复、回归测试、风险管理、配置管理、评审等活动要求，形成软件缺陷分析报告以供评审。使用缺陷管理工具保证软件质量，并贯穿于软件生存周期全过程。

2.4 采购

2.4.1 现成软件采购应当形成文件，根据现成软件的类型、使用方式、对产品质量影响程度，确定分类管理、质量控制、供应商审核等活动要求。

2.4.2 应当与供应商签订外包软件质量协议，明确外包软件需求分析、交付形式、验收方式与准则、设计开发文件交付、知识产权归属、维护等要求以及双方质量责任承担要求。

2.4.3 云计算服务协议应当明确网络安全保证、患者数据与隐私保护等责任承担要求。

2.5 生产管理

2.5.1 软件发布应当形成文件，确定软件产品文件创建、软件产品与文件归档备份、软件版本识别与标记、交付形式评估与验证、病毒防护等活动要求，保证软件发布的可重复性。

2.5.2 物理交付方式应当确定软件产品复制、许可授权以及存储媒介包装、标记、防护等要求，网络交付方式应当确定软件产品标记、许可授权、网络安全保证等要求。

2.6 质量控制

2.6.1 软件产品放行应当形成文件，确定软件版本识别、安装卸载测试、产品完整性检查、放行批准等活动要求，保持相关记录。

2.7 销售和售后服务

2.7.1 软件部署应当形成文件，确定交付、安装、设置、配置、用户培训等活动要求，保持相关记录。

2.7.2 软件停运应当形成文件，确定停运后续用户服务、数据迁移、患者数据与隐私保护、用户告知等活动要求，保持相关记录。

2.8 不良事件监测、分析和改进

2.8.1 数据分析控制程序应当涵盖软件缺陷、网络安全事件要求。

2.8.2 网络安全事件应急响应应当形成文件，确定网络安全事件风险管理、应急响应措施验证、用户告知、召回等活动要求，保持相关记录。

## 第三部分 术 语

3.1 下列术语的含义是：

独立软件：具有一个或多个医疗目的，无需医疗器械硬件即可完成自身预期目的，运行于通用计算平台的软件。

软件组件：具有一个或多个医疗目的，控制、驱动医疗器械硬件或运行于医用计算平台的软件。

软件安全性级别：基于软件风险程度分为轻微、中等和严重，其中轻微即软件不可能产生伤害，中等即软件可能直接或间接产生轻微伤害，严重即软件可能直接或间接产生严重伤害或导致死亡。

软件验证：通过提供客观证据认定软件开发、软件更新某一阶段的输出满足输入要求。

软件确认：通过提供客观证据认定软件满足用户需求和预期目的。

软件可追溯性分析：追踪软件需求、软件设计、源代码、软件测试、软件风险管理之间的关系，分析已识别关系的正确性、一致性、完整性和准确性。

软件更新：生产企业在软件生存周期全过程对软件所做的任一修改，亦称软件变更或软件维护。

软件停运：生产企业在软件生存周期过程末期终止对软件的售后服务和销售，亦称软件退市。

现成软件：生产企业未进行完整生存周期控制的软件，包括遗留软件、成品软件、外包软件。

遗留软件：生产企业以前开发但现在不能得到足够开发记录的软件。

成品软件：已开发且通常可得到的，但生产企业未进行完整生存周期控制的软件。

外包软件：生产企业委托第三方开发的软件。

网络安全：保持医疗器械相关数据的保密性、完整性和可得性。

## 第四部分 附 则

4.1 本附录由国家药品监督管理局负责解释。

4.2 本附录自 2020 年 7 月 1 日起施行。

# 国家药监局综合司关于加强医疗器械跨区域委托生产协同监管工作的意见

药监综械管〔2022〕21号

**各省、自治区、直辖市和新疆生产建设兵团药品监督管理局：**

实施医疗器械注册人制度是推进医疗器械审评审批制度改革、加强医疗器械全生命周期管理的重要举措。随着《医疗器械监督管理条例》（国务院令第739号）的施行，注册人制度全面实施，医疗器械生产组织形式更加多样，特别是医疗器械注册人跨省、自治区、直辖市进行委托生产（以下简称“跨区域委托生产”），涉及省级药品监管部门的职责分工与协调配合，给监管工作带来新的挑战。为切实加强医疗器械注册人跨区域委托生产监管，夯实注册人医疗器械全生命周期质量管理责任，加强监管部门协同配合，保障医疗器械质量安全，现提出以下意见。

## 一、总体要求

各级药品监督管理部门要全面贯彻实施《医疗器械监督管理条例》及其配套规章制度，充分认识实施医疗器械注册人制度的重大意义，监督注册人对研制、生产、经营、使用全过程中医疗器械的安全性、有效性依法承担责任；省级药品监督管理部门应当切实履行监管责任，强化跨区域协同监管，形成职责清晰、信息通畅、衔接有序、协作有力的监管工作机制，推动医疗器械产业高质量发展，保障人民群众用械安全有效。

## 二、落实监管职责，加强监督检查

（一）加强注册申请人质量体系核查。跨区域委托生产申请产品注册的，医疗器械注册人申请人所在地省、自治区、直辖市药品监督管理部门负责开展注册质量体系核查工作，并协同受托生产企业所在地省、自治区、直辖市药品监督管理部门（以下简称“受托生产企业所在地省局”），联合或者委托开展现场核查，受托生产企业所在地省局应当支持配合。注册申请人所在地省、自治区、直辖市药品监督管理部门根据核查情况，提出核查结论，出具体系核查报告。体系核查报告应当包含对注册人和受托生产企业质量体系的检查情况，并抄送受托生产企业所在地省局。

获得批准上市的，应当在医疗器械注册证生产地址栏中登载受托生产地址并注明“（委托生产）”，备注栏备注受托生产企业名称。受托医疗器械生产不得再次委托，相关工作办理时限应当严格按照有关规定执行。

（二）加强生产环节监督检查。注册人所在地省、自治区、直辖市药品监督管理部门（以下简称“注册人所在地省局”）应当落实监管责任，根据分级监管规定对注册人生产活动开展日常监督检查，根据不良事件监测、抽查检验、投诉举报等情况开展有因检查。受托生产企业所在地省局负责对受托生产企业生产活动开展日常监督检查，并配合注册人所在地省局对受托生产企业开展联合检查或者委托检查。

对注册人的全项目检查应当包括对受托生产企业相应受托生产活动的检查。注册人所在地省局可以自行或者联合受托生产企业所在地省局对受托生产企业开展跨区域检查，因客观因素限制难以开展跨区域检查的情况，经协商受托生产企业所在地省局同意后，可以开展委托检查。对于突发事件应急调查处置，注册人所在地省局因客观因素确实无法立即派出检查人员的，应当及时委托受托生产企业所在地省局开展检查，受托生产企业所在地省局应当提供监管支持，积极承接注册人所在地省局委托的检查任务。

注册人所在地省局自行对受托生产企业开展检查的，应当提前与受托生产企业所在地省局沟通，受托生产企业所在地省局派出观察员协助开展有关工作，检查报告抄送受托生产企业所在地省局；开展联合检查的，检查组组长原则上由注册人所在地省局检查人员担任，检查报告同时报送注册人所在地省局和受托生产企业所在地省局；开展委托检查的，受托生产企业所在地省局应当按照双方商定的方案开展检查，并于检查结束后10个工作日内向注册人所在地省局反馈检查结果。

（三）加强检查结果处置。注册人所在地省局对注册人监督检查中发现相关问题涉及受托生产企业的，应当通报受托生产企业所在地省局，联合或者委托受托生产企业所在地省局进行检查；对受托生产企业检查中发现受托生产企业存在涉嫌违法违规行为的，应当通报受托生产企业所在地省局，由受托生产企业所在地省局依法调查处置，处置完成后，原则上应当于10个工作日内将处置情况通报注册人所在地省局。

此外，如在注册质量体系核查中，发现已取得生产许可证的受托生产企业存在其他涉嫌违法违规行为的，由受托生产企业所在地省局负责处置，处置完成后，原则上应当于10个工作日内将处置情况通报注册申请人所在地省局。

**三、明确责任义务，强化抽检监测**

（四）加强医疗器械质量抽检工作。医疗器械注册人所在地省局负责组织对医疗器械注册人生产环节的质量抽检工作，可以委托受托企业所在地省局抽样。对于质量抽检发现的不符合规定要求，符合立案条件的，由医疗器械注册人所在地省局对注册人立案查处，并及时将检验结论、立案情况抄送受托企业所在地局。发布质量公告时，一并公告受托生产企业。

注册人所在地省局应当督促注册人彻底查找不合格原因，切实整改到位；涉及受托生产企业未按法规要求组织生产的，注册人所在地省局应当及时通报受托企业所在地省局，由受托企业所在地省局依法进行调查处置。

（五）加强注册人不良事件监测工作。医疗器械注册人所在地省局要督促注册人切实履行医疗器械不良事件监测的主体责任，医疗器械注册人依据《医疗器械监督管理条例》《医疗器械不良事件监测和再评价管理办法》及相关指南文件的要求，建立不良事件监测制度，主动收集、报告、调查、评价产品发生的不良事件，及时发现和控制产品存在的不合理风险，确保上市产品的安全有效。

不良事件上报地省局调查认为产品涉嫌存在重大质量安全风险的，应当及时通报注册人所在地省局。注册人所在地省局开展调查评估，调查涉及跨区域委托生产情形的，受托企业所在地省局应当配合。确认相关产品存在重大质量安全风险的，注册人所在地省局应当监督注册人采取风险控制措施，并将调查评估结论和注册人采取的风险控制措施通报受托企业所在地省局，受托企业所在地省局应依法对受托生产企业进行调查处置。

## 四、完善协同监管体系，形成监管合力

（六）加强监管协同配合。在严格落实责任的基础上，各省局应当加强信息沟通和监管协同，建立运转顺畅的协同监管机制，形成有效监管闭环，确保对医疗器械全生命周期、全链条监管“无缝隙”“无死角”。鼓励各省局之间建立常态化的跨区域监管工作组，研究出台细化的监管指导文件，探索完善医疗器械跨区域协同监管机制；鼓励跨行政区域开展检查员集中培训和经验交流，统一检查尺度，明确检查要求，提高检查效能。

（七）加强监管信息互联互通。药品监督管理部门应当持续加强信息化建设，提高智慧监管水平，主动收集注册及监管各项信息，建立并持续更新注册人、受托生产企业信用档案，及时、完整、准确地与国家局数据共享平台进行数据交换，实现全系统数据协同共享。国家药监局负责持续完善医疗器械生产监管信息平台功能，加强抽检及不良事件数据更新，实现多维度查询统计分析；各省局应当切实加强医疗器械生产监管信息平台的使用和对接，加强医疗器械注册人制度下的数据互通、协同监管。

（八）严肃查处违法违规行为。发现涉嫌违反医疗器械法规、规章的行为，应当按照属地监管的原则，依据《医疗器械监督管理条例》规定，依法严肃查处，落实违法行为处罚到人要求，强化行刑衔接、行纪衔接。对于同时涉及注册人、受托生产企业的案件，相关省局应当加强协查合作，组织开展案件线索通报、调查取证、检验检测等工作，共同打击违法行为；对于查办的重大案件、典型案件应当及时上报，国家药监局负责遴选典型案例予以通报，形成利剑高悬震慑作用。

第一类医疗器械备案人和受托生产企业不在同一设区的市的，参照本意见进行监督管理。

附件：省局监管职责划分示意表

国家药监局综合司

2022 年 3 月 10 日

**附件**

# 省局监管职责划分示意表

| 事项 | 职责 | 注册（申请）人所在地省局 | 受托生产企业所在地省局 |
|---|---|---|---|
| 注册质量体系核查 | | 负责 | 支持配合 |
| 医疗器械生产活动监督检查 | 对注册人进行检查 | 负责（检查内容参照《医疗器械生产监督管理办法》第五十一条或第五十二条规定） | / |
| | 对受托生产企业受托生产活动进行检查 | 负责 | 配合开展联合检查、委托检查 |
| | 受托生产企业生产活动日常监督检查 | / | 负责（检查内容参照《医疗器械生产监督管理办法》第五十三条规定） |
| 生产环节质量抽检 | 抽样 | 负责 | 受委托进行抽样 |
| | 发现不符合规定要求 | 负责处置 | / |
| 不良事件监测 | 注册人监测主体责任落实 | 负责 | / |
| | 对涉嫌重大质量安全风险不良事件的核实、调查、评估 | 调查、评估。<br>监督注册人采取风险控制措施并依法处置。<br>通报受托企业所在地省局评估结论和风险控制措施 | / |
| 违法违规行为处置 | 注册人违法违规行为处置 | 负责 | / |
| | 受托生产企业违法违规行为处置 | / | 负责 |

# 国家药监局关于发布禁止委托生产医疗器械目录的通告

2022 年第 17 号

为加强医疗器械生产监管，保障医疗器械安全、有效，根据《医疗器械监督管理条例》(国务院令第 739 号)，国家药品监督管理局组织修订了《禁止委托生产医疗器械目录》，现予发布，自 2022 年 5 月 1 日起施行，原国家食品药品监督管理总局《关于发布禁止委托生产医疗器械目录的通告》(2014 年第 18 号) 同时废止。

特此通告。

附件：禁止委托生产医疗器械目录

国家药监局

2022 年 3 月 11 日

附件

## 禁止委托生产医疗器械目录

### 一、有源植入器械

植入式心脏起搏器（12-01-01）

植入式心脏收缩力调节器（12-04-01）

植入式循环辅助设备（12-04-02）

### 二、无源植入器械

硬脑（脊）膜补片（不含动物源性材料的产品除外）(13-06-04)

颅内支架系统（13-06-06）

颅内动脉瘤血流导向装置（13-06-11）

心血管植入物（外周血管支架、腔静脉滤器、心血管栓塞器械除外）(13-07)

整形填充材料（13-09-01）

整形用注射填充物（13-09-02）

乳房植入物（13-09-03）

组织工程支架材料（不含同种异体或者动物源性材料的产品除外）（13-10）

可吸收外科防粘连敷料（不含动物源性材料的产品除外）（14-08-02）

**三、其他同种异体植入性医疗器械和直接取材于动物组织的植入性医疗器械。**

注：产品名称后括号内数字为《医疗器械分类目录》（2017 年版）类别编码。

# 食品药品监管总局关于施行医疗器械经营质量管理规范的公告

2014 年第 58 号

为加强医疗器械经营质量管理，规范医疗器械经营管理行为，保证公众用械安全，国家食品药品监督管理总局根据相关法规规章规定，制定了《医疗器械经营质量管理规范》，现予公布，自公布之日起施行。

特此公告。

附件：医疗器械经营质量管理规范

国家食品药品监督管理总局
2014 年 12 月 12 日

**附件**

## 医疗器械经营质量管理规范

### 第一章　总　则

**第一条**　为加强医疗器械经营质量管理，规范医疗器械经营管理行为，保证医疗器械安全、有效，根据《医疗器械监督管理条例》和《医疗器械经营监督管理办法》等法规规章规定，制定本规范。

**第二条**　本规范是医疗器械经营质量管理的基本要求，适用于所有从事医疗器械经营活动的经营者。

医疗器械经营企业（以下简称企业）应当在医疗器械采购、验收、贮存、销售、运输、售后服务等环节采取有效的质量控制措施，保障经营过程中产品的质量安全。

**第三条**　企业应当按照所经营医疗器械的风险类别实行风险管理，并采取相应的质量管理措施。

**第四条**　企业应当诚实守信，依法经营。禁止任何虚假、欺骗行为。

### 第二章　职责与制度

**第五条**　企业法定代表人或者负责人是医疗器械经营质量的主要责任人，全面负责企业日常管理，应当提供必要的条件，保证质量管理机构或者质量管理人员有效履行职责，确保企业按照本规范要求经营医疗器械。

**第六条**　企业质量负责人负责医疗器械质量管理工作，应当独立履行职责，在企业内部对医疗器械质量管理具有裁决权，承担相应的质量管理责任。

**第七条**　企业质量管理机构或者质量管理人员应当履行以下职责：

（一）组织制订质量管理制度，指导、监督制度的执行，并对质量管理制度的执行情况进行检查、纠正和持续改进；

（二）负责收集与医疗器械经营相关的法律、法规等有关规定，实施动态管理；

（三）督促相关部门和岗位人员执行医疗器械的法规规章及本规范；

（四）负责对医疗器械供货者、产品、购货者资质的审核；

（五）负责不合格医疗器械的确认，对不合格医疗器械的处理过程实施监督；

（六）负责医疗器械质量投诉和质量事故的调查、处理及报告；

（七）组织验证、校准相关设施设备；

（八）组织医疗器械不良事件的收集与报告；

（九）负责医疗器械召回的管理；

（十）组织对受托运输的承运方运输条件和质量保障能力的审核；

（十一）组织或者协助开展质量管理培训；

（十二）其他应当由质量管理机构或者质量管理人员履行的职责。

**第八条**　企业应当依据本规范建立覆盖医疗器械经营全过程的质量管理制度，并保存相关记录或者档案，包括以下内容：

（一）质量管理机构或者质量管理人员的职责；

（二）质量管理的规定；

（三）采购、收货、验收的规定（包括采购记录、验收记录、随货同行单等）；

（四）供货者资格审核的规定（包括供货者及产品合法性审核的相关证明文件等）；

（五）库房贮存、出入库管理的规定（包括温度记录、入库记录、定期检查记录、出库记录等）；

（六）销售和售后服务的规定（包括销售人员授权书、购货者档案、销售记录等）；

（七）不合格医疗器械管理的规定（包括销毁记录等）；

（八）医疗器械退、换货的规定；

（九）医疗器械不良事件监测和报告规定（包括停止经营和通知记录等）；

（十）医疗器械召回规定（包括医疗器械召回记录等）；

（十一）设施设备维护及验证和校准的规定（包括设施设备相关记录和档案等）；

（十二）卫生和人员健康状况的规定（包括员工健康档案等）；

（十三）质量管理培训及考核的规定（包括培训记录等）；

（十四）医疗器械质量投诉、事故调查和处理报告的规定（包括质量投诉、事故调查和处理报告相应的记录及档案等）；

从事第二类、第三类医疗器械批发业务和第三类医疗器械零售业务的企业还应当制定购货者资格审核、医疗器械追踪溯源、质量管理制度执行情况考核的规定。

第三类医疗器械经营企业应当建立质量管理自查制度，于每年年底前向所在地设区的市级食品药品监督管理部门提交年度自查报告。

**第九条** 企业应当根据经营范围和经营规模建立相应的质量管理记录制度。

企业应当建立并执行进货查验记录制度。从事第二类、第三类医疗器械批发业务以及第三类医疗器械零售业务的经营企业应当建立销售记录制度。进货查验记录（包括采购记录、验收记录）和销售记录信息应当真实、准确、完整。从事医疗器械批发业务的企业，其购进、贮存、销售等记录应当符合可追溯要求。鼓励企业采用信息化等先进技术手段进行记录。

进货查验记录和销售记录应当保存至医疗器械有效期后2年；无有效期的，不得少于5年。植入类医疗器械进货查验记录和销售记录应当永久保存。

鼓励其他医疗器械经营企业建立销售记录制度。

## 第三章　人员与培训

**第十条** 企业法定代表人、负责人、质量管理人员应当熟悉医疗器械监督管理的法律法规、规章规范和所经营医疗器械的相关知识，并符合有关法律法规及本规范规定的资格要求，不得有相关法律法规禁止从业的情形。

**第十一条** 企业应当具有与经营范围和经营规模相适应的质量管理机构或者质量管理人员，质量管理人员应当具有国家认可的相关专业学历或者职称。

第三类医疗器械经营企业质量负责人应当具备医疗器械相关专业（相关专业指医疗器械、生物医学工程、机械、电子、医学、生物工程、化学、药学、护理学、康复、检验学、管理等专业，下同）大专以上学历或者中级以上专业技术职称，同时应当具有3年以上医疗器械经营质量管理工作经历。

**第十二条** 企业应当设置或者配备与经营范围和经营规模相适应的，并符合相关资格要求的质量管理、经营等关键岗位人员。第三类医疗器械经营企业从事质量管理工作的人员应当在职在岗。

（一）从事体外诊断试剂的质量管理人员中，应当有1人为主管检验师，或具有检验学相关专业大学以上学历并从事检验相关工作3年以上工作经历。从事体外诊断试剂验收和售后服务工作的人员，应当具有检验学相关专业中专以上学历或者具有检验师初级以上专业技术职称。

（二）从事植入和介入类医疗器械经营人员中，应当配备医学相关专业大专以上学历，并经过生产企业或者供应商培训的人员。

（三）从事角膜接触镜、助听器等其他有特殊要求的医疗器械经营人员中，应当配备具有相关专业或者职业资格的人员。

**第十三条**　企业应当配备与经营范围和经营规模相适应的售后服务人员和售后服务条件，也可以约定由生产企业或者第三方提供售后服务支持。售后服务人员应当经过生产企业或者其他第三方的技术培训并取得企业售后服务上岗证。

**第十四条**　企业应当对质量负责人及各岗位人员进行与其职责和工作内容相关的岗前培训和继续培训，建立培训记录，并经考核合格后方可上岗。培训内容应当包括相关法律法规、医疗器械专业知识及技能、质量管理制度、职责及岗位操作规程等。

**第十五条**　企业应当建立员工健康档案，质量管理、验收、库房管理等直接接触医疗器械岗位的人员，应当至少每年进行一次健康检查。身体条件不符合相应岗位特定要求的，不得从事相关工作。

## 第四章　设施与设备

**第十六条**　企业应当具有与经营范围和经营规模相适应的经营场所和库房，经营场所和库房的面积应当满足经营要求。经营场所和库房不得设在居民住宅内、军事管理区（不含可租赁区）以及其他不适合经营的场所。经营场所应当整洁、卫生。

**第十七条**　库房的选址、设计、布局、建造、改造和维护应当符合医疗器械贮存的要求，防止医疗器械的混淆、差错或者被污损，并具有符合医疗器械产品特性要求的贮存设施、设备。

**第十八条**　有下列经营行为之一的，企业可以不单独设立医疗器械库房：

（一）单一门店零售企业的经营场所陈列条件能符合其所经营医疗器械产品性能要求、经营场所能满足其经营规模及品种陈列需要的；

（二）连锁零售经营医疗器械的；

（三）全部委托为其他医疗器械生产经营企业提供贮存、配送服务的医疗器械经营企业进行存储的；

（四）专营医疗器械软件或者医用磁共振、医用 X 射线、医用高能射线、医用核素设备等大型医用设备的；

（五）省级食品药品监督管理部门规定的其他可以不单独设立医疗器械库房的情形。

**第十九条**　在库房贮存医疗器械，应当按质量状态采取控制措施，实行分区管理，包括待验区、合格品区、不合格品区、发货区等，并有明显区分（如可采用色标管理，设置待验区为黄色、合格品区和发货区为绿色、不合格品区为红色），退货产品应当单独存放。

医疗器械贮存作业区、辅助作业区应当与办公区和生活区分开一定距离或者有隔离措施。

**第二十条**　库房的条件应当符合以下要求：

（一）库房内外环境整洁，无污染源；

（二）库房内墙光洁，地面平整，房屋结构严密；

（三）有防止室外装卸、搬运、接收、发运等作业受异常天气影响的措施；

（四）库房有可靠的安全防护措施，能够对无关人员进入实行可控管理。

**第二十一条** 库房应当配备与经营范围和经营规模相适应的设施设备，包括：

（一）医疗器械与地面之间有效隔离的设备，包括货架、托盘等；

（二）避光、通风、防潮、防虫、防鼠等设施；

（三）符合安全用电要求的照明设备；

（四）包装物料的存放场所；

（五）有特殊要求的医疗器械应配备的相应设施设备。

**第二十二条** 库房温度、湿度应当符合所经营医疗器械说明书或者标签标示的要求。对有特殊温湿度贮存要求的医疗器械，应当配备有效调控及监测温湿度的设备或者仪器。

**第二十三条** 批发需要冷藏、冷冻贮存运输的医疗器械，应当配备以下设施设备：

（一）与其经营规模和经营品种相适应的冷库；

（二）用于冷库温度监测、显示、记录、调控、报警的设备；

（三）能确保制冷设备正常运转的设施（如备用发电机组或者双回路供电系统）；

（四）企业应当根据相应的运输规模和运输环境要求配备冷藏车、保温车，或者冷藏箱、保温箱等设备；

（五）对有特殊温度要求的医疗器械，应当配备符合其贮存要求的设施设备。

**第二十四条** 医疗器械零售的经营场所应当与其经营范围和经营规模相适应，并符合以下要求：

（一）配备陈列货架和柜台；

（二）相关证照悬挂在醒目位置；

（三）经营需要冷藏、冷冻的医疗器械，应当配备具有温度监测、显示的冷柜；

（四）经营可拆零医疗器械，应当配备医疗器械拆零销售所需的工具、包装用品，拆零的医疗器械标签和说明书应当符合有关规定。

**第二十五条** 零售的医疗器械陈列应当符合以下要求：

（一）按分类以及贮存要求分区陈列，并设置醒目标志，类别标签字迹清晰、放置准确；

（二）医疗器械的摆放应当整齐有序，避免阳光直射；

（三）需要冷藏、冷冻的医疗器械放置在冷藏、冷冻设备中，应当对温度进行监测和记录；

（四）医疗器械与非医疗器械应当分开陈列，有明显隔离，并有醒目标示。

**第二十六条** 零售企业应当定期对零售陈列、存放的医疗器械进行检查，重点检查拆零医疗器械和近效期医疗器械。发现有质量疑问的医疗器械应当及时撤柜、停止销售，由质量管理人员确认和处理，并保留相关记录。

**第二十七条** 企业应当对基础设施及相关设备进行定期检查、清洁和维护，并建立记录和档案。

**第二十八条** 企业应当按照国家有关规定，对温湿度监测设备等计量器具定期进行校准或者检定，并保存校准或者检定记录。

**第二十九条** 企业应当对冷库以及冷藏、保温等运输设施设备进行使用前验证、定期验证，并形成验证控制文件，包括验证方案、报告、评价和预防措施等，相关设施设备停用重新使用时应当进行验证。

**第三十条** 经营第三类医疗器械的企业，应当具有符合医疗器械经营质量管理要求的计算机信息管理系统，保证经营的产品可追溯。计算机信息管理系统应当具有以下功能：

（一）具有实现部门之间、岗位之间信息传输和数据共享的功能；

（二）具有医疗器械经营业务票据生成、打印和管理功能；

（三）具有记录医疗器械产品信息（名称、注册证号或者备案凭证编号、规格型号、生产批号或者序列号、生产日期或者失效日期）和生产企业信息以及实现质量追溯跟踪的功能；

（四）具有包括采购、收货、验收、贮存、检查、销售、出库、复核等各经营环节的质量控制功能，能对各经营环节进行判断、控制，确保各项质量控制功能的实时和有效；

（五）具有供货者、购货者以及购销医疗器械的合法性、有效性审核控制功能；

（六）具有对库存医疗器械的有效期进行自动跟踪和控制功能，有近效期预警及超过有效期自动锁定等功能，防止过期医疗器械销售。

鼓励经营第一类、第二类医疗器械的企业建立符合医疗器械经营质量管理要求的计算机信息管理系统。

**第三十一条** 企业为其他医疗器械生产经营企业提供贮存、配送服务，还应当符合以下要求：

（一）具备从事现代物流储运业务的条件；

（二）具有与委托方实施实时电子数据交换和实现产品经营全过程可追溯、可追踪管理的计算机信息平台和技术手段；

（三）具有接受食品药品监督管理部门电子监管的数据接口；

（四）食品药品监督管理部门的其他有关要求。

## 第五章 采购、收货与验收

**第三十二条** 企业在采购前应当审核供货者的合法资格、所购入医疗器械的合法性并获取加盖供货者公章的相关证明文件或者复印件，包括：

（一）营业执照；

（二）医疗器械生产或者经营的许可证或者备案凭证；

（三）医疗器械注册证或者备案凭证；

（四）销售人员身份证复印件，加盖本企业公章的授权书原件。授权书应当载明授权销售的品种、地域、期限，注明销售人员的身份证号码。

必要时，企业可以派员对供货者进行现场核查，对供货者质量管理情况进行评价。

企业发现供货方存在违法违规经营行为时，应当及时向企业所在地食品药品监督管理部门报告。

**第三十三条** 企业应当与供货者签署采购合同或者协议，明确医疗器械的名称、规格（型号）、注册证号或者备案凭证编号、生产企业、供货者、数量、单价、金额等。

**第三十四条** 企业应当在采购合同或者协议中，与供货者约定质量责任和售后服务责任，以保证医疗器械售后的安全使用。

**第三十五条** 企业在采购医疗器械时，应当建立采购记录。记录应当列明医疗器械的名称、规格（型号）、注册证号或者备案凭证编号、单位、数量、单价、金额、供货者、购货日期等。

**第三十六条** 企业收货人员在接收医疗器械时，应当核实运输方式及产品是否符合要求，并对照相关采购记录和随货同行单与到货的医疗器械进行核对。交货和收货双方应当对交运情况当场签字确认。对不符合要求的货品应当立即报告质量负责人并拒收。

随货同行单应当包括供货者、生产企业及生产企业许可证号（或者备案凭证编号）、医疗器械的名称、规格（型号）、注册证号或者备案凭证编号、生产批号或者序列号、数量、储运条件、收货单位、收货地址、发货日期等内容，并加盖供货者出库印章。

**第三十七条** 收货人员对符合收货要求的医疗器械，应当按品种特性要求放于相应待验区域，或者设置状态标示，并通知验收人员进行验收。需要冷藏、冷冻的医疗器械应当在冷库内待验。

**第三十八条** 验收人员应当对医疗器械的外观、包装、标签以及合格证明文件等进行检查、核对，并做好验收记录，包括医疗器械的名称、规格（型号）、注册证号或者备案凭证编号、生产批号或者序列号、生产日期和有效期（或者失效期）、生产企业、供货者、到货数量、到货日期、验收合格数量、验收结果等内容。

验收记录上应当标记验收人员姓名和验收日期。验收不合格的还应当注明不合格事项及处置措施。

**第三十九条** 对需要冷藏、冷冻的医疗器械进行验收时，应当对其运输方式及运输过程的温度记录、运输时间、到货温度等质量控制状况进行重点检查并记录，不符合温度要求的应当拒收。

**第四十条** 企业委托为其他医疗器械生产经营企业提供贮存、配送服务的医疗器械经营企业进行收货和验收时，委托方应当承担质量管理责任。委托方应当与受托方签订具有法律效力的书面协议，明确双方的法律责任和义务，并按照协议承担和履行相应的质量责任和义务。

## 第六章 入库、贮存与检查

**第四十一条** 企业应当建立入库记录，验收合格的医疗器械应当及时入库登记；验收不合格的，应当注明不合格事项，并放置在不合格品区，按照有关规定采取退货、销毁等处置措施。

**第四十二条**　企业应当根据医疗器械的质量特性进行合理贮存，并符合以下要求：

（一）按说明书或者包装标示的贮存要求贮存医疗器械；

（二）贮存医疗器械应当按照要求采取避光、通风、防潮、防虫、防鼠、防火等措施；

（三）搬运和堆垛医疗器械应当按照包装标示要求规范操作，堆垛高度符合包装图示要求，避免损坏医疗器械包装；

（四）按照医疗器械的贮存要求分库（区）、分类存放，医疗器械与非医疗器械应当分开存放；

（五）医疗器械应当按规格、批号分开存放，医疗器械与库房地面、内墙、顶、灯、温度调控设备及管道等设施间保留有足够空隙；

（六）贮存医疗器械的货架、托盘等设施设备应当保持清洁，无破损；

（七）非作业区工作人员未经批准不得进入贮存作业区，贮存作业区内的工作人员不得有影响医疗器械质量的行为；

（八）医疗器械贮存作业区内不得存放与贮存管理无关的物品。

**第四十三条**　从事为其他医疗器械生产经营企业提供贮存、配送服务的医疗器械经营企业，其自营医疗器械应当与受托的医疗器械分开存放。

**第四十四条**　企业应当根据库房条件、外部环境、医疗器械有效期要求等对医疗器械进行定期检查，建立检查记录。内容包括：

（一）检查并改善贮存与作业流程；

（二）检查并改善贮存条件、防护措施、卫生环境；

（三）每天上、下午不少于2次对库房温湿度进行监测记录；

（四）对库存医疗器械的外观、包装、有效期等质量状况进行检查；

（五）对冷库温度自动报警装置进行检查、保养。

**第四十五条**　企业应当对库存医疗器械有效期进行跟踪和控制，采取近效期预警，超过有效期的医疗器械，应当禁止销售，放置在不合格品区，然后按规定进行销毁，并保存相关记录。

**第四十六条**　企业应当对库存医疗器械定期进行盘点，做到账、货相符。

## 第七章　销售、出库与运输

**第四十七条**　企业对其办事机构或者销售人员以本企业名义从事的医疗器械购销行为承担法律责任。企业销售人员销售医疗器械，应当提供加盖本企业公章的授权书。授权书应当载明授权销售的品种、地域、期限，注明销售人员的身份证号码。

从事医疗器械批发业务的企业，应当将医疗器械批发销售给合法的购货者，销售前应当对购货者的证明文件、经营范围进行核实，建立购货者档案，保证医疗器械销售流向真实、合法。

**第四十八条**　从事第二、第三类医疗器械批发以及第三类医疗器械零售业务的企业应当建立销售记录，销售记录应当至少包括：

（一）医疗器械的名称、规格（型号）、注册证号或者备案凭证编号、数量、单价、金额；

（二）医疗器械的生产批号或者序列号、有效期、销售日期；

（三）生产企业和生产企业许可证号（或者备案凭证编号）。

对于从事医疗器械批发业务的企业，销售记录还应当包括购货者的名称、经营许可证号（或者备案凭证编号）、经营地址、联系方式。

**第四十九条** 从事医疗器械零售业务的企业，应当给消费者开具销售凭据，记录医疗器械的名称、规格（型号）、生产企业名称、数量、单价、金额、零售单位、经营地址、电话、销售日期等，以方便进行质量追溯。

**第五十条** 医疗器械出库时，库房保管人员应当对照出库的医疗器械进行核对，发现以下情况不得出库，并报告质量管理机构或者质量管理人员处理：

（一）医疗器械包装出现破损、污染、封口不牢、封条损坏等问题；

（二）标签脱落、字迹模糊不清或者标示内容与实物不符；

（三）医疗器械超过有效期；

（四）存在其他异常情况的医疗器械。

**第五十一条** 医疗器械出库应当复核并建立记录，复核内容包括购货者、医疗器械的名称、规格（型号）、注册证号或者备案凭证编号、生产批号或者序列号、生产日期和有效期（或者失效期）、生产企业、数量、出库日期等内容。

**第五十二条** 医疗器械拼箱发货的代用包装箱应当有醒目的发货内容标示。

**第五十三条** 需要冷藏、冷冻运输的医疗器械装箱、装车作业时，应当由专人负责，并符合以下要求：

（一）车载冷藏箱或者保温箱在使用前应当达到相应的温度要求；

（二）应当在冷藏环境下完成装箱、封箱工作；

（三）装车前应当检查冷藏车辆的启动、运行状态，达到规定温度后方可装车。

**第五十四条** 企业委托其他机构运输医疗器械，应当对承运方运输医疗器械的质量保障能力进行考核评估，明确运输过程中的质量责任，确保运输过程中的质量安全。

**第五十五条** 运输需要冷藏、冷冻医疗器械的冷藏车、车载冷藏箱、保温箱应当符合医疗器械运输过程中对温度控制的要求。冷藏车具有显示温度、自动调控温度、报警、存储和读取温度监测数据的功能。

## 第八章　售后服务

**第五十六条** 企业应当具备与经营的医疗器械相适应的专业指导、技术培训和售后服务的能力，或者约定由相关机构提供技术支持。

企业应当按照采购合同与供货者约定质量责任和售后服务责任，保证医疗器械售后的安全使用。

企业与供货者约定，由供货者负责产品安装、维修、技术培训服务或者由约定的相关机构提供技术支持的，可以不设从事专业指导、技术培训和售后服务的部门或者人员，但应当有相应的管理人员。

企业自行为客户提供安装、维修、技术培训的，应当配备具有专业资格或者经过厂家培训的人员。

**第五十七条**　企业应当加强对退货的管理，保证退货环节医疗器械的质量和安全，防止混入假劣医疗器械。

**第五十八条**　企业应当按照质量管理制度的要求，制定售后服务管理操作规程，内容包括投诉渠道及方式、档案记录、调查与评估、处理措施、反馈和事后跟踪等。

**第五十九条**　企业应当配备专职或者兼职人员负责售后管理，对客户投诉的质量安全问题应当查明原因，采取有效措施及时处理和反馈，并做好记录，必要时应当通知供货者及医疗器械生产企业。

**第六十条**　企业应当及时将售后服务处理结果等信息记入档案，以便查询和跟踪。

**第六十一条**　从事医疗器械零售业务的企业应当在营业场所公布食品药品监督管理部门的监督电话，设置顾客意见簿，及时处理顾客对医疗器械质量安全的投诉。

**第六十二条**　企业应当配备专职或者兼职人员，按照国家有关规定承担医疗器械不良事件监测和报告工作，应当对医疗器械不良事件监测机构、食品药品监督管理部门开展的不良事件调查予以配合。

**第六十三条**　企业发现其经营的医疗器械有严重质量安全问题，或者不符合强制性标准、经注册或者备案的医疗器械产品技术要求，应当立即停止经营，通知相关生产经营企业、使用单位、购货者，并记录停止经营和通知情况。同时，立即向企业所在地食品药品监督管理部门报告。

**第六十四条**　企业应当协助医疗器械生产企业履行召回义务，按照召回计划的要求及时传达、反馈医疗器械召回信息，控制和收回存在质量安全隐患的医疗器械，并建立医疗器械召回记录。

## 第九章　附　则

**第六十五条**　互联网经营医疗器械应当遵守国家食品药品监督管理总局制定的相关监督管理办法。

**第六十六条**　本规范自发布之日起施行。

# 国家药监局关于发布《医疗器械经营质量管理规范附录：专门提供医疗器械运输贮存服务的企业质量管理》的公告

2022 年第 94 号

为加强医疗器械经营监督管理，规范专门提供医疗器械运输贮存服务的企业质量管理，根据《医疗器械监督管理条例》（国务院令 739 号）及《医疗器械经营监督管理办法》（国家市场监督管理总局令第 54 号），国家药品监督管理局组织制定了《医疗器械经营质量管理规范附录：专门提供医疗器械运输贮存服务的企业质量管理》，现予以发布，自 2023 年 1 月 1 日起施行。

本附录是专门提供医疗器械运输贮存服务的企业经营质量管理规范的特殊要求。专门提供医疗器械运输贮存服务的企业经营质量管理体系应当符合《医疗器械经营质量管理规范》及本附录的要求。

特此公告。

附件：医疗器械经营质量管理规范附录：专门提供医疗器械运输贮存服务的企业质量管理

国家药监局

2022 年 10 月 31 日

**附件**

## 医疗器械经营质量管理规范附录：专门提供医疗器械运输贮存服务的企业质量管理

### 第一章 总 则

**第一条** 为加强医疗器械经营监督管理，规范专门提供医疗器械运输、贮存服务的企业质量管理，保证医疗器械在运输、贮存环节的质量安全，促进医疗器械物流行业高质量发展，根据《医疗器械监督管理条例》《医疗器械经营监督管理办法》和《医疗器械经营质量管理规范》等，制定本附录。

**第二条** 本附录中专门提供医疗器械运输、贮存服务的企业，是指为医疗器械注册人、备案人和经营企业（统称委托方）专门提供医疗器械运输、贮存服务的企业。

**第三条** 专门提供医疗器械运输、贮存服务的企业应当遵守医疗器械法律、法规、规章和规范，对医疗器械运输、贮存过程的质量负责。

专门提供医疗器械运输、贮存服务的企业应当具备从事现代物流运输、贮存业务的基础条件与管理能力，具有与委托方进行电子数据实时同步的能力，具有实现医疗器械运输、贮存服务全过程可追溯的计算机信息系统，建立并运行覆盖运输、贮存服务全过程的质量管理体系，确保医疗器械产品在受托运输、贮存过程中的质量安全和可追溯。

**第四条** 鼓励专门提供医疗器械运输、贮存服务的企业集约化、一体化、数字化发展，采用互联网、物联网、大数据、云计算、节能减排等新技术发展现代物流，提升医疗器械供应保障服务能力。

## 第二章 质量管理体系建立与改进

**第五条** 专门提供医疗器械运输、贮存服务的企业应当建立健全与运输、贮存的医疗器械相适应的质量管理体系，并保持其有效运行。运用质量管理技术与方法，持续改进质量管理体系。

**第六条** 专门提供医疗器械运输、贮存服务的企业质量管理体系应当覆盖运输、贮存服务全过程。质量管理制度与文件应当至少包括：

（一）质量文件审核批准管理制度；

（二）委托方企业资质审核与产品资质核准管理制度；

（三）医疗器械收货、验收管理制度；

（四）医疗器械出入库管理制度；

（五）医疗器械贮存管理制度；

（六）医疗器械运输管理制度；

（七）医疗器械退货管理制度；

（八）医疗器械不合格品管理制度；

（九）医疗器械质量记录管理制度；

（十）冷链医疗器械管理制度及应急管理制度（若涉及）；

（十一）医疗器械追溯管理制度；

（十二）医疗器械产品召回管理制度；

（十三）数据安全管理制度；

（十四）计算机信息系统管理制度；

（十五）设施设备维护及验证校准管理制度；

（十六）环境卫生和人员健康状况管理制度；

（十七）企业机构设置与岗位质量管理职责；

（十八）与委托方的质量协议及相关文件。

**第七条** 专门提供医疗器械运输、贮存服务的企业应当建立覆盖运输、贮存服务全过程的质量记录。记录应当至少包括：

（一）资质审核核准记录；

（二）医疗器械收货记录；

（三）医疗器械进货查验记录；

（四）医疗器械在库检查记录；

（五）医疗器械出库复核记录和发货记录；

（六）医疗器械运输记录；

（七）医疗器械退货记录；

（八）库房及其他贮存设施温湿度监测记录；

（九）符合医疗器械冷链管理要求的冷链产品的收货、验收、贮存、复核、包装、运输等质量管理记录；

（十）异常情况处置及不合格医疗器械以及存在质量安全隐患医疗器械的处理记录。

记录内容应当真实、准确、完整和可追溯。记录的保存年限应当不低于《医疗器械经营质量管理规范》中规定的各项记录保存年限。

专门提供医疗器械运输、贮存服务的企业应当运用信息化数字化技术，生成、保存质量记录信息。鼓励运用信息化数字化技术交互质量记录信息，确保医疗器械产品质量安全和可追溯。

**第八条** 专门提供医疗器械运输、贮存服务的企业应当进行委托方企业资质合法性审核和委托医疗器械产品资质核准，形成审核核准记录，建立基础数据。基础数据应当包括：委托方名称，企业证照期限，生产（经营）范围，委托协议期限；医疗器械名称，医疗器械注册人、备案人和受托生产企业名称，医疗器械注册证编号或者备案编号，注册证效期，医疗器械分类，型号，规格，医疗器械唯一标识产品标识部分（若有），医疗器械运输及贮存条件等内容。

**第九条** 专门提供医疗器械运输、贮存服务的企业应当依据委托方的收货指令收货，生成收货记录。记录应当包括：委托方名称，收货日期，供货单位名称，包装单位，数量，物流单元代码（若有），医疗器械运输及贮存条件，收货人员等内容。

**第十条** 专门提供医疗器械运输、贮存服务的企业应当依据《医疗器械经营质量管理规范》及与委托方确认的验收标准，对医疗器械进行验收，留存供货单位随货同行单据，根据验收结果生成进货查验记录。记录应当包括：委托方名称，医疗器械注册人、备案人和受托生产企业名称，医疗器械的名称，型号，规格，医疗器械注册证编号或者备案编号，医疗器械的生产批号或者序列号，数量，使用期限或者失效日期，医疗器械唯一标识（若有），医疗器械运输及贮存条件，验收日期，验收结论，验收合格数量，验收人员等内容。

**第十一条** 专门提供医疗器械运输、贮存服务的企业应当依据医疗器械在库贮存的质量管理要求对贮存的医疗器械进行定期检查，根据检查结果生成在库检查记录。记录应当包括：委托方名称，医疗器械注册人、备案人和受托生产企业名称，医疗器械名称，型号，规格，医疗器械注册证编号或者备案编号，生产批号或者序列号，产品放置库区及库位，贮存环境，产品效期，标签、包装等质量状况，检查日期，检查人员等内容。

**第十二条** 专门提供医疗器械运输、贮存服务的企业应当依据委托方的发货指令，进行拣选、出库质量复核，生成出库复核记录。记录应当包括：委托方名称，注册人、备案人和受托生产企业名称，医疗器械名称，型号，规格，医疗器械注册证编号或者备案编号，生产批号或者序列号，使用期限或者失效日期，医疗器械唯一标识（若有），医疗器械运输及贮存条件，复核数量，复核质量状况，复核日期，复核人员等内容；

专门提供医疗器械运输、贮存服务的企业应当依据出库复核结果进行发货，生成发货记录并提供符合《医疗器械经营质量管理规范》要求的随货同行单。发货记录应当包括：委托方名称，医疗器械注册人、备案人和受托生产企业名称，医疗器械名称，型号，规格，医疗器械注册证编号或者备案编号，生产批号或者序列号，使用期限或者失效日期，医疗器械唯一标识（若有），医疗器械运输及贮存条件，发货数量，收货单位名称，收货地址，发货日期等内容。

**第十三条** 专门提供医疗器械运输、贮存服务的企业应当依据委托方的配送指令运输至收货单位，形成运输记录。记录应当包括：委托方名称，收货单位名称、地址以及联系方式，运输方式，医疗器械名称，型号，规格，医疗器械注册证编号或者备案编号，生产批号或者序列号，数量，随货同行单号，医疗器械运输及贮存条件，发货时间和到货时间。

委托运输时还应当记录承运单位名称和运单号，自行运输时应当记录运输车辆车牌号和运输人员。

**第十四条** 专门提供医疗器械运输、贮存服务的企业应当依据委托方的退货指令接收退回产品，收货查验完成后生成退货记录。记录应当包括：退货日期，退货单位名称，委托方名称，医疗器械注册人、备案人和受托生产企业名称，医疗器械名称，型号，规格，医疗器械注册证编号或者备案编号，生产批号或者序列号，使用期限或者失效日期，医疗器械唯一标识（若有），医疗器械运输及贮存条件，产品质量状态，退货数量，退货收货查验人员等内容。

**第十五条** 专门提供医疗器械运输、贮存服务的企业应当每年至少一次对质量管理体系运行情况进行自查，形成自查报告，评估质量管理体系的充分性、适宜性和有效性。识别质量管理问题，制定改进措施。自查内容应当至少包括：

（一）质量管理制度与法律、法规、规章和规范的符合性；

（二）管理制度是否得到有效实施；

（三）质量记录的准确性、完整性与真实性；

（四）本年度药品监督管理部门检查不符合项是否有效整改，客户投诉、内部质量问题是否得到关注与改进。

## 第三章　机构与人员

**第十六条**　专门提供医疗器械运输、贮存服务的企业应当设立质量管理机构，负责医疗器械运输、贮存服务的质量管理。质量管理机构应当配备与所提供运输、贮存服务规模相适应的质量管理人员，质量管理人员中应当至少有2人具备大专及以上学历或者中级以上专业技术职称，同时应当具有3年以上医疗器械质量管理工作经历。

**第十七条**　专门提供医疗器械运输、贮存服务的企业法定代表人、企业负责人、质量负责人、质量管理人员应当符合《医疗器械经营质量管理规范》规定的资格要求。专门提供医疗器械运输、贮存服务的企业应当设置质量负责人，质量负责人原则上应当为企业高层管理人员，质量负责人应当独立履行职责，在企业内部对医疗器械质量管理具有裁决权，承担相应的质量管理责任。

**第十八条**　从事体外诊断试剂的质量管理人员，应当至少有1人为主管检验师或具有检验学相关专业（包括检验学、生物医学工程、生物化学、免疫学、基因学、药学、生物技术、临床医学、医疗器械等专业）大专及以上学历或者中级以上专业技术职称，同时应当具有3年以上医疗器械质量管理工作经历。从事体外诊断试剂验收工作的人员，应当具有检验学相关专业中专及以上学历或者具有检验师初级以上专业技术职称。

**第十九条**　质量负责人及质量管理人员应当专职专岗，质量管理人员不得兼职其他业务工作。

**第二十条**　专门提供医疗器械运输、贮存服务的企业应当设立医疗器械物流管理机构，负责医疗器械运输、贮存服务的运营管理。配备的物流管理人员中，应当至少有2人具备物流管理相关专业大专及以上学历或者中级及以上专业技术职称，并具有2年以上医药行业相关工作经历。

**第二十一条**　专门提供医疗器械运输、贮存服务的企业应当配备计算机系统管理人员，负责医疗器械运输、贮存服务过程中的计算机系统维护与管理工作。配备的计算机系统管理人员中，应当至少有2人具备计算机相关专业大专及以上学历或者中级及以上专业技术职称，并具有1年以上医药行业相关工作经历。

**第二十二条**　专门提供医疗器械运输、贮存服务的企业应当至少配备1名设施设备管理人员，负责医疗器械运输、贮存服务过程中的设施设备维护与管理工作。

**第二十三条**　专门提供医疗器械运输、贮存服务的企业应当对从事医疗器械运输、贮存服务的工作人员进行与其职责和工作内容相关的岗前培训和继续培训，建立培训记录，并经考核合格后方可上岗。培训内容应当至少包括：相关法律、法规，医疗器械专业知识及技能，物流管理知识，质量管理制度，岗位职责及操作规程，医疗器械运输、贮存的相关标准和技术指南等。

**第二十四条**　专门提供医疗器械运输、贮存服务的企业应当建立员工健康档案，质量管理、收货、验收、在库检查、运输、贮存等直接接触医疗器械岗位的人员，应当至少每年进行一次健康检查。身体条件不符合相应岗位特定要求的，不得从事相关工作。

## 第四章 设施与设备

**第二十五条** 专门提供医疗器械运输、贮存服务的企业应当配备与所提供运输、贮存服务规模相适应的经营管理场所。经营管理场所应当配备日常办公与计算机设备，整洁、卫生，满足日常管理要求。

**第二十六条** 专门提供医疗器械运输、贮存服务的企业应当配备与所提供的运输、贮存服务规模以及所运输、贮存医疗器械产品相适应的仓储条件，开展现代物流自动化、智能化与集约化管理，并依据医疗器械产品质量特性和管理要求，合理设置满足不同质量状态、贮存环境要求的库区与库位。

库房温度、湿度应当符合所贮存医疗器械说明书或者标签标示的要求，库房及设施与设备基本要求应当符合《医疗器械经营质量管理规范》。

**第二十七条** 库房中贮存非医疗器械产品时，应当做好库房分区管理，充分评估非医疗器械产品对医疗器械产品的污染风险，制定措施确保医疗器械贮存环境安全。组合销售的医疗器械和非医疗器械可以不分开贮存。

**第二十八条** 专门提供医疗器械运输、贮存服务的企业应当配备与所提供运输、贮存服务规模相适应的设备设施，仓储设备设施应当满足医疗器械运输、贮存服务全过程的物流操作与质量管理要求，应当包括以下设备：

（一）计算机硬件设备。应当配备满足收货、验收、上架、在库检查、拣选、复核、包装、运输及质量管理等各环节管理要求的设备。

（二）医疗器械唯一标识采集识读设备。包括扫码枪、手持终端等采集识读设备。

（三）货架系统。包括托盘货架、拆零拣选货架及其他货架。

（四）装卸搬运及输送设备。包括推车、叉车（手动、电动）及其他设备。

（五）分拣及出库设备。包括电子标签辅助拣货系统或手持终端拣货系统等设备。

（六）避光、通风、防潮、防虫、防鼠等设备。

（七）温湿度自动监测及控制设备。应当配备符合医疗器械冷链管理要求的环境监测及控制设备，定期对环境监测设备进行校准或检定，并予以标识。

（八）运输车辆及设备。应当配备与所提供运输、贮存服务规模相适应的运输车辆。冷链运输车辆应当配备卫星定位系统，可实现对车辆运输监控。冷藏箱（保温箱）、冷藏运输车辆应当符合医疗器械冷链管理相关要求。

**第二十九条** 专门提供医疗器械运输、贮存服务的企业应当加强实时监测监控管理，应当包括：库房进出通道及各库区的视频监控，各库区温湿度监控，运输车辆监控，仓储设备监控以及异常状况报警等功能。

**第三十条** 专门提供医疗器械运输、贮存服务的企业运输、贮存产品包括冷链管理医疗器械时，应当配备备用供电设备或采用双路供电，保证在紧急情况下能够及时采取有效应对措施。

**第三十一条** 鼓励专门提供医疗器械运输、贮存服务的企业采用创新技术，建设医疗器械自动化仓库，如高层货架、自动分拣机、出入库自动输送系统以及周边设施设备等构成的现代化自动仓，减少人工差错，提升服务能力。

## 第五章 计算机信息系统

**第三十二条** 专门提供医疗器械运输、贮存服务的企业应当配备与现代物流运输、贮存业务要求相适应的计算机信息管理系统，在确保医疗器械质量安全的基础上，持续优化物流管理。

计算机信息系统应当包括仓库管理系统、温湿度监测系统、运输管理系统等。需冷链运输医疗器械的还应当配备冷链运输管理系统。计算机信息系统应当对医疗器械的运输、贮存全过程实行动态管理和控制，对相关数据进行收集、记录、查询、统计。

**第三十三条** 专门提供医疗器械运输、贮存服务的企业计算机信息系统中各岗位人员需经过身份确认、设定操作权限，相关权限建立与更改应当由质量负责人或其授权人批准后实施。

**第三十四条** 专门提供医疗器械运输、贮存服务的企业应当制定管理措施，保证计算机信息系统的数据准确、真实、安全，不得随意更改；需要数据更改时应当由质量负责人或其授权人审核批准，并留存更改及审核批准记录。

**第三十五条** 专门提供医疗器械运输、贮存服务的企业计算机信息系统应当具备与委托方在基础数据、收货、验收、库存、发货等环节实时电子数据交互的能力，并具备与药品监督管理部门实时同步电子数据的功能。

鼓励专门提供医疗器械运输、贮存服务的企业与委托方、收货单位等采用电子化单据，在确保质量安全和可追溯性前提下实现信息共享。

**第三十六条** 仓库管理系统应当具备以下功能：

（一）基础数据管理：委托方企业、医疗器械资质及基础数据维护与交互、证照期限预警、经营范围监控功能；

（二）质量记录管理：自动生成收货、验收、在库检查、发货、复核等工作记录的功能；

（三）识别与货位分配：入库、出库时能够通过信息化手段采集医疗器械唯一标识信息，并具备根据医疗器械贮存条件自动分配货位的功能；

（四）质量控制功能：医疗器械收货、验收、上架、贮存、在库检查、拣选、复核、发货、退回等各环节质量状况进行实时判断和控制功能；医疗器械产品近效期预警、过效期锁定功能；

（五）打印功能：过程单据、记录以及货位、上架、拣货条码等标识的打印功能。

**第三十七条** 运输管理系统应当具备对运输车辆、运输医疗器械、承运人员、调度分配、送达状况等信息进行追踪管理的功能。

**第三十八条** 冷链运输管理系统应当具备以下功能：

（一）运输记录：对医疗器械运输过程中温度进行监测、记录、保存、查询的功能；

（二）自动报警：对医疗器械运输过程中异常温度进行自动报警的功能，采用航空运输等特殊场景时可以不启动自动报警功能；

（三）过程温度：对医疗器械运输过程中温度进行统计，形成温度曲线的功能；

（四）在线查询：在线查询医疗器械运输过程温度的功能，采用航空运输等特殊场景时可以不启动在线查询功能。

**第三十九条** 专门提供医疗器械运输、贮存服务的企业应当具备独立的服务器或存储空间，采用安全可靠的方式存储记录各类数据，按日备份。应当确保备份数据存储安全，防止损坏和丢失。

数据的保存年限应当不低于《医疗器械经营质量管理规范》中各项记录的保存年限。

## 第六章 质量责任

**第四十条** 医疗器械注册人、备案人和经营企业委托专门提供医疗器械运输、贮存服务的企业运输、贮存时，委托方应当依法承担质量管理责任。

委托方是医疗器械经营的质量责任主体。委托方应当负责其经营医疗器械的供货者、购货者与医疗器械产品资质审核、采购、销售、售后服务及医疗器械召回、不良事件监测等工作，并对委托的专门提供医疗器械运输、贮存服务的企业进行必要的质量监督。

专门提供医疗器械运输、贮存服务的企业负责收货、验收、贮存、在库检查、出库复核、发货与运输的具体操作，以及协助委托方进行退货、召回、不良事件监测等工作。在操作过程中发现委托方产品相关质量疑问时，由委托方质量负责人进行质量裁决并承担相应的质量管理责任。

**第四十一条** 专门提供医疗器械运输、贮存服务的企业应当与委托方签订书面协议，明确运输、贮存的服务范围与质量管理要求，约定双方质量责任和义务。

**第四十二条** 医疗器械经营企业委托专门提供医疗器械运输、贮存服务的企业贮存时，应当按规定办理库房地址变更。不需要经营许可或者备案的企业除外。

专门提供医疗器械运输、贮存服务的企业应当在委托协议到期前向委托方提示到期信息。当贮存委托协议终止时，委托方应当及时按规定办理库房地址变更。

**第四十三条** 专门提供医疗器械运输、贮存服务的企业以及委托方可以委托其他具备质量保障能力的承运单位运输医疗器械，签订运输质量保证协议，定期对承运单位运输医疗器械的质量保障能力进行考核评估，确保运输过程的质量安全。

运输质量保证协议应当包括：运输过程中的质量责任、运输操作规程、在途时限、温度控制、签收和回执要求等内容。

**第四十四条** 专门提供医疗器械运输、贮存服务的企业发现运输、贮存的医疗器械有严重质量安全问题，不符合强制性标准、经注册或者备案的医疗器械产品技术要求，应当立即采取控制措施，向所在地药品监督管理部门报告，并及时通知委托方。需要召回的，应当协助召回。

**第四十五条** 专门提供医疗器械运输、贮存服务的企业应当接受药品监督管理部门的监督，对开展的调查予以配合。

## 第七章 附 则

**第四十六条** 委托运输、贮存产品为冷链管理医疗器械时，还应当符合医疗器械冷链管理的相关要求。

**第四十七条** 委托运输、贮存产品为植入和介入类医疗器械时，还应当严格执行医疗器械法律、法规、规章和规范对植入和介入类医疗器械管理的相关要求。植入类医疗器械进货查验记录和发货记录应当永久保存。

**第四十八条** 专门提供医疗器械运输、贮存服务的企业承担政府管理部门委托运输、贮存的应急储备、战略储备等物资时，应当按照委托部门的要求进行管理并向其报告管理情况。

# 国家药监局关于公布《免于经营备案的第二类医疗器械产品目录》的公告

2021年第86号

为贯彻实施《医疗器械监督管理条例》，国家药监局组织制定了《免于经营备案的第二类医疗器械产品目录》，具体产品见附件。现予以公布。

附件：免于经营备案的第二类医疗器械产品目录

国家药监局

2021年6月28日

**附件**

## 免于经营备案的第二类医疗器械产品目录

| 序号 | 产品名称 | 产品描述 | 用途 | 目录名称 |
|---|---|---|---|---|
| 1 | 电子血压计 | 通常由阻塞袖带、传感器、充气泵、测量电路组成。采用示波法、柯式音法或类似的无创血压间接测量原理进行血压测量的电子设备。 | 用于在手臂或手腕部位测量患者血压。 | 07医用诊察和监护器械 |
| 2 | 水银血压表 | 通常由阻塞袖带、听诊器、压力表组成。通过水银或机械表显示，采用柯式音法或类似的无创血压间接测量原理进行血压测量的设备。 | 用于在手臂或手腕部位测量患者血压。 | 07医用诊察和监护器械 |
| 3 | 无菌医用脱脂棉 | 通常包括吸水性材料。为了方便使用，部分产品有供手持的组件。不含消毒剂。无菌提供，一次性使用。 | 用于对皮肤、创面进行清洁处理。 | 14注输、护理和防护器械 |
| 4 | 医用脱脂纱布 | 通常为由医用脱脂棉纱布或脱脂棉与粘胶纤维混纺纱布经过裁切、折叠、包装、灭菌步骤加工制成的敷料。 | 用于吸收手术过程中的体内治出液，手术过程中承托器官、组织等。 | 14注输、护理和防护器械 |
| 5 | 脱脂棉纱布 | 通常为由医用脱脂棉纱布或脱棉与粘胶纤维混纺纱布经过裁切、折叠、包装、灭菌步骤加工制成的敷料。 | 用于吸收手术过程中的体内渗出液，手术过程中承托器官、组织等。 | 14注输、护理和防护器械 |

续表

| 序号 | 产品名称 | 产品描述 | 用途 | 目录名称 |
|---|---|---|---|---|
| 6 | 避孕套 | 通常由天然胶乳或合成乳胶或聚氨酯薄膜制成，开口端为完整卷边的鞘套物。非无菌提供。 | 用于生殖道局部范围内，用物理方法（机械阻挡）不让精子到达子宫口处，以此阻断精子和卵子相遇而达到避孕目的。 | 18 妇产科、辅助生殖和避孕器械 |
| 7 | 避孕帽 | 通常由天然胶乳或合成乳胶或聚氨酯薄膜制成，开口端为完整卷力的鞘套物。非无菌提供。 | 用于生殖道局部范围内，用物理方法（机械阻挡）不让精子到达子宫口处，以此阻断精子和卵子相遇而达到避孕目的。 | 18 妇产科、辅助生殖和避孕器械 |
| 8 | 电动轮椅 | 通常由电机、蓄电池、控制系统、车轮、座椅、扶手、脚踏板等组成。可由乘坐者或护理者操作的、有一个或多个电机驱动，有座椅支撑。分为手动转向和动力转向。 | 用于行动障碍患者转运、行走功能补偿。 | 19 医用康复器械 |
| 9 | 手动轮椅 | 通常由车轮、座椅、扶手、脚踏板等组成。以乘坐者手驱动、脚踏驱动或护理者手推为动力。至少有三个车轮。 | 用于行动障碍患者转动、行走功能补偿。 | 19 医用康复器械 |
| 10 | 血糖分析仪 | 通常由主机模块、电源模块、软件模块等组成。原理一般为电化学法、光反射技术、比色法等。不包含采血器具及适配试剂。 | 与适配试剂配合使用，用于人体样本中待测物的定性和 / 或定量分析。 | 22 临床检验器械 |
| 11 | 自测用血糖监测系统（血糖试纸） |  | 产品用于定量检测新鲜毛细血管全血中的葡萄糖浓度（如可用于静脉血、动脉血、新生儿血检测也可进行详细描述），检测部位可以是手指、手掌及上臂等。只用于监测糖尿病人血糖控制的效果，在，而不能用于糖尿病的诊断和筛查，也不能作为治疗药物调整的依据。 | 6840 体外诊断试剂 |
| 12 | 人绒毛膜促性腺激素检测试剂（妊娠诊断试纸） |  | 运用双抗体夹心免疫胶体金层析等技术实现对人尿液中人绒毛膜促性腺激素体外定性检测，不可用于滋养细胞肿瘤的检测。 | 6840 体外诊断试剂 |
| 13 | 促黄体生成素检测试剂（排卵检测试纸） |  | 通过定性或半定量检测女性尿液中促黄体生成素的水平，以预测排卵时间，用于指导育龄女性选择最佳受孕时机或指导安全期避孕。 | 6840 体外诊断试剂 |

# 国家药监局关于医疗器械经营企业跨行政区域设置库房办理事项的通告

2018 年第 108 号

为持续推进简政放权、放管结合、优化服务，提高工作效能，方便医疗器械经营企业设置库房手续，同时加强对跨行政区域设置库房的监管，现将有关事宜通告如下：

一、医疗器械经营企业跨行政区域设置库房应当按照《医疗器械经营监督管理办法》的要求，向医疗器械经营许可证（备案凭证）发证部门（以下简称发证部门）提交医疗器械经营许可变更申请表或第二类医疗器械经营备案变更表。发证部门应当立即进行审核，符合要求的，应当在 3 个工作日内向库房所在地设区的市级负责药品监督管理的部门通过特快专递或信息系统发出《医疗器械经营企业跨行政区域设置库房协助现场验收的函》（见附件 1）。

二、医疗器械经营企业向库房所在地设区的市级负责药品监督管理的部门提交企业经营许可证（备案凭证）和营业执照等基本情况，并严格按照《医疗器械经营监督管理办法》要求提供库房相关资料。

企业提交相关资料符合要求的，库房所在地设区的市级负责药品监督管理的部门在接到发证部门出具的《医疗器械经营企业跨行政区域设置库房协助现场验收的函》后，应当于 5 个工作日内组织开展现场核查；相关资料不符合要求的，库房所在地设区的市级负责药品监督管理的部门应当一次性告知企业需要补正的内容。

三、库房所在地设区的市级负责药品监督管理的部门应当按照《医疗器械经营质量管理规范》等要求组织现场核查。验收合格的，书面或通过信息系统告知发证部门（见附件 2）和经营企业（见附件 3）。发证部门将新增库房地址标示在医疗器械经营许可证（备案凭证）或医疗器械经营企业库房地址登记表（见附件 4）中，书面或通过信息系统告知库房所在地设区的市级负责药品监督管理的部门（见附件 5），同时将跨行政区设置库房信息表（见附件 6）及时上传国家药品监督管理局“医疗器械生产经营许可（备案）信息系统”。验收不合格的，库房所在地设区的市级负责药品监督管理的部门书面告知发证部门和经营企业并说明理由。

四、医疗器械经营企业跨行政区域设置库房，由库房所在地设区的市级负责药品监督管理的部门监管，必要时可以请求发证部门协助对该企业经营场所（住所）进行检查，发现违法违规行为由库房所在地负责药品监督管理的部门依照《医疗器械监督管理条例》《医疗器械经营监督管理办法》进行处罚，并告知发证部门。涉及吊销经营许可证或取消备案凭证的，由库房所在地负责药品监督管理的部门提请发证部门作出处理决定。发证部门将处理决定书面告知库房所在地负责药品监督管理的部门。必要时，发证部门可以对企业跨行政区域设置的库房开展延伸检查。发证部门和库房所在地负责药品监督管理的部门应依法公开库房变更和处罚信息。

五、附件相关函编号的编排方式为：××〔××××〕年××××号。其中：第一位×代表所在地省、自治区、直辖市的简称；第二位×代表所在地设区的市级行政区域的简称；第三到六位×代表4位数发函年份；第七到十位×代表发函流水号。

六、发证部门和库房所在地设区的市级负责药品监督管理的部门同时使用国家药品监督管理局“医疗器械生产经营许可（备案）信息系统”的，可以通过信息系统发送相关函件。

七、医疗器械经营企业应当对跨行政区域设置的仓库加强日常管理并承担相应的法律责任。

医疗器械经营企业跨行政区域设置的库房只能从事与本企业购销业务有关的物流活动。库房应当配备相应质量管理人员和与经营企业本部互联的，能够实时交换医疗器械储存、出入库数据的计算机信息管理系统和产品追溯系统。

八、本通告自2019年1月1日起施行。本通告中未涉及的事项，仍按照现有规定执行。

特此通告。

附件：1. 医疗器械经营企业跨行政区域设置库房协助现场验收的函
2. 跨行政区域设置库房现场验收结果反馈函
3. 跨行政区域设置库房现场验收结果通知单
4. 医疗器械经营企业库房地址登记表
5. 跨行政区域设置库房反馈函
6. 跨行政区域设置库房情况信息表

国家药监局

2018年10月25日

# 食品药品监管总局关于发布医疗器械产品出口销售证明管理规定的通告

2015 年第 18 号

为进一步规范食品药品监督管理部门出具医疗器械出口销售证明的服务性事项的办理，便利医疗器械生产企业产品出口，国家食品药品监督管理总局制定了《医疗器械产品出口销售证明管理规定》，现予发布。

特此通告。

附件：医疗器械产品出口销售证明管理规定

食品药品监管总局

2015 年 6 月 1 日

附件

## 医疗器械产品出口销售证明管理规定

**第一条** 为进一步规范食品药品监督管理部门出具医疗器械出口销售证明的服务性事项的办理，便利医疗器械生产企业产品出口，特制定本规定。

**第二条** 在我国已取得医疗器械产品注册证书及生产许可证书，或已办理医疗器械产品备案及生产备案的，食品药品监督管理部门可为相关生产企业（以下简称企业）出具《医疗器械产品出口销售证明》(格式见附件 1)。

**第三条** 企业所在地的省级食品药品监督管理部门负责本行政区域内《医疗器械产品出口销售证明》的管理工作。

**第四条** 企业应当向所在地省级食品药品监督管理部门或其指定的部门（以下简称出具证明部门）提交《医疗器械产品出口销售证明登记表》(格式见附件 2)，并报送加盖企业公章的以下资料，资料内容应与出口产品的实际信息一致：

（一）企业营业执照的复印件；

（二）医疗器械生产许可证或备案凭证的复印件；

（三）医疗器械产品注册证或备案凭证的复印件；

（四）所提交材料真实性及中英文内容一致的自我保证声明。

**第五条** 出具证明部门应当对企业提交的相关资料进行审查核对。符合要求的，应当出具《医疗器械产品出口销售证明》；不符合要求的，应当及时说明理由。

需要出具《医疗器械产品出口销售证明》的企业，其生产不符合相关法规要求，企业信用等级较低，或在生产整改、涉案处理期间的，不予出具《医疗器械产品出口销售证明》。

**第六条** 《医疗器械产品出口销售证明》编号的编排方式为：××食药监械出××××××××号。其中：

第一位×代表生产企业所在地省、自治区、直辖市的简称；

第二位×代表生产企业所在地设区的市级行政区域的简称；

第三到第六位×代表4位数的证明出具年份；

第七到第十位×代表4位数的证明出具流水号。

**第七条** 《医疗器械产品出口销售证明》有效日期不应超过申报资料中企业提交的各类证件最先到达的截止日期，且最长不超过2年。

**第八条** 企业提交的相关资料发生变化的，应当及时报告出具证明部门。相关资料发生变化或有效期届满仍需继续使用的，企业应当重新办理《医疗器械产品出口销售证明》。

**第九条** 企业应当建立并保存出口产品档案。内容包括已办理的《医疗器械产品出口销售证明》和《医疗器械出口备案表》、购货合同、质量要求、检验报告、合格证明、包装、标签式样、报关单等，以保证产品出口过程的可追溯。

**第十条** 省级食品药品监督管理部门应当组织本行政区域内的出具证明部门及时公开《医疗器械产品出口销售证明》相关信息。

食品药品监督管理部门发现相关企业的生产不符合相关法规要求，企业信用等级降为较低等级，或认为其不再符合出具证明有关情况的，以及企业报告提交的相关资料发生变化的，省级食品药品监督管理部门应当及时通告相关信息。

**第十一条** 企业提供虚假证明或者采取其他欺骗手段骗取《医疗器械产品出口销售证明》的，5年内不再为其出具《医疗器械产品出口销售证明》，并将企业名称、医疗器械生产许可证或备案凭证编号、医疗器械产品注册证或备案凭证编号、法定代表人和组织机构代码等信息予以通告。

**第十二条** 企业应当保证所出口产品符合医疗器械出口相关规定要求，并应当符合进口国的相关要求。在出口过程中所发生的一切法律责任，由企业自行承担。

**第十三条**　本规定自 2015 年 9 月 1 日起施行。自本规定实施之日起，此前文件与本规定不一致的，均以本规定为准。

**第十四条**　省级食品药品监督管理部门可依照本规定制定具体实施细则。

附件：1. 医疗器械产品出口销售证明（格式）

2. 医疗器械产品出口销售证明登记表（格式）

# 六、检验、不良事件监测评价与召回

## 国家药监局关于印发医疗器械检验工作规范的通知

国药监科外〔2019〕41号

**各省、自治区、直辖市药品监督管理局，新疆生产建设兵团药品监督管理局，各有关单位：**

为进一步规范医疗器械检验工作，提升医疗器械检验机构的检验能力、管理水平、工作质量和效率，国家药品监督管理局组织制定了《医疗器械检验工作规范》，现予印发，请遵照执行。

国家药监局

2019年8月30日

## 医疗器械检验工作规范

### 第一章 总 则

**第一条** 为加强医疗器械检验工作，提升医疗器械检验机构（以下简称检验机构）的检验能力和管理水平，提高医疗器械检验工作质量和效率，根据《医疗器械监督管理条例》《检验检测机构资质认定管理办法》《医疗器械检验机构资质认定条件》及相关法律法规文件，制定本规范。

**第二条** 本规范适用于符合《医疗器械监督管理条例》《检验检测机构资质认定管理办法》《医疗器械检验机构资质认定条件》及相关法律法规规定要求开展医疗器械检验工作的检验机构。

**第三条** 检验机构开展检验工作应当坚持科学、独立、公正、权威的原则，对检验工作负责，并承担相应法律责任。

**第四条** 检验机构应当承担相应的社会责任，积极参与医疗器械安全社会共治工作。检验机构在开展常规检验工作的同时，应当优先完成政府相关部门查办医疗器械安全案件和医疗器械突发事件相关检验工作。

检验机构应当建立应急、创新及优先等医疗器械检验的绿色通道和特别程序。

**第五条**　检验机构应当按照国家有关法律法规规定，落实检验机构环境保护、安全控制和人员健康防护，规范危险品、废弃物、实验动物等的管理和处置，加强安全检查，制定检验事故应急处置程序，保障检验工作安全和公共安全。

## 第二章　机构和人员

**第六条**　检验机构应当建立和实施与其开展的检验工作相适应的管理体系。风险管理应当贯穿质量管理全过程，并根据风险程度，采用适当的管理措施，有效应对风险。

**第七条**　检验机构应当具有与其检验工作相适应的设施和场地，并对其拥有独立支配权和使用权。

**第八条**　检验机构应当获得正确开展实验室活动所需的设备，并对其拥有独立支配权和使用权，规范管理，建立并保持测量结果的计量溯源性。

**第九条**　检验机构应当确保外部提供的产品和服务的适宜性，建立和保持对检验质量有影响的产品和服务进行选择和购买的程序，制定和落实产品、服务的购买、验收、贮存的制度和标准，并保存对供应商的评价记录和合格供应商名单。

**第十条**　鼓励和支持检验机构有效利用信息化技术等新科技和数据共享平台，积极开展检验技术、检验设备、标准物质等创新研发工作。

**第十一条**　检验机构应当建立有关医疗器械的法律法规、政府主管部门公告公示、相关的技术标准等文件的信息库，关注医疗器械安全风险信息和医疗器械行业的发展动态，确保管理体系内部和外部文件的有效。

**第十二条**　检验机构应当建立信息公示平台，采取公开的方式，公布已获得的检验资质认定、检验能力及范围、工作流程和投诉渠道等信息，接受社会监督。

**第十三条**　检验机构应当配备与其检验工作相适应的人员，确保其人员的专业领域和数量与检验工作相匹配，规范人员的选择、培训、监督、授权和监控管理。

**第十四条**　检验机构应当加强对人员有关医疗器械法律法规、标准、规范、操作技能、质量控制要求、实验室安全与防护知识、计量溯源和数据处理知识等方面的培训考核，并建立相应的激励机制，确保其人员能力持续满足工作需求。

**第十五条**　检验机构人员应当能够按照规定程序开展检验活动，具有按照采用的医疗器械标准 / 技术文件的要求进行检验和预评价的能力，能够按规定程序判定所检测医疗器械存在的或者潜在的危害，并具有准确评估其风险的能力。

## 第三章 受理与样品管理

**第十六条** 检验机构受理样品时，应当获得开展检验工作所需的产品技术要求、技术资料、标准品/参考品及其它辅助用品等信息和物品。

**第十七条** 检验机构在受理检验申请或者样品检验过程中，发现检验用样品存在虚假等不真实情况的，应当不予受理或者终止检验，并及时报告相关医疗器械监督管理部门。

**第十八条** 检验机构应当结合医疗器械样品的特点，建立和保持检验样品运输、接收、处置、保护、存储、保留、清理或者返还的管理程序，避免样品的变质、污染、丢失或者损坏。

**第十九条** 检验机构应当有能够清晰识别样品实物及相关文件的标识系统。适当时，标识系统应当包含一个样品或者一组样品的组成和样品的传递，样品在检验机构负责检验的期间内应当保留该标识。该标识系统应当确保样品在实物上、记录或者其他文件中不被混淆。

**第二十条** 检验机构应当确保可能对人体或者环境造成危害的医疗器械样品的处置过程安全可控；应当确保废弃的样品不再进入流通环节或者被使用；应当采取相应的安全措施处理废弃物，防止有害物质对人体和环境的危害。

## 第四章 检 验

**第二十一条** 检验机构应当具有依据国家标准、行业标准、补充检验项目和检验方法、产品技术要求等开展检验工作的能力，并具备对委托方提交的产品技术要求进行预评价的能力。医疗器械检验包括注册检验、监督抽查检验、评价性检验、风险监测以及委托检验等。

**第二十二条** 检验机构应当建立并遵守检验方法管控程序，跟踪检验方法的变化和发展，适时对检验方法进行重新验证或者确认。

**第二十三条** 检验机构应当建立并保持记录管理程序，确保记录的标识、贮存、保护、检索、保留和处置符合法律和程序要求。检验机构应当确保每一项与检验工作相关活动的记录信息完整、真实、可靠。检验机构应当对与检验工作相关活动的记录归档留存，确保记录可追溯。

**第二十四条** 检验机构应当按照与委托方签订的合同开展相关工作，经过预评价的产品技术要求和预评价意见随检验报告一同出具给委托方。预评价意见应当至少包含产品技术要求中性能指标的完整性与适用性，检验方法的可操作性和可重复性是否与检验要求相适应，引用标准和条款的完整性、适宜性和适用性等内容。

第二类、第三类医疗器械产品因许可事项变更进行检验时，检验机构应当关注产品技术要求适用性的预评价工作。

**第二十五条**　检验机构在使用移动设备进行检验和抽样时，应当在适当的技术控制和有效监督下进行，确保满足检验要求。

**第二十六条**　检验机构承担医疗器械监督抽查检验工作时，应当严格按照监督抽查检验方案及相关工作程序规定开展检验工作。

**第二十七条**　承担医疗器械监督抽查检验任务的复检机构，应当依据相关法律法规和相关程序规定开展复检工作，并在医疗器械监督管理部门规定的时限内作出复检结论。如无正当理由，检验机构对复检申请或者委托不得推诿。

**第二十八条**　检验机构承担评价性检验、风险监测或者政府相关部门其他委托检验任务的，应当制定相应的工作程序，实施有针对性的质量控制，严格按照任务委托部门制定的计划、实施方案和指定的检验方法进行检验和提交结果，不得事先告知被抽样单位有关检验和结果等信息，不得瞒报、谎报数据结果，不得擅自对外发布或者泄露数据。

## 第五章　报告与记录

**第二十九条**　检验机构应当独立、客观地出具准确、清晰、完整、论证充分、结论明确的检验结果报告，并在报告上加盖检验机构专用章，标注资质认定标志。

**第三十条**　检验机构对其报告中的信息负责。检验报告应当用字规范，语言简练、准确，幅面整洁，不允许涂改。报告格式应当符合检验报告模板（见附件）的要求。

**第三十一条**　检验机构应当建立健全包括检验原始记录、检验报告、技术记录、质量管理记录、合同以及标准等涉及检验工作的文件管理制度，并有确保存档材料安全性、完整性的措施。档案保存期限应当符合相关法律法规要求和检验工作追溯需要。

**第三十二条**　检验机构应当建立电子化或者纸质化的数据控制和信息管理系统，用于收集、处理、记录、报告、存储或者检索数据，其中计算机系统的建设应当遵循国家药品监督管理局已发布的信息化标准，以便于监管信息的互联互通。

检验机构应当建立和保持保护数据完整性和安全性的程序；使用计算机系统创建、更改数据时，应当通过审计追踪功能或者替代方法满足数据可追溯性的要求；纸质数据的归档应当确保安全便于查阅。检验机构应当对计算和数据传送及时进行适当和系统的检查。

**第三十三条**　检验机构应当建立健全投诉处理制度，及时处理对检验结果的异议和投诉，保存有关记录。

## 第六章　能力验证及比对试验

**第三十四条**　能力验证是重要的外部质量评价活动，检验机构有责任和义务寻求并参加能力验证，应当积极参加国家监管机构组织的能力验证。

**第三十五条**　医疗器械检验机构比对试验是国家药品监督管理部门组织的能力验证活动，用于评价和提高检验机构的能力，加强对检验机构的监督管理。

**第三十六条**　国家药品监督管理部门组织制定比对试验工作规划、年度计划，组织指导比对试验技术交流与培训。

中国食品药品检定研究院（以下简称“中检院”）根据比对试验年度计划，组织制定和实施比对试验实施方案，组织开展比对试验结果的评价工作，并向国家药品监督管理部门报送比对试验总结报告；建立并保存比对试验档案；组织成立比对试验专家组；对检验机构技术能力进行综合评价。

比对试验专家组成员由医疗器械相关专业专家及统计学专家组成，负责对比对试验方案策划、结果评价和其他技术问题向中检院提出意见及建议。

**第三十七条**　具备比对试验项目检验资质的检验机构必须参加该项目的比对试验。

**第三十八条**　检验机构在接到样品后应当按照比对试验实施方案的作业指导书、标准进行检验，并在规定时间内将结果报送中检院。中检院根据比对试验实施方案进行结果判定，并组织比对试验专家对判定结果提出技术意见及建议。判定结果分为：满意、可疑和不满意三种。中检院起草比对试验总结报告报送国家药品监督管理部门。

**第三十九条**　结果被判定为可疑的检验机构应当进行风险分析，制定并实施改进措施，必要时进行整改；结果被判定为不满意的检验机构应当根据比对试验结果进行整改，并向中检院提交整改材料，在整改结束前不得接受该检验项目的检测。

## 第七章　从业道德规范与纪律

**第四十条**　检验机构的人员不得同时在两个以上检验机构从业。

**第四十一条**　检验机构及其人员从事检验工作，应当遵守国家相关法律法规的规定，遵循独立客观、公平公正、诚实信用原则，恪守职业道德，承担社会责任，确保检验数据、结果的真实、客观、准确和可追溯性。

**第四十二条**　检验机构及其人员应当排除、抵制来自各方面的干扰、利益诱惑和不正当的压力影响，保证检验机构以科学的方法、公正的行为、准确的数据为客户进行服务。

**第四十三条**　检验机构及其人员不得出具不真实数据和虚假结果的检验报告，不得有以下行为：

（一）与其所从事的检验项目委托方或者利益相关方，存在不正当利益关系；

（二）利用检验数据和结果进行检验工作之外的有偿活动；

（三）从事检验活动之外或者参与与类似的竞争性项目有关系的医疗器械生产、经营、服务活动；

（四）向委托方、利益相关方索取或者接受不正当利益；

（五）泄露检验活动中所知悉的国家秘密、商业秘密和技术秘密；

（六）以广告或者其他形式向消费者推荐医疗器械；

（七）其他影响检验工作独立性、公正性和诚信的活动。

**第四十四条**　检验机构应当明确各类管理人员、技术人员和关键支持人员职责，建立相应的管理和质量监控机制，并采取必要的措施，对检验工作中出现的违法违纪违规行为，及时纠正，对于情节严重的，应当严肃追责。

## 第八章　附　则

**第四十五条**　本规范由国家药品监督管理局负责解释。

**第四十六条**　本规范自发布之日起施行。

附：检验报告模板

# 国家药监局综合司关于明确《医疗器械检验工作规范》标注资质认定标志有关事项的通知

药监综科外函〔2020〕746 号

**各省、自治区、直辖市药品监督管理局，新疆生产建设兵团药品监督管理局，各有关单位：**

2020 年 9 月 27 日，国家药监局综合司发布了《国家药监局综合司关于明确医疗器械检验检测工作有关事项的通知》（药监综械注函〔2020〕603 号，以下简称《通知》）。根据《通知》要求，现对《国家药监局关于印发医疗器械检验工作规范的通知》（国药监科外〔2019〕41 号）中《医疗器械检验工作规范》第二十九条补充规定如下：

检验机构应当独立、客观地出具准确、清晰、完整的检验报告，并在报告上加盖检验报告专用章。

对于产品技术要求完全采用国家标准、行业标准的，检验机构必须取得该国家标准、行业标准的资质认定，报告封面加盖资质认定标志 CMA 章，并在报告备注中注明。

对于产品技术要求不涉及或部分涉及国家标准、行业标准进行检验并出具报告的，应在检验报告书备注中对承检能力予以自我声明，并承担相应的法律责任。自我声明内容为“该产品技术要求不涉及 / 部分涉及国家标准、行业标准，不能直接作为资质认定许可的依据，但本实验室对报告涉及的检验项目具备相应的承检能力”。

特此通知。

国家药监局综合司

2020 年 12 月 3 日

# 国家药监局关于印发医疗器械质量抽查检验管理办法的通知

国药监械管〔2020〕9号

**各省、自治区、直辖市药品监督管理局，新疆生产建设兵团药品监督管理局，中国食品药品检定研究院：**

为加强医疗器械监督管理，规范医疗器械质量抽查检验工作，国家药监局组织修订了《医疗器械质量抽查检验管理办法》，现印发给你们，请遵照执行。

原国家食品药品监督管理总局发布的《医疗器械质量监督抽查检验管理规定》（食药监械监〔2013〕212号）和《国家医疗器械抽查检验工作程序》（食药监办〔2014〕213号）同时废止。

国家药监局

2020年3月10日

# 医疗器械质量抽查检验管理办法

## 第一章 总 则

**第一条** 为加强医疗器械质量监督管理，规范医疗器械质量抽查检验工作，根据《医疗器械监督管理条例》规定，制定本办法。

**第二条** 药品监督管理部门在中华人民共和国境内开展医疗器械质量抽查检验工作，适用本办法。

**第三条** 国家药品监督管理局负责组织国家医疗器械质量抽查检验工作。

省级药品监督管理部门负责组织实施本行政区域内国家医疗器械质量抽查检验相关工作，负责组织本行政区域内的省级医疗器械质量抽查检验工作。

设区的市级、县级人民政府承担药品监督管理职责的部门按照省级药品监督管理部门的统一安排，组织实施本行政区域内医疗器械质量抽查检验相关工作。

**第四条** 中国食品药品检定研究院负责拟订国家医疗器械质量抽查检验计划和方案，按要求组织实施并提供技术指导，负责汇总、分析、报送国家医疗器械质量抽查检验数据，组织开展质量分析和信息共享应用。

具有相应检验资质的医疗器械检验机构承担相关检验任务。

**第五条** 医疗器械质量抽查检验，应当遵循科学、规范、合法、公正的原则。

**第六条** 医疗器械注册人、备案人以及从事医疗器械生产、经营、使用活动的单位和个人，应当配合药品监督管理部门组织实施的医疗器械质量抽查检验，不得干扰、阻挠或者拒绝抽查检验工作，不得转移、藏匿医疗器械，不得拒绝提供证明材料或者故意提供虚假资料。

对抽查检验发现的不符合规定的产品，医疗器械注册人、备案人以及从事医疗器械生产、经营、使用活动的单位和个人，应当积极采取措施控制风险，保证医疗器械使用安全。

进口医疗器械注册人、备案人应当指定我国境内企业法人作为代理人，配合对进口医疗器械的抽查检验工作。

**第七条** 国家药品监督管理局组织建立国家医疗器械质量抽查检验信息化管理系统（以下简称国家抽检系统）。省级药品监督管理部门和承检机构应当按照规定，通过国家抽检系统及时报送国家医疗器械质量抽查检验和省级医疗器械质量抽查检验相关数据。

省级药品监督管理部门应当加强本行政区内医疗器械质量抽查检验工作的信息化建设。

## 第二章 计划方案

**第八条** 国家药品监督管理局和省级药品监督管理部门应当在每年第一季度制定年度医疗器械质量抽查检验计划，按照目标明确、重点突出、统筹兼顾的要求安排医疗器械质量抽查检验工作。

省级药品监督管理部门制定的医疗器械质量抽查检验计划，应当与国家医疗器械质量抽查检验计划目标一致、各有侧重、互为补充、避免重复。

根据监管情况的变化，组织抽查检验的药品监督管理部门可以对医疗器械质量抽查检验计划进行调整。

**第九条** 国家医疗器械质量抽查检验将以下医疗器械作为重点：

（一）安全风险性高，需要重点监管的；

（二）临床用量大、使用人群和使用范围广的；

（三）投诉举报较多、舆情关注度高的；

（四）不良事件监测提示可能存在质量问题的；

（五）产品质量易受储存运输条件影响的；

（六）其他监管需要的。

省级医疗器械质量抽查检验将以下医疗器械作为重点：

（一）本行政区域内注册或者备案的产品；

（二）未列入国家医疗器械质量抽查检验品种，且产品安全风险较高的；

（三）列入上一年抽查检验计划但实际未抽到的；

（四）既往抽查检验不符合规定的；

（五）日常监管、不良事件监测等发现可能存在质量问题的；

（六）其他监管需要的。

**第十条** 组织医疗器械质量抽查检验的部门应当根据计划制定抽查检验方案，主要包括以下内容：

（一）检验品种和拟抽查企业范围；

（二）检验依据和检验项目；

（三）承担检验和复检的检验机构。

## 第三章 检查抽样

**第十一条** 组织实施医疗器械抽样的药品监督管理部门可以根据上级药品监督管理部门制定的计划和抽查检验方案，结合实际情况，制定本行政区域内抽查检验实施方案。

**第十二条** 药品监督管理部门可以自行抽样，也可以委托具有相应工作能力的医疗器械监管技术机构抽样。

**第十三条** 抽样人员应当熟悉医疗器械专业知识和医疗器械管理相关法律法规。

抽样人员执行现场抽样任务时不得少于2人，应当向被抽样单位出示抽样工作证明文件和抽样人员身份证明文件。原则上同一人不应当同时承担当次抽样和检验工作。

**第十四条** 抽样人员在执行抽样任务时，应当核查被抽样单位的证照信息。发现未经许可从事生产、经营活动的，生产经营无证医疗器械等违法行为，应当终止本次抽样，将有关情况通报具有管辖权的药品监管部门依法处置。抽样人员可以通过拍照、录像、录音等方式对现场检查情况进行记录。

**第十五条** 抽样场所应当由抽样人员根据被抽样单位类型确定。从生产环节抽样的，一般在医疗器械注册人、备案人或者受托生产企业的成品仓库进行；从经营环节抽样的，一般在经营企业的医疗器械仓库或者零售企业的营业场所进行；从使用单位抽样的，一般在医疗器械库房进行；从互联网交易环节抽样的，一般在与线上一致的线下医疗器械仓库进行。

**第十六条** 抽取的样品应当是已经验收合格入库的待销售（使用）产品，并经被抽样单位确认。样品应当随机抽取，不得由被抽样单位自行选择提供。

**第十七条** 有下列情形之一的，原则上不属于抽样范围：

（一）被抽样单位无抽检方案所列产品；

（二）有充分证据证明拟抽样产品是用于科学研究等非销售目的；

（三）有充分证据证明拟抽样产品为企业仅用于出口；

（四）产品或者包装、标签、说明书标有“试制”、“样品”等字样。

**第十八条** 抽样人员应当索取抽查检验所需的资料和配套必需品。被抽样单位应当予以配合，主动提供以下材料：

（一）产品注册证复印件 / 备案凭证复印件；

（二）经注册或者备案的产品技术要求；

（三）生产经营使用有关记录；

（四）开展检验所需配套必需品。

**第十九条** 在医疗器械经营或者使用单位抽样时，抽样人员应当与被抽样单位共同填写资料和配套必需品清单，由被抽样单位寄送至样品标示的医疗器械注册人、备案人或者进口产品代理人，并通知其按文书要求向相关检验机构提供资料和配套必需品。

对逾期不配合的，承检机构应当及时书面通知医疗器械注册人、备案人或者进口产品代理人所在地省级药品监督管理部门。省级药品监督管理部门应当予以督促。

**第二十条** 抽样人员应当使用专用封签现场签封样品，按要求填写医疗器械抽样记录及凭证，并分别由抽样人员和被抽样单位有关人员签字，加盖抽样单位和被抽样单位有效印章。

被抽样单位拒绝签字或者盖章时，抽样人员应当在医疗器械抽样记录及凭证上注明并签字。

**第二十一条** 被抽样单位因故不能提供样品的，应当说明原因并提供有关证明材料。抽样人员应当填写相关记录。抽样人员查阅有关生产、销售及使用记录后，可以组织对该单位再次抽样或者追踪到其他环节抽样。相应单位所在地负责药品监督管理的部门应当配合。

**第二十二条** 抽样单位应当按规定时限将样品、抽样文书及相关资料送达至承检机构。

抽取的样品应当按照其规定的储运条件进行储存和运输。

**第二十三条** 抽样人员在抽样过程中不得有下列行为：

（一）样品签封后擅自拆封或者更换样品；

（二）泄露被抽样单位商业秘密或者技术秘密；

（三）其他影响抽样公正性的行为。

## 第四章 检验管理和报告送达

**第二十四条** 承检机构应当对所承担的抽查检验工作负责，按照医疗器械检验工作规范和相关技术规范开展检验工作。

**第二十五条** 承检机构应当对送检样品的外观、状态、封签、包装等可能影响检验结果的情况，以及抽样凭证、防拆封措施、签字盖章等情况进行核对，确认无误后予以签收。

对存在可能影响检验结果判定的，承检机构应当拒绝接收，向抽样单位说明理由，退返样品，并向组织抽查检验工作的药品监督管理部门报告。

**第二十六条** 检验应当严格按照抽检方案规定的依据、项目、方法和工作要求执行。

检验过程中遇有样品失效或者其他情况致使检验无法进行的，承检机构应当如实记录，提供充分的证明材料，并将有关情况报送至组织抽查检验工作的药品监督管理部门。

**第二十七条**　除抽检计划另有规定外，承检机构原则上应当自收到样品之日起 40 个工作日内出具检验报告；特殊情况需延期的，应当报组织抽查检验工作的药品监督管理部门批准。

**第二十八条**　承检机构应当对出具的检验报告负责。检验报告应当格式规范、内容真实齐全、数据准确、结论明确。

检验原始记录、检验报告的保存期限不少于 5 年。

**第二十九条**　承检机构应当按照规定时间寄送检验报告。检验结果为不符合规定的，应当在检验报告出具后 2 个工作日内将检验报告和相关材料寄送至被抽样单位所在地省级药品监督管理部门和标示医疗器械注册人、备案人或者进口产品代理人所在地省级药品监督管理部门。

药品监督管理部门应当自收到检验结论为不符合规定的检验报告之日起 5 个工作日内组织将检验报告送达本辖区内被抽样单位和标示医疗器械注册人、备案人，进口产品的相关检验报告应送达至其代理人。

**第三十条**　在国家医疗器械质量抽查检验过程中，标示医疗器械注册人、备案人或者进口产品代理人认为所抽样品非其产品的，应当自其收到不符合规定的检验报告之日起 7 个工作日内，向其所在地省级药品监督管理部门提供充分准确的证明材料，所在地省级药品监督管理部门应当组织调查核实。未能按时向省级药品监督管理部门提交材料的，视为标示医疗器械注册人、备案人确认所抽样品为其产品。

经省级药品监督管理部门调查核实确非标示医疗器械注册人、备案人的产品的，由企业所在地省级药品监督管理部门报告国家药品监督管理局，并通报被抽样单位所在地省级药品监督管理部门。

对查实确非标示医疗器械注册人、备案人的产品的，被抽样单位所在地药品监督管理部门和标示医疗器械注册人、备案人或者进口产品代理人所在地药品监督管理部门应当相互配合，共同核查问题产品来源。

**第三十一条**　检验结果为符合规定的，样品应当在检验报告印发 3 个月后及时退还被抽样单位。样品因检验造成破坏或者损耗而无法退还的，应当向被抽样单位说明情况。检验结果为不符合规定的，样品应当在检验结果通告发布满 3 个月后退还至医疗器械注册人、备案人或者进口产品代理人所在地省级药品监督管理部门。

相关药品监督管理部门和被抽样单位应当在规定时限内接收样品。逾期不配合的，样品可由检验机构自行处理。

## 第五章　复检处置

**第三十二条**　被抽样单位或者标示医疗器械注册人、备案人或者进口产品代理人对检验结果有异议的，可以自收到检验报告之日起7个工作日内优先向检验方案中推荐的复检机构提出复检申请。复检机构无正当理由不得拒绝。逾期提出申请的，检验机构不再受理。

**第三十三条** 申请复检应当提交以下资料：

（一）加盖申请单位公章的复检申请表及授权书；

（二）原检验报告全本复印件；

（三）经办人身份证明；

（四）自收到检验报告之日起7个工作日内提出复检申请的时限证明资料；

（五）其他需要说明的资料。

**第三十四条** 复检机构应当在收到复检申请之日起对资料进行审核，3个工作日内做出是否受理的书面决定，并于做出书面决定当日报告组织抽查检验的药品监督管理部门。有下列情形之一的，不予受理复检申请：

（一）抽检方案中规定不予复检的检验项目；

（二）样品不能满足复检需要量、超过效期或者效期内不足以完成复检的；

（三）未在规定期限内提出复检申请或者复检已被受理的；

（四）不按规定预先支付复检费用的；

（五）特殊原因导致留存样品无法实现复检目的的。

**第三十五条** 复检机构应当在做出受理决定之日起3个工作日内向原检机构发出调样通知，原检机构应当在收到调样通知后5个工作日内提供样品。

双方检验机构应当按照产品储存运输条件审慎稳妥转移样品。

**第三十六条** 复检仅针对原检不符合规定项目，应当按照原抽检方案规定的检验要求和判定原则出具检验报告。原则上不得引入新的样品和资料。

复检机构一般应当在收到复检样品后15个工作日内做出复检结论，并自检验报告印发之日起2个工作日内，将检验报告寄送给标示医疗器械注册人、备案人或者进口产品代理人所在地省级药品监督管理部门，以及被抽样单位所在地省级药品监督管理部门、复检申请人、原检机构。特殊情况需要延期的，应当报请组织抽查检验工作的药品监督管理部门批准。

复检机构出具的复检结论为最终检验结论。

**第三十七条** 复检申请人应当向复检机构预先支付复检费用。复检结论与原检验结论不一致的，复检费用由原检机构承担。

国务院有关部门或者省级人民政府有关部门另有特殊规定的，从其规定。

## 第六章 监督管理

**第三十八条** 医疗器械注册人、备案人和被抽样单位获知产品不符合规定后，应当履行以下义务：

（一）实施产品召回并发布召回信息；

（二）立即深入进行自查，分析原因，进行风险评估；

（三）根据调查评估情况采取必要的风险控制措施。

申请复检期间，应当继续实施对不符合规定产品的风险控制措施。

**第三十九条** 对涉及的相关单位具有管辖权的药品监督管理部门应当对抽查检验中发现的不符合规定结果及其他问题进行调查处理。符合立案条件的，要按规定立案查处，并按要求公开查处结果。涉嫌犯罪的，依法移交司法机关处理。同时，督促被抽样单位和标示医疗器械注册人、备案人履行相关义务。

复检期间，不影响对不符合规定产品的调查与控制。

**第四十条** 承检机构在检验过程中发现下列情形时，应当立即将相关信息书面通知标示医疗器械注册人、备案人或者进口产品代理人所在地省级药品监督管理部门，同时抄送组织医疗器械抽查检验的药品监督管理部门：

（一）存在严重质量安全风险需立即采取控制措施的；

（二）涉嫌违法违规生产行为的；

（三）同一企业多批次产品检验不符合规定，质量体系可能存在严重问题的。

标示医疗器械注册人、备案人或者进口产品代理人所在地省级药品监督管理部门应当立即组织对相关情况进行调查核实，及时采取相应风险控制措施并依法进行查处。

**第四十一条** 医疗器械注册人、备案人、进口产品代理人以及从事医疗器械生产、经营和使用的单位和个人无正当理由拒绝接受抽查抽检的，由组织医疗器械抽查检验的药品监督管理部门向社会公告。负责药品监督管理的部门应当将有关情况录入信用档案，增加监督检查频次。

**第四十二条** 参与抽查检验工作的单位和个人，应当依法规范工作行为，不得出现以下违反法律、法规和有关纪律要求的情形：

（一）擅自发布抽查检验信息；

（二）泄露抽查检验样品的有关资料；

（三）接受被抽查检验单位的馈赠；

（四）利用抽查检验工作之便牟取其他不正当利益。

**第四十三条** 省级以上药品监督管理部门负责对本部门组织开展的医疗器械质量抽查检验结果的信息公开工作。

未经批准，任何单位和个人不得擅自公布抽查检验信息。

医疗器械质量抽查检验结果公开不当的，应当自确认公开内容不当之日起5日内，在原公开范围内予以更正。

对可能产生重大影响的医疗器械抽查检验信息，发布部门在质量公告发布前，应当进行评估研判。信息发布按照政府信息公开有关规定执行。

**第四十四条** 药品监督管理部门应当充分利用国家抽检系统中的数据，开展汇总分析，及时发现医疗器械安全系统性风险，及时消除区域性医疗器械安全隐患。

## 第七章 附 则

**第四十五条** 根据医疗器械监管工作需要，药品监督管理部门可适时组织开展专项抽查检验，相关工作可参照本办法执行。

**第四十六条** 因监督检查、监测评价、稽查执法等工作需要开展抽样、检验的，不受抽样数量、地点、样品状态等限制，具体程序可参照本办法执行。

**第四十七条** 本办法自发布之日起施行。《医疗器械质量监督抽查检验管理规定》（食药监械监〔2013〕212号）和《国家医疗器械抽查检验工作程序》（食药监办〔2014〕213号）同时废止。

# 国家药监局综合司关于印发国家医疗器械质量抽查检验工作程序的通知

药监综械管〔2021〕46 号

**各省、自治区、直辖市药品监督管理局，新疆生产建设兵团药品监督管理局，中国食品药品检定研究院：**

为规范国家医疗器械质量抽查检验工作，依据《医疗器械监督管理条例》和《医疗器械质量抽查检验管理办法》（国药监械管〔2020〕9 号），国家药监局组织起草了《国家医疗器械质量抽查检验工作程序》，现予印发，请遵照执行。

附件：国家医疗器械质量抽查检验工作程序

国家药监局综合司
2021 年 4 月 12 日

**附件**

## 国家医疗器械质量抽查检验工作程序

为规范国家医疗器械质量抽查检验（以下简称国家医疗器械抽检）工作，根据《医疗器械监督管理条例》（以下简称《条例》）和《医疗器械质量抽查检验管理办法》（以下简称《办法》），制定《国家医疗器械质量抽查检验工作程序》（以下简称《工作程序》）。

本《工作程序》适用于国家药品监督管理局（以下简称国家局）组织的国家医疗器械抽检工作。

### 一、方案制定

（一）国家药品监督管理局医疗器械监督管理司（以下简称国家局器械监管司）根据工作需要，结合国家局相关司局和直属单位、各省（自治区、直辖市）药品监督管理部门和新疆生产建设兵团药品监督管理部门（以下统称各省级药品监督管理部门）、相关医疗器械检验机构提出的抽检品种意见和建议，组织遴选抽检品种。依照《办法》规定的原则确定抽检品种名单，组织制定国家医疗器械质量抽查检验方案（以下简称抽查检验方案）。

（二）中国食品药品检定研究院（以下简称中检院）结合相应标准归口、标准起草复核、注册检验分布、监督检验经验等，确定抽检品种检验工作的牵头单位（以下简称牵头单位）。

（三）中检院组织牵头单位依照《国家医疗器械抽检承检申请及确定流程》（附1），确定抽检品种检验工作的参与单位（以下简称参与单位）。确定原则为能够充分发挥检验力量、能力优先、双向选择。牵头单位作为抽检品种检验工作的技术支持单位，应当认真履行职责，严把参与单位推荐关。

（四）牵头单位应当按照抽样方案和检验方案等编写规则起草抽查检验方案。抽查检验方案应当结合抽检品种的特性和实际监管需要，对抽样所应当覆盖的各个环节、各类场所、抽样数量等进行科学设计；应当坚持问题导向原则，选择风险较高、生产质控难度较大、问题多发的检验项目制定检验方案。

牵头单位应当立足监管需要，坚持问题导向，科学合理设计探索性研究方案。

（五）中检院组织专家论证抽查检验方案，牵头单位应当根据专家意见修改完善。

（六）中检院组织检验机构对各品种抽查检验方案进行形式审核，相关检验机构应当认真配合。中检院将最终确定的抽查检验方案报送至国家局器械监管司。

（七）国家局器械监管司审核后印发抽查检验方案。

（八）抽查检验方案确定后，相关单位应当立即组织完成以下事项：

1. 牵头单位应当严格按照已经确定的抽查检验方案，组织开展《国家医疗器械抽检项目任务书》（附2，以下简称《任务书》）的填报，不得随意改动抽查检验方案。《任务书》填写后，牵头单位应当组织该品种所有承检机构流转盖章，并将盖章后的《任务书》扫描件上传至国家医疗器械抽检信息系统（以下简称国家抽检系统）。原件由牵头单位至少保存5年。

2. 牵头单位应当组织开展抽样培训视频的录制工作。

3. 中检院应当按照国家局器械监管司有关要求，根据抽查检验方案，组织编制培训材料。

（九）中检院应当加强国家抽检系统的开发维护和国家医疗器械抽检工作专家库的建设。

（十）中检院、各省级药品监督管理部门和相关医疗器械检验机构应当对国家抽检系统使用进行严格管理。各省级药品监督管理部门、相关医疗器械检验机构应当明确本辖区、本单位负责国家抽检系统使用管理的部门和责任人，建立登陆介质和账户权限的管理台账，严格使用登记，将国家抽检系统的使用工具和使用要求作为工作变动交接事项。

## 二、组织实施和抽样

（一）各省级药品监督管理部门应当根据国家医疗器械质量抽查检验方案，发布公文明确本辖区内承担抽样工作的单位。各省级药品监督管理部门应当根据工作需要，以适当形式组织开展本辖区抽样人员的培训，加强对抽样人员的管理和廉政教育，加强职业安全教育，并做好抽样信息现场录入的硬件保障和支持。

（二）抽样人员实施现场抽样，应当登录国家抽检系统，填写《医疗器械抽样记录及凭证》(附3，以下简称《抽样记录凭证》)并打印加盖抽样用印章，经被抽样单位确认签字后加盖被抽样单位公章，并使用《医疗器械抽样封签》(附4)签封样品。确因条件限制无法现场录入的，抽样人员应当现场按照要求填写纸质《抽样记录凭证》，并在抽样之日起2个工作日内将抽样信息录入国家抽检系统。

(三)抽样人员应当查阅有关生产、购进、销售、使用记录。对于无正当理由拒绝接受抽查检验的，应当严格依照《办法》第四十一条规定加强监管。

(四)在医疗器械注册人、备案人或者进口产品代理人处抽样，被抽样单位因故不能提供样品的，依照《办法》第二十一条规定，可以再次抽样或者追踪到其他环节抽取原计划抽样产品。多次抽样仍未抽到样品的，由原计划的被抽样单位说明原因，并提供有关书面证明材料，填写《未能提供国家医疗器械抽检样品的证明》(附5，以下简称《未能提供样品证明》)，加盖被抽样单位公章。相关医疗器械注册人、备案人或者进口产品代理人已经注销的，由抽样单位代章。

在除进口产品代理人以外的经营单位或者使用单位抽样，被抽样单位因故不能提供样品的，依照《办法》第二十一条规定，可以再次抽样、追踪到其他环节抽样、在任务原计划环节选择其他被抽样单位抽样。多次抽样仍未抽到样品的，由最后一家被抽样单位说明原因，并提供有关书面证明材料，填写《未能提供样品证明》，加盖被抽样单位公章。

《未能提供样品证明》由抽样单位将必要信息录入国家抽检系统，原件由各省级药品监督管理部门留存备查。

(五)在医疗器械注册人、备案人或者进口产品代理人处抽样时，应当依照《办法》第十八条规定索取抽查检验所需的资料和配套必需品。

在除进口产品代理人以外的经营单位或者使用单位抽样时，应当依照《办法》第十九条规定，由抽样人员和被抽样单位共同填写《国家医疗器械抽检所需资料和配套必需品清单》(附6，以下简称《清单》)，并由被抽样单位在抽样之日起1个工作日内寄出《清单》。抽样单位应当在抽样之日起5个工作日内将《清单》邮寄信息上传至国家抽检系统。除依照《办法》第十九条规定的要求寄送《清单》外，还应当由抽样单位将《清单》复印件随样品寄送至承检机构。

医疗器械注册人、备案人或者进口产品代理人应当在收到《清单》之日起15个工作日内根据《清单》所示，将抽检所需资料和配套必需品寄送至相关承检机构。逾期不配合的，应当依照《办法》第十九条规定予以督促。经督促仍不配合的，应当依照《办法》第四十一条规定进行处理。若受其他外力因素影响(如疫情、境外采购或者配送、承运问题等)，经与相关承检机构沟通后，在不影响规定时限内出具检验报告的前提下，可以适当延长寄送时限。

(六)抽样过程中遇有技术问题的，抽样单位可以及时与被抽样单位、承检机构和该品种牵头单位沟通。承检机构应当为抽样工作提供技术支持，确保所抽样品符合抽样要求。

（七）样品应当在抽样之日起5个工作日内寄出，抽样单位应当将样品邮寄信息同步上传至国家抽检系统。抽样单位应当认真做好样品寄送工作，保证样品按照适宜条件及时送达承检机构。对于有特殊储存、运输要求的样品，可以由被抽样单位协助提供运输，运输费用由抽样单位承担。

为了提醒承检机构妥善及时接收样品，抽样单位应当在样品寄送最外层包装加贴《医疗器械抽样封签》，保证到达承检机构时信息清晰、可辨认。承检机构应当安排专人及时接收样品，对于有特殊储存、运输要求的样品，应当提前做好接收准备，特别是对于节假日期间的样品接收工作应当提前做出安排。

（八）所抽样品不符合抽样要求的，承检机构应当在收到样品之日起5个工作日内与抽样单位联系协商。抽样单位应当在接到承检机构的联系后2个工作日内确认退返样品相关事宜。承检机构应当于退返样品相关事宜确定后的5个工作日内将样品退返，并承担退返样品费用。

（九）各省级药品监督管理部门应当按照抽查检验方案规定的品种、环节、场所、数量等要求组织落实抽样工作，并密切关注抽样工作进展。

（十）抽样过程中如遇到抽样单位和承检机构难以协调处理的情况，应当及时与中检院技术监督中心沟通。需要国家局协调解决的，中检院技术监督中心应当及时报告国家局器械监管司。

## 三、检验工作

（一）承检机构应当在规定时间内，严格依照《办法》和抽查检验方案的要求开展检验工作。

（二）承检机构应当及时核对抽检样品，发现以下问题的，应当及时联系相关单位协调解决，相关单位应当认真配合：

1. 对于在医疗器械注册人、备案人、受托生产企业或者进口产品代理人处抽到的样品，发现抽查检验方案中规定的抽检所需资料和配套必需品等索取不正确或者不完全的，应当及时联系抽样单位补齐。

2. 对于在除进口产品代理人以外的经营单位或者使用单位抽到的样品，发现抽查检验方案中规定的抽检所需资料和配套必需品等索取不正确或者不完全的，应当首先联系抽样单位，由其确认被抽样单位是否已将《清单》等寄送至医疗器械注册人、备案人或者进口产品代理人，并确认是否已经通知到上述单位。若获得肯定答复，承检机构应当书面通知其所在地省级药品监督管理部门负责督促。

3. 发现《抽样记录凭证》、国家抽检系统中样品信息等与实物不一致的，应当及时联系相关省级药品监督管理部门并及时在国家抽检系统中更正。国家抽检系统如实记录相关更正过程和信息。修改记录作为《抽样记录凭证》的补充，与《抽样记录凭证》合并使用。

4. 依照《办法》第二十五条规定，承检机构发现样品不符合抽样要求且需要退返的，退返理由应当充分，并在退返同时将有关信息填报至国家抽检系统，相关证据材料留存备查。存在违规退返样品的，追究相关承检机构责任。

（三）牵头单位在检验过程中，应当与参与单位密切沟通联系，掌握检验进展，加强相关指导：

1. 组织参与单位开展技术讨论，确保标准理解、判定原则以及检验报告等符合法律法规、技术规范等要求；

2. 明确样品检验量、留样量以及样品使用注意事项，防止留样不足；

3. 组织参与单位开展探索性研究；

4. 认真解答参与单位提出的有关技术问题。

（四）参与单位应当认真参加牵头单位组织的承检品种的相关技术讨论，并配合完成承检品种的探索性研究。

检验过程中如遇技术性问题，参与单位应当及时研判，形成明确的技术意见，独立自主出具检验报告。

检验过程发现产品技术要求与标准明显矛盾，且影响进一步检验的，可以终止检验，由承检机构向标示医疗器械注册人、备案人或者进口产品代理人所在地省级药品监督管理部门书面发出国家医疗器械抽检重大质量安全风险提示，同时抄送国家局器械监管司和中检院技术监督中心。

有源设备的初次检验无法正常开机的，可以允许标示医疗器械注册人、备案人或者进口产品代理人现场调试。

（五）检验报告内容首页应当包括样品本身及抽样涉及的各项基本信息，确保该批样品真实、唯一、可追溯。“委托方”填写“国家药品监督管理局”；“供样单位”或者“抽样单位”填写省级药品监督管理部门名称；“检验依据”严格按照抽查检验方案填写；检验报告内页包括检验项目、标准条款、标准要求、检验结果、单项结论等信息；检验报告应当包括样品照片。照片应当清晰显示产品外观、外部结构、主要组成和各项标识信息，特别是产品注册人、备案人、进口代理人、受托生产企业、生产日期、批号、出厂编号、规格型号等有关信息。被检样品为进口产品的，检验报告中应当说明该产品的进口代理人及其所在省份。

（六）承检机构应当在规定的时限内按照检验报告规范及时准确出具检验报告，同时将检验信息（包括不符合规定项目说明等）录入国家抽检系统。

承检机构应当按照强制性标准、经注册或者备案的产品技术要求进行检验，并按规定出具检验报告。

对于产品技术要求完全采用国家标准、行业标准的，检验机构必须取得该国家标准、行业标准的资质认定，报告封面加盖资质认定标志 CMA 章，并在报告备注中注明。

对于产品技术要求不涉及或者部分涉及国家标准、行业标准进行检验并出具报告的，应在检验报告书备注中对承检能力予以自我声明，并承担相应的法律责任。自我声明内容为“该产品技术要求不涉及/部分涉及国家标准、行业标准，不能直接作为资质认定许可的依据，但本实验室对报告涉及的检验项目具备相应的承检能力”。

（七）对于在医疗器械注册人、备案人、受托生产企业或者进口产品代理人处抽到的样品，承检机构应当做到样品随收随检、检验报告随出随录。对于在除进口产品代理人以外的经营单位或者使用单位抽到的样品，承检机构应当根据抽查检验方案中规定的抽检所需资料和配套必需品索取情况，参照上述要求完成检验。

（八）承检机构出具虚假检验报告的，依照《条例》有关规定处理。

（九）对风险监测抽检品种也应当根据抽查检验方案出具检验报告。风险监测抽检发现不符合检验方案的，检验机构应当向相关省级药品监督管理部门出具《国家医疗器械抽检风险监测抽检结果提示函》（附7，以下简称《提示函》），通过其将风险监测抽检结果转达至标示医疗器械注册人、备案人或者进口产品代理人。检验报告作为《提示函》的附录。《提示函》和相应检验报告通过国家抽检系统传递。

（十）承检机构在检验过程中发现《办法》第四十条所列情形的，应当立即向标示医疗器械注册人、备案人或者进口产品代理人所在地省级药品监督管理部门书面发出国家医疗器械抽检重大质量安全风险提示，同时抄送国家局器械监管司和中检院技术监督中心。

（十一）承检机构应当在整个检验过程中注意收集每批样品在企业质量管理体系、产品技术要求和标准等方面可能存在的影响产品安全性、有效性的潜在风险因素（以下简称产品潜在风险点）。

牵头单位应当按照统一部署和要求，组织参与单位研究抽检过程中发现的产品潜在风险点，并组织参与单位按照抽查检验方案规定的时限要求录入国家抽检系统。

（十二）依照《办法》第三十一条规定，各相关单位应当在检验机构与相关省级药品监督管理部门或者被抽样单位取得联系后15个工作日内完成样品退还。

## 四、复检工作

（一）复检工作应当严格依照《办法》的要求执行。复检申请人不得就同一检验报告重复提出复检申请。检验机构做出接受复检的决定后，复检申请人不可撤销申请。

（二）复检申请人自收到检验报告之日起（不含当日）7个工作日内提出复检申请时，应当填写《国家医疗器械抽检复检申请表》（附8），并提交《国家医疗器械抽检结果送达告知书》（附9，以下简称《送达告知书》）复印件等在《办法》第三十三条中所规定的资料。

（三）检验机构收到复检申请时，应当确认本单位是否具有相应产品和检验项目的检验资质能力，严格依照《办法》第三十四条规定，决定是否接受复检申请，并在3个工作日内（含收到复检申请当日）出具《国家医疗器械抽检复检通知书》（附10，以下简称《通知书》）。抽查检验方案中的推荐复检机构原则上不得拒绝复检，确有特殊原因的，应当在出具《通知书》前向组织抽查检验工作的部门书面报告。

（四）检验机构应当在做出接受复检的决定当日内通知到复检申请人。复检申请人应当于检验机构做出相应决定之日起5个工作日内向复检机构预先支付复检费用，同时领取《通知书》。逾期不交的，复检机构有权取消复检并通知原检机构。因未支付复检费用而取消复检的，对该批原检报告不得再次申请复检。若申请，原检机构应当拒绝调样，并向检验机构书面说明原因。

检验机构应当在做出同意复检决定当日内联系到原检机构，并同时提供已获其盖章的《通知书》扫描件。

（五）检验机构应当在做出拒绝复检决定当日内通知到复检申请人，并将《通知书》交付给复检申请人。

（六）原检机构应当将首先收到的《通知书》相关信息于收到当日内录入国家抽检系统，同时将《通知书》扫描件上传至国家抽检系统。原检机构应当根据该机构出具的调样通知发送样品，并向其复函告知复检报告传递要求。样品运输费用由原检机构承担。

（七）复检机构在检验过程中应当与原检机构充分沟通。

（八）复检结论与原检结论一致的，复检费用由复检申请人承担。复检结论与原检结论不一致的，复检费用由原检机构承担。复检申请人应当持复检报告和相关支付凭证，向原检机构申请报销费用。原检机构应当在收到报销费用请求后15个工作日内完成报销。

（九）依照《办法》第三十一条规定，各相关单位应当在复检机构与相关省级药品监督管理部门或者被抽样单位取得联系后15个工作日内完成样品退还。

## 五、检验结果传递

（一）承检机构出具的电子检验报告与出具的纸质检验报告具有同等法律效力。国家医疗器械抽检的原检报告原则上应当为电子检验报告，遇特殊情况无法出具电子检验报告的，承检机构应当提前报告中检院技术监督中心。

若出具纸质原检报告，应当使用彩色扫描件传递，传递过程参考电子检验报告。原检机构应当保存纸质原件至少5份，供有关方面书面来函索取或者借用，同时还应当保存纸质原件至少1份，保存期限均不少于5年。

（二）承检机构在传递电子检验报告前，应当上传《抽样记录凭证》，与电子检验报告等同步传递。

（三）承检机构应当在电子检验报告签发之日起2个工作日内，将电子检验报告上传至国家抽检系统，在国家抽检系统中将电子检验报告发送至被抽样单位所在地省级药品监督管理部门、医疗器械注册人备案人或者进口产品代理人所在地省级药品监督管理部门。承检机构应当通过产品标识、《抽样记录凭证》以及监管部门提供的查询渠道等，确定进口产品代理人及其所在省份。

（四）各省级药品监督管理部门应当指定专人作为国家医疗器械抽检检验报告送达等工作的联系人，并将联系信息依照《相关工作联系人填报表》（附11）的要求填报至国家抽检系统。人员变动时，应当及时通知中检院技术监督中心，并在国家抽检系统中更新。

各省级药品监督管理部门应当根据工作需要和当地实际，在国家抽检系统内做好省级以下从事检验报告送达工作的机构人员的权限信息设置管理。

（五）各省级药品监督管理部门收到电子检验报告后，应当在规定时间内组织将电子检验报告等送达相关单位或者个人。结果为不符合规定的检验报告应当在5个工作日内送达，需要送达的材料包括电子检验报告或者纸质化的电子检验报告1份、《抽样记录凭证》1份、《送达告知书》1份。

结果为符合规定的检验报告应当在20个工作日内送达，需要送达的材料包括电子检验报告或者纸质化的电子检验报告1份、《抽样记录凭证》1份。

送达被抽样单位、医疗器械注册人、备案人或者进口产品代理人（以下统称行政相对人）时间距离检验报告签发时间异常的，国家局将予以调查并追究相关单位责任。

（六）行政相对人须在《送达告知书》签字盖章。

（七）将《送达告知书》送达至行政相对人的药品监督管理部门，应当在送达后的2个工作日内，将已获得行政相对人签字盖章的《送达告知书》扫描件上传至国家抽检系统，同时录入送达时间。

（八）依照《办法》第三十条规定，对于标示医疗器械注册人、备案人或者进口产品代理人认为所抽样品非其产品的，具有管辖权的药品监督管理部门应当自收到被抽样单位所在地省级药品监督管理部门提供的材料起30个工作日内完成调查核实，确认核实结果，书面报送至国家局器械监管司，同时抄送被抽样单位所在地省级药品监督管理部门和中检院技术监督中心。

（九）复检报告为电子检验报告的，复检机构应当在复检报告出具后2个工作日内将复检报告发送至复检申请人、原检机构、被抽样单位所在地省级药品监督管理部门、医疗器械注册人备案人或者进口产品代理人所在地省级药品监督管理部门。原检机构在收到后2个工作日内将复检报告通过国家抽检系统发送至中检院技术监督中心。

复检报告为纸质检验报告的，复检机构应当在复检报告出具后2个工作日内将复检报告寄送给复检申请人、原检机构、被抽样单位所在地省级药品监督管理部门、医疗器械注册人备案人或者进口产品代理人所在地省级药品监督管理部门各一份。原检机构在收到后2个工作日内将复检报告彩色扫描件通过国家抽检系统发送至中检院技术监督中心。

被抽样单位所在地省级药品监督管理部门、医疗器械注册人备案人或者进口产品代理人所在地省级药品监督管理部门应当在收到复检报告之日起5个工作日内组织送达（复检申请人收到复检报告的时间以实际第一次收到计算）。

（十）原检机构应当在收到复检报告之日起2个工作日内将单项复检结果等信息录入国家抽检系统。

（十一）《提示函》和相应检验报告的传递要求参照上述规定执行。

## 六、异议申诉

（一）行政相对人对检验方法、判定依据等存在异议，且无法通过复检进行验证的，应当自收到检验报告起10个工作日内向所在地省级药品监督管理部门提出异议申诉书面申请，填写《国家医疗器械抽检异议申诉收到回执》(附12，以下简称《异议申诉收到回执》)中“申请人情况”、“申请异议申诉情况”并加盖公章，同时提交相关证明材料。逾期未提出异议或者未提供有效证明材料的，视为行政相对人认可该检验结果。

(二)行政相对人所在地省级药品监督管理部门应当在收到异议申诉书面申请时填写《异议申诉收到回执》剩余部分，并在2个工作日内，将该《异议申诉收到回执》扫描件、行政相对人书面提交的异议申诉材料扫描件上传至国家抽检系统，同时录入《异议申诉收到回执》中填写的该异议申诉书面申请的收到时间等必要信息。

(三)行政相对人收到检验报告12个工作日后，国家抽检系统仍未收到《异议申诉收到回执》等相关材料的，该批产品异议申诉材料上传通道予以关闭。

(四)相关省级药品监督管理部门应当在收到该异议申诉书面申请后15个工作日内进行调查核实、确认核实结果、提出处理建议，出具公文并将扫描件上传至国家抽检系统。相关省级药品监督管理部门调查核实后，对相关异议申诉不予支持的，应当向申请人出具公文，并将扫描件上传至国家抽检系统。

相关省级药品监督管理部门未进行调查核实、未确认核实结果和提出处理建议的，有关材料不予办理。

(五)中检院技术监督中心应当组织开展异议申诉专家审议，提出处理意见，并将异议申诉处理意见书面报送至国家局器械监管司。

(六)国家局器械监管司对异议申诉处理意见进行批复，并提出后续工作处理要求。

(七)根据国家局器械监管司批复，异议申诉处理要求转达至相关省级药品监督管理部门后，相关省级药品监督管理部门应当通知行政相对人，并开展相应的监督管理工作。相关检验机构应当按照要求开展检验判定、检验报告送达或者其他处理工作。

## 七、数据分析

(一)各相关单位应当保证抽检信息录入的及时、完整、准确，承检机构还应当确保录入信息、电子检验报告信息与样品实际一致。中检院应当组织开展对抽检信息录入国家抽检系统的抽查。发现录入信息、电子检验报告信息与样品实际不一致的，应当及时与承检机构核实。需要承检机构修改的，承检机构应当于收到修改要求后2个工作日内按照规范要求完成修改。

(二)牵头单位应当充分了解参与单位检验能力，合理分工，共同磋商，加强结果统计分析，完成质量分析报告的撰写。牵头单位应当在规定时限内将质量分析报告上传至国家抽检系统。中检院汇总整理后形成国家医疗器械抽检品种质量分析报告汇编(以下简称质量分析报告汇编)，并报送至国家局器械监管司。

(三)中检院应当加强对抽检数据的汇总分析，编制年报，并报送至国家局器械监管司。承检机构应当认真配合中检院编制年报。

(四)中检院应当组织对承检机构发现的产品潜在风险点进行汇总整理，并报送至国家局器械监管司。承检机构应当认真配合开展产品潜在风险点汇总整理工作。

（五）国家局器械监管司将质量分析报告汇编、年报、产品潜在风险点印送至国家局相关司局、直属单位、各省级药品监督管理部门。

（六）中检院应当按照国家局器械监管司确定的国家医疗器械抽检质量通告发布频次及有关要求，起草质量通告草案并报送至国家局器械监管司。

## 八、抽检结果处理

（一）药品监督管理部门应当高度重视检验机构发出的国家医疗器械抽检重大质量安全风险提示，对相关情况立即启动调查处理，及时将调查处理结果报送至国家局器械监管司，抄送中检院技术监督中心和发出重大质量安全风险提示的检验机构。

（二）依照《条例》相关规定，对监督抽检不符合规定产品涉及的相关单位具有管辖权的药品监督管理部门应当及时启动调查，依法做出立案或者不予立案决定，应当要求相关单位立即停止生产、销售或者使用相关产品，查清问题产品和流向，采取措施控制产品风险，情节严重的应当责令其停产停业。

承检机构按规定出具的检验报告可以作为产品质量判定的依据，也可以作为行政处罚的法定证据。

（三）医疗器械注册人、备案人应当依照《条例》和《医疗器械召回管理办法》相关规定，对监督抽检不符合规定产品及时调查评估，根据调查评估结果确定是否需要召回，做出召回决定的提交医疗器械召回事件报告表等材料。涉及进口产品代理人和被抽样单位的，相关单位应当认真配合。

（四）医疗器械注册人、备案人应当及时认真调查监督抽检不符合规定产生原因，制定整改方案并实施，整改完成后向具有管辖权的药品监督管理部门书面提交整改报告。涉及进口产品代理人和被抽样单位的，相关单位应当认真配合。

必要时，对监督抽检不符合规定产品涉及的相关单位具有管辖权的药品监督管理部门应当开展跟踪检查和跟踪抽检。

（五）对涉及的相关单位具有管辖权的药品监督管理部门应当及时依法完成监督抽检不符合规定产品的查处工作。其中做出立案决定的，应当按照有关规定及时完成行政处罚，并依照《中华人民共和国行政处罚法》等法律法规规章及时公开。涉嫌犯罪的，应当及时移交司法机关。法律法规要求追究直接负责的主管人员和其他责任人员责任的，依法追究责任到人。处置情况应当及时报送至国家抽检系统。

（六）国家局器械监管司依照《条例》和《办法》，按程序发布国家医疗器械抽检中监督抽检不符合规定产品的质量通告。

（七）风险监测抽检结果不作为行政处罚和质量通告依据。对相关单位具有管辖权的药品监督管理部门接到风险监测抽检结果提示信息后，应当及时要求医疗器械注册人、备案人切实履行产品质量安全主体责任，主动调查评估产品风险和成因，完成风险控制和消除、已经上市销售产品的召回、质量管理体系整改。对于其中风险较高的，也可以采取责令停产停业等方式加强监管。

（八）对于国家医疗器械抽检反馈的产品潜在风险点，各省级药品监督管理部门应当及时将其下发给相应的医疗器械注册人、备案人或者进口产品代理人、基层行政监管部门和相关技术支撑机构，要求医疗器械注册人、备案人主动履行产品质量安全主体责任，及时消除产品质量安全潜在风险。

附：1. 国家医疗器械抽检承检申请及确定流程

2. 国家医疗器械抽检项目任务书

3. 医疗器械抽样记录及凭证

4. 医疗器械抽样封签

5. 未能提供国家医疗器械抽检样品的证明

6. 国家医疗器械抽检所需资料和配套必需品清单

7. 国家医疗器械抽检风险监测抽检结果提示函（模板）

8. 国家医疗器械抽检复检申请表

9. 国家医疗器械抽检结果送达告知书

10. 国家医疗器械抽检复检通知书

11. 相关工作联系人填报表

12. 国家医疗器械抽检异议申诉收到回执

**附 1**

# 国家医疗器械抽检承检申请及确定流程

一、各检验机构在国家医疗器械抽检信息系统中对照不同品种的抽查检验方案，根据自身的检验资质和 / 或能力，申请可承检的品种。

二、申请时，需上传全面、真实、有效的能力证明文件，证明本单位在当年度国家医疗器械抽检期间具备相关检验能力。

对于监督抽检品种，除上传资质证明文件外，还应当按照牵头单位的要求，上传主要检验装备的照片、参数信息、校准证书、近期使用记录等（包括但不限于以上方面，具体由牵头单位确定），确保可以独立出具有法律效力的检验报告。

对于风险监测抽检品种，应当按照牵头单位的要求，上传主要检验装备的照片、参数信息、校准证书、近期使用记录等（包括但不限于以上方面，具体由牵头单位确定）。

三、各品种牵头单位根据申请单位提交的能力证明文件，结合抽样批次、检验项目、探索性研究项目等，对其资质和 / 或能力进行综合考核，从中推荐品种检验参与单位，并填写推荐或者不推荐意见。

四、不推荐原因应当科学、充分，并参考申请单位在既往国家医疗器械抽检工作中的协作表现。

附 2

# 国家医疗器械抽检项目任务书

附 3

# 医疗器械抽样记录及凭证

抽样编号：□□－□□－□□□□□－□□－□□　　　　抽样日期：　　年　　月　　日

<table>
<tr><td rowspan="15">抽样情况</td><td colspan="2">标示产品名称</td><td colspan="3"></td></tr>
<tr><td colspan="2">产品注册证（备案号）</td><td colspan="3"></td></tr>
<tr><td colspan="2">产品技术要求（或注册产品标准）</td><td colspan="3"></td></tr>
<tr><td rowspan="4">标示医疗器械注册人、备案人</td><td>名称</td><td colspan="3"></td></tr>
<tr><td>所在省份</td><td colspan="3"></td></tr>
<tr><td>地址</td><td colspan="3"></td></tr>
<tr><td>电话</td><td></td><td>传真</td><td></td></tr>
<tr><td rowspan="4">受托生产企业（若存在）</td><td>名称</td><td colspan="3"></td></tr>
<tr><td>所在省份</td><td colspan="3"></td></tr>
<tr><td>地址</td><td colspan="3"></td></tr>
<tr><td>电话</td><td></td><td>传真</td><td></td></tr>
<tr><td rowspan="4">进口产品代理人</td><td>名称</td><td colspan="3"></td></tr>
<tr><td>所在省份</td><td colspan="3"></td></tr>
<tr><td>地址</td><td colspan="3"></td></tr>
<tr><td>电话</td><td></td><td>传真</td><td></td></tr>
</table>

续表

<table>
<tr><td rowspan="8">抽样情况</td><td rowspan="3">规格 / 型号</td><td rowspan="3"></td><td>生产日期</td><td></td></tr>
<tr><td>批号</td><td></td></tr>
<tr><td>出厂编号</td><td></td></tr>
<tr><td>生产或购进数量</td><td></td><td>已销售或使用数量</td><td></td></tr>
<tr><td>库存数量</td><td></td><td>抽样数量</td><td></td></tr>
<tr><td>该抽样批总价格（元）</td><td colspan="3"></td></tr>
<tr><td>有效期截止日期</td><td colspan="3"></td></tr>
<tr><td>抽样地点</td><td colspan="3"></td></tr>
<tr><td rowspan="5">被抽样单位情况</td><td colspan="2">□生产　□进口产品代理人<br>□经营（不含进口产品代理人）<br>□使用<br>□注册人、备案人（非自行生产的）</td><td colspan="2">□有许可证（备案号）<br>□无许可证（备案号）<br>编号：</td></tr>
<tr><td>单位名称</td><td colspan="3"></td></tr>
<tr><td>地址</td><td colspan="3"></td></tr>
<tr><td>法定代表人或负责人</td><td></td><td>邮政编码</td><td></td></tr>
<tr><td>电话</td><td></td><td>传真</td><td></td></tr>
<tr><td rowspan="4">抽样单位情况</td><td>单位名称</td><td colspan="3"></td></tr>
<tr><td>地址</td><td colspan="3"></td></tr>
<tr><td>联系人</td><td></td><td>邮政编码</td><td></td></tr>
<tr><td>电话</td><td></td><td>传真</td><td></td></tr>
<tr><td>备注</td><td colspan="4"></td></tr>
<tr><td colspan="3">抽样单位（盖章）：<br>抽样人员签名：</td><td colspan="2">被抽样单位（盖章）：<br>有关负责人签名：</td></tr>
</table>

注：本凭证一式三联，第一联存根，第二联随样品封样寄往承检机构，第三联留被抽样单位。

# 《医疗器械抽样记录及凭证》有关说明

1. 抽样编号：共 13 位，其中第 1–2 位是各省（自治区、直辖市）代码（见下表），第 3–4 位是年号，第 10–13 位是抽样的流水号，由各省级药品监督管理部门自行编制。

第 5–9 位是抽检品种编号，代表该类品种在本次抽检工作中的编号，由抽样方案给出。第 5 位用于区分抽检所属计划，数字 1 代表国家级项目，数字 3 代表中央补助地方项目，其他抽检项目（如专项抽检）根据实际需要分配相应数字。第 6–8 位为该类品种在抽样方案、检验方案中出现的顺序号。第 9 位用于区分该类品种下的细分品类。

如：2014 年国家医疗器械抽检（中央补助地方项目）中，气管插管是抽样方案中第 12 个品种，且无细分品类，其抽检产品编号为 30120。江苏省抽样该产品的第 5 批，江苏代码是 32，抽样编号为：32–14–30120–00–05。

各省（自治区、直辖市）和新疆生产建设兵团代码如下：

<table>
<tr><th>区域</th><th>代码</th><th>省（区、市）</th><th>区域</th><th>代码</th><th>省（区、市）</th></tr>
<tr><td rowspan="5">华北</td><td>11</td><td>北京</td><td rowspan="6">华中<br>华南</td><td>41</td><td>河南</td></tr>
<tr><td>12</td><td>天津</td><td>42</td><td>湖北</td></tr>
<tr><td>13</td><td>河北</td><td>43</td><td>湖南</td></tr>
<tr><td>14</td><td>山西</td><td>44</td><td>广东</td></tr>
<tr><td>15</td><td>内蒙古</td><td>45</td><td>广西</td></tr>
<tr><td rowspan="3">东北</td><td>21</td><td>辽宁</td><td>46</td><td>海南</td></tr>
<tr><td>22</td><td>吉林</td><td rowspan="5">西南</td><td>51</td><td>重庆</td></tr>
<tr><td>23</td><td>黑龙江</td><td>52</td><td>四川</td></tr>
<tr><td rowspan="3">华东</td><td>31</td><td>上海</td><td>53</td><td>云南</td></tr>
<tr><td>32</td><td>江苏</td><td>54</td><td>西藏</td></tr>
<tr><td>33</td><td>浙江</td><td>55</td><td>贵州</td></tr>
<tr><td rowspan="4">华东</td><td>34</td><td>安徽</td><td rowspan="6">西北</td><td>61</td><td>陕西</td></tr>
<tr><td>35</td><td>福建</td><td>62</td><td>甘肃</td></tr>
<tr><td>36</td><td>江西</td><td>63</td><td>青海</td></tr>
<tr><td>37</td><td>山东</td><td>64</td><td>宁夏</td></tr>
<tr><td rowspan="2" colspan="3"></td><td>65</td><td>新疆</td></tr>
<tr><td>66</td><td>兵团</td></tr>
</table>

2. 抽样日期：填写实际抽样的日期。

3. “抽样情况”栏

（1）标示产品名称：按照产品包装上的名称填写，要填写全名称。

（2）产品注册证（备案号）：对照注册证（备案凭证）填写。

（3）产品技术要求（或注册产品标准）、标示生产企业、地址：按照产品包装填写。对委托生产的，应当同时填写委托方和受托方信息。对进口医疗器械，填写其代理人地址。

（4）电话、传真：按实际填写，要加上区号。

（5）规格 / 型号、生产日期、批号、出厂编号：要对照所抽样品填写，注意字母的大小写及上下标。

（6）抽样数量：填写实际抽样的数量。

（7）生产或购进数量、已销售或使用数量、库存数量：根据台账填写。库存数量应当填写抽样前所抽产品的同批号或同规格产品的数量。

（8）该抽样批总价格（元）：在医疗器械注册人、备案人或者进口产品代理人处抽样的以产品出厂价格为准，在除进口产品代理人以外的经营单位或者使用单位抽样的以产品购进价格为准，采集该抽样批总价格。

4.“被抽样单位情况”栏

（1）许可证（备案号）：如有医疗器械生产（经营）许可证或者备案凭证，则选择“□有”并填上具体编号；如没有，则选择“□无”。选择“□注册人、备案人（非自行生产的）”的，不需再勾选有、无许可证（备案证）。

（2）单位名称：填写被抽样单位名称，应当与该单位公章相同，不能简写。

5.“抽样单位情况”栏

应当填写由省级药品监督管理部门明确的实际执行抽样任务的单位名称和相关信息。

6. 备注：其他需要说明或备注的内容可在备注栏中写明。

7. 抽样人员签名：至少有 2 名抽样人员签名。

**附 4**

# 医疗器械抽样封签

| | |
|---|---|
| 医疗器械抽样封签 | 产品名称：<br>批号（出厂编号）：<br>标示医疗器械注册人、备案人：<br>抽样单位（盖章）及经手人签名：<br>被抽样单位（盖章）及有关负责人签名：<br>抽样签封日期： |

注：大封签长 70cm，宽 25cm；中封签长 40cm，宽 15cm；小封签长 20cm，宽 7cm。

附 5

# 未能提供国家医疗器械抽检样品的证明

抽样编号：□□－□□－□□□□□－□□－□□　　　　抽样日期：　　年　　月　　日

| | | | |
|---|---|---|---|
| 被抽样单位 | | | |
| 被抽样单位地址 | | | |
| 法定代表人或者负责人 | | 抽样环节 | □生产<br>□进口产品代理人<br>□经营（不含进口产品代理人）<br>□使用<br>□注册人、备案人（非自行生产的） |
| 电话 | | 邮政编码 | |
| 被抽产品名称 | | 规格 / 型号 | |
| 产品注册证（备案号） | | | |
| 最后一次□生产、□委托生产、□销售、□使用 | 该产品的时间（填写格式为 yyyy-mm-dd）: | | |
| 最后一次□生产、□委托生产、□销售、□使用 | 该产品的批号: | | |
| 最后一次□生产、□委托生产、□销售 | 该产品的流向: | | |
| 未能提供样品的原因 | | | |
| 计划何时再次生产、委托生产、购进（被抽样单位如于抽样截止日期前生产或者购进该产品的，应当立即向抽样单位报告） | | | |
| 抽样单位（盖章）<br>抽样人员签名:<br>联系电话: | 被抽样单位有关负责人签名:<br>（盖章） | | |

注：1. 本证明一式两联，第一联（白）存根，第二联（红）留被抽样单位。

2. 被抽样单位如有样品提供时，应当及时通知抽样单位进行抽样。

3. “最后一次□生产、□委托生产、□销售、□使用该产品的时间”“最后一次□生产、□委托生产、□销售、□使用该产品的批号”“最后一次□生产、□委托生产、□销售该产品的销售流向”中“生产、委托生产、销售、使用”分别指：(1)“生产”针对生产企业；(2)“委托生产”针对医疗器械注册人、备案人；(3)“销售”针对进口产品代理人、经营单位；(4)“使用”针对使用单位。根据被抽样单位相关记录填写上述信息。

4. “抽样编号”的赋码原则与《医疗器械抽样记录及凭证》的赋码原则相同。

附 6

# 国家医疗器械抽检所需资料和配套必需品清单

____________________________________：

根据国家医疗器械抽检工作要求，现抽取了标示你单位（个人）注册、备案、进口代理的产品（抽样编号）____________（详见《医疗器械抽样记录及凭证》复印件）。

根据工作需要，请将以下材料于收到本《清单》之日起15个工作日内寄送至____________________________（承检机构名称）：

1. 本通知（含附件）复印件；

2. 该产品的以下资料复印件：

□医疗器械生产许可证（包括医疗器械生产产品登记表）；

□医疗器械产品注册证（包括适用有效的产品技术要求（含变化对比表）或者注册产品标准（含修 / 更改单））；

□适用有效的备案说明书（技术说明书、使用说明书）。

上述材料按顺序装订后加盖企业公章（包括骑缝章）并注明与原件一致。

3. 检验所需其他资料和配套必需品：

逾期不配合的，承检机构将书面通知你单位（个人）所在地省级药品监督管理部门。

承检机构地址：________________________________________

邮编：__________ 联系人：__________ 联系电话：__________

（被抽样单位公章）　　　　（抽样单位公章）

年　　月　　日　　　　　　年　　月　　日

注：抽样单位应当将本页之复印件一份随样品寄送至检验机构。

附：《医疗器械抽样记录及凭证》复印件

附 7

# 国家医疗器械抽检风险监测抽检结果提示函（模板）

省级药品监督管理部门名称：

在 ×××× 年国家医疗器械抽检 ×× 品种的风险监测抽检中，××（检验机构名称）发现标示为 ×× 注册（备案）的 ×× 产品发现不符合检验方案（进口代理人为你辖区的 ××）。依照《医疗器械监督管理条例》和《国家医疗器械质量监督抽查检验工作程序》规定，现将风险监测抽检中发现不符合检验方案的情况提示给贵局。

请贵局将风险监测抽检结果转达至医疗器械注册人、备案人或者进口产品代理人，并督促医疗器械注册人、备案人落实主体责任，主动调查评估产品风险和成因，完成风险控制和消除、已经上市销售产品的召回、质量管理体系整改。请贵局加强监督指导。风险监测抽检结果不作为行政处罚和质量通告依据。具体情况详见附录。

其他技术问题咨询，请联系我单位技术咨询联系人。

技术咨询联系人：×××，电话：×××

附录：×× 产品风险监测抽检结果（×× 产品检验报告）

该产品检验机构名称

年　月　日

附 8

# 国家医疗器械抽检复检申请表

<table>
<tr><td colspan="2">被申请单位名称</td><td colspan="3"></td></tr>
<tr><td rowspan="4">申请人情况</td><td>复检申请人（盖章）</td><td colspan="3"></td></tr>
<tr><td>地址</td><td colspan="3"></td></tr>
<tr><td>电话</td><td></td><td>邮编</td><td></td></tr>
<tr><td>经办人</td><td></td><td>申请日期</td><td></td></tr>
</table>

续表

<table>
<tr><td rowspan="7">申请<br>复检<br>情况</td><td>标示产品名称</td><td></td><td>抽样编号</td><td></td></tr>
<tr><td>□生产日期<br>□批号<br>□出厂编号</td><td></td><td>规格 / 型号</td><td></td></tr>
<tr><td>标示注册人、<br>备案人</td><td colspan="3"></td></tr>
<tr><td>进口产品代理人<br>（如有）</td><td colspan="3"></td></tr>
<tr><td>被抽样单位</td><td colspan="3"></td></tr>
<tr><td>原检验机构</td><td></td><td>原检验报告编号</td><td></td></tr>
<tr><td>申请复检项目<br>及理由</td><td colspan="3">（如填写不下，可另附纸）</td></tr>
<tr><td>备注</td><td colspan="4"></td></tr>
</table>

注意：1. 本表一式两联，第一联由检验机构保留，第二联由申请人保留。

2. 检验机构应当严格依照《医疗器械质量抽查检验管理办法》，决定是否接受复检申请并在 3 个工作日内出具《国家医疗器械抽检复检通知书》。检验机构应当依照《国家医疗器械抽检结果送达告知书》判断复检申请人是否在收到原检报告之日起 7 个工作日内提出复检申请。逾期提出申请的，检验机构不得受理。

3. 复检申请人不得向多家检验机构同时提出复检申请。不得就同一检验报告重复提出复检申请。

4. 检验机构做出接受复检的决定后，复检申请人不可撤销申请。

5. 复检申请人应于检验机构做出同意复检决定之日起 5 个工作日内向复检机构预先支付复检费用，同时取走《国家医疗器械抽检复检通知书》。逾期不交的，复检机构有权取消复检并通知原检机构。因该原因取消复检的，对该批检验报告不得再次申请复检。若申请，原检机构应拒绝调样，并向复检机构书面说明原因。

6. 复检结论与原检结论一致的，复检费用由申请人承担。复检结论与原检结论不一致的，复检费用由原检机构承担。复检申请人应持复检报告和相关支付凭证，向原检机构申请报销费用。原检机构应当在收到报销费用请求后 15 个工作日内完成报销。

7.《国家医疗器械抽检复检申请表》《国家医疗器械抽检复检通知书》等相关文书在国家医疗器械抽检信息系统下载。具体网址可询所在地省级药品监督管理部门。

8. 做出同意复检决定的检验机构，应于决定当日联系到原检机构。若因联系不及时对国家医疗器械质量通告发布造成影响，复检机构将承担有关责任。

附 9

# 国家医疗器械抽检结果送达告知书

（省份简称）国抽送告（年份）××××××A 号

（省份简称）国抽送告（年份）××××××B 号

（省份简称）国抽送告（年份）××××××AB 号

（医疗器械注册人、备案人、进口代理人、经营单位、使用单位名称）:

经国家医疗器械抽检，标示名称为 ______________________________ 的产品（规格型号 ________________________，生产日期 / 批号 / 出厂编号 ____________________）被发现不符合规定。作为该产品（□注册人、备案人；□进口代理人；□经营单位；□使用单位），现向你送达相关检验报告（编号 ______________________________）。

依照《医疗器械监督管理条例》等有关规定，若你对检验结论有异议，可以自收到本告知书之日起 7 个工作日内向具有相应资质的医疗器械检验机构提出复检申请。逾期提出的，不予受理。逾期不复检的视为放弃复检。

复检申请人不得向多家检验机构同时提出复检申请。不得就同一检验报告重复提出复检申请。检验机构做出同意复检决定后，复检申请人不可撤销申请。复检申请人应于检验机构做出同意复检决定之日起 5 个工作日内向复检机构预先支付复检费用，同时取走《国家医疗器械抽检复检通知书》。逾期不交的，复检机构有权取消复检并通知原检机构。因该原因取消复检的，对该批检验报告不得再次申请复检。若申请，原检机构应拒绝调样，并向复检机构书面说明原因。复检结论与原检结论一致的，复检费用由申请人承担。复检结论与原检结论不一致的，复检费用由原检机构承担。复检申请人应持复检报告和相关支付凭证，向原检机构申请报销费用。原检机构应当在收到报销费用请求后 15 个工作日内完成退款。《国家医疗器械抽检复检申请表》《国家医疗器械抽检复检通知书》等相关文书在国家医疗器械抽检信息系统下载。

医疗器械注册人、备案人或者进口产品代理人认为所抽样品非其产品的，应当自收到检验报告之日起7个工作日内，向所在地省级药品监督管理部门提供充分准确的证明材料。所在地省级药品监督管理部门应当组织调查核实。未能按时向省级药品监督管理部门提交材料的，视为标示医疗器械注册人、备案人确认所抽样品为其产品。

做出同意复检决定的检验机构，应于决定当日联系到原检机构并告知。若因联系不及时对国家医疗器械质量通告发布造成影响，复检机构将承担有关责任。

特此送达、告知。

公　章

年　　月　　日

（将检验结果送达行政相对人的监管部门应在此处加盖骑缝章）

---

本告知书已于 ______ 年 ____ 月 ____ 日 ____ 时 ____ 分收到。我公司（单位）组织机构代码 ________________________，法定代表人姓名 __________。

接收人签字：________

公章（接收单位）

注：1. 本文书附件为检验报告1份，《医疗器械抽样记录及凭证》复印件1份。

2. 本文书一式两联，第一联存档，第二联交接收单位。

3. 做出同意复检决定的检验机构，应于决定当日联系到原检机构并告知。若因联系不及时对国家医疗器械质量通告发布造成影响，复检机构将承担有关责任。

附 10

# 国家医疗器械抽检复检通知书

| | | | |
|---|---|---|---|
| 复检申请人 | | | |
| 标示产品名称 | | 抽样编号 | |
| □生产日期<br>□批　　号<br>□出厂编号 | | 规格 / 型号 | |
| 标示注册人、备案人 | | | |
| 原检机构 | | 原检报告编号 | |
| 复检申请经办人 | | 复检申请提交日期 | |
| 决定单位（盖章） | | | |
| 复检决定 | 接受□　拒绝□ | 决定日期 | 年　　月　　日 |
| 有关意见 | | | |
| 复检所需费用（元）（不予受理无需填写） | | | |
| 备注 | | | |

注意：1. 本通知书一式两联，第一联由检验机构保留，第二联由申请人保留。

2. 检验机构做出同意复检决定后，复检申请人不可撤销申请。

3. 做出同意复检决定的检验机构，应于决定当日联系到原检机构。若因联系不及时对国家医疗器械质量通告发布造成影响，复检机构将承担有关责任。

4.《国家医疗器械抽检复检申请表》《国家医疗器械抽检复检通知书》等相关文书在国家医疗器械抽检信息系统下载。具体网址可询所在地省级药品监督管理部门。

附 11

# 相关工作负责人和联系人填报表

省级药品监督管理部门名称（盖章）：

| 人员 | | 姓名 | 性别 | 单位部门 | 职务 / 职称 | 办公电话 | 移动电话 | 电子邮箱 |
|---|---|---|---|---|---|---|---|---|
| 抽样工作 | 负责人 | | | | | | | |
| | 联系人 | | | | | | | |
| 检验报告送达工作 | 负责人 | | | | | | | |
| | 联系人 | | | | | | | |
| 核查处置工作 | 负责人 | | | | | | | |
| | 联系人 | | | | | | | |
| 整改召回工作 | 负责人 | | | | | | | |
| | 联系人 | | | | | | | |
| 检验机构抽检工作 | 负责人 | | | | | | | |
| | 联系人 | | | | | | | |

注：1. 抽样工作负责人是指负责国家医疗器械抽检工作在本省（自治区、直辖市）的实施落实，组织本省（自治区、直辖市）完成抽样工作的省级药品监督管理部门有关部门负责人。

2. 检验报告送达工作负责人是指开展接收各检验机构相关检验报告、将检验报告和相关文件送达至行政相对人、向国家医疗器械抽检信息系统（以下简称国家抽检系统）上传《送达告知书》等工作的省级药品监督管理部门有关部分负责人。

3. 核查处置工作负责人是指开展国家医疗器械抽检不符合规定产品的暂控、调查、行政处罚、信息公开等工作的省级药品监督管理部门有关部门负责人。

4. 整改召回工作负责人是指开展监督抽检不符合规定产品涉及的相关单位的整改工作监督、不符合规定产品召回工作监督、召回信息公开等工作的省级药品监督管理部门有关部门负责人。

5. 检验机构抽检工作负责人是指本省（自治区、直辖市）国家医疗器械抽检承检机构的负责人。

6. 本表填报至国家抽检系统。

附 12

# 国家医疗器械抽检异议申诉收到回执

<table>
<tr><td rowspan="4">申请人情况</td><td>异议申诉申请人<br>（盖章）</td><td colspan="3"></td></tr>
<tr><td>地址</td><td colspan="3"></td></tr>
<tr><td>电话</td><td></td><td>邮编</td><td></td></tr>
<tr><td>经办人</td><td></td><td>申请日期</td><td></td></tr>
<tr><td rowspan="6">申请异议申诉情况</td><td>标示产品名称</td><td></td><td>抽样编号</td><td></td></tr>
<tr><td>□生产日期<br>□批号<br>□出厂编号</td><td></td><td>规格 / 型号</td><td></td></tr>
<tr><td>标示注册人、备案人</td><td colspan="3"></td></tr>
<tr><td>进口产品代理人（如有）</td><td colspan="3"></td></tr>
<tr><td>被抽样单位</td><td colspan="3"></td></tr>
<tr><td>原检验机构</td><td></td><td>原检验报告编号</td><td></td></tr>
<tr><td>申请异议申诉情况</td><td>申请异议申诉理由</td><td colspan="3">（如填写不下，可另附纸）</td></tr>
<tr><td>备注</td><td colspan="4"></td></tr>
</table>

本异议申诉书面申请已于 ____ 年 ____ 月 ____ 日收到。

接收人签字：________

公章

注意：1. 本表一式两联，第一联由接受省级药品监督管理部门保留，第二联由申请人保留。

2. 省级药品监督管理部门应当严格依照《国家医疗器械抽检结果送达告知书》判断申请人是否在收到原检报告之日起 10 个工作日内，提出异议申诉。逾期提出申请的，不得受理。

3. 接收人签字处盖省级药品监督管理部门接收该异议申诉的部门公章。

4.《国家医疗器械抽检异议申诉收到回执》在国家医疗器械抽检信息系统下载。具体网址可询所在地省级药品监督管理部门。

# 国家药监局综合司关于印发医疗器械注册人备案人开展不良事件监测工作检查要点的通知

药监综械管〔2021〕43 号

**各省、自治区、直辖市药品监督管理局，新疆生产建设兵团药品监督管理局：**

为贯彻实施《医疗器械不良事件监测和再评价管理办法》，落实医疗器械注册人备案人主体责任，加强医疗器械不良事件监测检查工作，国家药监局组织制定了《医疗器械注册人备案人开展不良事件监测工作检查要点》，以规范和指导对医疗器械注册人备案人的质量管理体系检查、不良事件监测专项检查、日常监督检查等工作。现印发你们，请结合工作实际贯彻执行。

附件：医疗器械注册人备案人开展不良事件监测工作检查要点

国家药监局综合司

2021 年 4 月 6 日

**附件**

## 医疗器械注册人备案人开展不良事件监测工作检查要点

| 序号 | 检查项目 | 规定要求及检查要点 |
|---|---|---|
| 1 | 机构和人员 | 1. 监测能力和职责规定要求：<br>医疗器械注册人、备案人，应当具有保证医疗器械安全有效的质量管理能力和相应责任能力，建立医疗器械不良事件监测体系，向医疗器械不良事件监测技术机构（以下简称监测机构）直接报告医疗器械不良事件。<br>注册人、备案人应当对发现的不良事件进行评价，根据评价结果完善产品质量，并向监测机构报告评价结果和完善质量的措施；需要原注册机关审批的，应当按规定提交申请。(《办法》第三条）<br>检查要点：<br>查看注册人、备案人的组织机构图和文件。<br>（1）组织构架中应当有负责不良事件监测工作的指定部门和涉及到不良事件监测的其他相关部门（如销售、维护等）；<br>（2）相关文件是否指定部门，明确医疗器械不良事件监测职责和权限。 |

续表

| 序号 | 检查项目 | 规定要求及检查要点 |
|---|---|---|
| 1 | 机构和人员 | 2. 监测部门及人员规定要求：<br>注册人、备案人应当对其上市的医疗器械进行持续研究，评估风险情况，承担医疗器械不良事件监测的责任，根据分析评价结果采取有效控制措施，并履行下列主要义务：（一）建立包括医疗器械不良事件监测和再评价工作制度的医疗器械质量管理体系；（二）配备与其产品相适应的机构和人员从事医疗器械不良事件监测相关工作；（三）主动收集并按照办法规定的时限要求及时向监测机构如实报告医疗器械不良事件；（四）对发生的医疗器械不良事件及时开展调查、分析、评价，采取措施控制风险，及时发布风险信息；（五）对上市医疗器械安全性进行持续研究，按要求撰写定期风险评价报告；（六）主动开展医疗器械再评价；（七）配合药品监督管理部门和监测机构组织开展的不良事件调查。（《办法》第十四条）<br>检查要点：<br>查看不良事件监测指定部门工作人员的配备情况，包括人员的学历证书、资质证书和培训记录。<br>（1）从事医疗器械不良事件监测的人员应当具有所生产产品相关的知识和实际监测的工作能力；<br>（2）从事不良事件监测的人员应当经过不良事件监测的相关培训，具有相关理论知识和实际操作技能。<br>3. 不良事件收集和上报规定要求：<br>注册人、备案人应当公布电话、通讯地址、邮箱、传真等联系方式，指定联系人，主动收集来自医疗器械经营企业、使用单位、使用者等的不良事件信息；对发现或者获知的可疑医疗器械不良事件，注册人、备案人应当直接通过国家医疗器械不良事件监测信息系统进行医疗器械不良事件报告与评价，并上报群体医疗器械不良事件调查报告以及定期风险评价报告等。（《办法》第二十条）<br>检查要点：<br>（1）查看不良事件监测程序文件：是否包括了不良事件的识别、不同类型的处理方式、上报、评价流程、记录格式等内容；<br>（2）查看产品说明书或网站是否公布了电话、通讯地址、邮箱、传真等联系方式；<br>（3）查看具体收集和上报途径的有效性，如电话、网站和国家医疗器械不良事件监测信息系统等。 |
| 2 | 文件管理 | 1. 境外注册人、备案人规定要求：<br>境外注册人、备案人除应当履行办法第十四条规定的义务外，还应当与其指定的代理人之间建立信息传递机制，及时互通医疗器械不良事件监测和再评价相关信息。（《办法》第十五条）<br>检查要点：<br>（适用于境外注册人、备案人）查看相关程序文件。<br>2. 监测记录规定要求：<br>注册人、备案人应当建立并保存医疗器械不良事件监测记录。记录应当保存至医疗器械有效期后2年；无有效期的，保存期限不得少于5年。植入性医疗器械的监测记录应当永久保存。（《办法》第二十二条）<br>检查要点：<br>查看注册人、备案人是否有医疗器械不良事件监测原始记录，监测记录的保存年限是否符合要求。 |

续表

| 序号 | 检查项目 | 规定要求及检查要点 |
| --- | --- | --- |
| 3 | 设计开发 | 上市后定期风险评价报告规定要求：<br>注册人、备案人应当对上市医疗器械安全性进行持续研究，对产品的不良事件报告、监测资料和国内外风险信息进行汇总、分析，评价该产品的风险与受益，记录采取的风险控制措施，撰写上市后定期风险评价报告。(《办法》第三十八条)<br>注册人、备案人应当自产品首次批准注册或者备案之日起，每满一年后的 60 日内完成上年度产品上市后定期风险评价报告。其中，经国家药品监督管理局注册的，应当提交至国家监测机构；经省、自治区、直辖市药品监督管理部门注册的，应当提交至所在地省级监测机构。第一类医疗器械的定期风险评价报告由注册人、备案人留存备查。<br>获得延续注册的医疗器械，应当在下一次延续注册申请时完成本注册周期的定期风险评价报告，并由注册人、备案人留存备查。(《办法》第三十九条)<br>检查要点：<br>查看产品上市后定期风险评价报告，报告内容至少应当包含：对产品的不良事件报告、监测资料和国内外风险信息进行汇总、分析，评价该产品的风险与受益，记录采取的风险控制措施。<br>查看注册人、备案人每个产品的上市后定期风险评价报告，与其产品注册或备案相关文件核对，是否按照法规要求时限形成报告并上报。获得延续注册的医疗器械，查看注册人、备案人是否在延续注册申请时完成本注册周期的定期风险评价报告并留存。 |
| 4 | 不良事件监测分析和改进 | 1. 不良事件报告规定要求：<br>导致或者可能导致严重伤害或者死亡的可疑医疗器械不良事件应当报告；创新医疗器械在首个注册周期内，应当报告该产品的所有医疗器械不良事件。(《办法》第十八条)<br>检查要点：<br>查看注册人、备案人不良事件报告记录。<br>2. 监测信息系统使用规定要求：<br>注册人、备案人应当注册为国家医疗器械不良事件监测信息系统用户，主动维护其用户信息，报告医疗器械不良事件。注册人、备案人应当持续跟踪和处理监测信息；产品注册信息发生变化的，应当在系统中立即更新。(《办法》第十九条)<br>检查要点：<br>(1) 查看注册人、备案人是否注册为国家医疗器械不良事件监测信息系统用户并能够登录，是否录入了全部产品信息，是否及时对产品注册信息进行更新，是否通过该系统按照要求报告和评价医疗器械不良事件；<br>(2) 查看报告的原始记录；<br>(3) 如果国家局或者地方监管部门发布同类产品不良事件情况的，企业应当对自己产品进行核查，是否也存在类似情况，并做好记录。<br>3. 开展安全性研究及风险管控规定要求：<br>注册人、备案人应当对收集和获知的医疗器械不良事件监测信息进行分析、评价，主动开展医疗器械安全性研究。对附条件批准的医疗器械，注册人、备案人还应当按照风险管控计划开展相关工作。(《办法》第二十一条)<br>检查要点：<br>查看审批原始文件是否有附条件批准情形。如有，查看风险管控相关文件。<br>4. 不良事件报告时限规定要求：<br>注册人、备案人发现或者获知可疑医疗器械不良事件的，应当立即调查原因，导致死亡的应当在 7 日内报告；导致严重伤害、可能导致严重伤害或者死亡的应当在 20 日内报告。(《办法》第二十五条)<br>检查要点：<br>(1) 检查注册人、备案人是否按照要求报告和评价个例医疗器械不良事件报告，登录注册人、备案人用户直接查看报告情况，是否建立了个例医疗器械不良事件处理程序，对死亡及严重伤害事件的报告和评价时限是否符合要求；<br>(2) 核对国家医疗器械不良事件监测信息系统，查看来自医疗机构的报告数量，如果报告数量跟注册人、备案人上报数量存在差距，需由注册人、备案人作出解释。 |

续表

| 序号 | 检查项目 | 规定要求及检查要点 |
|---|---|---|
| 4 | 不良事件监测分析和改进 | 5. 境外不良事件报告规定要求：<br>进口医疗器械的境外注册人、备案人和在境外销售国产医疗器械的注册人、备案人，应当主动收集其产品在境外发生的医疗器械不良事件。其中，导致或者可能导致严重伤害或者死亡的，境外注册人、备案人指定的代理人和国产医疗器械注册人、备案人应当自发现或者获知之日起30日内报告。(《办法》第二十七条）<br>检查要点：<br>查看报告的原始记录。<br>6. 不良事件调查、分析和评价规定要求：<br>注册人、备案人在报告医疗器械不良事件后或者通过国家医疗器械不良事件监测信息系统获知相关医疗器械不良事件后，应当按要求开展后续调查、分析和评价，导致死亡的事件应当在30日内，导致严重伤害、可能导致严重伤害或者死亡的事件应当在45日内向注册人、备案人所在地省级监测机构报告评价结果。对于事件情况和评价结果有新的发现或者认知的，应当补充报告。(《办法》第二十九条）<br>检查要点：<br>（1）检查注册人、备案人是否按照要求对死亡、导致严重伤害、可能导致严重伤害或者死亡的事件开展调查、分析和评价工作，报告是否符合时限要求；<br>（2）是否在必要时根据后续调查情况提交了补充报告；<br>（3）如果各级监测机构对注册人、备案人的个例评价结果存在异议的，是否重新开展了调查和评价工作。<br>7. 群体不良事件报告规定要求：<br>注册人、备案人发现或者获知群体医疗器械不良事件后，应当在12小时内通过电话或者传真等方式报告不良事件发生地省、自治区、直辖市药品监督管理部门和卫生行政部门，必要时可以越级报告，同时通过国家医疗器械不良事件监测信息系统报告群体医疗器械不良事件基本信息，对每一事件还应当在24小时内按个例事件报告。(《办法》第三十一条）<br>检查要点：<br>检查注册人、备案人是否建立了群体医疗器械不良事件处理程序，相关时限是否符合要求；如果曾经发生过群体事件，查看注册人、备案人提交的群体不良事件处理的相关资料，包括：12小时内电话或者传真报告的证明、在线填报的群体医疗器械不良事件基本信息、24小时内填报的群体事件涉及的所有个案报告等。<br>8. 群体不良事件调查及采取控制措施规定要求：<br>注册人、备案人发现或者获知其产品的群体医疗器械不良事件后，应当立即暂停生产、销售，通知使用单位停止使用相关医疗器械，同时开展调查及生产质量管理体系自查，并于7日内向所在地及不良事件发生地省、自治区、直辖市药品监督管理部门和监测机构报告。<br>调查应当包括产品质量状况、伤害与产品的关联性、使用环节操作和流通过程的合规性等。自查应当包括采购、生产管理、质量控制、同型号同批次产品追踪等。<br>注册人、备案人应当分析事件发生的原因，及时发布风险信息，将自查情况和所采取的控制措施报所在地及不良事件发生地省、自治区、直辖市药品监督管理部门，必要时应当召回相关医疗器械。(《办法》第三十二条）<br>检查要点：<br>查看注册人、备案人调查处理过程是否符合要求，调查应当包括产品质量状况、伤害与产品的关联性、使用环节操作和流通过程的合规性等。自查应当包括采购、生产管理、质量控制、同型号同批次产品追踪等。<br>检查注册人、备案人对群体不良事件采取的控制措施，重点关注是否及时发布风险信息，是否按时限向监管部门报告，是否及时采取了控制措施。<br>如确认存在安全隐患，企业是否按法规要求开展了召回。<br>9. 重点监测规定要求：<br>医疗器械重点监测品种涉及的注册人、备案人应当按照医疗器械重点监测工作方案的要求开展工作，主动收集其产品的不良事件报告等相关风险信息，撰写风险评价报告，并按要求报送至重点监测工作组织部门。(《办法》第四十五条） |

续表

| 序号 | 检查项目 | 规定要求及检查要点 |
|---|---|---|
| 4 | 不良事件监测分析和改进 | 检查要点：<br>如涉及重点监测相关品种，检查注册人、备案人是否按照重点监测方案的要求开展工作，查看相关文件和记录。<br>10. 创新医疗器械规定要求：<br>创新医疗器械注册人、备案人应当加强对创新医疗器械的主动监测，制定产品监测计划，主动收集相关不良事件报告和产品投诉信息，并开展调查、分析、评价。<br>创新医疗器械注册人、备案人应当在首个注册周期内，每半年向国家监测机构提交产品不良事件监测分析评价汇总报告。国家监测机构发现医疗器械可能存在严重缺陷的，应当及时报国家药品监督管理局。（《办法》第四十七条）<br>检查要点：<br>查看注册资料相关文件提出的上市后持续关注和研究的要求、企业产品监测计划，核对创新医疗器械产品注册人、备案人制定的产品监测计划，是否符合上市前提出的相关持续研究要求。<br>（1）是否主动收集产品主要用户的不良事件报告和产品投诉信息；<br>（2）是否对主动收集的不良事件报告和产品投诉信息开展调查、分析、评价；<br>（3）是否按时限提交监测分析评价汇总报告。<br>11. 风险控制措施及报告规定要求：<br>注册人、备案人通过医疗器械不良事件监测，发现存在可能危及人体健康和生命安全的不合理风险的医疗器械，应当根据情况采取以下风险控制措施，并报告所在地省、自治区、直辖市药品监督管理部门：<br>（一）停止生产、销售相关产品；<br>（二）通知医疗器械经营企业、使用单位暂停销售和使用；<br>（三）实施产品召回；<br>（四）发布风险信息；<br>（五）对生产质量管理体系进行自查，并对相关问题进行整改；<br>（六）修改说明书、标签、操作手册等；<br>（七）改进生产工艺、设计、产品技术要求等；<br>（八）开展医疗器械再评价；<br>（九）按规定进行变更注册或者备案；<br>（十）其他需要采取的风险控制措施。<br>与用械安全相关的风险及处置情况，注册人、备案人应当及时向社会公布。（《办法》第四十八条）<br>检查要点：<br>（1）查看注册人、备案人是否制定了存在不合理风险医疗器械的处置程序，是否满足法规要求；如出现过上述情形，在国家医疗器械不良事件监测信息系统中查看具体产品风险控制的档案资料，核对企业是否根据产品风险情况采取了控制措施，措施是否得当；<br>（2）查看相关风险控制措施是否向所在地省、自治区、直辖市药品监督管理部门报告。<br>12. 境外不良事件及控制措施报告规定要求：<br>进口医疗器械在境外发生医疗器械不良事件，或者国产医疗器械在境外发生医疗器械不良事件，被采取控制措施的，境外注册人、备案人指定的代理人或者国产医疗器械注册人、备案人应当在获知后 24 小时内，将境外医疗器械不良事件情况、控制措施情况和在境内拟采取的控制措施报国家药品监督管理局和国家监测机构，抄送所在地省、自治区、直辖市药品监督管理部门，及时报告后续处置情况。（《办法》第五十三条）<br>检查要点：<br>查看相关记录。（如有此情况）<br>13. 恢复生产、销售规定要求：<br>需要恢复生产、销售的，注册人、备案人应当向作出处理决定的药品监督管理部门提出申请，药品监督管理部门现场检查通过后，作出恢复生产、销售的决定。<br>注册人、备案人提出恢复生产、销售申请前，可以聘请具备相应资质的独立第三方专业机构进行检查确认。（《办法》第六十八条）<br>检查要点：<br>查看相关记录。（如有此情况） |

# 食品药品监管总局办公厅关于实施《医疗器械召回管理办法》有关事项的通知

**各省、自治区、直辖市食品药品监督管理局：**

《医疗器械召回管理办法》（国家食品药品监督管理总局令第29号，以下简称《办法》）自2017年5月1日起正式实施，为贯彻落实《办法》有关要求，保障人民群众用械安全，督促医疗器械生产企业落实产品质量安全主体责任，现将有关事项通知如下：

**一、医疗器械召回组织工作要求**

省级食品药品监督管理部门要高度重视医疗器械召回工作，以保障医疗器械产品安全为出发点，切实加强对本省医疗器械召回的组织工作。各级食品药品监管部门要加强对《办法》的宣贯培训，加强对医疗器械生产经营企业、使用单位的宣传教育，督促企业切实履行召回义务，确保《办法》落实落地。

**二、医疗器械召回报告要求**

医疗器械产品注册人或者备案人、进口医疗器械的境外制造厂商履行《办法》中生产企业的义务，承担相应法律责任。

医疗器械生产企业作出医疗器械主动召回决定的，应当按照《办法》第十六条规定，立即向所在地省级食品药品监督管理部门和批准该产品注册或者办理备案的食品药品监督管理部门提交医疗器械召回事件报告表（附件1），并在5个工作日内将调查评估报告和召回计划提交至所在地省级食品药品监督管理部门和批准注册或者办理备案的食品药品监督管理部门备案。

（一）进口医疗器械和境内第三类医疗器械实施主动召回的，生产企业应当按上述要求将相关材料报至企业所在地省级食品药品监督管理部门和国家食品药品监督管理总局（以下简称总局）。

（二）境内第二类医疗器械实施主动召回的，生产企业应当按上述要求将相关材料报至企业所在地省级食品药品监督管理部门。

（三）境内第一类医疗器械实施主动召回的，生产企业应当按上述要求将相关材料报至企业所在地省级食品药品监督管理部门和办理备案的设区的市级食品药品监督管理部门。

（四）进口医疗器械仅在境外实施召回的，生产企业应当及时向总局提交医疗器械召回事件报告表。

**三、医疗器械召回信息发布要求**

（一）总局政府网站设有“医疗器械召回”专栏，发布一级召回、境内已上市产品仅在境外实施的召回和总局作出的责令召回等信息。省级食品药品监督管理部门应当在政府网站设置“医疗器械召回”专栏，发布二级、三级召回信息和本省作出的责令召回等信息，并使用统一的信息发布格式及内容（见附件 2、3）。

总局政府网站通过信息采集标准接口自动抓取省级食品药品监督管理部门政府网站对应栏目的相应内容，请各省级食品药品监督管理部门按照《总局政府网站信息采集接口标准规范》（附件 6）做好接口开发和调试工作，确保在省级食品药品监督管理部门政府网站发布的医疗器械召回信息能够被总局政府网站自动抓取，同步发布。

（二）医疗器械生产企业决定并实施召回的，应同时向社会发布产品召回信息。鼓励生产企业利用公共媒体发布召回信息。实施一级召回的，总局政府网站医疗器械召回专栏可视为中央主要媒体。

**四、医疗器械召回监管工作要求**

各级食品药品监督管理部门要准确把握《办法》中监管部门的职责和对医疗器械生产经营使用者的要求，做好各部门沟通协调，落实强化责任追究制度。结合《办法》要求加强日常监管，督促企业落实主体责任、健全质量管理体系。对不依法履行责任的和不配合监管部门开展召回工作的医疗器械生产经营企业、使用单位进行严肃查处，确保医疗器械召回工作的有序开展，保障公众用械安全。

附件：1. 医疗器械召回事件报告表
2. 医疗器械主动召回信息发布模板
3. 医疗器械责令召回信息发布模板
4. 召回计划实施情况报告表
5. 责令召回通知书
6. 总局政府网站信息采集接口标准规范

食品药品监管总局办公厅

2017 年 4 月 27 日